"十四五"时期国家重点出版物出版专项规划项目

第二次青藏高原综合科学考察研究丛书

青藏高原
城镇化进程与绿色发展

方创琳　杨永春　鲍　超　张海峰 等　著

科学出版社

北京

内 容 简 介

本书系统分析了青藏高原城镇化的特殊性、动态演变历程和时空演变格局，采用多模型融合算法计算了青藏高原城镇化与绿色发展的承载阈值，提出了青藏高原城镇化发展的特殊使命、特殊目标、特殊格局和特殊模式，提出了青藏高原人居环境建设、绿色发展路径和对策建议，还因地制宜地提出了青藏铁路沿线城镇带、川藏通道沿线城镇带、唐蕃古道沿线城镇带、边境城镇带、西宁都市圈、拉萨城市圈和柴达木城镇圈等重点城镇化地区的绿色发展目标与路径，旨在为青藏高原城镇化与绿色发展和到 2035 年基本实现社会主义现代化提供重要科学支撑。

本书可供各级发展和改革部门、自然资源部门、城市发展与规划部门工作人员阅读，也可作为大专院校和科研机构研究生与科研工作者的参考用书等。

审图号：GS京（2023）2526号

图书在版编目（CIP）数据

青藏高原城镇化进程与绿色发展 / 方创琳等著. —北京：科学出版社，2024.6

（第二次青藏高原综合科学考察研究丛书）

ISBN 978-7-03-077512-2

Ⅰ. ①青⋯ Ⅱ. ①方⋯ Ⅲ. ①青藏高原–城市化进程–关系–生态环境–协调发展–研究 Ⅳ. ①F299.277 ②X321.27

中国国家版本馆CIP数据核字（2024）第013699号

责任编辑：石 珺 赵 晶 / 责任校对：郝甜甜
责任印制：徐晓晨 / 封面设计：吴霞暖

科学出版社 出版
北京东黄城根北街 16 号
邮政编码：100717
http://www.sciencep.com
北京建宏印刷有限公司印刷

科学出版社发行 各地新华书店经销
*
2024年6月第 一 版 开本：787×1092 1/16
2024年6月第一次印刷 印张：39 1/2
字数：934 000

定价：524.00元

（如有印装质量问题，我社负责调换）

刘丛强　中国科学院地球化学研究所

龚健雅　武汉大学

焦念志　厦门大学

赖远明　中国科学院西北生态环境资源研究院

胡春宏　中国水利水电科学研究院

郭正堂　中国科学院地质与地球物理研究所

王会军　南京信息工程大学

周成虎　中国科学院地理科学与资源研究所

吴立新　中国海洋大学

夏　军　武汉大学

陈大可　自然资源部第二海洋研究所

张人禾　复旦大学

杨经绥　南京大学

邵明安　中国科学院地理科学与资源研究所

侯增谦　国家自然科学基金委员会

吴丰昌　中国环境科学研究院

孙和平　中国科学院精密测量科学与技术创新研究院

于贵瑞　中国科学院地理科学与资源研究所

王　赤　中国科学院国家空间科学中心

肖文交　中国科学院新疆生态与地理研究所

朱永官　中国科学院城市环境研究所

《青藏高原城镇化进程与绿色发展》
编写委员会

主　　任　方创琳

副 主 任　杨永春　鲍　超　张海峰

委　　员　（按姓氏笔画排序）

学术秘书　戚　伟

第二次青藏高原综合科学考察队
青藏高原城镇化进程与绿色发展
科考分队人员名单

姓名	职务	工作单位
方创琳	分队队长	中国科学院地理科学与资源研究所
杨永春	分队副队长	兰州大学
张海峰	分队副队长	青海师范大学

（以下人员按姓氏笔画排序）

姓名	职务	工作单位
丁博文鹏	队　员	中国科学院地理科学与资源研究所
马勇洁	队　员	青海师范大学
马晓帆	队　员	青海师范大学
马海涛	队　员	中国科学院地理科学与资源研究所
王文瑞	队　员	兰州大学
王旭阳	队　员	兰州大学
王红杰	队　员	中国科学院地理科学与资源研究所
王振波	队　员	中国科学院地理科学与资源研究所
王梅梅	队　员	兰州大学
王博娅	队　员	北京林业大学
王新明	队　员	中国科学院地理科学与资源研究所
王曦晨	队　员	兰州大学

牛 月	队 员	青海师范大学
冯雨雪	队 员	中国科学院地理科学与资源研究所
加壮壮	队 员	青海师范大学
吕迅威	队 员	中国科学院地理科学与资源研究所
吕嘉伟	队 员	兰州大学
仲俊涛	队 员	青海师范大学
任宇飞	队 员	北京林业大学
刘志成	队 员	北京林业大学
刘志涛	队 员	中国科学院地理科学与资源研究所
刘若文	队 员	中国科学院地理科学与资源研究所
刘美娟	队 员	青海师范大学
刘海洋	队 员	兰州大学
刘海燕	队 员	中国城市建设研究院有限公司
许晓明	队 员	北京林业大学
孙 彪	队 员	中国科学院地理科学与资源研究所
孙 鹜	队 员	青海师范大学
孙玙璠	队 员	兰州大学
孙思奥	队 员	中国科学院地理科学与资源研究所
牟旭方	队 员	苏州科技大学
苏 夏	队 员	北京林业大学
苏俊伊	队 员	北京林业大学
李 宇	队 员	中国科学院地理科学与资源研究所
李广东	队 员	中国科学院地理科学与资源研究所
李晓纯	队 员	中国科学院地理科学与资源研究所
李浩志	队 员	中国科学院地理科学与资源研究所

李嘉欣	队 员	中国科学院地理科学与资源研究所
杨显明	队 员	青海师范大学
杨智奇	队 员	中国科学院地理科学与资源研究所
杨瑞莹	队 员	北京林业大学
宋昕怡	队 员	青海师范大学
张 鸽	队 员	青海师范大学
张 涵	队 员	北京林业大学
张 蔷	队 员	中国科学院地理科学与资源研究所
张 璟	队 员	青海师范大学
张永姣	队 员	兰州大学
张任菲	队 员	北京林业大学
张晓瑞	队 员	中国科学院地理科学与资源研究所
张晚军	队 员	青海师范大学
张新玉	队 员	青海师范大学
陈 丹	队 员	中国科学院地理科学与资源研究所
陈 彬	队 员	北京师范大学
陈 麒	队 员	兰州大学
范育鹏	队 员	中国科学院地理科学与资源研究所
房德琳	队 员	北京师范大学
赵锦瑶	队 员	兰州大学
娜赫雅	队 员	兰州大学
贾 卓	队 员	兰州大学
徐岷钰	队 员	中国科学院地理科学与资源研究所
徐牧天	队 员	中国科学院地理科学与资源研究所
徐楦钫	队 员	中国科学院地理科学与资源研究所

高苹	队员	中国科学院地理科学与资源研究所
郭文怡	队员	青海师范大学
郭晓敏	队员	中国科学院地理科学与资源研究所
黄心言	队员	北京林业大学
梅子钰	队员	北京林业大学
曹艳艳	队员	青海师范大学
戚伟	秘书	中国科学院地理科学与资源研究所
盛楠翊	队员	兰州大学
常跟应	队员	兰州大学
程仕瀚	队员	兰州大学
鲍超	队员	中国科学院地理科学与资源研究所
蔡君	队员	北京林业大学
廖霞	队员	中国科学院地理科学与资源研究所
颜鲁青	队员	青海师范大学
薛亚美	队员	北京林业大学
魏湖滨	队员	中国科学院地理科学与资源研究所

丛书序一

　　青藏高原是地球上最年轻、海拔最高、面积最大的高原，西起帕米尔高原和兴都库什、东到横断山脉，北起昆仑山和祁连山、南至喜马拉雅山区，高原面海拔 4500 米上下，是地球上最独特的地质－地理单元，是开展地球演化、圈层相互作用及人地关系研究的天然实验室。

　　鉴于青藏高原区位的特殊性和重要性，新中国成立以来，在我国重大科技规划中，青藏高原持续被列为重点关注区域。《1956—1967 年科学技术发展远景规划》《1963—1972 年科学技术发展规划》《1978—1985 年全国科学技术发展规划纲要》等规划中都列入针对青藏高原的相关任务。1971 年，周恩来总理主持召开全国科学技术工作会议，制订了基础研究八年科技发展规划（1972—1980 年），青藏高原科学考察是五个核心内容之一，从而拉开了第一次大规模青藏高原综合科学考察研究的序幕。经过近 20 年的不懈努力，第一次青藏综合科考全面完成了 250 多万平方千米的考察，产出了近 100 部专著和论文集，成果荣获了 1987 年国家自然科学奖一等奖，在推动区域经济建设和社会发展、巩固国防边防和国家西部大开发战略的实施中发挥了不可替代的作用。

　　自第一次青藏综合科考开展以来的近 50 年，青藏高原自然与社会环境发生了重大变化，气候变暖幅度是同期全球平均值的两倍，青藏高原生态环境和水循环格局发生了显著变化，如冰川退缩、冻土退化、冰湖溃决、冰崩、草地退化、泥石流频发，严重影响了人类生存环境和经济社会的发展。青藏高原还是"一带一路"环境变化的核心驱动区，将对"一带一路"20 多个共建国家和 30 多亿人口的生存与发展带来影响。

　　2017 年 8 月 19 日，第二次青藏高原综合科学考察研究启动，习近平总书记发来贺信，指出"青藏高原是世界屋脊、亚洲水塔，是地球第三极，是我国重要的生态安全屏障、战略资源储备基地，是中华民族特色文化的重要保护地"，要求第二次青藏高原综合科学考察研究要"聚焦水、生态、人类活动，着力解决青藏高原资源环境承载力、灾害风险、绿色发展途径等方面的问题，为守护好世界上最后一方净土、建设美丽的青藏高原作出新贡献，让青藏高原各族群众生活更加幸福安康"。习近平总书记的贺信传达了党中央对青藏高原可持续发展和建设国家生态保护屏障的战略方针。

第二次青藏综合科考将围绕青藏高原地球系统变化及其影响这一关键科学问题，开展西风－季风协同作用及其影响、亚洲水塔动态变化与影响、生态系统与生态安全、生态安全屏障功能与优化体系、生物多样性保护与可持续利用、人类活动与生存环境安全、高原生长与演化、资源能源现状与远景评估、地质环境与灾害、区域绿色发展途径等10大科学问题的研究，以服务国家战略需求和区域可持续发展。

"第二次青藏高原综合科学考察研究丛书"将系统展示科考成果，从多角度综合反映过去50年来青藏高原环境变化的过程、机制及其对人类社会的影响。相信第二次青藏综合科考将继续发扬老一辈科学家艰苦奋斗、团结奋进、勇攀高峰的精神，不忘初心，砥砺前行，为守护好世界上最后一方净土、建设美丽的青藏高原作出新的更大贡献！

孙鸿烈
第一次青藏科考队队长

丛书序二

　　青藏高原及其周边山地作为地球第三极矗立在北半球，同南极和北极一样，既是全球变化的发动机，又是全球变化的放大器。2000 年前人们就认识到青藏高原北缘昆仑山的重要性，公元 18 世纪人们就发现珠穆朗玛峰的存在，19 世纪以来，人们对青藏高原的科考水平不断从一个高度迈向另一个高度。随着人类远足能力的不断加强，逐梦三极的科考日益频繁。虽然青藏高原科考长期以来一直在通过不同的方式在不同的地区进行着，但对整个青藏高原的综合科考迄今只有两次。第一次是 20 世纪 70 年代开始的第一次青藏科考。这次科考在地学与生物学等科学领域取得了一系列重大成果，奠定了青藏高原科学研究的基础，为推动社会发展、国防安全和西部大开发提供了重要科学依据。第二次是刚刚开始的第二次青藏科考。第二次青藏科考最初是从区域发展和国家需求层面提出来的，后来成为科学家的共同行动。中国科学院的 A 类先导专项率先支持启动了第二次青藏科考。刚刚启动的国家专项支持，使第二次青藏科考有了广度和深度的提升。

　　习近平总书记高度关怀第二次青藏科考，在 2017 年 8 月 19 日第二次青藏科考启动之际，专门给科考队发来贺信，作出重要指示，以高屋建瓴的战略胸怀和俯瞰全球的国际视野，深刻阐述了青藏高原环境变化研究的重要性，希望第二次青藏科考队聚焦水、生态、人类活动，揭示青藏高原环境变化机理，为生态屏障优化和亚洲水塔安全、美丽青藏高原建设作出贡献。殷切期望广大科考人员发扬老一辈科学家艰苦奋斗、团结奋进、勇攀高峰的精神，为守护好世界上最后一方净土顽强拼搏。这充分体现了习近平生态文明思想和绿色发展理念，是第二次青藏科考的基本遵循。

　　第二次青藏科考的目标是阐明过去环境变化规律，预估未来变化与影响，服务区域经济社会高质量发展，引领国际青藏高原研究，促进全球生态环境保护。为此，第二次青藏科考组织了 10 大任务和 60 多个专题，在亚洲水塔区、喜马拉雅区、横断山高山峡谷区、祁连山－阿尔金区、天山－帕米尔区等 5 大综合考察研究区的 19 个关键区，开展综合科学考察研究，强化野外观测研究体系布局、科考数据集成、新技术融合和灾害预警体系建设，产出科学考察研究报告、国际科学前沿文章、服务国家需求评估和咨询报告、科学传播产品四大体系的科考成果。

两次青藏综合科考有其相同的地方。表现在两次科考都具有学科齐全的特点，两次科考都有全国不同部门科学家广泛参与，两次科考都是国家专项支持。两次青藏综合科考也有其不同的地方。第一，两次科考的目标不一样：第一次科考是以科学发现为目标；第二次科考是以摸清变化和影响为目标。第二，两次科考的基础不一样：第一次青藏科考时青藏高原交通整体落后、技术手段普遍缺乏；第二次青藏科考时青藏高原交通四通八达，新技术、新手段、新方法日新月异。第三，两次科考的理念不一样：第一次科考的理念是不同学科考察研究的平行推进；第二次科考的理念是实现多学科交叉与融合和地球系统多圈层作用考察研究新突破。

"第二次青藏高原综合科学考察研究丛书"是第二次青藏科考成果四大产出体系的重要组成部分，是系统阐述青藏高原环境变化过程与机理、评估环境变化影响、提出科学应对方案的综合文库。希望丛书的出版能全方位展示青藏高原科学考察研究的新成果和地球系统科学研究的新进展，能为推动青藏高原环境保护和可持续发展、推进国家生态文明建设、促进全球生态环境保护做出应有的贡献。

姚檀栋

第二次青藏科考队队长

前　　言

　　青藏高原是我国重要的生态安全屏障，2021 年 6 ～ 7 月习近平总书记先后视察青海、西藏时多次强调，要全面贯彻新发展理念，服务和融入新发展格局，推动高质量发展，加强边境地区建设，抓好稳定、发展、生态、强边四件大事，在推动青藏高原生态保护和可持续发展上不断取得新成就，奋力谱写雪域高原长治久安和高质量发展新篇章。要牢固树立绿水青山就是金山银山、冰天雪地也是金山银山的理念，保持战略定力，提高生态环境治理水平，推动青藏高原生物多样性保护，坚定不移走生态优先、绿色发展之路，努力建设人与自然和谐共生的现代化，切实保护好地球第三极生态。城镇化是青藏高原最强烈的人类活动过程，也是青藏高原基本实现现代化的必由之路。在青藏高原推进城镇化与绿色发展，就是深入贯彻落实习近平总书记"为守护好世界上最后一方净土、建设美丽的青藏高原作出新贡献，让青藏高原各族群众生活更加幸福安康"重要指示精神，把青藏高原绿色发展和高质量发展之路贯穿到城镇化全过程和城市建设始终的具体行动，就是要通过城镇化与绿色发展肩负起护卫国家安全屏障、保护国家生态安全屏障、避免亚洲水塔失稳失衡、传承中华民族优秀文化的特殊使命。根据青藏高原资源环境容量合理划定城市开发边界，合理调控青藏高原城镇化进程，始终为守好国家重要的生态安全屏障提供支撑。

　　在青藏高原上要不要走城镇化发展之路，一直是学术界争论不休的话题。通过这次科学考察，可以肯定地回答青藏高原需要坚定不移地走绿色城镇化发展之路，这种绿色城镇化发展之路有着与内地截然不同的特殊驱动过程、特殊发展目标、特殊发展道路和特殊发展模式。带着这些特殊性，在第二次青藏高原综合科学考察研究专题"青藏高原城镇化进程与绿色发展"（编号 2019QZKK1005）

的资助下，专题科学考察队 70 多人基于"科学考察＋科学研究＋服务国家及地方发展"三位一体的城镇化科考模式，重点选取"三圈四带"（西宁都市圈、拉萨城市圈、柴达木城镇圈、青藏铁路沿线城镇带、川藏通道沿线城镇带、唐蕃古道沿线城镇带和边境城镇带）地区，先后 20 多次上青藏高原实地考察 160 多天，历时 5 年收集到青藏高原城镇化发展的第一手数据资料，建立了青藏高原城镇化发展的基础数据和资料库，系统分析了青藏高原城镇化的特殊性、动态演变历程和时空演变格局，采用多模型融合算法计算了青藏高原城镇化与绿色发展的承载阈值，提出了青藏高原城镇化发展的特殊使命、特殊目标、特殊格局和特殊模式，提出了青藏高原人居环境建设、绿色发展路径和对策建议，还因地制宜地提出了青藏铁路沿线城镇带、川藏通道沿线城镇带、唐蕃古道沿线城镇带、边境城镇带、西宁都市圈、拉萨城市圈、柴达木城镇圈等重点城镇化地区绿色发展目标与路径，基本回答了青藏高原走绿色城镇化发展之路的一系列科学问题，为青藏高原城镇化与绿色发展和到 2035 年基本实现现代化提供了重要的科学支撑。

本书是"青藏高原城镇化进程与绿色发展"专题科学考察队全体队员辛勤劳动的集体成果。各章科考研究和编写分工如下：第 1 章由方创琳、戚伟撰写；第 2 章由鲍超、方创琳、王振波、李广东、戚伟、刘志涛、刘若文、徐牧天、徐岷钰等撰写；第 3 章由方创琳、鲍超、王振波、马海涛、孙思奥、戚伟、范育鹏等撰写；第 4 章由方创琳、鲍超、戚伟编写；第 5 章由鲍超、张海峰、杨显明、范育鹏、仲俊涛、牛月、徐牧天、徐岷钰、刘若文、张新玉、张晚军、许茹、颜鲁青、刘美娟、马勇洁撰写；第 6 章由李广东、方创琳、任宇飞、冯雨雪、吕迅威、刘海燕、陈丹撰写；第 7 章由王振波、孙思奥、张晓瑞、张敏、李嘉欣、李晓纯、卓雯君、申伟彤、王若菡、黄耀辉撰写；第 8 章由戚伟、马海涛、高苹、冯瑜满、陈镘、陈嘉妍、肖徐玏、吴璨熹撰写；第 9 章由杨永春、贾卓、张永姣、王梅梅、赵懋源、赵锦瑶、陈麒撰写；第 10 章由杨永春、常跟应、王文瑞、刘海洋、盛楠翊、俞文鑫、陈雪飞、王梅梅撰写；第 11 章由张海峰、牛月、马晓帆撰写；第 12 章由刘志成、蔡君、王博娅、许晓明、苏俊伊、杨瑞莹、薛亚美、苏夏、黄心言、梅子钰、赵卓琦、王雅欣、霍子璇、康文馨撰写；第 13 章由方创琳撰写。由方创琳负责组织考察路线、考察任务和研究思路的具体设计，以及组织实地调研和大纲的具体编写、各章统稿等；由戚伟担任学术秘书，负责组织考察的日常协调与联络工作。若无特殊说明，本书数据资料截止时间为 2020 年底。

本书初稿完成后，经过了第二次青藏高原综合科学考察研究办公室组织的专家评审，评审专家认为全书"逻辑清晰、思路正确、资料翔实、图文并茂、方法得当、分析可靠、结论明确，既体现了系统性和完整性，也有对青藏高原这种独特地域单元可持续城镇化过程的真知灼见，达到了出版水平，可为国家、地方制定发展规划提供科技支撑，同时也可成为高原城镇化研究的绝好参考文献"。

本书在撰写过程中，得到了第二次青藏高原综合科学考察队队长姚檀栋院士的悉心指导和帮助，得到了第二次青藏高原综合科学考察研究办公室、西藏自治区政府各部门、青海省政府各部门的大力支持。科学出版社在本书出版过程中给予了大力协助和支持，在此对各位老师付出的辛勤劳动表示最真挚的感谢！

本书研究成果于 2024 年 1 月 3 日由中央电视台 CCTV-9《再登地球之巅》（第 5 集　时间之尺）首次播出，其中青藏高原城镇化绿色发展播出时长 10 分钟。播出后社会反响非常好，电视端位列热播电视纪录片融合传播指数榜全国第 2 位，又于 2024 年 2 月 2 日 18:30 在中央电视台 CCTV-1 再次播出。

作为从事城镇化与城市发展研究的科研工作者，研究青藏高原城镇化与绿色发展这一科学问题是本团队学术生涯中的重要尝试，由于对青藏高原城镇化与绿色发展等的研究尚处于初期阶段，学术界、政界和新闻界仁者见仁、智者见智，本书中提出的一些观点和看法可能有失偏颇，加之时间仓促，能力有限，书中缺点在所难免，恳求广大同仁批评指正！本书在成文过程中，参考了许多专家学者的论著或科研成果，对引用部分都一一做了注明，但仍恐有挂一漏万之处，恳请多加包涵。竭诚渴望阅读本书的读者们提出宝贵意见！让我们共同为青藏高原城镇化与绿色发展、探索美丽青藏建设之道、保障边疆长治久安、守护好世界上最后一方净土作出贡献。

2024 年春于中国科学院奥运村科技园区

摘　　要

在青藏高原上要不要走城镇化发展之路？发育在青藏高原的19座城市和474座城镇到底是如何长大的？是什么力量驱动着高原城市的发育和扩张？高原城市未来能长多大，可否预警与调控？高原城镇化如何护卫亚洲水塔、国家生态安全屏障和捍卫国家安全？高原城镇化怎样才能让青藏高原变得更美丽，让高原人民生活得更美好？带着这些科学问题，自2019年起由70多人组成的"青藏高原城镇化进程与绿色发展"专题科学考察队按照"科学考察＋科学研究＋服务国家及地方发展"三位一体的科考模式，重点选取"三圈四带"（西宁都市圈、拉萨城市圈、柴达木城镇圈、青藏铁路沿线城镇带、川藏通道沿线城镇带、唐蕃古道沿线城镇带和边境城镇带）地区，先后20余次上青藏高原实地考察160多天，历时5年收集到了高原城镇化发展的第一手数据资料，建立了青藏高原城镇化发展的基础数据库，系统分析了青藏高原城镇化的特殊性、动态演变历程和时空演变格局，采用多模型融合算法计算了青藏高原城镇化绿色发展的承载阈值，提出了青藏高原城镇化绿色发展的特殊使命、特殊道路、特殊目标、特殊格局和特殊模式，提出了高原人居环境建设、绿色发展的路径和对策建议。通过科学考察和研究，基本上回答了上述科学问题，为青藏高原城镇化绿色发展和到2035年基本实现现代化提供了重要的科学支撑。本书得出的主要科考与研究结论如下。

【高原城镇化的特殊战略地位】从全国城镇化轴线格局中的特殊战略地位分析，青藏高原城镇化地处中国"两横三纵十九群"的新型城镇化战略格局的外围地带，虽然不是国家新型城镇化的空间主体区，但青藏高原城镇化肩负着捍卫国家安全屏障与护卫国家生态安全屏障及亚洲水塔的特殊使命，因而在全国城镇化战略格局中具有十分重要且特殊的战略地位，对守护好世界上最后一方净土、建设美丽的青藏高原、让青藏高原各族群众生活更加幸福安康、使青藏高原生态安全屏障更牢固、使国家安全屏障更坚固都发挥着不可替代的重要作用。从全国城镇化分区格局的特殊战略地位分析，青藏高原城镇化主体位于中国"五大区四十七个亚区"城镇化分区格局中的民族自治地区城镇化发展区（Ⅴ）和城镇化发展区（Ⅳ），加快高原城镇化绿色发展、提升高原城镇化发展质量，对推进民族地区城镇化融入国家新型城镇化发展大格局、选择具有中国特色与青藏高原特点的城镇化绿色发展之路、探索美丽中国建设的青藏高原模式和美丽青藏建设之道、保障边疆民族地区社会稳定及长治久安，对构建青藏高原固边型城镇体系、优化国家城镇化战略布局都有着不可估量的重要作用。

【高原城镇化的国家战略需求】城镇化是青藏高原最强烈的人类活动过程，也是青藏高原基本实现现代化的必由之路。2021 年 6 ～ 7 月习近平总书记先后视察青海、西藏时多次强调，要全面贯彻新时代党的治藏方略，坚持稳中求进工作总基调，立足新发展阶段，完整、准确、全面贯彻新发展理念，服务和融入新发展格局，推动高质量发展，加强边境地区建设，抓好稳定、发展、生态、强边四件大事，在推动青藏高原生态保护和可持续发展上不断取得新成就，奋力谱写雪域高原长治久安和高质量发展新篇章。要牢固树立绿水青山就是金山银山、冰天雪地也是金山银山的理念，保持战略定力，提高生态环境治理水平，推动青藏高原生物多样性保护，坚定不移走生态优先、绿色发展之路，努力建设人与自然和谐共生的现代化，切实保护好地球第三极生态。可见，在青藏高原推进城镇化绿色发展，就是深入贯彻落实习近平总书记"为守护好世界上最后一方净土、建设美丽的青藏高原作出贡献，让青藏高原各族群众生活更加幸福安康"重要指示精神，把高原绿色发展和高质量发展之路贯穿到城镇化全过程和城市建设始终的具体行动，就是要通过城镇化绿色发展护卫国家安全屏障，保护国家生态安全屏障，保护亚洲水塔避免失稳失衡，传承中华民族传统文化，因而其有着与内地截然不同的特殊驱动过程和特殊发展道路。

【高原城镇化发展的特殊使命】青藏高原城镇化发展的特殊使命在于：是护卫国家安全屏障的固边型城镇化，是保护国家生态安全屏障的绿色城镇化，是保护亚洲水塔避免失稳失衡的护塔型城镇化，是传承中华民族优秀文化的文化型城镇化，是确保高原人民基本实现现代化的新型城镇化。这种特殊使命决定了青藏高原新型城镇化的特殊驱动过程、特殊发展道路、特殊发展目标和特殊发展模式。

【高原城镇化的特殊驱动过程】青藏高原城镇化过程有着与内地截然不同的特殊的自然要素驱动过程、特殊的经济要素驱动过程、特殊的社会文化要素驱动过程和特殊的政策要素驱动过程，是一个在高寒缺氧环境下，由单一投资拉动、游客带动、服务驱动、对口支援等共同发力形成的低度开发型、社会包容型、文化传承型和守土固边型城镇化，理论上是低速高质的绿色城镇化过程。这种特殊的城镇化过程表现为对青藏高原高寒缺氧脆弱生态环境的主动适应过程、护卫水塔过程、守土固边过程、服务驱动过程、客人带动过程、内资拉动过程、渐进渐变过程、小聚大散过程、民族融合过程、文化传承过程、对口结对过程和生态富民过程 12 种特殊驱动过程。

【高原城镇化与人口承载阈值】从经济承载力、土地承载力、水资源承载力、大气环境质量承载力、生态承载力、资源环境综合承载力等视角，采用多模型算法测算青藏高原人口承载力和城镇化水平阈值，得出青藏高原常住人口承载阈值为 2620 万人左右，尚能新增承载人口 1307 万人。为守土固疆和确保广域青藏高原有人留守，可容许 1500 万人进城，与 2020 年现状城镇人口 624.95 万人相比，青藏高原未来可新增进城人口约 875 万人。综合考虑青藏高原城镇化的特殊性，结合容许进城的人口规模，计算得到青藏高原城镇化率只能提升到 57.25% 左右，将长期处于城镇化发展的中期阶段，基本符合青藏高原城镇化发展的客观规律。与 2020 年现状城镇化率 47.58% 相比，青藏高原未来可新增城镇化率 9.67%。具体到重点城市，拉萨市人口阈值约为 150 万人，城镇化率可提升到 80% 左右；日喀则市人口阈值为 170 万人左右，城镇化率可提升到 41.18% 左右；昌都市人口阈值为 100 万人左右，城镇化率可提升到 30% 左右；林芝市人口阈值为 150 万人左右，城镇化率可提升到 49.68% 左右；山南市人口阈值为 110 万人左右，城镇化率可提升到 50% 左右；那曲市人口阈值为 90 万人左右，城镇化率可提升到 36.67% 左右；西宁市人口阈值为 430 万人左右，城镇化率可提升到 83.72% 左右；海东市人口阈值为 250 万人左右，城镇化率可提升到 60% 左右；格尔木市人口阈值为 50 万人左右，城镇化率可提升到 91.90% 左右；德令哈市人口阈值为 20 万人左右，城镇化率可提升到 83.15% 左右；茫崖市人口阈值为 5 万人左右，城镇化率可提升到 94% 左右；同仁市人口阈值为 20 万人左右，城镇化率可提升到 55.55% 左右；玉树市人口阈值为 30 万人左右，城镇化率可提升到 63.20% 左右；马尔康市人口阈值为 10 万人左右，城镇化率可提升到 55.10% 左右；康定市人口阈值为 25 万人左右，城镇化率可提升到 55.04% 左右；香格里拉市人口阈值为 30 万人左右，城镇化率可提升到 49.30% 左右；合作市人口阈值为 22 万人左右，城镇化率可提升到 57.73% 左右；米林市人口阈值为 10 万人左右，城镇化率可提升到 48% 左右；错那市人口阈值为 5 万人左右，城镇化率可提升到 55% 左右。未来承载的人口将小集聚到西宁、拉萨和柴达木三大都市圈（城市圈）约 1010 万人，占青藏高原可承载人口的 38.54%，中分散到 11 个重要节点城市 657 万人左右，占青藏高原可承载人口的 25.08%，支持高原美丽城市建设；大分散到固边城镇 953 万人左右，占青藏高原可承载人口的 36.73%，支撑"梳状"固边型城镇体系建设。

　　【**高原城镇化发展特征与问题**】1953～2020年的67年时间里,青藏高原常住人口缓慢增长,由1953年的454.38万人增加到2020年的1313.41万人(第七次全国人口普查数据),平均每年新增常住人口12.82万人。1982～2020年的38年里,青藏高原常住城镇人口由126.51万人增加到624.79万人,每年新增城镇人口约13.11万人。常住人口城镇化率由1982年的15%增加到2020年的47.58%,每年新增约0.86个百分点,低于同期全国城镇化率年均增长速度(1.15个百分点)。城镇化发展存在的主要问题为:城镇数量少、规模小,城镇化水平低,职能单一且辐射能力弱,城镇基础设施建设滞后;城镇化发展主要依靠外部"输血"推动,内生经济动力不足,高原生态服务潜力巨大,但生态价值转化难度大,产业支撑能力不足,2020年西藏和青海GDP分别为1902.74亿元和3005.92亿元,分别位列31个省(自治区、直辖市)倒数第1和第2位,人均GDP分别为54277元和49454元,大大低于全国平均水平72568元;边境地区部分县镇人口减少,边境城镇带建设滞后,固边型城镇体系发育缓慢;高原文化重发展轻传承保护,重观光轻体验,重外援轻内生,导致文化名镇特色不突出,自我"造血"功能较弱;城镇集中分布区生态退化,人口分散区生态保护成本高;高原人居环境建设水平低,城镇风貌"雷同现象"明显,公共服务水平和社会服务保障等尚存在不足;作为青藏高原城镇化重点地区的西宁都市圈、拉萨城市圈和柴达木城镇圈同城化程度低,辐射带动作用弱。

　　【**高原城镇规模等级结构格局**】1990～2020年,青藏高原城镇数量从108个增加到493个,其中城市数量由9个增加至19个,建制镇数量由99个增加至474个。人口小于1万人的城镇始终占很大比重,城镇人口规模普遍较小、辐射带动能力不足。将1990～2020年青藏高原城镇人口规模等级分为6个级别,可知小于1万人的城镇数量由89个增加到416个,占高原城镇数的比重由82.41%变为84.38%;1万～5万人的城镇数量由14个增加到67个,占比由12.96%变为13.59%;5万～10万人的城镇数量由3个增加到5个,占比由2.78%变为1.01%;10万～20万人的城镇数量由1个增加到2个,占比由0.93%变为0.41%;20万～50万人的城镇数由0个增加到2个(拉萨市区和海东市区),占比为0.41%;大于50万人的城镇数为1个(西宁市区),占比为0.41%。

　　【**高原城镇职能结构变化格局**】青藏高原城镇体系的职能结构分为综合型和专业型两大类型。中心城市和区域中心城市多为综合型;其他城镇多为专业型,主要包括综合服务型、旅游服务型、工矿服务型、农牧服务型、交通物流型、商贸服务型、边境口岸型、城郊经济型等。综合型中心城市包括西宁市和拉萨市,综合型区域中心城市包括海东市、日喀则市、昌都市、林芝市、山南市、那曲市、格尔木市、德令哈市、玉树市、茫崖市、同仁市、香格里拉市、康定市、马尔康市和合作市共15个城市;专业型城镇是青藏高原除以上设市城市以外的城镇，包括地区行署与州府所在地、县城所在地、行委所在地的城镇及县以下建制镇，这些城镇根据所处的区位、交通等位置的不同，发挥的专业化职能各不相同。

【高原城镇空间结构总体格局】青藏高原现已基本形成了"两圈两轴一带多节点"的城镇化空间分布格局。其中，"两圈"指西宁都市圈和拉萨城市圈，"两轴"指青藏铁路沿线城镇发展轴和雅鲁藏布江河谷城镇发展轴，"一带"指青藏高原边境城镇带，"多节点"指海东市、日喀则市、昌都市、林芝市、山南市、那曲市、格尔木市、德令哈市、玉树市、茫崖市、同仁市、香格里拉市、康定市、马尔康市和合作市共15个重点城市节点，均为青藏高原区域性中心城市，它们是带动青藏高原经济社会高质量发展和稳边固边的重要支撑点。未来青藏高原城镇化的总体格局将形成"三圈四带多节点"的固边型城镇化空间结构新格局，其中，"三圈"指西宁都市圈、拉萨城市圈和柴达木城镇圈，"四带"指青藏铁路沿线城镇带、川藏通道沿线城镇带、唐蕃古道沿线城镇带、边境城镇带，"多节点"指多个重要城市节点和重要固边城镇。

【高原城镇化绿色发展指导思想】紧紧围绕"稳定、发展、生态、强边"四件大事，立足青藏高原所处的新发展阶段，坚定不移走生态优先、绿色发展之路，以推动城镇化绿色发展为主线，构建新发展格局，统筹绿色发展和国家安全，坚持把捍卫国家安全、护卫亚洲水塔、加强民族团结作为高原城镇化的着眼点和着力点，坚持把改善民生、凝聚人心作为青藏高原经济社会高质量发展的出发点和落脚点，确保国家安全和长治久安，确保高原人民生活水平不断提高，确保高原生态环境良好，确保边防巩固和边境安全，努力建设团结、富裕、文明、和谐、美丽的社会主义现代化新高原。

【高原城镇化绿色发展特殊思路】立足青藏高原城镇化与经济社会发展的阶段性特征、自然地理资源条件和边疆少数民族地区等特殊性，突出地域、民族、文化特色，建设"世界屋脊"的城镇化，深入贯彻落实中央城镇化工作会议精神，坚持以人为本、优化布局、生态文明、传承文化的基本原则，坚持以青藏高原的城镇化为核心，有序推进农牧业转移人口镇民化，构建更加公平的社会保障制度，确保各族群众进一步共享现代文明和改革发展成果，积极稳妥推进符合青藏高原特点的绿色城镇化。具体思路为：①保障国家安全，该快则快，需稳则稳，确保边境和农村地区有足量人口。②聚散有度，小聚大散，宜聚则聚，需散则散，在散聚中形成"星星点灯"的固边型城镇体系格局，突出西宁都市圈、拉萨城市圈、柴达木城镇圈和青藏铁路沿线城镇带、川藏通道沿线城镇带、唐蕃古道沿线城镇带、边境城镇带"三圈四带"的集聚效应。③住在镇里，牧在乡里，就近落户，就地就业，就近就地镇民化。④突出特色，彰显民风，弘扬文化，承接地气，建设高原美丽城市与城镇。

【高原城镇化绿色发展特殊道路】青藏高原城镇化发展的特殊道路就是以守土固

边为先导，以绿色发展为主导，以通道建设为保障，以文化传承为特色，以人居环境为重点的绿色城镇化之路。这种特殊之路是青藏高原人民基本实现现代化的必由之路。①以绿色发展为主导，不断提高提供生态产品和生态服务的能力和水平；②以守土固边为先导，加强边境口岸和抵边城镇建设；③以通道建设为保障，超前建设保障青藏高原城镇化绿色发展的重大基础设施；④以文化传承为特色，加大青藏高原历史文化名城名镇保护与传承力度；⑤以人居环境改善和基本公共服务全覆盖为重点，改善高原特色人居环境；⑥以区划调整为手段，适时优化调整行政区划，加强边境地区设市建镇；⑦以重点突破为抓手，加快西宁都市圈、拉萨城市圈和柴达木城镇圈同城化进程。

【高原城镇化绿色发展总体目标】稳妥进入城镇化发展的中期阶段并将长期稳定在中期阶段，全面提升城镇化发展质量，城镇化使青藏高原人民生活得更美好，使青藏高原生态安全屏障更牢固，使守边固边能力更强大。综合考虑青藏高原城镇化的特殊使命和资源及生态环境承载阈值，2035 年前城镇化速度每年不宜超过 0.3 个百分点，2035 年后每年不宜超过 0.2 个百分点，还将确保 40% 左右的人口长期住在农村，一方面维持农牧民生计和振兴乡村，另一方面当好护边员。2025 年青藏高原常住人口达到 1400 万人左右，城镇化率宜控制在 49% 以内，显著提升城镇化发展质量；2035 年青藏高原常住人口达到 1600 万人左右，城镇化率宜控制在 52.5% 左右，全面提升城镇化绿色发展质量与固边能力；2050 年青藏高原常住人口达到 1900 万人左右，城镇化率宜控制在 55.26% 左右，稳固提升城镇化绿色发展质量和固边强边能力。

【高原城镇化绿色发展主要模式】立足青藏高原城镇化的特殊重要地位、特殊使命和特殊道路，为了推进城镇化发展，确保高原城市使高原人民生活得更美好，需要采取守土固边型、绿色驱动型、护卫水塔型、文化传承型、游客拉动型、宿镇牧乡型、生态富民型、小聚大散型、对口结对型、城乡融合型城镇化发展模式。

【高原城镇化绿色发展主要路径】①实施稳疆固边的城镇化路径。以守土固边为先导，加强边境口岸和抵边城镇建设，优化升级边境交通，构建青藏高原"梳状"固边型镇村体系，建设固边戍边的特色镇村；大力发展高原边境生态旅游，确保边境地区适量的旅游活动人口固边；引导本地户籍人口常住和回流固边，走守土固边型城镇化之路。②实施低速高质城镇化路径。按保障国家安全和生态安全屏障要求，将高原城镇化水平与速度控制在合理水平；把小城镇作为青藏高原就近就地镇民化主体，推进以小城镇为主导的农牧民就近就地镇民化，不断提高城镇化发展质量；重点沿边、沿交通线、沿江建设"小而美、小而精、小而特"的城镇链和固边链，确保乡村地区和边境地区有足够数量的人口守边固边。③实施绿色城镇化与绿色现代化路径。构建绿色城乡发展体系，推动青藏高原从"输血"向"造血"转变；编制青藏高原绿色现代化规划，把城市建成高原绿色现代化先行示范区。④实施生态城镇化路径。将生态价值塑造成青藏高原高质量发展的核心价值，推动城镇化与生态环境协调发展，探索符合青藏高原特色的生态城镇化模式，改善青藏高原特色人居环境，补齐人居环境建设短板，创建青藏高原公园城市，把青藏高原建成生态富民先行地，建成一批生态富民示范市和示范镇。⑤实施文化城镇化路径。以文化传承为特色，加大对青藏高原历史文化名城名镇保护与传承的力度，编制青藏高原历史文化名城名镇保护规划，完善历史文化城镇保护体系，加大对青藏高原历史文化名城名镇保护与建设资金、人才、技术保障的力度，走文化城镇化之路。⑥实施重点都市圈同城化路径。加快西宁都市圈、拉萨城市圈和柴达木城镇圈同城化进程，建成高质量都市圈和高品质生活圈。推动西宁市－海东市一体化发展，建成青藏高原最大、最强、最优的都市圈；推动拉萨市－山南市一体化进程，建成青藏高原最具文化魅力的城市圈；加快柴达木城镇圈绿色工业一体化进程，建成国家第 2 个可再生能源示范区。

　　【高原城镇化绿色发展对策建议】①超前建设青藏高铁等基础设施，筑牢国家安全保障线。以通道建设为保障，分期分段新建青藏高速铁路；微调川藏铁路选线选站，加密沿线配套交通设施，带动拉萨城市圈建设，完善青藏高原立体综合交通运输通道，融入西部陆海新通道，加密青藏高原机场和航空航线的覆盖度，提高抵边城镇交通通达度，建设好青藏高原综合交通枢纽城市和城镇，筑牢国家安全战略保障线、稳疆固藏战略通道线和战时投送能力应急保障线。②加快引进"新基建"上高原，建设青藏高原智慧城市。依靠科技创新驱动，加快新型数字基础设施建设，建设国家大数据中心、超算中心、战略性资源数据备份中心和大数据交易中心，创建青藏高原大数据产业园，大力发展数字经济和智慧城市。推进"感知青藏"建设，促进物联网在生态环境、应急救灾、高原特色农牧业、智慧旅游等领域的应用，推进"万物互联"。③适时调优青藏高原地区行政区划，加强边境地区设市建镇。从保障国家安全角度，稳妥优化青藏高原边境地区行政区划设置，适时优先破例建设察隅、格尔木、阿里 3 个地级市，适时推进拉萨市林周县撤县设区，推进青海省大柴旦行政委员会（简称大柴旦行委）撤委建市，西藏墨竹工卡县、定日县，青海共和县、玛沁县、海晏县、贵德县、囊谦县、都兰县、门源回族自治县、民和回族土族自治县、互助土族自治县等县撤县设市，建成稳疆固边的"新门户"。将定日县改为珠穆朗玛市，推进符合条件的乡改镇和乡改街道。④加快美丽青藏与美丽城市建设进程，提升公众满意度。牢固树立绿水青山就是金山银山、冰天雪地也是金山银山的理念，正确处理好生态保护与富民利民的关系，按照美丽中国建设目标，加快美丽青藏、高原美丽城市和美丽城镇建设，筑牢国家重要的生态安全屏障，提升青藏人民对美丽中国和美丽青藏建设的公众满意度。⑤加快边境城市土地制度改革，建设边境土地改革试验特区。在坚持宪法规定土地公有制的前提下，设立边境城市（镇）土地制度改革试验特区，授予边境居民、驻边企业、单位等长期稳定、权益充分、流转顺畅的土地权利，使其守土有责、守土有得、守土有为。以边民为本，设置边境土地制度改革试验特区，因边制宜地实施特殊土地政策；以土地为根守土有责，授予边民土地永久使用权和承包权，让边民"守者有其地"；以收益为保障守土有得，授予边民土地经营的永久收益权，使边民"护者有其利"；以固边为宗旨守土有为，推进集体经营性建设用地盘活利用和入市流转增值增效；以国土安全为重，在国家重大战略布局和国土空间规划中优先考虑边境城市。

目　　录

第 1 章

高原城镇化进程与绿色发展综合考察过程

城镇化是一个国家或地区社会经济发展的必然过程，也是一个国家或地区迈向现代化的必由之路。青藏高原作为我国最大的生态安全屏障，相比于我国其他区域，存在着城镇化水平偏低、城镇体系不完善、城镇基础设施建设滞后、城镇辐射吸引能力不强、城市多元文化并存但民族特色展现不足等诸多问题。受交通可达性以及研究力量等诸多条件的限制，当前关于青藏高原城镇化进程的研究仅局限于单个大城市地区，且时间和空间跨度较小，大区域、长时段的综合数据库缺乏。总体来看，目前学术界和政府部门对青藏高原城镇化的特殊性、特殊使命、特殊驱动力、特殊目标、特殊道路和特殊模式缺乏总体把握和系统性研究，对青藏高原城镇化绿色发展路径缺乏系统分析，急需通过综合科学考察，厘清城镇化在青藏高原国家安全屏障、国家生态安全屏障和亚洲水塔建设中的重要功能，提出相应的绿色发展路径与模式。

1.1 综合科学考察的战略意义与目标

1.1.1 综合科学考察解决的科学问题

从科学问题分析，在青藏高原上发育着大大小小 19 座城市和 474 座城镇，这些城市和城镇支撑着青藏高原的城镇化进程，在城镇化进程中，需要通过科学考察摸清如下科学问题：高原城市是如何长大的？是什么力量驱动着高原城市的发育和扩张？高原城市未来能长多大？如何进行预警和调控？高原城市如何让高原人民生活得更美好？如何选择发展路径？高原城镇化如何能让青藏高原更美丽？怎样推进高原可持续城镇化实现绿色发展？高原城镇化如何捍卫国家安全？如何构建固边强边型城镇体系？针对这些问题，拟通过第二次青藏高原综合科学考察城镇化专题研究，重点解决以下五大关键科学问题：

1. 高原城市是如何长大的？是什么力量驱动着高原城市的发育和扩张？

通过实地调研、统计调查、大数据解析、遥感监测等多种数据获取手段，收集青藏高原地区城镇化与城镇体系演变的数据，分析青藏高原地区城镇化过程及城镇体系的动态演化特征，摸清青藏高原有多少座城市（包括省会城市、地级市、县级市及建制镇的设立情况）；各类城镇规模的变化情况；城镇化增长及城镇体系动态演化的主要驱动力是什么。

2. 高原城市未来能长多大？如何进行预警和调控？

通过调查和核算青藏高原及重点城市的水、土、能源等资源环境承载力，为确定城市发展规模阈值提供主要依据。结合青海、西藏现行的城镇体系规划及主要城市的城乡总体规划，采用遥感、地理信息系统（GIS）、大数据分析等先进技术，建立青藏高原城镇化预警与调控系统，科学预测未来青藏高原合理的城镇化水平与城镇体系的规模结构。

3. 高原城市如何让高原人民生活得更美好？如何选择发展路径？

通过实地调研与国内外经验借鉴，总结探索青藏高原城镇化存在哪些主要问题；

如何贯彻创新、协调、绿色、开放、共享的新发展理念，通过绿色发展来治理城市病，改善人民生活；如何从城市规划环节开始就牢牢坚持经济、社会、文化、生态效益并重，特别是如何处理好城市建设与自然、经济、历史文化传承之间的关系，让城市更有活力更具魅力；选择一条什么样的发展路径才能使高原人民生活得更美好。

4. 高原城镇化如何能让青藏高原更美丽？

在青藏高原地区不同的地理单元，通过对城镇化对生态环境变化的影响分析，辨识藏北高原、藏南谷地、柴达木盆地、祁连山地、青海高原和川藏高山峡谷区等不同类型区域的独特生态环境要素对城镇化发展的支撑和限制作用，揭示青藏高原城镇化对生态环境的影响，探索可持续城镇化的路径，一方面合理推进青藏高原的城镇化进程，另一方面确保高原生态安全屏障建设更加牢固、美丽青藏建设更具成效，实现青藏高原更加美丽的目标。

5. 高原城镇化如何捍卫国家安全？如何构建固边强边型城镇体系？

深入调研青藏高原边境地区不同特色城镇的发展基础条件，探讨边境地区固边强边型城镇体系的演变格局及小镇、口岸和基础设施建设等安全型城镇化模式，从科学视角探讨高原城镇化如何保障国家边境安全、生态环境安全、特色文化保护、稳定协同发展、兴边富民等国家战略需求的实现。

1.1.2　综合科学考察的战略意义

开展青藏高原城镇化进程与绿色发展考察研究，是深入贯彻落实习近平总书记"为守护好世界上最后一方净土、建设美丽的青藏高原作出新贡献，让青藏高原各族群众生活更加幸福安康"重要指示的具体举措，也是服务青藏高原城镇化高质量发展的重要出口。基于"科学考察＋科学研究＋服务国家及地方发展"三位一体的新型城镇化科考模式，采用"点—轴—圈—群"结合的时空科考方式，重点选取"三圈四带"地区（西宁都市圈、拉萨城市圈、柴达木城镇圈、青藏铁路沿线城镇带、川藏通道沿线城镇带、唐蕃古道沿线城镇带和边境城镇带），开展青藏高原城镇化进程与绿色发展的综合科学考察研究，建立青藏高原城镇化发展的基础数据和资料库，厘清青藏高原城镇化的关键变化过程，探讨青藏高原城镇化发展的动力机制演变及核心要素的相互作用关系，提出青藏高原城镇化发展目标、发展模式、调控方案与绿色发展路径，为青藏高原重点城镇化地区的绿色发展和到2035年基本实现现代化提供科学支撑。

1. 贯彻落实习近平总书记有关青藏高原保护及城镇化与绿色发展的重要指示精神

2021年6月7～9日，习近平总书记在青海考察时强调，要坚决贯彻党中央决策部署，完整、准确、全面贯彻新发展理念，坚持以人民为中心，坚持稳中求进工作总基调，深化改革开放，统筹疫情防控和经济社会发展，统筹发展和安全，攻坚克难，开拓创新，在推进青藏高原生态保护和高质量发展上不断取得新成就，奋力谱写全面建设社会主义现代化国家的青海篇章。他指出，生态是我们的宝贵资源和财富。要落实好国家生态战略，总结三江源等国家公园体制试点经验，加快构建起以国家公园为主体、自然保护区为基础、各类自然公园为补充的自然保护地体系，守护好自然生态，保育好自然资源，维护好生物多样性。要优化国土空间开发保护格局，坚持绿色低碳发展，结合实际，扬长避短，走出一条具有地方特色的高质量发展之路。

2021 年 7 月 21～23 日，习近平总书记视察西藏时强调，要全面贯彻新时代党的治藏方略，坚持稳中求进工作总基调，立足新发展阶段，完整、准确、全面贯彻新发展理念，服务和融入新发展格局，推动高质量发展，加强边境地区建设，抓好稳定、发展、生态、强边四件大事，在推动青藏高原生态保护和可持续发展上不断取得新成就，奋力谱写雪域高原长治久安和高质量发展新篇章。要牢固树立绿水青山就是金山银山、冰天雪地也是金山银山的理念，保持战略定力，提高生态环境治理水平，推动青藏高原生物多样性保护，坚定不移走生态优先、绿色发展之路，努力建设人与自然和谐共生的现代化，切实保护好地球第三极生态。他表示，生活在高原上的各族群众，长期以来同大自然相互依存，形成了同高原环境和谐相处的生活方式，要突出地域特点，引导激发这种人与自然和谐共生、可持续发展理念，以资源环境承载能力为硬约束，科学划定城市开发边界和生态保护红线，合理确定城市人口规模，科学配套规划建设基础设施，加强森林防火设施建设，提升城市现代化水平。

开展青藏高原城镇化进程及绿色发展的综合考察研究，就是要深入贯彻落实习近平总书记视察青海、西藏时强调的坚定不移走生态优先、绿色发展之路的重要指示精神，把高原绿色发展和高质量发展之路贯穿到城镇化全过程和城市建设的始终，根据资源环境容量合理划定城市开发边界，合理确定城市规模，合理调控高原城镇化进程，始终为守好国家重要的安全屏障和生态安全屏障提供支撑。

2. 是保障青藏高原边疆民族地区稳定和长治久安的长期需要

青藏高原地区生态环境脆弱，气候条件严酷，自然灾害频发，交通通道不畅，既是中国生存环境最严酷的地区之一，也是巩固国家脱贫攻坚成果、基本实现现代化与边疆民族稳定的决胜地。而城镇化是青藏高原社会转型发展、逐步消除城乡二元结构、基本实现现代化的必由之路，也是各民族融合发展的过程。推进以人为核心的新型城镇化，树立优势突出、特色各异的高原城镇化发展模式，有利于城乡密切联系，提升城乡基本公共服务水平，促进农牧民更多地实现转移就业、更好地融入现代城市、更快地提高生活水平，增强农牧民对现代化的自信心和自主力，构建更加公平的社会保障制度，使各族群众进一步共享现代文明和发展改革成果，更加自觉维护和睦相处、同舟共济、和谐发展的良好局面。

3. 是构建青藏高原固边强边型城镇体系，优化国家城镇化战略布局的重大需求

青藏高原地域广阔、地形复杂、资源丰富、聚落分散、文化交融、发展落后，构成了极为复杂的自然－人文生态系统，并由此产生了多元化的地形区、地层区、气候区、文化区、经济区和聚落区。不同类型区具有特殊的自然地理、生态系统和社会经济发展特征，发育了不同特色和类型的城镇。为保障与实现青藏高原绿色发展战略目标，亟须针对不同类型区的本底特征与发展需求，构建青藏高原多元化、特色化、生态化、稳定化和可持续的城镇体系与城镇化发展模式。《国家新型城镇化规划（2014—2020年）》中明确指出，要优化城镇化布局和形态，加快兰西城市群建设发展，促进以拉萨为中心的城市圈发展，可见其在国家推进新型城镇化重大战略中的重要地位，促进兰西城市群、西宁都市圈、拉萨城市圈和柴达木城镇圈等重点城镇化地区发展成为带动青藏高原绿色发展的重要增长极，这对于优化国家城镇化布局和形态具有重要的现实意义。

4. 是建设国家重要生态安全屏障及建设美丽青藏高原的持久需要

青藏高原是国家生态安全的制高点和平衡点，蕴藏着巨大的生态系统服务功能与价值，每年可创造近万亿元的服务价值，在人类生存与发展中起着至关重要且无可替代的重要作用，是国家重要的生态安全屏障。青藏高原是世界上海拔最高的陆地自然生态系统，也是人类活动与地表过程的强烈敏感区，具有不可替代性、物种多样性、不可逆转性和效应快速扩散性特征。习近平总书记致第二次青藏高原综合科学考察研究启动的贺信中强调："为守护好世界上最后一方净土、建设美丽的青藏高原作出新贡献，让青藏高原各族群众生活更加幸福安康"，这也是党的十九大生态文明体制改革和美丽中国建设的核心内容之一。基于脆弱的自然生态条件，青藏高原要在科学发展的轨道上实现绿色发展，就应最大限度地发挥城镇化对生态、环境、经济、社会、文化、旅游等全方位的助推作用，通过城镇化绿色发展，更加注重保护高原人居环境，更加注重城乡社会经济协调，更加注重增强自我发展能力，实现经济增长、生活宽裕、生态良好、社会稳定、文明进步的统一发展。

1.1.3　综合科学考察的目标

青藏高原城镇化科学考察的总体目标为：深入贯彻落实习近平总书记"为守护好世界上最后一方净土、建设美丽的青藏高原作出新贡献，让青藏高原各族群众生活更加幸福安康"的重要指示，重点实现以下"五项"目标：

（1）建成青藏高原城镇化与绿色发展综合科学考察数据库；

（2）详细记录近40年来青藏高原城镇化进程与格局的变化过程；

（3）分析青藏高原城镇化对生态环境的影响，定量测算高原城镇化的承载阈值；

（4）揭示青藏高原城镇化发展的特殊使命、特殊目标和特殊发展模式，为守好国家安全屏障和护好国家生态安全屏障提供科学支撑；

（5）提出青藏高原城镇化绿色发展路径，为青藏高原重点城镇化地区的绿色发展和基本实现现代化提供科学支撑。

1.2 综合科学考察的重点内容

采取"科学考察＋科学研究＋服务国家及地方发展"三位一体的城镇化科考模式，选取"四带"（青藏铁路沿线城镇带、川藏通道沿线城镇带、唐蕃古道沿线城镇带、边境城镇带），突出"三圈"（西宁都市圈、拉萨城市圈、柴达木城镇圈），重点考察青藏高原及"三圈四带"地区城镇化发展水平、质量和阶段、城镇规模等级结构、城镇功能、空间格局、空间形态、形成机制等关键问题及特征，针对不同城镇轴带、都市圈和重点城镇，探索符合青藏高原实际、满足资源环境约束条件、适应未来气候变化条件等多样化的新型城镇化发展道路和空间组织模式，考察的总体思路如图 1.1。

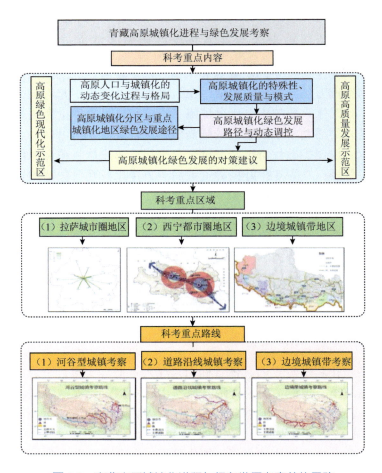

图 1.1 青藏高原城镇化进程与绿色发展考察总体思路

1.2.1 高原人口集聚与城镇化变化过程及格局考察

在考察青藏高原人口和城镇化发展状况的基础上，对都市圈、城市圈、边境城镇带和重点城镇地区进行深入调研，考察城镇化的驱动力、格局及其引起的生态环境变化，结合历史影像、监测和统计资料，系统分析半个世纪以来青藏高原人口与城镇化的动态变化过程与格局，厘清青藏高原人口与城镇化发展的时空特征及存在的问题（图 1.2）。

1. 高原人口的变化过程与格局

考察青藏高原城乡人口时空集疏及结构特征，实地搜集青藏高原历史人口统计资料，获取一手人口调查数据，重点考察总人口、城镇人口、流动人口、旅游人口、民族人口和边境人口 6 类人口的动态变化过程和格局。

1）总人口

实地搜集青藏高原历史人口普查和人口抽样数据，构建青藏高原县域尺度人口时空数据集，分析半个世纪以来青藏高原人口分布、人口增长的时空演化过程，识别青藏高原人口快速增长区、人口收缩区及人口增长平稳区。

2）城镇人口

考察都市圈、城市圈、边境城镇带和重点城镇的城镇人口集聚格局，开展城镇社区抽样调查，把握青藏高原城镇人口集聚过程、结构、分布及其形成原因。

3）流动人口

考察青藏高原外来人口和外出人口的结构、源汇格局及其迁移原因，绘制青藏高原流动人口时空迁移图谱，识别青藏高原人口净流入活跃区、人口净流出活跃区、非活跃区及其时空演化过程。

4）旅游人口

考察青藏高原 A 级景区旅游人口集聚特征，结合旅游流大数据，识别旅游人口热点区及其时空演变特征，分析旅游人口结构、来源地及其对旅游区的城镇化效应和生态环境影响。

5）民族人口

考察青藏高原少数民族聚居区，结合历史人口普查和抽样数据，分析青藏高原各民族聚居的时空演变特征，把握少数民族人口生育、家庭生计及其迁定居意愿。

6）边境人口

考察青藏高原边境地区人口的空间分布及其演变特征，分析口岸、边贸城镇、边境县城的人口集聚特征，把握边境地区人口的结构、增长及其迁定居意愿。

2. 高原城镇化水平的变化过程与格局

实地搜集青藏高原城镇化相关统计数据，获取一手城镇无人机等影像资料，基于人口城镇化、土地城镇化、经济城镇化和社会城镇化 4 类城镇化多维视角，分析半个世纪以来青藏高原城镇化的动态变化过程和格局。

1）人口城镇化

考察青藏高原人口城镇化质量及城镇化水平，分析青藏高原各县市人口城镇化发育水平及其时空演化格局，划分就地就近城镇化、远程城镇化等人口城镇化地域类型。

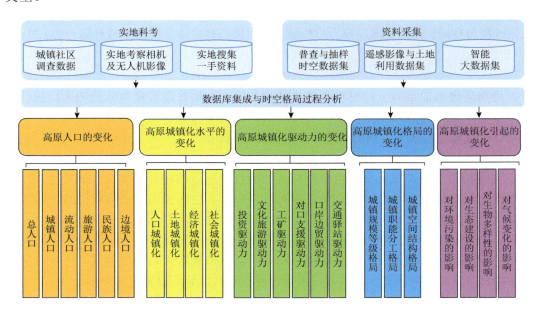

图 1.2　青藏高原人口集聚与城镇化动态变化过程及格局考察内容

2）土地城镇化

考察青藏高原城镇空间扩张及其演变特征，结合历史遥感影像解译及土地利用调查数据，分析青藏高原土地城镇化的时空演替过程。

3）经济城镇化

考察青藏高原第二产业、第三产业发展及其就业带动能力，结合经济普查及劳动力调查资料，分析青藏高原不同地区经济城镇化的主导结构及时空演化格局。

4）社会城镇化

考察青藏高原教育、医疗、文体等城镇公共服务设施发展状况，分析青藏高原社会城镇化的时空演化格局，识别青藏高原社会城镇化的短板环节和短板地区。

3. 高原城镇化驱动力的变化过程与格局

选取青藏高原典型城镇，重点考察投资、文化旅游、工矿、对口支援、口岸边贸、交通驿站 6 种驱动力，分析青藏高原城镇化驱动力与内地城镇化驱动力的异同，厘清各类驱动力对青藏高原城镇化的影响作用及其时空演化格局。

1）投资驱动力

考察拉萨市、西宁市、格尔木市等典型投资型城镇，厘清各类投资对城镇化发展的影响及作用强度，分析青藏高原城镇化过程投资驱动的时空分异及其演化格局。

2）文化旅游驱动力

考察拉萨市、日喀则市、茶卡镇等典型旅游型城镇，厘清高原特色文化及旅游活动对城镇化的影响作用，分析青藏高原城镇化过程中文化旅游驱动的时空分异及其演化格局。

3）工矿驱动力

考察格尔木市、德令哈市、茫崖市、墨竹工卡县等典型工矿型城镇，厘清矿业开发历程及其对城镇化进程的影响作用，分析青藏高原城镇化过程中工矿驱动的时空分异及其演化格局。

4）对口支援驱动力

考察青藏高原与内地各省市的对口支援关系及其对城镇化发展的作用，绘制青藏高原对口支援网络图谱，分析青藏高原城镇化过程中对口支援驱动的时空分异及其演化格局。

5）口岸边贸驱动力

考察吉隆县、亚东县、樟木县等典型边贸型城镇，厘清边境口岸、边境贸易对边境地区城镇化进程的影响作用，分析青藏高原边境地区城镇化过程中口岸边贸驱动的时空分异及其演化格局。

6）交通驿站驱动力

考察交通沿线、唐蕃古道、茶马古道、兵站等驿站点，分析驿站点的时空演化特征及其对城镇化的影响，阐释驿站驱动下青藏高原城镇化的历史轨迹及其演化格局。

4. 高原城镇化格局的变化过程与格局

考察青藏高原城镇规模等级格局、城镇职能分工格局和城镇空间结构格局 3 个格局的发育状态，结合历史城镇遥感影像解译及统计资料，绘制青藏高原城镇格局的演化图谱，分析青藏高原城镇化格局的时空演化特征。

1）城镇规模等级格局

考察青藏高原城镇规模等级的发育状态，绘制青藏高原地区城镇规模等级图谱，采用位序规模、异速增长等计量方法，分析青藏高原城镇规模等级的动态演化过程与格局。

2）城镇职能分工格局

考察青藏高原的城镇职能地域分工特征，划分城镇职能类型，构建青藏高原城镇职能分工的关系图谱，分析青藏高原城镇职能分工格局的动态演化过程。

3）城镇空间结构格局

考察青藏高原城镇的空间分布状态，分析不同地区城镇出现、生长或衰退的历史轨迹及其原因，绘制青藏高原城镇空间结构图谱，分析青藏高原城镇空间格局的动态演化过程。

5. 高原城镇化引起的生态环境变化过程与格局

考察青藏高原主要城镇及其周边的生态环境状况，重点考察对环境污染、生态建设、生物多样性和气候变化4方面的影响，结合历史数据资料，分析青藏高原城镇化发展对生态环境影响的时空演化特征，识别城镇化过程形成的主要生态环境问题。

1）对环境污染的影响

考察青藏高原快速城镇化地区的环境发展状况，结合历史环境监测资料和环保统计资料，分析青藏高原城镇化过程对环境污染的时空演化特征，识别青藏高原不同地区城镇化发展的主要环境问题。

2）对生态建设的影响

考察青藏高原主要城镇周边的生态状况，结合历史遥感影像解译资料和生态保护汇总资料，分析青藏高原城镇发展对生态的影响作用及其时空演化过程，厘清青藏高原城镇化生态建设的重点问题。

3）对生物多样性的影响

考察青藏高原都市圈、城市圈、边境城镇带及重点城镇缓冲区范围内生物多样性状况及其时空演化特征，分析青藏高原城镇化对生物多样性的近远程作用过程及强度，厘清生物多样性保护的重点问题。

4）对气候变化的影响

考察青藏高原城镇化进程中区域整体气候及局域小气候的时空演化特征，分析城镇化对气候变化的影响作用，厘清城镇化发展过程中应对气候变化的重点问题。

1.2.2　高原城镇化发展特殊目标与模式考察

1. 高原城镇化的特殊性

由于自然环境的差异，青藏高原的城镇化过程具有与内部截然不同的发展阶段、发展动力、发展模式、发展路径和发展格局，需通过实地调研与研究厘清高原城镇化的这些特殊性，为高原新型城镇化建设和城镇化的绿色发展提供依据。

1）发展阶段的特殊性

由于受到历史、地理、经济发展水平、高原降效、固边等因素的制约，青藏高原的城镇化一直处于低位发展状态。需要运用有统计以来的数据，基于城镇化水平、工业化水平、产业结构、就业结构和人均GDP等多重指标，科学识别青藏高原不同尺度地域单元城镇化所处的阶段和经济发展所处的阶段，明确不同地域单元城镇化发展的阶段特殊性。

2）发展动力的特殊性

运用投入产出比、投资来源、财政收支等指标识别投资在青藏高原不同地域单元城镇化发展中的角色，定量刻画其特殊性。同时，基于旅游业、工矿业和边贸产业发展状况，系统总结旅游业、工矿业和边贸产业发展对高原不同地域单元城镇化发展的特殊推动作用。

3）发展模式的特殊性

青藏高原的城镇化不是简单的人口城镇化、土地城镇化和产业城镇化，无法沿袭内地的城镇化发展模式。在充分考虑人口、土地和产业发展特殊性与限制性的基础上，以守护高原安全屏障和生态安全屏障为前提，从人口布局、土地资源利用、资源环境本底差异的视角，科学评估高原不同地域单元城镇化发展模式的特殊性。

4）发展路径的特殊性

由于高原环境异常脆弱，青藏高原的城镇化相比内地具有特殊的实现途径，需要坚持生态优先、固边优先、绿色发展的原则，从减少城镇化发展对生态环境影响的视角，考察城镇化对生态环境的影响范围与程度，科学评估青藏高原不同地域单元城镇化的特殊发展路径。

5）发展格局的特殊性

大部分居民分散分布在广大农牧区，使得青藏高原不仅城镇化发展水平低，而且城镇数量少，城镇化的空间组织也具有特殊性，亟须对高原城镇空间进行生产－生活－生态空间识别，运用土地利用数据和景观指数方法，科学评估高原城镇化的空间发展格局，总结高原城镇化发展的特殊演化形态。

2. 高原城镇化发展质量

青藏高原的城镇化不是追求速度的城镇化，而是追求社会效益最大化的社会包容型城镇化，是不以追求城镇化速度和水平，而是以提升城镇化质量为核心的高原特色城镇化。城镇化质量是人口城镇化质量、经济城镇化质量、社会城镇化质量和空间城镇化质量的有机统一，城镇化发展质量的提升是加快推进高原城镇化进程健康发展的关键。根据城市化发展质量的内涵，按照可比、可量、可获和可行的原则，以城镇化速度作为调控阀，构建包括人口城镇化质量、经济城镇化质量、社会城镇化质量和空间城镇化质量四大类要素共多个指数组成的城镇化发展质量指标体系。

1）人口城镇化质量

基于青藏高原不同地域单元的人口就业、人均可支配收入（人均纯收入）、人均受教育年限等作为人口城镇化质量分析的基础数据，通过权系数计算青藏高原人口城镇化质量指数，科学评估青藏高原人口城镇化发展质量的差异。

2）经济城镇化质量

基于 Malmquist-DEA 分析方法计算青藏高原不同地域单元的经济效率指数。基于三次产业结构数据构建经济结构指数。基于能源代价、水资源代价和环境代价构建经济发展代价指数。利用改进的索洛余值法计算经济增长动力指数。通过标准判定和权系数计算获取经济城镇化发展质量指数，科学评估青藏高原不同地域单元的经济城镇化质量的差异。

3）社会城镇化质量

基于城乡人均纯收入差异情况构建城乡一体化指数。基于市政基础设施及社会服务设施情况构建基础设施发展指数。基于失业率、社会保障支出占 GDP 比重和社会保障覆盖率构建社会保障指数。基于预期寿命、知识和生活水准构建人类发展指数。通过权系数计算，获取社会城镇化发展质量指数，科学评估青藏高原不同地域单元的社会城镇化质量的差异。

4）空间城镇化质量

基于土地资源存量状况和人均建设用地情况，构建建设用地保障指数。基于地均固定资产投资、地均财政收入和地均工业总产值构建空间效率指数。通过权系数计算，获取空间城镇化发展质量指数，科学评估青藏高原不同地域单元的空间城镇化质量的差异。

3. 高原城镇化绿色发展目标与方向

科学确定青藏高原的人口容量、城镇人口总量以及城镇化水平发展目标；根据青藏高原资源环境承载力，科学确定人均建设用地标准，绘制不同地域单元实现城镇化目标差异化路线图。

1）人口城镇化发展目标

青藏高原人口城镇化需要坚持以人的城镇化为核心，有序推进农牧业转移人口镇民化。根据青藏高原人口城镇化发展现状和资源环境承载力，科学确定青藏高原的人口容量、城镇人口总量以及城镇化水平在不同城镇化阶段的发展目标。

2）经济城镇化发展目标

青藏高原经济城镇化需要稳妥推进，既要满足经济发展需求又要保护生态环境，实现经济发展的脆弱生态环境代价最低的目标。根据青藏高原的环境本底和环境污染的消纳能力，综合确定青藏高原的经济容量。根据各地产业特色，综合确定各地的产业发展路径和目标。

3）社会城镇化发展目标

社会城镇化关系到青藏高原人民的福祉，让每个人都能公平享受公共服务和城镇便利的基础设施是社会城镇化发展的核心目标。提高农牧民接受基本职业技能培训覆盖率、城镇常住人口保障性住房覆盖率、基本养老保险覆盖率、基本医疗保险覆盖率、城镇可再生能源消费比重、城镇综合社区服务设施覆盖率等是青藏高原社会城镇化的主要方向。

4）空间城镇化发展目标

青藏高原空间城镇化需要稳妥推进，既要满足居民生活生产需求又要减少土地资源消耗，实现城镇发展的土地资源代价最低的目标。根据青藏高原土地城镇化发展现状和资源环境承载力，科学确定青藏高原的城镇人均建设用地标准、城镇用地面积和建设占用耕地面积。

4. 高原城镇化绿色发展模式

青藏高原城镇化的特殊性决定了其发展模式不能照抄照搬内地发展模式，应探索渐进、股份、自主、牧区、创新驱动、智慧、绿色等城镇化模式。

1）渐进城镇化模式

青藏高原的城镇化需要渐进推进，切勿搞规模化和追求速度，应就近就地实现农牧民的城镇化，探索渐进城镇化模式。考察重点城镇化地区，在实地考察基础上科学确定适合实施渐进城镇化模式的地区。

2）股份城镇化模式

针对青藏高原重点农牧区，鼓励农牧民通过股份制合作、土地草场合作、信用合作和劳务技术合作等多种形式，探索"公司＋基地＋农户"合作的股份城镇化模式。将农牧民的承包地或草场以入股的方式整合，并对草原、林地、水面和废弃地等一次性作价，由股份合作公司统一经营管理，以股份制的方式经营农牧民社区，共建共享城市各种基础设施和公共服务设施。在实地考察基础上科学确定适合实施股份城镇化模式的地区。

3）自主城镇化模式

在青藏高原城镇化过程中，一定要吸取内地被动城镇化的教训，按照主动城镇化的思路，遵循"尊重农民意愿，和谐稳定第一"的原则，实行"以农民为主导，自我决策、自己评估、自主建设、自愿集资、自治管理"的自主城镇化发展模式，同时按照"统一规划、统一筹资、统一建设、统一管理"的建设原则，建设农牧民新社区。在实地考察基础上科学确定适合实施自主城镇化模式的地区。

4）牧区城镇化模式

青藏高原适合实现以小城镇为主导的农牧民镇民化，而非市民化。与内地广泛推行的城市化过程相比，青藏高原不宜大规模提出城市化和市民化将更多的农牧民集聚到拉萨、西宁等城市里，而是要结合西藏地广人稀的特点和守土固边的历史使命，更多地引导农牧民就近集聚到附近的小城镇里。在实地考察基础上科学确定适合实施牧区城镇化模式的地区。

5）创新驱动城镇化模式

传统的要素驱动城镇化模式已无法跟上社会的步伐，无法满足社会发展需求，必须向创新驱动城镇化模式转变。根据青藏高原特色，应该更加强调创新的作用，将新技术、新理念和新思路引进青藏高原，将城市建设得更有吸引力，探索创新驱动城镇化模式的实现路径。

6）智慧城镇化模式

根据青藏高原实际，以智慧城市建设为目标（包括智慧交通、智慧社区、智慧旅游、智慧政务等），基于科技进步和数字化进程以及新科技手段应用，运用智慧城市技术探索青藏高原智慧城镇化模式的实现路径。

7）绿色城镇化模式

不同于以"高消耗、高排放、高扩张"为特征的粗放式城镇化模式，绿色城镇化模式具有"低消耗、低排放、高效有序"的基本特征，是一种城镇集约开发与绿色发展相结合，城镇人口、经济与资源、环境相协调，"资源节约、低碳减排、环境友好、经济高效"的新型城镇化模式，集中体现了创新、协调、绿色、开放、共享的新发展理念。结合青藏高原实际，探索绿色城镇化模式实现路径。

8）城镇化空间组织的小聚大散模式

青藏高原地域面积辽阔，城镇化的内部差异大，对不同城镇化地区需要选择适合地域特色的城镇化组织模式。通过科学考察，明确不同地区是否适合城市群模式、城市圈模式、大城市集中布局模式、边境地区星星点灯式的城镇化模式。

1.2.3 高原城镇化绿色发展路径与调控对策考察

根据青藏高原人口与城镇化的动态变化过程、绿色发展目标与发展模式等，采用遥感、GIS、大数据分析等先进技术，建立青藏高原城镇化预警与调控系统，对未来合理的城镇化水平、城镇体系的规模与空间结构等进行动态调控。

1. 高原人口增长过程与调控路径

人口是社会经济与城镇化发展的基础，青藏高原要实现城镇化绿色发展的目标，不仅要着眼于人口分布与产业布局、城市功能定位、基础设施、公共服务和社会保障体系相匹配，更要考虑区域人口与资源环境和经济社会的协调可持续发展，统筹规划，稳步推进，促进区域内人口有序迁移与合理分布。为此要根据人口发展的历史过程与未来发展态势，科学预测青藏高原人口增长过程，应综合调控人口总量、结构和分布，还应注重城乡统筹协调发展，处理好政府调控和市场导向的职责分工，将顶层设计、市场导向与制度建设和法治保障相结合，综合运用多种手段进行宏观调控，构建科学的人口调控政策体系。重点提出通过资源环境承载力的刚性制约来调控人口的路径，通过调整产业布局调控人口的路径，通过调控公共服务和社会保障调控人口的路径，引导和鼓励人口向中心城市、边境城市以及主要交通沿线、资源环境承载力强的重点城镇转移，适度提高人口集聚度。

2. 高原城镇化发展速度与质量调控路径

考察不同地区城镇化发展速度与质量的差异，通过建立青藏高原城镇化预警与调控系统，对未来与社会经济发展及资源环境承载力相适应的城镇化速度与城镇化质量进行调控，提出优化青藏高原地区城镇规模等级结构、城镇功能、空间格局、空间形态等关键技术；根据青藏高原地区多民族的人文环境，以及各民族的生活、生产等风俗习惯，设计提出符合民族特色的差异化的城镇化质量提升路径，避免对东部地区城镇化发展模式的照搬套用，尤其在城市、村镇和农牧民定居点等的规划设计上要尊重民族文化和居民意愿；根据与城镇化发展密切相关的地域环境基础，归纳和综合自然因素及气候条件等地域特色鲜明的城镇化质量提升模式；根据青藏高原地区城市发展在绿色化和智慧化方面的进展和应用情况，提出绿色城市与智慧城市建设方案，提升城镇化质量。

3. 高原重点城市合理规模调控

青藏高原的重点城市包括拉萨、西宁、格尔木、日喀则、林芝、昌都等，地理区位、自然条件和城镇化主控要素各有特色，其中拉萨、西宁分别是西藏和青海的文化和经济中心，格尔木是青藏高原西北地区的中心城市，产业结构以能源化工为主；日喀则是青藏高原西南地区的中心城市，产业结构以农牧业为主；林芝是青藏高原东南地区的中心城市，是典型的旅游型城市；昌都是青藏高原地区的东大门，对外开放和基础设施建设进度较快。基于以上重点城市的城镇化特征，采用青藏高原城镇化预警与调控系统进行特色化应用与示范，对未来与社会经济发展及资源环境承载力相适应的城镇规模进行重点调控。

4. 高原城镇空间结构格局调控

依据《西藏自治区新型城镇化规划（2014—2020 年）》提出的自治区"一圈两翼三点两线"的城镇化空间格局和《青海省新型城镇化规划（2014—2020 年）》提出的"四区两带一线"的城镇化空间格局，响应生态安全保护、稳定协同发展、特色文化保护、国家边境安全等多元化发展要求与区域特性，明确青藏高原地区"三圈四带多点"的重点城镇化地区空间分布格局，即西宁都市圈、拉萨城市圈、柴达木城镇圈、青藏铁路沿线城镇带、川藏通道沿线城镇带、唐蕃古道沿线城镇带、边境城镇带，以及多个重点城市节点。这些地区和城市是青藏高原地区人口集聚地区和城镇化水平相对较高的地区，应选取青藏高原地区城镇化问题最为突出且主控要素各异的地区作为重点，从规模调控、效率调控、空间调控和过程调控等方面深入探讨青藏高原与本地区生态环境相适应的绿色发展调控策略。

1.2.4　高原城镇化分区与重点地区绿色发展方案考察

依据青藏高原各城市所处的自然本底、地理区位、发展阶段、历史基础、驱动力和资源环境承载力等发展条件不同，将具有独特城镇化发展模式的地理空间单位划分为同一类型，将青藏高原划分为若干个城镇化发展分区，有助于深入探讨城镇化发展路径的地域性差异，并进一步有针对性地施行调控政策。重点划分出"三圈四带"地区的城镇化类型，比较其驱动因素和绿色发展调控策略的差异。

1. 都市圈—城市圈—城镇圈地区

重点考察青藏高原人口最集中的西宁都市圈、拉萨城市圈和柴达木城镇圈，分析其动态演变过程、时空分布格局，以及其对青藏高原城镇化发展的核心引领作用，提出三大都市圈（城市圈、城镇圈）发展目标、发展格局、发展模式和绿色发展路径。

2. 青藏铁路沿线城镇带地区

以青藏铁路经过的城市和城镇为考察对象，重点考察青藏铁路沿线城市与城镇动态演变过程、时空分布格局，分析青藏铁路建设运行对沿线城市和城镇发展的综合拉动效应，提出青藏铁路沿线城市与城镇发展目标、发展格局、发展模式和绿色发展路径。

3. 川藏通道沿线城镇带地区

以川藏铁路、川藏公路经过的城市和城镇为考察对象，重点考察川藏通道沿线城市与城镇动态演变过程、时空分布格局，分析川藏铁路建设运行对沿线城市和城镇发展的综合拉动效应，提出川藏通道沿线城市与城镇发展目标、发展格局、发展模式和绿色发展路径，分析成渝城市群对拉萨城市圈的辐射带动效应。

4. 唐蕃古道沿线城镇带地区

以唐蕃古道经过的城市和城镇为考察对象，重点考察唐蕃古道沿线城市与城镇动态演变过程、时空分布格局，分析唐蕃古道对沿线城市和城镇发展的综合拉动效应，提出唐蕃古道沿线城市与城镇发展目标、发展格局、发展模式和绿色发展路径。

5. 边境城镇带地区

青藏高原边境城镇带由从日土县开始，沿喜马拉雅山—山南—林芝边境线沿线区域的42个重要边境乡镇驻地构成，包括仲巴县亚热乡、偏吉乡和纳久乡，萨嘎县昌果乡，吉隆县贡当乡、萨勒乡，聂拉木县聂拉木镇，定日县绒辖乡和曲当乡，定结县陈塘镇、萨尔乡，岗巴县岗巴镇和昌龙乡，亚东县下司马镇、下亚东乡、帕里镇和康布乡，康马县莎玛达乡、涅如堆乡，洛扎县拉康镇和色乡，错那市觉拉乡、卡达乡、浪波乡和勒门巴族乡，隆子县扎日乡、玉麦乡、准巴乡、斗玉乡和加玉乡，墨脱县背崩乡，察隅县下察隅镇，米林市南伊珞巴民族乡，朗县洞嘎镇，噶尔县扎西岗乡，日土县日土镇和日松乡，札达县达巴乡、萨让乡、底雅乡、曲松乡和楚鲁松杰乡。基于边境城镇的不同特色与基础，从科学视角探讨与边境地区生态环境安全、国家边境安全、特色文化保护、稳定协同发展、兴边富民等国家战略需求相适应的边境城镇化调控路径。

1.2.5 高原城镇化绿色发展主要对策考察

基于青藏高原城镇化综合科学考察和研究，提出青藏高原城镇化绿色发展路径的对策建议，包括从宏观尺度构建青藏高原城镇体系的等级规模、空间结构和职能结构；划分出青藏高原城镇化的功能分区，提出不同类型城镇化发展区推进城镇化发展的目标、路径、模式与政策方案；注重城镇绿色基础设施建设，更加注重城镇功能协调发展，从绿色城镇化发展视角基本实现现代化等。

1. 提出与高原生态环境格局相协调的城镇化发展宏观格局

立足生态环境承载容量，从宏观尺度构建青藏高原城镇体系的等级规模格局、空间结构格局和职能结构格局，进一步构建内外联动的开放型人口配置格局、产业发展格局和生态安全格局。

2. 提出与生态环境本底相适应的高原城镇化发展道路与分区发展模式

依据青藏高原生态环境容量及承载力，提出资源节约型与环境友好型的绿色城镇化发展道路，因地制宜地提出不同类型地区与生态环境容量相一致的城镇化发展方针及对策建议，确保青藏高原城镇化融入国家新型城镇化建设的大格局中去。依据青藏高原完全不同的生态环境本底条件，采用 GIS 技术方法和主体功能区划技术，划分出青藏高原城镇化的功能分区，提出不同类型城镇化发展区推进城镇化发展的目标、路径、模式与政策方案。

3. 提出创建"五位一体"绿色发展体系的设想

守住生态和民生两条底线，以实现产业绿色转型升级为目标，坚持产业链、创新链、资本链、生态链四链联动，坚持绿色低碳发展，坚持产城融合发展，坚持绿色公共服务设施共建共享，构建绿色生态体系、绿色产业体系、绿色能源体系、绿色城镇体系和绿色服务体系在内的"五位一体"绿色发展体系。坚持生态保护优先、自然恢复为主，推进自然生态系统保护与修复，着力发展大生态、大旅游、大数据、大健康、大文创和新能源、新技术、高端制造"五大、两新、一高"产业。

4. 提出构建绿色城镇体系，建设高原美丽城市和美丽城镇的方案

根据资源环境承载能力，严格管控城镇开发边界，科学确定城镇发展规模；围绕绿色城镇特色，提高规划品质、建设标准和管理水平，更加注重城镇绿色基础设施和公共服务设施建设，更加注重城镇功能统筹协调发展，更加注重城镇功能提升与绿色产业壮大同步，做大做强高原中心城市，做优做美中小城市，积极培育青藏高原特色小镇，加快建设美丽乡村，形成中心城市、中小城市、特色城镇、美丽乡村相互支撑、共同发展的绿色城镇体系。

5. 提出率先创建国家绿色现代化示范区的基本思路

遵循创新、协调、绿色、开放、共享的新发展理念，全力推进青藏高原绿色农业现代化示范区、绿色制造业现代化示范区、绿色旅游业现代化示范区、绿色科技现代化示范区、绿色可再生能源示范区和治理能力现代化示范区建设，重点发展生态旅游产业和绿色能源产业，适度发展绿色净土产业，积极发展大数据与云计算产业，率先建成国家绿色现代化发展示范区，在 2035 年全国基本实现现代化的目标下，从绿色发展视角基本实现现代化。

1.3 综合科学考察的实施方案

青藏高原城镇化与绿色发展综合科学考察的实施方案包括制定青藏高原城镇化的综合科学考察方案，进行实地考察、数据集成与建库、系统分析与研究等工作内容（图1.3）。

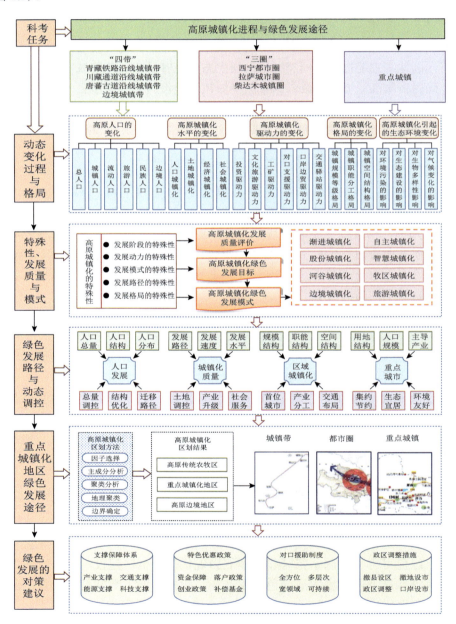

图 1.3　青藏高原城镇化与绿色发展综合科学考察的实施方案示意图

1.3.1　综合科学考察的技术方法

1. 开展实地考察

开展科学考察人员培训和科学考察试点。按照研究计划，针对科考对象类型、区域特征，完成科学考察实施方案编制。采取访问、实地观察、测试、记录、绘图、摄影等方法，开展实地考察，获取人口与城镇化相关的第一手数据和资料等。着重考察"四带"（青藏铁路沿线城镇带、川藏通道沿线城镇带、唐蕃古道沿线城镇带、边境城镇带）、"三圈"（西宁都市圈、拉萨城市圈、柴达木城镇圈）和重点城镇。

2. 数据集成与建库

通过实地科考采集数据、大数据解析、无人机影像、遥感监测等多种数据获取手段，收集青藏高原城镇化各类要素数据。将调查数据资料电子化，完成青藏高原城镇化的基础数据库建设，包括遥感影像数据、历史文献数据、众源大数据和实地调研数据等。

3. 系统分析与研究

系统展开研究分析工作，针对青藏高原人口与城镇化现状和问题进行梳理总结，分析研究人口与城镇化过程的变化特征和机制，撰写科考研究报告，提出未来青藏高原整体以及各省区有针对性的人口与城镇化科学发展的政策建议。

1.3.2　综合科学考察的分区方案

1. 六条考察专线设计

按照点-轴空间理论，考虑到青藏高原城镇主要沿铁路、公路、古道、河谷等布局，结合都市圈、边境城镇带等空间组织，本次考察设计了"四带"（青藏铁路沿线城镇带、川藏通道沿线城镇带、唐蕃古道沿线城镇带、边境城镇带）、"三圈"（西宁都市圈、拉萨城市圈、柴达木城镇圈）为主的青藏高原城镇化科学考察路线，并据此设计了六条考察专线，各专线名称与考察重点地区及方向见表 1.1。

表 1.1　青藏高原城镇化与绿色发展综合科学考察专线一览表

专线序号	专线名称	专线考察重点地区	专线考察重点方向
专线 1	青藏铁路沿线城镇带综合科学考察	主要沿青藏铁路及其缓冲区，对西宁、德令哈、大柴旦、锡铁山、格尔木、安多、那曲、拉萨等重点城镇考察	侧重关注综合型城镇与工矿型城镇的绿色城镇化发展路径
专线 2	川藏通道沿线城镇带综合科学考察	主要沿着即将建成的川藏铁路及其缓冲区，对康定、昌都、林芝、山南等沿途各站城镇考察	侧重关注交通驿站与城镇化发展互动关系及绿色城镇化发展路径

续表

专线序号	专线名称	专线考察重点地区	专线考察重点方向
专线3	唐蕃古道沿线城镇带综合科学考察	主要沿着唐蕃古道及其缓冲区，对共和、贵南、同德、玛沁、甘德、达日、囊谦、类乌齐、丁青、巴青、索县、当雄等城镇考察	侧重关注历史文化古道与城镇化互动关系及绿色城镇化发展路径
专线4	边境城镇带综合科学考察	主要沿着林芝段、山南段、日喀则段、阿里段等边境地区，对察隅、墨脱、错那、亚东、陈塘、吉隆、聂拉木、仲巴、普兰等城镇考察，以及对亚东口岸、樟木口岸、吉隆口岸、里孜口岸、普兰口岸等边境口岸考察	侧重关注边贸、固边与城镇化互动关系及绿色城镇化发展路径
专线5	重点都市圈和重点城镇综合科学考察	重点围绕拉萨城市圈、西宁都市圈以及海东、马尔康、香格里拉、合作等重点城镇展开调研	侧重关注都市圈城镇间相互作用关系及绿色城镇化发展路径
专线6	青藏高原城镇化综合科学考察集成与绿色发展路径	突出青藏高原全域地区的人口与城镇化发展模式与格局	基于全局视角，开展青藏高原新型城镇化的特殊发展模式与绿色发展路径综合研究

各考察专线围绕青藏高原人口集聚与城镇化的动态变化过程与格局，青藏高原特殊城镇化发展目标、发展质量与模式，青藏高原城镇化绿色发展路径与动态调控，青藏高原城镇化分区与重点城镇化地区绿色发展方案，青藏高原城镇化绿色发展路径的对策建议等内容展开考察。结合各自轴带及都市圈特有的文化、产业、地缘、交通等地域特征，开展各具特色的绿色城镇化模式研究。同时，设置"高原城镇化综合科学考察集成与绿色发展途径"综合科学考察专线，展开青藏高原城镇化科学考察。

2. 考察专线之间"先分后合"的逻辑联系

按照"三圈四带、先分后合"的科学考察路径，分别设立专线1、专线2、专线3、专线4开展"四带"的科学考察，同时设计了专线5对西宁、拉萨两大省会城市及西宁都市圈、拉萨城市圈开展重点科学考察，最后通过专线6将前5个专线进行综合集成及全局科学考察，各专线涉及的科考路线基本覆盖青藏高原95%以上的城镇。六大专线之间的逻辑关系如图1.4所示。

1.3.3　综合科学考察的专线方案

本次科学考察设计了青藏铁路沿线城镇带、川藏通道沿线城镇带、唐蕃古道沿线城镇带、边境城镇带、重点都市圈、综合集成共6条考察专线，6条专线详细考察方案如下。

1. 青藏铁路沿线城镇带综合科学考察的专线方案

采取"科学考察＋科学研究＋服务国家及地方发展"三位一体的新型城镇化科考模式，通过对青藏铁路沿线综合型城镇和工矿型城镇等的科学考察（图1.5），研究青藏铁路沿线人口与城镇化的变化过程，评价青藏铁路沿线城镇化发展质量与主要驱动模式，提出青藏铁路沿线城镇发展目标、功能定位与职能分工，分析预测青藏铁路沿线城镇空间分布格局、空间形态与发展趋势，模拟预测青藏铁路沿线城镇规模结构的变化过程与趋势，探索和提出青藏铁路沿线城镇带绿色发展重点、发展途径及对策建议，为青藏铁路沿线城镇带推进新型城镇化发展、构建绿色城镇体系、逐步实现绿色现代化提供科学支撑。

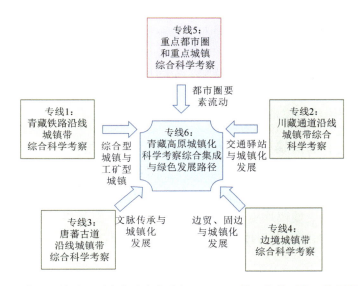

图 1.4　青藏高原城镇化科学考察专线之间"三圈四带、先分后合"的逻辑关系图

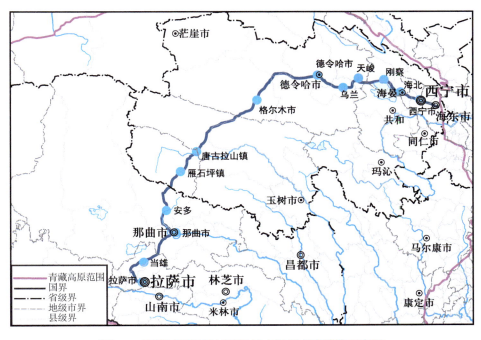

图 1.5　青藏铁路沿线城镇带综合科学考察路线示意图

在考察人口结构特征和分布的基础上，重点就青藏铁路沿线城镇化发展开展深入考察，调查和分析城镇化发展水平、城镇化质量和阶段、城镇功能、空间格局、空间形态、城镇规模结构、演变形成机制等关键特征及问题，探索和提出符合青藏高原实际、满足资源环境约束条件、适应未来气候变化条件等多样化的新型城镇化发展道路和空间组织模式。具体开展以下科考研究内容：

（1）青藏铁路沿线人口与城镇化的变化过程。

（2）青藏铁路沿线城镇化发展质量与主要驱动模式。

（3）青藏铁路沿线城镇发展目标、功能定位与职能分工。

（4）青藏铁路沿线城镇空间分布格局、空间形态与发展趋势。

（5）青藏铁路沿线城镇规模结构的变化过程与趋势预测。

（6）青藏铁路沿线城镇带绿色发展重点及对策建议。

2. 川藏通道沿线城镇带综合科学考察的专线方案

在考察沿线城镇、人口和城镇化发展状况的基础上，分析川藏通道沿线城镇带城镇与交通线的互动关系，选取典型城镇开展深入调研。综合分析沿线地区城镇化的发展水平、质量和阶段、城镇规模等级结构、特殊功能、空间格局与形态，厘清驿站城镇与交通线的互动机制，提出川藏通道沿线站点设置的优化方案。具体考察路线如图1.6所示。

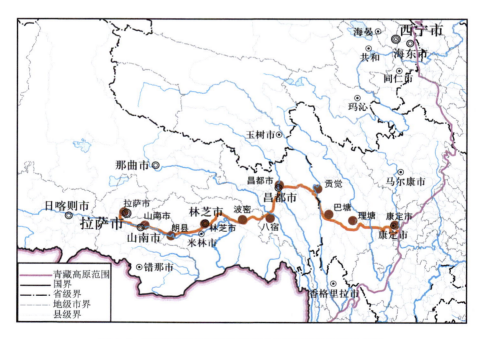

图 1.6   川藏通道沿线城镇带综合科学考察路线示意图

川藏铁路线是一条连接四川省与西藏自治区的快速铁路，呈东西走向，为我国第二条进藏铁路，也是中国西南地区的干线铁路之一，线路东起四川省成都市、西至西藏自治区拉萨市，线路全长 1838km。目前，规划站点存在与县城和小城镇相距较远、不能服务小城镇等问题，亟须通过科学考察厘清沿线城镇与川藏铁路线的连接关系，为沿线站点设置提供参考，预测未来城镇与铁路线的互动格局。具体考察重点如下：

(1) 川藏通道沿线人口与城镇化的变化过程。

(2) 川藏通道沿线城镇规模等级及演化过程。

(3) 川藏通道沿线城镇发展特殊性、功能定位与职能分工。

(4) 川藏通道沿线城镇空间分布格局与发展趋势。

(5) 川藏通道沿线城镇规模结构空间形态与模式。

(6) 川藏通道沿线城镇与铁路互动机制及发展路径。

3. 唐蕃古道沿线城镇带综合科学考察的专线方案

唐蕃古道是我国古代一条非常著名的交通大道，也是唐朝以来中原内地去往中国青海、中国西藏乃至尼泊尔、印度等的必经之路。它的形成和畅通至今已有 1300 多年的历史。随着交通条件的改善和城镇化水平的提升，现在的唐蕃古道在藏区与内地的宗教、语言、服饰、饮食等融合方面发挥了重要的作用。该专线通过对唐蕃古道沿线城镇带西宁—玉树—那曲—拉萨的综合科学考察（图1.7），重点调研共和、贵南、同德、玛沁、甘德、达日、囊谦、类乌齐、丁青、巴青、索县、当雄等城市和建制镇人口、

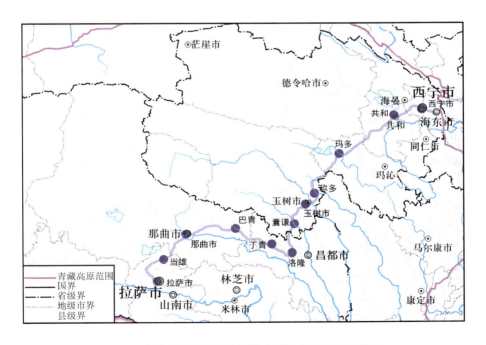

图 1.7　唐蕃古道沿线城镇带综合科学考察路线示意图

城镇化、重点历史文化遗产、产业结构、旅游资源的动态变化现状、过程、格局与问题，揭示城镇化进程与生态环境、历史文脉的相互作用与影响关系，从科学视角探讨青藏高原城镇化与生态环境安全、特色文化保护和传承之间相互促进、协调发展的可持续城镇化路径，实现青藏高原城市更美丽、更富有的文化内涵。具体考察内容如下：

（1）唐蕃古道沿线人口与城镇化的时空格局演变规律。

（2）唐蕃古道沿线城镇化的历史文脉演变规律。

（3）唐蕃古道沿线城镇带的城镇化进程与历史文脉的互动机制。

（4）唐蕃古道沿线城镇带城镇化发展的驱动机制。

（5）唐蕃古道沿线城镇带可持续发展路径及调控。

4. 边境城镇带综合科学考察的专线方案

长达4000多千米的青藏高原边境城镇带是捍卫国防安全和生态安全的要冲地带，肩负着"神圣国土的守护者，幸福家园的建设者"的重要使命。随着中尼、中印等边境口岸开放程度不断提高，青藏高原边境城镇带发挥着"一带一路"倡议下南亚通道作用。新时代，边境城镇带正逐步从西南边陲向国际枢纽转型，这是第二次青藏高原综合科学考察的重要内容之一。该专线拟对青藏高原边境城镇带林芝段、山南段、日喀则段、阿里段等逐段考察（图1.8），完成对沿线亚东口岸、樟木口岸、吉隆口岸、

图1.8　边境城镇带综合科学考察路线示意图

里孜口岸、普兰口岸等边境口岸以及察隅、墨脱、隆子、错那、亚东、定结、吉隆、仲巴、普兰、噶尔等重点地区边境城镇的深入研究，旨在厘清青藏高原边境城镇带城镇化历史进程及现状格局、城镇体系发育过程及发育机理，明晰口岸边贸及固边戍边与边境地区城镇化的互动机制，探明城镇建设对边境地区生态环境的影响作用，诊断边境城镇带不同分段存在的主要问题与主要矛盾，面向新时代"一带一路"南亚通道机遇，提出边境城镇带的绿色发展路径及调控措施。具体考察内容如下：

（1）边境城镇带城镇化格局及城镇体系发育机理。
（2）边境城镇带发展质量与主要驱动模式。
（3）边境城镇带城镇建设的生态环境影响效应。
（4）边境城镇带与口岸边贸及固边戍边的互动机制。
（5）边境城镇带绿色发展路径与调控。

5. 重点都市圈和重点城镇综合科学考察的专线方案

该专线是以"重点都市圈+重点城镇"的骨干引领为核心，科学谋划重点都市圈及其邻近地区的横向分工协作模式与纵向空间组织结构，推动青藏高原以"三圈"和重点城镇为主体，建成青藏高原城镇化高质量发展和绿色现代化发展新高地。重点考察重点都市圈和日喀则、昌都、马尔康、合作、香格里拉等重点城镇对青藏高原城镇体系建设的优化作用，全力支持西宁都市圈、拉萨城市圈和柴达木城镇圈分别建成青藏高原城镇体系中的主中心和副中心，强化重点城镇化地区对青藏高原城镇化高质量发展格局的支撑、引领和带动作用；考察重点都市圈和重点城镇对青藏高原内外联动与协调合作的引领作用，深入分析重点都市圈和重点城镇所承担的关键门户、枢纽或节点功能，分层构筑以市场统筹、产业协同、政策统一为引领的青藏高原都市圈一体化发展局面，最终实现青藏高原城镇化的全面开放、协同发展新格局，在统筹青藏高原人民福祉、生态安全和经济发展需求的基础上，科学保障青藏高原绿色城镇化建设。在考察城镇规模与集聚分布特征的基础上，就重点都市圈和重点城镇的协调联动和绿色发展开展深入考察，系统考察重点都市圈和重点城镇的人口、经济、土地、交通、信息、制度等要素的发育状况与流动格局，从区域内部、邻域扩展以及外向发展3级尺度调查分析重点都市圈和重点城镇的协同发展水平、阶段目标以及创新优势、培育方向等关键特征，提出"创新、协调、绿色、开放、共享"五位一体的发展模式与路径。具体考察内容如下：

（1）重点都市圈和重点城镇发展要素的发育状况与流动轨迹。
（2）重点都市圈和重点城镇发展的多层级协同过程与引导方向。
（3）重点都市圈和重点城镇的创新优势挖掘与高原科创中心建设。
（4）重点都市圈和重点城镇的绿色发展路径与调控。

6.青藏高原城镇化科学考察综合集成与绿色发展路径的专线方案

综合集成"三圈四带"和重点城镇地区城镇化综合科学考察报告，完成青藏高原城镇化与城市建设科学考察报告。从全局角度，系统分析青藏高原城镇化进程与格局的变化过程；总结青藏高原城镇化发展目标、特殊发展模式；提出青藏高原城镇化分区和重点城镇化地区绿色发展方案；设计青藏高原城镇化绿色发展路径，提出青藏高原城镇化绿色发展的对策建议。

1.4 综合科学考察的工作路线

2019 年 5 月～ 2023 年 8 月，青藏高原城镇化进程与绿色发展科学考察队以"分队逐段式"考察方法，分别针对青藏铁路沿线城镇带、川藏通道沿线城镇带、唐蕃古道沿线城镇带、边境城镇带、西宁都市圈、拉萨城市圈、柴达木城镇圈、青藏高原人居环境等开展科学考察，先后 20 多次上青藏高原（图 1.9、表 1.2），参与人次超过 160 人次，考察历时 160 多天，通过与政府座谈、部门资料搜集、无人机影像采集、街景影像采集、入户调研、图纸现场作业等多种方式，采集青藏高原城镇化与绿色发展的大量第一手影像资料、数据资料和图片资料，为科学识别青藏高原城镇化进程与绿色发展路径奠定了扎实的数据基础。

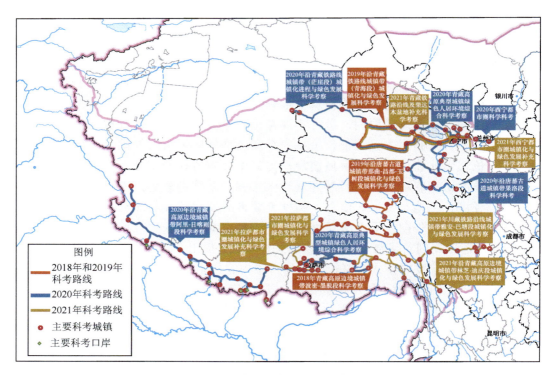

图 1.9 综合科学考察的工作路线图

表 1.2　青藏高原城镇化与绿色发展综合科学考察工作路线表

序号	科学考察路线	人数/人	时间	期限/天	主要地点	科考内容
1	边境城镇带波密—墨脱段城镇化与绿色发展科学考察	13	2018年10月1~6日，2019年4月24~29日	11	墨脱县、波密县	重点考察墨脱县和波密段密集城镇建设和地缘关系等内容、重直自然景观、经济社会发展、基础设施建设、边防安全
2	唐蕃古道沿线城镇带那曲—昌都段—玉树段城镇化与绿色发展科学考察	9	2019年5月25日~6月7日	14	那曲市、昌都市、玉树藏族自治州	在那曲市、聂荣县、索县、丁青县、巴青县、昌都市、类乌齐县、囊谦县、玉树市、称多县、杂多县等地实地考察和进行无人机拍摄
3	青藏铁路沿线城镇带（青海段）城镇化与绿色发展科学考察	11	2019年7月3~9日	7	西宁市、海西蒙古族自治州及格尔木市、德令哈市	在西宁市、德令哈和格尔木市、察尔汗盐湖调研，并开展一手资料搜集和城镇无人机拍摄
4	唐蕃古道沿线城镇带果洛段城镇化与绿色发展科学考察	12	2020年8月1~8日	8	果洛藏族自治州	在玛沁县、玛多县、达日县、甘德县、久治县等地实地考察和进行无人机拍摄
5	青藏铁路沿线城镇带（茫崖段）城镇化与绿色发展科学考察	10	2020年8月2~12日	11	天峻县、乌兰县、令哈市、大柴旦镇、茫崖市、都兰县	完成青藏铁路沿线城镇带青海省海西蒙古族自治州青海藏族西缘重要节点城市城镇化发展现状及历程考察；完成青藏铁路沿线城镇带青海省海西蒙古族自治州内重要节点经济及生态环境现状考察、收集社会经济数据和网络大数据，海西蒙古族自治州相关部门、地（州）市和重点乡镇部门调研（海西蒙古族自治州历史文献资料和生态环境相关数据、遥感影像数据）；完成青藏铁路沿线城镇带海西蒙古族自治州重要节点城市绿色发展科学考察
6	西宁都市圈城镇化与绿色发展考察	6	2020年8月6~18日，11月1~5日	18	西宁都市圈	考察西宁都市圈民和回族土族自治县（简称民和县）、乐都区、互助土族自治县（简称互助县）、西宁市区、大通回族土族自治县（简称大通县）、青海可可西里生物工程股份有限公司、青海三江一力农业有限公司、湟源县斜沟乡柏木沟森林康养基地、青海壹马乳业股份有限公司、湟源县恩泽牛即刻出牛有机肥公司、水井巷商业中心、民和县工业园、乐都区香格里拉旅游街区、青海省工业园区、青海宝恒绿色建筑产业股份有限公司、海东市旭格光电科技有限公司等城镇开展无人机拍摄和一手资料采集
7	青藏高原典型城镇化与绿色发展科学考察	6	2020年8月20日~9月1日	13	西宁市、海西蒙古族自治州、海南藏族自治州、海北藏族自治州、拉萨市、林芝市	城市绿色空间：对应地域自然肌理与自然特征，分析典型城镇绿色空间的结构性特征、生态功能价值及其主要问题，以"生态发展、绿色发展"为导向，对典型城镇绿色空间开展研究，分析典型城镇的绿色空间格局的结构性特征，对关键景观风貌及风貌质量反观；城市绿色景观风貌：对典型城镇的地域特征、景观质量及风貌进行调查，对典型城镇绿色景观风貌进行影像数据采集，分析景观风貌的地域特征，结合不同城市特征，对典型城镇绿色景观地域特征进行调查分析；城市安全角度：从城镇绿色角度，确定城镇绿地系统的应急避难功能整体状态和主要问题，对沿途城镇绿地系统的应急避难功能进行专项调研分析行

续表

序号	科学考察路线	人数/人	时间	期限/天	主要地点	科考内容
8	边境城镇带阿里—日喀则段城镇化与绿色发展科学考察	13	2020年10月9～19日	11	阿里地区，日喀则市	对噶尔县、日土县、札达县、普兰县、仲巴县、定结县等城镇调研，并开展普兰口岸、陈塘口岸、日屋口岸等口岸实地考察和无人机拍摄
9	青藏高原边境城镇带林芝—迪庆段城镇化与绿色发展科学考察	7	2021年3月22～30日	9	林芝市，迪庆藏族自治州	在巴宜区、波密县、墨脱县、察隅县、八宿县、左贡县、芒康县、德钦县、香格里拉市进行实地考察，无人机拍摄和数据采集
10	西宁都市圈城镇化与绿色发展补充科学考察	4	2021年4月12～16日	5	海东市	对西宁（西宁市-海东市）都市圈以及海东市等重点城镇的人口、经济、土地、交通、信息等要素的发育发展状况与流动格局进行调研，着重对海东市区及所辖的化隆回族自治县（简称化隆县）和循化撒拉族自治县（简称循化县）进行补充科考
11	青藏铁路和唐蕃古道沿线城镇城镇化与绿色发展补充科学考察	4	2021年4月22～25日	4	拉萨市，海北藏族自治州，玉树藏族自治州	对拉萨市当雄县羊八井镇（当曲卡镇），那曲市区（色尼区），安多县城，当雄县雁石坪镇，玉树州玉树市区，曲麻莱县城（约改镇），治多县城（加吉博洛镇），海北藏族自治州刚察县城（沙柳河镇），海晏县城（三角城镇），西宁市湟中区，湟源县城（城关镇）的无人机影像和街景
12	拉萨城市圈城镇化与绿色发展科学考察	8	2021年5月9～18日	10	拉萨市，山南市	完成了拉萨市及其所辖的城关区、达孜区、堆龙德庆区、尼木县、曲水县、林周县、墨竹工卡县和当雄县，山南市及其所辖的乃东区、贡嘎县、扎囊县等城镇实地考察，搜集拉萨城市圈涉及的相关资料，拍摄主要街道的背景照片和无人机影像
13	川藏通道沿线城镇城镇化与绿色发展科学考察	6	2021年5月18～23日	5	雅安市，甘孜藏族自治州	雅安市、天全县、泸定县、康定市、雅江县、理塘县、巴塘县、稻城县等城市实地考察和无人机拍摄
14	青海柴达木盆地城镇化与绿色发展科学考察	26	2021年7月6～15日	9	西宁市，海西蒙古族藏族自治州，格尔木市，德令哈市，海晏县	重点补充青海省、海西蒙古族自治州"十四五"规划纲要、重点城镇、重点流域、重点产业园区资料，分析柴达木盆地经济社会发展和水资源和生态环境的影响，考察结束后，于2021年7月14～16日在青海省西宁市组织召开了"青藏高原城镇化与绿色发展学术论坛"
15	拉萨城市圈城镇化与绿色发展补充科学考察	6	2021年7月25～29日	5	拉萨市，山南市	主要对拉萨城市圈开展调查，在拉萨市和山南市召开调研包括科技局、发展和改革委员会、自然资源局、生态环境局、林业和草原局、统计局、文化和旅游局等部门参加的座谈，补充各区县城镇化和绿色发展相关的主要工厂和设施，补充收集资料等
16	宿镇牧乡型城镇化发展模式考察	12	2022年7月18～26日	9	玉树市，山南市，杂多县	与中央电视台联合完成对玉树、杂多县，澜沧江源等地的科学考察，长江源等地拍摄城镇化专题拍摄任务，完成青藏高原城镇化专题拍摄任务

1.4.1 2019 年的科学考察路线

2018 年 10 月 1 ～ 6 日和 2019 年 4 月 24 ～ 29 日，青藏高原城镇化进程与绿色发展专题科学考察科队队长方创琳研究员先后两次随中国科学院青藏高原研究所专家赴墨脱县、波密县进行科学考察，重点考察墨脱县、波密县城镇建设、垂直自然景观、经济社会发展、基础设施建设、边防安全和地缘关系等内容。

2019 年 5 月 25 日～ 6 月 7 日，科考队沿唐蕃古道沿线城镇带那曲市—昌都市—玉树藏族自治州段城镇化与绿色发展进行实地科学考察。由中国科学院地理科学与资源研究所孙思奥研究员带队，一行 9 人，历时 14 天，主要完成了那曲市、聂荣县、索县、丁青县、巴青县、昌都市、类乌齐县、囊谦县、玉树市、称多县、杂多县等城镇的实地考察。本次调研得到西藏自治区发展和改革委员会、自然资源厅、生态环境厅、水利厅、文化和旅游厅、经济和信息化厅、扶贫、海关、商务厅、统计局等部门以及那曲市、昌都市、玉树藏族自治州、西宁市及多个县市部门的大力支持，通过部门座谈、入户访谈、影像采集、一手资料搜集，了解了唐蕃古道现状发展特征、面临问题和未来绿色发展的主要突破路径。

2019 年 7 月 3 ～ 9 日，科考队沿青藏铁路沿线城镇带（海西段）开展城镇化与绿色发展科学考察。由中国科学院地理科学与资源研究所方创琳研究员带队，一行 11 人，历时 7 天，主要完成了青海省西宁市、德令哈市、格尔木市、察尔汗盐湖及沿途区域实地考察。获取人口与城镇化相关的第一手资料和数据，并对相关单位，主要包括青海省发展和改革委员会、自然资源厅、生态环境厅、住房和城乡建设厅、交通运输厅、工业和信息化厅、文化和旅游厅及各地（市、州）国家高新技术产业开发区、经济技术开发区等单位进行深度访谈，了解了青海城镇化建设现状、面临的主要困难和问题、未来发展思路和设想等基本情况。

1.4.2 2020 年的科学考察路线

2020 年 8 月 1 ～ 8 日，科考队沿唐蕃古道沿线城镇带果洛段城镇化与绿色发展开展科学考察。由中国科学院地理科学与资源研究所王振波研究员和孙思奥研究员带队，一行 12 人，历时 8 天，主要完成了玛沁县、玛多县、达日县、甘德县、久治县等城镇的实地考察。

2020 年 8 月 2 ～ 12 日，科考队沿青藏铁路沿线城镇带（茫崖段）城镇化与绿色发展开展科学考察。由青海师范大学张海峰教授带队，一行 10 人，历时 11 天，主要完成了天峻县、德令哈市、茫崖市、格尔木市等城镇的实地考察。行驶里程 3500 余公里，考察了西宁市部分县、海西蒙古族藏族自治州天峻县、乌兰县柯柯镇、德令哈市、大柴旦镇、冷湖镇、茫崖市、格尔木市、都兰县。累计获得相关纸质版或电子版数据 51 套，其中纸质版数据 20 套、电子版数据 31 套，数据内容包括统计、国土、环境数据等相关数据。累计召开座谈会 14 场，其中，和政府部门座谈 7 场，参会人员 50 人；

和庆华煤化循环经济工业园、德令哈循环经济工业园、青海西部镁业有限公司等相关工业园、产业园、企业开展座谈会 7 场。本次科考收集无人机影像和视频 178 幅，文件大小 15.2G。街景和相关会议照片 889 张，文件大小 7.07G。

2020 年 8 月 6 ~ 18 日，科考队由兰州大学杨永春教授带队，围绕西宁都市圈考察，历时 13 天，包括 7 区和 4 县，分别为西宁市所辖城东区、城中区、城西区、城北区、湟中区、湟源县、大通县，海东市所辖平安区、乐都区、互助县、民和县。详细考察了西宁都市圈的人口、经济、土地、交通、信息、制度等要素发育状况与流动格局；分析了区域城镇化的发展水平、质量和阶段、城镇规模等级结构、城镇功能、空间形态、形成机制等。

2020 年 8 月 20 日 ~ 9 月 1 日，科考队进行青藏高原典型城镇绿色人居环境综合科学考察。由北京林业大学刘志成教授带队，一行 6 人，历时 13 天，主要完成了西宁、海西蒙古族藏族自治州、海南藏族自治州、海北藏族自治州、拉萨、林芝等城镇实地考察。

2020 年 10 月 9 ~ 19 日，科考队沿青藏高原边境城镇带阿里段—日喀则段城镇化与绿色发展开展科学考察。由中国科学院地理科学与资源研究所马海涛副研究员和戚伟副研究员带队，一行 13 人，历时 11 天，主要完成了噶尔县、日土县、札达县、普兰县、仲巴县、定结县等城镇的调研，并开展了普兰口岸、里孜口岸、陈塘口岸、日屋口岸实地考察。

2020 年 11 月 1 ~ 5 日，科考队由兰州大学杨永春教授带队，围绕西宁都市圈考察 5 天，完成了西宁都市圈主要城镇实地考察。

1.4.3 2021 年的科学考察路线

2021 年 3 月 22 ~ 30 日，科考队沿青藏高原边境城镇带林芝—迪庆段城镇化与绿色发展开展科学考察。由中国科学院地理科学与资源研究所马海涛副研究员和戚伟副研究员带队，一行 7 人，历时 9 天，主要完成了巴宜区、波密县、墨脱县、察隅县、八宿县、左贡县、芒康县、德钦县、香格里拉市等城镇的调研，并开展了林芝市和迪庆藏族自治州的政府部门座谈和访谈，实施了入户调研、无人机影像采集、街景数据采集和现场作业。

2021 年 4 月 12 ~ 16 日，科考队完成西宁都市圈城镇化与绿色发展补充科学考察。由兰州大学杨永春教授和贾卓副教授带队，历时 5 天，一行 4 人，补充考察西宁（西宁市—海东市）都市圈以及海东市等重点城镇的人口、经济、土地、交通、信息等要素的发育状况与流动格局。此次科考为本小组在 2020 年科考基础上对海东市区及所辖的化隆县和循化县的补充科考。

2021 年 4 月 22 ~ 25 日，由中国科学院地理科学与资源研究所鲍超研究员和范育鹏副研究员负责，组成考察队伍，分别采集了拉萨市当雄县羊八井镇、当雄县城（当曲卡镇），那曲市区（色尼区）、安多县城（帕那镇）、安多县雁石坪镇、玉树藏族自治州玉树市区、曲麻莱县城（约改镇）、治多县城（加吉博洛格镇），海北藏族自治州刚察县城（沙柳河镇）、海晏县城（三角城镇），西宁市湟中区（鲁沙尔镇）、湟源县城（城关镇）的无人机影像和街景，并对沿途区域展开实地调研，历时 4 天，了解了沿途城镇化与生态环境建设现状。本次科考收集无人机视频 31 个，街景和相关会议照片 651 张，文件大小 49.1G。

2021 年 5 月 9 ～ 18 日，科考队完成拉萨城市圈城镇化与绿色发展科学考察。由兰州大学常跟应教授和王文瑞副教授带队，一行 8 人，历时 10 天，兵分 2 队，主要完成了拉萨市及其所辖的城关区、达孜区、堆龙德庆区、尼木县、曲水县、墨竹工卡县、林周县和当雄县，山南市及其所辖的乃东区、贡嘎县、扎囊县和桑日县等城镇实地考察，搜集拉萨城市圈涉及的拉萨市、山南市及其 12 县区的相关资料，拍摄主要街道街景照片和无人机影像。

2021 年 5 月 18 ～ 23 日，科考队进行川藏通道沿线城镇带雅安 - 巴塘段城镇化与绿色发展科学考察。由中国科学院地理科学与资源研究所李广东副研究员带队，一行 6 人，历时 6 天。主要完成了雅安市、天全县、泸定县、康定市、雅江县、理塘县、巴塘县、稻城县等城镇的调研，开展座谈访谈、入户调研、无人机影像采集和街景数据采集。

2021 年 7 月 6 ～ 15 日，科考队完成青藏铁路沿线及柴达木盆地补充科学考察。由中国科学院地理科学与资源研究所方创琳研究员带队，历时 9 天，一行 26 人，重点补充青海省、海西蒙古族藏族自治州"十四五"规划纲要、重点城镇、重点流域、重点产业园区资料，分析柴达木盆地经济社会发展和城镇化对水资源和生态环境的影响。柴达木盆地考察结束后，于 2021 年 7 月 14 ～ 16 日在青海省西宁市组织召开了"青藏高原城镇化与绿色发展学术论坛"。

2021 年 7 月 25 ～ 29 日，科考队完成了拉萨城市圈城镇化与绿色发展补充科学考察。由兰州大学杨永春教授和常跟应教授带队，历时 5 天，一行 6 人，兵分 2 队，主要开展拉萨城市圈调查，在拉萨市和山南市召开包括科技局、发展和改革委员会、自然资源局、生态环境局、林业和草原局、统计局、文化和旅游局等部门参加的座谈会，实地考察与各区县城镇化和绿色发展相关的主要工厂和设施，补充收集资料等。

1.4.4 2022 年的科学考察路线

2022 年 7 月 18 ～ 26 日，科考队与中央电视台联合组成拍摄队，由中国科学院地理科学与资源研究所方创琳研究员带队，一行 12 人，重点对青藏高原宿镇牧乡型城镇化模式进行了详细考察。采用无人机、街景采集仪、问卷入户调查、典型访谈、走访牧民、大数据挖掘等多种手段完成了对中国虫草之乡杂多县萨呼腾镇空间布局图的实地制图，同时实地考察了澜沧江源和长江南源。

1.4.5 2023 年的科学考察路线

2023 年 2 月 16 ～ 22 日，科考队由中国科学院地理科学与资源研究所方创琳研究员带队，一行 8 人，重点对青藏高原雅鲁藏布江流域下游的林芝市、米林市、错那市、朗县等固边型城镇化发展模式和水电资源开发中城镇体系与交通规划进行了详细考察。采用无人机、典型访谈、专题座谈会、走访移民等方式，收集了雅鲁藏布江下游地区城镇化与水电开发、清洁能源基地建设等相关资料。

参考文献

方创琳，李广东. 2015. 西藏新型城镇化的特殊性及渐进模式与对策建议. 中国科学院院刊, 30(3): 294-305.
方创琳，王德利. 2011. 中国城市化发展质量的综合测度与提升路径. 地理研究, 30(11): 1931-1946.
葛全胜，方创琳，张宪洲，等. 2015. 西藏经济社会发展战略与创新对策. 中国科学院院刊, 30(3): 286-293.
王德利，方创琳，杨青山. 2010. 基于城市化质量的中国城市化发展速度判定分析. 地理科学, 30(4): 135-143.
Fang C L, Yu D L. 2016. China's New Urbanization. Beijing: Science Press & Springer Press.

第 2 章

高原城镇化演进过程与基本特征

青藏高原城镇化对社会经济发展起着至关重要的作用，并对生态环境产生重要影响。本章分析了青藏高原城镇化的特殊驱动过程，揭示了青藏高原城镇化水平、城镇化格局、城镇化质量的变化过程与特征，分析了青藏高原城镇化对生态环境的影响过程与特征、青藏高原历史文化名城名镇名村空间分布特征。通过研究，基本摸清了青藏高原城镇化动态演进过程与基本特征，可为青藏高原城镇化绿色发展路径提供科学基础。

2.1 高原城镇化的特殊驱动过程

青藏高原城镇化过程有着与内地截然不同的自然要素的特殊驱动过程、经济要素的特殊驱动过程、社会文化要素的特殊驱动过程和政策要素的特殊驱动过程，是一个在高寒缺氧环境下，由投资拉动、游客带动、服务驱动、对口支援等共同发力形成的低度开发型、社会包容型、文化传承型和守土固边型城镇化，理论上是低速高质的绿色城镇化过程（方创琳等，2023），青藏高原城镇化的特殊驱动过程如表 2.1。

表 2.1　青藏高原城镇化的特殊驱动过程一览表

驱动过程类型	特殊性	特殊驱动目标	驱动过程
自然要素的特殊性	高寒缺氧	适应严酷环境，人与自然和谐	主动适应过程
	亚洲水塔	守护亚洲水塔，避免失稳失衡	护卫水塔过程
	生态屏障	保障生态安全，筑牢安全屏障	生态富民过程
	生态资本	变现生态价值，发展绿色产业	绿色驱动过程
经济要素的特殊性	游客带动	推动全域旅游，旅游强力带动	客人带动过程
	服务驱动	绿色发展主导，服务产业支撑	服务驱动过程
	单一内资	国内投资主导，国际投资补充	内资拉动过程
	低速高质	低速度高质量，低密度低强度	渐进渐变过程
	空间布局	小集聚大分散，聚散有序有度	小聚大散过程
社会文化要素的特殊性	人口缓增	调控城乡人口，核算承载阈值	城乡融合过程
	民族集聚	维护民族团结，突出民族风貌	民族融合过程
	文化传承	传承优秀文化，文化名城名镇	文化传承过程
	社会包容	实现社会和谐，维护社会稳定	社会和谐过程
政策要素的特殊性	对口支援	对口结对帮扶，合作共建共赢	对口结对过程
	守土固边	集聚边境人口，捍卫国家安全	守土固边过程

2.1.1 自然要素的特殊驱动过程

从青藏高原城镇化的自然要素分析，青藏高原是世界上海拔最高的高原，号称"世界屋脊"，海拔超过 4000m 的地区超过 92%，高寒缺氧，生态环境脆弱，自然灾害严重。

这种自然生态本底决定了不能过分强调人口等生产要素集聚，不能沿袭内地的快速城镇化，不能建设类似于内地的大城市群，不能追求城镇化的均衡布局，不能追求城镇化的速度和水平，只能追求城镇化的效益与质量。与内地平坦温暖富氧型城镇化相比，青藏高原城镇化是一种具有高原特色的高寒缺氧型城镇化，是适应严酷环境、人与自然和谐、守护亚洲水塔、避免失稳失衡、保障生态安全、筑牢安全屏障、变现生态价值、发展绿色产业的护卫水塔型、生态富民型城镇化。

从青藏高原城镇化的土地要素分析，虽然青藏高原地域辽阔，但受高寒缺氧和生态保护用地的限制，土地不是高原城镇化的优势。仅西藏土地面积就达 120 多万平方千米，但海拔 4500m 以上不适于人类居住的面积高达 80% 以上，有大面积可供开发但不适于人类生存居住的土地。因此，青藏高原城镇化不宜走内地的土地高强度开发的城镇化之路。据《西藏自治区主体功能区规划》显示，未来全区开发强度控制在 0.083%，城镇空间控制在 261.74km^2 以内，如此小的可供建设的用地决定了西藏无法沿袭内地走过的土地大规模开发的城镇化之路，而要走一条低密度、低强度、低速度、低扰动的"四低"渐进渐变城镇化之路。

2.1.2　经济要素的特殊驱动过程

从青藏高原城镇化的经济要素分析，与内地传统的城镇化主要依靠工业化驱动不同，青藏高原城镇化不是主要依靠工业驱动的城镇化，而是一个服务业拉动的城镇化，重点依靠生产性服务业和生活性服务业，如旅游服务、商贸服务、文化服务、生态服务、交通服务、大数据服务、智慧服务等驱动，城镇化与工业化同步发展的规律在青藏高原并不适用，这就决定了青藏高原城镇化进程的产业支撑不是主要依靠工业，而是主要依靠服务业。

从青藏高原城镇化的投资要素分析，与内地城镇化依靠国际国内投资等全方位融资的投资方式不同，高原城镇化基本没有外资的注入，以国家投资的单一拉动为主，民间资本注入很少。以西藏为例，1993 ～ 2018 年的 25 年间，西藏全社会固定资产投资的 60% 左右依靠国家预算投资拉动，财政收入占财政支出的比重由 1993 年的 92.8% 降到 2018 年的 85.5%，表明 85% 的地方财政支出由国家转移支付，由此可见青藏高原的城镇化是依靠外部投资拉动的城镇化。

从青藏高原城镇化的旅游要素分析，青藏高原蕴藏着非常丰富的生态旅游资源和文化旅游资源，是世界著名的文化旅游目的地。青藏高原旅游人口由 2000 年的 843.43 万人次猛增到 2019 年的 25137 万人次，年均增长率高达 20%。旅游总收入占 GDP 的比重总体呈稳步增长态势，由 2000 年的 8.86% 上升为 2019 年的 36.95%，旅游业已成为支撑青藏高原城镇化和经济发展的支柱产业，高原城镇化是一个典型的旅游带动型城镇化。在这样的人口态势下，通过单纯集聚城镇人口总量提升城镇化率的人口城镇化模式在青藏高原并不适用。未来青藏高原的城镇化应该是旅游带动型的城镇化，而非主人驱动型城镇化。

2.1.3 社会文化要素的特殊驱动过程

从青藏高原城镇化的人口要素分析，青藏高原人口增长缓慢。第七次全国人口普查数据显示，1982 年青藏高原常住人口为 843.42 万人，到 2020 年增加到 1313.41 万人，高原常住人口占全国总人口的比重从 1982 年的 0.79% 增长至 2020 年的 0.91%。常住人口增长主动力源于本地人口自然增长 8‰，但近年来自然增长趋缓。到 2020 年青藏高原城镇人口增加到 624.79 万人，城镇化率从 1982 年的 15.5% 增至 2020 年的 47.58%，每年新增城镇人口约 13.11 万人。按照城镇化发展的 "S" 形曲线判断，2010 年以来青藏高原处于城镇化中期阶段。按此增长速度下去，大约到 2025 年青藏高原常住人口城镇化率将达到 50%，届时青藏高原将出现一半人住在城里、一半人住在乡里的城乡人口数量均衡拐点，历史性地进入以城镇人口为主导的发展阶段。但从稳疆固边和乡村振兴等角度看，未来青藏高原城镇化率不宜超过 60%，尚需留出至少 40% 的农村人口用于守护广大农村，护卫边境安全，这是青藏高原城镇化的特殊性。

从青藏高原城镇化的文化要素分析，青藏高原丰富独特神奇的生态旅游资源和民族文化旅游资源吸引着世界各国游客前来观光。青藏高原独特的民族文化是中华文化体系中的瑰宝，是民族发展延续的根基，也是青藏高原未来持续健康发展的灵魂。依托雪域高原独特的自然条件与生存环境，青藏高原造就以藏文化为主体的多民族交叉融合的青藏文化体系，形成诸如门巴、象雄、格萨尔、昆仑、珞巴、纳西、僜人、夏尔巴等历史悠久、特色鲜明、内容丰富的多民族文化，其成为维系民族团结的纽带。可见，青藏高原的城镇化是一种重在建设国际及国家历史文化名城、名镇、名村的文化传承型城镇化。

2.1.4 政策要素的特殊驱动过程

从守土固边政策分析，青藏高原是国家重要的安全屏障，长达 4000 多千米的青藏高原边境带是捍卫国防安全和生态安全的要冲地带，可引导人口向青藏高原边境地区集聚，建设固边镇村，构建固边型村镇体系和固边城镇走廊，确保边境地区适量的旅游活动人口，这是青藏高原城镇化有别于内地城镇化发展的一个非常重要的战略使命。

从对口支援政策分析，青藏高原的城镇化发展和城市建设主要依靠国家的对口支援政策驱动，是一种依靠援建发展起来的城镇化。相对于内地依靠自身力量发展的城镇化而言，这种城镇化具有脆弱性和不可持续性，一旦对口支援政策停止，将严重影响青藏高原城镇化的正常发展和城市建设。经过 20 年对口支援的探索和实践，中央各部门、全国各省市对口援藏工作已经形成全方位、多层次、宽领域的对口支援格局，构建起了可持续和长效合作的对口援藏机制，通过市对市、市对镇、镇对镇等点对点的对口结对、互帮互学、互促互进，在城镇基础设施建设、公共服务设施均等化、战略通道建设和能源保障等方面开展援助，稳见成效。未来的长效支援政策将继续发挥重要作用。

2.2　高原城镇化水平的变化过程与特征

　　青藏高原是中国西部重要的地理单元，具有地域广、海拔高、人口稀等特殊特征，是中国城镇化发展相对滞后的地区。新时代，随着"一带一路"倡议和面向南亚、中亚的交流合作，青藏高原正经历着从内陆地区、西南边陲等地域功能向开放门户、对外通道等地域功能的转变和拓展，出现了兰西城市群、西宁都市圈、拉萨城市圈等城镇密集区，青藏高原城镇发展迎来新的机遇和挑战。

2.2.1　高原人口城镇化水平变化的总体特征

　　厘清青藏高原人口城镇化格局的时空分异及其影响因素，有助于识别这一生态脆弱地区城镇化发展重点区域，有利于理解高原生境下人口城乡分布规律，是认知青藏高原现代人类活动时空过程的重要内容，对推动青藏高原就地就近城镇化发展具有重要意义。

　　1. 总人口变化特征

　　青藏高原的研究范围，包括西藏自治区、青海省、四川省阿坝藏族羌族自治州和甘孜藏族自治州、云南省迪庆藏族自治州和怒江傈僳族自治州、甘肃省甘南藏族自治州，常住人口持续增长（图 2.1）。1953 年第一次全国人口普查数据显示，青藏高原常住总人口 454.38 万人。1964 年、1982 年、1990 年、2000 年和 2010 年，青藏高原常住人口分别达到 510.67 万人、843.42 万人、959.30 万人、1066.94 万人和 1224.31 万人。第七次全国人口普查数据显示，2020 年青藏高原常住人口达到 1313.41 万人，相较于 1953 年，年均增长 12.82 万人。也就是说，青藏高原在 21 世纪常住人口进入千万级体量，目前的常住人口规模已是中华人民共和国成立初期的近 3 倍。1953～2020 年，青藏高原常

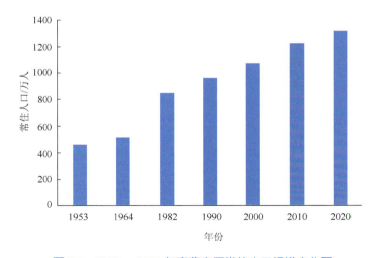

图 2.1　1953～2020 年青藏高原常住人口规模变化图

住人口密度从 2.06 人 /km² 增长至 5.95 人 /km²，人口密度显著提升（表 2.2），但是相对于我国乃至全球大部分地区，青藏高原依然是相对典型的人口稀疏区。

表 2.2　1953 ~ 2020 年青藏高原常住人口指标统计表

年份	常住人口总量 / 万人	常住人口占全国人口比重 /%	人口密度 /（人 /km²）	相对于上一个普查期的人口年均增长率 /%
1953	454.38	0.75	2.06	
1964	510.67	0.71	2.31	1.07
1982	843.42	0.82	3.82	2.83
1990	959.30	0.83	4.35	1.62
2000	1066.94	0.82	4.84	1.07
2010	1224.31	0.89	5.55	1.39
2020	1313.41	0.91	5.95	0.70

注："全国人口"包含现役军人和港澳台地区等的人口。

从常住人口年均增长率来看，1953 ~ 1964 年、1964 ~ 1982 年、1982 ~ 1990 年、1990 ~ 2000 年、2000 ~ 2010 年和 2010 ~ 2020 年，青藏高原人口年均增长率分别为1.07%、2.83%、1.62%、1.07%、1.39%、0.70%（图 2.2）。相较于 20 世纪 80 年代和 90年代，2010 ~ 2020 年青藏高原常住人口年均增长率呈现下降趋势。青藏高原常住人口占全国人口的比重呈现增长态势，1953 年、1964 年、1982 年、1990 年、2000 年、2010 年和 2020 年，青藏高原常住人口占全国人口的比重分别为 0.75%、0.71%、0.82%、0.83%、0.82%、0.89% 和 0.91%。相对于全国人口增长水平，青藏高原具有相对较高的人口增长率，但近年来人口年均增长率呈下降趋势，人口增长不如之前强劲。

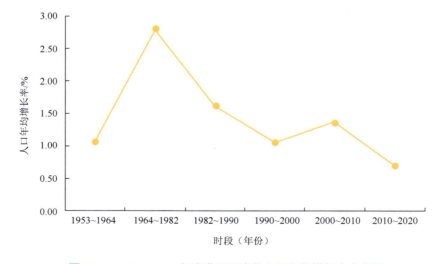

图 2.2　1953 ~ 2020 年青藏高原常住人口年均增长率变化图

　　根据历年各地区统计年鉴数据，2011～2019 年，青藏高原人口自然增长率维持在 8‰左右的水平，始终高于全国 3‰～6‰的水平（图 2.3），这得益于少数民族的生育政策，青藏高原人口出生率具有显著的相对优势。从人口自然增长率和机械增长率来看，青藏高原人口自然增长率始终高于机械增长率。青藏高原的人口增长动力主要来源于本地人口自然增长，虽然近年来人口迁移表现为净迁入，但对青藏高原人口增长的贡献相对有限。值得注意的是，2015 年以后，青藏高原的人口自然增长率呈现持续下降趋势，从 2015 年的 8.48‰下降至 2019 年的 7.98‰。

图 2.3　2011～2019 年青藏高原人口自然增长率和机械增长率演变图

2. 人口空间分布特征

　　青藏高原整体处于"胡焕庸线"的西北侧，是典型的人口稀疏区。但是，青藏高原内部人口也呈现类似于"胡焕庸线"的人口地域分异特征。根据 2010 年分乡镇街道常住人口数据，分析青藏高原的人口密度分布特征，其人口空间分布呈现"极化地带性"特征，越远离自然地理上的"寒旱核心区"，人口密度越高，总体呈现"东南密、西北疏"的特征。以"祁连—吉隆"线为界，东南半壁常住人口占 92.74%，西北半壁仅占 7.26%，其中，青藏高原人口主要集中在以拉萨、日喀则为中心的"一江两河"地区、以西宁为中心的河湟谷地地区，以及横断山脉地区。按照乡镇街道行政区划单元，人口密度最大值为青海西宁城中区仓门街道办事处，为 53804 人/km²，达到中国东部沿海大都市的人口密度水平，人口密度最小值为新疆若羌县祁曼塔格乡，地处牧民为主的阿尔金山国家级自然保护区内，仅有 0.0003 人/km²。

分析 2000～2010 年和 2010～2020 年两个时间段 20 个地市州人口年均增长率分布图发现，2000～2010 年，青藏高原各地市州人口均呈现正增长，人口稀疏的三江源、阿里、那曲等地区人口增长强劲。到了 2010～2020 年，青藏高原各地州人口增长普遍放缓，仅拉萨人口增速突出，从 56 万人增长至 87 万人（图 2.4 和图 2.5）。值得注意的是，拉萨人口年均增长 3.1 万人，而人口规模最大的西宁人口年均增长 2.6 万人，拉萨人口增长比西宁还强劲。同时，2010～2020 年，海西蒙古族藏族自治州、海北藏族自治州、阿坝藏族羌族自治州、迪庆藏族自治州等出现人口负增长。

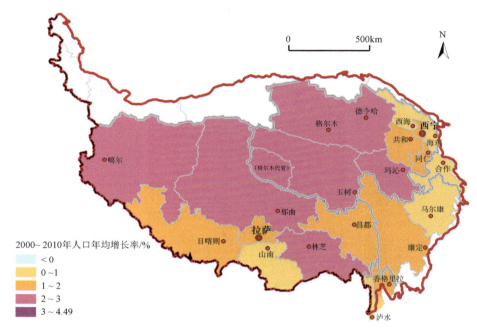

图 2.4　2000～2010 年青藏高原人口年均增长率分布图

3. 城镇人口变化特征

改革开放以来，我国进入快速城镇化过程，青藏高原城镇人口也同样快速增长，主要包括本地乡村人口向城镇迁移的人口、城镇空间扩张带动增长的人口、城镇地区自然增长的人口、外地来到青藏高原城镇地区的人口等。按照各次全国人口普查城镇人口的统计口径，1982 年、1990 年、2000 年、2010 年和 2020 年，青藏高原城镇人口分别为 126.22 万人、181.91 万人、255.18 万人、406.78 万人和 624.98 万人（图 2.6）。相较于改革开放初期，现在青藏高原城镇人口已经是当时的近 5 倍。虽然青藏高原是地球上海拔相对较高、城镇化率相对滞后的区域，但其城镇人口增长也较突出，这既包括本地的城镇化人口，也包括从青藏高原以外输入但是长期居住在青藏高原城镇地区的外来常住人口。

图 2.5　2010 ～ 2020 年青藏高原人口年均增长率分布图

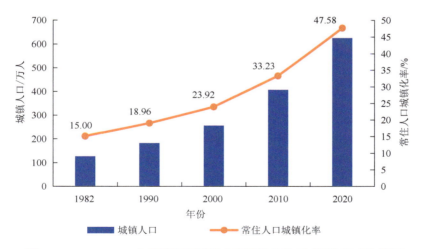

图 2.6　1982 ～ 2020 年青藏高原城镇人口及常住人口城镇化率变化情况

4. 城镇化率演变特征

人口城镇化率是反映城镇化发展水平的基本测度，即区域内城镇人口与总人口的比重。由于特有的户籍制度，"非农业户籍人口占户籍人口的比重"一度成为中国衡量城镇化的重要指标。然而，改革开放以来，中国出现了大规模、高强度的流动人口，具有实际常住地与户籍登记地不一致的特征，"非农业户籍人口占户籍人口的比重"不能客观地表达城镇化发展的真实水平。同时，撤县设区、撤县设市等行政区划调整日益频繁，城镇行政地域范围与城镇实体地域范围偏离程度越来越大。从1982年第三次全国人口普查开始，城、镇、村及其实际常住人口的统计越来越受到重视，一方面，考虑人口迁移和流动因素，采用实际常住人口口径代替户籍注册人口口径测算城镇人口和总人口；另一方面，不断探索采用城、镇、村的实体地域代替行政地域界定"城镇"和"乡村"的空间范围。

采用城镇人口占常住总人口的比重，核算青藏高原常住人口城镇化率。1982年、1990年、2000年、2010年和2020年，青藏高原城镇化率分别为15.00%、18.96%、23.92%、33.23%和47.58%。相对于全国来说，青藏高原城镇化发展明显滞后，是我国城镇化率相对靠后的区域。根据城镇化阶段划分法，2010年之前，青藏高原整体处于城镇化发展的初期阶段，城镇化发展相对缓慢。2010年以来，青藏高原进入城镇化发展的快速阶段，到2020年，青藏高原城镇化率已经接近50%。按此增长速度下去，大约到2025年青藏高原常住人口城镇化率将达到50%，届时在青藏高原出现一半人住在城里、一半人住在乡里的城乡人口数量均衡拐点。也就是说，在未来一段时间内，青藏高原将历史性地进入以城镇人口为主导的阶段。

2.2.2 高原人口城镇化的时空变化过程与特征

根据分地级市（州、地区）的人口普查数据，按照城镇化发展的四个阶段绘制1982年、1990年、2000年、2010年和2020年青藏高原分地级市（州、地区）城镇化率空间分布图（图2.7），对应的统计指标如表2.3所示。总体来看，西宁和柴达木盆地的工矿城市处于城镇化高水平；部分地级行政单元逐步从城镇化低水平或中低水平演化至城镇化中高水平，也有部分地级行政单元仍然处于城镇化中低水平；截至2020年，青藏高原大部分地区仍然处于城镇化中低水平（方创琳等，2023）。

（1）1982年，青藏高原只有西宁的城镇化率超过50%，高达68.24%，处于城镇化中高水平发展阶段，城镇人口63.21万人，占青藏高原城镇人口的一半以上。海西蒙古族藏族自治州和拉萨市的城镇化率介于30%～50%，处于城镇化中低水平发展阶段，城镇人口占青藏高原城镇人口的18.37%。此外，共有17个地级行政单元的城镇化率低于30%，尚处于城镇化发展的初期阶段，包括阿坝藏族羌族自治州、甘南藏族自治州、迪庆藏族自治州、甘孜藏族自治州、海南藏族自治州、日喀则市、怒江傈僳族自治州、林芝市、山南市、那曲市、昌都市、海东市、阿里地区、海北藏族自治州、黄南藏族自治州、果洛藏族自治州和玉树藏族自治州，城镇人口占青藏高原城镇人口的31.55%。

（2）1990年，西宁市的城镇化率超过70%，高达71.14%，处于城镇化高水平发展阶段，城镇人口77.34万人，占青藏高原城镇人口的42.52%。海西蒙古族藏族自治州城镇化率高达66.30%，处于城镇化中高水平发展阶段，城镇人口占青藏高原城镇人口的11.38%。拉萨市的城镇化率介于30%～50%，达37.19%，处于城镇化中低水平阶段，城镇人口占青藏高原城镇人口的 7.69%。此外，阿坝藏族羌族自治州、甘南藏族自治州、迪庆藏族自治州、甘孜藏族自治州、海南藏族自治州、日喀则市、怒江傈僳族自治州、林芝市、山南市、那曲市、昌都市、海东市、阿里地区、海北藏族自治州、黄南藏族自治州、果洛藏族自治州、玉树藏族自治州共 17 个地（州、市）的城镇化率仍低于 30%，处于城镇化低水平发展阶段，城镇人口占青藏高原城镇人口的 38.41%。

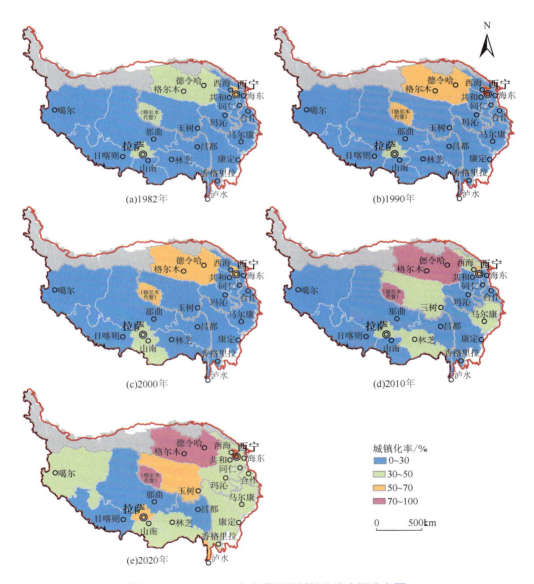

图 2.7　1982 ～ 2020 年青藏高原城镇化率空间分布图

（3）2000 年，海西蒙古族藏族自治州和西宁市的城镇化率分别达 58.75% 和 55.40%，处于城镇化中高水平发展阶段，城镇人口占青藏高原城镇人口的比重合计为

43

47.80%。城镇化率介于 30%～50% 的地级行政单元有 2 个，分别是拉萨市和山南市，处于城镇化中低水平的加速发展阶段，尤其是山南市，城镇化率由 1990 年的 6.99% 快速增至 2000 年的 31.14%，年均增长率高达 16.11%。此外，城镇化率仍低于 30% 的地级行政单元有 16 个，包括阿坝藏族羌族自治州、甘南藏族自治州、迪庆藏族自治州、甘孜藏族自治州、海南藏族自治州、日喀则市、怒江傈僳族自治州、林芝市、那曲市、昌都市、海东市、阿里地区、海北藏族自治州、黄南藏族自治州、果洛藏族自治州和玉树藏族自治州等地（州、市），处于城镇化起步发展阶段，城镇人口占青藏高原城镇人口的比重升至 40.85%。

（4）2010 年，仅有海西蒙古族藏族自治州的人口城镇化率超过 70%，高达 70.03%，进入城镇化后期阶段，但其城镇人口占青藏高原城镇人口的比重仅为 8.42%。城镇化率介于 50%～70% 的地级行政单元包括西宁市，城镇人口占青藏高原城镇人口的比重达 34.59%。城镇化率介于 30%～50% 的地级行政单元有 5 个，包括拉萨市、海北藏族自治州、玉树藏族自治州、林芝市和阿坝藏族羌族自治州等地（州、市），城镇人口占青藏高原城镇人口的 19.27%。城镇化率小于 30% 的地级行政单元有 13 个，包括海南藏族自治州、黄南藏族自治州、迪庆藏族自治州、果洛藏族自治州、甘南藏族自治州、怒江傈僳族自治州、阿里地区、海东市、山南市、甘孜藏族自治州、日喀则市、那曲市和昌都市等地（州、市），主要分布在西藏西部、青海东南部以及四川西北部，集中了青藏高原 37.72% 的城镇人口。

（5）2020 年，人口城镇化率超过 70% 的地级行政单元包括西宁市和海西蒙古族藏族自治州，分别高达 78.63% 和 76.57%，处于城镇化高水平发展阶段，集中了青藏高原 36.79% 的城镇人口。有三个地级行政单元的城镇化率介于 50%～70%，分别是拉萨市、怒江傈僳族自治州和玉树藏族自治州，处于城镇化中高水平，城镇人口占青藏高原城镇人口的 17.76%。城镇化率介于 30%～50% 的地级行政单元 12 个，包括海北藏族自治州、阿里地区、甘南藏族自治州、黄南藏族自治州、阿坝藏族羌族自治州、林芝市、海南藏族自治州、海东市、果洛藏族自治州、山南市、迪庆藏族自治州和甘孜藏族自治州等地（州、市），主要集聚在青海东部、四川西北部以及西藏东南和西北部，集聚了青藏高原 38.52% 的城镇人口。此外，有 3 个地级行政单元的城镇化率低于 30%，包括日喀则市、那曲市和昌都市，仍处于城镇化低水平的起步阶段，仅集中了青藏高原 6.93% 的城镇人口。

表 2.3　按不同城镇化阶段的地级行政单元指标统计表

年份	项目	0%～30%	30%～50%	50%～70%	70%～100%
1982	城镇数量 / 个	17	2	1	—
	城镇人口 / 万人（占青藏高原城镇人口比重 /%）	39.82（31.55）	23.19（18.37）	63.21（50.08）	—
1990	城镇数量 / 个	17	1	1	1
	城镇人口 / 万人（占青藏高原城镇人口比重 /%）	69.88（38.41）	13.98（7.69）	20.71（11.38）	77.34（42.52）

续表

年份	项目	0%~30%	30%~50%	50%~70%	70%~100%
2000	城镇数量 / 个	16	2	2	—
	城镇人口 / 万人（占青藏高原城镇人口比重 /%）	104.23（40.85）	28.96（11.35）	121.98（47.80）	—
2010	城镇数量 / 个	13	5	1	1
	城镇人口 / 万人（占青藏高原城镇人口比重 %）	153.42（37.72）	78.40（19.27）	140.69（34.59）	34.27（8.42）
2020	城镇数量 / 个	3	12	3	2
	城镇人口 / 万人（占青藏高原城镇人口比重 /%）	43.34（6.93）	240.72（38.52）	111.01（17.76）	229.91（36.79）

2.3　高原城镇化格局的变化过程与特征

高原城镇化格局主要是指城镇体系在空间上的分布状况。城镇体系是指一定时空范围内由一系列不同等级规模、不同职能分工、空间分布有序的城镇所组成的联系密切、相互依存的城镇群体（顾朝林，1992），重点关注的是所有城镇在空间上的分布、组合及联系状态，核心目标是实现不同类型城镇的社会经济与资源环境要素在空间上的优化配置（鲍超和陈小杰，2014）。青藏高原地处高寒偏远地区，城镇体系发育较为滞后，地广人稀的青藏高原城镇人口统计数据不易获得，同时我国人口统计口径复杂多变，时空可比性较差，因而目前学术界对其城镇体系的研究明显不够。为此，根据《中华人民共和国行政区划简册 1991》（中华人民共和国民政部，1991）、《中华人民共和国行政区划统计表》及《中华人民共和国乡镇行政区划简册 2016》（中华人民共和国民政部，2016）和 2020 年度全国统计用区划代码和城乡划分代码（国家统计局，2020），确定青藏高原范围内建制镇以上城镇的名称，并借助 ArcGIS10.6 软件，生成不同时期青藏高原所有城镇的时空分布图；然后根据历次全国人口普查数据、2015 年全国 1% 人口抽样数据、《中国县域统计年鉴 2016（乡镇卷）》中的数据（国家统计局农村社会经济调查司，2017），采用人口校正法获得青藏高原各城镇的人口规模（鲍超和刘若文，2019）；在此基础上，结合实地调查资料和地方政府规划，对青藏高原 1990～2020 年城镇体系的规模结构、空间结构和职能结构的时空演变格局进行分析，为科学认识青藏高原城镇体系的时空演变格局、优化青藏高原城镇体系提供科学依据。

2.3.1　高原城镇数量的变化过程与特征

1. 城镇数量的总体变化过程与特征

1990～2020 年，青藏高原城镇数量从 108 个增加到 493 个，其□城市数量由 9 个增加至 19 个，建制镇数量由 99 个增加至 474 个。1990 ～ 2000 年，青藏高原城镇数量增长较快，从 108 个增长至 212 个。2000 ～ 2010 年，青藏高原城镇数量迅猛增长，从 212 个增长至 350 个。2010 ～ 2020 年，青藏高原城镇数量快速增长，从 350 个增长至 493 个。受地理环境、社会经济发展基础等因素限制，青藏高原大部分居民点分布较为分散，人口和产业集聚功能弱，长期达不到建制镇设置标准和设市标准，城镇数量少，城镇密度低。城镇数量在空间上总体呈现出西北稀疏、东南密集的不均衡格局（图 2.8）。

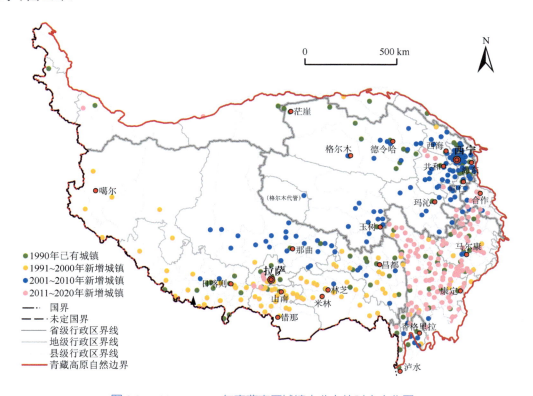

图 2.8　1990 ～ 2020 年青藏高原城镇点分布的时空变化图

2. 分行政区域城镇数量变化过程与特征

从省级行政区来看（表 2.4），青海城镇数量增长最快的阶段是在 2000 ～ 2010 年，该阶段城镇数量从 47 个增加到 140 个，增长了 93 个，资源的大规模开发和工业建设是青海城镇发展的首要动力，民族地区的优惠发展政策、牧民居住环境的改善和民族宗教文化的区域融合也是推动青海城镇发展的重要原因。而 1990 ～ 2000 年，青海城镇数量从 37 个增加到 47 个，仅增长 10 个；2010 ～ 2020 年，从 140 个增加到 146 个，仅增长 6 个。

表 2.4　1990 ～ 2020 年青藏高原分行政区域城镇数量变化

省份	地区	1990 年	占比 /%	2000 年	占比 /%	2010 年	占比 /%	2020 年	占比 /%
青海	西宁市	6	5.56	14	6.60	28	8.00	28	5.68
	海东市	9	8.33	10	4.72	31	8.86	31	6.29
	海北藏族自治州	3	2.78	4	1.89	11	3.14	11	2.23
	黄南藏族自治州	3	2.78	3	1.42	11	3.14	13	2.64
	海南藏族自治州	2	1.85	2	0.94	16	4.57	19	3.85
	果洛藏族自治州	1	0.93	1	0.47	8	2.29	8	1.62
	玉树藏族自治州	1	0.93	1	0.47	12	3.43	12	2.43
	海西蒙古族藏族自治州	12	11.11	12	5.66	23	6.57	24	4.87
	合计	37	34.26	47	22.17	140	40.00	146	29.61
西藏	拉萨市	7	6.48	10	4.72	10	2.86	13	2.64
	日喀则市	11	10.19	26	12.26	28	8.00	28	5.68
	昌都市	10	9.26	24	11.32	29	8.29	29	5.88
	林芝市	2	1.85	20	9.43	21	6.00	21	4.26
	山南市	2	1.85	24	11.32	24	6.86	24	4.87
	那曲市	3	2.78	4	1.89	26	7.43	26	5.27
	阿里地区	0	0.00	7	3.30	7	2.00	7	1.42
	合计	35	32.41	115	54.25	145	41.43	148	30.02
云南	怒江傈僳族自治州	3	2.78	3	1.42	3	0.86	4	0.81
	丽江市	0	0.00	0	0.00	1	0.29	2	0.41
	迪庆藏族自治州	3	2.78	4	1.89	9	2.57	10	2.03
	合计	6	5.56	7	3.30	13	3.71	16	3.25
四川	凉山彝族自治州	1	0.93	1	0.47	3	0.86	9	1.83
	甘孜藏族自治州	14	12.96	22	10.38	23	6.57	102	20.69
	阿坝藏族羌族自治州	9	8.33	12	5.66	14	4.00	44	8.92
	雅安市	0	0.00	1	0.47	1	0.29	1	0.20
	合计	24	22.22	36	16.98	41	11.71	156	31.64
甘肃	甘南藏族自治州	1	0.93	1	0.47	5	1.43	18	3.65
	酒泉市	1	0.93	2	0.94	2	0.57	2	0.41
	武威市	0	0.00	0	0.00	0	0.00	1	0.20
	张掖市	1	0.93	1	0.47	1	0.29	1	0.20
	合计	3	2.78	4	1.89	8	2.29	22	4.46

续表

省份	地区	1990 年	占比 /%	2000 年	占比 /%	2010 年	占比 /%	2020 年	占比 /%
新疆	喀什地区	1	0.93	1	0.47	1	0.29	1	0.20
	巴音郭楞蒙古自治州	1	0.93	1	0.47	1	0.29	2	0.41
	和田地区	1	0.93	1	0.47	1	0.29	2	0.41
	合计	3	2.78	3	1.42	3	0.86	5	1.01
青藏高原总计		108	100	212	100	350	100	493	100

注：加合不等于 100% 为修约所致。下同。

西藏城镇数量增长最快的阶段在 1990 ～ 2000 年，该阶段城镇数量从 35 个增长到 115 个，增长了 80 个，表现出明显的补偿性增长特征，大量新增城镇只是名义上的"行政建制"变更，城镇人口规模多达不到设镇标准，不少居民仍保持着城内居住、城外耕作的传统生产生活方式。而 2000 ～ 2010 年，西藏城镇数量从 115 个增长到 145 个，增长了 30 个；2010 ～ 2020 年，仅增加了 3 个，从 145 个增长至 148 个。

云南城镇数量增长最快的阶段是在 2000 ～ 2010 年，该阶段城镇数量从 7 个增长到 13 个，增长了 6 个；1990 ～ 2000 年，城镇数量从 6 个增长到 7 个，增长了 1 个；2010 ～ 2020 年，城镇数量从 13 个增长到 16 个，增长了 3 个。

四川城镇数量增长最快的阶段是在 2010 ～ 2020 年，该阶段城镇数量从 41 个增长到 156 个，增长了 115 个；1990 ～ 2000 年，城镇数量从 24 个增长到 36 个，增长了 12 个；2000 ～ 2010 年，城镇数量从 36 个增长到 41 个，增长了 5 个。

甘肃城镇数量增长最快的阶段是在 2010 ～ 2020 年，该阶段城镇数量从 8 个增长到 22 个，增长了 14 个；1990 ～ 2000 年，城镇数量从 3 个增长到 4 个，增长了 1 个；2000 ～ 2010 年，城镇数量从 4 个增长到 8 个，增长了 4 个。

新疆城镇数量增长最快的阶段是在 2010 ～ 2020 年，该阶段城镇数量从 3 个增长到 5 个，增长了 2 个；城镇数量在 1990 ～ 2010 年一直保持不变，均为 3 个。

从地级行政区来看，各地市州 2020 年城镇个数较 1990 年均有一定增长，但其城镇数量多寡不一。部分地市州建制镇数量一直增长；但部分地市州建制镇数量在某一阶段增长较多，其他阶段缓慢增长或没有变化。

从青藏高原核心区域（西藏和青海）和边缘区来看，前者的城镇数量合计从 1990 年的 72 个增长到 2020 年的 294 个，占青藏高原的比重由 66.67% 降低至 59.63%；后者的城镇数量合计从 1990 年的 36 个增长到 2020 年的 199 个，占青藏高原的比重由 33.33% 上升至 40.37%。

2.3.2　高原城镇体系等级规模结构变化特征

1. 总体演变特征

由于青藏高原城镇人口规模普遍偏小，如果沿用国务院 2014 年印发的《关于调整城市规模划分标准的通知》对城镇进行分级，则不能很好地体现城镇之间的差异。因此，根据青藏高原城镇人口规模的特点，将 1990 ~ 2020 年青藏高原城镇人口规模等级划分为 6 个级别（图 2.9）。

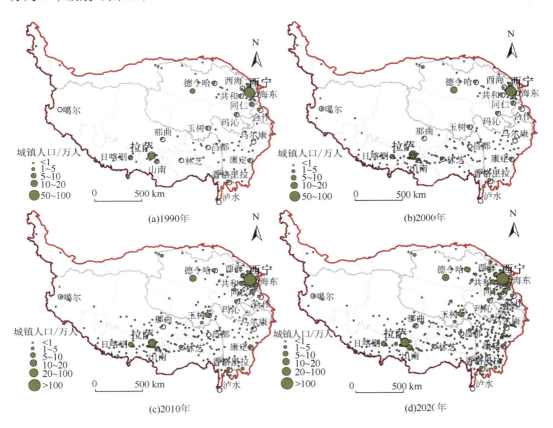

图 2.9　1990 ~ 2020 年青藏高原城镇人口规模的空间格局及动态演变图

1）<1 万人的城镇

数量由 1990 年的 89 个增加到 2020 年的 416 个，占高原城镇数量的比重由 1990 年的 82.41% 变为 84.38%；该类城镇人口由 22.57 万人增加到 127.62 万人，占高原城镇人口的比重由 14.52% 变为 24.40%。

2）1 万 ~ 5 万人的城镇

数量由 1990 年的 14 个增加到 2020 年的 67 个，占高原城镇数量的比重由 1990 年的 12.96% 变为 2020 年的 13.59%；该类城镇人口由 26.15 万人增加到 141.29 万人，占高原城镇人口的比重由 16.83% 变为 27.01%。

3）5 万 ~ 10 万人的城镇

数量由 1990 年的 3 个增加到 2020 年的 5 个，占高原城镇数量的比重由 1990 年的 2.78% 变为 2020 年的 1.01%；该类城镇人口由 25.27 万人增加到 30.54 万人，占高原城镇人口的比重由 16.26% 变为 5.84%。

4）10 万～20 万人的城镇

数量由 1990 年的 1 个增加到 2020 年的 2 个，占高原城镇数量的比重由 0.93% 变为 0.41%；该类城镇人口由 12.96 万人变为 31.28 万人，占高原城镇人口的比重由 8.34% 变为 5.98%。

5）20 万～50 万人的城镇

数量由 1990 年的 0 个增加到 2020 年的 2 个（拉萨市区和海东市区），2020 年该类城镇占高原城镇数量的比重为 0.41%，城镇人口为 64.25 万人，占高原城镇人口的比重为 12.28%。

6）>100 万人的城镇

数量由 1990 年的 0 个增加到 2020 年的 1 个（西宁市区），2020 年该类城镇占高原城镇数量的比重为 0.20%，城镇人口为 128.10 万人，占高原城镇人口的比重为 24.49%。

总体来看，人口小于 1 万人的城镇始终占据最大比重，城镇人口规模普遍较小、辐射带动能力不足已成为青藏高原社会经济发展面临的重要制约因素。

2. 历年演变格局

1990 年，青藏高原城镇人口为 181.91 万人。其中，城镇人口小于 1 万人的城镇数量 89 个，占高原城镇数量的 82.41%；其城镇人口为 22.57 万人，占高原城镇人口的 14.52%。1 万～5 万人的城镇数量 14 个，占高原城镇数量的 12.96%；其城镇人口为 26.15 万人，占高原城镇人口的 16.83%。5 万～10 万人的城镇数量 3 个，占高原城镇数量的 2.78%；其城镇人口为 25.27 万人，占高原城镇人口的 16.26%。10 万～20 万人的城镇数量 1 个，占高原城镇数量的 0.93%；其城镇人口为 12.96 万人，占高原城镇人口的 8.34%。50 万～100 万人的城镇数量 1 个，占高原城镇数量的 0.93%；其城镇人口为 68.45 万人，占高原城镇人口的 44.05%。20 万～50 万人以及大于 100 万人的城镇缺失。

2000 年，青藏高原城镇人口为 255.18 万人。其中，城镇人口小于 1 万人的城镇数量 188 个，占高原城镇数量的 88.68%；其城镇人口为 43.75 万人，占高原城镇人口的 19.72%。1 万～5 万人的城镇数量 19 个，占高原城镇数量的 8.96%；其城镇人口为 40.76 万人，占高原城镇人口的 18.37%。5 万～10 万人的城镇数量 1 个，占高原城镇数量的 0.47%；其城镇人口为 8.75 万人，占高原城镇人口的 3.94%。10 万～20 万人的城镇数量 3 个，占高原城镇数量的 1.42%；其城镇人口为 46.84 万人，占高原城镇人口的 21.11%。50 万～100 万人的城镇数量 1 个，占高原城镇数量的 0.47%；其城镇人口为 81.75 万人，占高原城镇人口的 36.85%。20 万～50 万人以及大于 100 万人的城镇缺失。

2010 年，青藏高原城镇人口为 406.78 万人。其中，城镇人口小于 1 万人的城镇数量 308 个，占高原城镇数量的 88.00%；其城镇人口为 79 万人，占高原城镇人口的 23.55%。1 万～5 万人的城镇数量 35 个，占高原城镇数量的 10.00%；其城镇人口为 66.56 万人，占高原城镇人口的 19.84%。5 万～10 万人的城镇数量 2 个，占高原城镇数量的 0.57%；其城镇人口为 11.86 万人，占高原城镇人口的 3.53%。10 万～20 万人的城镇数量 3 个，占高原城镇数量的 0.86%；其城镇人口为 47.89 万人，占高原城镇人口的 14.27%。20 万～50 万人的城镇数量 1 个，占高原城镇数量的 0.29%；其城镇人口为 20 万人，占高原城镇人口的 5.96%。50 万～100 万人的城镇数量 0 个。大于 100 万人的城镇数量为 1 个，占高原城镇数量的 0.29%；其城镇人口为 110.2 万人，占高原城镇人口的 32.84%。

2020 年，青藏高原城镇人口为 624.98 万人。其中，城镇人口小于 1 万人的城镇数量 416 个，占高原城镇数量的 84.38%；其城镇人口为 127.62 万人，占高原城镇人口的 24.40%。1 万～5 万人的城镇数量 67 个，占高原城镇数量的 13.59%；其城镇人口为 141.29 万人，占高原城镇人口的 27.01%。5 万～10 万人的城镇数量 5 个，占高原城镇数量的 1.01%；其城镇人口为 30.54 万人，占高原城镇人口的 5.84%。10 万～20 万人的城镇数量 2 个，占高原城镇数量的 0.41%；其城镇人口为 31.28 万人，占高原城镇人口的 5.98%。20 万～50 万人的城镇数量 2 个，占高原城镇数量的 0.41%；其城镇人口为 64.25 万人，占高原城镇人口的 12.28%。没有 50 万～100 万人的城镇。大于 100 万人的城镇数量为 1 个，占高原城镇数量的 0.20%；其城镇人口为 128.1 万人，占高原城镇人口的 24.49%。

2.3.3 高原城镇体系空间结构的形成过程

依据青藏高原城镇发育的过程以及现状分布，结合各城镇发展的自然条件和经济社会基础，青藏高原目前已基本形成了"两圈两轴一带多节点"的城镇化空间分布格局（图 2.10）。其中，"两圈"指拉萨城市圈和西宁都市圈，"两轴"指青藏铁路沿线城镇发展轴和雅鲁藏布江河谷城镇发展轴，"一带"指边境城镇带，"多节点"指多个重点城市节点（方创琳等，2023）。

1. 两圈：西宁都市圈和拉萨城市圈

西宁都市圈，是以西宁市、海东市为主体，辐射带动周边城镇发展。西宁市是青藏高原地区的内陆开放城市，主要承担交通物流、经济发展、文化保护、生态保护等功能；海东市主要承担矿产资源与水资源开发利用、现代工业、文化遗产保护与开发的功能。加快壮大西宁市综合实力，完善海东市城市功能，强化县域经济发展，共同建设承接产业转移示范区，重点发展新能源、新材料、生物医药、装备制造、信息技术等产业，积极提高城际互联水平，稳步增加城市数量，加快形成联系紧密、分工有序的都市圈。

拉萨城市圈，是以拉萨市为中心，泽当为重要支撑，其他小城镇为组成部分，以拉萨市至墨竹工卡县、拉萨市至泽当为两轴线的拉萨—泽当城市圈，是西藏城镇体系的核心区域，同时也是青藏高原地区城镇化、社会经济发展、文化保护与产业发展的核心增长极之一。其中，拉萨市主要承担经济发展、产业集聚、改革创新、全面开放、城乡一体化和两型社会建设、旅游集散的功能；泽当主要承担传统文化保护、文化产业发展、生态文明引领的藏源生态文化示范功能；墨竹工卡县、林周县、堆龙德庆区、达孜区和曲水镇承担矿产和现代农业发展功能。

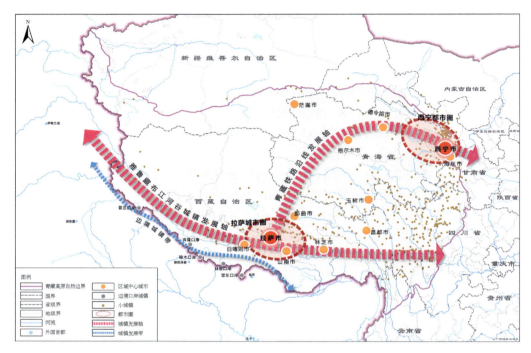

图 2.10　青藏高原城镇体系的空间结构现状图

2. 两轴：青藏铁路沿线城镇发展轴和雅鲁藏布江河谷城镇发展轴

青藏铁路沿线城镇发展轴。青藏铁路纵贯青海、西藏两省区，是青藏地区与内地沟通的桥梁，是具有重要战略意义的通道，同时也是西部腹地路网骨架的重要组成部分。青藏铁路的建成极大地改善了进出藏的交通条件，大量的物流与客流也带动了铁路沿线城镇的社会经济发展。该沿线除西宁市和拉萨市两大综合中心城市外，还发育了德令哈市、格尔木市、那曲市等区域中心城市。

雅鲁藏布江河谷城镇发展轴。雅鲁藏布江河谷位于青藏高原西南部地区，海拔在2800～3600m，自然条件和气候较适宜人类居住生活和农作物生长，是青藏高原的城镇、人口和经济总量集中分布的地区之一。河谷沿线分布有拉萨市、日喀则市、山南市、林芝市等城市。

3. 一带：边境城镇带

边境城镇带，由位于藏西地区的日土县开始，沿喜马拉雅山—山南—林芝边境线区域的42个重要边境乡镇构成，其中口岸城镇包括普兰口岸、吉隆口岸、樟木口岸、亚东口岸、日屋口岸等。

4. 多节点

多节点，包括青海的格尔木市、海东市、德令哈市、玉树市、茫崖市、同仁市，西藏的日喀则市、昌都市、林芝市、山南市、那曲市、米林市、错那市，云南迪庆藏族自治州的香格里拉市，四川甘孜藏族自治州的康定市、阿坝藏族羌族自治州的马尔康市，甘肃甘南藏族自治州的合作市，多为青藏高原区域性中心城市，是带动青藏高原区域经济社会发展的重要支撑点。

2.3.4 高原城镇体系的职能结构特征

城镇职能是指城镇在一定地域内的经济、社会发展中所发挥的作用和承担的分工。在不同的地域范围内，城镇所起的作用大小是不同的。从青藏高原地域范围来看，青藏高原城镇体系的职能结构可分为综合型和专业型两大类型。中心城市和区域中心城市多为综合型；其他城镇多为专业型，主要包括综合服务型、旅游服务型、工矿服务型、农牧服务型、交通物流型、商贸服务型、边境口岸型、城郊经济型等（方创琳等，2023）（图 2.11）。

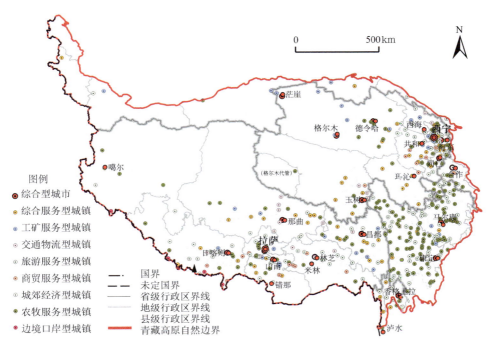

图 2.11 青藏高原城镇职能结构空间分布现状图

1. 综合型中心城市

综合型中心城市包括青海省省会西宁市和西藏自治区首府拉萨市。

（1）西宁市城市性质和职能为：青海省省会，西北地区中心城市之一，青藏高原现代化中心城市，全国重要的循环经济示范区，新能源、新材料与有色金属产业基地，柴达木盆地开发和三江源生态保护的服务基地，具有高原和民族特色的旅游基地，国

53

家西部的综合交通枢纽之一，新欧亚大陆桥和丝绸之路的重要节点城市，沟通内地、连通西部边疆和中亚地区的战略通道，省级历史文化名城，民族团结进步先进区，青藏高原最宜居城市。

（2）拉萨市的城市性质和职能为：国家西部重要的区域中心城市，西藏自治区经济和文化中心，国家历史文化名城，世界精品旅游城市，西藏综合交通运输枢纽。

2. 综合型区域中心城市

区域中心城市包括青海省的格尔木市、海东市、德令哈市、玉树市、茫崖市、同仁市，西藏自治区的日喀则市、昌都市、林芝市、山南市、那曲市、米林市、错那市，云南省迪庆藏族自治州的香格里拉市，四川省甘孜藏族自治州的康定市、阿坝藏族羌族自治州的马尔康市，甘肃省甘南藏族自治州的合作市。

（1）格尔木市的城市性质和职能：青海省副中心城市，全国重要新型工业化基地、循环经济试验区和支持青海省跨越发展增长极，全国重要的综合交通枢纽、信息通信枢纽、电力枢纽、资源加工转化中心和物流集散中心，全国循环经济产业发展示范区，青藏高原重要的现代化宜居城市，高品质的现代化服务业聚集区，区域旅游服务基地和组织中心，区域农贸中心和特色产品集聚区。

（2）海东市的城市性质和职能：兰西城市群新型产业基地和重要城市支点，具有河湟文化特色的高原生态宜居城市，青海省门户枢纽，青藏高原商贸物流中心，国家级高原特色现代农业示范基地，河湟文化旅游展示服务基地，功能优化、安居乐业的新型城镇化地区。

（3）德令哈市的城市性质和职能：海西蒙古族藏族自治州州府，柴达木地区中心城市，以盐碱化工为特色的资源加工、转化基地，高原绿洲城市，海西蒙古族藏族自治州集金融、商业、文化、科教于一体的综合服务中心，青藏交通干线上的综合交通节点和物流集散地。

（4）玉树市的城市性质和职能：高原生态型商贸旅游城市，三江源地区的中心城市、青海省藏区城乡一体发展的先行地区。

（5）茫崖市的城市性质和职能：青海省西部新兴门户城市和青海省向西开放的"西大门"，以柴达木资源开发、加工工业、第三产业为主的现代化新兴城市。

（6）同仁市的城市性质和职能：黄南藏族自治州区域中心城市，文化旅游城市，安多藏区中心城市，高原生态宜居城市，国家热贡文化艺术试验区，以发展高原生态旅游和文化特色为主的国家历史文化名城。

（7）日喀则市的城市性质和职能：国家级历史文化名城，区域性交通枢纽中心，区域性政治、经济和文化中心，以商业贸易、加工业、旅游服务为主的高原园林城市。

（8）昌都市的城市性质和职能：藏东地区门户重镇，藏东地区政治、经济和文化中心，国家西部公路运输枢纽。

（9）林芝市的城市性质和职能：西藏自治区高原森林生态国际旅游城市，青藏高原重要的清洁能源基地，林芝市政治、经济和文化中心，藏东南综合交通枢纽。

（10）山南市的城市性质和职能：面向南亚开放的重要节点城市，西藏自治区中部地区历史文化旅游城市，国家历史文化名城，山南地区政治、经济和文化中心。

（11）那曲市的城市性质和职能：藏北地区交通枢纽，政治、经济和文化中心，青藏铁路沿线重要的铁路物流基地，具有高原游牧文化特色的草原生态旅游城市。

（12）香格里拉市的城市性质和职能：迪庆藏族自治州的政治、经济、文化中心，交通枢纽和物资集散中心，滇川藏三省区重要节点，以发展旅游业、生物资源开发为主，以畜牧业、藏医药产业、商贸为辅的藏文化特色高原旅游城市，云南省省级全域旅游示范区。

（13）康定市的城市性质和职能：甘孜藏族自治州及康巴藏区的政治、经济、文化、商贸、信息中心和交通枢纽，全国藏区新型城镇化样板市和旅游文化产业示范市，享誉世界的历史文化名城，中国大香格里拉生态旅游区建设核心区，川西北高原旅游集散中心之一川藏咽喉，茶马古道重镇。

（14）马尔康市的城市性质和职能：阿坝藏族羌族自治州的政治、经济、文化、金融、信息中心和交通枢纽，中国嘉绒藏族文化旅游中心，川西北地区中心城市。

（15）合作市的城市性质和职能：甘南藏族自治州的首府，安多藏区政治、经济文化中心，以牧业为主的高原城市，中国牦牛乳都，大香格里拉北线旅游集散中心和高度特色文化生态旅游目的地。

（16）米林市的城市性质与功能：全国重要的水电开发基地、清洁能源基地和生态旅游城市，国家重要的边境城市，西藏自治区直辖县级市，林芝市副中心城市。

（17）错那市的城市性质与功能：国家重要的边境城市，西藏自治区直辖县级市，典型的高寒城市。

3. 专业型小城镇

专业型小城镇是青藏高原除以上设市以外的城镇，包括地区行署与州府所在地、县城所在地、行委所在地的城镇及县以下建制镇。职能类型主要包括综合服务型、旅游服务型、工矿服务型、农牧服务型、交通物流型、商贸服务型、边境口岸型、城郊经济型等。

1）综合服务型城镇

综合服务型城镇多为未设市的地区行署驻地、州府驻地、部分县城所在地及较大规模的城镇，是依托较好的区位交通条件、资源禀赋等综合优势发展而成的、功能较为齐全的建制镇。其中，较为典型的包括：青海省西宁市的大通县城（桥头镇）、湟源县城（城关镇），海东市的民和县城（川口镇）、互助县城（威远镇）、化隆回族自治县（简称化隆县）城（巴燕镇），海南藏族自治州的共和县城（恰卜恰镇）、贵德县城（河阴镇）、同德县城（尕巴松多镇）、兴海县城（子科滩镇）、贵南县城（茫曲镇），海北藏族自治州的门源回族自治县（简称门源县）城（浩门镇），黄南藏族自治州的尖扎县城（马克唐镇）、泽库县城（泽曲镇），果洛藏族自治州的玛沁县城（大武镇）、班玛县城（赛来塘镇）、甘德县城（柯曲镇）、达日县城（吉迈镇）、玛多县城（玛查理镇），海西蒙古族藏族自治州的都兰县城（察汉乌苏镇），玉树藏族自治州的杂多县城（萨呼腾镇）、称多县城（称文镇）、治多县城（加吉博洛格镇）、囊谦县城（香达镇）、曲麻莱县城（约改镇）等；西藏自治区的阿里地区噶尔县城（狮泉河镇）等；云南省迪庆藏族自治州的德钦县城（升平镇）等；四川省凉山彝族自治州的木里县城（乔瓦镇）、甘孜藏族自治州的炉霍县城（新都镇）、甘孜县城（甘孜镇）、巴塘县城（夏邛镇），阿坝藏族羌族自治州的金川县城（勒乌镇）等；甘肃省甘南藏族自治州的玛曲县城（尼玛镇）、临夏回族自治州的和政县城（松鸣镇）、酒泉市的肃北蒙古族自治县城（党城湾镇）等；新疆维吾尔自治区的塔什库尔干塔吉克自治县城（塔什库尔干镇）等。

2）旅游服务型城镇

旅游服务型城镇是指主要依托区域丰富的高品质旅游资源发展形成的具有住宿、餐饮、购物和交通等旅游综合服务功能的城镇。其中，较为典型的包括：青海省海东市的循化县城（积石镇），海北藏族自治州的祁连县城（八宝镇）、刚察县城（沙柳河镇），黄南藏族自治州的河南蒙古族自治县（简称河南县）城（优干宁镇），果洛藏族自治州的久治县城（智青松多镇），海西蒙古族藏族自治州乌兰县的茶卡镇等；西藏自治区拉萨市的当雄县城（当曲卡镇），林芝市的鲁朗镇、工布江达县的巴河镇、米林市的派镇、波密县城（扎木镇），阿里地区的札达县城（托林镇）等；云南省迪庆藏族自治州香格里拉市的虎跳峡镇、叶枝镇、金江镇等；四川省甘孜藏族自治州的甘孜县城（甘孜镇）、稻城县的金珠镇和香格里拉镇，阿坝藏族羌族自治州的阿坝县城（阿坝镇）、若尔盖县城（达扎寺镇）、红原县城（邛溪镇），甘南藏族自治州的玛曲县城（尼玛镇）、碌曲县的郎木寺镇等。

3）工矿服务型城镇

工矿服务型城镇是指主要依托区域丰富的矿产资源和工业基础而发展起来的、具有为各类工业或矿业企业提供配套生产生活服务的城镇。其中，较为典型的包括：青海省海西蒙古族藏族自治州的乌兰县城（希里沟镇）、乌兰县铜普镇、天峻县城（新源镇），大柴旦行委的柴旦镇、锡铁山镇，茫崖市茫崖镇、冷湖行政委员会（冷湖镇）等；西藏自治区拉萨市的墨竹工卡县城（工卡镇），山南市贡嘎县的杰德秀镇、曲松县城（曲松镇），昌都市八宿县白玛镇、国家大型铜矿开采服务基地江达县城（江达镇）等；四川省阿坝藏族羌族自治州金川县的观音桥镇等。

4）农牧服务型城镇

农牧服务型城镇是指农牧业地区以提供农牧业生产技术与生产生活资料服务为主要职能，并适度开展农牧产品加工等相关产业发展的城镇。青藏高原独特的地理环境及其资源条件客观上决定了其地表资源利用的主体方式是农牧业，因而青藏高原多数城镇的主要职能类型为农牧服务型，主要职责是建立面向广大农牧区的优质农产品生产与加工基地、特色产业及产品基地和种养业良种体系、农牧业技术推广服务体系、动物防疫体系和市场流通信息体系。

5）交通物流型城镇

交通物流型城镇是指主要依托航空、铁路、高等级公路等交通条件而发展的以交通枢纽和物流业为主要职能的城镇，主要特点是交通便捷、货物运输量大、信息快、流动人口多，具有商贸和要素聚散功能，是地区之间和城乡之间联系的纽带。例如，依托拉萨贡嘎国际机场的贡嘎县城（吉雄镇）和甲竹林镇，依托青藏铁路的那曲市安多县城（帕那镇）、安多县雁石坪镇，依托国道 317 线和国道 214 线的昌都市类乌齐县城（桑多镇），依托米林机场、林邛公路、岗扎公路、岗派公路的林芝市米林市区（米林镇），依托国道 214 线和茶马古道的云南省迪庆藏族自治州德钦县奔子栏镇，依托国道 318 线和省道 211 线康丹公路的四川省甘孜藏族自治州姑咱镇等。

6）商贸服务型城镇

商贸服务型城镇是指以为销售、购销、批发、零售、国外贸易、国内商业等经济活动提供服务为主要职能的城镇。该类城镇一般区位和交通条件较好，与企业商务贸易活动以及老百姓的生活密切相关的批发业、零售业、住宿业、餐饮业、租赁业、商务服务业、居民服务业以及物流业和部分娱乐业等其他服务业较发达。对于青藏高原来说，该类城镇多与综合服务型城镇以及交通物流型城镇伴生。

7）边境口岸型城镇

边境口岸型城镇是指依托边境口岸发展形成的、以边境贸易为主要职能的城镇。青藏高原有边境县 21 个，边境乡镇 104 个，共有 5 个国家边境口岸，已开放的边境口岸有樟木、普兰、吉隆、日屋。其中，樟木、普兰、吉隆口岸为国家一类边境口岸，日屋口岸为国家二类边境口岸。樟木、吉隆、日屋三个边境口岸面向尼泊尔，普兰口岸兼容中印、中尼边境贸易，亚东口岸在历史上兼容中印、中印边界锡金段、中不边境贸易。相应地，青藏高原边境口岸型城镇分别为日喀则市聂拉木县的樟木镇、吉隆县的吉隆镇、定结县的日屋镇、亚东县的下司马镇，以及阿里地区普兰县的普兰镇。

8）城郊经济型城镇

城郊经济型城镇是指依托邻近大中城市的优势，承接大中城市的技术、产业、经济和社会各方面的辐射，承担中心城市部分功能和作用的城镇。比较典型的有拉萨市周边的城郊型城镇，如曲水县的曲水镇、达孜县的德庆镇等，以及西宁市和海东市周边的城郊型城镇，如乐家湾镇、韵家口镇、总寨镇、彭家寨镇、大堡子镇、廿里铺镇、平安镇、三合镇等。

2.4　高原城镇化质量的变化过程与特征

从"创新、协调、绿色、开放、共享"五位一体的视角评估青藏高原城镇化质量，评估结果显示，青藏高原五个维度的城镇化质量均具有逐年提高的变化特点，但其增长速度存在阶段性差异；在五个维度中，青藏高原的城镇化绿色发展表现良好，但创新和开放发展严重滞后。从地州尺度来看，城镇化质量排在首尾的城市位序稳定，位序处于中间的部分城市存在大幅的位序波动。在城镇化质量的空间分布及演化方面，青藏高原东部城镇化质量总体高于西部，高质量城镇化地区的空间分布具有稳定性，而低质量城镇化地区的空间范围逐渐向西藏北部和南部扩张，形成自东向西的线性布局。青藏高原城镇化的高质量发展需要因地制宜，从五个维度突破，打造绿色、美丽、和谐、幸福的青藏高原，为我国可持续发展构建起坚实的生态屏障和安全屏障。

2.4.1　高原城镇化发展质量测度指标体系与方法

党的十九大报告指出：我国经济已由高速增长阶段转向高质量发展阶段。经济的高质量发展，对作为经济发展重要引擎的城镇化提出了由高速度传统城镇化转型为高质量新型城镇化的内在要求。城镇化速度易于理解与核算，但城镇化质量则是一个不易把握的复杂问题，目前对城镇化高质量发展的内涵还没有形成统一和明确的界定（郑耀群和崔笑容，2021）。众多学者从构成要素（方创琳，2019）、居民主观感受（张文忠等，2019）、发展特征（王耀等，2018）等不同角度对城镇化质量进行了评价，但未能充分考虑中国城镇化高质量发展的时代特性和本质内涵。党的十九届五中全会提出的"坚定不移贯彻创新、协调、绿色、开放、共享的新发展理念"契合中国当前的发展背景，"创新"增强发展动力，"协调"推动发展均衡，"绿色"保障发展可持续，"开放"拓展发展空间，"共享"促进发展公平（郑耀群和崔笑容，2021），对高质量发展的内涵做了较为充分的阐释。因此，本节依托新发展理念构建"城镇化高质量发展测度指标体系"，对青藏高原的城镇化质量进行评估。

1. 城镇化发展质量测度指标体系

借鉴已有的城镇化质量评价指标体系（王富喜等，2013；鲍超和邹建军，2019；郑耀群和崔笑容，2021），根据数据的科学性、代表性和可获得性，构建了"创新、协调、绿色、开放、共享"五位一体的青藏高原城镇化发展质量测度指标体系（表 2.5）。

表 2.5　城镇化发展质量测度指标体系

一级指标	指标分维	二级指标	指标含义	指标属性	指标权重
创新水平	创新动力	每万人专利授权数	衡量科技创新活力水平	+	0.106
	科研投入	科研从业人员占全体从业人员比重	衡量科研活动主体规模	+	0.051
	教育投入	公共教育经费占 GDP 比重	衡量教育投入强度大小	+	0.043
协调水平	人口协调	城镇化率	反映城乡人口分布情况	+	0.074
	收入协调	城乡人均可支配收入比	反映城乡收入差距情况	−	0.086
	产业协调	第二、第三产业增加值占 GDP 比重	反映地区产业协调水平	+	0.040
绿色水平	空气质量	$PM_{2.5}$ 浓度	衡量地区空气环境质量	−	0.072
	水体质量	地表水质优良（达到或好于Ⅲ类）占比	衡量地区水环境质量	+	0.055
	低碳发展	单位 GDP 二氧化碳排放量	衡量节能降耗和技术进步状况	−	0.074
开放水平	贸易开放	进出口总额占 GDP 比重	反映对外贸易规模程度	+	0.101
	消费开放	接待国内外游客总数	反映外来人员消费程度	+	0.063
	信息开放	每万人移动电话用户数	反映地区信息通达性	+	0.036
共享水平	医疗服务	每万人卫生机构人员数	衡量医疗服务供给的均衡性	+	0.070
	教育服务	每万人中小学在校生数	衡量教育服务公平共享情况	+	0.052
	设施服务	每平方公里公路里程数	衡量基础设施均衡共享情况	+	0.078

（1）在创新水平评价方面，从投入产出的角度选取三项评价指标。专利是创新的重要载体和体现，利用每万人专利授权数衡量创新产出效率和动力，而创新投入则从短期投入和长期投入两方面进行衡量，科研从业人员占全体从业人员比重衡量短期创新投入，公共教育经费占 GDP 比重衡量长期创新投入。

（2）在协调水平评价方面，从社会稳定和经济发展两方面选取三项评价指标。选择城镇化率和城乡人均可支配收入比来衡量城乡协调情况。产业结构影响经济发展水平，选取第二、第三产业增加值占 GDP 比重衡量地区产业协调水平。

（3）在绿色水平评价方面，从生活可持续性和生产可持续性两方面选取三项评价指标。空气环境和水体质量是最直接的影响人类身体健康和生活体验的环境要素，因此选择 $PM_{2.5}$ 浓度和地表水质优良占比来衡量人类的生活环境质量。节约与低碳的生产方式是保证人类可持续发展的关键，利用单位 GDP 二氧化碳排放量衡量绿色生产水平。

（4）在开放水平评价方面，从经济开放和信息开放两方面选取三项评价指标。经济开放包括外贸和消费两方面，分别利用进出口总额占 GDP 比重和接待国内外游客总数进行衡量。移动电话作为最为普及的通信工具，利用每万人移动电话用户数衡量地区信息通达性。

（5）在共享水平评价方面，选取与民生最密切相关的医疗、教育、基础设施三类指标。共享水平最能体现城市发展是否"以人为本"，是城镇化高质量发展的核心关注点，选取每万人卫生机构人员数、每万人中小学在校生数和每平方公里公路里程数作为具体评价指标。

2. 城镇化发展质量测度方法

由于不同指标数据的数量级和单位不同，首先采用极大极小值标准化法对正向指标与负向指标进行去量纲处理。正向指标与负向指标标准化的公式如下：

$$正向指标：Y_{ij} = \frac{X_{ij} - \min X_{ij}}{\max X_{ij} - \min X_{ij}}；负向指标：Y_{ij} = \frac{\max X_{ij} - X_{ij}}{\max X_{ij} - \min X_{ij}} \qquad (2\text{-}1)$$

式中，Y_{ij} 和 X_{ij} 分别表示标准化后和标准化前的第 i 个城市的第 j 个指标值。

为保证评价结果的专业性和客观性，采用专家咨询法和熵值法相结合的综合赋权法确定指标权重。其中，专家咨询法邀请城镇化领域的学者对指标体系进行权重打分，获得指标权重 ω_j'。熵值法则是根据各指标的信息熵（变异程度）计算出各指标的熵权，从而得出数据本身客观反映的指标权重 ω_j''。综合专家咨询法和熵值法获得的指标权重对指标进行加权运算，最终获得城市的综合得分 F_i，其计算公式如下：

（1）对标准化数据极小幅度平移处理，消除数值 0，获得基础数据（Z_{ij}）：

$$Z_{ij} = Y_{ij} + A \qquad (2\text{-}2)$$

式中，Z_{ij} 为平移后的数值；A 为平移幅度，$A = 1 \times 10^{-8}$。

(2) 计算第 j 项指标下第 i 个城市占该指标的比重（P_{ij}）：

$$P_{ij} = \frac{Z_{ij}}{\sum\limits_{i=1}^{n} Z_{ij}} (i = 1, 2, \cdots, n; j = 1, 2, \cdots, m)$$
(2-3)

式中，n 为城市个数；m 为指标个数。

(3) 计算第 j 项指标的熵值（e_j）：

$$e_j = -k \sum_{i=1}^{n} P_{ij} \ln(P_{ij})$$
(2-4)

式中，$k = 1/\ln(n)$；$e_j \geqslant 0$。

(4) 计算第 j 项指标的差异系数（g_j）：

$$g_j = 1 - e_j$$
(2-5)

(5) 计算第 j 项指标的熵值法权重（ω_j''）：

$$\omega_j'' = g_j \bigg/ \sum_{j=1}^{m} g_j$$
(2-6)

(6) 计算第 j 项指标的综合权重（ω_j）：

$$\omega_j = (\omega_j' + \omega_j'') / 2$$
(2-7)

式中，ω_j' 表示第 j 项指标的专家咨询法的权重值。

(7) 计算青藏高原各个城市的城镇化质量（F_i）：

$$F_i = \sum_{j=1}^{m} \omega_j Z_{ij}$$
(2-8)

2.4.2　高原城镇化发展质量的时空分异特征

1. 青藏高原城镇化发展质量的总体演变过程

从"创新、协调、绿色、开放、共享"五个维度解析青藏高原的城镇化发展质量，结果如图 2.12 所示，五个维度的城镇化发展质量均逐年提高，但其在不同阶段的增长速度不同。由表 2.6 可知，2010 ～ 2019 年，青藏高原城镇化的创新发展水平由 32.25 提升到 76.84、协调发展水平由 9.09 提升到 97.09、绿色发展水平由 24.68 提升到

99.18、开放发展水平由 9.09 提升到 84.86、共享发展水平由 32.69 提升到 87.23，五个维度的城镇化质量都有显著提升，提升幅度均超过 40。从各维度城镇化质量的变化特点来看，青藏高原城镇化的创新、协调和绿色发展水平在 2010 ～ 2015 年大幅提升，在 2015 ～ 2019 年增速放缓，而共享发展水平则在 2010 ～ 2015 年小幅变化，在 2015 ～ 2019 年呈现飞跃式增长。可见，社会服务和设施的公平共享相对于经济的创新、协调和绿色发展具有一定的滞后性。经济发展是社会发展的重要保障，青藏高原城镇化发展仍需把经济发展质量摆在首位，同时不忘"让全体人民共享高质量生活"的初心，最终实现创新、协调、绿色、开放和共享"五位一体"的高质量城镇化发展。

表 2.6　青藏高原城镇化发展质量分维度指数值

年份	创新发展	协调发展	绿色发展	开放发展	共享发展
2010	32.25	9.09	24.68	9.09	32.69
2015	61.68	82.11	66.03	77.33	34.32
2019	76.84	97.09	99.18	84.86	87.23

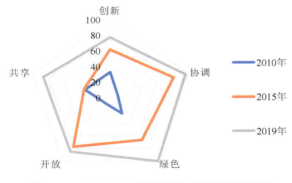

图 2.12　青藏高原五维城镇化发展质量雷达图

2. 地市州尺度城镇化质量的时空演化特征

1）时间演化特征

青藏高原地市州尺度上的城镇化质量演化具有首尾位序稳定的特征（表 2.7），西宁市和拉萨市始终稳定在前三位，且其城镇化质量始终保持在 0.6 以上，在青藏高原地区扮演领头羊的角色；果洛藏族自治州、黄南藏族自治州和玉树藏族自治州则始终稳定在后三位，是青藏高原城镇化高质量发展的薄弱地区。青藏高原城镇化质量指数的标准差显示，2010 ～ 2015 年青藏高原内部各地区的城镇化质量差距有所缩小，而在 2015 ～ 2019 年不同地区之间的城镇化质量差距逐渐拉大，青藏高原城镇化质量的两极分化逐渐加剧。

表 2.7　2010 ～ 2019 年青藏高原分地区城镇化质量指数

地市州名称	2010 年		2015 年		2019 年	
	数值	序位	数值	序位	数值	序位
拉萨市	0.670	1	0.657	1	0.715	1
西宁市	0.659	2	0.649	2	0.680	2
甘孜藏族自治州	0.391	12	0.415	7	0.509	3
海西蒙古族藏族自治州	0.546	3	0.458	5	0.502	4
阿坝藏族羌族自治州	0.494	4	0.463	4	0.488	5
海南藏族自治州	0.416	9	0.464	3	0.485	6
迪庆藏族自治州	0.428	6	0.428	6	0.470	7
海东市	0.396	11	0.407	9	0.462	8
日喀则市	0.359	16	0.371	12	0.436	9
林芝市	0.425	8	0.325	17	0.422	10
甘南藏族自治州	0.430	5	0.361	15	0.391	11
昌都市	0.350	17	0.357	16	0.374	12
海北藏族自治州	0.398	10	0.363	14	0.369	13
怒江傈僳族自治州	0.427	7	0.371	11	0.362	14
山南市	0.372	14	0.364	13	0.341	15
那曲市	0.377	13	0.398	10	0.334	16
阿里地区	0.370	15	0.407	8	0.334	17
果洛藏族自治州	0.345	18	0.309	18	0.330	18
黄南藏族自治州	0.317	19	0.308	19	0.312	19
玉树藏族自治州	0.173	20	0.241	20	0.293	20
标准差	0.108		0.099		0.111	

注：绿色表示位序上升；红色表示位序下降；灰色表示位序波动变化。

在城镇化质量处于中间水平的地市州中，有 6 个州或地区的城镇化质量在近 10 年间发生了大幅度变化（位序变化超过 7），其中甘孜藏族自治州和日喀则市的城镇化质量大幅提升，甘南藏族自治州和怒江傈僳族自治州的城镇化质量大幅下降，林芝市和阿里地区的城镇化质量则产生波动起伏，其城镇化质量变化的具体原因各异（图 2.13）。2010 ～ 2019 年甘孜藏族自治州的城镇化质量大幅提升，主要归功于其旅游业的发展提高了乡村居民的收入水平，同时吸引了其他地区游客来本地消费，进而提高了区域的城乡发展均衡性和经济开放活力。日喀则市的开放水平提升是其城镇化质量改善的重要原因，日喀则市作为一个拥有 900 多千米边境线的边贸大市，在"一带一路"倡议的背景下拥有更好的发展机遇，进出口总额占 GDP 比重在近 10 年翻了 15 倍，口岸经济蓬勃发展。2010 ～ 2015 年甘南藏族自治州的城镇化质量下降则主要是由于其对教育和医疗的共享服务关注不足，医疗人员比例和受义务教育的人口比例均有所下降。怒

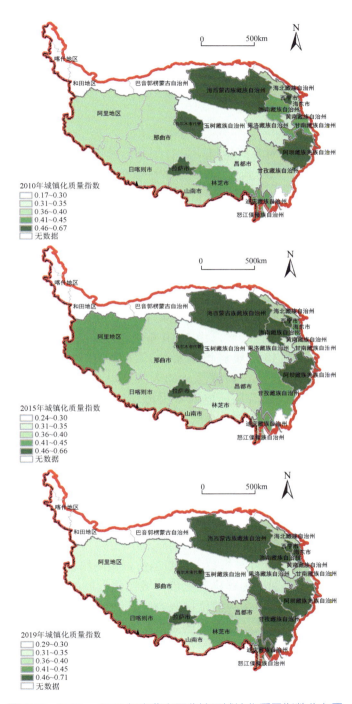

图 2.13　2010 ～ 2019 年青藏高原分地区城镇化质量指数分布图

　　江州的公共教育经费投入不足严重限制其人口素质提升和创新能力的长远发展，导致其城镇化质量下降。林芝市的城镇化质量在近 10 年先下降后回升，主要源于其在地表水质和医疗服务能力方面的波动；而阿里地区城镇化质量的先上升后下降则是科研人员比重、城乡收入协调性、医疗和教育共享服务水平的起伏波动导致的，林芝市与阿里地区均需重点关注发展的稳定性，实现城镇化质量的稳步提升。除上述 6 个地市州外，2019 年那曲市的城镇化质量也由于科研人员流失、医疗和教育水平的下降，相对于 2015 年发生了较大幅度的下滑。

2）空间演化特征

根据城镇化质量指数对不同地市州进行划分，城镇化质量指数在 0.3 以下为"低质量城镇化地区"，0.3 ~ 0.35 为"较低质量城镇化地区"，0.35 ~ 0.4 为"中等质量城镇化地区"，0.4 ~ 0.45 为"较高质量城镇化地区"，0.45 及以上为"高质量城镇化地区"。从总体上分析城镇化质量的空间分布演化特征发现，低质量与较低质量城镇化地区在 2010 年主要分布在青藏高原中部，随后逐渐向西藏北部和南部拓展，到 2019 年低质量与较低质量城镇化地区呈自东向西的线性排布；高质量城镇化地区具有稳定性，2010 年的高质量城镇化地区均未衰退，新增的高质量城镇化地区主要集中在青藏高原东部，总体表现出东部城镇化质量高于西部的空间分布特征。按省级行政区对城镇化质量的空间分布进一步解析发现，在青海和西藏两省区中，西藏的总体城镇化质量更高，但其城镇化质量增速缓慢，由 2010 年的 0.418 增加到 2019 年的 0.422，增幅为 0.004；而青海的城镇化质量增速更快，在 2010 ~ 2019 年增长了 0.23，并在 2019 年以 0.429 超过西藏。西藏总体的人类活动强度较低，自然环境的原生态水平高，拉高其总体城镇化质量，但西藏生态环境较为脆弱且远离内地和东部发达地区，对其经济与社会发展具有较强约束，致使其相对于青藏高原的其他地市州社会经济发展速度更慢，城镇化质量提升缓慢。青海则依托于其地理区位拥有更强的经济社会发展动力，同时在生态文明建设背景下，青海的生态环境质量逐步提升，最终其城镇化质量超越西藏。青藏高原其他地区均具有先下降后上升的特点，在波动中发展。

3. 地市州尺度城镇化质量的分维短板识别

根据 2019 年城镇化质量分维指数，诊断当前青藏高原各地市州的城镇化质量，对其城镇化发展短板进行识别，为解决各地市州城镇化发展的突出问题提供指引。根据各地市州不同维度城镇化质量指数的位序来判断其城镇化发展短板，将排位在青藏高原最后一位的质量维度视为某一地市州的发展短板，结果显示（表 2.8），海西蒙古族藏族自治州在创新发展方面较为落后，创新水平指数仅为 2.73；玉树藏族自治州在城镇化发展的协调性方面有待加强，协调水平指数为 19.17；黄南藏族自治州在绿色发展方面存在巨大上升空间，绿色水平指数为 47.86；那曲市的开放程度限制其城镇化质量的提升，开放水平指数仅为 1.12；山南市的共享服务水平亟待提高，共享水平指数为 9.94。各地市州的短板指数显示，青藏高原的绿色水平指数远高于其他质量维度，其创新和开放维度的短板效应极其显著。

表 2.8　2019 年青藏高原城镇化质量不同维度指数值

地市州名称	创新水平	协调水平	绿色水平	开放水平	共享水平
拉萨市	72.26	82.96	99.95	68.15	34.19
西宁市	69.69	82.42	64.18	58.54	65.15
甘孜藏族自治州	10.35	56.49	96.92	47.52	43.16
海西蒙古族藏族自治州	2.73	90.83	85.46	39.14	33.03
阿坝藏族羌族自治州	4.01	66.08	96.48	46.54	30.92
海南藏族自治州	37.41	61.35	92.98	20.61	30.16
迪庆藏族自治州	50.97	35.85	93.48	32.10	22.79
海东市	10.74	61.21	85.24	26.81	47.12
日喀则市	10.32	44.68	89.98	57.35	15.91
林芝市	12.16	81.10	89.42	5.93	22.25
甘南藏族自治州	26.14	48.58	82.91	21.49	16.57
昌都市	17.30	45.84	94.53	8.32	20.76
海北藏族自治州	32.58	62.56	49.11	22.12	18.09
怒江傈僳族自治州	6.72	36.59	87.94	19.92	30.01
山南市	14.82	61.51	78.72	5.42	9.94
那曲市	9.01	34.76	97.35	1.12	24.99
阿里地区	10.57	36.93	90.23	1.97	27.48
果洛藏族自治州	19.60	27.89	80.64	11.06	26.00
黄南藏族自治州	8.83	42.23	47.86	17.26	39.73
玉树藏族自治州	35.48	19.17	53.69	10.51	27.76

注：灰色表示单一维度城镇化质量排名最后一位。

2.4.3　高原城镇化发展质量提升路径

1. 加大创新投入，营造创新生态，推动高原城市创新发展

首先要加强城市创新资金保障和人才培养，加固城市创新基础。在资金使用方面，通过完善财政支持政策激发企业创新力度：全面落实企业研发费用税前加计扣除和高新技术企业所得税减免等优惠政策；深入实施科技创新券制度，鼓励企业向高校、科研院所等创新载体购买技术服务。在人才培养方面，建立多层次分渠道的人才培养体系，完善创新型科研人才的培养与激励机制：深化高校创新创业教育改革，推行以科学与工程技术研究为主导、产学研用结合的创新人才培养模式；用好东西部协作和对口支援平台，构建"科技在内，人才可以在外"的人才工作新机制。

此外，要深化科技创新体制改革和创新服务，营造良好城市创新生态。在科技创新体制改革方面，核心是促进创新主体的协作互动和创新资源的高效配置：推进产学研深度融合，支持科研院所、高校和大中小企业等多类主体的合作创新；改进科技项目组织管理方式，建立由市场决定创新需求、资源配置和成果评价的新机制。在创新服务方面，通过健全科研创新的服务体系和政策体系，保障科研创新的顺畅进行：完善覆盖全链条的创新创业服务体系，实施科技金融服务能力提升行动，鼓励金融机构开展创业投资与科技保险融合发展试点；完善知识产权保护政策体系，加强创新成果保护立法。

2. 推进城乡协调一体化发展，重点提升农牧区基础设施水平

统筹新型城镇化与乡村振兴两大战略，推进城乡协调发展。推进以人为核心的新型城镇化，核心是加快转移人口的市民化过程，深化户籍制度改革，保障进城落户农民的权益，使其公平享有城市居民所享受的医疗、教育等全部公共服务。全面推进乡村振兴，重点在于培育乡村特色产业，改善乡村基础设施短板。在培育乡村特色产业方面，要深入推动乡村第一、第二、第三产业融合发展，打造"一村一品"示范乡村，促进地方品种种质资源开发利用，打造地理标志品牌。此外，积极发挥乡村景观优势，大力发展乡村旅游，构建乡村旅游产业联盟，培育多样特色旅游产品，以旅游激发乡村经济活力。改善农牧区基础设施水平，提升农牧民生活质量是乡村振兴的终极目标：大力推进农牧区水、电、通信等基础设施全覆盖，保障农牧民的生活；进一步提升农牧区污水、垃圾处理能力，改善农牧民生活卫生条件；着力推进农牧区道路、供气供热、配送投递等设施和服务配备，提升农牧民生活品质。

3. 筑牢青藏高原生态安全屏障，建设高原绿色美丽城镇

首先要高度重视青藏高原生态价值，用切实行动保护地球第三极。积极开展第二次青藏高原科学考察工作，开展冰川、冻土生态系统保护研究，监测气候变化，为青藏高原生态系统保护提供科学依据。落实青藏高原生态屏障区生态保护和修复重大工程建设规划，加强人类活动迹地修复，建立产业准入负面清单，实现青藏高原生态环境的系统治理。在保护青藏高原生态环境的同时，着力推动建立青藏高原生态保护与高质量发展的联动机制。

其次要大力建设国家公园，打造绿色美丽高原城镇。从基础的组织管理入手，优化国家公园管理机构设置和职能配置，完善国家公园管理局与地方政府分工明确、相互支撑的长效工作机制，保障国家公园建设的顺利进行。从基层的社区建设入手，引导社区参与国家公园保护建设和管理，开展自然保护地现代化社区建设试点，用绿色与生态打造美丽宜人的高原城镇。

4. 加强对外贸易和改善国际投资环境，积极参与国际循环

首先要扩大国内市场和完善流通体系，深度融入国内循环。在扩大国内市场方面，

优化升级优势产业全产业链，增加中高端产品和优质服务供给，提升面向全国市场的供给适配性；增强与周边地区互联互通和融合发展，通过行政互动、要素驱动和产业互补，积极承接跨区域产业转移，通过高效的区域互动来更好地融入国内市场。在完善流通体系方面，统筹推进现代流通体系建设，优化完善综合运输通道布局；构建生产、流通深度融合的供应链协作，提升仓储、运输等集成化组织能力；提高城市群、都市圈物流网络密度，加强中心城市与周边区域的网络联系。

其次要加强对外贸易和改善国际投资环境，积极参与国际循环。在加强对外贸易方面，拓展与"一带一路"共建国家和地区、日韩、欧盟等贸易合作；加强出口商品营销和售后服务网络建设，完善商品进出口管理和外贸促进政策体系。在改善国际投资环境方面，加快全领域的开放步伐，放宽外资企业限制，为外商投资提供更加广阔的空间；健全境外投资鼓励政策和服务体系，提高区域外商投资认可度。

5. 完善高原特殊城镇化优惠政策，加强对口支援

过去几十年的对口支援实践显现出对口支援政策对于偏远地区发展的积极意义和重要价值。在当前的发展阶段和发展基础下，青藏高原城镇化的高质量发展亟须我国发达地区的资金、科技、人才和管理支持，建议大力推进对口支援政策，构建全方位、多层次、宽领域的对口支援格局。未来可进一步尝试推进青藏高原城镇与内地新型城镇化地区的"点对点"结对制度，结对城市优势互补、互相促进，为青藏高原城镇化的高质量发展注入新活力（方创琳和李广东，2015）。

6. 重点推动城镇化薄弱地区质量提升，因地制宜补齐短板

针对具有发展短板的 5 个地市州，因地制宜采取针对性改造指施，高效提升青藏高原城镇化质量。①对于创新动力不足的海西蒙古族藏族自治州，应狠抓科技项目建设，如充分利用以青海湖为核心的"盐湖资源开采与综合利用关键技术研究与示范"等项目；应加大基础教育投资，鼓励青少年接受基础教育，提升地区人口素质；应加强人才引进，围绕全州产业发展重点领域，为企业引进一批高端领军人才。②对于经济社会发展协调性差的玉树藏族自治州，应着力推进第二、第三产业发展，增强经济发展动力，提升人民富裕程度和生活质量；应重点关注改善乡村人民生活条件，大力推进乡村振兴，缩小城乡收入差距。③对于绿色发展水平低的黄南藏族自治州，应加强环境污染监管，大力审查工厂废气废水排放是否达标，提高污染净化技术，减少空气污染物排放；应引进绿色生产技术改进生产条件，降低单位 GDP 碳排放量。④对于开放程度低的那曲市，应加强道路和通信等基础设施铺设，为提高开放水平奠定基础；应积极与毗邻的拉萨加强交流联通，以其为窗口融入国内国际双循环。⑤对于共享服务能力不足的山南市，应增加对基础设施建设和公共服务配套的财政投入，重点改善民生；应科学规划各类设施布设，以公平地满足每位居民的服务共享需求。

2.5 高原历史文化名城名镇名村空间分布特征

受独特的地理环境和民俗影响,青藏高原在宗教信仰、文艺、建筑、生活习惯等方面形成了迥异于其他民族且富有高原特色的传统文化。高原文化是中华民族文化遗产的重要组成部分,对青藏高原地区社会、经济、文化各方面的发展发挥了巨大作用,因此保护与传承高原文化是经济发展的重要保障,也是延续青藏高原民族精神与文化灵魂的重要途径。高原历史文化名城名镇名村作为区域人文资源的主要空间载体具有极高的历史文化价值和独特的社会经济功能,需要永久珍惜,切实保护,科学管理,合理发展。

2.5.1 高原历史文化名城

历史文化名城是指保存文物特别丰富,具有重大历史文化价值和革命意义的城市。鉴于相对封闭独立的地理环境和当地劳动群众的努力,青藏高原的深厚文化得以保存和延续。青藏高原历史文化名城集中于青海东部和西藏南部(图 2.14),呈沿江沿山脉分布的空间特征,其历史悠久,地理位置优越,自然条件良好。青藏高原 4 座国家历史文化名城共有 135 项非物质文化遗产,其中国家级 14 项,自治区级 121 项。

图 2.14　青藏高原历史文化名城名镇名村空间分布图

1. 青海的国家历史文化名城

同仁市是青海唯一的国家级历史文化名城,位于青藏高原东北部、青海省东南部,地处青藏高原和黄土高原的交错地带。隆务河纵贯而过,形成东西部山区和中部河谷地区。境内山峦起伏，沟谷相间，地势南高北低，可分为河谷川地、低山丘陵、中高山、高山 4 个区域。同仁市交通相对闭塞，经济文化落后，因此古老原始文化保存较好。作为以藏族为主的多民族聚居区，同仁市是"热贡艺术"的发祥地和藏文化的源生地。自明清以来，同仁市逐步形成以隆务寺为中心的政教合一体制，多元的民族文化在这里相互融合，交相辉映。同仁市拥有 4 项国家级非物质文化遗产，10 项省级非物质文化遗产，1 处国家级文物保护单位（隆务寺）和 11 处省级文物保护单位（表 2.9）。

表 2.9　同仁市非物质文化遗产名录

非遗名称	类型
隆务老街清真老八盘制作技艺	传统技艺
热供皮革制作技艺	传统技艺
雕版印刷技艺（同仁刻版印刷技艺）	传统技艺
土族於菟	传统舞蹈
苯教法舞	传统舞蹈
热贡六月会	民俗
热贡"获康"祭祀活动	民俗
热贡艺术	传统美术
同仁嘛呢调	传统音乐
隆务寺佛教音乐	传统音乐

2. 西藏的国家历史文化名城

1）日喀则市

日喀则市位于青藏高原西南部、西藏南部，属于藏南珠穆朗玛峰地区东北部的河谷地区，喜马拉雅褶皱带，平均海拔在 4000m 以上。日喀则市至今已有 600 多年的历史，是国家级历史文化名城、西藏第二大城市，也是后藏曾经的政治交通中心，宗教功能突出，扎什伦布寺是历代班禅的驻锡地。历史建筑主要有 19 座，均为文物保护单位，其中国家级 3 处、自治区级 4 处、市级 12 处。规模较大的历史遗迹 4 处，分别为日喀则旧宗山遗址、普姆群宗神山遗址、夏鲁古墓、亚布豁。非物质文化遗产有 65 项，其中国家级 61 项、自治区级 4 项（表 2.10）。

表 2.10　日喀则市非物质文化遗产名录

非遗名称	类型	非遗名称	类型
白朗斗牛节	民俗	绒布亚谐仪式	民俗
陈塘夏尔巴婚俗	民俗	日喀则新年	民俗
吉隆服饰	民俗	达堆节	传统医药
齐吾岗派唐卡（后藏）	传统美术	米拉日巴传说	文学

非遗名称	类型	非遗名称	类型
德勒勉崇藏香制作技艺	传统美术	彩砂坛城绘制	传统美术
扎什伦布寺堆绣唐卡	传统美术	夏鲁泥塑	传统美术
勉萨派唐卡	传统美术	日喀则木雕	传统美术
陈塘夏尔巴歌舞	传统舞蹈	达果米果	传统舞蹈
日喀则甲谐	传统舞蹈	日喀则斯马卓	传统舞蹈
萨尔谐钦	传统舞蹈	日喀则扎什伦布寺羌姆	传统舞蹈
江洛德庆曲林寺尼姑羌姆	传统舞蹈	热拉雍仲林寺苯教羌姆	传统舞蹈
茄普"嘎尔"	传统舞蹈	扎什伦布寺嘎尔	传统舞蹈
宗嘎果谐	传统舞蹈	协格尔甲谐	传统舞蹈
乃龙甲谐	传统舞蹈	则嘎卓舞	传统舞蹈
岗巴昌龙谐钦	传统舞蹈	白岗温谐	传统舞蹈
康马嘎拉谐钦	传统舞蹈	雍仲苯教辛氏羌姆	传统舞蹈
萨迦寺羌姆	传统舞蹈	羌姆	传统舞蹈
藏族火镰制作技艺	传统技艺	俄寺彩砂坛城绘制技艺	传统技艺
藏刀锻制技艺	传统技艺	藏族雕版印刷技艺	传统技艺
通门皮具制作技艺	传统技艺	日喀则锻铁技艺	传统技艺
藏族邦典、卡垫织造技艺	传统技艺	岗巴冲斯（卡垫）织造技艺	传统技艺
扎念琴制作技艺	传统技艺	彩砂坛城制作技艺	传统技艺
日喀则"朋必"凉粉制作技艺	传统技艺	白朗嘎东藏靴制作技艺	传统技艺
江洛康萨青稞酒酿制技艺	传统技艺	江孜传统榨油技艺	传统技艺
扎西吉彩金银锻铜制作技艺	传统技艺	萨迦面具制作技艺	传统技艺
日喀则江孜卡垫	传统技艺	旺丹冲斯（卡垫）织造技艺	传统技艺
江孜协玛氆氇编织技艺	传统技艺	吉隆县酥油提炼技艺	传统技艺
藏族金属锻制技艺	传统技艺	康雄酥油花制作技艺	传统技艺
萨迦传统榨油技艺	传统技艺	萨嘎牛皮船制作技艺	传统技艺
仁布玉器雕刻技艺	传统技艺	"芒羌"鸡爪谷酒酿制技艺	传统技艺
日喀则南木林湘巴藏戏	传统戏剧	日喀则昂仁县迥巴藏戏	传统戏剧
日喀则仁布江嘎尔藏戏	传统戏剧		

2）拉萨市

拉萨市位于青藏高原西南部、西藏南部、喜马拉雅山脉北侧，地势北高南低，由东向西倾斜，中南部为雅鲁藏布江支流拉萨河中游河谷平原，地势平坦。拉萨市拥有

1300 多年的历史，气候条件优越，是西藏的经济、文化和科教中心。相对于西藏其他城市而言，拉萨市发展更为成熟，相对频繁的人口迁移使得印度文化、中原文化等异域文化和本土文化在此地相互碰撞、交流及整合，形成具有鲜明地域特色的民族文化，是国家级历史文化名城。作为佛教圣地，拉萨市佛教文化昌盛，拥有布达拉宫、罗布林卡、大昭寺等驰名中外的世界文化遗产和众多的佛教古迹，以及如拉萨囊玛、赛马会、藏历年等诸多非物质文化遗产。拉萨市拥有 7 项国家级非物质文化遗产和 50 项自治区级非物质文化遗产（表 2.11）。

表 2.11　拉萨市非物质文化遗产名录

非遗名称	类型	非遗名称	类型
康派藏医"觉"疗法	传统医药	羊八井传统牲畜疗法	传统医药
直贡藏医	传统医药	雄色寺绝鲁	传统音乐
拉萨婚俗	民俗	拉萨藏历年	民俗
拉萨雪顿节	民俗	当雄县"当吉仁"赛马会	民俗
堆龙望果节	民俗	嘎玛堆巴（沐浴节）	民俗
堆龙春播习俗	民俗	"杰松达孜"历算法	民俗
传统"迪孜"筹算法	民俗	拉萨风马旗	民俗
萨嘎达瓦节	民俗	曲水"唐堆玛桑"习俗	民俗
尼木塔荣藏戏	传统戏剧	拉萨觉木隆藏戏	传统戏剧
拉萨堆谐	传统舞蹈	拉萨纳如谐钦	传统舞蹈
羊八井寺羌姆	传统舞蹈	桑阿林羌姆	传统舞蹈
协荣仲孜	传统舞蹈	拉萨朗玛	传统舞蹈
甲玛谐钦	传统舞蹈	达隆嘎尔羌姆	传统舞蹈
阿谐	传统舞蹈	拉萨堆绣唐卡	传统美术
普松刻板制作技艺	传统技艺	曲水柳条编织技艺	传统技艺
擦擦制作技艺	传统技艺	西藏红陶烧制技艺	传统技艺
曲水扎念制作技艺	传统技艺	雪拉鼓制作技艺	传统技艺
西藏黑玉石雕刻技艺	传统技艺	阿嘎土制作工序	传统技艺
拉萨布制面具制作技艺	传统技艺	藏靴制作技艺	传统技艺
拉萨泥塑面具制造技艺	传统技艺	白纳锻铜技艺	传统技艺
拉萨木雕技艺	传统技艺	当雄牛毛帐篷编制技艺	传统技艺
藏族矿植物颜料制作技艺	传统技艺	白纳锻铜技艺	传统技艺
古荣糌粑制作技艺	传统技艺	西藏藏纸	传统技艺
拉萨雪堆白金属加工技艺	传统技艺	西藏拉萨甲米水磨坊	传统技艺
西藏红陶烧制技艺	传统技艺	俊巴皮具制作技艺	传统技艺
擦擦制作技艺	传统技艺	俊巴鱼烹饪制作技艺	传统技艺
拉萨墨竹工卡制陶工艺	传统技艺		

2.5.2 高原历史文化名镇

历史文化名镇是指保存文物特别丰富，且具有重大历史价值或纪念意义的，能较完整地反映一些历史时期传统风貌和地方民族特色的镇。青藏高原历史文化名镇集中于青海东部、西藏南部和东南部，呈沿高原边缘地带分布的空间特征。在山地阻隔及水系格局的影响下，青藏高原历史文化名镇多分布在雅鲁藏布江两岸的河谷盆地、河流阶地和黄河流域。较低的交通可进入性对外界文化的冲击具有一定的隔绝作用，为名镇文化的保存和发展提供了稳定的环境。青藏高原有国家级历史文化名镇共 7 个，其中青海 1 个、西藏 5 个、甘肃 1 个（表 2.12）。

表 2.12　青藏高原历史文化名镇名录

省 / 自治区	隶属市 / 州	历史文化名镇名城
青海	海东市	循化撒拉族自治县街子镇
西藏	山南市	乃东区昌珠镇
	日喀则市	萨迦县萨迦镇
	日喀则市	定结县陈塘镇
	山南市	贡嘎县杰德秀镇
	阿里地区	札达县托林镇
甘肃	甘南藏族自治州	临潭县新城镇

1. 青海的国家历史文化名镇

街子镇是青海唯一的国家历史文化名镇，位于青藏高原东北部，青海东部。街子镇所在的地形由隆务河向东西两侧平缓高升，山脉有效阻挡了来自高原的寒冷气流，形成了一个海拔相对较低、自然气候条件较好的地理单元，适宜人们居住。该区域以藏传佛教、藏族文化为主体，多民族（汉、蒙、土、回、撒拉）相互交融、相互吸纳，形成具有地域特色的文化形态。街子，撒拉语称"阿勒提欧里"，意为"祖茔之地"，境内风景名胜区有街子清真大寺、骆驼泉，其中街子清真大寺是青海第二大清真寺，为撒拉族的祖寺。

2. 西藏的国家历史文化名镇

除托林镇外，西藏的 4 个国家历史文化名镇——昌珠镇、萨迦镇、陈塘镇和杰德秀镇集中在南部雅鲁藏布江谷地，其水源充裕、地形平坦、土质肥沃、宜耕宜牧。

昌珠镇所在的山南市是藏民族的发祥地，其中的昌珠寺是西藏历史上第一座佛堂，距今已 1300 年，是文成公主倡议、藏王松赞干布主持修建的，其布局、风貌与拉萨大昭寺相似，现昌珠寺是全国重点文物保护单位。

萨迦镇内的"第二敦煌"萨迦寺是萨迦派祖寺，曾是西藏政治、军事、文化中心，出现过萨迦班智达·贡嘎坚赞、八思巴等诸多叱咤风云的人物，他们对祖国的统一做出过不可磨灭的贡献，在中国历史和藏传佛教史上具有重要地位。萨迦寺在 1961 年被定为全国重点文物保护单位。

陈塘镇位于喜马拉雅山脉中段南坡，独具高原特色，朋曲下游的陈塘沟是著名的日喀则喜马拉雅五美沟之一。陈塘镇历史、文化遗产、服装和生活方式极具民族特色，当地的夏尔巴人对人类学的发展有很大研究价值。

杰德秀镇已有五六百年出产围裙的历史，是著名的"围裙之乡"。围裙，藏语叫"邦典"，不仅是藏族妇女的衣饰，还是藏族女性成年的标志。现杰德秀镇正努力建设成为具有时代气息和鲜明个性的商贸、旅游重镇和文化特色小镇。

托林镇位于青藏高原西部、西藏西北部，是著名的托林寺所在地，藏、印、尼三地建筑和佛像艺术的结晶。壮观的土林地貌引人入胜，古王国、古寺院、古城堡的遗迹和石窟群令人望而生畏。

3. 甘肃的国家历史文化名镇

甘肃临潭县新城镇位于青藏高原东部、甘肃北部，地处洮河流域波状起伏、错落连绵的高原丘陵山地，与甘南草原北边缘相接，群山环绕，有"朵云玉笋""玉兔临凡""西湖晚照""紫磅烟云""金龟望月"等美丽的自然风光。其历史悠久，沃土平畴，古称洮州城，是一座高原古城。新城镇自古是通往边远广大藏区的通道，称为"汉藏走廊"，也是藏族传统文化和汉文化的交汇处，具有汉、回、藏等民族聚居、杂居的民族特点和农、林、牧、工商、旅游兼营的经济特点。

2.5.3　高原历史文化名村

历史文化名村是指保存文物特别丰富，且具有重大历史价值或纪念意义的，能较完整地反映一些历史时期传统风貌和地方民族特色的村。青藏高原历史文化名村分布较为零散，整体呈沿青藏高原边界线、省界、地级市界分布的空间特征。同时，名村多分布在雅鲁藏布江、澜沧江、黄河三大流域，呈现沿河谷分布的村落带。农耕的平缓土地和水源成为历史文化名村选址的重要影响因素。由于交通承担村落与外部世界之间的联系，部分历史文化名村靠近交通干线，为唐蕃古道的途经之处。青藏高原有国家级历史文化名村共 11 个，其中青海 5 个、西藏 4 个、四川 2 个（表 2.13）。

表 2.13　青藏高原历史文化名村名录

省 / 自治区	隶属市 / 州	名镇
青海	海东市	循化撒拉族自治县清水乡大庄村
	黄南藏族自治州	同仁市年都乎乡郭麻日村
	果洛藏族自治州	班玛县灯塔乡班前村
	玉树藏族自治州	玉树市仲达乡电达村
	玉树藏族自治州	玉树市安冲乡拉则村

续表

省 / 自治区	隶属市 / 州	名镇
西藏	日喀则市	吉隆县吉隆镇帮兴村
	拉萨市	尼木县吞巴乡吞达村
	林芝市	工布江达县错高乡错高村
	阿里地区	普兰县普兰镇科迦村
四川	甘孜藏族自治州	丹巴县梭坡乡莫洛村
	阿坝藏族羌族自治州	汶川县雁门乡萝卜寨村

1. 青海的国家级历史文化名村

青海的国家级历史文化名村分布于东部和南部的边缘地带，自然条件优越，或沿地势平坦的黄河、隆务河、玛柯河修建而成，或依山就势呈阶梯状修建。青海东部的大庄村位于循化县，是唯一的撒拉族历史文化名村，村内拥有国家级文物保护单位孟达清真寺及独特的篱笆楼民居，具有极高的文化价值。大庄村东南方向的郭麻日村位于青海同仁市，是著名的热贡艺术文化村。村内有安多地区年代最早且保留完整的古堡、始建于 1987 年安多地区最大最高的佛塔、至今 900 多年的郭麻日寺等 4A 级旅游景点。

青海东南部的班前村位于班玛县，地处平均海拔 3200m 的崇山峻岭中，以独特的藏式碉楼风格闻名，是第七世噶玛巴诞生地和红军桥所在地。

西南部的电达村和拉则村均位于玉树市，地处河谷盆地，地势平坦，土质肥沃，水热条件好，大部分河谷地带被开辟为农田，发展河谷农业，为电达村和拉则村的营建和布局提供相对便利的条件，同时玉树市位于长江、黄河、澜沧江的发源地，是原生态藏文化区，这使得电达村、拉则村具有浓厚的民族文化。电达村周边的旅游景点有藏娘古塔、结古寺、隆宝滩自然保护区、文成公主庙、藏娘佛塔等。

2. 西藏的国家级历史文化名村

西藏的国家级历史文化名村分布于地级市边界，自然条件优越，沿地势平坦的孔雀河、雅鲁藏布江修建而成。

西部的科迦村地处孔雀河下游，位于喜马拉雅山南侧的峡谷地带及中国、印度、尼泊尔三国交界处，属三国交界处的边境一线村。村内的全国重点文物保护单位科迦寺为藏传佛教噶当派祖寺之一，是藏传佛教后弘期重要寺庙之一。

西南部的帮兴村资源丰富，自然环境优美，具有 1300 多年历史的传统舞蹈——帮兴"谐钦"，现存民居房屋大多为 20 世纪 20 年代房屋，以石木结构为主，是典型的藏式林区建筑风格。

南部的吞达村位于拉萨边界的尼木县，地处雅鲁藏布江中游北岸，依吞巴河而建，属于西藏拉萨市"一江两河"流域，2019 年入选"中国美丽休闲乡村"，村内流传着国家非物质文化遗产——藏香制作技艺。

南部林芝市的错高村背靠"杰青那拉噶布"雪山，是典型的高山峡谷地形。错高村是工布地区唯一完整地保持了工布藏族传统村落布局、民居建筑风格、习俗、文化和信仰的村落。

3. 四川的国家级历史文化名村

四川的国家级历史文化名村分布于甘孜藏族自治州和阿坝藏族羌族自治州的边界。川西地区的莫洛村位于青藏高原东缘、横断山脉地区，其藏族服饰形成独具地域特色的康巴服饰习俗，俗称康装。已存在近千年的莫洛村碉楼体现了高超的设计能力和工艺水平，在建筑界极具研究价值。萝卜寨村位于阿坝藏族羌族自治州汶川县海拔 2000 多米的高半山台地上，为冰水堆积的阶坡台地，地势平缓、宽阔，是迄今为止发现的世界上最大、最古老的黄泥羌寨，被誉为"云朵上的街市""古羌王的遗都"。萝卜寨村是纯粹的羌族聚居村寨，是中国最大的羌族文化旅游区。

参考文献

鲍超, 陈小杰. 2014. 中国城市体系的空间格局研究评述与展望. 地理科学进展, 33 (10): 1300-1311.

鲍超, 刘若文. 2019. 青藏高原城镇体系的时空演变. 地球信息科学学报, 21 (9): 1330-1340.

鲍超, 邹建军. 2019. 中国西北地区城镇化质量的时空变化分析. 干旱区地理, 42 (5): 1141-1152.

陈彦光, 周一星. 2005. 城市化 Logistic 过程的阶段划分及其空间解释——对 Northam 曲线的修正与发展. 经济地理, (6): 817-822.

方创琳. 2014. 中国新型城镇化发展报告. 北京: 科学出版社.

方创琳. 2019. 中国新型城镇化高质量发展的规律性与重点方向. 地理研究, 38 (1) 13-22.

方创琳, 李广东. 2015. 西藏新型城镇化发展的特殊性与渐进模式及对策建议. 中国科学院院刊, 30 (3): 294-305.

方创琳, 鲍超, 王振波, 等. 2023. 青藏高原城镇化及生态环境效应. 北京: 科学出版社.

傅小锋. 2000. 青藏高原城镇化及其动力机制分析. 自然资源学报, (4): 369-374.

顾朝林. 1992. 中国城镇体系——历史、现状、展望. 北京: 商务印书馆.

国家统计局. 2020. 关于更新全国统计用区划代码和城乡划分代码的公告. http://www.stats.gov.cn/tjsj/ tjbz/ tjyqhdmhcxhfdm/2020/index. html.

国家统计局农村社会经济调查司. 2017. 中国县域统计年鉴 2016 (乡镇卷). 北京: 中国统计出版社.

胡焕庸. 1935. 中国人口之分布——附统计表与密度图. 地理学报, (2): 33-74.

李渤生. 1985. 南迦巴瓦峰地区植被水平地带. 山地研究, (4): 291-298.

戚伟, 刘盛和, 周亮. 2020. 青藏高原人口地域分异规律及"胡焕庸线"思想应用. 地理学报, 75 (2): 255-267.

戚伟. 2019. 青藏高原城镇化格局的时空分异特征及影响因素. 地球信息科学学报, 21 (8): 1196-1206.

王富喜, 毛爱华, 李赫龙, 等. 2013. 基于熵值法的山东省城镇化质量测度及空间差异分析. 地理科学, 33 (11): 1323-1329.

王耀, 何泽军, 安琪. 2018. 县域城镇化高质量发展的制约与突破. 中州学刊, (8): 31-36.

张文忠, 许婧雪, 马仁锋, 等. 2019. 中国城市高质量发展内涵、现状及发展导向——基于居民调查视角. 城市规划, 43(11): 13-19.

郑度, 赵东升. 2019. 青藏高原高寒荒漠地带与寒冷干旱核心区域. 干旱区研究, 36(1): 1-6.

郑耀群, 崔笑容. 2021. 城镇化高质量发展的测度与区域差距——基于新发展理念视角. 华东经济管理, 35(6): 79-87.

中华人民共和国民政部. 1991. 中华人民共和国行政区划简册1991. 北京: 中国地图出版社.

中华人民共和国民政部. 2016. 中华人民共和国乡镇行政区划简册2016. 北京: 中国统计出版社.

第 3 章

高原城镇化绿色发展的综合承载阈值

综观世界屋脊的青藏高原人口增长过程，1953 ～ 2020 年的 67 年时间里，青藏高原常住人口缓慢增长，由 1953 年的 454.38 万人增加到 2020 年的 1313.41 万人（第七次全国人口普查数据），平均每年新增常住人口 12.82 万人，远低于同期全国年均增长人口数 1376.12 万人。1982 ～ 2020 年的 38 年时间里，青藏高原常住城镇人口由 126.51 万人增加到 624.79 万人，每年新增城镇人口约 13.11 万人，远低于同期全国年均城镇人口增长数 1814.4 万人；常住人口城镇化水平由 1982 年的 15% 增加到 2020 年的 47.58%，高原城镇化水平每年新增约 0.86 个百分点，低于同期全国城镇化水平年均增长的 1.15 个百分点。那么，青藏高原作为国家重要的安全屏障和生态安全屏障，作为亚洲水塔和世界旅游目的地（方创琳和李广东，2015；葛全胜等，2015)，究竟能够承载多少人口？能承载多少人多大城？本章重点从经济发展、土地、水资源、大气环境质量、生态等视角，采用多模型算法，测算青藏高原的人口承载力和城镇化水平阈值，得出青藏高原常住人口的综合承载阈值为 2620 万人左右，本章测算的承载阈值均为约数，不是准确数，重大事件和重大政策变化暂未考虑。测算结果为青藏高原及各地市州人口、资源、环境可持续发展和城镇化高质量发展提供科学决策依据。

3.1　青藏高原人口综合承载阈值的多模型算法

为了从不同视角计算青藏高原人口承载力的阈值，这里分别采用了基于"收入满意度"的动态和区间估计适宜人口数量模型、基于国土空间"双评价"的适宜建设用地识别模型、基于水资源承载力的情景模型、基于高原大气环境容量的人口承载模型、基于高原生态环境的人口承载力模型、基于系统动力学的资源环境综合承载力模型共 6 种模型，分别计算青藏高原适宜承载的人口总量，然后采用两头逼近法计算青藏高原人口承载阈值。并与青藏高原"十四五"规划及到 2035 年远景目标、青藏高原国土空间规划（2020 ～ 2035 年）分别进行对比验证，进一步核定青藏高原人口的承载潜力。人口综合承载阈值多模型算法的基本思路如图 3.1 所示。

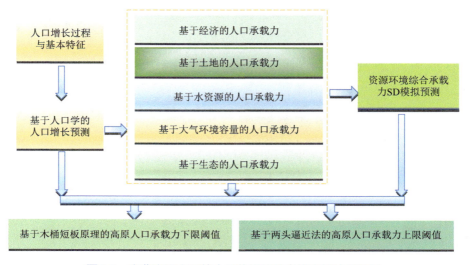

图 3.1　青藏高原人口综合承载阈值的多模型算法框架图

3.1.1　基于经济学的高原人口承载力模型与结果

人口增长离不开经济发展，经济发展为人口增长提供资金、技术和物质条件，经济发展水平高的地方能够承载更多的人口。例如，以色列通过先进节水技术和智能技术将沙漠改造成农田，通过创新推动高新技术产业发展，使以色列有能力承载更多的人口。通过经济承载力测算青藏高原人口承载力是人口承载力测算的一种途径；但基于经济承载力的人口承载力测算不同于基于水、生态和环境容量的"木桶原理"预测，是一种基于"收入满意度"的动态和区间估计。预测思路如下：先通过青藏高原三次产业增加值规模历史数据预测青藏高原和各地区 2030 年和 2050 年经济总量，再根据经济总量预测值与青藏高原进入现代化社会的人均 GDP 期望值计算青藏高原和各地区 2030 年和 2050 年的人口数量，最终估计青藏高原 20 个地市州的人口适宜规模为 1680 万人。

1.青藏高原经济承载力的内涵

青藏高原经济承载力是指在青藏高原自然条件的弹性限度内，在现有经济技术水平下所能达到的适度经济活动强度与规模。表征青藏高原经济承载力的主要指标有国内生产总值、人均 GDP、农牧业总产值、工业总产值、第三产业增加值、全社会固定资产投资、三次产业结构等。青藏高原 GDP 承载力主要由第一产业、第二产业和第三产业承载力构成。青藏高原第一产业主要是农牧业，农牧业的重点是青稞和牦牛。青藏高原青稞的产量增长较多，受耕地面积和耕作技术的影响较大；牦牛保持一定数量，主要受牦牛繁衍和养殖条件影响。青藏高原第二产业承载力包含建筑业和工业两个方面。建筑业发展与人口总量增加和经济发展水平有关。工业发展受高原生态环境保护要求限制较高，主要发展生态工业，受政策和技术水平的影响较大。青藏高原第三产业承载力是青藏高原未来发展的重点，特别是旅游业和社会服务业，受高原基础设施水平和社会服务能力影响较大。

2.青藏高原经济承载力估算方法

1）预测思路

基于经济承载的人口承载能力估算是一种基于"收入满意度"的动态和区间估计，要符合国家整体发展趋势和青藏高原人民生活水平的提升需要，通过模拟未来（2030 年和 2050 年）青藏高原（20 个地市州）经济总量和设定人均 GDP 区间，估算青藏高原的适宜人口数量（图 3.2）。

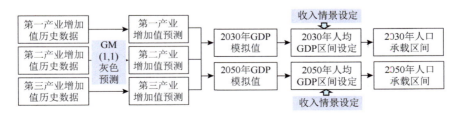

图 3.2　预测技术流程

2）预测模型

通过运用 GM（1,1）灰色预测模型，对已知数据进行预测。首先对 2000 ～ 2020 年已知数据进行校验，分析可得数据波动较小，可以将数据代入灰色预测模型进行预测。建立模型：设 $X^{(0)} = \{x^{(0)}(1), x^{(0)}(2), (43), x^{(0)}(n)\}$ 为非负原始数据序列，其依次累加生成序列 $X^{(1)} = \{x^{(1)}(1), x^{(1)}(2), (43), x^{(1)}(n)\}$。

$$x^{(1)}(k) = \sum_{t=1}^{k} x^{(0)}(i), \ k = 1, 2, \cdots n$$

称 $x^{(1)}(k+1) \ \beta_1 x^{(1)}(k) + \beta_2$，$k=1, 2, (43), n$ 为离散 GM（1,1）模型。参数 β_1、β_2 的最小二乘估计为

$$\beta = (\beta_1, \beta_2)^{\mathrm{T}} = (B^{\mathrm{T}}B)^{-1} B^{\mathrm{T}}Y$$

如果取 $\hat{x}^{(1)}(1) = x^{(0)}(1)$，则离散 GM（1,1）模型的时间响应函数为

$$\hat{x}^{(1)}(k+1) = \beta_1^k \left[x^{(1)}(1) - \frac{\beta_2}{1-\beta_1} \right] + \frac{\beta_2}{1-\beta_1}$$

通过累减还原可得原始数据的拟合值和预测值：

$$\hat{x}^{(0)}(k+1) = \beta_1^{k-1}(\beta_1 - 1)x^{(1)}(1) + \beta_1^{k-1}\beta_2$$
$$k = 1, 2, \cdots$$

然后再进行后验差比检验，得到后验差比 C 值小于 0.65，从而进行下一步拟合和预测，最后对残差进行校验。

3. 青藏高原经济承载力估算结果

青藏高原经济发展过程中存在结构变动，第一、第二、第三产业的发展趋势具有自身特点，而且受到青藏高原产业发展政策的影响。考虑到这些因素，经济承载力估算采用分产业单独估算的方式，以保证预测结果的准确性。

1）青藏高原第一产业承载力估算

统计数据显示，青藏高原 2000 年第一产业总产值为 108.85 亿元，2010 年第一产业总产值为 286.34 亿元，2020 年第一产业总产值为 679.40 亿元，2020 年第一产业总产值最高的前五个地区为：甘孜藏族自治州（80.67 亿元）、海东市（77.40 亿元）、西宁市（57.17 亿元）、阿坝藏族羌族自治州（55.69 亿元）、日喀则市（47.33 亿元），最低为阿里地区（6.85 亿元）。基于以上数据，结合预测模型计算可得（图 3.3），青藏高原 2030 年第一产业总产值预测值为 1190.17 亿元，2050 年预测为 3274.68 亿元。其中，2030 年第一产业预测总产值最高的前五个地区为：甘孜藏族自治州（150.87 亿元）、海东市（130.04 亿元）、西宁市（101.05 亿元）、阿坝藏族羌族自治州（97.97 亿元）、海西

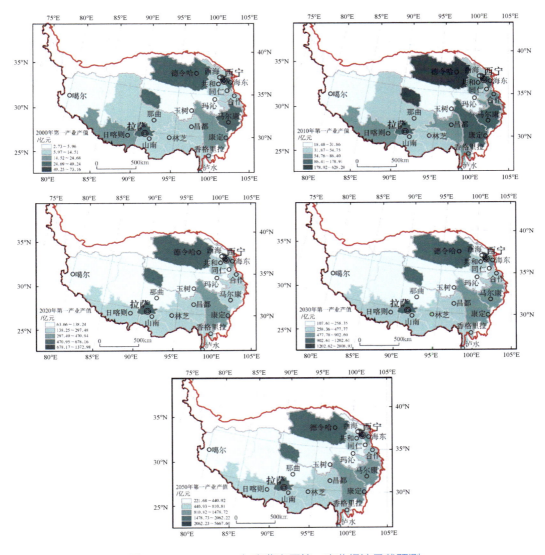

图 3.3　2000 ~ 2050 年青藏高原第一产业经济承载预测

蒙古族藏族自治州（83.93 亿元），最低为阿里地区（11.87 亿元）；2050 年第一产业预测总产值最高的前五个地区为：甘孜藏族自治州（451.31 亿元）、海东市（331.30 亿元）、海西蒙古族藏族自治州（295.33 亿元）、西宁市（290.90 亿元）、甘南藏族自治州（243.01 亿元），最低的为阿里地区（28.64 亿元），见表 3.1 所示。

表 3.1　青藏高原第一产业总产值过去值与预测值　　（单位：亿元）

地市州名称	2000 年	2010 年	2020 年	2030 年	2050 年
拉萨市	5.25	9.14	22.45	34.45	87.33

续表

地市州名称	2000 年	2010 年	2020 年	2030 年	2050 年
山南市	2.85	3.98	8.14	12.68	29.60
日喀则市	9.95	20.67	47.33	73.87	187.68
昌都市	8.76	15.01	27.75	46.96	109.18
那曲市	4.75	9.72	18.50	32.06	77.36
林芝市	2.37	5.96	12.29	20.40	50.86
阿里地区	1.26	3.65	6.85	11.87	28.64
西宁市	8.10	24.46	57.17	101.05	290.90
海东市	14.47	35.83	77.40	130.04	331.30
海北藏族自治州	3.51	10.42	29.61	49.49	144.80
海南藏族自治州	5.57	12.81	39.59	73.27	189.18
黄南藏族自治州	3.15	18.73	30.27	44.51	129.97
果洛藏族自治州	1.95	4.40	7.86	13.61	33.08
玉树藏族自治州	4.00	17.98	34.49	59.09	141.65
海西蒙古族藏族自治州	3.10	10.28	41.47	83.93	295.33
甘孜藏族自治州	7.27	28.50	80.67	150.87	451.31
阿坝藏族羌族自治州	10.13	25.13	55.69	97.97	236.16
甘南藏族自治州	5.95	15.89	44.05	80.19	243.01
怒江傈僳族自治州	3.23	6.63	23.48	50.97	166.70
迪庆藏族自治州	3.23	7.15	14.34	22.89	50.64

2) 青藏高原第二产业承载力估算

统计数据显示，2000 年青藏高原第二产业总产值为 132.54 亿元，2010 年第二产业总产值为 1103.28 亿元，2020 年第二产业总产值为 2328.93 亿元，2020 年第二产业总产值最高的前五个地区为：西宁市（418.72 亿元）、海西蒙古族藏族自治州（391.98 亿元）、拉萨市（290.44 亿元）、海东市（195.20 亿元）、日喀则市（123.30 亿元），最低的为海北藏族自治州（15.87 亿元）（图 3.4、表 3.2）。

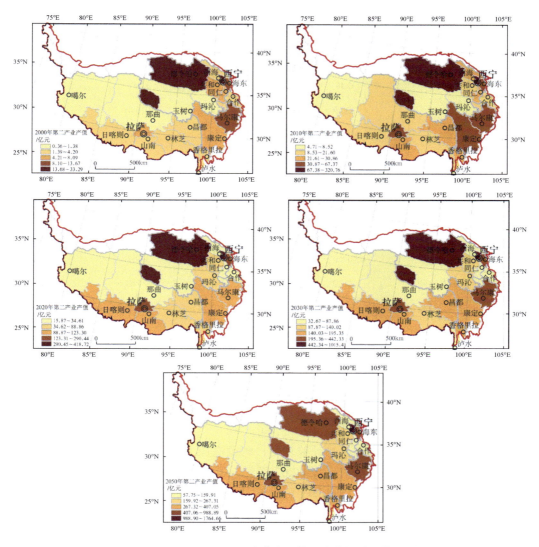

图 3.4　2000 ～ 2050 年青藏高原第二产业经济承载预测

表 3.2　青藏高原第二产业总产值过去值与预测值　　（单位：亿元）

地市州名称	2000 年	2010 年	2020 年	2030 年	2050 年
拉萨市	8.09	55.76	290.44	441.72	883.30
山南市	1.72	24.67	115.51	175.20	350.76
日喀则市	1.62	21.60	123.30	181.68	363.64
昌都市	1.67	26.30	81.20	176.37	382.70
那曲市	1.38	14.19	34.61	70.97	151.28

续表

地市州名称	2000 年	2010 年	2020 年	2030 年	2050 年
林芝市	2.63	16.80	74.05	123.40	235.96
阿里地区	0.48	4.71	17.15	37.47	81.80
西宁市	33.29	320.76	418.72	1015.41	1764.66
海东市	13.67	67.37	195.20	416.97	801.22
海北藏族自治州	2.81	27.49	15.87	55.67	88.84
海南藏族自治州	4.93	17.62	74.94	133.44	249.86
黄南藏族自治州	6.98	30.86	27.63	49.96	77.15
果洛藏族自治州	0.36	8.52	74.54	140.03	267.31
玉树藏族自治州	0.84	7.28	20.26	32.67	57.75
海西蒙古族藏族自治州	23.72	288.97	391.98	773.05	988.90
甘孜藏族自治州	6.98	44.92	105.34	195.35	356.18
阿坝藏族羌族自治州	12.57	58.53	96.45	442.34	825.35
甘南藏族自治州	2.66	16.04	29.15	49.79	88.98
怒江傈僳族自治州	4.20	21.20	53.73	87.87	159.92
迪庆藏族自治州	1.94	29.69	88.86	189.17	407.06

基于以上数据，结合预测模型计算可得，青藏高原 2030 年第二产业总产值预测值为 4788.53 亿元，2050 年预测值为 8582.62 亿元。其中，2030 年第二产业预测总产值最高的前五个地区为：西宁市（1015.41 亿元）、海西蒙古族藏族自治州（773.05 亿元）、阿坝藏族羌族自治州（442.34 亿元）、拉萨市（441.72 亿元）、海东市（416.97 亿元），最低为玉树藏族自治州（32.67 亿元）；2050 年第二产业预测总产值最高的前五个地区为：西宁市（1764.66 亿元）、海西蒙古族藏族自治州（988.90 亿元）、拉萨市（883.30 亿元）、阿坝藏族羌族自治州（825.35 亿元）、海东市（801.22 亿元），最低的为玉树藏族自治州（57.75 亿元）。

3）青藏高原第三产业承载力估算

统计数据显示，青藏高原 20 个地市州 2000 年第三产业总产值为 171.89 亿元，2010 年第三产业总产值为 963.19 亿元，2020 年第三产业总产值为 3146.52 亿元，2020 年第三产业总产值最高的前五个地区为：西宁市（897.09 亿元）、拉萨市（365.27 亿元）、甘孜藏族自治州（224.60 亿元）、海西蒙古族藏族自治州（198.79 亿元）、海东市（198.34 亿元），最低的为玉树藏族自治州（26.58 亿元）（图 3.5、表 3.3）。

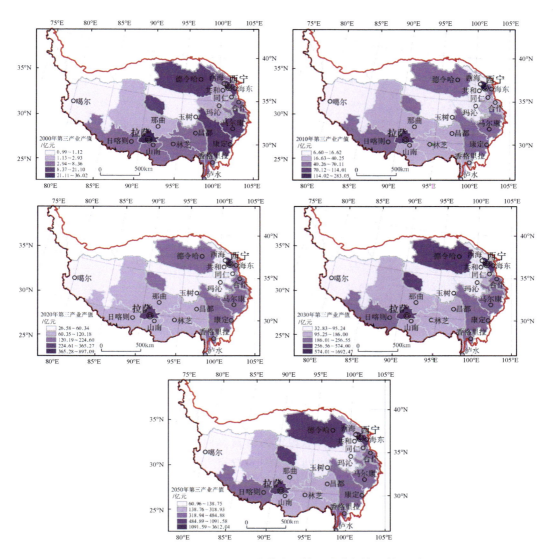

图 3.5　2000 ～ 2050 年青藏高原第三产业经济承载预测

表 3.3　青藏高原第三产业总产值过去值与预测值　　　　　（单位：亿元）

地市州名称	2000 年	2010 年	2020 年	2030 年	2050 年
拉萨市	28.66	114.01	365.27	574.00	1091.59
山南市	3.82	24.40	75.10	135.65	260.85
日喀则市	8.36	44.13	120.18	222.23	431.11
昌都市	4.08	25.76	104.20	163.66	318.94

续表

地市州名称	2000 年	2010 年	2020 年	2030 年	2050 年
那曲市	2.69	27.24	85.13	155.32	300.18
林芝市	4.38	30.93	86.10	156.94	303.04
阿里地区	0.99	10.12	39.66	58.27	111.25
西宁市	36.02	283.05	897.09	1692.47	3612.04
海东市	21.10	70.11	198.34	355.60	681.63
海北藏族自治州	3.69	16.62	55.94	95.25	200.57
海南藏族自治州	2.93	13.25	60.34	74.90	138.75
黄南藏族自治州	2.04	20.30	51.79	110.58	233.81
果洛藏族自治州	2.11	7.51	31.11	40.93	75.62
玉树藏族自治州	1.12	6.60	26.58	32.83	60.96
海西蒙古族藏族自治州	14.05	66.24	198.79	345.64	723.35
甘孜藏族自治州	10.43	49.41	224.60	256.56	461.55
阿坝藏族羌族自治州	12.58	49.10	145.34	236.06	417.21
甘南藏族自治州	5.12	35.76	145.86	209.99	398.14
怒江傈僳族自治州	3.66	28.40	87.53	186.01	400.62
迪庆藏族自治州	4.06	40.25	147.57	247.53	484.88

基于以上数据，结合预测模型计算可得，青藏高原各地区 2030 年第三产业预测总产值为 5350.42 亿元，2050 年预测值为 10706.09 亿元。其中，2030 年第三产业预测总产值最高的前五个地区为：西宁市（1692.47 亿元）、拉萨市（574.00 亿元）、海东市（335.60 亿元）、海西蒙古族藏族自治州（345.64 亿元）、甘孜藏族自治州（256.56 亿元），最低为玉树藏族自治州（32.83 亿元）；2050 年第三产业预测总产值最高的前五个地区为：西宁市（3612.04 亿元）、拉萨市（1091.59 亿元）、海西蒙古族藏族自治州（723.35 亿元）、海东市（681.63 亿元）、迪庆藏族自治州（484.88 亿元），最低的为玉树藏族自治州（60.96 亿元）。

4）青藏高原经济总量（GDP）承载估算

统计数据显示，青藏高原 2000 年 GDP 为 400.55 亿元，2010 年 GDP 为 2351.35 亿元，2020 年 GDP 为 6145.85 亿元，2020 年 GDP 最高的前五个地区为：西宁市（1372.98 亿元）、拉萨市（678.16 亿元）、海西蒙古族藏族自治州（632.24 亿元）、海东市（470.94 亿元）、甘孜藏族自治州（410.61 亿元），最低的为阿里地区（63.66 亿元）（图 3.6、表 3.4）。

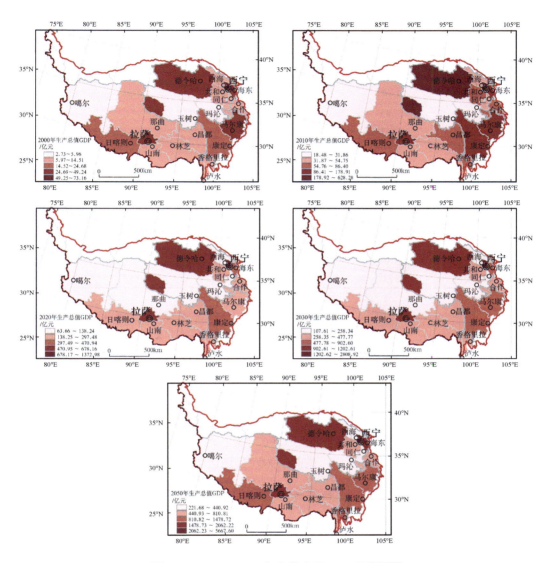

图 3.6　2000 ～ 2050 年青藏高原 GDP 承载预测

表 3.4　青藏高原 GDP 过去值与预测值　　　　（单位：亿元）

地市州名称	2000 年	2010 年	2020 年	2030 年	2050 年
拉萨市	33.47	178.91	678.16	1050.17	2062.22
山南市	8.39	53.05	198.75	323.53	641.21
日喀则市	19.93	86.4	290.81	477.78	982.43
昌都市	14.51	67.07	213.15	386.99	810.82
那曲市	8.82	51.15	138.24	258.35	528.81
林芝市	9.38	53.69	172.44	300.74	589.87
阿里地区	2.73	18.48	63.66	107.62	221.68

续表

地市州名称	2000 年	2010 年	2020 年	2030 年	2050 年
西宁市	73.16	628.28	1372.98	2808.93	5667.60
海东市	49.24	173.31	470.94	902.61	1814.15
海北藏族自治州	10.01	54.53	101.42	200.40	434.22
海南藏族自治州	13.43	69.89	174.87	281.61	577.79
黄南藏族自治州	12.17	43.68	109.69	205.05	440.93
果洛藏族自治州	4.42	20.43	113.51	194.57	376.01
玉树藏族自治州	5.96	31.86	81.33	124.60	260.36
海西蒙古族藏族自治州	40.87	365.49	632.24	1202.62	2007.58
甘孜藏族自治州	24.68	122.83	410.61	602.78	1269.04
阿坝藏族羌族自治州	35.28	132.76	297.48	776.37	1478.73
甘南藏族自治州	13.73	67.69	219.06	339.96	730.13
怒江傈僳族自治州	11.14	54.75	164.74	324.84	727.24
迪庆藏族自治州	9.23	77.1	250.772	459.59	942.58

基于以上数据，结合预测模型计算可得，青藏高原 2030 年 GDP 预测值为 11329.11 亿元（2020 ～ 2030 年年均增速 7%），2050 年 GDP 预测值为 22563.40 亿元（2030 ～ 2050 年年均增速 5%）。其中，2030 年 GDP 预测值最高的前五个地区为：西宁市（2808.93 亿元）、海西蒙古族藏族自治州（1202.62 亿元）、拉萨市（1050.17 亿元）、海东市（902.61 亿元）、阿坝藏族羌族自治州（776.37 亿元），最低为阿里地区（107.62 亿元）；2050 年 GDP 预测值最高的前五个地区为：西宁市（5667.60 亿元）、拉萨市（2062.22 亿元）、海西蒙古族藏族自治州（2007.58 亿元）、海东市（1814.15 亿元）、阿坝藏族羌族自治州（1478.73 亿元），最低的为阿里地区（221.68 亿元）。

4. 基于经济承载力的青藏高原人口承载量估算

1）青藏高原人均 GDP 区间设定

参考国家发展阶段和青藏高原各地区发展阶段，给定青藏高原 2030 年和 2050 年人均 GDP 一个期望值（图 3.7）。由图 3.7 可以看出，2012 年以来我国人均 GDP 增速基本稳定在 5% ～ 7%，因此，2030 年青藏高原人均 GDP 低值设定按照 2020 ～ 2030 年全国人均 GDP 平均增速 5.5% 左右计算；高值设定按照比 2020 年翻一番计算。据统计，2020 年青藏高原人均 GDP 为 46861.62 元，计算可得 2030 年青藏高原人均 GDP 为 8.5 万元。

依据"全面建成社会主义现代化强国，全体人民共同富裕基本实现"的目标，2050 年青藏高原人均 GDP 按照比 2030 年翻一番来计算，可得 2050 年青藏高原人均 GDP 为 17 万元。

2）青藏高原人口承载规模估算

由于人口规模 = 经济总量 / 人均 GDP，基于上述测算的青藏高原 2030 年和 2050 年经济总量和人均 GDP 预测值，反推人口规模的预测值。计算可得，2030 年青藏高原人口承载力为 1330 万人（表 3.5）；2050 年青藏高原人口承载力为 1680 万人（表 3.6）。综合而言，青藏高原人口适宜规模为 1680 万人。其中：

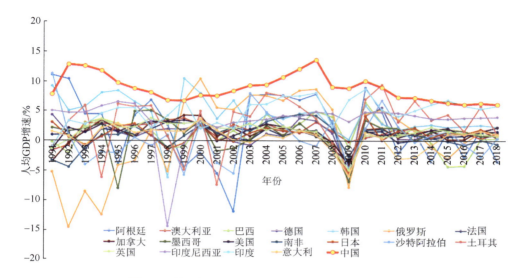

图 3.7　世界各国人均 GDP 增速（1991～2018 年）

表 3.5　2030 年青藏高原人口承载能力测算

地市州名称	2030 年经济规模 / 亿元	2030 年人均 GDP/ 万元	2030 年人口总量 / 万人
拉萨市	1050.17	8.5	123.22
山南市	323.53	8.5	38.06
日喀则市	477.78	8.5	56.21
昌都市	386.99	8.5	45.53
那曲市	258.35	8.5	30.39
林芝市	300.74	8.5	35.38
阿里地区	107.62	8.5	12.16
西宁市	2808.93	8.5	330.46
海东市	902.61	8.5	105.19
海北藏族自治州	200.40	8.5	23.58
海南藏族自治州	281.61	8.5	32.13
黄南藏族自治州	205.05	8.5	24.12
果洛藏族自治州	194.57	8.5	22.89
玉树藏族自治州	124.60	8.5	14.66
海西蒙古族藏族自治州	1202.62	8.5	141.48

续表

地市州名称	2030 年经济规模 / 亿元	2030 年人均 GDP/ 万元	2030 年人口总量 / 万人
甘孜藏族自治州	602.78	8.5	70.92
阿坝藏族羌族自治州	776.37	8.5	91.34
甘南藏族自治州	339.96	8.5	40.00
怒江傈僳族自治州	324.84	8.5	38.22
迪庆藏族自治州	459.59	8.5	54.07
青藏高原	11329	8.5	1330

表 3.6　2050 年青藏高原人口承载能力测算

地市州名称	2050 年经济规模 / 亿元	2050 年人均 GDP/ 万元	2050 年人口总量 / 万人
拉萨市	2609.53	17	153.50
山南市	811.39	17	47.73
日喀则市	1243.17	17	73.13
昌都市	1026.01	17	60.35
那曲市	669.16	17	39.36
林芝市	746.42	17	43.91
阿里地区	280.51	17	16.50
西宁市	7171.78	17	421.87
海东市	2295.63	17	135.04
海北藏族自治州	549.46	17	32.32
海南藏族自治州	731.72	17	43.01
黄南藏族自治州	557.95	17	32.82
果洛藏族自治州	474.80	17	27.99
玉树藏族自治州	328.16	17	19.59
海西蒙古族藏族自治州	2540.39	17	149.73
甘孜藏族自治州	1605.84	17	94.46
阿坝藏族羌族自治州	1871.18	17	110.07
甘南藏族自治州	923.91	17	54.35
怒江傈僳族自治州	920.25	17	54.13
迪庆藏族自治州	1192.74	17	70.16
青藏高原	28550	17	1680

西宁市：2030 年人口预测值为 330.46 万人；2050 年人口预测值为 421.87 万人；

海西蒙古族藏族自治州：2030 年人口预测值为 141.48 万人；2050 年人口预测值为 149.73 万人；

拉萨市：2030 年人口预测值为 123.22 万人；2050 年人口预测值为 153.50 万人；

海东市：2030 年人口预测值为 105.19 万人；2050 年人口预测值为 135.04 万人。

3.1.2　基于土地的高原人口承载力模型与结果

土地是一切人类社会经济活动的承载体。青藏高原土地承载力是承载力核算的基础。以青藏高原建设用地为基础，以国土空间适宜性评价技术为支撑，考虑地形地貌、土地利用、生态保护、可达性、地质灾害风险等 10 个要素，识别出建设用地适宜区。对适宜建设用地进行城乡划分，按照人均城镇建设用地和人均乡村建设用地标准，核算可承载的城镇人口和乡村人口数量。最后，汇总城镇和乡村人口计算可承载的人口总量，并核算相应的人口承载潜力。

1. 研究思路

青藏高原人类活动具有明显的资源限制性和环境制约性。基于高脆弱生态环境和强异质性的资源环境条件，以资源环境承载力为导向的可持续性发展已经达成共识。而土地资源禀赋则是人地关系的核心问题，其决定了经济社会发展的体量和质量。学者们从不同系统、不同视角，运用不同方法，对青藏高原多地区的人地关系各子系统相互作用、发展现状及发展思路进行有力的探索，为推进青藏高原地区可持续发展提供了理论基础和实证参考。但目前大部分研究只是针对现象的描述和分析，并未回答青藏高原发展空间上限，即青藏高原究竟能容纳多大的建设用地规模以及人口规模。

以土地资源承载力为研究视角，通过构建适宜建设用地识别方法，估算青藏高原建设用地规模，按照不同的人均建设用地标准和现有建设用地承载力测算青藏高原人口规模上限。基于人口规模上限，对于合理规划青藏高原产业发展、人口布局，缓解人地关系矛盾，提升可持续发展水平具有重要意义。

在保证青藏高原地区基本农田面积和生态用地面积需求的基础上，依据现有和潜在建设用地面积，按照不同的人均建设用地标准测算人口容量规模。根据对区域资源环境承载力的理论分析，青藏高原土地资源的主要功能是供给建设用地、基本农田和生态用地所需三个方面。因此，青藏高原土地资源人口承载力的计算思路是：在青藏高原范围内，从人口发展角度来看，所有的适宜居住、建设用地面积除基本农田面积外，生态用地面积维持最小规模时，按照一定的人均建设用地标准，计算区域城镇和乡村现在和将来可能承载的人口规模。具体计算模型和方法如下：

适宜建设用地面积 = 区域总面积 − 不适宜建设用地面积

城镇可承载人口 = 城镇适宜建设用地面积 / 城镇建设用地人均标准

乡村可承载人口＝乡村适宜建设用地面积／乡村建设用地人均标准

土地资源承载人口规模＝城镇可承载人口＋乡村可承载人口

其中，城镇建设用地人均标准为 150m²（《城市用地分类与规划建设用地标准》中要求：边远地区、少数民族地区以及部分山地城市、人口较少的工矿业城市、风景旅游城市等具有特殊情况的城市，应专门论证确定规划人均城市建设用地指标，且上限不得大于 150.0m²/ 人），乡村建设用地人均标准为 250m²［《村镇规划标准》中要求村镇人均建设用地标准小于等于 150m²，但是现状全国人均用地面积为 232m²（2015 年数据），考虑到青藏高原的乡村分散聚居模式将标准确定为 250m²］。

2. 建设用地适宜区识别方法

计算青藏高原土地资源人口承载力的核心就是识别出可用作建设用地的面积。本章设定了包含海拔、坡度、地形起伏度、坡向、不可利用土地类型、到现状建设用地距离、自然保护区、生态功能极重要区域和生态极敏感区域、交通可达性以及地质灾害高风险区 10 个要素在内的青藏高原建设用地识别体系。相关约束要素空间分布如图 3.8、图 3.10、图 3.12 所示，适宜区和不适宜区空间分布如图 3.9、图 3.11、图 3.13 所示。

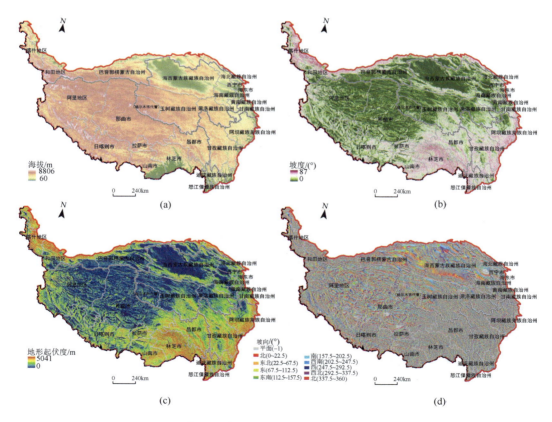

图 3.8 地形地貌要素空间分布图

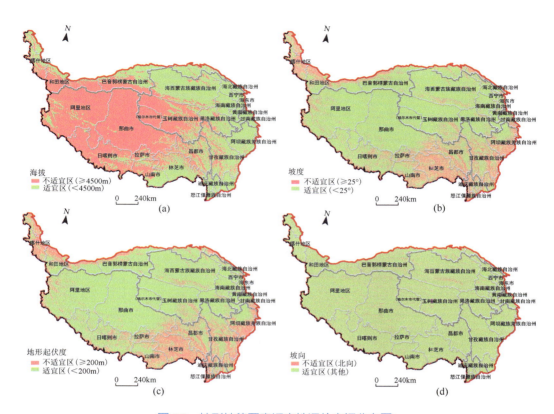

图 3.9　地形地貌要素适宜性评价空间分布图

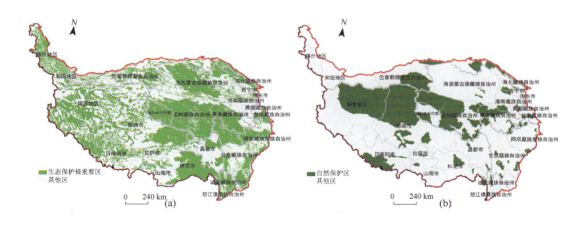

图 3.10　生态限制空间与土地利用空间分布图

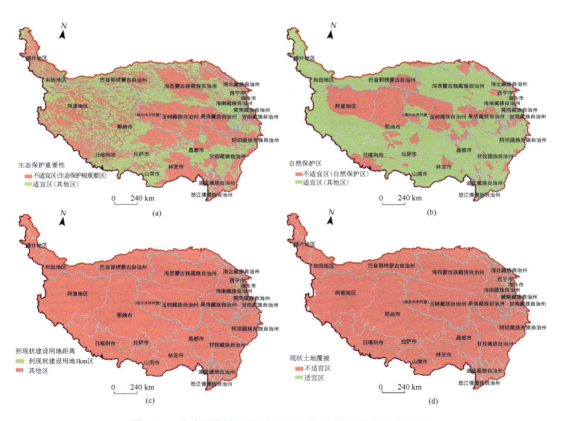

图 3.11　生态限制空间与土地利用适宜性评价空间分布图

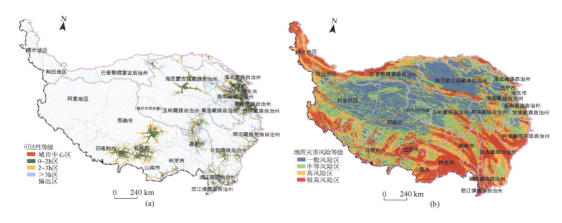

图 3.12　交通可达性与地质灾害空间分布图

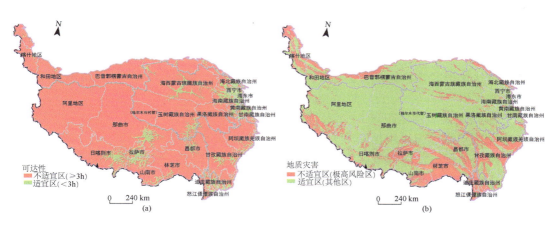

图 3.13　交通可达性与地质灾害适宜性评价空间分布图

1）海拔

按照国际通行的海拔划分标准及人体适应状况，1500～3500m 为高海拔，如果有足够的时间，大多数人都可以适应；3500～5500m 为超高海拔，人体的差异决定能否适应。目前，青藏高原地区海拔最高的城镇为那曲市（4492m）。因此，将青藏高原适宜人类居住的海拔范围设定在 4500m 以内，基于全球 90m DEM 数据，将海拔大于 4500m 的地区视为不适宜建设用地。

2）坡度

坡面在空间尺度的倾斜程度由坡度反映，坡度对土地生产力空间布局有着强烈的制约作用。《城市用地竖向规划规范》（CJJ 83—99）明确规定，居住用地最大坡度不超过 25°。基于全球 90m DEM 数据，计算识别出坡度大于 25°地区并将其视为不适宜建设用地。

3）地形起伏度

地形起伏度是指特定区域内，最高点海拔与最低点海拔的差值，反映地表起伏变化大小和地表破碎情况。借鉴相关研究地形起伏度的计算方法，基于 25×25 青藏高原

DEM 数据的提取，海拔高差区间为 200m 以内的视为适宜建设用地。

4）坡向

坡向影响着日照时数（即太阳辐射能量的分配）。坡面法线在水平面上的投影方向称为坡向。将其朝北的坡向确定为不适宜区（0°～22.5°和337.5°～360°），其他为适宜区。运用青藏高原 DEM 数据计算坡向，识别出北坡地区并将其剔除。

5）生态功能极重要区域和生态极敏感区域

生态功能极重要区域和生态极敏感区域是优先划入生态保护红线的区域。生态功能极重要区域涉及生物多样性维持与保护、土壤保持、水源涵养、防风固沙、自然与人文景观保护等功能，生态极敏感区域特征主要包括土壤侵蚀敏感性、沙漠化敏感性、盐渍化敏感性、冻融侵蚀敏感性、酸雨敏感性、石漠化敏感性等。参考中国生态系统评估与生态安全数据库（http://www.ecosystem.csdb.cn/）发布的评价结果，识别出青藏高原生态功能极重要区域和生态极敏感区域范围，并将其作为不适宜建设用地进行剔除。

6）自然保护区

自然保护区为禁止开发地区，《自然保护区土地管理办法》规定禁止任何单位和个人危害、破坏自然保护区的土地，因此将各级自然保护区视为不适宜建设用地。青藏高原自然保护区数据来源于世界保护区数据库（https://www.protectedplanet.net/en）以及国家林业和草原局公布的自然保护区名录。

7）到现状建设用地距离

青藏高原现状建设用地基本为资源禀赋、环境本底条件较好的地区。人口集聚会导致建设用地扩张，而青藏高原地区土地开发的资源限制性和环境制约性较明显且不适宜跳跃性地使建设用地扩张。考虑到邻近性和连续性，将到现有建设用地距离<1km 的区域作为建设用地适宜扩张区。其数据来源于 GlobeLand30 V2020，即土地利用类型中"人造地表"小于 1km 的范围。

8）不可利用土地类型

不可利用土地类型包括国家禁止开发利用和难以利用的土地类型，主要包含林地、草地、灌木地、湿地、水体、苔原、裸地、冰川和永久积雪。其数据来源于国家基础地理信息中心、自然资源部发布的 GlobeLand30 V2020 数据，该数据总体精度为 85.72%，Kappa 系数为 0.82。

9）交通可达性

交通可达性是克服空间阻碍、在单位时间内获得发展机会的能力。针对青藏高原地区而言，由于地质构造、地貌特征的复杂性，交通可达性对于城镇建设显得尤为重要。青藏高原交通可达性计算借鉴 Andrea Cattaneo 城乡集水区（URCA）的研究成果。其基于中心地理论，采用网格化方法，定义了全球地区不同规模的城市中心与其周围农村地区之间的相互联系。其中，城镇规模标准为每平方公里 1500 个居民或建筑密度大于 50%且至少有 20000 个居民，借助旅行时间衡量从农村地区获得这些服务和机会的成本。本书研究采用的标准为：到城镇地区的时间为<3h 的地区，将其作为可用作建设用地区域。

10）地质灾害高风险区

青藏高原地处南亚通道，新构造运动极其强烈，地质构造异常复杂，内外动力作用强烈，具有强地震风险、强地壳形变、强地应力集中等特征，地处世界罕见的地形变化梯度带，重大地质灾害频发。世界银行全球减灾与恢复基金（GFDRR）在全球范围内定性表示了全球滑坡灾害。综合区域中位数年降水量触发的滑坡灾害（1980～2018 年）和地震触发的滑坡灾害绘制了全球滑坡灾害地图，然后将其简化为非常低、低、中等、高四个风险类别。本书将滑坡灾害高风险区作为青藏高原地质灾害高风险区，即不可建设地区。

3. 适宜建设用地区识别结果

依据青藏高原建设用地识别方法计算出青藏高原及其各地市州适宜建设用地面积。青藏高原 20 个地市州建设用地面积将在 2020 年 3184.67km^2 的基础上，可新增 3624.24km^2，占青藏高原总面积的 0.16%（表 3.7）。总体来看，可新增乡村建设用地面积基本上高于可新增城镇建设用地面积，新增乡村建设用地面积占 60% 左右，可新增城镇建设用地面积占 40% 左右。从区域分布看，可新增建设用地主要集中在以西宁市为中心的西宁都市圈以及以拉萨市为中心的拉萨城市圈。其中，西藏自治区的可新增建设用地主要分布在日喀则市、拉萨市和山南市；青海省的可新增建设用地则主要分布在西宁市、海东市、海北藏族自治州、海南藏族自治州等（图 3.14）。

图 3.14　青藏高原适宜建设区空间分布图

从地区差异来看，西宁市与海东市是青藏高原地区未来建设用地适宜区的主要分布地区，其可新增建设用地面积占青藏高原总量的 51.45%；其中城镇建设用地面积占总量的 66.59%，乡村建设用地面积占总量的 41.40%。但是，阿坝藏族羌族自治州、迪庆藏族自治州、林芝市、怒江傈僳族自治州等地区城镇建设用地潜力较小，均低于 10km²。由于受地形地貌因素的限制，阿里地区、果洛藏族自治州、那曲市和玉树藏族自治州未来并不适合进行大规模的建设用地开发，可供开发的适宜建设用地空间明显不足。

表 3.7　青藏高原可新增建设用地面积计算结果　　　　　（单位：km²）

地市州名称	2020 年建设用地面积	可新增城镇建设用地面积	可新增乡村建设用地面积	可新增建设用地总面积
拉萨市	252.35	39.80	103.47	143.28
山南市	110.01	30.86	103.29	134.15
日喀则市	177.01	164.03	323.92	487.94
那曲市	59.42	0.00	0.04	0.04
昌都市	37.31	0.90	4.97	5.87
林芝市	118.26	2.05	25.40	27.45
阿里地区	27.11	0.00	0.35	0.35
西宁市	448.42	519.88	444.06	963.93
海东市	248.27	443.71	457.30	901.01
海北藏族自治州	129.98	46.00	133.15	179.15
海南藏族自治州	219.30	76.16	202.27	278.44
果洛藏族自治州	85.06	0.00	0.02	0.02
黄南藏族自治州	54.89	42.76	75.59	118.35
玉树藏族自治州	47.61	0.00	0.00	0.00
海西蒙古族藏族自治州	573.52	16.59	50.56	67.15
阿坝藏族羌族自治州	169.75	0.34	6.07	6.41
甘孜藏族自治州	161.63	3.46	6.54	10.00
甘南藏族自治州	152.29	47.91	229.81	277.72
迪庆藏族自治州	85.69	6.52	3.57	10.09
怒江傈僳族自治州	26.78	6.08	6.83	12.91
青藏高原总计	3184.67	1447.05	2177.19	3624.24

　　依据青藏高原可新增建设用地计算结果，借助 ArcGIS Pro 软件，采用自然断裂点法对各地市州适宜建设用地空间分布格局进行可视化处理。图 3.15 显示，青藏高原可新增建设用地"集聚"特征明显，主要集中在黄河河谷和雅鲁藏布江谷地地区，即青海东部和西藏南部地区。受自然环境限制，喀喇昆仑山、藏北高原、唐古拉山、昆仑山脉、柴达木盆地以及横断山脉等地形区可新增建设用地面积较少。同时，这些可新增建设用地偏少地区也存在明显的空间集聚特征。

　　从可新增城镇建设用地和乡村建设用地的空间分布模式来看，二者的总体分布格局比较一致（图 3.16、图 3.17）。西宁市和海东市及其周边地区、日喀则市、拉萨市、海南藏族自治州是今后青藏高原城镇化发展的主要区域。除此之外，甘南藏族自治州乡村建设用地仍有一定空间可供开发。上述地区均为青藏高原地区经济社会发展水平较高区域。

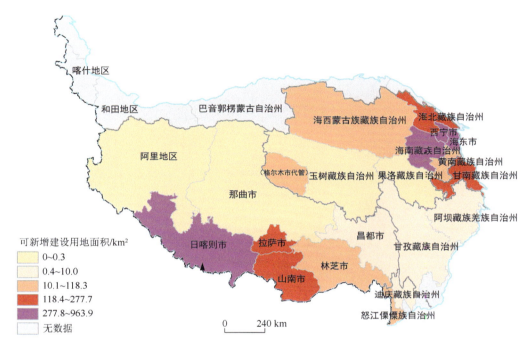

图 3.15　青藏高原可新增建设用地空间分布图

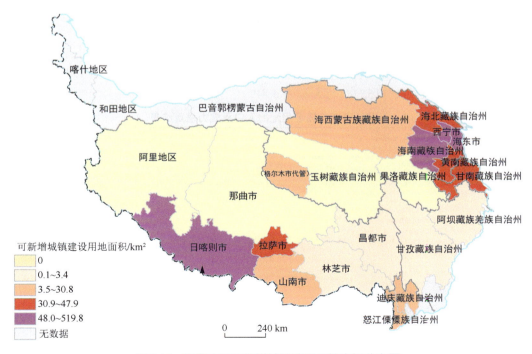

图 3.16　青藏高原可新增城镇建设用地空间分布图

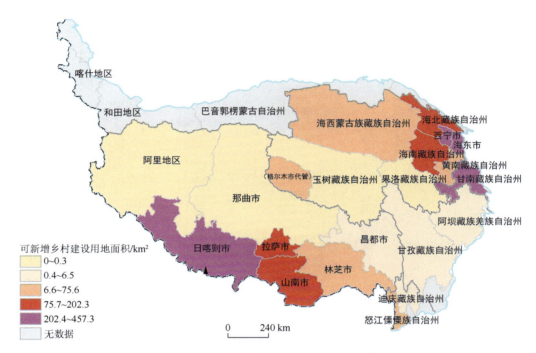

图 3.17 青藏高原可新增乡村建设用地空间分布图

4. 基于适宜建设用地的人口承载力核算结果

基于可新增建设用地面积以及城镇、乡村人均建设用地标准，计算出基于建设用地适宜性的未来青藏高原可新增人口总量为 1835.87 万人，加上现状人口 1319.13 万人，人口承载力的上限值为 3155.00 万人（表 3.8）。

表 3.8 青藏高原基于建设用地的人口承载力核算结果   （单位：万人）

地市州名称	2020 年城镇人口	2020 年乡村人口	2020 年总人口	城镇可新增人口	乡村可新增人口	可承载总人口	人口承载潜力
拉萨市	60.55	26.24	86.79	26.53	41.39	155.01	68.22
山南市	11.01	25.80	36.81	20.57	41.32	98.70	61.89
日喀则市	18.93	58.17	77.10	109.35	129.57	316.02	238.92
昌都市	13.05	57.43	70.48	0.60	1.99	73.07	2.59
那曲市	11.52	38.85	50.37	0.00	0.02	50.39	0.02
林芝市	9.41	13.41	22.82	1.37	10.16	34.34	11.52
阿里地区	3.35	7.38	10.74	0.00	0.14	10.87	0.14
西宁市	173.90	64.81	238.71	346.58	177.62	762.92	524.21
海东市	61.18	88.14	149.32	295.80	182.92	628.04	478.72
海北藏族自治州	11.43	17.06	28.49	30.67	53.26	112.42	83.93
海南藏族自治州	21.08	26.72	47.80	50.78	80.91	179.48	131.68
黄南藏族自治州	10.79	17.23	28.02	28.51	30.23	86.76	58.74

续表

地市州名称	2020 年城镇人口	2020 年乡村人口	2020 年总人口	城镇可新增人口	乡村可新增人口	可承载总人口	人口承载潜力
果洛藏族自治州	5.93	15.23	21.16	0.00	0.01	21.17	0.01
玉树藏族自治州	15.57	26.68	42.25	0.00	0.00	42.25	0.00
海西蒙古族藏族自治州	37.60	14.47	52.07	11.06	20.22	83.35	31.28
阿坝藏族羌族自治州	38.93	43.33	82.26	0.23	2.43	84.91	2.66
甘孜藏族自治州	34.34	76.40	110.74	2.31	2.61	115.66	4.92
甘南藏族自治州	29.24	39.94	69.18	31.94	91.92	193.04	123.86
迪庆藏族自治州	12.04	26.71	38.75	4.35	1.43	44.53	5.78
怒江傈僳族自治州	28.94	26.33	55.27	4.05	2.73	62.06	6.79
青藏高原汇总	608.80	710.33	1319.13	964.70	870.88	3155.00	1835.87

注：由于青藏高原部分地市州未公布第七次全国人口普查数据，部分地市州数据为 2019 年数据。

从区域差异来看，西宁市人口增长潜力规模最大，为 524.21 万人。其中，城镇人口总数为 346.58 万人，乡村人口总数为 177.62 万人。新增人口总量潜力规模超 100 万人的还有海东市、日喀则市、海南藏族自治州和甘南藏族自治州。由于受自然条件限制，拉萨市适宜建设用地偏少，未来潜在可增加人口总数为 68.22 万人，但是仍可达到现状人口（86.79 万人）的 78.6%，意味着拉萨市人口总量未来仍可在现状基础上增长 78%。但是，受适宜建设用地的限制，处于青藏高原中部地区的那曲市、阿里地区、果洛藏族自治州未来可新增人口较少，均低于 2000 人（图 3.18～图 3.20）。

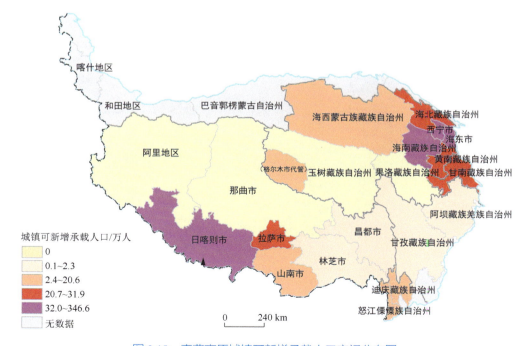

图 3.18　青藏高原城镇可新增承载人口空间分布图

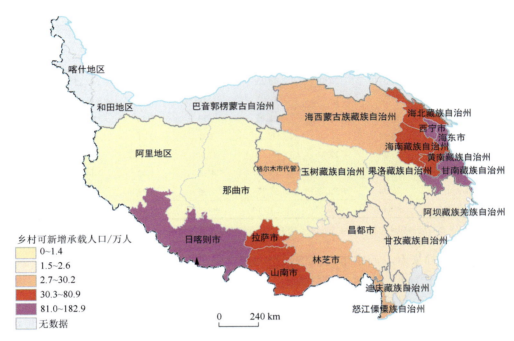

图 3.19　青藏高原乡村可新增承载人口空间分布图

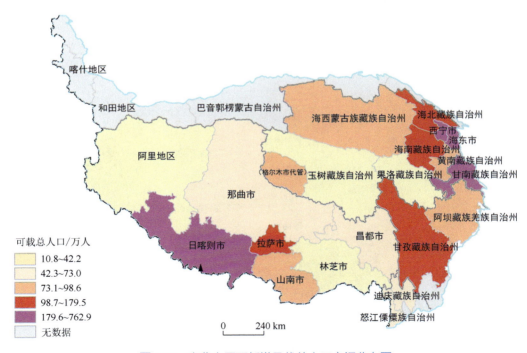

图 3.20　青藏高原可新增承载总人口空间分布图

基于现有人口规模来看，海东市、日喀则市、海北藏族自治州人口潜力较大，可增长人口规模是现有人口规模的 3 倍多（图 3.21）。其他地区人口潜力大于现有人口规模的还有海南藏族自治州、黄南藏族自治州、西宁市、甘南藏族自治州以及山南市；甘孜藏族自治州、昌都市、阿坝藏族羌族自治州、阿里地区、那曲市、果洛藏族自治州、玉树藏族自治州可增长规模较小，均低于 5%。

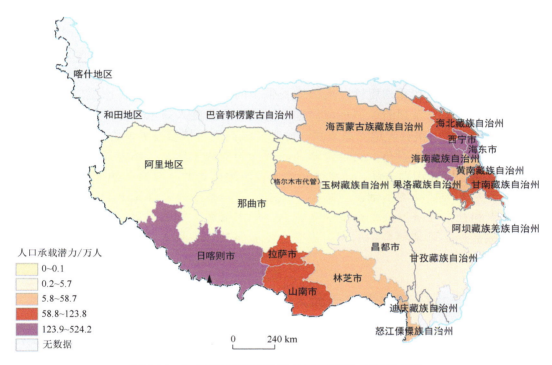

图 3.21　青藏高原基于用地的人口承载潜力空间分布图

5. 结论与讨论

通过构建青藏高原适宜建设用地识别方法，结合现有建设用地规模，计算出青藏高原可新增建设用地面积。以此为基础，结合城镇、乡村地区人均建设用地标准，核算出青藏高原土地资源人口承载力规模及潜力，结论如下：

（1）青藏高原可新增建设用地面积为 3624.24km²，占青藏高原总面积的 0.16%，大部分地区可新增乡村建设用地面积大于可新增城镇建设用地面积。可新增建设用地空间分布呈现出明显的集聚特征，主要分布在黄河谷地以及雅鲁藏布江谷地；喀喇昆仑山、藏北高原、唐古拉山、昆仑山脉、柴达木盆地以及横断山脉等地形区可新增建设用地面积较少。西宁市和海东市可新增建设用地面积占青藏高原总量的 51.45%；其中城镇建设用地面积占总量的 66.59%，乡村建设用地面积占总量的 41.40%。阿坝藏族羌族自治州、迪庆藏族自治州、林芝市、怒江傈僳族自治州等地区城镇建设用地潜力较小，均低于 10km²。阿里地区、果洛藏族自治州、那曲市和玉树藏族自治州适宜开发的建设用地空间较小。

（2）基于建设用地适宜性的青藏高原人口承载力的最大规模为 3155 万人，人口承载力潜力为 1835.87 万人。青藏高原总体适宜建设用地规模较大，仍有一定的适宜空间，但分布不均衡，部分地区适宜建设用地吃紧，未来建设用地扩张和人口增长会受到一定的限制。其中，西宁市人口潜力规模最大，为 524.21 万人，可承载人口为 762.92 万人。潜力人口总量规模超 100 万人的还有海东市、日喀则市、海南藏族自治州和甘南藏族自治州。而基于现有人口来看，海东市人口潜力规模为现有人口规模的 320.6%，日喀则市和海北藏族自治州紧随其后；果洛藏族自治州、那曲市、阿里地区可增长空间较小。

（3）在复杂的地质地貌条件、高脆弱性的生态系统的影响下，青藏高原人口分布具有明显的制约性和非均质性。人口增长带来的经济社会活动愈发密集以及建设用地的扩张带来了一系列的生态环境问题，因此定量测度人口承载力规模，对合理制定区域发展模式、缓解人地关系矛盾、提升青藏高原可持续发展能力具有重要意义。基于土地资源承载力视角，结合青藏高原特殊的资源、生态、环境条件，构建青藏高原适宜建设用地识别方法，计算可新增建设用地面积并核算潜在的人口承载规模。土地资源是人类活动的基础，因此核算出的人口承载规模是理论上的最大规模。但人口集聚和社会经济发展受众多因素影响，如水资源、气候因素、生产力水平等，因此青藏高原实际能够容纳的人口规模会随着科技进步和生态环境演变而发生动态变化。

3.1.3　基于水资源的青藏高原人口承载力

水资源是自然生态系统保持健康的基础和人类社会维持生活生产的源泉，水资源影响并制约着现代经济社会的可持续发展。青藏高原是众多著名大江大河的发源地，水资源总量极其丰富，被誉为亚洲水塔。由于水资源与人口、产业分布时空不均，青藏高原局部地区也存在水资源供给压力、水资源过度开发带来生态环境退化等问题。测算水资源约束条件下青藏高原可承载人口数量的思路为，以地级行政单元为测算基本单元，测算青海省全部 8 个地级行政单元、西藏自治区 7 个地级行政单元、四川省阿坝藏族羌族自治州和甘孜藏族自治州、云南省迪庆藏族自治州和怒江傈僳族自治州、甘肃省甘南藏族自治州水资源约束下的可承载人口，然后加总得到水资源约束下青藏高原地区的可承载人口。

1. 青藏高原水资源量时空分布格局

在青藏高原所涉及省级行政区 2003 ～ 2019 年水资源公报数据的基础上，统计了青藏高原及其各地级行政单元的平均水资源总量、人均水资源量、年际变差系数（Cv）、极值比等参数（表 3.9）。

表 3.9　青藏高原 2003 ～ 2019 年水资源数据

省级行政区	地市州名称	平均水资源总量 / 亿 m³	年际变差系数	极值比	人均水资源量 /(m³/ 人)
西藏自治区	拉萨市	115	0.22	2.16	16903
	山南市	698	0.06	1.19	203916
	日喀则市	373	0.18	2.89	51759
	昌都市	565	0.14	1.73	64214
	林芝市	2433	0.04	1.15	1182021
	那曲市	478	0.14	1.96	84695
	阿里地区	94	0.22	1.89	117862
青海省	西宁市	13	0.15	1.75	680
	海东市	18	0.26	2.76	1129
	海北藏族自治州	54	0.09	1.40	21363
	黄南藏族自治州	26	0.27	2.71	12321
	海南藏族自治州	27	0.20	1.96	8415
	果洛藏族自治州	120	0.21	1.98	77128
	玉树藏族自治州	258	0.19	1.86	80292
	海西蒙古族藏族自治州	120	0.20	1.96	30622
四川省	阿坝藏族羌族自治州	403	0.15	1.65	42015
	甘孜藏族自治州	742	0.12	1.50	59007
云南省	迪庆藏族自治州	116	0.20	2.10	30136
	怒江傈僳族自治州	187	0.20	1.98	36022
甘肃省	甘南藏族自治州	90	0.21	2.03	12797
	青藏高原	6930	0.06	1.27	56787

2003 ～ 2019 年青藏高原平均水资源总量、人均水资源量的时序变化过程如图 3.22 所示。青藏高原地区平均水资源总量约为 6930 亿 m³, 占全国的 1/4 左右, 人均水资源量高达 56787m³, 约为全国人均水资源量的 28 倍, 拥有得天独厚的水资源条件。青藏高原年际水资源量呈现出波动变化, 水资源总量较为稳定。在全球变暖和冰川融化速度加速的背景下, 青藏高原的降水量和河流径流量在短期内增加, 近 5 年来, 水资源总量有一定上升。由于青藏高原人口呈现出增长态势, 2003 ～ 2019 年青藏高原的人均水资源量整体呈现出波动下降趋势。

根据表征水资源短缺的 Falkenmark 指数 WSI, 2003 ～ 2019 年青藏高原 Falkenmark 指数平均值为 1.06%, 各年份指数均远小于 20%, 该区域总体不存在水资源短缺问题。尽管青藏高原水资源总体丰沛, 但水资源分布时空不均, 局部人口、产业集中地区水资源需求量大, 存在水资源短缺风险。

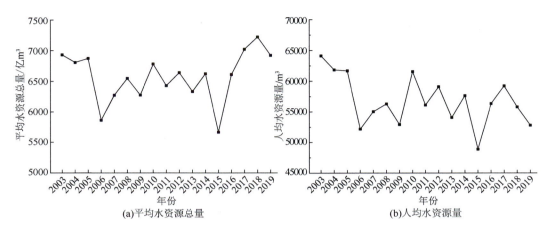

图 3.22　2003 ～ 2019 年青藏高原平均水资源总量、人均水资源量变化图

　　图 3.23 和图 3.24 分别展示青藏高原 2003 ～ 2019 年平均水资源总量、人均水资源量的空间分布。在 20 个地级行政单元中，林芝市、甘孜藏族自治州、山南市平均水资源总量最多，西宁市、海东市、黄南藏族自治州平均水资源总量最少。林芝市平均水资源总量高达 2433 亿 m³，西宁市平均水资源总量仅为 13 亿 m³。由于降水丰沛，青藏高原东南部水资源总量最为丰富。青藏高原人均水资源量的空间分布特征与水资源总量相似，中部和南部地区人均水资源量较高，而西部和东北部相对较少，林芝市、山南市、阿里地区人均水资源量最多，西宁市、海东市、海南藏族自治州人均水资源量最少。其中，林芝市的人均水资源量高达 1182021 m³，西宁市的人均水资源量仅有 680 m³。

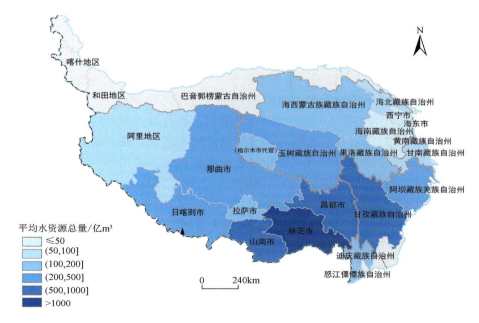

图 3.23　2003 ～ 2019 年青藏高原各地级单元多年平均水资源总量

2. 青藏高原用水量的时空分布格局

2010 ~ 2019 年青藏高原年平均用水总量为 68.72 亿 m^3，仅占同期全国用水总量的 1.13%。近 10 年来，青藏高原用水总量整体呈现出缓慢下降趋势（图 3.25）。从各部门用水量来看，农业用水量逐年下降，工业用水量在 2011 ~ 2012 年有所下降，此后较为平稳，而生活用水量和生态环境用水量逐年增长。青藏高原 2010 ~ 2019 年人均用水量约为 584m^3，高于同期全国平均水平（444m^3）。

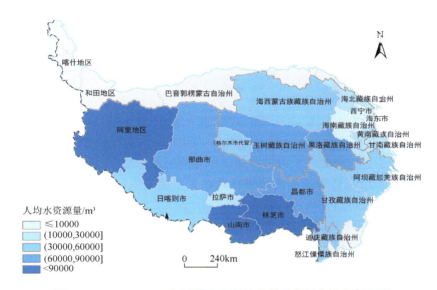

图 3.24　2003 ~ 2019 年青藏高原各地级单元多年人均水资源量

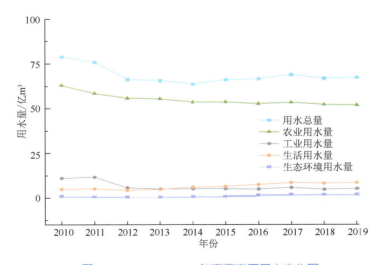

图 3.25　2010 ~ 2019 年青藏高原用水变化图

图 3.26 显示了青藏高原 2019 年的用水结构，农业用水是青藏高原用水量最大的经济部门，约占用水总量的 77.09%，生活用水是青藏高原的第二大用水需求，工业用

水量所占比重高于生态环境用水量。

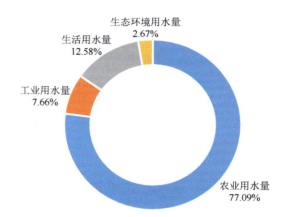

图 3.26　2019 年青藏高原用水结构图

2010～2019 年青藏高原各地级单元多年平均用水总量的空间格局如图 3.27 所示，从图 3.27 中可以看出，青藏高原内部各地级单元的用水总量存在较大的差距，居于 0.23 亿～11.83 亿 m^3，用水总量较高的地级行政单元主要集中在环青海湖各市、青藏高原西南缘、西宁市、拉萨市及周边。其中：

用水总量最高和最低的两个地级行政单元分别为日喀则市和果洛藏族自治州，这两个地区也对应着最高和最低的农业用水量，分别为 11.28 亿 m^3 和 0.16 亿 m^3。

在工业用水量方面，海西蒙古族藏族自治州居于首位，为 2.31 亿 m^3，玉树藏族自治州最低，仅为 0.01 亿 m^3。

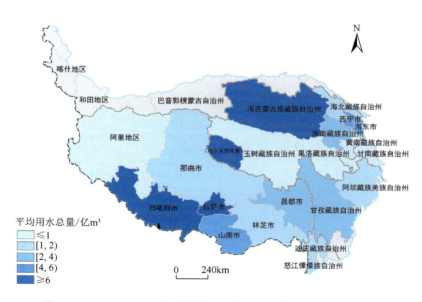

图 3.27　2010～2019 年青藏高原各地级单元多年平均用水总量

在生活用水量方面，西宁市最高，为 1.39 亿 m³，阿里地区最低，为 0.04 亿 m³。

在生态环境用水量方面，海西蒙古族藏族自治州位居第一，为 0.39 亿 m³，而最低的那曲市仅为 0.001 亿 m³。各地级行政单元人均用水量如表 3.10 所示，海西蒙古族藏族自治州居于领先地位，高达 2163.49 m³，约为全国人均用水量的 4.8 倍，而玉树藏族自治州人均用水量仅为 88.42 m³/人，约为全国水平的 1/5。

表 3.10　青藏高原 2010 ～ 2019 年人均用水量

省级行政区	地市州名称	年均人均用水量 /(m³/ 人)	2019 年人均用水量 /(m³/ 人)	人均用水量变差系数
西藏自治区	拉萨市	1126.63	1242.32	0.13
	山南市	1624.11	1364.63	0.29
	日喀则市	1551.00	1295.33	0.13
	昌都市	541.94	503.12	0.32
	林芝市	911.98	891.06	0.08
	那曲市	267.43	277.95	0.35
	阿里地区	156.01	164.19	0.21
四川省	阿坝藏族羌族自治州	212.13	235.73	0.13
	甘孜藏族自治州	218.74	243.54	0.08
云南省	迪庆藏族自治州	377.69	368.00	0.08
	怒江傈僳族自治州	356.31	342.46	0.18
甘肃省	甘南藏族自治州	104.09	112.14	0.18
青海省	西宁市	288.25	276.74	0.12
	海东市	377.32	345.12	0.09
	海北藏族自治州	627.24	515.58	0.16
	黄南藏族自治州	212.50	201.30	0.16
	海南藏族自治州	649.38	524.64	0.22
	果洛藏族自治州	115.57	125.34	0.16
	玉树藏族自治州	88.42	89.04	0.10
	海西蒙古族藏族自治州	2163.49	1929.38	0.23
青藏高原		583.92	514.75	0.10

3. 基于水资源的青藏高原可承载人口测算

1）水资源承载力计算理论、方法和实践

水资源环境承受人类发展并维持自身稳定性的能力具有一定限度，社会经济环境的可持续发展有赖于人们对水资源承载力的正确认识和判断。在水资源环境问题日益突出的背景下，水资源承载力研究得到了极大关注，但现有研究对水资源承载力的定义和计算方法没有达成一致。20 世纪 80 年代中后期，我国开始对水资源承载力进行研究，此后许多学者先后对水资源承载力的定义从不同角度提出了见解。施雅风和曲耀

光（1992）提出，水资源承载力是指某一地区的水资源在一定社会历史和科学技术发展阶段，在不破坏社会和生态系统时最大可承载的农业、工业、城市规模和人口的能力，是一个随着社会、经济、科学技术发展而变化的综合指标。阮本青和沈晋（1998）将水资源承载力定义为，在未来不同的时间尺度上，一定生产条件下，在保证正常的社会文化准则的物质生活水平下，一定区域（自身水资源量）用直接或间接方式表现的资源所能持续供养的人口数量。惠泱河等（2001a）提出，水资源承载力可理解为某一区域的水资源条件在"自然－人工"二元模式影响下，以可预见的技术、经济、社会发展水平及水资源的动态变化为依据，以可持续发展为原则，以维护生态良性循环发展为条件，经过合理优化配置，对该地区社会经济发展所能提供的最大支撑能力。综合来看，水资源承载力是指某区域特定阶段的水资源条件，在不破坏生态、社会环境和保证一定的物质生活水平的前提下，经过合理开发和配置后所能够支撑的最大人口数量。

当前对水资源承载力定义的不同认识和对研究区域的不同关注，使其界定和度量方法也存在一定的差异性。我国对水资源承载力的研究主要关注流域研究、地区研究和城市研究领域，对水资源承载力的测算主要采用常规趋势法、模糊评价法、多目标决策分析法、系统动力学方法等计量方法。常规趋势法是计算可利用或可开采水资源量在满足维持生态环境最小需水量、合理用水结构的基础上，所能承载的工农业规模及人口数量，该方法具有运算便利、结果直观的优势。施雅风和曲耀光（1992）最早采用常规趋势法研究了新疆乌鲁木齐河流域水资源的承载力。但该方法难以考虑到复杂系统内各因子之间的耦合关系。模糊评价法是在对水资源承载力进行单因素评价的基础上，运用综合评判矩阵对水资源承载力做出总体评价。许有鹏（1993）采取模糊评价法对新疆和田河流域水资源承载力进行了评价研究，探讨了西北干旱区水资源承载力综合评价的方法。但模糊评价法在因素的选择和权重的确定上有一定局限性。多目标决策分析法是指在水资源系统的主要约束条件下，系统内部各要素实现整体最优化，以反映水资源承载状况。阮本青和沈晋（1998）采用多目标决策分析法，研究了黄河下游沿黄河地区水资源支持下的区域经济合理发展规模及在一定生活条件下的合理人口载量。多目标决策分析法的优势在于相对简单、可操作性强。但该方法与模糊评价法都在因素的选择上存在主观性和片面性。系统动力学方法是将定量和定性分析相结合，通过计算机仿真技术模拟系统的各种反馈关系以得到水资源承载力。惠泱河等（2001b）通过系统动力仿真，建立水资源承载力评价指标体系，研究了关中地区水资源可持续利用的方案。该方法的优势是更加全面地考虑了水资源承载力的影响因素，但计算方法复杂，难以推广应用，且不适合进行长期发展情况的预测。

水资源承载力的评价方法各有利弊和适用范围。因此，在实际研究案例中，应当结合水资源承载力的定义、研究目的、研究区域的特点、研究数据的可获取性以及相关量化方法的可操作性对水资源承载力评价方法进行选择。

2）青藏高原水资源可承载人口计算方法

在分析可利用水资源量和人均用水量的基础上，假定三种情景，对青藏高原水资源约束下可承载人口进行测算。其中，社会经济可利用水资源量在水资源总量的基础上扣除维系生态环境需水量后得到（夏军和朱一中，2002；Hoekstra et al.，2012）。其计算公式表示如下：

$$P_{\text{WRCC}} = \frac{\text{WQ} - \text{EFR}}{\text{WC}_{\text{p}}}$$

式中，P_{WRCC} 为水资源可承载人口；WQ 为水资源总量；EFR 为生态环境流量要求，假定维持自然生态环境系统健康所需的水量为水资源总量的 80%（Mekonnen and Hoekstra，2016）；WC_{p} 为人均用水量。在三种情景下，计算水资源约束下可承载人口。

情景一：维持现状。在青藏高原各地级市单元多年平均可利用水资源量和目前人均用水量（2019 年）水平下，测算水资源约束下可承载人口。

情景二：节水情景。在青藏高原现有水资源总量（多年平均水资源量）约束下，目前人均用水量低于青藏高原平均水平的地级单元维持人均用水量不变，高于青藏高原平均水平的地级单元在其现有人均用水量的基础上节水 20%，测算水资源约束下可承载人口。

情景三：社会经济发展情景。在青藏高原现有水资源总量（多年平均水资源量）约束下，所有地级市人均用水量增加 20%，测算水资源约束下可承载人口。

3）青藏高原水资源可承载人口计算结果

计算得出青藏高原在"维持现状"、"节水情景"和"社会经济发展情景"下的水资源可承载人口，见表 3.11。在维持现状情景下，基于水资源约束的青藏高原可承载人口约为 35508.79 万人，远高于青藏高原现有人口 1311.13 万人。图 3.28 反映了青藏高原在维持现状情景下水资源可承载人口的空间分布格局。从图 3.28 中可以看出，水资源可承载人口最高的前三个地级行政单元为甘孜藏族自治州（6097.00 万人）、玉树藏族自治州（5788.09 万人）、林芝市（5461.90 万人），水资源可承载人口最低的前三个地级行政单元为西宁市（91.86 万人）、海东市（102.05 万人）、海南藏族自治州（104.53 万人）。水资源可承载人口较高的地级行政单元集中在青藏高原中部和东南部水资源总量较丰富（如林芝市、甘孜藏族自治州）或人均用水量较少（如玉树藏族自治州）的地区。而青藏高原东北部西宁市及周边地区由于人口数量相对较多、经济较为发达，且水资源量不及东南部丰富，水资源可承载人口也较少。其中，西宁市和海东市现有人口数量已超过了水资源承载力，但通过跨流域调水、再生水利用等措施可适当增加承载人口数量。此外，海西蒙古族藏族自治州和山南市、日喀则市、拉萨市因其为 2019 年人均用水量最高的四个地级行政单元，所以其水资源可承载人口相对较少。

不同情景下青藏高原水资源可承载人口具有一定弹性。与维持现状情景相比，在节水情景下，青藏高原能够多容纳 1921.51 万人，这表明在同样的水资源约束条件下，若部分人均用水量高于青藏高原平均水平的地级行政单元适当采取节水措施、提高用水效率，则可以提高该区域水资源的承载力。在社会经济发展情景下，各地级行政单元用水需求增加，水资源约束下青藏高原仍然可承载 29590.65 万人。无论在哪种情景下，青藏高原水资源可承载人口均远远超出现有人口，因此在青藏高原绝大多数地区，水资源不构成人口增长和社会经济发展的约束条件。

表 3.11　青藏高原水资源约束下可承载人口测算　（单位：万人）

省级行政区	地市州名称	水资源可承载人口			2019 年人口
		维持现状	节水情景	社会经济发展情景	
西藏自治区	拉萨市	184.57	230.72	153.81	55.88
	山南市	1023.58	1279.47	852.98	38.26
	日喀则市	576.61	720.76	480.51	87.07
	昌都市	2245.33	2245.31	1871.11	79.81
	林芝市	5461.90	6827.38	4551.59	23.80
	那曲市	3441.37	3441.37	2867.81	54.21
	阿里地区	1146.33	1146.33	955.28	11.07
青海省	西宁市	91.86	91.86	76.55	209.37
	海东市	102.05	102.05	85.04	149.32
	海北藏族自治州	210.13	262.66	175.11	28.49
	黄南藏族自治州	254.55	254.55	212.12	28.02
	海南藏族自治州	104.53	130.66	87.11	47.80
	果洛藏族自治州	1903.49	1903.46	1586.25	21.16
	玉树藏族自治州	5788.09	5788.19	4823.41	42.25
	海西蒙古族藏族自治州	124.55	155.68	103.79	52.07
四川省	阿坝藏族羌族自治州	3420.45	3420.45	2850.37	94.60
	甘孜藏族自治州	6097.00	6097.00	5080.83	119.90
云南省	迪庆藏族自治州	629.08	629.08	524.23	40.01
	怒江傈僳族自治州	1093.90	1093.90	911.59	55.70
甘肃省	甘南藏族自治州	1609.42	1609.42	1341.19	72.32
	青藏高原	35508.79	37430.29	29590.65	1311.13

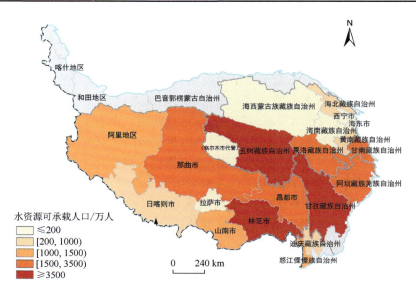

图 3.28　维持现状情景下青藏高原各地级行政单元水资源可承载人口

3.1.4　基于大气环境质量的青藏高原人口承载力

环境承载力是反映人口容量的经典指标，聚焦最为关注的是大气环境质量，采用大气污染物浓度超标指数搭建多元回归模型，核算青藏高原人口承载力，结果表明，青藏高原最多可以承载 4149.69 万人。

1. 大气环境承载力的概念与计算思路

探索青藏高原地区在有限环境容量下人口承载状态和承载力，是国土空间用途管制的重要基础，对解决在人口总量快速增加和脆弱生态环境约束下高原的合理发展模式，实现青藏高原高质量发展具有重要意义。环境承载力概念的理论雏形源于环境容量，它是指在一定时期、一定状态或条件下，一定的区域范围内，在维持区域环境系统结构不发生质的变化、环境功能不遭受破坏的前提下，区域环境系统所能承受的人类各种社会经济活动的能力，即环境对区域社会经济发展的最大支持能力，是环境的基本属性和有限的自我调节能力的量度（曾维华等，2014）。环境承载力的大小可用人类活动导致的污染物排放的规模、强度、速度等指标表示。

考虑到青藏高原环境污染特征、数据获取等因素，本节聚焦于大气环境承载力。国内外对大气环境承载力评估理论及方法尚没有统一的认识，在评价方面所涉及的方法主要有基于橡树岭大气质量指数模型的承载力指数评价法（郑健等，2015）、将向量模法与层次分析法相结合的综合指数评价法（韩蕾等，2014）、通过情景分析预测污染物排放量并用累积分析评价的方法（周云，2015）、超标倍数法（卢亚灵等，2017）、生态足迹法、系统动力学方法等。大气环境质量是大气环境承载状态的最终表现，按照大气环境质量变化状态进行环境承载管理是一种有效且科学合理的方式（樊杰等，2015）。鉴于此，综合科学性、可操作性、推广性等基本原则，参考刘年磊等（2017）的研究思路，通过计算大气污染物浓度超标指数，并建立大气污染物浓度超标指数与人口密度之间的多元回归方程，基于我国的大气环境质量标准推算的人口承载力，进而预估在大气质量保持良好及以上水平下，青藏高原的最大可承载人口数。

2. 大气污染物浓度超标指数计算

根据中国现行环境质量标准中的大气污染物监测指标，选取能反映环境质量状况的主要监测指标作为单项评价指标。其中，主要大气污染物指标包括二氧化硫（SO_2）、二氧化氮（NO_2）、一氧化碳（CO）、臭氧（O_3）、可吸入颗粒物（PM_{10}）和细颗粒物（$PM_{2.5}$）6 项，以各项污染物的标准限值表征环境系统所能承受人类各种社会经济活动的阈值［本书限值采用《环境空气质量标准》（GB3095—2012）中规定的各类大气污染物浓度限值二级标准］，不同区域单项污染指标的超标指数计算公式如下（刘年磊等，2017）：

$$R_{气ij} = \frac{C_{ij}}{S_i} - 1$$

式中，$R_{气ij}$ 为区域 j 内第 i 项大气污染物浓度超标指数；C_{ij} 为区域 j 内第 i 项污染物的年均浓度监测值；S_i 为第 i 项污染物浓度的二级标准限值；i=1,2,…,6，分别对应 SO_2、NO_2、PM_{10}、CO、O_3、$PM_{2.5}$。

区域大气污染物浓度超标指数计算公式如下：

$$R_{\text{气}j}=\max(R_{\text{气}ij})$$

式中，$R_{\text{气}j}$ 为区域 j 的大气污染物浓度超标指数，其值为各类大气污染物浓度超标指数的最大值。最终计算获得的污染物浓度超标指数值是无量纲值，污染物浓度超标指数越小，表明区域环境系统对社会经济系统的支撑能力越强。

根据以上公式计算的 2019 年青藏高原大气污染物浓度超标指数见表 3.12。从表 3.12 中可以看到，大气污染物浓度超标的地区（R>0）只有海东市、西宁市、那曲市和甘南藏族自治州，其他地区大气污染物浓度均没有超标，其中，阿坝藏族羌族自治州、林芝市、山南市、迪庆藏族自治州等地市州的空气质量相对更优。表 3.12 中标红的数字代表各个地市州的首要污染物，可以看到 2019 年有 13 个地市州的首要污染物是 PM_{10}，有 3 个地市州的首要污染物是 $PM_{2.5}$，有 3 个地市州的首要污染物是 O_3，有 1 个地市州的首要污染物是 NO_2。整体来看，SO_2 与 CO 在青藏高原地区污染较轻。从空间上来看，大气污染物浓度超标的地区主要分布在青藏高原的东北部以及那曲市（图 3.29）。

表 3.12　2019 年青藏高原不同地市州各项大气污染物浓度超标指数

地市州名称	$PM_{2.5}$	PM_{10}	SO_2	NO_2	CO	O_3	大气污染物浓度超标指数
甘南藏族自治州	0.01	−0.02	−0.78	−0.51	−0.78	−0.57	0.01
甘孜藏族自治州	−0.49	−0.55	−0.71	−0.40	−0.88	−0.58	−0.40
海北藏族自治州	−0.22	−0.24	−0.77	−0.67	−0.86	−0.47	−0.22
阿里地区	−0.64	−0.61	−0.78	−0.59	−0.88	−0.44	−0.44
那曲市	−0.03	−0.27	−0.83	−0.64	−0.75	−0.65	0.27
西宁市	0.07	−0.33	−0.67	−0.15	−0.66	−0.57	0.33
海南藏族自治州	−0.25	−0.20	−0.71	−0.51	−0.83	−0.54	−0.20
玉树藏族自治州	−0.48	−0.37	−0.67	−0.64	−0.84	−0.53	−0.37
海东市	0.31	−0.46	−0.67	−0.10	−0.64	−0.58	0.46
黄南藏族自治州	−0.07	−0.23	−0.76	−0.61	−0.75	−0.55	−0.07
海西蒙古族藏族自治州	−0.32	−0.13	−0.67	−0.65	−0.82	−0.45	−0.13
果洛藏族自治州	−0.24	−0.24	−0.57	−0.61	−0.75	−0.47	−0.24
阿坝藏族羌族自治州	−0.73	−0.69	−0.87	−0.81	−0.88	−0.67	−0.67
日喀则市	−0.60	−0.46	−0.85	−0.70	−0.85	−0.54	−0.46
昌都市	−0.46	−0.28	−0.87	−0.51	−0.75	−0.60	−0.28
拉萨市	−0.47	−0.24	−0.88	−0.46	−0.84	−0.54	−0.24
林芝市	−0.71	−0.56	−0.95	−0.77	−0.92	−0.58	−0.56
山南市	−0.70	−0.57	−0.93	−0.79	−0.85	−0.48	−0.48
迪庆藏族自治州	−.072	−0.48	−0.84	−0.63	−0.81	−0.61	−0.48
怒江傈僳族自治州	−0.45	−0.39	−0.82	−0.56	−0.75	−0.75	−0.39

图 3.29　2019 年青藏高原各地市州大气污染物浓度超标指数分布图

3. 基于大气环境质量的青藏高原人口承载力估算

首先，使用自然资源部发布的 2020 年全国 30m 地表覆盖数据，提取出青藏高原地区建设用地现状面积，分区统计青藏高原 20 个地市州的建设用地面积，结合 2020 年人口数，计算各地市州人口密度。然后，根据 2020 年各地市州的人口密度、二三产业产值占比、城镇化率，建立多元回归模型：

$$R = C + aX_1 + bX_2 + cX_3 + \mu$$

式中，R 为各区域大气污染物浓度超标指数；X_1 为人口密度；X_2 为城镇化率；X_3 为二三产业产值占比；μ 为随机干扰系数。运用最小二乘法对回归方程进行估计，估计结果见表 3.13。

表 3.13　回归方程估计结果

变量	回归系数	标准差	t	P
常数 C	−1.16	0.62	−1.87	0.08
人口密度 X_1	0.61	0.36	1.70	0.09

续表

变量	回归系数	标准差	t	P
城镇化率 X_2	0.89	0.45	1.99	0.07
二三产业产值占比 X_3	0.36	0.59	0.62	0.35

回归结果显示，R^2 为 0.365，回归方程为

$$R=X_1\times0.610+X_2\times0.89+X_3\times0.36-1.16$$

根据 2010～2020 年历史数据，对 2050 年青藏高原二三产业产值占比和城镇化率分别进行预测，预测结果见表 3.14。同时，基于地形、海拔、生态保护区、地质灾害等限制条件，计算了各地市州未来适宜建设用地面积，与现状建设用地进行加和得到未来理想的建设用地面积。可以看到，青藏高原未来的城镇化进程仍有较大空间，拉萨市、西宁市、海东市、海西蒙古族藏族自治州的城镇化率超过 70%，但仍有一些以牧区为主的地市州城镇化率为 40% 左右。未来假设适宜建设用地都被开发建设，那么甘南藏族自治州、黄南藏族自治州、海东市、海北藏族自治州、海南藏族自治州、昌都市、怒江傈僳族自治州等地市州的建设用地面积将扩大两倍以上。

表 3.14　主要回归变量的现状值与理想值

地市州名称	现状值			理想值		
	城镇化率/%	二三产业产值占比/%	建设用地面积/km²	城镇化率/%	二三产业产值占比/%	建设用地面积/km²
拉萨市	60.72	96.75	250.37	75.00	97.45	400.59
山南市	23.00	96.01	131.87	47.84	97.09	280.80
日喀则市	27.60	84.36	176.06	45.49	87.68	497.60
昌都市	15.48	86.88	37.77	40.11	90.52	114.33
那曲市	6.40	87.68	59.32	35.00	90.19	75.00
林芝市	41.24	93.22	117.74	53.42	94.91	156.00
阿里地区	15.44	89.04	27.03	35.00	92.34	35.00
西宁市	72.85	96.10	447.20	85.14	96.08	1108.19
海东市	40.97	85.32	250.24	76.10	86.52	884.19
海北藏族自治州	40.12	71.65	130.58	48.27	69.73	467.90
海南藏族自治州	44.10	74.70	217.85	57.21	75.17	910.50
黄南藏族自治州	37.79	73.44	51.20	48.78	75.02	315.34
果洛藏族自治州	28.02	81.39	86.15	35.90	83.99	99.67

续表

地市州名称	现状值			理想值		
	城镇化率 /%	二三产业产值占比 /%	建设用地面积 /km²	城镇化率 /%	二三产业产值占比 /%	建设用地面积 /km²
玉树藏族自治州	36.85	42.14	47.30	55.80	65.13	77.00
海西蒙古族藏族自治州	72.22	94.30	571.75	86.07	93.36	741.71
甘孜藏族自治州	32.94	82.88	161.20	42.70	84.89	206.30
阿坝藏族羌族自治州	41.15	82.80	169.31	51.39	83.33	202.59
怒江傈僳族自治州	34.40	86.05	26.74	50.00	85.51	95.64
迪庆藏族自治州	37.00	93.85	83.24	51.85	94.89	98.00
甘南藏族自治州	37.00	80.89	151.16	45.04	82.25	584.53

　　假设未来气候一直稳定在当前水平，未来科技发展对污染物治理效率没有明显提升，青藏高原属于一个大气环境封闭的系统。参考《环境空气质量标准》（GB3095—2012），设定各类大气污染物浓度均为二级标准（良），即大气污染物浓度超标指数为0。根据对产业发展、城镇化和适宜建设用地的测算，将数据代入回归方程中，可以计算出青藏高原各地市州能够承载的最大人口数。基于大气环境质量的青藏高原人口承载力见图 3.30 和表 3.15。可以看到，青藏高原 20 个地市州最多可以承载 4149.69 万人，比现状人口多 2839.7 万人。大气环境人口承载力大的区域主要分布在青藏高原的东北部和雅鲁藏布江流域。海南藏族自治州、甘南藏族自治州、西宁市、海北藏族自治州、日喀则市、海西蒙古族藏族自治州的大气环境承载力超过 300 万人，阿里地区、那曲市、玉树藏族自治州、迪庆藏族自治州和怒江傈僳族自治州的承载力均低于 65 万人。人口增加潜力较大（超过 100 万人）的地区包括海南藏族自治州、甘南藏族自治州、海北藏族自治州、海西蒙古族藏族自治州、日喀则市、黄南藏族自治州、拉萨市、西宁市、山南市。其中,海南藏族自治州未来人口增加潜力最大,未来人口增加潜力超过 500 万人。

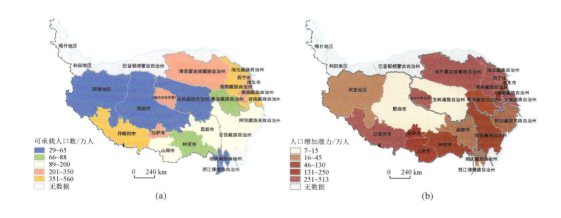

图 3.30　基于大气环境质量的青藏高原人口承载力

表 3.15　青藏高原各地市州现状人口与可承载人口　　　（单位：万人）

地市州名称	现状人口	可承载人口	人口增加潜力
拉萨市	72.07	256.38	184.31
山南市	38.26	174.54	136.28
日喀则市	80.01	354.04	274.03
昌都市	73.01	88.40	15.39
那曲市	52.25	63.72	11.47
林芝市	23.80	86.31	62.51
阿里地区	11.16	29.29	18.13
西宁市	209.37	376.78	167.42
海东市	172.61	240.81	68.20
海北藏族自治州	29.56	363.69	334.14
黄南藏族自治州	28.02	232.92	204.90
海南藏族自治州	47.15	559.83	512.68
果洛藏族自治州	20.41	87.03	66.62
玉树藏族自治州	41.54	53.55	12.02
海西蒙古族藏族自治州	40.38	333.77	293.39
甘孜藏族自治州	109.70	158.61	48.91
阿坝藏族羌族自治州	90.00	131.96	41.96
怒江傈僳族自治州	55.70	63.00	7.30
迪庆藏族自治州	40.03	56.48	16.45
甘南藏族自治州	74.97	438.58	363.61
青藏高原合计	1309.99	4149.69	2839.70

3.1.5　基于生态的青藏高原人口承载力

生态足迹是反映人地关系的重要模型之一，采用区域总生态足迹和人均生态足迹测度，开展青藏高原及各地市州的可承载人口计算，那么按照青藏高原人均生态足迹计算的可承载人口为1578万人，按中国人均生态足迹峰值计算的承载人口为2158万人。如果按照世界平均生态足迹来算，青藏高原可支撑人口达2318万人。

1. 生态足迹模型

一个区域的总生态足迹（EF）和人均生态足迹（ef）用以下公式计算：

$$EF = \sum_i^6 \left[EQ_i \times \sum_j^n \left(\frac{C_j}{P_j} \right) \right] \quad ef = EF / N$$

式中，EQ_i 为均衡因子，它反映了不同土地利用类型的世界平均公顷的相对生产力，均衡因子在所有国家中是相同的，且每年略有变化；C_j 为第 j 个消费项目的年消费量 (kg)；P_j 为第 j 个消费项目的单位公顷平均生产能力 (kg/hm^2)；N 代表这个区域的人口。

$$EC = \sum_{i}^{5}(A_i \times Y_i \times EQ_i) \times (1-12\%)$$

式中，EC 为总生态承载力 (ghm^2)；A_i 为 i 型生物生产用地人均面积 (hm^2)；Y_i 为 i 型生物生产性土地的产量因子。根据联合国世界环境与发展委员会 (WCED) 在《我们共同的未来》(*Our Common Future*) 一书中提出的建议，为保护生物多样性，应在平衡生态承载能力的基础上，减去 12% 的最终生态承载力。

NPP 是净初级生产力，为净光合作用减去呼吸过程中大气碳吸收速率。NPP 作为地表碳循环中最重要的组成部分，不仅可以直接反映自然环境中植物群落的生产力，反映陆地生态系统的质量，还可以定义碳源/碳汇的主要因子以及调节生态系统的过程。由于计算的不是中国内地的状况，为青藏高原的情况，这里用 NPP 对生态承载力的计算做了修正，具体如下：

$$EC = \sum_{i}^{5}\left(A_i \times Y_i \times \frac{NPP_i}{\overline{NPP_i}} \times EQ_i\right) \times (1-12\%)$$

式中，NPP_i 为第 i 种类型土地的 NPP；$\overline{NPP_i}$ 为全国第 i 种类型土地的平均 NPP。

2. 研究数据

本研究中的均衡因子采用世界自然基金会 (WWF) 在《地球生命力报告》中的取值，耕地和建设用地为 2.39，林地和能源用地为 1.25，草地为 0.51，水域为 0.41。产量因子耕地为 1.94，草地为 0.81，水域为 1.00，建设用地等同于耕地，能源用地等同于林地（表 3.16）。

表 3.16　每种土地类型对应的均衡因子和产量因子

土地类型	均衡因子	产量因子
耕地	2.39	1.94
林地	1.25	1.18
草地	0.51	0.81
水域	0.41	1.00
建设用地（等同于耕地）	2.39	1.94
能源用地（等同于林地）	1.25	—

注：源自 Living Planet Report 2020。

119

本研究使用的净初级生产力和土地覆盖类型数据来自中国科学院地理科学与资源研究所资源环境科学与数据中心（http://www.resdc.cn）数据。净初级生产力产品定义了生态系统中所有植物产生净有用化学能的速率。土地覆盖类型产品包含 26 种分类方案，空间分辨率为 100m × 100m。选取生态足迹计算通用土地覆盖类型对土地利用覆盖进行重分类。然后将 NPP 数据以土地类型做分区统计。

3. 计算结果

计算求得每个地级行政单元的生态承载力，如表 3.17 所示。生态足迹由于各类消费的数据不可获取到地市级层面，很多地方缺失大量数据，所以从青海省和西藏自治区层面计算青藏高原的人均生态足迹。由于西藏能源消费数据缺失，用青海省能源消费水平替代西藏相对应的足迹。

表 3.17 青藏高原地级行政单元的生态承载力及可承载人口

地市州名称	生态承载力 /ghm²	低情景 （按青藏高原人均生态足迹计算的生态承载力可承载人口 / 万人）	中情景 （按中国人均生态足迹峰值计算的生态承载力可承载人口 / 万人）	高情景 （按世界人均生态足迹计算的生态承载力可承载人口 / 万人）
拉萨市	3804898.42	95.84	131.20	140.92
山南市	4439607.67	111.83	153.09	164.43
日喀则市	3273242.74	82.45	112.87	121.23
那曲市	2122149.45	53.45	73.18	78.60
昌都市	2404311.46	60.56	82.91	89.05
林芝市	6055481.05	152.53	208.81	224.28
阿里地区	445365.37	11.22	15.36	16.50
西宁市	8345666.7	210.22	287.78	309.10
海东市	4472579.73	112.66	154.23	165.65
果洛藏族自治州	1869805.6	47.10	64.48	69.25
海南藏族自治州	1718388.62	43.28	59.25	63.64
海北藏族自治州	1203162.49	30.31	41.49	44.56
黄南藏族自治州	903881.17	22.77	31.17	33.48
玉树藏族自治州	1611586.09	40.59	55.57	59.69
海西蒙古族藏族自治州	1864774.86	46.97	64.30	69.07
阿坝藏族羌族自治州	3614180.74	91.04	124.63	133.86
迪庆藏族自治州	1755827.33	44.23	60.55	65.03
甘南藏族自治州	2939670.59	74.05	101.37	108.88
甘孜藏族自治州	7088645.79	178.56	244.44	262.54
怒江傈僳族自治州	2625736.36	66.14	90.54	97.25
青藏高原合计	62558962.23	1577.79	2157.81	2317.60

1）低情景：按青藏高原人均生态足迹计算的生态承载力可承载人口为 1578 万人

计算求得青藏高原生态足迹总量为 62558962.23ghm^2，人均生态足迹为 3.97ghm^2，那么按照青藏高原现有的人类活动水平，青藏高原可承载人口达 1577.79 万人，视为生态承载人口的低情景。2020 年第七次全国人口普查数据表明，青藏高原现状人口为 1313.41 万人，说明从生态承载力角度分析青藏高原的人口目前尚未超载，未来还可以新增 262.34 万人。

2）中情景：按中国人均生态足迹峰值计算的生态承载力可承载人口为 2158 万人

2015 年世界自然基金会（WWF）与中国科学技术信息研究所联合发布的《中国人均生态足迹 2029 年将达峰值——WWF 发布城镇化与生态足迹报告》显示，中国人均生态足迹（生态足迹是指维持一个人、地区、国家或全球的消费所需要的或者能够容纳人类所排放的废弃物的具有生物生产力的地域面积）为 2.4ghm^2，将在 2029 年达到峰值 2.9ghm^2。如果选择绿色发展道路，则中国可以在 2026 年达到人均生态足迹 2.7ghm^2。这里采用人均生态足迹峰值 2.9ghm^2 计算，则青藏高原可承载的人口可达到 2157.81 万人，视为生态承载人口的中情景。2020 年第七次全国人口普查结果表明，青藏高原现状人口为 1313.41 万人，说明从生态承载力角度分析青藏高原的人口目前尚未超载，未来还可新增 843.8 万人。

3）高情景：按世界人均生态足迹计算的生态承载力可承载人口为 2318 万人

全球人均生态足迹数据采用中国科学院世界可持续发展报告研究组《2015 世界可持续发展年度报告》计算的结果，报告显示，2011 年全球生态足迹总量为 185 亿 ghm^2，世界人均生态足迹为 2.7ghm^2。1961～2011 年，人均生态足迹相对稳定在 2.4～2.9ghm^2。按照人均 2.7ghm^2 计算，则青藏高原可承载的人口可达到 2317.60 万人，视为生态承载人口的高情景。2020 年第七次全国人口普查数据表明，青藏高原现状人口为 1313.41 万人，说明从生态承载力角度分析青藏高原的人口目前尚未超载，未来还可以新增 1003.59 万人。

3.1.6　青藏高原资源环境综合承载力的系统动力学模拟

系统动力学（system dynamics，SD）是一门分析研究复杂反馈系统动态行为的系统科学方法。目前，系统动力学模型已广泛用于社会经济、城市发展、企业管理、资源环境等系统的预测和政策研究。为此运用系统动力学模型对青藏高原资源环境承载力进行综合模拟，判断可承载人口规模的阈值。

1. 模型构建的总体思路与基本前提

系统动力学基于信息反馈及系统稳定性的概念，从系统科学角度，将社会经济系统看成一个高阶次、多重反馈回路（其中总是存在少量变动的主导回路）、高度非线性的复杂系统。通过前期对具体的某一复杂系统机理的研究，可以建立复杂系统的动力学模型，并通过计算机仿真去观察系统在外力作用（系统输入的熵流）下的变化，其目的主要是研究复杂系统的变化趋势。

1）模型总体思路

系统动力学建模有三个重要组件：因果反馈图、流图和方程式，因果反馈图描述变量之间的因果关系，是系统动力学的重要工具；流图帮助研究者用符号表达模型的复杂概念，描述系统结构的基本框架；方程式是系统动力学模型中各要素之间的定量关系，每一个连接状态变量和速率的方程式即一个微分方程式。系统动力学建模的流程主要包括：系统定性分析、模型概念化、模型数学表达、仿真、评价与政策分析。

首先，必须明确建立系统动力学模型的目的。由于区域资源环境承载力是一个涉及自然系统与社会经济系统的复杂大系统，系统与外部环境之间，乃至系统内部都存在着相互作用和相互制约关系，因此往往是牵一发而动全身。从保障资源环境最优化利用的角度出发，在做出决策之前，最好能进行模拟实验，以便提前了解政策实施所可能带来的后果，及时对不理想的策略进行调整，以避免决策失误而造成的灾难性后果，从而保障资源环境可持续发展。现实中的实践检验成本较高，风险较大，因此将资源环境各要素作为一个有机关联的系统进行系统动态仿真和灵敏度分析，为政策制定提供科学依据尤为必要。

其次，需要确定系统动力学模型的框架结构。以青藏高原为案例地区，以水资源、土地资源、生态、环境为主控因素和约束因子，建构水资源、土地资源、生态空间、环境污染4个子系统功能模块，构建青藏高原资源环境承载力综合模拟的概念框架。

最后，需要确定系统边界及初始状态。针对研究问题的需要，根据系统的结构和系统边界划分的原则，由远而近地先对总体系统，然后再对子系统组成一一进行系统边界的确定。其原则是，将直接参与或对系统有较大影响的因素划分在边界之内，而将间接参与或虽然直接参与但影响相对较小的因素划分在边界之外。确定系统的初始状态，实际上是测度、计算和采集自然状况、开发利用现状和社会经济发展水平三个系列指标的数据。数据采集必须科学、合理、准确，以保证可靠性。

2）基本前提假定

系统动力学模型的运转需要以现实情况的社会经济发展为依据，设置一定的前提条件。其主要分为以下四点：一是在可供给资源的分析中，尽量将资源开采量控制在安全范围内，设置合理的资源开发利用率，加强利用程度而非一味追求量的扩大。二是将清洁、节约利用资源作为促进资源可持续利用的首要方法，通过参考国内外类似地区的用水、用地、耗能定额与效率，分析青藏高原各类资源未来达到的结构与效率，通过对生活、生态、生产消耗资源定额的设置，模拟清洁、节约条件下资源可以承载的城市群规模，坚持提升效率，降低资源浪费、减少污染量。三是坚持生态环境与社会经济效益的统筹兼顾，在进行资源分配时，优先考虑城市生态用水、用地，在满足城市生态需求后，对剩余量进行生产、生活的分配。四是坚持社会经济发展的客观规律，进行资源配置时，一方面要按照产业结构的演进规律，即第一产业结构比重降低、第三产业比重提升的规律，合理设置各类产业增长的速率参数；另一方面，考虑人口与城镇化对经济增长的支撑作用，适度人口数量不仅仅要以生活用量为依据，更要和社会经济实际发展相对应。

3) 系统变量处理

系统动力学模型主要变量包括状态变量、速率变量、辅助变量等，各变量联结构建系统流程图。本书参数确定主要概括为以下四大类：

一是对于数据比较完整的变量可以通过历史统计资料模拟确定。

二是对于变量间关系较明显的参数可以通过函数进行求算，建立增长曲线，包括本地水资源量、灌溉用水定额、环境用水、单产水平、林地面积、草地面积、湿地面积、未利用地面积、公路里程、一次能源生产量、粮食年消费量、油料年消费量、牛羊肉年消费量等参数。

三是对于数据不完全的参数，如城市与城市之间的资源配置和人口流动等，可以根据定性分析结果以及相关规划政策，采用表函数给定。表函数具体表示如下：

$$Y = \text{WITH LOOKUP}(X, \{[(x_{\min}, y_{\min}) - (x_{\max}, y_{\max})](x_1, y_1)(x_2, y_2) \cdots (x_n, y_n)\})$$

式中，X 为自变量；Y 为因变量；$x_{\min}$、$y_{\min}$ 分别为 X、Y 的最小值；$x_{\max}$、$y_{\max}$ 分别为 X、Y 的最大值；$(x_1, y_1)(x_2, y_2) \cdots (x_n, y_n)$ 为图形中已经给出的点。若自变量的值不是已知点自变量的值，则可采用线性拟合法求得对应因变量的值。

四是水平值的初始值或者常数值可以根据现状或计算获得，土地总面积和耕地、生态红线面积为常数值。状态变量包括第一、第二、第三产业增加值和常住人口。

2. 系统动力学模型的功能模块构建与参数设置

根据青藏高原发展规模与资源环境状况，将青藏高原资源环境承载力综合模拟的系统动力学模型划分为水资源承载力子模块、土地资源承载力子模块、环境承载力子模块、生态承载力子模块。通过将各类变量和方程进行对接，运用 Vensim 软件，构建各子模块及其变量相互影响和反馈的综合模型进行系统模拟，主要预测出未来各类资源环境的最大可供给量，然后根据各类资源环境的人均消费标准，计算出各类资源环境能承载的人口规模阈值。根据广义的资源替代性原理，运用加权求和平均法，最终计算出资源环境能综合承载的合理人口规模。对 2015 年的资源环境综合承载力的现状值进行计算，并依据增长速度和设置变化情景对 2025 年、2030 年、2035 年的资源环境综合承载力进行预测。

1) 水资源承载力子模块

水资源承载力子模块主要可以划分为可供水、用水两部分。水资源承载人口为可供水资源量与人均用水量标准的比值。其中，可供水资源量来源于三个方面：可利用水资源、再生水资源与调配水资源。

再生水资源与污水处理量和再生水利用率相关。污水处理量与用水量和污水处理率有关。用水量主要包括工业用水、农业用水、环境用水、生活用水。各类用水量与人口、经济、土地等子系统密切相关（图 3.31）。这样，可供水资源量通过污水处理量等，不仅和用水量关联起来，还与人口、经济、土地等子系统关联起来。可见，水资源能承载的最大人口规模阈值，不仅与未来的可利用水资源量和未来的人均用水量标准直接相关，还受未来人口、经济、土地等子系统变量的影响。

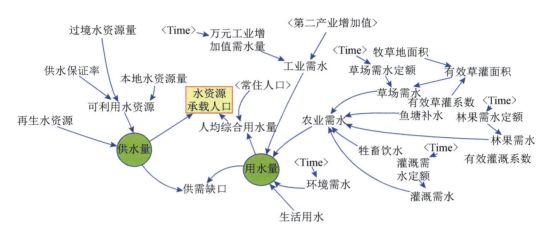

图 3.31　水资源承载人口的因子反馈流程图

水资源能承载的人口规模阈值主要模拟方程为

$$C_{\text{wat}} = W_{\text{pro}}/S_{\text{per\_wat}}$$

$$W_{\text{pro}} = W_{\text{u}} + W_{\text{rec}}$$

式中，C_{wat} 为水资源承载人口；W_{pro} 为可供水资源量；$S_{\text{per\_wat}}$ 为人均用水量标准；W_{u} 为可利用水资源；W_{rec} 为再生水资源。

对于供水模块，主要模拟方程为

$$W_{\text{u}} = W_{\text{loc}} + W_{\text{thr}}$$

$$W_{\text{rec}} = R_{\text{rec}} \times W_{\text{sew}}$$

$$W_{\text{sew}} = W_{\text{sew}}^{\text{i}} + W_{\text{sew}}^{\text{d}} = W_{\text{i}} \times \gamma_{\text{i}} + W_{\text{d}} \times \gamma_{\text{d}}$$

式中，W_{loc} 为本地水资源量；W_{thr} 为过境水资源量；R_{rec} 为再生水利用率；W_{sew} 为污水处理量；$W_{\text{sew}}^{\text{i}}$ 为工业废水产生量；$W_{\text{sew}}^{\text{d}}$ 为生活污水产生量；γ_{i} 为工业废水排放系数；γ_{d} 为生活污水排放系数。

对于用水模块，主要模拟方程为

$$W_{\text{con}} = W_{\text{i}} + W_{\text{a}} + W_{\text{d}} + W_{\text{e}}$$

$$W_{\text{i}} = \times W_{\text{per val}} \times V_{\text{ind}}$$

$$W_{\text{a}} = W_{\text{for}} + W_{\text{irr}} + W_{\text{gra}} + W_{\text{fis}} + W_{\text{liv}}$$

$$W_{\text{irr}} = S_{\text{irr}} \times \theta_{\text{irr}} = S_{\text{C}} \times \omega_{\text{irr}} \times \theta_{\text{irr}}$$

式中，W_{con} 为用水量；W_i 为工业用水量；W_a 为农业用水量；W_d 为生活用水量；W_e 为环境用水量；$W_{per\,val}$ 为万元工业增加值用水量；V_{ind} 为工业增加值；W_{for} 为林果用水量；W_{irr} 为灌溉用水量；W_{gra} 为草场用水量；W_{fis} 为鱼塘用水量；W_{liv} 为牲畜用水量；S_{irr} 为有效灌溉面积；θ_{irr} 为灌溉用水定额；S_C 为耕地面积；ω_{irr} 为有效灌溉系数。林果用水、草场用水与灌溉用水计算方法相同。

　2）土地资源承载力子模块

土地资源承载力子模块可分为耕地和建设用地承载力两大类。耕地承载力为当地粮食生产能力能养活的人口数量，受到粮食播种面积、单产水平、粮食自给率、人均粮食占有量标准的共同作用（图 3.32）。单产水平受到土地资源潜力的制约，与社会发展水平也存在间接关系。若粮食产量供大于求，粮食自给率均按照 100% 进行计算。

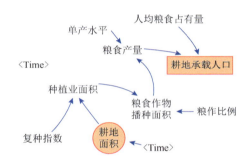

图 3.32　耕地承载人口的因子反馈流程图

主要模拟方程为

$$C_{crop}=F_{pro}/S_{per\_food}$$

$$F_{pro}=S_{sow}\times Y_{per\_area}/R_{sel\_food}$$

式中，C_{crop} 为耕地承载人口；F_{pro} 为粮食可供给量；S_{per_food} 为人均粮食占有量标准；S_{sow} 为粮食作物播种面积；Y_{per_area} 为单产水平；R_{sel_food} 为粮食自给率。

　建设用地承载人口为可利用的建设用地与人均建设用地标准的比值。可利用建设用地面积包括城镇用地面积、农村居民点面积、其他建设用地面积（图 3.33）。国土空间开发强度则为建设用地与总面积的比例。

　主要模拟方程为

$$C_{build}=B_{pro}/S_{per\_build}$$

$$B_{pro}=(S-L_{crop}-L_{eco})\times R_b$$

其中，C_{build} 为建设用地承载人口；B_{pro} 为可利用建设用地；S_{per_build} 为人均建设用地标准。

　土地资源承载力为耕地承载力与建设用地承载力的平均值，模拟方程为

125

$$C_{land} = (C_{crop} + C_{build})/2$$

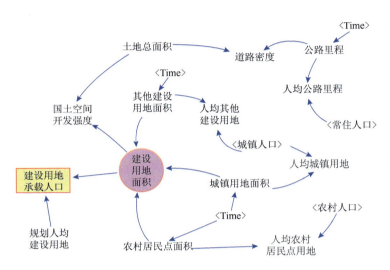

图 3.33 建设用地承载人口的因子反馈流程图

3) 环境承载力子模块

环境承载力子模块主要包括水环境和大气环境。水环境通过污水排放与再生水利用，将水资源的数量和质量联系起来。废气排放量以 SO_2 为判断指标，工业排放是主体，与社会经济模块紧密联系（图 3.34）。环境承载人口由可处理及自然界可允许排放的污染物总量与人均污染物排放标准来测度。

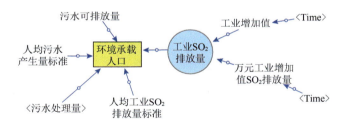

图 3.34 环境承载人口的因子反馈流程图

主要模拟方程为

$$C_{env} = \left[(W_{sew} + E_{sew})/E_{per\_sew} + E_{SO_2}/S_{per\_SO_2} \right]/2$$

式中，C_{env} 为环境承载人口；W_{sew} 为污水处理量；E_{sew} 为污水可排放量；E_{per_sew} 为人均污水产生量标准；E_{SO_2} 为工业 SO_2 排放量，$S_{per\_SO_2}$ 为人均工业 SO_2 排放量标准。

4) 生态承载力子模块

生态承载力运用生态足迹法进行测算。生态足迹指特定区域内一定人口的自然资源消费、能源消费和吸纳这些消费产生的废弃物所需要的生态生产性土地面积（包括陆地和水域），表明人类社会发展对环境造成的生态负荷（图 3.35）。生态足迹核算中，耕地用于农作物的耕种，主要提供粮食、油料、猪肉、禽蛋；建设用地用于建设住宅房屋等；草地用于生产肉类食物，主要包括牛肉、羊肉；林地用于供给木材和吸收二氧化碳；水域主要生产各类水产品。此外，12% 的土地用于生物多样性保护。其计算公式如下：

$$EF = \sum_i \lambda_i EF_i, \quad EF_i = \sum_j P_{i,j} / Y_{i,j}, \quad ef = EF / N$$

式中，EF 为生态足迹；EF_i 为第 i 种土地的需求面积；λ_i 为均衡因子；$P_{i,j}$ 为第 i 种土地上第 j 种生物的总消费量，不管是否在本地生产；$Y_{i,j}$ 为第 j 种生物的全球平均单位面积产量，本书取全球平均单位面积产量；ef 为人均生态足迹；N 为人口数量。

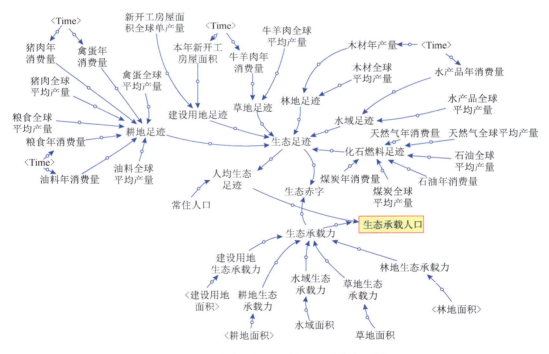

图 3.35　生态承载人口的因子反馈流程图

生态承载力则是指区域内真正拥有的生物生产性空间的面积，借助于产量因子和均衡因子进行调整核算，是一种真实土地面积，反映了生态系统对人类活动供给程度，其计算公式为

$$EC = 0.88 \sum_i A_i \lambda_i y_i$$

127

式中，EC 为生态承载力；A_i 为实际占有的第 i 类生物生产土地面积；λ_i 为均衡因子；y_i 为产量因子。

生态承载人口（C_{eco}）为生态承载力与人均生态足迹之比，计算公式为

$$C_{eco}=EC/ef$$

在资源环境可承载的人口方面，根据资源之间的广义替代性原理，一种资源的不足可以通过其他优势资源来代替。因此，重点考虑资源环境的现状、价值及可承载程度，利用加权求和法对水资源承载力、土地资源承载力、环境承载力、生态承载力综合计算。其公式如下：

$$C_{com}=0.25\times C_{wat}+0.25\times C_{land}+0.25\times C_{env}+0.25\times C_{eco}$$

式中，C_{com} 为资源环境综合承载力；C_{wat} 为水资源承载力；C_{land} 为土地资源承载力；C_{env} 为环境承载力；C_{eco} 为生态承载力。

根据"木桶效应"原理，水资源承载人口、土地资源承载人口、环境承载人口、生态承载人口以及集成各项要素的资源环境综合承载力中的最小值，可以作为区域资源环境能承载的最大人口规模阈值。其公式如下：

$$C_{min}=\min(C_{wat}, C_{land}, C_{env}, C_{eco}, C_{com})$$

式中，C_{min} 为承载力短板值。

通过对资源环境综合承载的人口和实际人口规模值的大小直接比较，或者通过二者的比值可计算出承载指数，最终来判断一个区域资源环境是否超载及超载的程度。将上述各子模块综合，可得到青藏高原资源环境承载力系统动力学模型存量和流量图，如图 3.36 所示。

5）参数设置

资源环境承载力的大小，除了受资源环境本身的自然基础条件等因素影响之外，还受人类活动及其对资源开发利用的模式等影响。由于人类活动尤其是城镇化发展模式在现实中具有较大的不确定性，因此青藏高原资源环境承载力的大小随不同的人类发展模式会出现相应的变动。在青藏高原资源环境承载力综合模拟的系统动力学模型中，表现为各种参数设置的多情景取值，以及资源环境可承载人口规模的阈值应该是一个有限变化的弹性区间。但是，为了使复杂的模型及模拟结果更容易被理解，本书主要根据历史自然发展趋势以及较为确定的一些规划目标来设置系统动力学模型的参数。尤其是人均资源消费量标准的取值（表 3.18），主要根据各变量的特点，以及现状值、多年平均值、规划文件、世界/国家平均标准等来确定。因此，最终模拟预测出来的资源环境可承载人口规模阈值为自然发展趋势下的推荐值。

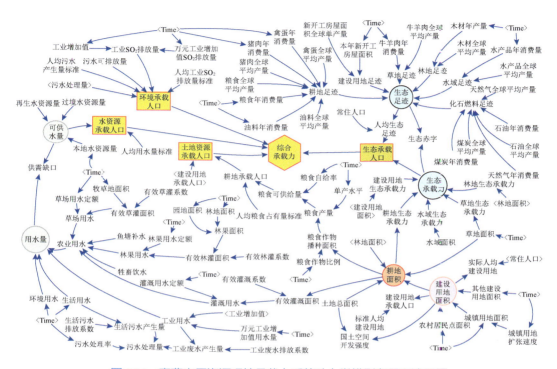

图 3.36　青藏高原资源环境承载力系统动力学模型存量和流量图

表 3.18　青藏高原人均资源消费和污染排放标准设置

行政单元	用水标准/（m³/人）	粮食占有标准/（kg/人）	粮食自给率/%	建设用地标准/（m²/人）	废水排放标准/（t/人）	SO₂排放标准/（kg/人）	人均生态足迹标准/ghm²
西藏自治区	600	300	77	150	14.94	1.04	3.97
青海省	400	170	45	150	39.81	24.08	3.97
阿坝藏族羌族自治州	250	450	100	150	36.56	10.07	3.97
甘孜藏族自治州	250	450	100	150	36.56	10.07	3.97
怒江傈僳族自治州	350	400	93	150	29.59	13.15	3.97
迪庆藏族自治州	350	400	93	150	29.59	13.15	3.97
甘南藏族自治州	150	120	100	150	23.37	20.97	3.97

3. 结果分析

将表 3.18 中设计的青藏高原各地级以上城市人均资源消费和污染排放标准参数，以及其他指标的初始值输入系统动力学模型中，主要运行结果如表 3.19 所示。根据青藏高原 2 个完整的省级行政单元以及 5 个地级行政单元的水资源承载力、土地资源承载力、环境承载力、生态承载力，运用综合权重法计算得到综合承载力，根据"木桶效应"原理得到承载力短板值。同时，根据现有发展趋势，得到模拟预测的人口，据此可分析青藏高原及各地级以上城市的资源环境承载力及超载状况。

表 3.19　青藏高原资源环境各要素及综合承载人口模拟结果　（单位：万人）

行政单元	年份	常住人口	土地资源承载力	水资源承载力	环境承载力	生态承载力	综合承载力	承载力短板值
西藏自治区	2015	330.00	443.47	12843.47	456.34	525.86	3567.28	443.47
	2025	397.66	485.72	15533.76	665.18	680.14	4341.20	485.72
	2030	429.69	517.51	16225.02	785.64	734.00	4565.54	517.51
	2035	461.72	551.55	16500.27	906.09	812.25	4692.54	551.55
青海省	2015	577.00	1853.37	2946.60	610.35	298.44	1427.19	298.44
	2025	610.49	2058.03	4335.05	790.95	376.37	1890.10	376.37
	2030	626.58	2171.27	4421.40	872.82	407.24	1968.18	407.24
	2035	642.66	2292.33	4795.52	954.70	451.89	2123.61	451.89
阿坝藏族羌族自治州	2015	93.00	105.21	2673.52	93.46	108.60	745.20	93.46
	2025	97.87	127.29	3593.88	96.73	140.40	989.57	96.73
	2030	100.44	140.06	3572.75	106.16	151.49	992.61	106.16
	2035	103.02	154.14	3592.25	114.64	167.63	1007.16	114.64
甘孜藏族自治州	2015	116.50	100.69	4784.32	117.07	136.96	1284.76	100.69
	2025	133.65	123.32	5042.45	124.90	176.50	1366.79	123.32
	2030	142.75	136.46	4798.05	138.35	190.15	1315.75	136.46
	2035	151.85	150.98	4553.65	151.06	210.06	1266.44	150.98
怒江傈僳族自治州	2015	54.50	57.06	822.29	60.16	24.63	241.03	24.63
	2025	52.77	72.15	1092.01	71.91	31.97	317.01	31.97
	2030	51.69	80.55	1085.16	80.02	34.57	320.07	34.57
	2035	50.60	89.93	1075.59	89.80	38.35	323.42	38.35
迪庆藏族自治州	2015	42.60	72.97	482.29	47.03	43.46	161.43	43.46
	2025	42.75	94.44	644.30	55.26	56.16	212.54	55.26
	2030	43.74	107.08	626.75	61.77	60.59	214.05	60.59
	2035	44.74	121.56	694.64	69.70	67.04	238.23	67.04
甘南藏族自治州	2015	70.50	112.08	848.57	78.12	58.92	274.42	58.92
	2025	74.73	129.18	1420.10	68.00	76.39	423.41	68.00
	2030	76.77	139.07	1507.83	73.58	82.56	450.76	73.58
	2035	78.81	149.99	1628.99	82.32	91.53	488.21	82.32

续表

行政单元	年份	常住人口	土地资源承载力	水资源承载力	环境承载力	生态承载力	综合承载力	承载力短板值
青藏高原	2015	1284.10	2744.85	25401.04	1462.53	1196.86	7701.32	1196.86
	2025	1409.92	3090.13	31661.56	1872.92	1537.93	9540.63	1537.93
	2030	1471.66	3291.99	32236.96	2118.34	1660.61	9826.97	1660.61
	2035	1533.39	3510.49	32840.91	2368.31	1838.75	10139.62	1838.75

综合来看，青藏高原常住人口将由 2015 年的 1284.10 万人增加到 2025 年的 1409.92 万人、2030 年的 1471.66 万人以及 2035 年的 1533.39 万人，资源环境综合承载力将由 2015 年的 7701.32 万人增加到 2025 年的 9540.63 万人、2030 年的 9826.97 万人以及 2035 年的 10140 万人，承载力短板值将由 2015 年的 1196.86 万人增加到 2025 年的 1537.93 万人、2030 年的 1660.61 万人以及 2035 年的 1838.75 万人。青藏高原常住人口的增长将不会突破资源环境综合承载力的临界阈值，但 2015 年现状值已突破承载力短板值，未来随着资源环境的改善，承载力短板值将会包容常住人口的增长。从资源环境单要素承载力来看，不同资源环境要素在不同年份对应的承载力也具有较大差异：

(1)2015 年，生态承载力最小，在现有社会经济和技术条件下，能承载 1196.86 万人，如果按"木桶效应"原理取最小值，则青藏高原的资源环境承载力已经超载 87.24 万人，超载 6.79%。其他资源环境单要素承载力从大到小依次为：水资源承载力（25401 万人）、土地资源承载力（2745 万人）、环境承载力（1463 万人），三项承载力均未超载，水资源承载力为现状人口数的近 20 倍，土地资源承载力为现状人口数的 2 倍左右。

(2)2025 年，生态承载力最小，为 1537.93 万人，即便按"木桶效应"原理取最小值，青藏高原的资源环境承载力也未超载。其他资源环境单要素承载力从大到小依次为：水资源承载力（31662 万人）、土地资源承载力（3090 万人）、环境承载力（1873 万人）。

(3)2030 年，生态承载力最小，为 1660.61 万人，即便按"木桶效应"原理取最小值，青藏高原的资源环境承载力也未超载。其他资源环境单要素承载力从大到小依次为：水资源承载力（32237 万人）、土地资源承载力（3292 万人）、环境承载力（2118 万人）。

(4)2035 年，生态承载力依然最小，为 1838.75 万人，即便按"木桶效应"原理取最小值，青藏高原的资源环境承载力也未超载。其他资源环境单要素承载力从大到小依次为：水资源承载力（31841 万人）、土地资源承载力（3510 万人）、环境承载力（2368 万人）。

3.2　青藏高原到底能承载多少人口？

基于木桶短板原理计算的青藏高原常住人口承载阈值为 1680 万人，这一阈值虽有一定程度的合理性，但因青藏高原面积广阔，各地市州常住人口阈值并不适合指导各地市州人口集聚。为了兼顾多种因素对青藏高原常住人口承载阈值的综合影响，采用两头逼近法和熵权法计算青藏高原常住人口的综合承载阈值，并将其作为上限阈值，计算结果为 2620 万人左右（方创琳，2022；方创琳等，2023）。

3.2.1　基于木桶短板原理的青藏高原人口承载阈值

青藏高原常住总人口整体呈现持续增长，但是增长放缓，主要的人口增长动力是青藏高原常住总人口整体呈现持续增长，但是增长放缓。基于人口学模型预测的到2050年青藏高原人口达到1518万人。

1. 青藏高原常住人口的承载阈值分析

基于经济承载力模型计算的青藏高原2050年常住人口约为1680万人；
基于适宜建设用地模型计算的青藏高原常住人口承载力约为3155万人；
基于水资源承载力模型计算的青藏高原常住人口承载力约为37430万人；
基于大气环境承载力模型计算的青藏高原常住人口承载力约为4150万人；
基于生态承载力模型计算的青藏高原常住人口承载力约为2158万人；
基于资源环境SD仿真模拟的青藏高原常住人口承载力约为12420万人。

采用以上算法计算的青藏高原常住人口承载力最高达37430万人，最低只有1680万人，若按木桶短板原理，则取1680万人为青藏高原人口承载阈值。

2020年第七次全国人口普查结果表明，青藏高原常住人口已达到1313.41万人，与按木桶短板原理估算的青藏高原人口承载阈值1680万人相比，基本可承载，并有366.6万人的盈余。以此可说明青藏高原人口尚未超载。

青藏高原未来承载人口的主要短板一是经济实力，二是生态承载力。分别将各类分项计算的承载人口与人口学预测的人口相对比发现，青藏高原经济承载力保持1680万人左右的承载量，生态承载力能维持2158万人的承载量。随着城镇化和现代化发展，青藏高原经济发展水平将进一步提升，但是作为重要的生态功能区，青藏高原不适宜走平原地区的大规模工业化拉动经济发展路径，除了自身经济发展，其他地区的财政转移支付将成为青藏高原人口承载的重要途径。同时，青藏高原是典型的生态脆弱区，但是不乏社会经济发展相对较好的地区，有必要进一步推进城镇人口集聚和生态红线内部人口有序退出，通过工程型城镇设施建设或者现代智慧技术的引进，能在一定程度上补充青藏高原生态承载力的短板。

2. 各地市州常住人口承载阈值分析

青藏高原大部分地市州承载人口的主要薄弱点包括经济实力和生态承载力，部分地市州还面临土地和水资源承载的压力。分别将各类分项计算的承载人口与人口学预测的人口逐一对比，从每个地市州对应的六类承载阈值算法计算结果中取最小值（多情景的取中情景，两种情景的取低情景），得到各地市州常住人口承载阈值见表3.20。由表3.20可以看出，将各地市州承载阈值与2020年各地市州常住人口相比，青藏高原各地市州人口超载状况地域差异非常显著，西宁市、拉萨市、海东市等为人口集中地区，且均属于严重超载地区（表3.21）。

（1）从经济承载力来看，除了海西蒙古族藏族自治州、海北藏族自治州、迪庆藏族自治州等少数地市州以外，大部分地市州的经济发展水平不足以支撑本地人口的增长，大部分地市州对内地的财政转移支付仍然具有较强的依赖性。

（2）从适宜建设用地承载力来看，西宁市、海东市、日喀则市、海北藏族自治州、海南藏族自治州、甘孜藏族自治州等地市州适宜建设的用地丰富，而拉萨市、昌都市、那曲市、阿里地区、果洛藏族自治州、玉树藏族自治州等地市州都在一定程度上面临土地紧张的压力。其中，拉萨市、昌都市等市属于河谷地带，地形特征在一定程度上限制了城镇空间拓展，增强了建设用地供给压力；那曲市、阿里地区、果洛藏族自治州、玉树藏族自治州等地市州同属极高海拔地区，土地承载力考虑了海拔阈值，从适宜人居的氧气环境和海拔环境来说，那曲市和阿里地区土地承载的空间也相对有限，更适宜当地人口的集聚和发展；昌都市和玉树藏族自治州河谷地带，土地承载压力相对较高。

（3）从水资源承载力来看，青藏高原绝大部分地区水资源承载力较大，但西宁市、拉萨市、海东市等市人口相对稠密的城镇地区虽然适宜建设用地充足，但水资源压力较大，随着人口的进一步集聚，需要超前部署水源地规划和水资源调配方案，优化人口高密度集聚地区的水土资源优化配置方案。

（4）从大气环境承载力来看，除了昌都市按照 2050 年高方案存在一定环境压力外，整体上青藏高原各地区不存在大气环境承载压力。

（5）从生态承载力来看，一方面，超过一半的地市州生态承载力压力突出，包括拉萨市、日喀则市、阿里地区、西宁市、海东市、海西蒙古族藏族自治州、海北藏族自治州、那曲市、黄南藏族自治州、海南藏族自治州等地市州。其中，拉萨市、日喀则市、

表 3.20　基于各类算法计算的青藏高原常住人口承载力对比分析表　（单位：万人）

地区	人口学预测（2050年）	经济承载力（2050年）	适宜建设用地承载力	水资源承载力	大气环境承载力	生态承载力	基于SD的资源环境承载力（2050年）	按木桶原理计算的承载阈值	按两头逼近法计算承载阈值	2020年常住人口（七普数据）	2020年城镇人口（七普数据）	2020年城镇化率/%
青藏高原	1518	1680	3155	37430	4150	2158	12420	1680	2620	1373.41	624.95	47.58
西藏自治区	510	431	738	15891	1053	777	5775	431	805	364.81	130.33	35.73
拉萨市	159	155	155	231	256	131	1370	155	150	86.79	60.55	69.77
日喀则市	100	72	316	721	354	113	1265	72	170	79.82	18.43	23.09
昌都市	99	57	73	2245	88	83	1200	57	100	76.10	13.3	17.48
林芝市	34	45	34	6827	86	209	380	45	155	23.89	9.77	40.90
山南市	40	47	99	1279	175	153	560	47	110	35.40	11.30	31.92
那曲市	59	38	50	3441	64	73	800	38	90	50.48	11.60	22.98
阿里地区	19	15	11	1146	29	15	200	15	30	12.33	5.38	43.63
青海省	660	878	1916	8689	2248	759	2495	878	1175	592.39	355.93	60.08
西宁市	302	416	763	92	377	288	1040	416	430	246.80	194.06	78.63
海东市	130	134	628	102	241	154	570	134	250	135.85	54.89	40.40

续表

地区	人口学预测（2050年）	经济承载力（2050年）	适宜建设用地承载力	水资源承载力	大气环境承载力	生态承载力	基于SD的资源环境承载力（2050年）	按木桶原理计算的承载阈值	按两头逼近法计算承载阈值	2020年常住人口（七普数据）	2020年城镇人口（七普数据）	2020年城镇化率/%
海北藏族自治州	25	30	112	263	364	42	110	30	70	26.53	12.29	46.32
黄南藏族自治州	32	31	87	255	233	31	120	31	55	27.62	11.48	41.56
海南藏族自治州	45	42	179	131	560	59	190	42	110	44.70	18.27	40.87
果洛藏族自治州	29	28	21	1903	87	65	90	28	60	21.56	7.56	35.06
玉树藏族自治州	53	19	42	5788	54	56	175	19	95	42.52	21.53	50.63
海西蒙古族藏族自治州	44	178	83	156	334	64	200	178	105	46.82	35.85	76.57
其他省	348	371	500	12850	849	622	4150	371	640	356.2	138.69	38.93
阿坝藏族羌族自治州	72	115	85	3420	132	125	1250	115	145	82.26	34.13	41.49
甘孜藏族自治州	112	89	116	6097	159	244	1660	89	215	110.74	34.34	31.01
怒江傈僳族自治州	58	49	62	1094	63	91	400	49	80	55.27	28.94	52.36
迪庆藏族自治州	37	68	45	629	56	61	270	68	60	38.75	12.04	31.07
甘南藏族自治州	69	51	193	1609	439	101	570	51	140	69.18	29.24	42.27

表 3.21　基于各类算法计算的青藏高原各地市州常住人口承载阈值 （单位：万人）

地区	按木桶原理的最小承载阈值	2020年常住人口（七普数据）	与2020年常住人口相比的超载情况（超载为"－"）
青藏高原	1680	1313.41	366.59
西藏自治区	431	364.81	66.19
拉萨市	155	86.79	68.21
日喀则市	72	79.82	−7.82
昌都市	57	76.10	−19.10
林芝市	45	23.89	21.11
山南市	47	35.40	11.60
那曲市	38	50.48	−12.48
阿里地区	15	12.33	−2.67

地区	按木桶原理的最小承载阈值	2020 年常住人口（七普数据）	与 2020 年常住人口相比的超载情况（超载为"-"）
青海省	878	592.39	285.61
西宁市	416	246.80	169.20
海东市	102	135.85	-1.85
海北藏族自治州	30	26.53	3.47
黄南藏族自治州	31	27.62	3.38
海南藏族自治州	42	44.70	-2.70
果洛藏族自治州	28	21.56	6.44
玉树藏族自治州	19	42.52	-23.52
海西蒙古族藏族自治州	178	46.82	131.18
其他省	371	356.2	14.80
阿坝藏族羌族自治州	115	82.26	32.74
甘孜藏族自治州	89	110.74	-21.74
怒江傈僳族自治州	49	55.27	-6.27
迪庆藏族自治州	68	38.75	29.25
甘南藏族自治州	51	69.18	-18.18

西宁市、海东市的城镇开发和农业生产已占去了大量生态用地，生态承载力有限；另一方面，阿里地区、那曲市、黄南藏族自治州、海南藏族自治州、海北藏族自治州、海西蒙古族藏族自治州等地市州本身植被覆盖有限，生态环境脆弱。青藏高原边缘的林芝市、阿坝藏族羌族自治州、甘孜藏族自治州、迪庆藏族自治州、甘南藏族自治州等地市州生态承载力相对较好。

（6）从资源环境综合承载的系统动力学仿真模拟结果来看，青藏高原各地市州资源环境承载力总体较好，但部分地市州存在一定单项短板，未来发展需重点加强人口承载的短板补足和劣势削减。

按木桶短板原理得出的青藏高原人口承载阈值为 1680 万人，理论上虽具有一定程度的合理性，但实际上青藏高原 2020 年人口已达到 1313.41 万人，按此对比，青藏高原马上达到人口承载上限，这与实际情况不符。尤其是具体到各个地市州，其局限性就进一步凸显出来，如西宁市最低的承载力是水资源承载力只有 92 万人，实际上西宁市现有人口达到 247 万人，缺水问题可通过就近调水解决；日喀则市经济承载力只有72 万人，实际上现在已经有 80 万人，未来只有经济发展上去了，承载力自然就上去了；海东市也是因为缺水，水资源承载力只有 102 万人，实际上现有 136 万人，同样通过调水可以解决；甘孜藏族自治州经济承载力只有 89 万人，实际已有人口 111 万人，只要经济发展上去了承载力就上去了。

3.2.2 基于两头逼近法的青藏高原人口综合承载阈值

由前述计算可以看出，分别采用土地资源承载力方法、经济承载力方法、水资源承载力方法、大气环境承载力方法、生态承载力方法、资源环境承载力方法等各单项指标估算的青藏高原承载力要么很大，要么很小，按木桶短板原理取其最小的承载力作为青藏高原人口承载力上限并不合理，均具有局限性。其解决的办法是充分考虑各种单项算法的计算结果，构建一种兼顾六种算法的综合承载力，并采用熵权法分别对六种算法的计算结果值赋权重，赋权的方法是采用两头逼近法，即"单项承载力大权重小，单项承载力小权重大"的赋值原则，进而采用加权平均法计算青藏高原及各地市州的人口综合承载力，来作为青藏高原人口承载力的上限阈值。

1. 青藏高原人口综合承载阈值分析

基于经济学计算的青藏高原常住人口承载力为 U_1、基于适宜建设用地计算的青藏高原常住人口承载力为 U_2、基于水资源承载力的青藏高原常住人口承载力为 U_3、基于大气环境承载力的青藏高原常住人口承载力为 U_4、基于生态承载力的青藏高原常住人口承载力为 U_5、基于资源环境 SD 仿真模拟的青藏高原常住人口承载力为 U_6，则青藏高原常住人口的综合承载阈值计算公式为

$$U = h_1 U_1 + h_2 U_2 + h_3 U_3 + h_4 U_4 + h_5 U_5 + h_6 U_6$$

式中，h_1 代表基于经济学计算的青藏高原常住人口承载力权系数，赋值为 0.3113；h_2 代表基于适宜建设用地计算的青藏高原常住人口承载力权系数，赋值为 0.2272；h_3 代表基于水资源承载力的青藏高原常住人口承载力权系数，赋值为 0.0033；h_4 代表基于大气环境承载力的青藏高原常住人口承载力权系数，赋值为 0.1179；h_5 代表基于生态承载力的青藏高原常住人口承载力权系数，赋值为 0.3371；h_6 代表基于资源环境 SD 仿真模拟的青藏高原常住人口承载力权系数，赋值为 0.0032（表 3.22）。

需要说明的是，在采取六种算法计算的青藏高原常住人口承载力中，由于水资源、土地资源和空气环境质量对人口承载的限制性较小，所以赋予的权系数也相应较小。例如，水资源对青藏高原的限制性极小，对水资源承载力赋予的权系数只有 0.0033，对于基于资源环境 SD 仿真模拟得出的资源环境承载力赋予的权系数只有 0.0032，而生态、经济发展对青藏高原常住人口的影响限制性较大，所以赋予的权系数相应较高，如对生态承载力的赋权最高达到 0.3371，其次是经济发展提高民生的承载力赋权为 0.3113。

采用人口综合承载阈值计算结果如表 3.22 所示。由表 3.22 可以看出，青藏高原常住人口的综合承载阈值为 2620 万人，尚能新增承载 1306.59 万人。将这一综合计算结果与青藏高原各地级行政单元"十四五"规划及到 2035 年远景目标纲要中提出的人口预测方案对比分析发现，采用人口综合承载阈值计算结果与政府部门的预测结果基本一致，体现出采用两头逼近法计算的青藏高原人口综合承载阈值具有科学性和合理性。

表 3.22　基于各类算法计算的青藏高原常住人口综合承载阈值　　（单位：万人）

不同算法计算的常住人口承载力	承载力计算值	熵权法计算的权系数
基于经济学计算的青藏高原常住人口承载力	1680	0.3113
基于适宜建设用地计算的青藏高原常住人口承载力	3155	0.2272
基于水资源承载力的青藏高原常住人口承载力	37430	0.0033
基于大气环境承载力的青藏高原常住人口承载力	4150	0.1179
基于生态承载力的青藏高原常住人口承载力	2158	0.3371
基于资源环境 SD 仿真模拟的青藏高原常住人口承载力	12420	0.0032
青藏高原常住人口综合承载阈值	2620	1

2020 年第七次人口普查表明青藏高原城镇化水平达到 47.8%，从近 50 年青藏高原各城市城镇化水平历年平均增长速度分析，兼顾守土固边等特殊因素，需要采用政策调控手段对青藏高原城镇化水平进行调控。据此，这 2620 万人中，大致需要 55% 的人口集中到城里，城镇化水平不超过 60%，长期处在城镇化中期阶段；大约需要 45% 的人口散居在边境城镇或乡村，守土固边。

对于承载的 2620 万人，需要采取小集聚大分散的星星点灯式空间配置模式，小集聚到西宁都市圈、拉萨城市圈和柴达木城镇圈三个都市圈，大分散到青藏铁路沿线、川藏通道沿线、唐蕃古道沿线和边境线共四条线，形成"三圈四带多节点"的空间配置格局。

需要说明的是，对于青藏高原这样一个特殊区域，采用常规方法计算高原人口综合承载力是一件非常困难的事，不同学者采用不同方法基于不同视角的计算结果会截然不同，本计算侧重从城镇化视角计算高原人口承载阈值，可供研究青藏高原可持续发展的学术界和地方部门争鸣、探索和参考。

2. 青藏高原各地州市常住人口综合承载阈值分析

同样按照两头逼近原则，即承载力大权重小，承载力小权重大的赋值原则，采用熵权法分别对六种算法计算得出的青藏高原各地市州人口综合承载力进行赋值，进而计算青藏高原各地市州人口综合承载力，作为青藏高原人口综合承载力上限阈值，结果如表 3.23。

表 3.23　青藏高原各地市州常住人口综合承载阈值对比分析表　　（单位：万人）

地区	经济承载力 2050 年	适宜建设用地承载力	水资源承载力	大气环境承载力	生态承载力	基于 SD 仿真的资源环境承载力（2050 年）	常住人口综合承载阈值	与 2020 年现状人口相比的未来可净增承载人口
青藏高原	1680	3155	37430	4150	2158	12420	2620	1306.59
西藏自治区	431	738	15891	1053	777	5775	805	440.19
拉萨市	155	155	231	256	131	1370	150	63.21
日喀则市	72	316	721	354	113	1265	170	90.18

续表

地区	经济承载力 2050 年	适宜建设用地承载力	水资源承载力	大气环境承载力	生态承载力	基于 SD 仿真的资源环境承载力（2050 年）	常住人口综合承载阈值	与 2020 年现状人口相比的未来可净增承载人口
昌都市	57	73	2245	88	83	1200	100	23.9
林芝市	45	34	6827	86	209	380	155	131.11
山南市	47	99	1279	175	153	560	110	74.6
那曲市	38	50	3441	64	73	800	90	39.52
阿里地区	15	11	1146	29	15	200	30	17.67
青海省	878	1916	8689	2248	759	2495	1175	582.61
西宁市	416	763	92	377	288	1040	430	183.2
海东市	134	628	102	241	154	570	250	114.15
海北藏族自治州	30	112	263	364	42	110	70	43.47
黄南藏族自治州	31	87	255	233	31	120	55	27.38
海南藏族自治州	42	179	131	560	59	190	110	65.3
果洛藏族自治州	28	21	1903	87	65	90	60	38.44
玉树藏族自治州	19	42	5788	54	56	175	95	52.48
海西蒙古族藏族自治州	178	83	156	334	64	200	105	58.18
其他省	371	500	12850	849	622	4150	640	283.8
阿坝藏族羌族自治州	115	85	3420	132	125	1250	145	62.74
甘孜藏族自治州	89	116	6097	159	244	1660	215	104.26
怒江傈僳族自治州	49	62	1094	63	91	400	80	24.73
迪庆藏族自治州	68	45	629	56	61	270	60	21.25
甘南藏族自治州	51	193	1609	439	101	570	140	70.82

由表 3.23 可以看出，青藏高原各地市州综合承载力均较大，与 2020 年现状人口相比均在可承载范围内。未来可净增的综合承载人口分别如下：

（1）西藏自治区未来可新增承载常住人口 440.19 万人，其中拉萨市可新增常住人口 63.21 万人，日喀则市可新增常住人口 90.18 万人，昌都市可新增常住人口 23.9 万人，林芝市可新增常住人口 131.11 万人，山南市可新增常住人口 74.6 万人，那曲市可新增常住人口 39.52 万人，阿里地区可新增常住人口 17.67 万人。

（2）青海省未来可新增承载常住人口 582.61 万人，其中西宁市可新增常住人口 183.2 万人，海东市可新增常住人口 114.15 万人，海北藏族自治州可新增常住人口 43.47 万人，黄南藏族自治州可新增常住人口 27.38 万人，海南藏族自治州可新增常住人口 65.3 万人，果洛藏族自治州可新增常住人口 38.44 万人，玉树藏族自治州可新增常住人口 52.48 万人，海西蒙古族藏族自治州可新增常住人口 58.18 万人。

（3）四川、甘肃、云南三省青藏高原部分未来可新增承载常住人口 283.8 万人，其中阿坝藏族羌族自治州可新增常住人口 62.74 万人，甘孜藏族自治州可新增常住人口 104.26 万人，怒江傈僳族自治州可新增常住人口 24.73 万人，迪庆藏族自治州可新增常住人口 21.25 万人，甘南藏族自治州可新增常住人口 70.82 万人。

（4）各地市州可承载的人口阈值如图 3.37 所示。计算得到的各地市州常住人口承载的阈值，可为在绿色发展背景下编制青藏高原国土空间规划和制定"十四五""十五五""十六五"规划纲要提供重要的科学数据支撑。

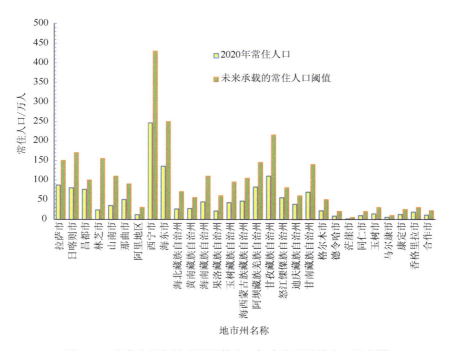

图 3.37　青藏高原各地市州现状人口与未来可承载人口示意图

3.3　青藏高原承载人口中能容许多少人进城？

为建设好青藏高原国家重要的安全屏障和生态安全屏障，护卫好亚洲水塔，守土固疆和确保广域青藏高原有人留守，未来青藏高原可承载的 2620 万人中，综合依据近 50 年青藏高原各城市城镇化水平历年平均增长速度、各地级行政单元"十四五"规划及到 2035 年远景目标纲要中提出的人口与城镇化水平预测方案，兼顾原面广阔、守土固边、政策调控等特殊因素，未来可容许 1500 万人进城，高原城镇化率可提升到 57.25%（方创琳，2022；方创琳等，2023）。

3.3.1 基于人口综合承载阈值的高原城镇人口与城镇化水平阈值

根据青藏高原各地市州城镇化水平年均增长速度，结合各地市"十四五"规划纲要和国土空间规划中确定的增长幅度，以及城市对城镇人口承载量等综合确定，计算结果如表 3.24。由表 3.24 可以得出如下结论。

表 3.24 青藏高原各地市州城镇人口与城镇化水平阈值计算结果表

地区名称	2020 年现状值（七普数据）			未来承载的上限阈值			与 2020 年现状值相比未来可新增量			未来可进入的城镇化阶段
	常住人口/万人	城镇人口/万人	城镇化率/%	常住人口阈值/万人	城镇人口阈值/万人	城镇化率阈值/%	可新增常住人口/万人	可新增城镇人口/万人	可新增城镇化率/%	
青藏高原	1313.41	624.95	47.58	2620	1500	57.25	1306.59	875.05	9.67	中期
西藏自治区	364.81	130.33	35.73	805	400	49.69	440.19	269.67	13.96	中期
拉萨市	86.79	60.55	69.77	150	120	80.00	63.21	59.45	10.23	终期
日喀则市	79.82	18.43	23.09	170	70	41.18	90.18	51.57	18.09	中期
昌都市	76.10	13.30	17.48	100	30	30.00	23.90	16.70	12.52	中期
林芝市	23.89	9.77	40.90	155	77	49.68	131.11	67.23	8.78	中期
山南市	35.40	11.30	31.92	110	55	50.00	74.60	43.70	18.08	中期
那曲市	50.48	11.60	22.98	90	33	36.67	39.52	21.40	13.69	中期
阿里地区	12.33	5.38	43.63	30	15	50.00	17.67	9.62	6.37	中期
青海省	592.39	355.93	60.08	1175	800	68.09	582.61	444.07	8.01	后期
西宁市	246.80	194.06	78.63	430	360	83.72	183.20	165.94	5.09	终期
海东市	135.85	54.89	40.40	250	150	60.00	114.15	95.11	19.60	后期
海北藏族自治州	26.53	12.29	46.32	70	38	54.29	43.47	25.71	7.97	中期
黄南藏族自治州	27.62	11.48	41.56	55	27	49.09	27.38	15.52	7.53	中期
海南藏族自治州	44.70	18.27	40.87	110	55	50.00	65.30	36.73	9.13	中期
果洛藏族自治州	21.56	7.56	35.06	60	27	45.00	38.44	19.44	9.94	中期
玉树藏族自治州	42.52	21.53	50.63	95	54	56.84	52.48	32.47	6.21	中期
海西蒙古族藏族自治州	46.82	35.85	76.57	105	89	84.76	58.18	53.15	8.19	终期
其他省	356.2	138.69	38.93	640	300	46.88	283.80	161.31	7.95	中期
阿坝藏族羌族自治州	82.26	34.13	41.49	145	70	48.28	62.74	35.87	6.79	中期
甘孜藏族自治州	110.74	34.34	31.01	215	85	39.53	104.26	50.66	8.52	中期
怒江傈僳族自治州	55.27	28.94	52.36	80	48	60.00	24.73	19.06	7.64	后期
迪庆藏族自治州	38.75	12.04	31.07	60	27	45.00	21.25	14.96	13.93	中期
甘南藏族自治州	69.18	29.24	42.27	140	70	50.00	70.82	40.76	7.73	中期

1. 为守土固疆和确保广域青藏高原有人留守，可容许 1500 万人进城

青藏高原约 2620 万人的承载常住人口中，为了守土固疆和确保广域高原能有人留守，最多只能容许 1500 万人进城，与 2020 年现状城镇人口 624.95 万人相比，青藏高原未来可新增进城人口约 875.05 万人。其中：

西藏自治区约 805 万人的承载人口中，为了守土固疆和确保广域高原能有乡村人留守，最多只能容许 400 万人进城，与 2020 年现状城镇人口 130.33 万人相比，西藏自治区未来可新增进城人口约 269.67 万人。

青海省约 1175 万人的承载人口中，为了守土固疆和确保广域高原农村能有人留守，最多只能容许 800 万人进城，与 2020 年现状城镇人口 355.93 万人相比，青海省未来可新增进城人口约 444.07 万人。

青藏高原各地市州可承载的城镇人口阈值如图 3.38 所示。

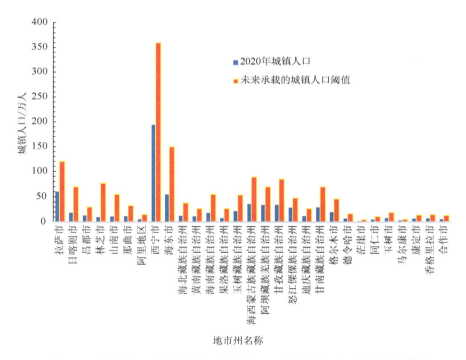

图 3.38　青藏高原现状城镇人口与未来可承载城镇人口阈值对比分析图

2. 为守土固疆和确保广域高原有人留守，高原城镇化率只能提升到 57.25%

2020 年第七次全国人口普查结果表明，青藏高原已有 624.95 万人住在城里，城镇化率达到 47.58%。综合考虑青藏高原城镇化的特殊性，结合青藏高原容许进城的人口规模为 1500 万人，计算得出城镇化率只能提升到 57.25% 左右，将长期处于城镇化发展的中期阶段，这基本符合青藏高原城镇化发展的客观规律。与 2020 年现状城镇化率相比，青藏高原未来可新增城镇化率 9.67%。其中：

西藏自治区 2020 年城镇化率为 35.73%，为了守土固疆和确保广域高原农村能有人留守，未来城镇化率最多只能提升到 49.69%，将长期处于城镇化发展的中期阶段，这基本符合西藏城镇化发展的客观规律。与 2020 年现状城镇化率相比，西藏自治区未来可新增城镇化率 13.96%。

青海省 2020 年城镇化率为 60.08%，为了守土固疆和确保广域高原农村能有人留守，未来城镇化率最多只能提升到 68.09%，将越过城镇化发展的中期阶段进入城镇化后期阶段，这基本符合青海省城镇化发展的客观规律。与 2020 年现状城镇化率相比，青海省未来可新增城镇化率约 8.01%。

3.3.2 基于人口综合承载阈值的各地市州城镇化水平阈值

根据青藏高原各地市州承载的常住人口上线阈值，结合各地市州第七次全国人口普查数据、"十四五"规划纲要、国土空间规划等数据，综合评判确定各地市州城镇人口和城镇化率阈值（图 3.39）。

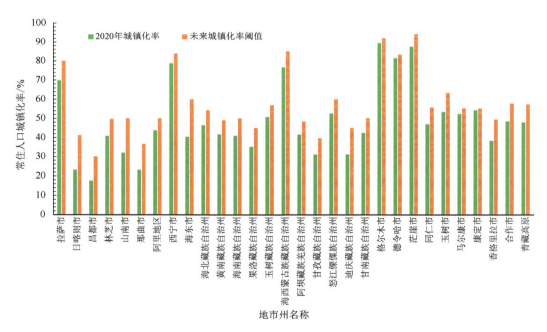

图 3.39 青藏高原现状城镇化率与未来城镇化率阈值对比分析图

1. 拉萨市城镇人口阈值为 120 万人，可新增 59.45 万人，城镇化率可提升到 80%

2020 年第七次全国人口普查结果表明，拉萨市常住人口 86.79 万人，已有 60.55 万人住在城里，城镇化率达到 69.77%。综合考虑拉萨市城镇化的特殊性，计算得到未来拉萨市能承载的常住人口为 150 万人，与 2020 年现状人口相比可新增承载人口 63.21 万人，可容许进城的人口规模为 120 万人，与 2020 年现状城镇人口相比可新增城镇人口 59.45 万人，据此计算城镇化率可提升到 80%，进入城镇化发展的终期阶段。与 2020 年现状城镇化率相比，拉萨市未来可新增城镇化率约 10.23%。

2. 日喀则市城镇人口阈值为 70 万人，可新增 51.57 万人，城镇化率可提升到 41.18%

2020 年第七次全国人口普查结果表明，日喀则市常住人口 79.82 万人，已有 18.43 万人住在城里，城镇化率达到 23.09%。综合考虑日喀则市城镇化的特殊性，计算得到未来日喀则市能承载的常住人口为 170 万人，与 2020 年现状人口相比可新增承载人口 90.18 万人，可容许进城的人口规模为 70 万人，与 2020 年现状城镇人口相比可新增城镇人口 51.57 万人，据此计算城镇化率可提升到 41.18%，进入城镇化发展的中期阶段。与 2020 年现状城镇化率相比，日喀则市未来可新增城镇化率约 18.09%。

3. 昌都市城镇人口阈值为 30 万人，可新增 16.7 万人，城镇化率可提升到 30%

2020 年第七次全国人口普查结果表明，昌都市常住人口 76.10 万人，已有 13.30 万人住在城里，城镇化率达到 17.48%。综合考虑昌都市城镇化的特殊性，计算得到未来昌都市能承载的常住人口为 100 万人，与 2020 年现状人口相比可新增承载人口 23.90 万人，可容许进城的人口规模为 30 万人，与 2020 年现状城镇人口相比可新增城镇人口 16.70 万人，据此计算城镇化率可提升到 30%，刚刚进入城镇化发展的中期阶段。与 2020 年现状城镇化率相比，昌都市未来可新增城镇化率约 12.52%。

4. 林芝市城镇人口阈值为 77 万人，可新增 67.23 万人，城镇化率可提升到 49.68%

2020 年第七次全国人口普查结果表明，林芝市常住人口 23.89 万人，已有 9.77 万人住在城里，城镇化率达到 40.09%。综合考虑林芝市城镇化的特殊性，计算得到未来林芝市能承载的常住人口为 155 万人，与 2020 年现状人口相比可新增承载人口 131.11 万人，可容许进城的人口规模为 77 万人，与 2020 年现状城镇人口相比可新增城镇人口 67.23 万人，据此计算城镇化率可提升到 49.68%，进入城镇化发展的中期阶段。与 2020 年现状城镇化率相比，林芝市未来可新增城镇化率约 8.78%。

5. 山南市城镇人口阈值为 55 万人，可新增 43.70 万人，城镇化率可提升到 50%

2020 年第七次全国人口普查结果表明，山南市常住人口 35.40 万人，已有 11.30

万人住在城里，城镇化率达到 31.92%。综合考虑山南市城镇化的特殊性，计算得到未来山南市能承载的常住人口为 110 万人，与 2020 年现状人口相比可新增承载人口 74.60 万人，可容许进城的人口规模为 55 万人，与 2020 年现状城镇人口相比可新增城镇人口 43.70 万人，据此计算城镇化率可提升到 50%，进入城镇化发展的中期阶段。与 2020 年现状城镇化率相比，山南市未来可新增城镇化率约 18.08%。

6. 那曲市城镇人口阈值为 33 万人，可新增 21.40 万人，城镇化率可提升到 36.67%

2020 年第七次全国人口普查结果表明，那曲市常住人口 50.48 万人，已有 11.60 万人住在城里，城镇化率达到 22.98%。综合考虑那曲市城镇化的特殊性，计算得到未来那曲市能承载的常住人口为 90 万人，与 2020 年现状人口相比可新增承载人口 39.52 万人，可容许进城的人口规模为 33 万人，与 2020 年现状城镇人口相比可新增城镇人口 21.40 万人，据此计算城镇化率可提升到 36.67%，刚进入城镇化发展的中期阶段。与 2020 年现状城镇化率相比，那曲市未来可新增城镇化率约 13.69%。

7. 阿里地区城镇人口阈值为 15 万人，可新增 9.62 万人，城镇化率可提升到 50%

2020 年第七次全国人口普查结果表明，阿里地区常住人口 12.33 万人，已有 5.38 万人住在城里，城镇化率达到 43.63%。综合考虑阿里地区城镇化的特殊性及国防战略站位，建议未来将阿里地区撤地设为地级市。计算得到未来阿里地区能承载的常住人口为 30 万人，与 2020 年现状人口相比可新增承载人口 17.67 万人，可容许进城的人口规模为 15 万人，与 2020 年现状城镇人口相比可新增城镇人口 9.62 万人，据此计算城镇化率可提升到 50%，进入城镇化发展的中期阶段。与 2020 年现状城镇化率相比，阿里地区未来可新增城镇化率约 6.37%。

8. 西宁市城镇人口阈值为 360 万人，可新增 165.94 万人，城镇化率可提升到 83.72%

2020 年第七次全国人口普查结果表明，西宁市常住人口 246.80 万人，已有 194.06 万人住在城里，城镇化率达到 78.63%。综合考虑西宁市城镇化的特殊性，计算得到未来西宁市能承载的常住人口为 430 万人，与 2020 年现状人口相比可新增承载人口 183.20 万人，可容许进城的人口规模为 360 万人，与 2020 年现状城镇人口相比可新增城镇人口 165.94 万人，据此计算城镇化率可提升到 83.72%，进入城镇化发展的终期阶段。与 2020 年现状城镇化率相比，西宁市未来可新增城镇化率约 5.09%。

9. 海东市城镇人口阈值为 150 万人，可新增 95.11 万人，城镇化率可提升到 60%

2020 年第七次全国人口普查结果表明，海东市常住人口 135.85 万人，已有

54.89 万人住在城里，城镇化率达到 40.40%。综合考虑海东市城镇化的特殊性，计算得到未来海东市能承载的常住人口为 250 万人，与 2020 年现状人口相比可新增承载人口 114.15 万人，可容许进城的人口规模为 150 万人，与 2020 年现状城镇人口相比可新增城镇人口 95.11 万人，据此计算城镇化率可提升到 60%，进入城镇化发展的后期阶段。与 2020 年现状城镇化率相比，海东市未来可新增城镇化率约 19.60%。

10. 海北藏族自治州城镇人口阈值为 38 万人，可新增 25.71 万人，城镇化率可提升到 54.29%

2020 年第七次全国人口普查结果表明，海北藏族自治州常住人口 26.53 万人，已有 12.29 万人住在城里，城镇化率达到 46.32%。综合考虑海北藏族自治州城镇化的特殊性，计算得到未来海北藏族自治州能承载的常住人口为 70 万人，与 2020 年现状人口相比可新增承载人口 43.47 万人，可容许进城的人口规模为 38 万人，与 2020 年现状城镇人口相比可新增城镇人口 25.71 万人，据此计算城镇化率可提升到 54.29%，进入城镇化发展的中期阶段。与 2020 年现状城镇化率相比，海北藏族自治州未来可新增城镇化率约 7.97%。

11. 黄南藏族自治州城镇人口阈值为 27 万人，可新增 15.52 万人，城镇化率可提升到 49.09%

2020 年第七次全国人口普查结果表明，黄南藏族自治州常住人口 27.62 万人，已有 11.48 万人住在城里，城镇化率达到 41.56%。综合考虑黄南藏族自治州城镇化的特殊性，计算得到未来黄南藏族自治州能承载的常住人口为 55 万人，与 2020 年现状人口相比可新增承载人口 27.38 万人，可容许进城的人口规模为 27 万人，与 2020 年现状城镇人口相比可新增城镇人口 15.52 万人，据此计算城镇化率可提升到 49.09%，进入城镇化发展的中期阶段。与 2020 年现状城镇化率相比，黄南藏族自治州未来可新增城镇化率约 7.53%。

12. 海南藏族自治州城镇人口阈值为 55 万人，可新增 36.73 万人，城镇化率可提升到 50%

2020 年第七次全国人口普查结果表明，海南藏族自治州常住人口 44.70 万人，已有 18.27 万人住在城里，城镇化率达到 40.87%。综合考虑海南藏族自治州城镇化的特殊性，计算得到未来海南藏族自治州能承载的常住人口为 110 万人，与 2020 年现状人口相比可新增承载人口 65.30 万人，可容许进城的人口规模为 55 万人，与 2020 年现状城镇人口相比可新增城镇人口 36.73 万人，据此计算城镇化率可提升到 50%，进入城镇化发展的中期阶段。与 2020 年现状城镇化率相比，海南藏族自治州未来可新增城镇化率约 9.13%。

13. 果洛藏族自治州城镇人口阈值为 27 万人，可新增 19.44 万人，城镇化率可提升到 45%

2020 年第七次全国人口普查结果表明，果洛藏族自治州常住人口 21.56 万人，已有 7.56 万人住在城里，城镇化率达到 35.06%。综合考虑果洛藏族自治州城镇化的特殊性，计算得到未来果洛藏族自治州能承载的常住人口为 60 万人，与 2020 年现状人口相比可新增承载人口 38.44 万人，可容许进城的人口规模为 27 万人，与 2020 年现状城镇人口相比可新增城镇人口 19.44 万人，据此计算城镇化率可提升到 45%，进入城镇化发展的中期阶段。与 2020 年现状城镇化率相比，果洛藏族自治州未来可新增城镇化率约 9.94%。

14. 玉树藏族自治州城镇人口阈值为 54 万人，可新增 32.47 万人，城镇化率可提升到 56.84%

2020 年第七次全国人口普查结果表明，玉树藏族自治州常住人口 42.52 万人，已有 21.53 万人住在城里，城镇化率达到 50.63%。综合考虑玉树藏族自治州城镇化的特殊性，计算得到未来玉树藏族自治州能承载的常住人口为 95 万人，与 2020 年现状人口相比可新增承载人口 52.48 万人，可容许进城的人口规模为 54 万人，与 2020 年现状城镇人口相比可新增城镇人口 32.47 万人，据此计算城镇化率可提升到 56.84%，进入城镇化发展的中期阶段。与 2020 年现状城镇化率相比，玉树藏族自治州未来可新增城镇化率约 6.21%。

15. 海西蒙古族藏族自治州城镇人口阈值为 89 万人，可新增 53.15 万人，城镇化率可提升到 84.76%

2020 年第七次全国人口普查结果表明，海西蒙古族藏族自治州常住人口 46.82 万人，已有 35.85 万人住在城里，城镇化率达到 76.57%。综合考虑海西蒙古族藏族自治州城镇化的特殊性，计算得到未来海西蒙古族藏族自治州能承载的常住人口为 105 万人，与 2020 年现状人口相比可新增承载人口 58.18 万人，可容许进城的人口规模为 89 万人，与 2020 年现状城镇人口相比可新增城镇人口 53.15 万人，据此计算城镇化率可提升到 84.76%，进入城镇化发展的终期阶段。与 2020 年现状城镇化率相比，海西蒙古族藏族自治州未来可新增城镇化率约 8.19%。

16. 阿坝藏族羌族自治州城镇人口阈值为 70 万人，可新增 35.87 万人，城镇化率可提升到 48.28%

2020 年第七次全国人口普查结果表明，阿坝藏族羌族自治州常住人口 82.26 万人，已有 34.13 万人住在城里，城镇化率达到 41.49%。综合考虑阿坝藏族羌族自治州城镇化的特殊性，计算得到未来阿坝藏族羌族自治州能承载的常住人口为 145 万人，与 2020 年现状人口相比可新增承载人口 62.74 万人，可容许进城的人口规模为 70 万人，与 2020 年现状城镇人口相比可新增城镇人口 35.87 万人，据此计算城镇化率可提升到 48.28%，进入城镇化发展的中期阶段。与 2020 年现状城镇化率相比，阿坝藏族羌族自治州未来可新增城镇化率约 6.79%。

17. 甘孜藏族自治州城镇人口阈值为 85 万人，可新增 50.66 万人，城镇化率可提升到 39.53%

2020 年第七次全国人口普查结果表明，甘孜藏族自治州常住人口 110.74 万人，已有 34.34 万人住在城里，城镇化率达到 31.01%。综合考虑甘孜藏族自治州城镇化的特殊性，计算得到未来甘孜藏族自治州能承载的常住人口为 215 万人，与 2020 年现状人口相比可新增承载人口 104.26 万人，可容许进城的人口规模为 85 万人，与 2020 年现状城镇人口相比可新增城镇人口 50.66 万人，据此计算城镇化率可提升到 39.53%，进入城镇化发展的中期阶段。与 2020 年现状城镇化率相比，甘孜藏族自治州未来可新增城镇化率约 8.52%。

18. 怒江傈僳族自治州城镇人口阈值为 48 万人，可新增 19.06 万人，城镇化率可提升到 60%

2020 年第七次全国人口普查结果表明，怒江傈僳族自治州常住人口 55.27 万人，已有 28.94 万人住在城里，城镇化率达到 52.36%。综合考虑怒江傈僳族自治州城镇化的特殊性，计算得到未来怒江傈僳族自治州能承载的常住人口为 80 万人，与 2020 年现状人口相比可新增承载人口 24.73 万人，可容许进城的人口规模为 48 万人，与 2020 年现状城镇人口相比可新增城镇人口 19.06 万人，据此计算城镇化率可提升到 60%，进入城镇化发展的后期阶段。与 2020 年现状城镇化率相比，怒江傈僳族自治州未来可新增城镇化率约 7.64%。

19. 迪庆藏族自治州城镇人口阈值为 27 万人，可新增 14.96 万人，城镇化率可提升到 45%

2020 年第七次全国人口普查结果表明，迪庆藏族自治州常住人口 38.75 万人，已有 12.04 万人住在城里，城镇化率达到 31.07%。综合考虑迪庆藏族自治州城镇化的特殊性，计算得到未来迪庆藏族自治州能承载的常住人口为 60 万人，与 2020 年现状人口相比可新增承载人口 21.25 万人，可容许进城的人口规模为 27 万人，与 2020 年现状城镇人口相比可新增城镇人口 14.96 万人，据此计算城镇化率可提升到 45%，进入城镇化发展的中期阶段。与 2020 年现状城镇化率相比，迪庆藏族自治州未来可新增城镇化率约 13.93%。

20. 甘南藏族自治州城镇人口阈值为 70 万人，可新增 40.76 万人，城镇化率可提升到 50%

2020 年第七次全国人口普查结果表明，甘南藏族自治州常住人口 69.18 万人，已有 29.24 万人住在城里，城镇化率达到 42.27%。综合考虑甘南藏族自治州城镇化的特殊性，计算得到未来甘南藏族自治州能承载的常住人口为 140 万人，与 2020 年现状人口相比可新增承载人口 70.82 万人，可容许进城的人口规模为 70 万人，与 2020 年现状城镇人口相比可新增城镇人口 40.76 万人，据此计算城镇化率可提升到 50%，进入城镇化发展的中期阶段。与 2020 年现状城镇化率相比，甘南藏族自治州未来可新增城镇化率约 7.73%。

3.3.3　基于人口综合承载阈值的县级市城镇化水平阈值

根据青藏高原各地市州承载的常住人口、城镇人口和城镇化率上限阈值，结合各县级市第七次人口普查数据以及"十四五"规划纲要等数据，综合评判确定 11 个县级市的城镇人口和城市化水平阈值，如表 3.25 所示。

1. 格尔木市城镇人口阈值为 45.95 万人，可新增 27.81 万人，城镇化率可提升到 91.90%

2020 年第七次全国人口普查结果表明，格尔木市常住人口 22.19 万人，已有 19.82 万人住在城里，城镇化率达到 89.32%。综合考虑格尔木市城镇化的特殊性，计算得到未来格尔木市能承载的常住人口为 50 万人，与 2020 年现状人口相比可新增承载人口 27.81 万人，可容许进城的人口规模为 45.95 万人，与 2020 年现状城镇人口相比可新增城镇人口 26.13 万人，据此计算城镇化率可提升到 91.90%，进入城镇化发展的终期阶段。与 2020 年现状城镇化率相比，格尔木市未来可新增城镇化率约 2.58%。

2. 德令哈市城镇人口阈值为 16.63 万人，可新增 9.47 万人，城镇化率可提升到 83.15%

2020 年第七次全国人口普查结果表明，德令哈市常住人口 8.82 万人，已有 7.16 万人住在城里，城镇化率达到 81.22%。综合考虑德令哈市城镇化的特殊性，计算得到未来德令哈市能承载的常住人口为 20 万人，与 2020 年现状人口相比可新增承载人口 11.18 万人，可容许进城的人口规模为 16.63 万人，与 2020 年现状城镇人口相比可新增城镇人口 9.47 万人，据此计算城镇化率可提升到 83.15%，进入城镇化发展的终期阶段。与 2020 年现状城镇化率相比，德令哈市未来可新增城镇化率约 1.93%。

表 3.25　青藏高原 11 个县级市城镇人口与城镇化水平阈值计算结果表

地区名称	2020 年现状值（七普数据）			未来承载的上限阈值			与 2020 年现状值相比未来可新增量			未来可进入的城镇化阶段
	常住人口/万人	城镇人口/万人	城镇化率/%	常住人口阈值/万人	城镇人口阈值/万人	城镇化率阈值/%	可新增常住人口/万人	可新增城镇人口/万人	可新增城镇化率/%	
格尔木市	22.19	19.82	89.32	50	45.95	91.90	27.81	26.13	2.58	终期
德令哈市	8.82	7.16	81.22	20	16.63	83.15	11.18	9.47	1.93	终期

续表

地区名称	2020 年现状值（七普数据）			未来承载的上限阈值			与 2020 年现状值相比未来可新增量			未来可进入的城镇化阶段
	常住人口/万人	城镇人口/万人	城镇化率/%	常住人口阈值/万人	城镇人口阈值/万人	城镇化率阈值/%	可新增常住人口/万人	可新增城镇人口/万人	可新增城镇化率/%	
茫崖市	1.89	1.65	87.30	5	4.70	94.00	3.11	3.05	6.70	终期
同仁市	10.15	4.75	46.80	20	11.11	55.55	9.85	6.36	8.75	中期
玉树市	14.23	7.57	53.23	30	18.96	63.20	15.77	11.39	9.97	后期
马尔康市	5.84	3.04	52.12	10	5.51	55.10	4.16	2.47	2.98	中期
康定市	12.68	6.86	54.12	25	13.76	55.04	12.32	6.90	0.92	中期
香格里拉市	18.64	7.13	38.25	30	14.79	49.30	11.36	7.66	11.05	中期
合作市	11.22	5.42	48.30	22	12.70	57.73	10.78	7.28	9.43	中期
米林市	2.62	0.59	22.60	10	5.00	50.00	7.38	4.41	27.40	中期
错那市	1.39	0.29	20.61	5	3.00	60.00	3.61	2.71	39.39	中期

3. 茫崖市城镇人口阈值为 4.70 万人，可新增 3.05 万人，城镇化率可提升到 94.00%

2020 年第七次全国人口普查结果表明，茫崖市常住人口 1.89 万人，已有 1.65 万人住在城里，城镇化率达到 87.30%。综合考虑茫崖市作为工矿城市的城镇化的特殊性，计算得到未来茫崖市能承载的常住人口为 5 万人，与 2020 年现状人口相比可新增承载人口 3.11 万人，可容许进城的人口规模为 4.70 万人，与 2020 年现状城镇人口相比可新增城镇人口 3.05 万人，据此计算城镇化率可提升到 94.00%，进入城镇化发展的终期阶段。与 2020 年现状城镇化率相比，茫崖市未来可新增城镇化率约 6.70%。

4. 同仁市城镇人口阈值为 11.11 万人，可新增 6.36 万人，城镇化率可提升到 55.55%

2020 年第七次全国人口普查结果表明，同仁市常住人口 10.15 万人，已有 4.75 万人住在城里，城镇化率达到 46.80%。综合考虑同仁市城镇化的特殊性，计算得到未来同仁市能承载的常住人口为 20 万人，与 2020 年现状人口相比可新增承载人口 9.85 万人，可容许进城的人口规模为 11.11 万人，与 2020 年现状城镇人口相比可新增城镇人口 6.36 万人，据此计算城镇化率可提升到 55.55%，进入城镇化发展的中期阶段。与 2020 年现状城镇化率相比，同仁市未来可新增城镇化率约 8.75%。

5. 玉树市城镇人口阈值为 18.96 万人，可新增 11.39 万人，城镇化率可提升到 63.20%

2020 年第七次全国人口普查结果表明，玉树市常住人口 14.23 万人，已有 7.57 万人住在城里，城镇化率达到 53.23%。综合考虑玉树市城镇化的特殊性，计算得到未来玉树市能承载的常住人口为 30 万人，与 2020 年现状人口相比可新增承载人口 15.77 万人，可容许进城的人口规模为 18.96 万人，与 2020 年现状城镇人口相比可新增城镇人口 11.39 万人，据此计算城镇化率可提升到 63.20%，进入城镇化发展的后期阶段。与 2020 年现状城镇化率相比，玉树市未来可新增城镇化率约 9.97%。

6. 马尔康市城镇人口阈值为 5.51 万人，可新增 2.47 万人，城镇化率可提升到 55.10%

2020 年第七次全国人口普查结果表明，马尔康市常住人口 5.84 万人，已有 3.04 万人住在城里，城镇化率达到 52.12%。综合考虑马尔康市城镇化的特殊性，计算得到未来马尔康市能承载的常住人口为 10 万人，与 2020 年现状人口相比可新增承载人口 4.16 万人，可容许进城的人口规模为 5.51 万人，与 2020 年现状城镇人口相比可新增城镇人口 2.47 万人，据此计算城镇化率可提升到 55.10%，进入城镇化发展的中期阶段。与 2020 年现状城镇化率相比，马尔康市未来可新增城镇化率约 2.98%。

7. 康定市城镇人口阈值为 13.76 万人，可新增 6.90 万人，城镇化率可提升到 55.04%

2020 年第七次全国人口普查结果表明，康定市常住人口 12.68 万人，已有 6.86 万人住在城里，城镇化率达到 54.12%。综合考虑康定市城镇化的特殊性，计算得到未来康定市能承载的常住人口为 25 万人，与 2020 年现状人口相比可新增承载人口 12.32 万人，可容许进城的人口规模为 13.76 万人，与 2020 年现状城镇人口相比可新增城镇人口 6.90 万人，据此计算城镇化率可提升到 55.04%，进入城镇化发展的中期阶段。与 2020 年现状城镇化率相比，康定市未来可新增城镇化率约 0.92%。

8. 香格里拉市城镇人口阈值为 14.79 万人，可新增 7.66 万人，城镇化率可提升到 49.30%

2020 年第七次全国人口普查结果表明，香格里拉市常住人口 18.64 万人，已有 7.13 万人住在城里，城镇化率达到 38.25%。综合考虑香格里拉市城镇化的特殊性，计算得到未来香格里拉市能承载的常住人口为 30 万人，与 2020 年现状人口相比可新增承载人口 11.36 万人，可容许进城的人口规模为 14.79 万人，与 2020 年现状城镇人口相比可新增城镇人口 7.66 万人，据此计算城镇化率可提升到 49.30%，进入城镇化发展的中期阶段。与 2020 年现状城镇化率相比，香格里拉市未来可新增城镇化率约 11.05%。

9. 合作市城镇人口阈值为 12.70 万人，可新增 7.28 万人，城镇化率可提升到 57.73%

2020 年第七次全国人口普查结果表明，合作市常住人口 11.22 万人，已有 5.42 万人住在城里，城镇化率达到 48.30%。综合考虑合作市城镇化的特殊性，计算得到未来合作市能承载的常住人口为 22 万人，与 2020 年现状人口相比可新增承载人口 10.78 万人，可容许进城的人口规模为 12.70 万人，与 2020 年现状城镇人口相比可新增城镇人口 7.28 万人，据此计算城镇化率可提升到 57.73%，进入城镇化发展的中期阶段。与 2020 年现状城镇化率相比，合作市未来可新增城镇化率约 9.43%。

10. 米林市城镇人口阈值为 5.00 万人，可新增 4.41 万人，城镇化率可提升到 50.00%

2020 年第七次全国人口普查结果表明，米林市常住人口 2.62 万人，已有 0.59 万人住在城里，城镇化率达到 22.60%。综合考虑米林市城镇化的特殊性，计算得到未来米林市能承载的常住人口为 10 万人，与 2020 年现状人口相比可新增承载人口 7.38 万人，可容许进城的人口规模为 5 万人，与 2020 年现状城镇人口相比可新增城镇人口 4.41 万人，据此计算城镇化率可提升到 50.00%，进入城镇化发展的中期阶段。与 2020 年现状城镇化率相比，米林市未来可新增城镇化率约 27.40%。

11. 错那市城镇人口阈值为 3.00 万人，可新增 2.71 万人，城镇化率可提升到 60.00%

2020 年第七次全国人口普查结果表明，错那市常住人口 1.39 万人，已有 0.29 万人住在城里，城镇化率达到 20.61%。综合考虑错那市城镇化的特殊性，计算得到未来错那市能承载的常住人口为 5 万人，与 2020 年现状人口相比可新增承载人口 3.61 万人，可容许进城的人口规模为 3.00 万人，与 2020 年现状城镇人口相比可新增城镇人口 2.71 万人，据此计算城镇化率可提升到 60.00%，进入城镇化发展的中期阶段。与 2020 年现状城镇化率相比，错那市未来可新增城镇化率约 39.39%。

3.4　进城人口能科学配置到高原哪些城市？

根据青藏高原城镇化的特殊使命和特殊目标，城镇化空间布局拟采取小集聚大分散的星星点灯式空间配置模式。未来可容许的进城人口将小集聚布局在西宁都市圈、拉萨城市圈和柴达木城镇圈，三大都市圈 2020 年集聚的常住人口占青藏高原的 40.79%，城镇人口占 55.66%，未来可集聚的常住承载人口占青藏高原的 38.54%，可承载的城镇人口占 49.84%；适度分散布局到 11 个重要节点城市，这些节点城市目前集聚的常住人口占青藏高原的 23.22%，城镇人口占 14.32%，未来可集聚的常住承载人口占青藏高原的 25.08%，可承载的城镇人口占 19.44%；大分散到重点固边城镇，这些固边城镇目前集聚的常住人口占青藏高原的 17.99%，城镇人口占 15.01%，未来可集聚的常住承载人口占青藏高原的 36.37%，可承载的城镇人口占 30.73%（表 3.26，表 3.27）。最终形成"三圈四带多节点"的固边型城镇发展空间配置格局。

表 3.26　青藏高原各城市承载的城镇人口阈值空间配置表

地区名称	2020 年现状值（七普数据）			未来承载的上限阈值			与 2020 年现状值相比未来可新增量		
	常住人口/万人	城镇人口/万人	城镇化率/%	常住人口阈值/万人	城镇人口阈值/万人	城镇化率阈值/%	可新增常住人口/万人	可新增城镇人口/万人	可新增城镇化率/%
西宁都市圈	382.65	248.95	65.06	680	510.00	75.00	297.35	261.05	9.94
西宁市	246.80	194.06	78.63	430	360.00	83.72	183.20	165.94	5.09
海东市	135.85	54.89	40.40	250	150.00	60.00	114.15	95.11	19.60
拉萨城市圈	122.19	71.85	58.80	260	175.00	67.31	137.81	103.15	8.51
拉萨市	86.79	60.55	69.77	150	120.00	80.00	63.21	59.45	10.23
山南市	35.40	11.30	31.92	110	55.00	50.00	74.60	43.70	18.08
柴达木城镇圈	31.01	26.98	87.00	70	62.58	89.40	38.99	35.60	2.40
格尔木市	22.19	19.82	89.32	50	45.95	91.90	27.81	26.13	2.58
德令哈市	8.82	7.16	81.22	20	16.63	83.15	11.18	9.47	1.93
重要节点城市	304.94	89.52	29.36	657	291.53	44.37	352.06	202.01	15.01
日喀则市	79.82	18.43	23.09	170	70.00	41.18	90.18	51.57	18.09
昌都市	76.10	13.30	17.48	100	30.00	30.00	23.90	16.7	12.52
林芝市	23.89	9.77	40.90	155	77.00	49.68	131.11	67.23	8.78
那曲市	50.48	11.60	22.98	90	33.00	36.67	39.52	21.4	13.69
茫崖市	1.89	1.65	87.30	5	4.70	94.00	3.11	3.05	6.70
同仁市	10.15	4.75	46.80	20	11.11	55.55	9.85	6.36	8.75
玉树市	14.23	7.57	53.23	30	18.96	63.20	15.77	11.39	9.97
马尔康市	5.84	3.04	52.12	10	5.51	55.10	4.16	2.47	2.98
康定市	12.68	6.86	54.12	25	13.76	55.04	12.32	6.90	0.92
香格里拉市	18.64	7.13	38.25	30	14.79	49.30	11.36	7.66	11.05
合作市	11.22	5.42	48.30	22	12.70	57.73	10.78	7.28	9.43
米林市	2.62	0.59	22.60	10.00	5.00	50.00	7.38	4.41	27.40
错那市	1.39	0.29	20.61	5.00	3.00	60.00	3.61	2.71	39.39
重要固边城镇	232.30	92.95	40.01	953	460.89	48.36	480.38	273.24	8.66
青藏高原	1077.10	531.13	49.31	2620	1500.00	57.25	1306.59	875.05	9.67

表 3.27　青藏高原各城市承载的城镇人口阈值占比表　　　　（单位：%）

	2020 年常住人口	2020 年城镇人口	常住人口阈值	城镇人口阈值	可新增常住人口	可新增城镇人口
西宁都市圈	35.53	46.87	25.95	34.00	22.76	29.83
西宁市	22.91	36.54	16.41	24.00	14.02	18.96
海东市	12.61	10.33	9.54	10.00	8.74	10.87
拉萨城市圈	11.34	13.53	9.92	11.67	10.55	11.79
拉萨市	8.06	11.40	5.73	8.00	4.84	6.79
山南市	3.29	2.13	4.20	3.67	5.71	4.99
柴达木城镇圈	2.88	5.08	2.67	4.17	2.93	4.07
格尔木市	2.06	3.73	1.91	3.06	2.13	2.99
德令哈市	0.82	1.35	0.76	1.11	0.86	1.08
重要节点城市	28.68	17.02	25.65	19.97	27.79	23.90
日喀则市	7.41	3.47	6.49	4.67	6.90	5.89
昌都市	7.07	2.50	3.82	2.00	1.83	1.91
林芝市	2.22	1.84	5.92	5.13	10.03	7.68
那曲市	4.69	2.18	3.44	2.20	3.02	2.45
茫崖市	0.18	0.31	0.19	0.31	0.24	0.35
同仁市	0.94	0.89	0.76	0.74	0.75	0.73
玉树市	1.32	1.43	1.15	1.26	1.21	1.30
马尔康市	0.54	0.57	0.38	0.37	0.32	0.28
康定市	1.18	1.29	0.95	0.92	0.94	0.79
香格里拉市	1.73	1.34	1.15	0.99	0.87	0.88
合作市	1.04	1.02	0.84	0.85	0.83	0.83
米林市	0.24	0.11	0.38	0.33	0.56	0.50
错那市	0.13	0.05	0.19	0.20	0.28	0.31
重要固边城镇	21.57	17.50	1.52	63.53	35.27	5.53

3.4.1　小集聚到西宁都市圈、拉萨城市圈和柴达木城镇圈

西宁都市圈、拉萨城市圈和柴达木城镇圈作为青藏高原城镇化的三大核心区，是青藏高原今天和未来可容许的进城人口最集中的地区，也是城镇化水平最高的地区。2020 年三大都市圈集聚的常住人口 535.85 万人，占青藏高原常住人口的 40.79%，集聚的城镇人口为 347.78 万人，占青藏高原城镇人口的 55.66%；2020 年三大都市圈平均城镇化率达到 66.88%，其中西宁都市圈、拉萨城市圈和柴达木城镇圈城镇化率分别高达 65.06%、58.80% 和 87.00%。未来可集聚的常住承载人口 1010 万人，占青藏高原的 38.54%，可承载的城镇人口 747.58 万人，占可承载城镇人口的 49.84%。与 2020 年相比，未来三大都市圈集聚的常住人口比重和城镇人口比重均有所降低，集聚的人口将有力

支撑西宁都市圈、拉萨城市圈和柴达木城镇圈建设。

1. 西宁都市圈城镇人口阈值为 510.00 万人，可新增 261.05 万人，城镇化率可提升到 75.00%

2020 年第七次全国人口普查结果表明，西宁都市圈（以西宁市和海东市为统计口径）常住人口 382.65 万人，占青藏高原的 29.13%，已有 248.95 万人住在城里，占青藏高原的 39.84%，城镇化率达到 65.06%。综合考虑西宁都市圈城镇化的特殊性，计算得到未来西宁都市圈能承载的常住人口为 680 万人，占青藏高原的 25.95%；与 2020 年现状人口相比可新增承载人口 297.35 万人，占青藏高原的 22.76%，可容许进城的人口规模为 510.00 万人，占青藏高原的 34.00%；与 2020 年现状城镇人口相比可新增城镇人口 261.05 万人，占青藏高原的 29.83%，据此计算城镇化率可提升到 75.00%，进入城镇化发展的后期阶段。与 2020 年现状城镇化率相比，西宁都市圈未来可新增城镇化率约 9.94%。西宁都市圈将是青藏高原发育程度最高的都市圈。

2. 拉萨城市圈城镇人口阈值为 175.00 万人，可新增 103.15 万人，城镇化率可提升到 67.31%

2020 年第七次全国人口普查结果表明，拉萨城市圈（以拉萨市和山南市为统计口径）常住人口 122.19 万人，占青藏高原的 9.30%，已有 71.85 万人住在城里，占青藏高原的 11.50%；城镇化率达到 58.80%。综合考虑拉萨城市圈城镇化的特殊性，计算得到未来拉萨城市圈能承载的常住人口为 260 万人，占青藏高原的 9.92%；与 2020 年现状人口相比可新增承载人口 137.81 万人，占青藏高原的 10.55%，可容许进城的人口规模为 175.00 万人，占青藏高原的 11.67%；与 2020 年现状城镇人口相比可新增城镇人口 103.15 万人，占青藏高原的 11.79%，据此计算城镇化率可提升到 67.31%，进入城镇化发展的后期阶段。与 2020 年现状城镇化率相比，拉萨城市圈未来可新增城镇化率约 8.51%。拉萨城市圈是青藏高原发育程度仅次于西宁都市圈的第二大城市圈。

3. 柴达木城镇圈城镇人口阈值为 62.58 万人，可新增 35.60 万人，城镇化率可提升到 89.40%

2020 年第七次全国人口普查结果表明，柴达木城镇圈（以格尔木市和德令哈市为统计口径）常住人口 31.01 万人，占青藏高原的 2.36%，已有 26.98 万人住在城里，占青藏高原的 4.32%；城镇化率达到 87.00%。综合考虑柴达木城镇圈城镇化的特殊性，计算得到未来柴达木城镇圈能承载的常住人口为 70 万人，占青藏高原的 2.67%；与 2020 年现状人口相比可新增承载人口 38.99 万人，占青藏高原的 2.98%，可容许进城的人口规模为 62.58 万人，占青藏高原的 4.17%；与 2020 年现状城镇人口相比可新增城镇人口 35.60 万人，占青藏高原的 4.07%，据此计算城镇化率可提升到 89.40%，进入城镇化发展的终期阶段。与 2020 年现状城镇化率相比，柴达木城镇圈未来可新增城镇化率约 2.40%。柴达木城镇圈是青藏高原发育程度仅次于西宁都市圈和拉萨城市群的第三大高度城镇化地区。

3.4.2　中分散到重要节点城市，支撑高原美丽城市建设

青藏高原城镇人口除了高度集中于西宁都市圈、拉萨城市圈和柴达木城镇圈外，还适度分散布局到日喀则市、昌都市、林芝市、那曲市、茫崖市、同仁市、玉树市、马尔康市、康定市、香格里拉市、合作市、米林市、错那市共 13 个重要节点城市。

2020 年第七次全国人口普查结果表明，13 个重要节点城市常住人口 304.94 万人，占青藏高原的 23.22%；已有 89.52 万人住在城里，占青藏高原的 14.32%；城镇化率偏低，只有 29.36%，尚处在城镇化的初级阶段。综合考虑 13 个重要节点城市城镇化的特殊性，计算得到未来 13 个重要节点城市能承载的常住人口为 657 万人，占青藏高原的 25.08%；与 2020 年现状人口相比可新增承载人口 352.06 万人，占青藏高原的 26.94%，可容许进城的人口规模为 291.53 万人，占青藏高原的 19.44%；与 2020 年现状城镇人口相比可新增城镇人口 202.01 万人，占青藏高原的 23.09%，据此计算城镇化率可提升到 44.37%，进入城镇化发展的中期阶段。与 2020 年现状城镇化率相比，13 个重要节点城市未来可新增城镇化率约 15.01%。13 个重要节点城市是青藏高原固边型城镇体系建设的重要战略节点。

3.4.3　大分散到固边城镇，支撑固边型城镇体系建设

青藏高原散布着大大小小 474 个城镇，这些城镇对守土固边发挥着不可替代的重要作用，未来要将相对多的人口布局到重点固边城镇中去，提升边境城镇人口比重，加强固边城镇的基础设施建设，提升其固边能力。

2020 年第七次全国人口普查结果表明，青藏高原重要固边城镇常住人口 236.31 万人，占青藏高原的 17.99%；已有 93.83 万人住在城里，占青藏高原的 15.01%；城镇化率偏低，只有 39.70%，尚处在城镇化的中级阶段。综合考虑重要固边城镇的城镇化特殊性，计算得到未来重要固边城镇能承载的常住人口为 953 万人，占青藏高原的 36.37%；与 2020 年现状人口相比可新增承载人口 480.38 万人，占青藏高原的 36.77%，可容许进城的人口规模为 460.89 万人，占青藏高原的 30.73%；与 2020 年城镇人口相比可新增城镇人口 273.24 万人，占青藏高原的 31.23%，据此计算城镇化率可提升到 48.36%，继续处在城镇化发展的中期阶段。与 2020 年现状城镇化率相比，重要固边城镇未来可新增城镇化率约 8.66%。重要固边城镇也是青藏高原固边型城镇体系建设的重要战略节点，未来将其建成固边能力强的高原美丽城镇。

参考文献

樊杰 , 王亚飞 , 汤青 , 等 . 2015. 全国资源环境承载能力监测预警（2014 版）学术思路与总体技术流程 .

地理科学, 35(1): 1-10.

方创琳. 2022. 青藏高原城镇化发展的特殊思路与绿色发展路径. 地理学报, 77(8): 1707-1719.

方创琳, 鲍超, 王振波, 等. 2023. 青藏高原城镇化及生态环境效应. 北京: 科学出版社.

方创琳, 李广东. 2015. 西藏新型城镇化的特殊性及渐进模式与对策建议. 中国科学院院刊, 30(3): 294-305.

葛全胜, 方创琳, 张宪洲, 等. 2015. 西藏经济社会发展战略与创新对策. 中国科学院院刊, 30(3): 286-293.

韩蕾, 曹国良, 王静晞, 等. 2014. 关中地区大气环境承载力分析. 环境工程, 32(9): 147-151.

惠泱河, 蒋晓辉, 黄强, 等. 2001a. 二元模式下水资源承载力系统动态仿真模型研究. 地理研究, (2): 191-198.

惠泱河, 蒋晓辉, 黄强, 等. 2001b. 水资源承载力评价指标体系研究. 水土保持通报, (1): 30-34.

刘年磊, 卢亚灵, 蒋洪强, 等. 2017. 基于环境质量标准的环境承载力评价方法及其应用. 地理科学进展, 36(3): 296-305.

卢亚灵, 蒋洪强, 刘年磊, 等. 2017. 基于新空气质量标准的全国大气环境承载力评价. 中国环境监测, 33(3): 65-72.

阮本青, 沈晋. 1998. 区域水资源适度承载能力计算模型研究. 土壤侵蚀与水土保持学报, (3): 58-62.

施雅风, 曲耀光. 1992. 乌鲁木齐河流域水资源承载力及其合理利用. 北京: 科学出版社.

夏军, 朱一中. 2002. 水资源安全的度量: 水资源承载力的研究与挑战. 自然资源学报, (3): 262-269.

许有鹏. 1993. 干旱区水资源承载能力综合评价研究——以新疆和田河流域为例. 自然资源学报, (3): 229-237.

曾维华, 等. 2014. 环境承载力理论、方法及应用. 北京: 化学工业出版社.

郑健, 关宁, 杨成梅. 2015. 干旱区绿洲城市大气环境承载力分析及预测——以乌鲁木齐市为例. 西北师范大学学报(自然科学版), 51(6): 110-114.

周云. 2015. 环境影响评价中大气环境承载力分析. 资源节约与环保, 12(2): 113.

Hoekstra A Y, Mekonnen M M, Chapagain A K, et al. 2012. Global monthly water scarcity: Blue water footprints versus blue water availability. PLoS One, 7(2): e32688.

Mekonnen M M, Hoekstra A Y. 2016. Four billion people facing severe water scarcity. Science Advances, 2(2): e1500323.

第 4 章

高原城镇化绿色发展的特殊道路与格局及模式

青藏高原推进城镇化绿色发展，有着与内地截然不同的特殊使命和特殊道路，青藏高原的城镇化是护卫国家安全屏障、保护国家生态安全屏障、保护亚洲水塔避免失稳失衡、传承中华民族传统文化的守土固边型、护卫水塔型、生态富民型、绿色驱动型和文化型城镇化。青藏高原城镇化发展存在着与内地完全不同的特殊问题，未来发展有着国家赋予的特殊目标，需要根据青藏高原城镇化的资源环境承载阈值，围绕特殊使命和特殊目标，构建城镇化发展的等级规模格局、职能结构格局和"三圈四带多节点"的空间结构格局，需要采取完全不同的特殊发展模式，包括守土固边型、绿色驱动型、护卫水塔型、传承文化型、游客拉动型、宿镇牧乡型、生态富民型、小聚大散型、对口结对型、城乡融合型等城镇化发展模式。

4.1　高原城镇化绿色发展的特殊使命与特殊问题

青藏高原是我国江河之源、生态宝库、重要牧场；生态脆弱、城镇分散；经济基础薄弱，人均收入较低。青藏高原若要与全国同步基本实现现代化，必须推进绿色低碳发展，减少人类活动对大自然的干扰和损害，走出一条人与自然和谐相处的新型城镇化绿色发展道路。筑牢国家生态安全屏障，解决发展不充分、不平衡问题，提升经济总体效率，促进产业转型升级，实现基本公共服务均等化，是青藏高原现代化的建设方向，也是城镇化建设的重要内容。因此，推进新型城镇化绿色发展，是青藏高原同步基本实现现代化的必由之路。

4.1.1　高原城镇化的特殊使命与思路

1. 特殊使命

青藏高原城镇化的特殊使命在于：是护卫国家安全屏障的固边型城镇化，是保护国家生态安全屏障的绿色城镇化，是保护亚洲水塔避免失稳失衡的护塔型城镇化，是传承中华民族传统文化的文化型城镇化，是确保高原人民基本实现现代化的新型城镇化。这种特殊使命决定了青藏高原新型城镇化的战略地位十分重要，对建设好"两屏四基地"、守护好世界上最后一方净土发挥着十分重要的作用，也决定了青藏高原城镇化的特殊道路。

2. 特殊思路

围绕世界屋脊的城镇化或地球第三极的城镇化，深入贯彻落实中央城镇化工作会议精神，立足青藏高原城镇化与经济社会发展的阶段性特征、自然地理资源条件和欠发达的边疆少数民族地区等特殊性，突出地域、民族、文化特色，坚持以人为本、优化布局、生态文明、传承文化的基本原则，坚持以人的城镇化为核心，有序推进农牧业转移人口镇民化，构建更加公平的社会保障制度，确保各族群众进一步共享现代文明和改革发展成果，积极稳妥推进符合青藏特点的绿色城镇化。

（1）保障国家安全，该快则快，需稳则稳，确保边境和农村地区有足量的人口。

围绕国家"两屏四基地"建设，充分认识青藏高原新型城镇化的特殊性和长期性，坚持从特殊区情出发，准确把握高原经济社会和城镇化所处的特殊发展阶段及规律，统筹考虑少数特殊的民族生活习惯和特殊的生产方式，正确处理好青藏高原城镇化速度与质量之间的辩证关系，既不要冒进，也不要坐等，该快则快，需稳则稳，积极稳妥，有序推进。到2025年青藏高原城镇化率控制在50%左右，到2035年控制在55%左右。

（2）聚散有度，小聚大散，宜聚则聚，需散则散，在散聚中形成昼星点灯格局。

青藏高原土地面积大，人口总量小，居住很分散，人口密度仅为2.6人/km²，重点生态功能区和禁止开发区面积大，在这样一个分散的高原上推进以农牧民为核心的主动型城镇化，需要宜聚则聚，宜散则散，适度集聚，适度规模，聚散结合，突出西宁都市圈、拉萨城市圈、柴达木城镇圈和青藏铁路沿线、川藏通道沿线、唐蕃古道沿线、边境沿线"三圈四带"的集聚效应。在疏解集聚过程中，既要充分尊重农牧民意愿，又要统筹考虑农牧民生活习惯、城镇综合承载能力，积极稳妥推进农牧区人口向小城镇适度聚集，增强农牧民非农就业能力，让进入小城镇的农牧民留得住、回得去、过得好，逐步融入城镇，公平享受社会公共服务。

（3）住在镇里，牧在乡里，就近落户，就地就业，就近就地镇民化。

推进青藏高原农牧区新型城镇化的最佳途径就是在小城镇建牧民集中社区住家，乡下办牧场，即把家安在小城镇里，老人、小孩等住在城镇里，青壮年在乡下放牧或者雇人放牧。通过这种过渡办法，由农牧民到城镇居民，经过若干年完全脱离畜业，转入第二、第三产业，剩下的一部分牧户变成规模较大的家庭牧场，这应是青藏高原牧区城镇化的发展目标。早在"九五"期间，甘肃阿克塞哈萨克族自治县、肃北县相当一部分牧民紧紧抓住县城搬迁机遇，雇人放牧，自己在城里从事第二、第三产业，政府出台优惠政策，积极引导牧区人口向县城聚集，在县城修建了标准化牧民定居点——民族村、牧民新村和花园式牧民小区。这些成功经验值得借鉴。

以中国虫草之乡杂多县牧区城镇化为例，2022年7月20~26日实地调研发现，杂多县牧民采取的宿镇牧乡型城镇化模式的路径是，一家人约20口进行合理分工，大家共同在镇上买房或建房居住，一部分人继续开车或骑摩托车白天去放牧或几个月去放牧，另一部分人在城里负责接送全家孩子上学，并打零工，每年的虫草收入、打工收入和放牧收入由全家共同分配。

（4）突出特色，彰显民风，弘扬文化，承接地气，建设高原美丽城镇。

绿色城镇化必须紧密结合当地实际，体现青藏高原特色，关键是要接地气、有浓浓的"酥油糌粑味"，从规划、设计到建设各个环节，都要充分体现民族特色、文化特色、地域特色和时代特点，不搞内地城镇翻版，不求大求精，不求洋求特。要使城镇村街建设既满足当地居民需要、赋予时代气息，又保持历史传统、展现民族风情；要突出文化特点，弘扬传承藏传佛教优秀文化，如"一江两河"流域突出卫藏风格城镇、尼洋河流域突出工布风格城镇、藏东"三江"流域突出康巴风格城镇、藏北突出羌塘游牧文化风格城镇、藏西突出象雄古格风格城镇建设，把城镇建设成为承载民族特色、传承民族文化的历史名镇；同时要突出边疆特点，建设一批边境口岸城镇，形成亮丽风景，展示国门形象。

4.1.2 高原城镇化发展存在的特殊问题

青藏高原城镇化绿色发展存在的主要问题包括：城镇数量少、规模小，城镇化率低，职能单一且辐射能力弱；城镇化发展主要靠外部"输血"推动，内生经济动力不足；边境地区人口下降，边境城镇带建设滞后；高原文化重发展轻传承轻保护，导致文化名镇特色不突出；城镇集中分布区生态退化，人口分散区生态保护成本高；高原人居环境建设水平低，城镇风貌"雷同现象"明显；作为青藏高原城镇化重点地区的西宁都市圈、拉萨城市圈和柴达木城镇圈同城化程度低，辐射带动作用弱。

1. 城镇数量少、规模小，城镇化率低，职能单一且辐射能力弱

城镇化是指伴随着工业化发展，非农产业在城镇集聚、农村人口向城镇集中的自然历史过程。随着现代化战略的推进，我国城镇化战略不断完善，城镇化内涵不断丰富。从重建设、重扩张的城镇化，到重人口、重服务的城镇化，实现了经济社会发展普遍规律与工业化城镇化实践相结合，确立了以促进人的城镇化为核心、以提高质量为导向的新型城镇化战略。进入"十四五"时期，中国城镇化开启了转型发展新征程、进入高质量发展新阶段。2020年，中国城镇化率达到63.89%，进入后期发展阶段，而青藏高原的城镇化率只有47.6%，步入中期发展阶段，处于快速发展轨道。

（1）高原人口缓慢增长，城镇化率偏低，边境人口在减少。

第七次全国人口普查数据显示，2020年青藏高原常住人口1313.41万人，是中华人民共和国成立初期1953年（454.38万人）的近3倍。人口密度5.95人/km²，常住人口占全国人口的比重只有0.91%，城镇人口持续增加到624.95万人，每年新增城镇人口约13.11万人。城镇化率稳步提升至47.6%，但仍低于全国平均水平13个百分点。其中，西藏城镇化率由2015年的30%提高到2020年的35.7%，年均增长超过1个百分点；青海城镇化率由2015年的50.3%提高到2020年的60.08%，年均增长约2%；2020年四川甘孜藏族自治州城镇化率为31.01%，阿坝藏族羌族自治州为41.49%；云南迪庆藏族自治州为31.7%；甘肃甘南藏族自治州为42.27%。即使如此，因撤乡建镇，相当一部分农牧业人口虽然转户为城镇户籍，居住在城镇，但实际上仍然从事农牧业生产。按照城镇化发展的"S"形曲线判断，青藏高原刚刚进入城镇化中期的快速发展阶段，应该是一种符合青藏高原特点的低速低水平城镇化。按此增长速度下去，大约到2025年青藏高原常住人口城镇化率将达到50%，届时在青藏高原将有一半人住在城里、一半人住在乡里。城镇化率超过70%的有茫崖市、西宁市、格尔木市、拉萨市、德令哈市5个城市。高原人口空间集疏效应差异显著，拉萨市人口集聚能力最为突出，年均增长3.1万人，而人口规模最大的西宁市年均增长2.6万人，2010～2020年海西蒙古

族藏族自治州、海北藏族自治州、阿坝藏族羌族自治州、迪庆藏族自治州等自治州出现人口负增长。高原人口呈"四增两减"态势，空间分布极不均衡，表现为常住人口、流动人口、旅游人口和城镇人口在增加，而边境人口和少数民族人口在减少。

青藏高原人口结构相对年轻，但人口受教育水平低。根据第七次全国人口普查数据，西藏和青海两省区人口增长快于全国平均水平。人口平均年龄相对较低，西藏尚未进入老龄化，青海刚刚迈入老龄化社会门槛。人口受教育水平低于全国平均水平，两地每万人中具有大学文化程度的人口均明显上升，但都还有不少文盲人口，其中青海文盲率为 7.94%，仍居高位。广大农牧民整体劳动素质偏低，转移就业难度较大。

(2) 城镇数量少规模小，职能单一且辐射带动能力弱，城镇基础设施建设滞后。

青藏高原范围内近 493 个城镇中，仅有 19 个设市城市，且人口高度集中在西宁、拉萨、格尔木等少数几个城市，城市等级规模结构不合理；城镇规模普遍偏小，85%以上的城镇人口小于 1 万人，96% 以上的城镇人口小于 5 万人，城镇规模效益不高，大部分城镇辐射带动能力较弱。受自然条件、资源条件、交通和经济发展水平等因素影响，无论城镇数量、城镇化率，还是城镇空间布局都呈现出西北稀疏、东南密集的不均衡格局。在青海湟水河谷、西藏"一江两河"流域等基础条件较好的地区，城镇分布较为密集，导致资源环境承载压力大；而在其他地区，城镇密度小，较难享受到城镇服务功能。城镇职能类型较为单一，主导产业牵引能力弱，城镇间产业关联不强，大多建制镇是国家从守土卫国、行使主权、完成对某一地区的地域管理需要出发而设置的，更多行使的是行政管理职能，而经济活动以自我服务为主，只限于满足日常基本需求的交易和农副产品的初级加工等，经济功能较弱。由于缺少主导产业的牵引，城镇间有效的职能分工协作关系不明晰，缺少产业关联和有机组合，缺少区内经济循环。城镇基础设施建设水平普遍落后，多数城镇道路、供排水、污水和垃圾处理、绿化等设施仍维持在较低水平，科技、教育、卫生医疗设施严重不足，城镇公共社会服务功能亟待加强。

青藏高原都市圈和城镇群仍处于培育发展阶段。城镇布局总体上比较散乱，相对密集部分主要分布在河湟谷地和拉萨河谷。每万平方公里城镇数不足 2 个。约 1/3 的城镇分布在海拔 3000m 以上，生产生活条件相对较差。

2. 城镇化发展主要靠外部"输血"推动，内生经济动力不足

青藏高原整体经济水平与全国相比还较低，2020 年西藏和青海 GDP 分别为 1902.74 亿元和 3005.92 亿元，分别位列 31 个省（自治区、直辖市）倒数第 1 和第 2 位；人均 GDP 分别为 54277 元和 49454 元，大大低于全国平均值 72568 元。除西宁、拉萨等少数几个城市经济实力较强之外，大部分城镇和乡村经济发展水平较低，城镇经济主要是公共服务业，乡村经济主要依靠农牧业，城镇发展缺少绿色工业和现代服务业，就业机会缺乏，城镇职工就业主要靠政府安置，工资主要靠国家财政。分析发现，青藏高原目前的工业化水平在 26% 上下，仍处于工业化初级阶段；而且规模工业主要集中在

西宁市、海西蒙古族藏族自治州、海东市和拉萨市，四地工业总产值占青藏高原工业总产值的约 94%。由于青藏高原面积广袤、交通不便，四地工业发展对高原城镇化的带动能力低。1984 年第三次西藏工作座谈会开始了"对口援藏"新模式，2011 年启动对口支援青海六州工作，外部援藏的资金、人才、物资推动了青藏高原特别是边远欠发达地区的城镇化加快发展步伐，可见高原城镇化过程主要靠外部"输血"推动，内部动力支撑不足。这种局面长久下去，既给国家增加财政负担，也不利于高原城镇化的健康发展，亟须转变发展方式，增强高原城镇化的内生动力。科考中发现，这也是高原各级政府和居民共同的呼声和愿望。

青藏高原生态服务潜力巨大，但生态价值难以转化，产业支撑能力不足。青藏高原是我国多条大江大河的发源地，是珍稀野生动物的天然栖息地和高原物种基因库，是我国乃至亚洲重要的生态安全屏障。近年来，国家在青藏高原建立了重点生态功能区转移支付、森林生态效益补偿、草原生态保护补助奖励、湿地生态效益补偿等生态补偿机制。但是，青藏高原提供的生态产品和生态服务，并未核算转化为经济价值，生态价值潜力尚未得到有效发挥。地方特色产业发展较快，初步形成了特色资源加工、高原生物制品、生态农畜产品加工和高原旅游等特色产业，但产业发展关联度低、协同性差，产业链总体处于价值链中低端。人才科技支撑仍然是发展的最突出短板，外地人才引进难与本地人才留不住问题长期存在。科技投入长期不足，创新基础和能力薄弱。

3. 边境地区人口下降，边境城镇带建设滞后

在综合科学考察中发现，青藏高原边境地区人口急速下降，专业技能人才严重缺乏，城镇体系发育缓慢，急需有序引导人口向边境地区集聚，构建固边型镇村体系。

（1）印度、不丹等边境地区人口快速增长，而我国边境地区人口急速下降。

中印边境 200km 缓冲区内外，近 10 年印度侧人口快速增长区占 70%，而我国境内只有 40%；中不 50km 缓冲区内外，不丹侧人口快速增长区占 40%，而我国境内只有 13%，且印度、不丹人口快速增长区都毗邻藏南地区、洞朗地区等地区。按照第四次全国人口普查数据，1982 ～ 2010 年的 28 年间，青藏高原 21 个边境县（包含毗邻被印度侵占藏南地区的县）的人口增长规模持续下降，1982 ～ 1990 年、1990 ～ 2000 年、2000 ～ 2010 年年均增长分别为 5523 人、5079 人、4264 人。到 2015 年青藏高原 21 个边境县常住人口为 43.76 万人，较 2010 年的 40.64 万人虽略有增长，但比印度、不丹一侧增长要慢得多和少得多。其中，毗邻藏南地区的错那市出现总人口负增长；洛扎县、岗巴县、错那市、隆子县等地区呈现人口净流出，这些县多数毗邻中印、中不交界地区或争议地区。

（2）边境地区曾属城镇体系发育缓慢，城镇化率极低。

改革开放以来，青藏高原边境地区 162 个乡镇中，新增建制镇仅 31 个，建制镇主要分布在县城和边境口岸地区，其他多数地区仍然以乡建制为主，人口仍主要在农村居民点分散分布，是我国城镇体系发育最慢的地区之一。第六次全国人口普查数据显示，青藏高原边境地区城镇人口 6.9 万人，常住人口城镇化率仅为 16.89%，处于城镇化发

展初期阶段的低水平状态，远滞后于全国大多数地区。

（3）边境地区曾属城乡特困人口连片集中，专业技能人才严重缺乏。

青藏高原边境地区日土县至洛扎县段曾主要是藏族聚居区，而藏南地区所处的错那市至察隅县段主要是门巴族和珞巴族聚居区，这些边境地区曾是我国集中连片贫困区之一，近1/3的人口属于脱贫后巩固人口，多数县曾达到特困县水平。文化程度低是返贫的主要原因之一，21个边境县受高等教育人口仅5%左右，超过80%的就业人口从事农林牧副渔业，缺乏卫生、技术服务等专业技术人才，存在"设备齐全、人才空心"现象。

4.高原文化重发展轻传承轻保护，导致文化名镇特色不突出

（1）重发展轻传承，文化土壤易受冲击。

大规模旅游活动和外部投资加速了高原城镇化进程，现代技术的快速发展提高了民众生活的便利程度，但与此同时传统的高原民族文化也随之受到内地和西方文化的剧烈冲击，现阶段高原历史文化名城名镇的保护与开发工作存在较大矛盾。各地（市）、县的新型城乡规划对特色文化保护传承的力度较弱，不同省市对口藏区实施的城乡建设多沿用内地的建设思路，城乡建设理念多体现援藏省市的文化符号，导致当前高原诸多城市的建筑风格、居住环境和街道布局千篇一律，难以体现与传承当地特色文化。历史文化积淀比较厚的旧城与经济发展比较好的新城在处理文化保护和经济发展问题的时候出现难以调和的矛盾。高原文化名城名镇的文化保护传承忽视了群众力量，文化素质教育和大众普及程度较弱，民众文化保护传承意识不足，致使文化保护传承氛围不浓厚，根基不坚固。

（2）重观光、轻体验，文化吸引力相对不足。

高原历史文化名城名镇的文化遗产具有稀缺性、独特性和不可再生性，独特的资源加速着高原旅游发展，但旅游产业发展在景点和项目规划设计上以强调观光为主，忽视了文化体验和参与，游客文化感知不深刻，文化吸引力相对不足。此外，许多民族文化旅游景点或项目在规划和经营上重点强调外在包装、经营业绩和旅游产品，致使民族文化旅游失去了许多原汁原味的元素。高原地区海拔较高，环境艰苦，高原缺氧环境或频发的自然灾害令许多潜在的外地游客望而却步，而部分名城名镇的旅游健康配套设施供应能力不足，包括酒店供氧能力、医疗救援能力等都不足以支撑游客的健康需求，降低了许多游客的体验愉悦度和满足感，这成为高原名城名镇发展的瓶颈所在。

（3）重外援，轻内生，自我"造血"功能较弱。

目前，高原文化建设过于依赖外部力量，内生动力不足，自我"造血"功能较弱，可持续发展能力较低。具体体现在，一是文化保护过于依赖中央财政资金补助，地（市）、县一级的财政投入十分有限，地方财政难以支撑，高原历史文化名城名镇保护的资金来源较为单一，政府的投资很难满足高原历史文化名城名镇修复的巨大资金需求；二是高原在文化保护、文化传承、文化弘扬、文化创意以及管理实施等领域的专业人才

匮乏；三是部分非物质文化遗产代表性项目的代表性传承人群断代，面临后继乏人危机，许多民间技艺难以实质传承；四是文化建设在带动关联产业发展、拉动内需、扩大就业等方面的显性作用尚不明显，未发挥文化对区域经济社会高质量发展的重要作用，文化建设基础薄弱，文化产业未成体系，产出效益较低，自主"造血"机能较弱。

5. 城镇集中分布区生态退化，人口分散区生态保护成本高

（1）城镇分布局部集中加剧了部分地区的生态退化。

青藏高原既是生态脆弱区，也是城镇化发展相对滞后区。高寒环境和国家生态安全屏障保护导致该地区城镇建设制约大，呈现少数地区城镇集中分布在河谷和交通沿线等地、多数地区城镇分布分散的特征。但是，城镇在局部地区的集中分布更容易引发局部生态系统的受损，出现局部区域的环境容量超标等问题。

（2）城镇化与生态环境关系异质性明显，人口分散区生态环境保护成本高。

青藏高原城镇化与生态环境关系异质性明显、区域差异大。青藏高原约有253.8万 km^2 的人口稀少区，人口集中分布于1.85万 km^2，仅占高原面积的0.7%。青藏高原2020年常住人口为1313.41万人，人口聚集区生态环境压力大，城镇化对生态环境影响大。而人口稀少区城镇分布较为分散，总体生态环境压力较小。但人口稀疏区道路、供电、厕所、污水处理、垃圾处理等基础设施建设成本相对较高，而且受生态环保约束，环保设施建设相对滞后，容易陷入"环保要求高、环保设施建设滞后"的困境中，不利于生态环境保护。

6. 高原人居环境建设水平低，城镇风貌"雷同现象"明显

青藏高原人居环境建设过程中，城市绿色空间在数量规模和结构布局方面尚有不足，统计数据显示，除西宁外的其他高原城市建成区绿地率与全国平均水平仍有一定差距。城镇整体风貌出现"统一范式"和"雷同现象"，具有"西藏小江南"之称的林芝市未能充分利用尼洋河优越的自然山水格局，出现了"有山无风景，有河不亲水"现象；国家历史文化名城拉萨市受城市扩张的影响，城市历史景观、城市肌理和历史建筑受到威胁；沿唐蕃古道分布形成的具有促进文化交流与民族融合的文化聚集带逐步没落。城镇绿色人居环境的地域特色逐步消逝，文化内涵亟须加强。此外，尽管青藏高原各市县积极参与了"国家生态城市""卫生城市""文明城市"等人居环境建设，然而其人居环境建设水平总体偏低，现状基础设施建设、公共服务水平和社会服务保障等尚存在不足。

7. 西宁都市圈、拉萨城市圈和柴达木城镇圈同城化程度低，辐射带动作用弱

西宁都市圈作为青藏高原的"东核"，既是正加速建设的高原山水都市圈，更是青海乃至青藏高原经济腾飞和社会和谐的关键区域。然而，在西宁都市圈建设过程中，生态环境约束加大，绿色转型路径不明，未有效建立空间协同机制，连接西宁、海东两市的河湟新区，因为行政管理等影响，尚未起到促进两市一体化的"桥梁"作用。

拉萨城市圈处于初级发展阶段，人口、产业和高端公共服务高度集中在拉萨城区，副中心乃东区规模较小，产业发展质量不高，产业附加值低，拉萨-山南一体化程度不高，缺少促进城市圈发展的一体化合作机制。城市圈高等级公路网尚不完善，青藏、拉日和拉林铁路均为单线铁路，现代化综合交通运输体系尚未形成。

柴达木城镇圈依托资源开发和工业化发展，资源依赖特征显著，城镇空间扩张明显，基础设施和公共服务设施建设水平低，水资源短缺严重，生态环境承载力下降，科技投入不足，人才流失严重，经济发展与收入提高发生背离。脆弱生态环境加大了城镇建设成本，限制了城镇的发展，这在茫崖市表现得十分明显。

4.2　高原城镇化绿色发展的指导思想与原则

4.2.1　指导思想

高举中国特色社会主义伟大旗帜，深入贯彻习近平总书记关于西藏、青海、四川、云南工作系列重要指示精神，紧紧围绕"稳定、发展、生态、强边"四件大事，坚持稳中求进工作总基调，立足青藏高原所处的新发展阶段，贯彻青藏高原绿色发展新理念，构建新发展格局，以推动绿色发展为主题，以深化供给侧结构忾改革为主线，以改革创新为根本动力，以满足人民日益增长的美好生活需要为根本目的。坚持生态优先、绿色发展观念，统筹发展和安全，坚持把维护祖国统一、加强民族团结作为高原工作的着眼点和着力点，坚持把改善民生、凝聚人心作为高原经济社会发展的出发点和落脚点，确保国家安全和长治久安，确保人民生活水平不断提高，确保生态环境良好，确保边防巩固和边境安全，努力建设团结富裕文明和谐美丽的社会主义现代化新高原。

加快建设高原绿色现代化经济体系，以绿色发展为引领，以补齐短板为重点，新型城镇化、生态环境保护和乡村振兴协调联动，着力完善城镇功能，着力拓展生态产业，延伸产业链条，着力健全基础设施体系，进一步巩固拓展脱贫攻坚和经济社会发展成果，深度融入新发展格局，实现经济行稳致远、社会和谐稳定，确保人民生活水平不断提高，建设创新引领、绿色导向、开放带动、协调融合、共享普惠的高原现代化，推进高原治理体系和治理能力现代化。

4.2.2　基本原则

坚持党的全面领导。坚持中国共产党领导，坚持中国特色社会主义制度，坚持新时代党的治边治藏方略，坚持和完善党领导经济社会发展的体制机制，增强党把方向、谋大局、定政策、促改革的能力定力，不断提高把握新发展阶段、贯彻新发展理念、服务构建新发展格局的能力和水平，通过青藏高原城镇化绿色发展，为高原长治久安和高质量发展提供根本保证。

坚持以人民为中心。把不断满足人民日益增长的美好生活需要作为出发点和落脚点，坚持人民主体地位，坚持共同富裕方向，维护人民根本利益，激发群众内生动力，提高发展质量，增进民生福祉，促进社会和谐稳定，始终做到发展为了人民、发展依靠人民、发展成果由人民共享，通过城镇化绿色发展，不断提高各族人民的获得感、幸福感和安全感。

坚持绿色发展理念。把绿色发展理念贯穿青藏高原发展全过程和各领域，切实转变发展方式，推动质量变革、效率变革、动力变革，实现更高质量、更有效率、更加公平、更可持续、更为安全的发展。把生态建设摆在更加突出位置，坚持绿水青山就是金山银山的理念，坚持尊重自然、顺应自然、保护自然，坚持保护生态、修复生态、建设生态，坚持共抓大保护、不搞大开发要求，通过城镇化绿色发展，走出一条城镇化发展与资源环境相协调的发展道路。

坚持系统观念。统筹"稳定、发展、生态、强边"四件大事，统筹国家安全屏障、国家生态安全屏障建设，加强前瞻性思考、全局性谋划、战略性布局、整体性推进，牢固树立大局意识，自觉把高原工作放在党和国家工作大局中来思考谋划，把党中央的决策部署和高原实际有机结合，着力固根基、扬优势、补短板、强弱项，通过城镇化高质量发展，实现发展质量、结构、规模、速度、效益、安全相统一。

4.3 高原城镇化绿色发展的特殊目标与特殊道路

4.3.1 特殊目标

青藏高原城镇化绿色发展的特殊目标为：稳妥进入城镇化发展的中期阶段并将长期稳定在中期阶段，全面提升城镇化发展质量，城镇化使高原人民生活得更美好，使青藏高原生态安全屏障更牢固，使守边固边能力更坚固。综合考虑青藏高原城镇化的特殊使命和资源及生态环境承载阈值，2035年前城镇化发展速度每年不超过0.3个百分点，2035年后每年不超过0.2个百分点，还将至少确保40%的人口长期住在农村，一方面维持农牧民生计和振兴乡村，另一方面当好护边员。未来高原可承载的常住人口不超过2620万人，其中城镇人口不超过1500万人，城镇化率不超过57.25%。青藏高原未来可新增城镇化率9.67%。

1. 2025年高原常住人口城镇化率控制在50%以内，显著提升城镇化发展质量

2020年第七次全国人口普查结果表明，青藏高原常住人口为1313.41万人，已有624.95万人住在城里，城镇化率达到47.58%。根据青藏高原部分地市州"十四五"规划纲要中规划的数据汇总，可知到2025年常住人口城镇化率，如表4.1所示，各地市

州城镇化率差异较大，常住人口平均城镇化率约为51.8%。

表4.1　基于"十四五"规划的青藏高原部分地市州常住人口城镇化率预测表（单位：%）

地区名称	2015年	2020年	2025年
西藏自治区	27.74	32.0	40.0
拉萨市	45.98	60.0	66.0
林芝市	37.97	43.0	46.0
那曲市	11.40	23.1	28.0
青海省	50.30	57.1	62.0
西宁市	68.90	73.0	77.0
海东市	34.00	42.0	48.0
海西蒙古族藏族自治州	75.00	72.2	73.0
四川省甘孜藏族自治州	27.89	34.0	40.0
阿坝藏族羌族自治州	36.77	42.0	47.0
甘肃省甘南藏族自治州	35.00	36.5	43.0
云南省怒江傈僳族自治州	28.00	48.0	52.0
青藏高原平均水平	39.90	46.9	51.8

资料来源：根据西藏、青海、拉萨、西宁等地市州"十四五"规划纲要整理，2021年3月。

综合考虑青藏高原城镇化的特殊使命和资源及生态环境承载阈值，到2025年青藏高原常住人口将达到1400万人，其中城镇人口将达到686万人，城镇化率将达到49%，将处于城镇化发展的中期阶段，这基本符合青藏高原城镇化发展的客观规律。基于资源与生态环境承载阈值的青藏高原各地市州城镇化率预测结果如表4.2、图4.1～图4.3所示。到2025年，青藏高原城镇化发展空间显著完善，人口经济向拉萨、西宁继续集聚，向青藏铁路沿线城镇和拉萨河谷、河湟谷地流动，规模结构趋向合理。拉萨城市圈、西宁都市圈和柴达木城镇圈一体化进程明显加快，拉萨、西宁核心城市地位显著提升，辐射能力明显增强。日喀则、昌都、格尔木、海东、香格里拉等区域中心城市集聚人口经济能力明显增强。地方特色产业成为青藏高原支柱产业、富民产业。到"十四五"末，随着城镇化发展，城镇居民人均可支配收入年增长率超过7%，农村居民人均可支配收入年增长率超过9%，城乡居民人均可支配收入达到或接近全国平均水平，基本公共服务主要指标接近全国平均水平，农牧民转移就业能力明显增强，高原城镇登记失业率控制在4%左右，城乡居民精神文化生活明显丰富，自然文化遗产得到全面保护。城乡公共卫生服务和医疗服务体系明显健全，多层次社会保障体系明显健全，基础设施质量明显提高，综合立体交通网络基本建成，信息化智能化水平明显提升，2025年使用5G网络人口占比达50%，高原特色领域科技创新能力明显增强。生态文明制度体系明显健全，国边防战略保障能力明显提升。

表 4.2　基于资源与生态环境承载阈值的青藏高原各地市州城镇人口与城镇化水平预测表

地区名称	常住人口/万人						常住城镇人口/万人						常住人口城镇化率 %					
	2020年现状（"七普"数据）	2025年预测	2030年预测	2035年预测	2050年预测	上限阈值	2020年现状（"七普"数据）	2025年预测	2030年预测	2035年预测	2050年预测	上限阈值	2020年现状（"七普"数据）	2025年预测	2030年预测	2035年预测	2050年预测	上限阈值
青藏高原总计	1313.41	1400.00	1500.00	1600.00	1900.00	2620.00	624.95	686.00	760.00	840.00	1050.00	1500	47.58	49.00	50.68	52.50	55.26	57.25
西藏自治区	364.81	390.00	410.00	440.00	520.00	805.00	130.33	143.06	160.00	180.00	230.00	400	35.73	36.68	39.02	40.91	44.23	49.69
拉萨市	86.79	90.16	96.54	103.60	122.44	150	60.55	66.46	71.34	78.03	93.70	120	69.77	73.72	73.90	75.31	76.53	80.00
日喀则市	79.82	85.52	88.70	95.19	112.50	170	18.43	20.23	25.13	29.49	38.18	70	23.09	23.66	28.33	30.98	33.94	41.18
昌都市	76.10	80.44	83.53	89.64	95.94	100	13.3	14.60	17.33	19.34	24.21	30	17.48	18.15	20.75	21.57	25.23	30.00
林芝市	23.89	26.19	30.85	33.11	49.13	155	9.77	10.72	12.99	14.71	23.10	77	40.90	40.94	42.11	44.43	47.02	49.68
山南市	35.40	38.81	39.79	42.70	50.46	110	11.30	12.40	12.87	15.08	21.27	55	31.92	31.96	32.35	35.32	42.15	50.00
那曲市	50.48	55.35	56.73	60.88	71.95	90	11.60	12.73	14.24	16.58	21.19	33	22.98	23.00	25.10	27.23	29.45	36.67
阿里地区	12.33	13.52	13.86	14.87	17.58	30	5.38	5.91	6.10	6.77	8.35	15	43.63	43.68	44.02	45.52	47.51	50.00
青海省	592.39	630.00	680.00	730.00	870.00	1175	355.93	390.70	430.00	470.00	590.00	800	60.08	62.02	63.24	64.38	67.82	68.09
西宁市	246.80	261.45	283.30	304.13	362.46	430	194.06	213.02	234.44	255.38	305.58	360	78.63	81.48	82.75	83.97	84.31	83.72
海东市	135.85	141.77	152.93	164.17	195.66	250	54.89	60.25	66.31	73.25	101.96	150	40.40	42.50	43.36	44.62	52.11	60.00
海北藏族自治州	26.53	28.76	30.45	32.69	38.96	70	12.29	13.49	14.85	16.20	20.34	38	46.32	46.91	48.75	49.55	52.19	54.29
黄南藏族自治州	27.62	29.84	31.70	34.04	40.56	55	11.48	12.60	13.83	15.08	19.52	27	41.56	42.23	43.62	44.31	48.12	49.09
海南藏族自治州	44.70	48.29	51.31	55.08	65.65	110	18.27	20.05	21.57	23.83	31.91	55	40.87	41.53	42.04	43.26	48.61	50.00
果洛藏族自治州	21.56	23.37	24.75	26.57	31.66	60	7.56	8.30	9.13	9.89	14.12	27	35.06	35.51	36.90	37.22	44.59	45.00
玉树藏族自治州	42.52	45.94	48.81	52.40	62.45	95	21.53	23.63	25.55	27.82	34.92	54	50.63	51.45	52.35	53.09	55.93	56.84
海西蒙古族藏族自治州	46.82	50.58	56.74	60.91	72.59	105	35.85	39.35	44.31	48.55	61.65	89	76.57	77.80	78.09	79.71	84.92	84.76

续表

地区名称	常住人口/万人						常住城镇人口/万人						常住人口城镇化率 %					
	2020年现状（"七普"数据）	2025年预测	2030年预测	2035年预测	2050年预测	上限阈值	2020年现状（"七普"数据）	2025年预测	2030年预测	2035年预测	2050年预测	上限阈值	2020年现状（"七普"数据）	2025年预测	2030年预测	2035年预测	2050年预测	上限阈值
其他省五州	198.20	380.00	410.00	430.00	510.00	640	138.69	152.24	170.00	190.00	230.00	300.00	38.93	40.06	41.46	44.19	45.10	46.88
阿坝藏族羌族自治州	82.26	90.00	94.68	99.30	117.78	145	34.13	37.46	41.84	46.76	56.60	70.00	41.49	41.63	44.18	47.08	48.06	48.28
甘孜藏族自治州	110.74	115.00	127.47	133.68	167.56	215	34.34	37.69	42.09	47.04	60.95	85.00	31.01	32.78	33.02	35.19	36.38	39.53
怒江傈僳族自治州	55.27	60.00	63.62	66.72	70.13	80	28.94	31.77	35.47	39.65	41.99	48.00	52.36	52.95	55.76	59.42	59.87	60.00
迪庆藏族自治州	38.75	40.00	44.60	46.78	55.48	60	12.04	13.22	14.76	16.49	21.97	27.00	31.07	33.04	33.09	35.26	39.60	45.00
甘南藏族自治州	69.18	75.00	79.63	83.51	99.05	140	29.24	32.10	35.84	40.06	48.49	70.00	42.27	42.80	45.01	47.97	48.96	50.00
县级市																		
格尔木市	22.19	23.97	26.89	28.87	34.41	50	19.82	21.76	24.50	26.84	32.55	45.95	89.32	90.75	91.10	92.98	94.61	91.90
德令哈市	8.82	9.53	10.69	11.47	13.68	20	7.16	7.86	8.85	9.70	11.80	16.63	81.22	82.48	82.79	84.50	86.29	83.15
茫崖市	1.89	2.04	2.29	2.46	2.93	5	1.65	1.81	2.04	2.23	2.84	4.70	87.30	88.70	89.04	90.88	96.83	94.00
同仁市	10.15	10.97	11.65	12.51	14.91	20	4.75	5.21	5.72	6.24	8.08	11.11	46.80	47.55	49.11	49.89	54.18	55.55
玉树市	14.23	15.37	16.33	17.54	20.90	30	7.57	8.31	8.98	9.78	12.28	18.96	53.23	54.05	55.00	55.78	58.76	63.20
马尔康市	5.84	6.39	6.72	7.05	8.36	10	3.04	3.34	3.53	3.85	4.66	5.51	52.12	52.23	52.51	54.61	55.74	55.10
康定市	12.68	13.17	14.60	15.31	18.15	25	6.86	7.18	8.02	8.56	10.36	13.76	54.12	54.53	54.93	55.92	57.08	55.04
香格里拉市	18.64	19.24	21.46	22.50	26.69	30	7.13	7.83	8.74	9.77	13.01	14.79	38.25	40.68	40.73	43.41	48.75	49.30
合作市	11.22	12.16	12.91	13.54	16.06	22	5.42	5.95	6.64	7.43	8.99	12.70	48.30	48.91	51.44	54.82	55.95	57.73

注：上述预测参考了各地市州"十四五"规划纲要及2030年远景规划纲要中的相关参数；9个县级市的预测值涵盖在所在地市州的数据中。所有预测值结果均不超过其承载的常住人口和城镇人口阈值。

169

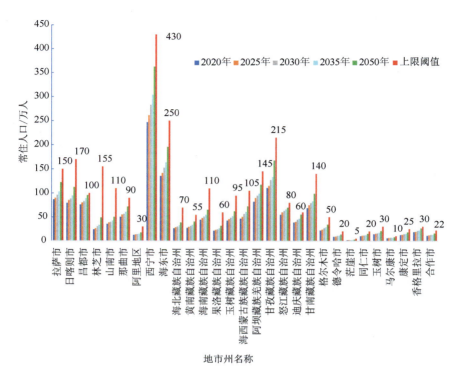

图 4.1 青藏高原各地市州常住人口预测图

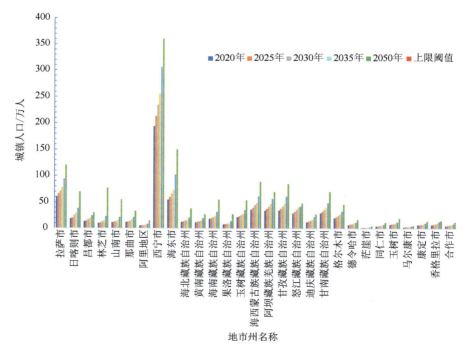

图 4.2 青藏高原各地市州城镇人口预测图

2. 2035 年高原常住人口城镇化率控制在 52.50% 左右，全面提升城镇化质量与固边能力

基于资源与生态环境承载阈值的青藏高原各地市州城镇化率预测结果表明，到 2035 年青藏高原常住人口将达到 1600 万人，其中城镇人口将达到 840 万人，城镇化率将达到 52.50%，不超过 57.25% 的阈值，将长期处于城镇化发展的中期阶段，基本符合青藏高原城镇化发展的客观规律。拉萨城市圈、西宁都市圈和柴达木城镇圈同城化进程明显加快，青藏铁路沿线、川藏通道沿线、唐蕃古道沿线和边境线的城镇化主轴线得到明显集聚，基本形成"三圈四带多节点"的城镇化绿色发展总骨架。城乡融合发展机制进一步健全，城乡一体的基本公共服务体系更加健全，基本公共服务领域主要指标接近全国平均水平，城乡居民收入持续快速增长，工农互促、城乡互补、全面融合、共同繁荣的新型城乡发展格局基本形成。人均国内生产总值达到或超过全国平均水平，与全国同步基本实现新型工业化、信息化、城镇化、农业现代化。青藏高原城镇生活美好、乡村生活富足。生态文明建设实现由体系建设向融合发展深化，生态优势不断转化为竞争优势。国土空间开发保护制度基本建立，国土空间开发保护格局全面优化。城乡人居环境明显改善，始终天蓝、地绿、水清，生态安全屏障和生态文明示范区建设取得实质性成效，国家生态文明高地建设取得重大进展。守护好高原的生灵草木、万水千山，建成高原生态文明高地。边境基础设施水平和边防保障能力全面提升，形成一批设施齐全、布局合理、功能完善的区域城镇，重点地区守边固边能力明显增强。

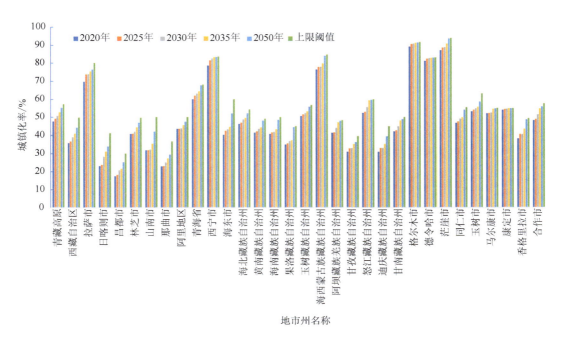

图 4.3 青藏高原各地市州城镇化率预测图

3. 2050 年高原常住人口城镇化率控制在 55.26% 左右，稳固提升城镇化质量和固边能力

基于资源与生态环境承载阈值的青藏高原各地市州城镇化率预测结果表明，到 2050 年青藏高原常住人口将达到 1900 万人，其中城镇人口将达到 1050 万人，城镇化率将达到 55.26%，不超过 57.25% 的阈值，将长期处于城镇化发展的中期阶段，基本符合青藏高原城镇化发展的客观规律。拉萨城市圈、西宁都市圈和柴达木城镇圈实现高度同城化，青藏铁路沿线、川藏通道沿线、唐蕃古道沿线和边境线的城镇化主轴线得到进一步集聚，全面建成青藏高原通道经济带和战略保障线，全面建成"三圈四带多节点"的城镇化绿色发展总骨架，全面建成美丽青藏和高原生态文明高地。边境基础设施水平和边防保障能力全面提升，形成一批设施齐全、布局合理、功能完善的区域城镇，重点地区守边固边能力明显增强。

4.3.2 特殊道路

履行上述特殊使命，紧紧围绕"稳定、发展、生态、强边"四件大事，青藏高原城镇化需要走出一条符合高原特点的特殊道路，那就是以守土固边为先导，以绿色发展为主导，以通道建设为保障，以文化传承为特色，以人居环境为重点的守土固边型、护卫水塔型、绿色驱动型、文化传承型、生态富民型、游客拉动型、宿镇牧乡型、小聚大散型、对口支援型的城镇化之路。这种特殊之路是高原人民基本实现现代化的必由之路。

1. 以绿色发展为主导，不断提高提供生态产品和生态服务的能力及水平

依靠科技创新驱动，将拉萨市、西宁市、格尔木市建成国家创新型城市，按"住在城里，牧在乡里"的思路，推进以小城镇为主导的农牧民就近就地镇民化；建立高原绿色产业体系，率先在全国实现绿色现代化，走绿色现代化之路。推进青藏高原新型城镇化，必须瞄准 2035 年同步基本实现社会主义现代化目标，坚持生态优先，绿色发展，优化发展核心城市，重点发展资源环境承载能力强的区域中心城市和小城镇，增加人口经济集聚能力；发展特色产业，壮大特色经济，推动经济实力、科技实力大幅提升，经济总量和城乡居民人均收入再迈上新台阶。

2. 以守土固边为先导，加强边境口岸和抵边城镇建设

优化升级边境交通，构建青藏高原"梳状"固边型镇村体系，建设固边戍边的特色镇村，引导本地户籍人口常住和回流固边，走守土固边型城镇化之路。边境线事关国家安全，改善边境生产生活条件，加强抵边村镇和通道建设，提高边境城镇承载能力，使边境有一定的人口和经济支撑。

3. 以通道建设为保障，超前建设保障高原城镇化绿色发展的重大基础设施

超前谋划分期分段新建青藏高速铁路；微调川藏铁路选线选站，加密沿线配套交通设施，带动拉萨城市圈建设，改造提升现有通道保障能力，优化构建铁路、公路、

航空等立体交通运输体系，筑牢国家安全战略保障线、稳疆固藏战略通道线和战时投送能力应急保障线。

4. 以文化传承为特色，加大高原历史文化名城名镇保护刀度

弘扬青藏高原独特的中华优秀文化，编制高原历史文化名城名镇保护规划，完善历史文化城镇保护体系，加大高原历史文化名城名镇保护与建设资金、人才、技术保障力度，走文化城镇化之路。

5. 以人居环境改善和基本公共服务全覆盖为重点，改善高原特色人居环境

确保人与自然和谐共生，推动城镇化与生态环境协调发展，探索符合高原特色的城镇化绿色发展模式，补齐绿色人居环境建设短板，建设高原公园城市。青藏高原基本公共服务水平低，城乡区域供给能力差距较大。推进新型城镇化，统筹城乡规划建设，促进城乡融合发展，有利于提升城乡基础设施一体化水平，推动公共服务向农牧区延伸、社会事业向农牧区覆盖，全面提高农牧区基本公共服务质量和水平。以基本公共服务全覆盖为手段，探索取消居住证制度，实行以经常居住地登记户口的户籍管理制度，面向所有常住人口提供基本公共服务，实现青藏高原范围内城乡居民的自由迁徙和定居。在此基础上，按人口规模分配公共资源，由人口常住地供给基本公共服务，不断提高公共服务水平和质量。

6. 以区划调整为手段，适时优化调整行政区划，加强边境地区设市建镇

从捍卫国家安全的战略高度，适度适时优化调整高原地区的行政区划，在非法的麦克马洪线北侧合并察隅、墨脱、错那、米林四县市成立地级察隅市，筑牢国家安全屏障；升级县级格尔木市为地级格尔木市，夯实稳疆固藏战略节点；强化阿里地区国防战略制衡地位，推动阿里地区撤地设市；突出林芝市的国防要道枢纽地位，适时推进隆子撤县设市；推进口岸型特色小城镇与边境城镇带建设，适时推进抵边乡撤乡设镇。

7. 以重点突破为抓手，加快西宁都市圈、拉萨城市圈和柴达木城镇圈同城化进程

重点加快西宁都市圈、拉萨城市圈和柴达木城镇圈同城化进程，建成高质量都市圈和高品质生活圈。推动西宁－海东一体化发展，建成青藏高原最大最强最优都市圈；推动拉萨－山南一体化进程，建成青藏高原最具文化魅力的城市圈；加快柴达木城镇圈绿色工业一体化进程，建成国家可再生能源示范区。同时，以河谷、铁路、边境线、著名旅游目的地和重要牧场为城镇化的主要拓展方向。

4.4　高原城镇化绿色发展的总体格局

高原城镇化绿色发展总体格局采用高原未来城镇体系的等级规模格局、空间结构格局和职能结构格局三方面来体现，这种总格局服务于高原安全屏障和生态安全屏障建设总格局（方创琳等，2023）。

4.4.1 高原城镇化绿色发展的等级规模格局

城镇规模受自然条件、区位条件、社会经济基础、城镇化发展阶段、资源环境基础等多重复杂因素影响。有些影响是长期稳定的，有些影响是短期或突发性的。因此，对城镇规模未来发展的精确预测相对比较困难；但发展趋势和发展格局总体上仍有规律可循，城镇的规模等级范围大体上可以把握。为此，根据青藏高原 1990～2020 年建制镇以上的镇区和城市市区规模结构演变的历史趋势，并结合青海省、西藏自治区、云南省、四川省、甘肃省、新疆维吾尔自治区城镇体系规划、新型城镇化规划、各地级城市及县城的城市总体规划、国土空间规划及"十四五"规划等，分别提出 2025 年、2030 年、2035 年和 2050 年青藏高原城镇化与城镇体系的等级规模格局。

1. 青藏高原 2025 年城镇化绿色发展的等级规模格局

由于青藏高原城镇人口规模差别较大，为体现城镇之间的差异，城镇规模等级的划分采用国务院 2014 年印发的《关于调整城市规模划分标准的通知》并兼顾青藏高原特色，具体划分为城市市区（城镇镇区）常住人口小于 1 万人、1 万～5 万人、5 万～10 万人、10 万～20 万人、20 万～50 万人、50 万～100 万人、大于 100 万人七个级别（表 4.3、图 4.4）。预测 2025 年，仅西宁市区城镇人口规模超过 100 万人，拉萨市区、海东市区、格尔木市区城镇人口规模均在 20 万～50 万人，城镇人口规模在 10 万～20 万人的有德令哈市区、西宁市大通县的桥头镇和西宁市湟中区的多巴镇，城镇人口规模在 5 万～10 万人的有玉树市区、山南市区、日喀则市区、林芝市区、合作市区和恰卜恰镇（海南藏族自治州共和县）、城关镇（西宁市湟源县）7 个城镇，城镇人口规模在 1 万～5 万人的有 80 个城镇，城镇人口规模小于 1 万人的有 399 个城镇（不含新设置的建制镇）（图 4.4）。

表 4.3 2025 年青藏高原城镇人口规模等级表

等级	常住人口规模/万人	城镇名称	城镇数量/个
1	≥100	西宁市区	1
2	50～100	无	0
3	20～50	拉萨市区、格尔木市区、海东市区	3
4	10～20	德令哈市区、桥头镇、多巴镇	3
5	5～10	玉树市区、山南市区、日喀则市区、恰卜恰镇、城关镇（湟源县）、林芝市区、合作市区	7
6	1～5	子科滩镇、康定市区、河阴镇、西堡镇、乐家湾镇、上新庄镇、尕巴松多镇、拦隆口镇、威远镇、昌珠镇、同仁市区、隆务镇、工卡镇、浩门镇、碾伯镇、韵家口镇、泽曲镇、平安镇、西海镇、鲁沙尔镇、香格里拉市区、建塘镇、乔瓦镇、约改镇、马尔康市区、马尔康镇、德庆镇（达孜区）、麦秀镇、甘丹曲果镇、茫崖市区、花土沟镇、巴燕镇、吉迈镇、大堡子镇、昌都市区、城关镇（昌都市）、香达镇、城关镇（大通县）、大武镇、塘川镇、那曲市区、那曲镇、八宝镇、塔荣镇、总寨镇、哈尔盖镇、彭家寨镇、三角城镇、廿里铺镇、积石镇、沙柳河镇、群科镇、夏曲镇、优干宁镇、姑咱镇、赛来塘镇、白庄镇、甘都镇、希里沟镇、察汉乌苏镇、巨со镇、寿乐镇、扎巴镇、街子镇、丹麻镇、丁青镇、拉加镇、保和镇、江达镇、李二堡镇、昂思多镇、聂荣镇、尼玛镇（甘南藏族自治州）、嘎托镇、五峰镇、智青松多镇、高庙镇、唐谷镇、狮泉河镇、罗玛镇	80

续表

等级	常住人口规模 / 万人	城镇名称	城镇数量 / 个
7	<1	瞿昙镇、牙什尕镇、柯鲁柯镇、河口镇、和日镇、尕海镇（德令哈市）、尼玛镇（那曲市）、满坪镇、南门峡镇、塔尔镇、加吉博洛格镇、金达镇、新源镇、茨开镇、马克堂镇、五十镇、勒乌镇、古露镇、尺犊镇、珍秦镇、清水河镇、玛查理镇、美兴镇、上帕镇、高寨镇、洪水镇、莫洛镇、亚拉镇、小峡镇、柴旦镇、大兴地镇、歇武镇、当曲卡镇、嘉黎镇、康扬镇、草卡镇、宁秀镇、鲜水镇、雨润镇、章谷镇、羊八井镇、峡门镇、虎跳峡镇、夏日哈镇、共和镇、河卡镇、青石咀镇、丙中洛镇、呷尔镇、扎仁镇、三合镇、阿扎镇、河西镇、田家寨镇、比如镇、桑多镇、玛艾镇、奉科镇、杂色镇、多哇镇、荣布镇、建设镇、红柳湾镇、德庆镇（堆龙德庆区）、大华镇、岗托镇、香日德镇、上五庄镇、森多镇、高店镇、扎朵镇、李家山镇、怀头他拉镇、塔城镇、黄家寨镇、如龙镇、升平镇、尼呷镇、拉西镇、茫曲镇、类乌齐镇、香堆镇、曲水镇、勒秀镇、如美镇、边坝镇、郭勒木德镇、岗巴镇、阿西镇、新都桥镇、加定镇、更庆镇、孜壬镇、倾多镇、塔什库尔干镇、曲什安镇、南木林镇、强玛镇、扎塘镇、甘孜镇、萨呼腾镇、东川镇、各莫镇、景阳镇、茫崖镇、芦花镇、柯曲镇、坎布拉镇、称文镇、隆子镇、佐盖曼玛镇、宁木特镇、长宁镇、江孜镇、党城湾镇、雅安镇、阿坝镇、琼结镇、新庄镇、旺达镇、卡若镇、祁连镇、邛溪镇、高城镇、那吾镇、雄梅镇、辖曼镇、达扎寺镇、甲竹林镇、烟多镇、帕里镇、铜普镇、洛江镇、保安镇、卡嘎镇（谢通门县）、叶枝镇、普保镇、色柯镇、俄洛镇、佳琼镇、曲松镇、贾洛镇、色须镇、嘎东镇、林芝镇、桑耶镇、扎玉镇、列瓦镇、夏邛镇、冷湖镇、茶布朗镇、加加镇、香巴拉镇、协格尔镇、江塘镇、同卡镇、瓦切镇、田妥镇、日当镇、棉沙镇、塔公镇、甲洼镇、曼日玛镇、色地镇、下司马镇、措折罗玛镇、扎木镇、红星镇、金江镇、巴河镇、阿察镇、龙羊峡镇、石乃亥镇、陇东镇、安羌镇、桑日镇、麦尔玛镇、阿羌镇、江西沟镇、下察隅镇、新都镇、奔子栏镇、阿万仓镇、峨堡镇、革吉镇、卡嘎镇（昂仁县）、甲英镇、康沙镇、花石峡镇、旺藏镇、白玛镇、梅子坪镇、然乌镇、北拉镇、工布江达镇、电尕镇、河支镇、松宗镇、达嘎镇、桑堆镇、吉塘镇、卧龙镇、金珠镇、马利镇、帕那镇、下拉秀镇、雁石坪镇、茶卡镇、烟袋镇、阿日扎镇、打隆镇、改则镇、宅垄镇、竹庆镇、齐哈玛镇、采日玛镇、唐克镇、康马镇、申扎镇、蒙宜镇、硕督镇、泉口镇、杰德秀镇、哲古镇、欧拉镇、岗木达镇、水洛镇、竹瓦根镇、木拉镇、虾扎镇、古荣镇、中壤塘镇、查龙镇、岗堆镇、黑马河镇、噶通镇、温波镇、两河口镇、甘河滩镇、过马营镇、雪洼龙镇、曲下镇、百巴镇、东峡镇、洛扎镇、双岔镇、益哇镇、拉西瓦镇、日土镇、青德镇、虾拉沱镇、帮达镇、安曲镇、唐古拉镇、尕海镇（碌曲县）、普兰镇、巴底镇、麦宿镇、达维镇、拉孜镇、米林镇、安宁镇、锦屏镇、托林镇、多林镇、德庆镇（班戈县）、扎窝镇、措勤镇、措美镇、安绕镇、德吉林镇、中扎科镇、朱倭镇、中咱镇、聂拉木镇、马镇、罗布沙镇、魁多镇、浪卡子镇、杜瓦镇、地巫镇、隆宝镇、八一镇、木苏镇、岗嘎镇、柯柯镇、麻郎措镇、塘格木镇、陈塘镇、上察隅镇、默勒镇、刷经寺镇、郎木寺镇、知木林镇、阿须镇、色威镇、红龙镇、加查镇、革什扎镇、桑桑镇、泥朵镇、江嘎镇、洛须镇、锡铁山镇、仲达镇、红湾寺镇、吉雄镇、常牧镇、马尼干戈镇、四姑娘山镇、朗镇、江河镇、吉隆镇、沃日镇、半扇门镇、瓦厂镇、巴西镇、洞嘎镇、宗嘎镇、温拖镇、派镇、八美镇、倒淌河镇、南木达镇、河坡镇、湾坝镇、龚垭镇、八角镇、墨脱镇、西俄洛镇、大盖镇、格宗镇、萨迦镇、上罗科马镇、瓦卡镇、白松镇、通宵镇、西尔镇、吉呷镇、沙德镇、金汤镇、泰宁镇、木里镇、措拉镇、吉定镇、呷拉镇、帕羊镇、热打镇、松岗镇、西仓镇、马奈镇、拉日马镇、盖玉镇、东谷镇、洛若镇、君坝镇、乌拉溪镇、三垭镇、龙日镇、雅砻江镇、拉波镇、贡嘎山镇、吞巴镇、觉吾镇、樟木镇、色尔古镇、沙尔宗镇、拉康镇、打滚镇、日雨镇、香格里拉镇、甲根坝镇、玉科镇、甲居镇、墨尔多山镇、翁达镇、错那镇、太阳谷镇、格聂镇、甲学镇、沙石多镇、来马镇、宗加镇、丹东镇、亚卓镇、尤拉西镇、鱼通镇、小中甸镇、观音桥镇、赛图拉镇、瓦日镇、日屋镇、波斯河镇、卡龙镇、鲁朗镇、错阿镇、依吞布拉克镇、仲尼镇、汤古镇	399

2. 青藏高原2030年城镇化绿色发展的等级规模格局

到2030年，青藏高原市区城镇人口规模超过100万人的仍然只有西宁市区。拉萨市区城镇人口规模为50万～100万人（表4.4）。城镇人口规模在20万～50万人的有格尔木市区、海东市区、德令哈市区和西宁市大通县的桥头镇，较2025年增加1个。市区城镇人口规模在10万～20万人的有西宁市湟中区的多巴镇、玉树市区和山南市区。城镇人口规模在5万～10万人的有日喀则市区、林芝市区、合作市区、城关镇（西宁市湟源县）、恰卜恰镇（海南藏族自治州共和县）5个城镇。市区城镇人口规模在1万～5万人的有101个城镇，较2025年增加21个。市区城镇人口规模小于1万人的有378个城镇，较2025年减少21个（不含新设置的建制镇）（图4.5）。

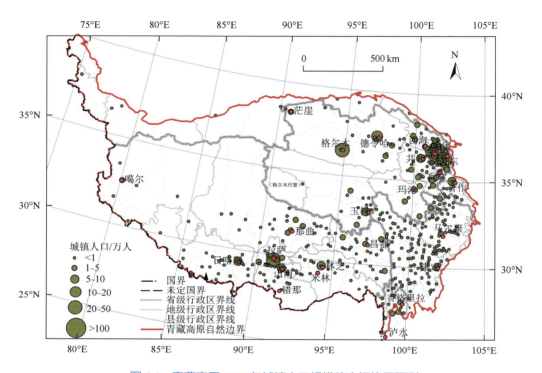

图 4.4 青藏高原 2025 年城镇人口规模的空间格局预测

表 4.4 2030 年青藏高原城镇人口规模等级一览表

等级	常住人口规模 /万人	城镇名称	城镇数量 / 个
1	≥ 100	西宁市区	1
2	50 ~ 100	拉萨市区	1
3	20 ~ 50	格尔木市区、海东市区、德令哈市区、桥头镇	4
4	10 ~ 20	多巴镇、山南市区、玉树市区	3
5	5 ~ 10	日喀则市区、城关镇（湟源县）、恰卜恰镇、林芝市区、合作市区	5
6	1 ~ 5	子科滩镇、拦隆口镇、西堡镇、河阴镇、昌珠镇、鲁沙尔镇、康定市区、上新庄镇、工卡镇、杂巴松多镇、威远镇、乐家湾镇、西海镇、泽曲镇、韵家口镇、同仁市区、隆务镇、浩门镇、碾伯镇、马尔康市区、马尔康镇、平安镇、乔瓦镇、德庆镇（达孜区）、那曲市区、那曲镇、甘丹曲果镇、约改镇、三角城镇、香格里拉市区、建塘镇、城关镇（大通县）、麦秀镇、吉迈镇、茫崖市区、花土沟镇、大堡子镇、塔荣镇、巴燕镇、哈尔盖镇、总寨镇、昌都市区、城关镇（昌都市）、八宝镇、大武镇、夏曲镇、香达镇、塘川镇、沙柳河镇、廿里铺镇、	101

续表

等级	常住人口规模 /万人	城镇名称	城镇数量/个
6	1～5	彭家寨镇、积石镇、优干宁镇、巨甸镇、古露镇、群科镇、罗玛镇、寨来塘镇、察汉乌苏镇、保和镇、聂荣镇、寿乐镇、白庄镇、姑咱镇、希里沟镇、甘都镇、扎巴镇、丁青镇、街子镇、奉科镇、拉加镇、嘎托镇、智青松多镇、昂思多镇、唐谷镇、高庙镇、狮泉河镇、满坪镇、柯鲁柯镇、李二堡镇、南门峡镇、尼玛镇（甘南藏族自治州）、尕海镇（德令哈市）、五峰镇、牙什尕镇、丹麻镇、江达镇、金达镇、尼玛镇（那曲市）、瞿昙镇、新源镇、加吉博洛格镇、和日镇、阿扎镇、河口镇、马克堂镇、五十镇、嘉黎镇、塔尔镇、珍秦镇、青水河镇	101
7	<1	玛查理镇、茨开镇、洪水镇、亚拉镇、尺犊镇、歇武镇、勒乌镇、囊洛镇、高寨镇、当曲卡镇、比如镇、虎跳峡镇、大兴地镇、小峡镇、美兴镇、上帕镇、羊八井镇、草卡镇、康扬镇、扎仁镇、峡门镇、河卡镇、共和镇、柴旦镇、夏日哈镇、杂色镇、田家寨镇、塔城镇、高店镇、青石咀镇、厐中洛镇、宁秀镇、河西镇、雨润镇、三合镇、桑多镇、鲜水镇、德庆镇（堆龙德庆区）、多哇镇、玛艾镇、强玛镇、章谷镇、呷尔镇、建设镇、怀头他拉镇、扎朵镇、上五庄镇、边坝镇、荣布镇、李家山镇、岗巴镇、岗托镇、大华镇、香日德镇、黄家寨镇、香堆镇、森多镇、红柳湾镇、茫曲镇、拉西镇、阿西镇、类乌齐镇、扎塘镇、勒秀镇、各莫镇、如美镇、郭勒木德镇、孜托镇、隆子镇、升平镇、如龙镇、雅安镇、宁木特镇、加定镇、尼呷镇、扎玉镇、琼结镇、曲什安镇、阿坝镇、甘孜镇、曲水镇、更庆镇、塔什库尔干镇、南木林镇、景阳镇、称文镇、萨呼腾镇、茶布朗镇、叶枝镇、甲竹林镇、雄梅镇、佳琼镇、东川镇、倾多镇、那吾镇、佐盖曼玛镇、普保镇、曲松镇、同卡镇、新都桥镇、旺达镇、坎布拉镇、江孜镇、贾洛镇、辖曼镇、达扎寺镇、铜普镇、桑耶镇、芦花镇、田妥镇、长宁镇、保安镇、江塘镇、俄洛镇、卡嘎镇（谢通门县）、柯曲镇、党城湾镇、新庄镇、卡若镇、茫崖镇、噶通镇、日当镇、洛江镇、帕里镇、祁连镇、邛溪镇、烟多镇、加加镇、林芝镇、马利镇、措折罗玛镇、高城镇、桑日镇、白玛镇、安羌镇、麦尔玛镇、阿羌镇、红星镇、甲洼镇、夏邛镇、协格尔镇、康沙镇、吉呷镇、下司马镇、扎木镇、阿日扎镇、然乌镇、色须镇、嘎东镇、列瓦镇、冷湖镇、色柯镇、唐克镇、北拉镇、蒙宜镇、桑堆镇、瓦切镇、雁石坪镇、巴河镇、茶卡镇、香巴拉镇、曼日玛镇、甲英镇、河支镇、棉沙镇、帕那镇、竹庆镇、卡嘎镇（昂仁县）、阿察镇、色地镇、新都镇、吉塘镇、下察隅镇、塔公镇、旺藏镇、龙羊峡镇、打隆镇、花石峡镇、屯尕镇、金江镇、硕督镇、陇东镇、石乃亥镇、卧龙镇、杰德秀镇、哲古镇、松宗镇、阿万仓镇、峨堡镇、革吉镇、康马镇、申扎镇、岗堆镇、梅子坪镇、工西沟镇、竹瓦根镇、奔子栏镇、麦宿镇、下拉秀镇、洛扎镇、东峡镇、岗木达镇、工布江达镇、金珠镇、青德镇、中壤塘镇、宅垄镇、木拉镇、中扎科镇、曲下镇、烟袋镇、齐哈玛镇、采日玛镇、安宁镇、达嘎镇、查龙镇、欧拉镇、改则镇、甘河滩镇、百巴镇、日土镇、益哇镇、黑马河镇、虾扎镇、措美镇、安绕镇、帮达镇、两河口镇、水洛镇、过马营镇、温波镇、泉口镇、罗布沙镇、聂拉木镇、普兰镇、古荣镇、米林镇、浪卡子镇、安曲镇、拉西瓦镇、雪洼龙镇、唐古拉镇、地巫镇、拉孜镇、达维镇、多林镇、双岔镇、加查镇、托林镇、虾拉沱镇、阿须镇、德吉林镇、措勤镇、扎窝镇、温拖镇、尕海镇（碌曲县）、中咱镇、八一镇、杜瓦镇、吉雄镇、锦屏镇、德庆镇（班戈县）、龚垭镇、巴底镇、江嘎镇、朱倭镇、隆宝镇、岗嘎镇、木苏镇、魁多镇、马镇、仲达镇、上察隅镇、四姑娘山镇、默勒镇、洛须镇、麻郎措镇、知木林镇、堰格木镇、柯柯镇、巴西镇、陈塘镇、吉隆镇、刷经寺镇、红龙镇、江河镇、派镇、宗嘎镇、桑桑镇、色威镇、常牧镇、沃日镇、南木达镇、朗镇、马尼干戈镇、郎木寺镇、革什扎镇、泥朵镇、洞嘎镇、瓦厂镇、瓦卡镇、白松镇、锡铁山镇、河坡镇、措拉镇、八角镇、马奈镇、半扇门镇、倒淌河镇、湾坝镇、萨迦镇、墨脱镇、西尔镇、西俄洛镇、木里镇、八美镇、大盖镇、上罗科马镇、吉定镇、松岗镇、通宵镇、格宗镇、打滚镇、洛若镇、帕羊镇、沙德镇、金汤镇、泰宁镇、呷拉镇、热打镇、君坝镇、拉康镇、拉日马镇、盖玉镇、拉波镇、西仓镇、觉吾镇、沙尔宗镇、乌拉溪镇、三垭镇、龙日镇、樟木镇、香格里拉镇、雅砻江镇、东谷镇、日雨镇、色尔古镇、错那镇、吞巴镇、贡嘎山镇、太阳谷镇、来马镇、格聂镇、甲根坝镇、玉科镇、甲居镇、墨尔多山镇、沙石多镇、翁达镇、宗加镇、甲学镇、小中甸镇、尤拉西镇、丹东镇、红湾寺镇、亚卓镇、赛图拉镇、观音桥镇、错阿镇、鱼通镇、日屋镇、瓦日镇、鲁朗镇、卡龙镇、波斯河镇、依吞布拉克镇、汤古镇、仲尼镇	378

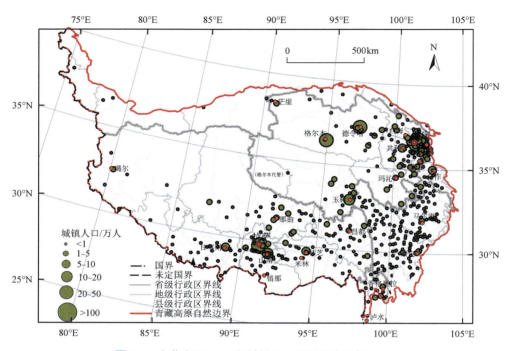

图 4.5　青藏高原 2030 年城镇人口规模的空间格局预测

3. 青藏高原 2035 年城镇化绿色发展的等级规模格局

到 2035 年，青藏高原市区城镇人口规模超过 100 万人的仍然只有西宁市区。拉萨市区、格尔木市区、海东市区人口规模超过 50 万人但离 100 万人仍有较大的差距。城镇人口规模在 20 万～50 万人的有德令哈市区和西宁市湟中区的多巴镇（表 4.5）。城镇人口规模在 10 万～20 万人的有山南市区、玉树市区、日喀则市区和西宁市大通县的桥头镇。城镇人口规模在 5 万～10 万人的有林芝市区、合作市区、康定市区与西宁市湟中区的鲁沙尔镇、拦隆口镇、上新庄镇、西堡镇，以及城关镇（西宁市湟源县）、恰卜恰镇（海南藏族自治州共和县）、昌珠镇（山南市乃东区）、子科滩镇（海南藏族自治州兴海县）、西海镇（海北藏族自治州海晏县）、工卡镇（拉萨市墨竹工卡县）13 个城镇，较 2030 年增加 8 个。城镇人口规模在 1 万～5 万人的有 104 个城镇，较 2030 年增加 3 个。城镇人口规模小于 1 万人的有 366 个城镇，较 2030 年减少 12 个（不含新设置的建制镇）（图 4.6）。

表 4.5　2035 年青藏高原城镇人口规模等级一览表

等级	常住人口规模 / 万人	城镇名称	城镇数量 / 个
1	≥ 100	西宁市区	1
2	50 ～ 100	拉萨市区、格尔木市区、海东市区	3

续表

等级	常住人口规模/万人	城镇名称	城镇数量/个
3	20～50	德令哈市区、多巴镇	2
4	10～20	山南市区、桥头镇、玉树市区、日喀则市区	4
5	5～10	城关镇（湟源县）、恰卜恰镇、林芝市区、鲁沙尔镇、昌珠镇、子科滩镇、合作市区、拦隆口镇、西海镇、上新庄镇、西堡镇、工卡镇、康定市区	13
6	1～5	威远镇、河阴镇、三角城镇、尕巴松多镇、那曲市区、那曲镇、泽曲镇、乐家湾镇、马尔康市区、马尔康镇、韵家口镇、同仁市区、隆务镇、德庆镇（达孜区）、古露镇、乔瓦镇、甘丹曲果镇、城关镇（大通县）、平安镇、浩门镇、碾伯镇、约改镇、塔荣镇、麦秀镇、夏曲镇、吉迈镇、香格里拉市区、建塘镇、大堡子镇、茫崖市区、花土沟镇、奉科镇、总寨镇、哈尔盖镇、罗玛镇、巨甸镇、巴燕镇、八宝镇、昌都市区、城关镇（昌都市）、沙柳河镇、大武镇、奔达镇、塘川镇、优干宁镇、甘里铺镇、保和镇、聂荣镇、彭家寨镇、积石镇、阿扎镇、赛来塘镇、群科镇、察汗乌苏镇、寿乐镇、尕海镇（德令哈市）、丁青镇、白庄镇、希里沟镇、嘎托镇、街子镇、智青松多镇、嘉黎镇、姑咱镇、柯鲁柯镇、尼玛镇（那曲市）、白妥镇、拉加镇、满坪镇、甘都镇、狮泉河镇、南门峡镇、扎巴镇、金达镇、唐谷镇、高庙镇、尼玛镇（甘南藏族自治州）、李二堡镇、牙什尕镇、昂思多镇、五峰镇、丹麻镇、加吉博洛格镇、江达镇、新源镇、和日镇、瞿昙镇、珍秦镇、清水河镇、比如镇、五十镇、亚拉镇、河口镇、马克堂镇、塔尔镇、玛查理镇、虎跳峡镇、强玛镇、塔城镇、歇武镇、尺牍镇、茨开镇、当曲卡镇、洪水镇、怀头他拉镇	104
7	<1	莫洛镇、扎仁镇、夏日哈镇、大兴地镇、羊八井镇、高寨镇、杂色镇、草卡镇、小峡镇、河卡镇、勒乌镇、高店镇、峡门镇、共和镇、柴旦镇、康扬镇、扎玉镇、田家寨镇、边坝镇、美兴镇、丙中洛镇、上帕镇、青石咀镇、德庆镇（堆龙德庆区）、岗巴镇、桑多镇、茶布朗镇、各莫镇、三合镇、扎朵镇、扎塘镇、河西镇、隆子镇、玛艾镇、雅安镇、上五庄镇、多哇镇、阿西镇、建设镇、雨润镇、琼结镇、李家山镇、宁秀镇、香堆镇、阿坝镇、叶枝镇、呷尔镇、佳琼镇、黄家寨镇、孜托镇、鲜水镇、噶通镇、拉西镇、章谷镇、岗托镇、勒秀镇、甲竹寺镇、同卡镇、荣布镇、类乌齐镇、茫曲镇、如美镇、郭勒木德镇、大华镇、雄梅镇、加定镇、香日德镇、宁木特镇、曲松镇、森多镇、普保镇、马利镇、甘孜镇、聂荣镇、桑耶镇、塔什库尔干镇、曲什安镇、红柳湾镇、景阳镇、南木林镇、吉呷镇、更庆镇、江塘镇、称文镇、孑平镇、那吾镇、佐盖曼玛镇、日当镇、达扎寺镇、辖曼镇、如龙镇、萨呼腾镇、白玛镇、旺达镇、尼呷镇、阿日扎镇、唐克镇、曲水镇、俄洛镇、蒙宜镇、江孜镇、东川镇、保安镇、铜普镇、倾多镇、康沙镇、桑日镇、安羌镇、卡嘎镇（谢通门县）、麦尔玛镇、然乌镇、措折罗玛镇、雁石坪镇、坎布拉镇、茫崖镇、竹庆镇、洛江镇、长宁镇、桑堆镇、卡若镇、北拉镇、芦花镇、加加镇、阿美镇、新庄镇、新都桥镇、帕那镇、林芝镇、党城湾镇、红星镇、帕里镇、河支镇、烟多镇、祁连镇、柯曲镇、邛溪镇、甲洼镇、甲英镇、吉塘镇、下司马镇、茶卡镇、扎木镇、打隆镇、硕督镇、协格尔镇、夏邛镇、卡嘎镇（昂仁县）、杰德秀镇、哲古镇、新都镇、嘎东镇、麦宿镇、高城镇、岗堆镇、旺藏镇、列瓦镇、曼日玛镇、中扎科镇、冷湖镇、电尕镇、阿察镇、色须镇、瓦刃镇、申扎镇、青德镇、洛扎镇、棉沙镇、巴河镇、东峡镇、香巴拉镇、色柯镇、卧龙镇、色地镇、安宁镇、花石峡镇、下察隅镇、康马镇、松宗镇、革吉镇、陇东镇、阿万仓镇、龙羊峡镇、岗木达镇、塔公镇、中嘴塘镇、措美镇、安绕镇、金江镇、峨堡镇、石乃亥镇、罗布沙镇、木拉镇、浪卡子镇、多林镇、工布江达镇、宅垄镇、益哇镇、下拉秀镇、梅子坪镇、竹瓦根镇、查龙镇、金珠镇、帮达镇、黑马河镇、温拖镇、曲下镇、百巴镇、齐哈玛镇、采日玛镇、聂拉木镇、龚垭镇、加查镇、烟袋镇、江西沟镇、甘河滩镇、地巫镇、奔子栏镇、欧拉镇、两河口镇、日土镇、阿须镇、虾扎镇、安曲镇、吉雄镇、温波镇、改则镇、德吉林镇、过马营镇、达嘎镇、唐古拉镇、措勤镇、普兰镇、水洛镇、米林镇、达维镇、拉西瓦镇、雪洼龙镇、泉口镇、古荣镇、上察隅镇、四姑娘山镇、八一镇、杜瓦镇、托林镇、江嘎镇、扎窝镇、中咱镇、拉孜镇、柏尔沱镇、仲达镇、双岔镇、洛须镇、巴西镇、锦屏镇、木苏镇、岗嘎镇、尕海镇（碌曲县）、德庆镇（班戈县）、隆宝镇、马奈镇、魁多镇、默勒镇、朱倭镇、南木达镇、知木林镇、派镇、巴底镇、措拉镇、马镇、麻郎措镇、沃日镇、打滚镇、陈塘镇、江河镇、刷经寺镇、塘格木镇、瓦卡镇、白松镇、柯柯镇、红龙镇、吉隆镇、朗镇、常牧镇、马尼干戈镇、桑桑镇、色威镇、宗嘎镇、八角镇、洞嘎镇、河坡镇、瓦厂镇、革什扎镇、松岗镇、泥朵镇、萨迦镇、郎木寺镇、湾坝镇、西尔镇、洛若镇、木里镇、倒淌河镇、锡铁山镇、西俄洛镇、墨脱镇、半扇门镇、吉定镇、上罗科马镇、君坝镇、帕羊镇、大盖镇、八美镇、通宵镇、拉波镇、错那镇、香格里拉镇、格宗镇、沙尔宗镇、觉吾镇、热打镇、呷拉镇、拉日马镇、盖玉镇、沙德镇、金汤镇、泰宁镇、日雨镇、樟木镇、乌拉溪镇、三垭镇、西仓镇、龙日镇、色尔古镇、雅砻江镇、来马镇、太阳谷镇、东谷镇、吞巴镇、格聂镇、贡嘎山镇、错阿镇、沙石多镇、甲根坝镇、玉科镇、甲居镇、墨尔多山镇、宗加镇、翁达镇、小中甸镇、赛图拉镇、甲学镇、观音桥镇、日屋镇、尤拉西镇、丹东镇、亚卓镇、鱼通镇、鲁朗镇、卡龙镇、瓦日镇、波斯河镇、依吞布拉克镇、汤古镇、仲尼镇、红湾寺镇	366

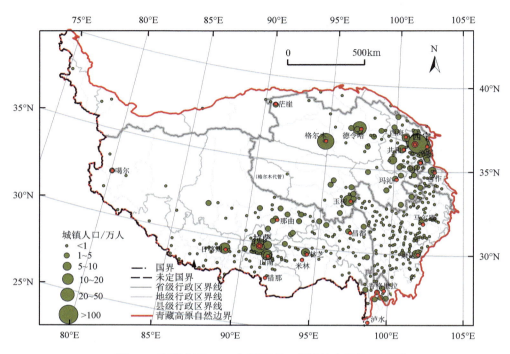

图 4.6　青藏高原 2035 年城镇人口规模的空间格局预测

4. 青藏高原 2050 年城镇化绿色发展的等级规模格局

到 2050 年，青藏高原市区城镇人口规模超过 100 万人的有西宁市区和拉萨市区两个城镇。格尔木市区和海东市区的城镇人口规模介于 50 万～100 万人。城镇人口规模在 20 万～50 万人的有德令哈市区、山南市区和多巴镇（西宁市湟中区）。城镇人口规模在 10 万～20 万人的有日喀则市区、那曲市区、玉树市区、林芝市区、马尔康市区、马尔康镇（阿坝藏族羌族自治州马尔康市）、那曲镇（那曲市色尼区）、桥头镇（西宁市大通县）、城关镇（西宁市湟源县）、恰卜恰镇（海南藏族自治州共和县）、昌珠镇（山南市乃东区）11 个城镇，较 2035 年增加 7 个。城镇人口规模在 5 万～10 万人的有 28 个城镇，较 2035 年增加 15 个。城镇人口规模在 1 万～5 万人的有 153 个城镇，较 2035 年增加 49 个。城镇人口规模小于 1 万人的有 294 个城镇，较 2035 年减少 72 个（不含新设置的建制镇）（图 4.7、表 4.6）。

表 4.6　2050 年青藏高原城镇人口规模等级一览表

等级	常住人口规模/万人	城镇名称	城镇数量/个
1	≥ 100	西宁市区、拉萨市区	2
2	50 ～ 100	格尔木市区、海东市区	2
3	20 ～ 50	德令哈市区、多巴镇、山南市区	3

续表

等级	常住人口规模 / 万人	城镇名称	城镇数量 / 个
4	10 ~ 20	日喀则市区、那曲市区、那曲镇、玉树市区、桥头镇、林芝市区、城关镇（湟源县）、马尔康市区、马尔康镇、恰卜恰镇、昌珠镇	11
5	5 ~ 10	罗玛镇、西海镇、子科滩镇、威远镇、泽曲镇、鲁沙尔镇、工卡镇、三角城镇、夏曲镇、康定市区、西堡镇、奉科镇、德庆镇（达孜区）、甘丹曲果镇、拦隆口镇、尕巴松多镇、乔瓦镇、河阴镇、合作市区、上新庄镇、聂荣镇、保和镇、乐家湾镇、塔荣镇、韵家口镇、同仁市区、隆务镇、浩门镇	28
6	1 ~ 5	平安镇、城关镇（大通县）、阿扎镇、约改镇、巨甸镇、麦秀镇、古露镇、嘉黎镇、总寨镇、吉迈镇、尕海镇（德令哈市）、大堡子镇、碾伯镇、强玛镇、哈尔盖镇、茫崖市区、花土沟镇、沙柳河镇、香格里拉市区、建塘镇、优干宁镇、怀头他拉镇、扎玉镇、八宝镇、昌都市区、城关镇（昌都市）、比如镇、巴燕镇、尼玛镇（那曲市）、塔城镇、廿里铺镇、大武镇、塘川镇、茶布朗镇、丁青镇、马利镇、金达镇、赛来塘镇、香达镇、嘎托镇、察汉乌苏镇、积石镇、寿乐镇、彭家寨镇、柯鲁柯镇、虎跳峡镇、满坪镇、街子镇、南门峡镇、狮泉河镇、智青松多镇、亚拉镇、希里沟镇、群科镇、同卡镇、白庄镇、唐谷镇、佳琼镇、拉加镇、牙什尕镇、叶枝镇、雅安镇、尼玛镇（甘南藏族自治州）、边坝镇、隆子镇、加吉博洛格镇、珍秦镇、清水河镇、白玛镇、高庙镇、李二堡镇、琼结镇、扎塘镇、新源镇、扎仁镇、田妥镇、扎巴镇、甲竹林镇、五峰镇、歇武镇、当曲卡镇、五十镇、杂色镇、丹麻镇、甘都镇、玛查理镇、昂思多镇、和日镇、曲松镇、雁石坪镇、瞿昙镇、普保镇、姑咱镇、高店镇、羊八井镇、桑耶镇、雄梅镇、江塘镇、尺犊镇、塔尔镇、康沙镇、然乌镇、日当镇、河口镇、江达镇、莫洛镇、阿西镇、马克堂镇、草卡镇、大兴地镇、孜托镇、河卡镇、柴旦镇、呷尔镇、桑日镇、帕那镇、北拉镇、共和镇、茨开镇、峡门镇、香堆镇、洪水镇、田家寨镇、扎朵镇、小峡镇、加定镇、丙中洛镇、高寨镇、勒乌镇、措折罗玛镇、甘孜镇、阿坝镇、拉西镇、桑多镇、硕督镇、康扬镇、上五庄镇、河西镇、茫曲镇、黄家寨镇、三合镇、类乌齐镇、俄洛镇、李家山镇、打隆镇、郭勒木德镇、青石咀镇、如美镇、吉塘镇、旺达镇、杰德秀镇、哲古镇、德庆镇（堆龙德庆区）	153
7	<1	玛艾镇、塔什库尔干镇、建设镇、岗堆镇、岗巴镇、安宁镇、保安镇、南木林镇、称文镇、夏日哈镇、多哇镇、更庆镇、麦尔玛镇、温拖镇、岗托镇、各莫镇、曲什安镇、洛扎镇、龚垭镇、宁木特镇、红星镇、吉呷镇、噶通镇、辖曼镇、贾洛镇、达扎寺镇、江孜镇、竹庆镇、唐克镇、茶卡镇、美兴镇、安羌镇、铜普镇、卡嘎镇（谢通门县）、洛江镇、上帕镇、加加镇、荣布镇、萨呼腾镇、措美镇、安绕镇、大华镇、勒秀镇、阿羌镇、森多镇、雨润镇、景阳镇、香日德镇、申扎镇、罗布沙镇、宁秀镇、浪卡子镇、茫崖镇、甲洼镇、蒙宜镇、林芝镇、卡嘎镇（昂仁县）、升平镇、章谷镇、河支镇、新都镇、鲜水镇、旺藏镇、卡若镇、下司马镇、麦宿镇、东川镇、电尕镇、加查镇、阿日扎镇、那吾镇、佐盖曼玛镇、扎木镇、倾多镇、中扎科镇、长宁镇、如龙镇、尼呷镇、桑堆镇、吉雄镇、新庄镇、坎布拉镇、红柳湾镇、曲水镇、康马镇、帕里镇、阿须镇、烟多镇、卧龙镇、岗木达镇、芦花镇、党城湾镇、中壤塘镇、地巫镇、打滚镇、协格尔镇、祁连镇、夏邛镇、邛溪镇、松宗镇、嘎东镇、德吉林镇、阿察镇、马奈镇、益哇镇、帮达镇、聂拉木镇、曼日玛镇、甲英镇、木拉镇、措勤镇、革吉镇、花石峡镇、黑马河镇、新都桥镇、多林镇、上察隅镇、东峡镇、柯曲镇、列瓦镇、瓦切镇、百巴镇、查龙镇、下察隅镇、四姑娘山镇、阿万仓镇、宅垄镇、色地镇、冷湖镇、棉沙镇、安曲镇、青德镇、色须镇、工布江达镇、曲下镇、陇东镇、香巴拉镇、高城镇、巴西镇、巴河镇、两河口镇、措拉镇、甘河滩镇、唐古拉镇、江嘎镇、齐哈玛镇、采日玛镇、峨堡镇、拉康镇、金珠镇、下拉秀镇、龙羊峡镇、洛须镇、欧拉镇、虾扎镇、仲达镇、温波镇、日土镇、杜瓦镇、竹瓦根镇、达维镇、色柯镇、梅子坪镇、烟袋镇、八一镇、南木达镇、石乃亥镇、金江镇、米林镇、过马营镇、普兰镇、塔公镇、派镇、瓦卡镇、白松镇、错那镇、扎窝镇、中咱镇、雪洼龙镇、水洛镇、拉西瓦镇、改则镇、托林镇、木苏镇、洛若镇、松岗镇、岗嘎镇、错阿镇、江西沟镇、奔子栏镇、沃日镇、知木林镇、古荣镇、默勒镇、香格里拉镇、隆宝镇、达嘎镇、虾拉沱镇、魁多镇、泉口镇、锦屏镇、八角镇、德庆镇（班戈县）、拉孜镇、江河镇、双岔镇、河坡镇、麻郎措镇、朗镇、朱倭镇、沙尔宗镇、君坝镇、尕海镇（碌曲县）、刷经寺镇、红龙镇、马尼干戈镇、拉波镇、陈塘镇、常牧镇、洞嘎镇、萨迦镇、日雨镇、西尔镇、马镇、觉吾镇、来马镇、塘格木镇、柯柯镇、桑桑镇、木里镇、吉隆镇、巴底镇、湾坝镇、帕羊镇、色威镇、瓦厂镇、宗嘎镇、吉定镇、太阳谷镇、西俄洛镇、盖玉镇、拉日马镇、樟木镇、倒淌河镇、墨脱镇、热打镇、革什扎镇、上罗科马镇、格聂镇、泥朵镇、呷拉镇、大盖镇、色尔古镇、郎木寺镇、通宵镇、半扇门镇、锡铁山镇、乌拉溪镇、三垭镇、龙日镇、八美镇、格宗镇、雅砻江镇、沙德镇、金汤镇、西仓镇、泰宁镇、沙石多镇、赛图拉镇、吞巴镇、东谷镇、日屋镇、小中甸镇、贡嘎山镇、鲁朗镇、观音桥镇、宗加镇、甲根坝镇、甲居镇、依吞布拉克镇、玉科镇、墨尔多山镇、翁达镇、卡龙镇、尤拉西镇、甲学镇、丹东镇、波斯河镇、亚卓镇、鱼通镇、瓦日镇、汤古镇、仲尼镇、红湾寺镇	294

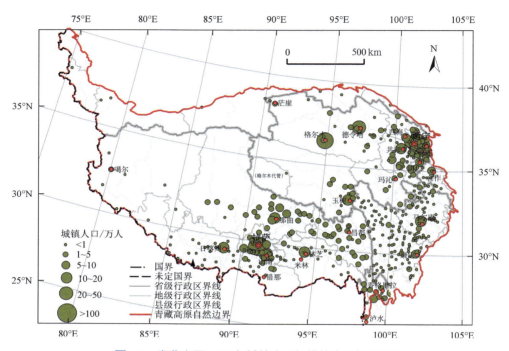

图 4.7　青藏高原 2050 年城镇人口规模的空间格局预测

4.4.2　高原城镇化绿色发展的空间结构格局

　　根据青藏高原各城镇的现状发展基础以及未来发展态势，青藏高原城镇主要分布在主要铁路、公路、古道等沿线，结合都市圈、边境城镇带等空间组织，青藏高原城镇化发展总体形成"三圈"（西宁都市圈、拉萨城市圈、柴达木城镇圈）、"四带"（青藏铁路沿线城镇带、川藏通道沿线城镇带、唐蕃古道沿线城镇带、青藏高原边境城镇带）、"多节点"（多个重要城镇节点）的空间结构格局（图 4.8）。

1. 三圈：三大都市圈（城市圈和城镇圈）

　　"三圈"指西宁都市圈、拉萨城市圈和柴达木城镇圈，是以青藏高原两大核心城市西宁、拉萨，全国综合交通枢纽城市格尔木为中心形成的人口与经济密度最高的城镇化地区。其中：

　　西宁都市圈是以西宁市辖区为中心，以西宁市大通县、湟源县、湟中区和海东市平安区、互助县等为外围核心城镇的都市圈。其拥有青藏高原唯一过百万人口的城市，是青藏高原社会经济发展最快、综合发展水平最高的核心发展地区，是青藏高原经济社会发展的重要增长极，是兰西城市群和丝绸之路经济带的重要组成部分，也是黄河上游重要的水源补给区和重要的生态屏障。

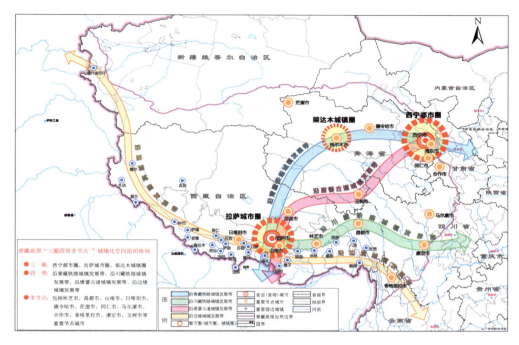

图 4.8　青藏高原"三圈四带多节点"城镇体系总体空间结构示意图

　　拉萨城市圈是以拉萨市为中心，包括拉萨市的城关区、堆龙德庆区、达孜区、林周县、当雄县、尼木县、曲水县、墨竹工卡县，山南市的乃东区、贡嘎县、扎囊县，日喀则市的桑珠孜区、江孜县、仁布县、白朗县在内的城市圈。其是青藏高原尤其是西藏自治区经济社会发展的重要增长极，也是整个西藏自治区城镇体系的核心区。

　　柴达木城镇圈以格尔木市为中心，辐射带动德令哈市、茫崖市、都兰县、乌兰县的柴达木盆地地区，未来将格尔木市建成稳疆固藏的重要战略节点，升级为地级市，发挥对青藏高原安全保障的重要"开关"作用。

2. 四带：四条城镇带

　　一是青藏铁路沿线城镇带。青藏铁路起于青海省西宁市，途经德令哈市、格尔木市、昆仑山口、沱沱河沿，翻越唐古拉山口，进入西藏自治区安多、那曲、当雄、羊八井，终到西藏自治区拉萨市，全长 1956km，跨越青海省 1/3 的县市和主要厂矿，途经的地区依次有湟中、湟源县、海晏县、刚察县、天峻县、乌兰县、大柴旦行委、治多县、曲麻莱县、安多县、那曲市、当雄县、堆龙德庆县、拉萨市柳梧新区。沿线城镇带仅西宁市、德令哈市、格尔木市、那曲市、拉萨市就贡献了青藏高原一半以上的地区生产总值。

　　二是川藏通道沿线城镇带。川藏通道由川藏公路和川藏铁路等构成，其中：川藏铁路是一条连接四川省与西藏自治区的快速铁路，呈东西走向，为我国第二条进藏铁路，也是中国西南地区的干线铁路之一。线路东起四川省成都市，从既有成昆铁路引出，经蒲江、雅安、天全后翻二郎山进入甘孜藏族自治州；经康定、理塘、白玉后跨金沙江，进入西藏自治区昌都；经江达、昌都、邦达、八宿后进入林芝；经波密、林芝进入山南；经桑日、乃东、贡嘎后西至拉萨，线路全长 1838km。该城镇带也是青藏高原城镇发育较好的地区。

三是唐蕃古道沿线城镇带。唐蕃古道是我国古代历史上一条非常著名的交通大道，也是唐代以来中原内地去往中国青海、中国西藏乃至尼泊尔、印度等国的必经之路。它的形成和畅通至今已有 1300 多年的历史，因此沿线发育了青藏高原沿西宁—玉树—那曲—拉萨城镇带，沿途分布着共和、贵南、同德、玛沁、甘德、达日、囊谦、类乌齐、丁青、巴青、索县、当雄等重要城镇。

四是边境城镇带。长达 4000 多公里的青藏高原边境城镇带是捍卫国防安全和生态安全的要冲地带，肩负着"神圣国土的守护者，幸福家园的建设者"的重要使命。随着中尼、中印等边境口岸开放程度不断提高，青藏高原边境城镇带发挥着"一带一路"倡议下南亚通道的作用。新时代，青藏高原边境城镇带正逐步从西南边陲向国际枢纽转型，是青藏高原城镇体系的重要组成部分之一。其主要沿着林芝段、山南段、日喀则段、阿里段等边境地区，分布着察隅、墨脱、隆子、错那、亚东、陈塘、定结、吉隆、聂拉木、仲巴、普兰、噶尔等重点城镇，以及亚东口岸、樟木口岸、吉隆口岸、里孜口岸、普兰口岸等边境口岸。

3. 多节点：多个重要节点城市和重要固边城镇

按照"大分散、小集中"的原则，促进"三圈""四带"之外其他重要节点城市和重点固边城镇的发展，突出建设林芝市、日喀则市、那曲市、昌都市、玉树市、茫崖市、同仁市、马尔康市、香格里拉、合作市、康定市、米林市、错那市等重要节点城市，打通节点城市与中心城市、节点城镇之间高效便捷的交通网络，加强中心城市与节点城镇互联互通。推进优质教育、医疗等资源向中小城市和条件较好的县城倾斜布局，创新公共服务提供方式；通过远程服务、流动服务等，稳住小城镇、农牧区居民点人口，提高各建制镇的人口承载力。依托地方特色资源，大力发展农畜产品精深加工、新能源、商贸物流、特色文化旅游等产业，因地制宜地发挥节点城镇对国土开发的基础性支撑作用。支持有条件的县有序改市，按城市标准规划建设管理，积极培育新兴城市。支持有条件的乡有序改镇，新增一批建制镇，调整和优化青藏高原城镇体系的空间结构。

4.4.3　高原城镇化绿色发展的职能结构格局

考虑到城镇的性质和职能一般在相当长时期内具有稳定性，因此，未来青藏高原城镇化发展的职能结构格局应在尊重历史和现状的基础上，突出特色，强化其综合型或专业型职能，通过职能分工与协作提高城镇发展的综合效率与效益。

1. 高原综合型中心城市

未来青藏高原建设的综合型中心城市有 2 个，仍为青海省省会西宁市和西藏自治区首府拉萨市，它们是带动青藏高原发展的核心。西宁市作为青藏高原人口规模唯一超过百万人的城市，是青藏高原区域性现代化综合中心城市。拉萨市虽然人口规模较西宁市小，但作为西藏自治区政治、经济和文化中心，国家历史文化名城，世界精品旅游城市，在青藏高原也具有重要的核心作用。两大综合型中心城市应加强交通、能源等基础设施建设，增强基本公共服务供给能力，提升产业园区功能，增强要素聚集能力，强化在青藏高原经济社会发展的引擎和核心增长极作用。

2. 高原区域性中心城市

未来青藏高原建设的区域中心城市约17个（图4.9），包括青海省的海东市、格尔木市、德令哈市、玉树市、茫崖市、同仁市，西藏自治区的日喀则市、昌都市、林芝市、山南市、那曲市、米林市、错那市，云南省迪庆藏族自治州的香格里拉市，四川省甘孜藏族自治州的康定市、阿坝藏族羌族自治州的马尔康市，甘肃省甘南藏族自治州的合作市。这些城市除人口规模较大、产业发展基础较好外，还是区域性的甚至全国重要的综合交通枢纽、商贸物流中心，能够带动一个以上地级行政单元经济社会的发展，是青藏高原仅次于综合型中心城市的核心增长极。

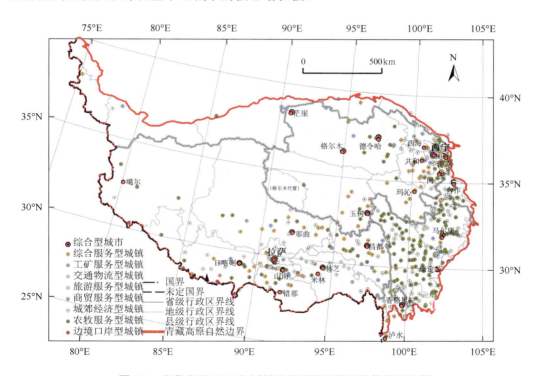

图 4.9　青藏高原 2035 年城镇化发展的职能结构格局示意图

3. 专业型小城镇

专业型小城镇是除以上设市以外的建制镇，职能类型主要包括综合服务型、旅游服务型、工矿服务型、农牧服务型、商贸服务型、交通物流型、边境口岸型、城郊经济型等。未来应选择资源环境承载能力强、区位交通条件好和特色产业发展潜力大的城镇作为重点城镇，培育发展经济功能和服务功能，增强城镇辐射带动能力。

　　未来各专业型小城镇应依托中心城市、区域性中心城市，结合区域民族文化特色和产业发展方向，发挥自身比较优势，提升综合发展的效率和效益。应支持和鼓励发展基础条件较好的专业型小城镇提质扩容，成为联系城乡、服务农村的枢纽，引导人口和产业集聚。进一步完善区域专业型小城镇体系规划，逐步消除城乡二元结构，重视区域内的整体协调发展，缩小城乡差距。各级政府加强对专业型小城镇的财政投入，优化专业型小城镇土地利用，优先满足涉农公共设施和基础设施用地。合理布局农村居民点体系，开展美丽城镇和高原美丽乡村建设。强化农村科技、信息服务、就业与社会保障、规划建设、公共文化、义务教育、医疗卫生等服务职能，改善村庄基础设施条件，提高农村人居环境质量。部分规模较大、实力较强的城镇（县城），应按照小城市的标准进行建设。促进人口和产业向小城镇集聚，形成广大农村地区城镇化的重要空间载体。

4.5　高原城镇化绿色发展的特殊模式

　　立足青藏高原城镇化的特殊重要地位、特殊使命和特殊道路，为了推进城镇化绿色发展，确保高原城市使高原人民生活得更美好，需要采取守土固边型、绿色驱动型、护卫水塔型、传承文化型、游客拉动型、宿镇牧乡型、生态富民型、小聚大散型、对口结对型、城乡融合型等城镇化发展模式（方创琳，2022）（图4.10）。

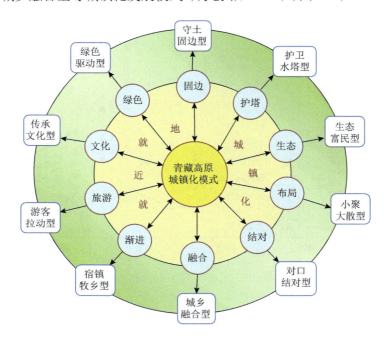

图 4.10　青藏高原城镇化发展的特殊模式框架图

4.5.1 守土固边型城镇化模式

青藏高原的城镇化肩负着捍卫国家安全屏障的特殊使命，这就决定了高原城镇化模式要坚持国家安全第一原则，建立守土固边型城镇化模式。坚持屯兵和安民并举、固边和兴边并重，大力实施军民融合发展战略，以军地公共安全合作、边防民防融合建设为重点，坚持平战结合、防管一体、深度融合，推动边境地区共治共建、共享共赢，进一步增强边境地区交通、仓储、通信、气象等重大基础设施服务保障能力。

完善军民融合长效机制，统筹布局军民融合产业链，加大军民两用新材料、新能源、高原特色装备、军队后勤保障等产业发展，谋划建设格尔木国家物资储备基地、高压氧舱生产基地，积极创建国家级军民融合产业示范基地。

建设军民融合型城镇和边疆明珠小镇。全面提升林芝市边境地区基础设施水平和边防保障能力，形成一批设施齐全、布局合理、功能完善的军民融合城镇，有效提高重点区域人口集聚能力，增强守边固边能力。加强边境地区基础设施建设，加大边境地区公路建设力度，实现边境乡镇、边境乡村公路网全覆盖，加快边境地区村庄和乡镇宽带、光缆及移动通信网络全覆盖，推进智慧边防建设。以建设边疆明珠小镇为抓手，打造一批边境地区少数民族特色村镇。进一步补齐边境城镇给排水、道路桥梁、公园绿地和生活垃圾、污水处理等市政基础设施、公共服务设施、环境基础设施短板，完善城镇功能，全面增强守边固边支撑能力。建设立体化、智慧化边境防控体系，把边境城市和抵边城镇建成强边固防标杆区。

4.5.2 绿色驱动型城镇化模式

坚持生态优先，绿色发展，以提供生态产品服务生态为保障，提高高原生态产品和服务供给能力。健全区际利益补偿机制，形成受益者付费、保护者得到合理补偿的良性局面。健全纵向生态补偿机制，加大对森林、草原、湿地和重点生态功能区的转移支付力度。在流域上下游之间开展资金、产业、人才等多种补偿。

1. 构建绿色+的国民经济体系，推进高原经济发展绿色化

加快构建以产业生态化和生态产业化为主体的高原绿色生态经济体系，完善净土健康全产业链，推动实现生态价值转化为经济价值并计入青藏高原生产总值。培育绿色+旅游、绿色+牧业、绿色+医药、绿色+能源、绿色+工业、绿色+城镇、绿色+大数据、绿色+服务业等城乡发展新产业，推进绿色发展技术创新、园区循环化改造和工业绿色化升级，制定符合区情的产业专项绿色标准体系，培养壮大绿色产品品牌。一体推进绿色城镇和美丽乡村建设，打造生态宜居的城乡居住空间。

全面推行绿色产品政府采购制度，推广绿色低碳生活模式，提倡绿色出行，推进垃圾分类，打造低碳社区。建设绿色农牧业产业体系，实现绿色农业现代化；建立和完善净土健康产品质量安全检测体系和品牌产品质量标准体系，发展以有机农副产品

加工、清洁能源产业、民族手工业、高原生物医药产业、氢能产业、文化旅游产业为主导的绿色工业，构建行业低碳化、生产过程清洁化、资源能源利用高效化、安全生产智能化的绿色工业体系，实现绿色工业现代化；建设绿色服务业产业体系，实现绿色服务现代化；构建绿色城镇体系，实现绿色城镇现代化。

2. 建设国家生态安全屏障示范市和绿色发展示范市

以建设青藏高原生态文明高地为目标，以生态文明示范创建为载体，选择青藏高原 17 个城市，将其建设成为国家生态安全屏障示范市、人与自然和谐共生示范市、绿色发展示范市、自然保护样板市和生态富民先市，坚持生态保护与建设并重，注重系统治理，不断提高城市生态治理体系和治理能力现代化水平，实现人与自然和谐共生的现代化。西宁市提出的做强光伏光热制造产业集群、做优锂电储能产业集群、做精有色合金材料集群、做细特色化工新材料产业集群、做深生物医药和高原动植物资源精深加工产业集群五大千亿元的绿色发展产业集群就是建设高原绿色发展示范市的重要体现。

4.5.3　护卫水塔型城镇化模式

作为世界屋脊的青藏高原是亚洲重要的水塔，也是中华水塔，是长江、黄河发源地，中华水塔的建设直接影响着国家生态安全和国家水安全，直接影响着长江经济带的绿色发展和黄河流域生态保护和高质量发展。基于高山冰川的青藏高原水系统，将冰雪融水源源不断地向外输送，孕育了长江、黄河、恒河、印度河、湄公河、萨尔温江和伊洛瓦底江等多条亚洲重要河流，滋养了东亚、南亚地区的古老文明，维系着中国和下游沿线国家及地区 30 多亿人口的用水安全和生存发展。因此，保护亚洲水塔十分重要，青藏高原的一切人类活动都需要以保护亚洲水塔为前提，作为青藏高原最强烈人类活动的城镇化也应该以保护亚洲水塔为前提，构建护卫水塔型城镇化模式。

需要引起关注的是，据中国科学院姚檀栋院士团队研究发现，亚洲水塔正在失衡失稳，其失衡失稳的原因既有全球气候变暖等自然因素，也有强烈的人类活动干预等人文因素。全球气候变暖只能被动适应和应对，但强烈的人类活动可以主动降低其对亚洲水塔的干扰强度和幅度。通过青藏科考城镇化团队实地调研和对区域水资源情势的综合研究，发现青藏高原在水资源利用和保护中面临着诸多问题，水资源利用和保护现状与亚洲水塔的地位和重要性不匹配，全球气候变暖对青藏高原扰动加剧，不利于亚洲水塔的稳定建设；现有水资源开发利用效率低，局部地区工程性缺水十分严重，不利于亚洲水塔的高质量建设。

这就要求最大限度地保护好青藏高原生态环境，建设好生态安全和水安全屏障，最大限度地提升青藏高原水源涵养功能，把高原城市建成为保护亚洲水塔的坚强卫士；同时，城市自身要最大限度地节约用水，发展节水型产业，构建节水型社会，建成节水型城市，通过合理的人为干预缓解亚洲水塔失稳失衡，为保护亚洲水塔作出贡献。

未来应采取更加有力的政策和措施，加强亚洲水塔水资源与生态环境保护，应对气候变化，减少碳排放，努力降低对亚洲水塔稳定性的影响；科学编制亚洲水塔保护规划，将青藏高原建成为亚洲水源涵养示范区；高标准治理水环境污染，守住"亚洲水塔"一盆清水；建立健全亚洲水塔保护的生态长效机制，强化生态补偿机制的顶层设计，充分体现水资源是构建高原生态安全屏障的重要基石和重要的战略储备资源。通过建立市场化的跨区域水权市场和政府生态服务购买制度，推动流域上中下游地区间建立横向生态补偿制度，解决青藏高原地区为保护生态而发展不平衡不充分的问题。

4.5.4　传承文化型城镇化模式

青藏高原独特的民族文化是中华文化体系中的瑰宝，是民族发展延续的根基，也是青藏高原未来持续健康发展的灵魂。

1. 青藏高原特色文化资源多样丰富，是重要的中华民族特色文化保护地

依托于雪域高原独特的自然条件与生存环境，在青藏高原造就了以藏文化为主体的多民族交叉融合的青藏文化体系，形成了诸如门巴、象雄、格萨尔、昆仑、珞巴、纳西、僜人、夏尔巴等历史悠久、特色鲜明、内容丰富的多元民族文化。青藏文化既是中华民族最宝贵的文化资源和世界多样文化的重要组成部分，也是维系民族团结的纽带和祖国统一的基础。

保护和传承青藏高原特色文化是青藏高原各族人民延续民族血脉和精神家园的重要保障，也是民族在差异中走向团结、文化在交流中走向发展、宗教在互动中走向和谐的根本；是促进青藏高原经济社会持续健康发展，保障和改善民生的重大需求；是推动高原新型城镇化的重要内容。

2. 高原城市和城镇是青藏高原中华民族特色文化的重要承载地和传承地

青藏高原特色文化主要集中在 19 个不同规模等级的城市和 474 多个城镇，高原城市和城镇是高原特色文化的重要载体。因此，高原城市建设和美丽城镇建设一定要同特色文化传承保护有机结合起来，城市建设优先保护特色民族文化，走文化传承型城镇化发展之路。要实现中华民族特色文化保护地建设和保障高原特色新型城镇化质量同步推进的目标，高原特色文化保护和传承是关键和重要内容。充分挖掘高原丰富的自然和文化资源，传承、保护、利用好历史遗存等物质文化遗产及非物质文化遗产。

将新型城镇化和民族特色文化保护与传承深度融合，实施"民族特色文化渗透的青藏高原新型城镇化"发展路径。编制青藏高原特色文化保护与传承清单，建立一批各具特色的高原文化保护传承镇，如普兰县象雄文化保护传承镇、互助县撒拉族文化传承镇、拉卜楞寺藏医药传承镇、塔尔寺酥油花艺术传承镇等，形成青藏高原濒危传统文化保护传承体系。编制青藏高原特色文化保护传承规划，建立青藏高原古丝绸之路文化传承带。促进藏香、藏纸、经版雕刻等传统手工艺与旅游产业融合发展，建设优秀传统文化保护传承地。

3. 有选择性地建设一批青藏高原中华文化名城名镇名村名街

围绕中华民族特色文化保护地建设，在青藏高原建设一批具有国际影响力和吸引力、承载中华民族文化的国家级历史文化名城名镇名街名村，提高城市建设的文化底蕴；以青藏高原现有城镇体系为基础，选取茶马古道、唐蕃古道和古丝绸之路上的芒康、昌都、玉树、拉孜等作为民族特色文化核心节点，编制特色文化保护传承规划，有选择性地建设一批青藏高原中华文化名镇名村名街，构建与拉萨城市圈、兰西城市群和边境城市带相融合的"青藏高原唐蕃－茶马－古丝绸之路文化城镇带"。在此基础上，建立青藏高原特色文化保护与传承体检评估机制，分区域、分阶段对核心城市和重点城镇的特色文化保护与传承工作体检评估。依据青藏高原不同区域独特丰富的文化资源禀赋，因地制宜地构建一批具有一定规模的特色文化产业集聚区，将文化资源的文化价值转换为文化产业的经济价值和社会价值。

4.5.5 游客拉动型城镇化模式

青藏高原蕴藏着十分丰富的生态旅游资源和人文旅游资源，城市建设的服务对象主要是游客，是游客拉动了高原城镇化进程，也是游客推动青藏高原城镇基础设施建设得以不断完善和提升。围绕青藏高原作为世界重要旅游目的地和中华民族特色文化保护地的功能定位，以"特色、高端、精品"为导向，加大旅游资源开发，丰富文旅业态供给，提升信息共享、行业监管、旅游安全、标准化服务水平，完善旅游产品体系、供给体系、服务体系、保障体系、营销体系等，构建运输枢纽场站—集散中心（点）—旅游景区互联互通的三级旅游集散体系，提高旅游可达性和容量。

1. 加强全域旅游顶层设计，建设国际旅游文化城市

将高原中心城市拉萨、西宁等建成集旅游观光、生态休闲、文化体验、养生度假、户外运动、自驾体验等多功能于一体的青藏高原藏民俗生态文化休闲旅游精华区，最具民族特色的生态自驾旅游目的地，国家全域旅游示范区和国际旅游目的地。把拉萨建成国际文化旅游城市和西藏文化旅游创意园区。

加强全域旅游顶层设计，保护性开发利用自然人文资源，打好特色牌，走好高端路，扶好精品点，唱好全域戏，推进"旅游+"融合发展，积极推动"景点旅游"向"全域旅游"转变，有序发展边境旅游，推进墨脱国家边境旅游试验区建设。

2. 实施"旅游兴镇"，建设各具特色的旅游城镇

围绕"茶马古道""唐蕃古道""易贡藏布"和"冈底斯国际合作旅游区建设"等大品牌，开发一批精品旅游线路和品牌。发挥生态、民族民俗、高原风光等特色优势，凸显特色旅游品牌，推进旅游与文化、体育等产业发展深度融合。深度发展观光休闲游、乡村旅游，创新发展非遗与民俗体验游、博物文化游，开拓发展高原康养游、体育旅游，积极发展产业考察游、会议奖励游,统筹发展夜间休闲游,精准发展高端定制化旅游、特色节庆旅游,建设一批各具特色的旅游城镇。发展高原体育产业集群,打造汽车越野、骑行、徒步、马拉松等有较大影响力的品牌体育赛事,高标准建设羊八井国际登山小镇。大力发展航空自驾、自助旅游、预约旅游、私人订制等旅游新模式、新业态。

3. 实施"智慧 + 城市 + 旅游"工程,推进智慧城市与智慧旅游景区建设

在城镇化进程和城市建设中,实施"智慧 + 城市 + 旅游"工程,建立"数字文旅 + 中华文明"互联网平台,推出"智慧旅游"APP,完善旅游信息发布、共享、管理机制,建设智慧景区。推动布达拉宫、大昭寺、罗布林卡等数字再现与虚拟云游等文物展示方式融合。建设旅游安全风险预警处理平台,构建"统一指挥、反应灵敏、协调有序、运转高效、保障有力"的旅游安全保障和应急救援体系。推进"文化 +""旅游 +"发展,做响"茶马古道""红色昌都"新名片,促进藏滇、藏川、青通道旅游经济共同体建设,建设"茶马古道"旅游经济带、"唐蕃古道"旅游合作圈,建成一批具有全国和世界影响力、集聚效应明显、产业特色鲜明的文化旅游集聚地,打造大香格里拉・茶马古道文化旅游核心体验区。在青藏高原试点建设一批"人文化、绿色化、智能化"的智慧城市。

4.5.6　宿镇牧乡型城镇化模式

符合青藏高原特点的城镇化是宿镇牧乡型渐进城镇化模式。在小城镇建牧民集中社区住家,乡下办牧场,即把家安在小城镇里,老人、小孩等住在城镇里,青壮年在乡下放牧或者雇人放牧。通过这种过渡办法,由农牧民到城镇居民,经过若干年完全脱离畜业,转入第二、第三产业,剩下的一部分牧户变成规模较大的家庭牧场。在农牧民镇民化过程中,突出地域、民族、文化特色,坚持以人为本、优化布局、生态文明、传承文化的基本原则,坚持以人的城镇化为核心,有序推进农牧业转移人口镇民化,既要充分尊重农牧民意愿,又要统筹考虑农牧民生活习惯、城镇综合承载力,积极稳妥推进农牧区人口向小城镇适度聚集,增强农牧民非农就业能力,让进入小城镇的农牧民留得住、回得去、过得好,逐步融入城镇,公平享受社会公共服务。

1. 实现以小城镇为主导的就近就地镇民化,而非市民化

青藏高原城镇化的特殊性决定了其发展模式不能照抄照搬内地过去走过的人口与土地城镇化模式,而是要走出一条独特的适合青藏高原特点的个性化发展模式,即就近就地镇民化的渐进城镇化模式。该模式的基本内涵为:与内地广泛推行的城市化过程相比,青藏高原不宜大规模提出城市化和市民化,将更多的农牧民集聚到西宁、拉萨等城市,而是要结合青藏高原地广人稀的特点和守土固边的历史使命,更多地引导农牧民就近集聚到附近的小城镇,把高原小城镇作为就近就地镇民化的主要主体,把改善小城镇的基础设施和公共服务设施作为青藏高原城镇化的重中之重,把城市和县城的基础设施和公共服务设施延伸到小城镇,逐步拓展到农牧区,这就是青藏高原独

特的农牧民镇民化过程。

建议全面放开城镇落户限制，引导农牧民就地就近城镇化，妥善解决安置移民、自发移民、跨县（市）移民落户。全面落实居住证制度，实现城镇基本公共服务覆盖全部常住人口。维护城镇落户农牧民土地（草场）承包权、宅基地使用权、集体收益分配权，推动户籍变动与农村"三权"和农业人口惠民政策脱钩。继续推进易地扶贫搬迁、高海拔生态搬迁、水电开发移民搬迁、地质灾害避险搬迁工作，依托县城和城镇建设定居点。

2. 推进以农牧民社区建设为主导的渐进城镇化，住在镇里，牧在乡里

一方面对于就近集中到小城镇里的农牧民，建议修建标准化的农牧民定居点，即花园式农牧民社区，实现农牧民小区社区化；另一方面，可在条件较好的乡下地区集中建设农牧民社区，对分散的农牧民定居点合并改造，扩大农牧民社区规模，实现"牧区养殖，社区加工"的经营模式，多渠道增加了就业岗位。按照新社区建设标准，加快推进以确保农牧民增收和民生改善为主要目标的城镇化，有序推进农牧业人口镇民化和社区化。这种模式可以做到农牧民不进城仍然可以享受到城市市民的各种待遇，没有必要将所有的农牧民赶进城里，农牧民仍为农业人口，分散定居点变为集中标准化社区，是农村到农村、农民到农民的过程，既做农牧民有土地经营和草场放牧，又做镇民或社员，这样既保证农牧民土地经营权和草场放牧权不受损失，又让农牧民享受城镇化成果。同时，做好农牧民进入小城镇或农牧民社区后的就业、就学、就医、居住等各项保障工作。鼓励城市工业、社会资金向小城镇和农牧民社区延伸，投向农畜产品加工业、农用资料生产业等城乡关联产业，为农牧民创造更多的就业机会。

3. 推进渐进城镇化的自主模式，尝试以股份制合作将农牧民变为股民

在青藏高原城镇化过程中，要吸取内地被动城镇化的教训，按照主动城镇化思路，遵循"尊重农民意愿，和谐稳定第一"的原则，实行"以农民为主导，自我决策、自己评估、自主建设、自愿集资、自治管理"的自主城镇化发展模式，同时按照"统一规划、统一筹资、统一建设、统一管理"的建设原则，建设农牧民新社区。这种自主城镇化模式充分尊重民意，让农牧民自己做决策；充分发扬民主，让农牧民自己评估拆迁；充分汇聚民资，让农牧民自己建设；充分保障民利，让农牧民自己得实惠。在自主城镇化进程中，鼓励农牧民通过股份制合作、土地草场合作、信用合作和劳务技术合作等多种形式，探索"公司＋基地＋农户"的合作模式，建设农牧民社区，鼓励农村土地、草场以出让、转让、租赁、入股形式向专业大户、专业牧场、农牧民合作社、农牧业企业流转，发展各种形式的农牧业规模经营。将农牧民的承包地或草场以入股的方式整合，并对草原、林地、水面和废弃地等一次性作价，由股份合作公司统一经营管理，以股份制的方式经营农牧民社区，共建共享城市各种基础设施和公共服务设施，将部分农牧民转变为股民，社区居民不仅能够获得土地入股的股金，还可以到公司打工，增加收入，实现了双赢。

4.5.7　生态富民型城镇化模式

树立绿水青山就是金山银山、冰天雪地也是金山银山的理念，实施生态产业富民战略，加快生态资源产业化，探索绿水青山向金山银山转化的路径，推进生态产业化和产业生态化，创新生态产品价值实现机制，提升优质生态产品供给能力，构建经济效益好、特色突出、带动力强的现代生态产业体系，走生态致富之路。

1. 正确处理好生态与富民的关系，把生态资本作为高原最大资本，探索"生态入股"

站在保障中华民族生存和发展的历史高度，牢固树立绿水青山就是金山银山的理念，正确处理好保护生态与富民利民的关系，把生态资本作为青藏高原最大的资本，通过生态资本积累生产资本、提升生活资本，把不损害生态环境作为红线，统筹山水林田湖草生命共同体保护与治理，形成共建良好生态、共享美好生活的良性循环长效机制，切实守护好世界上最后一方净土。激发生态产业的内生增长活力，探索"两山银行"、政府转移支付、开发带有高原标签的生态产品、购买生态资源的产业化经营等生态产品价值实现路径，在物质产品、草地碳汇和生态旅游等领域发力，打造青藏高原生态产品龙头品牌，将生态认证作为生态产品进入市场的准入标志，吸引资本进入青藏高原生态产业。积极培育生态经济市场经营主体，探索村民"生态入股"新模式，打通生态保护向生态产业和生态经济转化的有效途径，让绿水青山产生巨大的生态效益、社会效益和经济效益。

2. 建设青藏高原生态产品价值先行示范区，建设一批生态品质新城新镇

以打造国家生态文明高地为目标，以高原生态品质新城建设为引领，以"国家公园＋自然保护区＋重要湿地"等为重要载体，以创建国家级生态文明示范区为抓手，先行探索高原生态产品价值实现路径，建设高原生态产品价值实现先行示范区，使其成为青藏高原生态文明高地建设的探路者与实践地。以发展清洁低碳与安全高效能源为主攻方向，积极构建以水电为主，光伏、地热、风电、光热等新能源互补的综合能源体系。推动"光电互补""水光互补""风光互补"等多能互补，拓展电力外送通道和消纳市场，提升能源利用综合效率，建设一批生态品质新城和清洁能源新镇。

4.5.8　小聚大散型城镇化模式

从国家安全角度考虑，青藏高原边境线长，城市数量和城镇数量少，城镇密度极低，每万平方公里范围内只有 1.73 个城镇（全国平均城镇密度为 20.42 个／万 km^2），广阔的地区需要足够数量的城镇散布坚守国家安全。这就决定了青藏高原城镇人口的空间布局不能过分集中到西宁、拉萨等中心城市，还需将大量人口散布到区域中心城市和大量的小镇，尤其是抵边小镇中去，形成小聚大散型城镇化模式，聚中有散，散中有聚，

193

有散有聚，才能固疆守边。

1. 小集中的都市圈与城镇带模式

围绕青藏高原铁路沿线、骨干交通干线、重点旅游区和产业园区集中布局城市和城镇，聚集人口，以点串线、以点带面，组团发展，形成青藏高原"三圈四带"的城镇空间格局主骨架。

1）三圈集聚

以西宁、拉萨、格尔木三大城市为核心，重点加快西宁都市圈、拉萨城市圈和柴达木城镇圈同城化进程，建成高质量都市圈和高品质生活圈，引导人口适度有序地向青藏高原三大城市集聚。三大城市发展坚持以水定人、以人定城原则，合理确定三大城市的发展规模，把这三大城市建成青藏高原人口和产业集聚的核心增长极和战略引擎。未来集聚的人口规模占青藏高原常住人口规模的比重控制在 50% 左右。

2）四带集中

以青藏铁路沿线、川藏通道沿线、唐蕃古道沿线和边境线为四条城镇化发展带，集中布局城市和城镇，四条带串联西宁都市圈、拉萨城市圈和柴达木城镇圈，形成青藏高原"三圈四带"的城镇空间格局主骨架。

2. 大分散的星星点灯多节点模式

在以小集中的都市圈与城镇带模式为主模式的基础上，面向青藏高原有意识地布局各种不同规模不同等级的小城镇，包括特色旅游镇、特色农副产品加工镇、交通镇、物流镇、文化镇、口岸镇、工矿镇、贸易镇等，形成多节点的星星点灯式空间布局格局。未来青藏高原小城镇和乡村散布的人口规模占青藏高原常住人口规模的比重要超过 50%。

4.5.9　对口结对型城镇化模式

经过 20 多年对口支援的探索和实践，中央各部门、全国各省市对口援藏工作已经形成全方位、多层次、宽领域的对口支援格局，构建起了可持续和长效合作的对口援藏机制，对口援藏有效助推了青藏高原，尤其是西藏自治区的社会经济发展，有力促进了青藏高原城镇化发展步伐和城市建设，显著改善了青藏高原城镇基础设施和公共服务设施。

1. 推行青藏高原城市（城镇）与内地城镇化绿色发展的点对点结对制度

在推进绿色城镇化的新形势下，青藏高原的城镇化需要继续走对口帮扶之路，进一步加强对口支援，筹措更多的资金和人才投入青藏新型城镇化发展上来，投入城镇化绿色发展上来，依靠过去对口支援的基础，深化对口支援合作机制，变"单向帮扶"为"携手共进"。尝试推行西藏、青海与内地城镇化绿色发展的点对点结对制度，如北京市结对拉萨市、上海市结对日喀则市、天津市结对昌都市、广东省城市结对林芝市、湖北省城市结对山南市、浙江省城市结对那曲市、河北省城市结对阿里地区城镇，通过市对市、市对镇、镇对镇等点对点的对口结对、互帮互学、互促互进，在城镇基础设施建设、公共服务设施均等化、民生改善、生态建设、乡村振兴、战略通道建设和能源保障等领域，在现代农牧业发展合作、优势特色产业合作、高原生态环境建设合作、民生保障合作、农牧民镇民化成本分担合作等方面开展援助，注入新活力，共同推动青藏高原城镇化绿色发展扎实推进，稳见成效。

2. 创新对口支援机制，推动对口帮扶转变为对口合作

在以国内循环为主导的新发展格局下，青藏高原的城镇化发展需要继续用好对口支援平台，用活对口资源政策，创新对口支援内容，促进青藏高原的资源优势与支援地区的市场优势、人才优势有机对接，推进对口帮扶向对口合作转变，建立青藏高原与内地地区生产要素和生态产品的横向流动机制，依靠市场调控把高原稀缺的生态产品转移到内地地区实现高附加值转化，把内地地区的人才、技术优势引进到青藏高原地区转化应用，不断提高青藏高原城镇化发展质量和品质。

4.5.10　城乡融合型城镇化模式

以青藏高原铁路、国省道和产业、资源、区位、文化等为基础，构建以县城为发展核、特色镇为带动极、特色优势示范村为辐射点的三级联动型城乡融合体系，创新"城乡融合共同体"，形成以城促乡、城乡互补、全面融合、共同繁荣的新型工农城乡关系。例如，昌都市提出推动"3城多镇N村"城乡共同体建设，以市区、类乌齐和察雅县城为核心，强化卡若全区中心城镇综合服务能、类乌齐"昌都后花园"和察雅"昌都迎客厅"功能，推动"3城多镇N村"贸旅城乡共同体建设。以江达、贡觉县城为核心，加快城镇化进程，完善生活居住、商业商贸、公共服务等功能，推动"2城多镇N村"城乡共同体建设。以芒康、左贡、八宿县城为核心，依托G318经济通道联动发展，加强旅游服务功能建设，推进资源、人口、产业等要素向县城聚集，推动"3城多镇N村"城乡共同体建设，就是比较可行的发展模式。通过城乡融合共同体建设，让青藏高原的城乡要素"流"起来、资源"活"起来，产业"旺"起来，城市与乡村"美"起来，群众"富"起来，民生"强"起来，人居环境"优"起来，生活品质"高"起来。

推进城乡融合共同体建设，建议完善产权制度和要素市场化配置，促进城乡要素自由流动、平等交换和公共资源合理配置。按照常住人口规模配置公共资源，完善财政转移支付同农牧业转移人口市民化挂钩政策、政府投资安排向农牧业转移人口落户数量较多的城镇倾斜政策，加快户籍制度和居住证制度并轨改革。加快推进现代化进程的农业经营制度改革，引导农牧区耕地、草原经营权有序流转，挂进农村宅基地改革试点工作，保障进城落户农牧民土地承包权、宅基地使用权、集体收益分配权，鼓励依法自愿有偿转让。全面开展土地征收制度改革，完善征地补偿制度。

参考文献

阿坝藏族羌族自治州发展和改革委员会.2021.阿坝藏族羌族自治州国民经济和社会发展第十四个五年规划和二〇三五年远景目标纲要.

昌都市发展和改革委员会.2021.昌都市国民经济和社会发展第十四个五年规划和二〇三五年远景目标纲要.

方创琳.2022.青藏高原城镇化发展的特殊思路与绿色发展路径.地理学报,77(8):1907-1919.

方创琳,鲍超,王振波,等.2023.青藏高原城镇化及生态环境效应.北京:科学出版社.

方创琳,李广东.2015.西藏新型城镇化的特殊性及渐进模式与对策建议.中国科学院院刊,30(3):294-305.

甘南藏族自治州发展和改革委员会.2021.甘南藏族自治州国民经济和社会发展第十四个五年规划和二〇三五年远景目标纲要.

甘孜藏族自治州发展和改革委员会.2021.甘孜藏族自治州国民经济和社会发展第十四个五年规划和二〇三五年远景目标纲要.

葛全胜,方创琳,张宪洲,等.2015.西藏经济社会发展战略与创新对策.中国科学院院刊,30(3):286-293.

果洛藏族羌族自治州发展和改革委员会.2021.果洛藏族羌族自治州国民经济和社会发展第十四个五年规划和二〇三五年远景目标纲要.

海东市发展和改革委员会.2021.海东市国民经济和社会发展第十四个五年规划和二〇三五年远景目标纲要.

海西蒙古族藏族自治州发展和改革委员会.2021.海西蒙古族藏族自治州国民经济和社会发展第十四个五年规划和二〇三五年远景目标纲要.

拉萨市发展和改革委员会.2021.拉萨市国民经济和社会发展第十四个五年规划和二〇三五年远景目标纲要.

林芝市发展和改革委员会.2021.林芝市国民经济和社会发展第十四个五年规划和二〇三五年远景目标纲要.

那曲市发展和改革委员会.2021.那曲市国民经济和社会发展第十四个五年规划和二〇三五年远景目标纲要.

怒江傈僳族自治州发展和改革委员会.2021.怒江傈僳族自治州国民经济和社会发展第十四个五年规划和二〇三五年远景目标纲要.

青海省发展和改革委员会.2021.青海省国民经济和社会发展第十四个五年规划和二〇三五年远景目标纲要.

西藏自治区发展和改革委员会.2021.西藏自治区国民经济和社会发展第十四个五年规划和二〇三五年远景目标纲要.

西宁市发展和改革委员会.2021.西宁市国民经济和社会发展第十四个五年规划和二〇三五年远景目标纲要.

Fang C L, Yu D L. 2016. China's New Urbanization. Beijing: Science Press & Springer Press.

第5章

青藏铁路沿线城镇带
城镇化与绿色发展

通过对青藏铁路沿线综合型城镇和工矿型城镇等的科学考察，分析了青藏铁路沿线人口与城镇化的变化过程及城镇化发展质量，提出了青藏铁路沿线城镇化发展的主要驱动模式、发展目标、功能定位、职能分工、城镇空间分布格局、空间形态与发展趋势，模拟预测了青藏铁路沿线城镇规模结构的变化过程与趋势，进一步提出了青藏铁路沿线城镇带绿色发展重点、发展途径及对策建议，旨在为青藏铁路沿线城镇带推进新型城镇化发展、构建绿色城镇体系、逐步实现绿色现代化提供科学支撑。

5.1 科考范围与基本条件

5.1.1 综合科学考察范围

青藏铁路沿线城镇带综合科学考察范围包括 3 个地级市、2 个县级市、1 个行政委员会、19 个县（区）、53 个镇、73 个乡。其中，包括西宁市的主城区、湟中区、湟源县；海北藏族自治州的刚察县、海晏县；海西蒙古族藏族自治州的乌兰县、都兰县、天峻县、德令哈市、格尔木市、大柴旦行委；玉树藏族自治州的治多县、曲麻莱县；拉萨市的城关区、堆龙德庆区、达孜区、当雄县；那曲市的色尼区、安多县等县级行政区（表5.1、图 5.1）。总面积为 524330.45km²。地处 88°8′E ～ 102°20′E，29°60′N ～ 39°20′N，海拔在 2000 ～ 5000m。

表 5.1　青藏铁路沿线地区海拔一览表　　　　　　　　　　　（单位：m）

名称	海拔	名称	海拔	名称	海拔	名称	海拔
西宁市	2261	天峻县	3480	格尔木市	2850	当雄县	4285
湟中区	2645	乌兰县	2960	曲麻莱县	4223	城关区	3660
湟源县	2666	都兰县	3180	治多县	4193	堆龙德庆区	3650
海晏县	3000	德令哈市	2980	安多县	4690	达孜区	3700
刚察县	3300	大柴旦行委	3176	那曲市色尼区	4500 以上		

5.1.2 城镇带发展的自然条件

1. 地形地貌条件

青藏铁路沿线城镇带包括湟水谷地、日月山、青海湖、关角山（青海南山）、柴达木盆地、昆仑山、楚玛尔河高平原、可可西里山、秀水河－北麓河、风火山、日阿尺曲、乌丽山及盆地、沱沱河、开心岭、通天河、布曲河谷、温泉盆地、唐古拉山、扎加藏布、头二九山、安多河谷、错那湖－桑雄、念青唐古拉山、柴曲谷地、羊八岭、堆龙曲、拉萨河谷。山地除日月山、关角山、昆仑山北坡、可可西里山、念青唐古拉山等地势较为险峻外，其余多呈穹窿状，山岭浑圆坡度平缓，地形平缓。沿线总体呈现

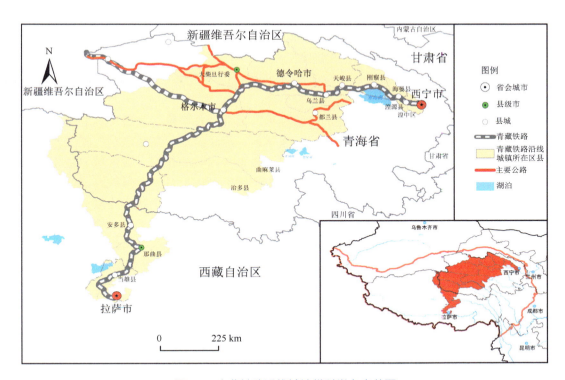

图 5.1　青藏铁路沿线城镇带科学考察范围

出高山丘陵和山间高平原盆地相间分布。全线最低海拔 2220m（西宁站），最高海拔 5067m（唐古拉车站）。

2. 气候条件

青藏铁路沿线城镇带途经高海拔地区，深居内陆，远离海洋，除关角山以东路段受东南季风、念青唐古拉山以南路段受西南季风、柴达木盆地路段受内陆干旱气候影响外，其他路段具有独特的高寒干旱、半干旱气候特征。高寒低温，常年无夏，四季不分明，气候复杂多变。在山区路段，随海拔增高，气候呈现出垂直带性。青藏铁路穿越高寒区，平均气温低，年较差小，日较差大。沿线年平均气温约为 0℃，7 月气温最高，平均 6～9℃，1 月（或 12 月）气温最低。沿线太阳辐射强，日照时间长。由于海拔高，气压低，空气稀薄，含尘量少，透明度好，太阳辐射通过大气时被吸收、反射、散射而损失少，因此，太阳辐射强度远大于其他地区，居全国之首。

3. 水文条件

青藏铁路沿线城镇带从西宁至拉萨经过七大水系，依次为：黄河水系、青海湖水系、柴达木盆地水系、长江水系、扎加藏布水系、怒江水系、雅鲁藏布江水系。由于经过众多河流的发源地和多年冻土区，地下水在多年冻土区的埋藏和分布十分复杂。湖泊众多是青藏铁路沿线地区水文环境的另一个重要特征。铁路沿线较大的湖泊有青海湖、德令哈市附近的可鲁克湖以及托素湖、格尔木市附近的达布逊湖、安多县附近的错那湖、当雄县附近的纳木错等。此外，青藏铁路沿线还广泛分布着沼泽湿地。

4. 植被条件

青藏铁路沿线城镇带跨越广阔的青藏高原，自然条件严酷，生态环境脆弱，其内部分布荒漠、草原、高寒草原、草甸、高寒草甸、沼泽湿地、高寒灌丛等植被类型。由于气候高寒干旱，暖季短，常年大风、土壤盐碱等因素的作用，该区域只能生长一些耐低温、抗干旱、抗大风的低矮植物，年生长期不到 4 个月。青藏铁路沿线主要是以禾本科草类为优势种组成的高寒草原、草甸植被，往往呈斑块状不连续分布，植物种类因受水热条件的影响，沿青藏铁路呈南多北少、东多西少的趋势。根据青藏高原的植被特征及国内植被分类采用的植物群落－生态学原则，青藏铁路沿线的植被总体可以分为荒漠、草原、草甸、沼泽、灌丛 5 种类型，以高寒草原与高寒草甸分布最广泛，它们是青藏铁路沿线植被的典型代表。

5. 土壤条件

青藏铁路沿线城镇带大部分区域成土时间短、成土过程缓慢，土壤年龄小、发育程度低，质地疏松粗糙、黏性小，养分欠缺，土壤较为贫瘠。根据土壤地理发生分类原则，青藏铁路沿线的土壤可以分为荒漠土、草原土、草甸土、沼泽土、灌丛土 5 种类型，以高山草原土和高山草甸土分布最广泛。在山区路段，土壤的垂直分带性特征较明显。此外，在湟水谷地、拉萨河谷等部分水热条件较好的区域，由于零星分布有森林和农业植被，因此铁路沿线地区还相应发育有极少量的森林和耕作土壤。尤其引人注目的是青藏铁路穿越世界上中、低纬度面积最大的多年冻土区，从昆仑山北麓的西大滩断陷盆地至唐古拉山南麓的安多河谷有 550 km 的多年冻土路段。

5.1.3 城镇带发展的社会经济基础

1. 人口

根据第七次全国人口普查资料，2020 年底青藏铁路沿线城镇带总人口为 344.74 万人，其中城镇人口 275.95 万人，乡村人口 68.79 万人，城镇化率为 80.05%。分县区来看，总人口和城镇化水平地区差异较大。其中，西宁市城东区总人口最多，为 48.94 万人；大柴旦行委人口最少，为 1.63 万人；西宁市城东区和城西区城镇化率达 100%，西宁市城中区和城北区、大柴旦行委、拉萨市城关区城镇化率均高于 90%，而当雄县城镇化率仅为 17.73%。各个地区的人口情况如表 5.2。

表 5.2　2020 年青藏铁路沿线地区人口分布

名称	总人口 / 万人	城镇人口 / 万人	乡村人口 / 万人	城镇化率 /%
城东区	48.94	48.94	0	100.00
城北区	41.77	40.76	1.01	97.58
城西区	32.69	32.69	0	100.00
城中区	32.58	32.50	0.08	99.76
湟中区	39.50	12.83	26.68	32.47
湟源县	10.98	5.77	5.21	52.56
海晏县	3.60	1.41	2.19	39.30
刚察县	4.07	1.60	2.47	39.36
天峻县	2.32	1.39	0.93	60.07
乌兰县	3.15	1.48	1.67	46.98
德令哈市	8.82	6.54	2.28	74.15
大柴旦行委	1.63	1.53	0.10	93.87
都兰县	6.83	3.27	3.56	47.93
格尔木市	22.19	19.72	2.47	88.86
治多县	3.45	2.57	0.88	74.60
曲麻莱县	3.32	1.63	1.69	48.99
安多县	3.97	1.17	2.80	29.53
那曲市色尼区	10.45	3.14	7.31	30.09
当雄县	4.79	0.85	3.94	17.73
堆龙德庆区	9.11	7.59	1.52	83.30
城关区	47.36	46.79	0.57	98.80
达孜区	3.23	0.73	2.51	22.49

2. 经济

　　青藏铁路既是青藏高原的重要交通要道，又是青藏高原的一条经济线。截至 2019 年，青藏铁路沿线城镇带地区生产总值（GDP）为 2389.61 亿元，人均 GDP 为 87898.23 元。沿线城镇带经济重心集中在青海的西宁市、格尔木市和西藏的拉萨市，三个城市的经济总量位居青藏铁路沿线城镇带的前三名，是城镇带经济中心和增长极（表 5.3、图 5.2）。

表 5.3　青藏铁路沿线地区 2019 年 GDP 及人均 GDP

名称	GDP/ 万元	人均 GDP/ 元	名称	GDP/ 万元	人均 GDP/ 元
西宁市	12157089	74797.25	格尔木市	3772747	273945.28
海晏县	205930	57957.84	治多县	72842	21030.11
刚察县	186740	41466.45	曲麻莱县	74605	21871.24
天峻县	200400	86171.31	安多县	110922	25577.51
乌兰县	229000	23455.91	那曲市色尼区	668706	59210.01
德令哈市	873316	118967.41	当雄县	180900	33351.77
大柴旦行委	475552	269434.56	拉萨市	4283200	137309.78
都兰县	404152	56278.39			

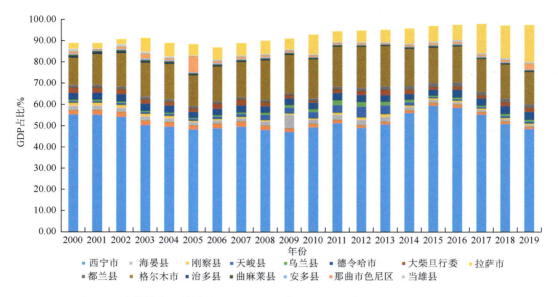

图 5.2　青藏铁路沿线城镇带 GDP 占青藏高原 GDP 比重图（2000 ~ 2019 年）

5.2　城镇带城镇化演变过程与基本特征

5.2.1　人口与城镇化时空变化特征

1. 城乡人口演变过程与特征

（1）人口在波动中增长，向城镇带集中趋势较明显。

2000 ~ 2020 年青藏铁路沿线城镇带总人口呈现波动中增长的演变过程（图 5.3），由 2000 年的 205.95 万人增长到 2020 年的 344.74 万人，21 年间增加了 138.79 万人，年均增长 3.2%。人口增长最多的是 2019 ~ 2020 年、2004 ~ 2005 年，分别增长了 26.81%、15.05%；人口下降最显著的是 2004 ~ 2006 年、2011 ~ 2012 年，分别下降了 11.16%、7.81%。总体来看，人口向城镇带集中的趋势较为明显。

（2）人口密度低，空间分布极不均衡。

青藏铁路沿线城镇带人口内部空间分布不均衡。从人口规模看，西宁市、拉萨市作为省会城市拥有较好的自然条件和人居环境，是人口总量和密度最大的地区，其次是格尔木市和德令哈市，最后是农业生产条件较好的县，海拔较高、条件艰苦的牧业县是人口分布最稀疏的地区，而且人口空间分布格局近 20 年来没有发生明显变化，如图 5.4 所示。

图 5.3　2000 ～ 2020 年青藏铁路沿线城镇带总人口及增长率图

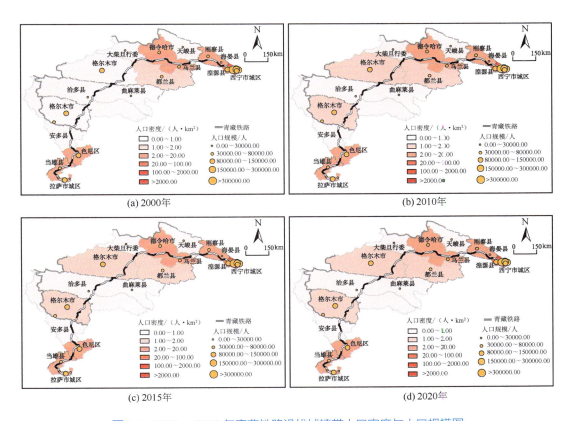

图 5.4　2000 ～ 2020 年青藏铁路沿线城镇带人口密度与人口规模图

（3）城镇人口持续增加，乡村人口不断减少，城镇人口规模一直大于乡村人口规模。

2000～2020年青藏铁路沿线城镇人口与乡村人口总体呈现城镇人口规模一直大于乡村人口规模、城镇人口比重波动上升、乡村人口比重波动下降的过程，城镇人口与乡村人口演变趋势相反（图5.5）。城镇人口由2000年的105.88万人增长至2020年的275.95万人，21年间增加了170.07万人，增长了160.63%，年均增长4.67%；乡村人口由2000年的100.07万人减少至2020年的68.79万人，21年间减少了31.28万人，减少了31.26%，年均减少1.77%。人口城乡演变大致可分为三个阶段：2000～2004年人口城乡转变幅度最小，2004～2012年人口城乡转变幅度中等，2012～2020年是城镇人口大幅增加，而乡村人口大幅减少的阶段，变化最大的是2012～2013年、2019～2020年，出现城镇人口骤增、乡村人口骤减的现象。

图5.5　2000～2020年青藏铁路沿线城镇带城镇人口和乡村人口演变

图5.6反映了2000年、2005年、2010年、2015年、2020年青藏铁路沿线各县（区）

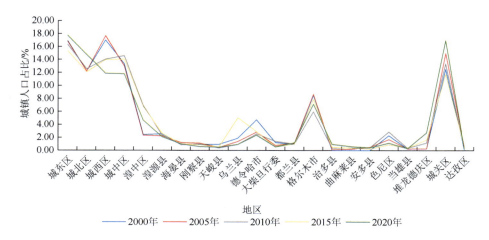

图5.6　2000～2020年主要年份青藏铁路沿线城镇带各县区城镇人口比重

城镇人口占青藏铁路沿线城镇带城镇总人口比重的时空演变。从空间分布看，各县（区）城镇人口所占比重相差悬殊，西宁市四个城区和拉萨市城关区一直是城镇人口占比最高的，其次是格尔木市和德令哈市。从时间尺度看，拉萨市城关区自 2005 年以来，城镇人口占比不断上升，色尼区呈现下降趋势；格尔木市和德令哈市城镇人口占比呈现明显下降趋势；西宁市城东区和城北区城镇人口占比呈现显著上升趋势，城西区和城中区呈现下降趋势。青藏铁路沿线城镇带城市城镇人口占比总体较小且变化不大，总体变化趋势呈现下降趋势。由此可见，城镇带人口向省会城市集中的总趋势是非常明显，值得注意的是柴达木盆地三个县级市人口显著下降。

（4）各区县城乡人口空间分布极不均衡，空间极化现象十分明显。

图 5.7 反映了 2000 年、2010 年、2020 年青藏铁路沿线城镇带各县（区）城镇人口规模变化情况，可以看出，西宁市主城区（城东区、城西区、城中区、城北区）和拉萨市城关区是城镇人口规模最高的区域。其余各县（区）城镇人口规模较小，其中达孜区、当雄县、安多县是城镇人口规模最小的县（区）。从时间演变来看，区域中心城市，包括西宁市的五个城区和湟源县、拉萨市城关区、堆龙德庆区、格尔木市、德令哈市城镇人口呈现显著的上升趋势，尤以西宁市城东区和城北区、拉萨市城关区最为明显。

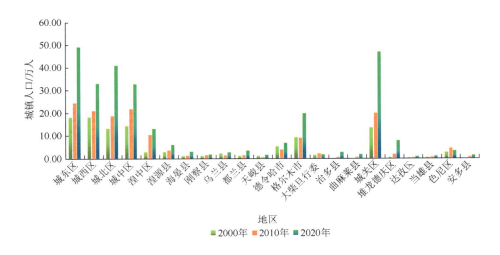

图 5.7　2000 年、2010 年、2020 年青藏铁路沿线城镇带各县区城镇人口

图 5.8 为 2020 年青藏铁路沿线各县（区）城镇人口与乡村人口空间分布图，由图 5.8 可以看出，城镇人口与乡村人口呈现大致相同的空间分布格局，城镇人口空间分布格局为"两端及中间高"，即城镇人口高值区集中于西宁市以及海西蒙古族藏族自治州的格尔木市与拉萨市城关区，反映出青藏铁路沿线城镇带城镇人口的空间分布特征为"区域发展不均衡，极化现象显著"。乡村人口空间分布呈现类似的特征。

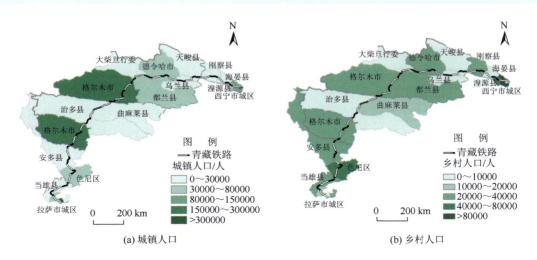

图 5.8　2020 年青藏铁路沿线城镇带城乡人口空间分布

2. 城镇化水平演变过程与特征

1) 青藏铁路沿线城镇带总体城镇化水平演变特征

青藏铁路沿线城镇带的城镇化率由 2000 年的 51.41% 上升至 2020 年的 80.05%，20 年期间增长了 28.64 个百分点（图 5.9），其间城镇化率总体波动较小，但 2012～2015 年城镇化率波动起伏显著，其中 2013 年城镇化率较 2012 年的城镇化率增加 26.66 个百分点，而此后城镇化率又下降至 2015 年的 64.24%，两年期间下降 15.72 个百分点。美国现代火车旅行家保罗·泰鲁在《游历中国》一书中写道：有昆仑山脉在，铁路就永远到不了拉萨。20 世纪 50 年代，党中央决策一定要把铁路修到拉萨。此项工程克服了"多年冻土、高寒缺氧、生态脆弱"三大难题的严峻挑战，是世界铁路建设史上的

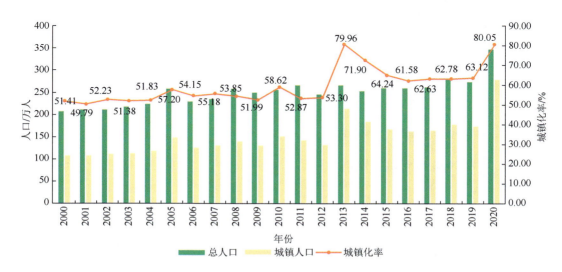

图 5.9　2000～2020 年青藏铁路沿线城镇带城镇人口及城镇化率变化

伟大创举。青藏铁路工程的建设动用了大量劳动力，铁路的建设及不断完善与改造是沿线城镇带人口及城镇化率大起大落的显著影响因素之一。

2）青藏铁路沿线城镇带分县（区）城镇化水平演变特征

2000～2020 年青藏铁路沿线城镇带的人口密度空间分布存在显著共性，人口密度集中区都为西宁市（主城区、湟中区、湟源县）以及拉萨市（城关区、堆龙德庆区、达孜区），人口分布呈现"两端高，中间低"的分布特征，人口分布区域差异显著。如图 5.10 所示，选取 2000 年、2020 年两年的时间节点调查青藏铁路沿线城镇带各县（区）的城镇人口演变特征，发现其存在的最大共性为区域城镇化发展不平衡。

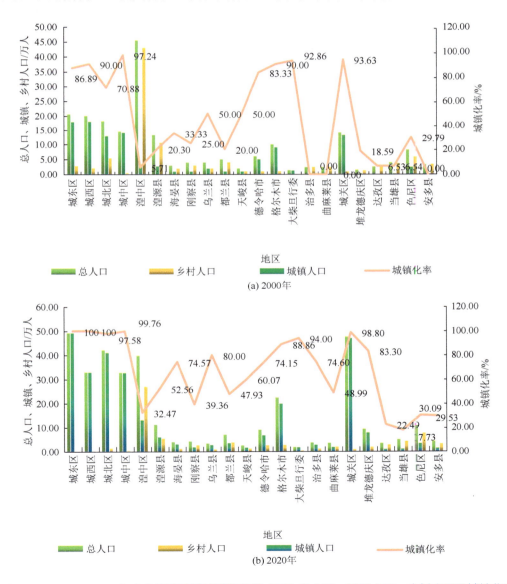

图 5.10　2000～2020 年青藏铁路沿线城镇带各县（区）总人口、城镇人口、乡村人口及城镇化率

3. 城镇化发展格局及特征

图 5.11 反映了 2000～2020 年青藏铁路沿线城镇带城镇化水平空间格局及变化情况，总体特征是 2000 年以来，城镇化水平空间格局一直保持"中部及两端高，城镇化区域发展不均衡"的特征，即西宁市、拉萨市、格尔木市一直是城镇化水平高值区域，农牧业区域是城镇化水平低值区域。2000 年处于城镇化较高水平的城市为西宁市主城区、格尔木市、德令哈市、大柴旦行委以及拉萨市城关区；城镇化处于较低水平的城市所占比重相对较大。2020 年各县（区）城镇化水平较 2000 年均显著上升，其中德令哈市、乌兰县、堆龙德庆区、曲麻莱县、都兰县、天峻县城镇化上升为较高水平。

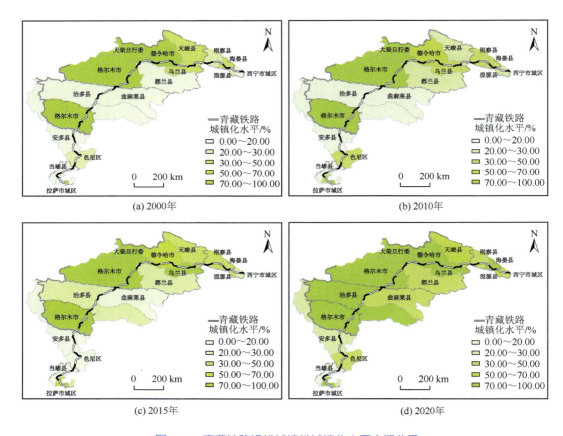

图 5.11　青藏铁路沿线城镇带城镇化水平空间分异

4. 城镇化发展存在的主要问题

1）城镇化发展不平衡，区域差异显著

2020 年底，西宁市的城中区、城西区、城东区、城北区，拉萨市的城关区、堆龙德庆区，格尔木市，大柴旦行委城镇化水平均在 80% 以上，西宁市的湟中区，拉萨市的达孜区、当雄县和那曲市的色尼区城镇化水平在 20% ～ 30%。从各县（区）内部来看，区域之间城镇化发展也不平衡。广大农牧业地区受自然条件和生态环境约束，资源环境承载能力及城市建设条件有限，不适宜发展较大规模城市（镇）。

2）城镇化内生动力不足，城镇竞争力低

本地区城镇化发展中最大的特点就是过分依赖自然资源、低成本劳动力等初级生产要素，高层次人才、技术、信息和知识等高级生产要素缺乏，城市发展中，初级生产要素投入比重较大，城市生产效率低，区域经济总量小，经济发展水平低，区域竞争力较小。广大农牧业地区和高海拔地区自然环境严酷，对产业发展约束强，农业发展水平低，城市拉力有限，产业基础薄弱，创新能力不足，是产业发展中的短板。

3）城镇体系不合理，基础设施薄弱

本地区只有西宁市 1 个大城市，中小城市数量较少，密度低，除西宁盆地、拉萨河谷外，大部分地区城镇之间交通距离远，交通成本高，城镇之间联系不紧密。受区域经济发展水平制约，除中心城市外，许多中小城镇城市发展规划滞后，基础设施薄弱，公共服务体系不健全，人居环境质量不高。

5.2.2　城镇化发展质量的时空变化特征

城镇化发展质量评价方法包括评价指标体系的构建和测评方法选择两个方面。评价指标体系包括经济、社会、资源与环境、公共服务、居民生活、城乡统筹、城乡一体化健康发展等几个方面。在测评方法选择上，目前相关研究常用的方法有熵值法、因子分析法、层次分析法、模糊综合评判法等（高顺成，2016），本书研究采用熵值法赋权。

1. 城镇化发展质量评价指标体系

考虑数据可获取性，结合地方实际，构建了包括人口、经济、社会三个一级指标、11 个二级指标的城镇化水平评价指标体系，如表 5.4。选取 2000 年、2010 年、2015 年、2019 年 4 个截面数据，采用熵值法来确定权重，并计算城镇化发展质量综合指数（王书明和郭起剑，2018；金丹和孔雪松，2020）。研究的统计数据来源主要包括 2000 ～ 2020 年的《中国县域统计年鉴》《青海统计年鉴》《青海年鉴》《西藏统计年鉴》《西藏年鉴》，以及各地市州的统计年鉴、各县（区、市）的统计年鉴、各县（区、市）的国民经济和社会发展统计公报以及相关的统计信息网站等。西宁市和拉萨市数据将包含的市辖区数据进行了空间合并，即西宁市的数据由城中区、城西区、城北区、城东区、湟中区汇总，拉萨市数据由城关区、堆龙德庆区、达孜区汇总。

表 5.4　青藏铁路沿线城镇带城镇化发展质量评价指标体系

目标层	准则层	指标层	单位	指标作用方向
青藏铁路沿线城镇带城镇化发展质量评价指标体系	人口	城镇人口比重	%	+
	经济	第二产业产值比重	%	+
		第三产业产值比重	%	+
		地均 GDP	万元 /km²	+
		人均 GDP	元	+
		地区生产总值	万元	+
		经济增长率	%	+
		公共财政收入占 GDP 的比重	%	+
	社会	公共财政支出	万元	+
		固定资产投资	万元	+
		每万人拥有医疗床位数	个	+

2. 城镇化发展质量的演变格局及特征

采用熵值法确定每个指标权重，计算得出年度城镇化发展质量综合指数及排名，见表 5.5。为直观反映城镇化发展时空分异，根据表 5.5 中的城镇化发展质量综合指数与排名制作图 5.12 及图 5.13。从空间视角，将综合指数数据使用四分位数法分成三个等级。

表 5.5　青藏铁路沿线城镇带城镇化发展质量综合指数与排名

综合指数	2000 年指数	名次	2005 年指数	名次	2010 年指数	名次	2015 年指数	名次	2019 年指数	名次
西宁市辖区	0.4317	1	0.3917	1	0.4823	1	0.4145	1	0.3863	1
湟源县	0.0319	7	0.0374	8	0.0333	7	0.0280	8	0.0226	10
海晏县	0.0432	4	0.0340	9	0.0431	5	0.0416	5	0.0235	9
刚察县	0.0175	9	0.0162	12	0.0187	10	0.0192	10	0.0178	13
天峻县	0.0159	10	0.0396	6	0.0536	4	0.0242	9	0.0240	8
乌兰县	0.0200	8	0.0208	10	0.0263	8	0.0191	11	0.0224	11
德令哈市	0.0371	6	0.0385	7	0.0395	6	0.0365	7	0.0396	6
大柴旦行委	0.0414	5	0.0437	5	0.0257	9	0.0685	4	0.0493	5
都兰县	0.0149	11	0.0180	11	0.0173	11	0.0186	12	0.0215	12
格尔木市	0.0966	3	0.0855	4	0.1119	2	0.1077	3	0.0833	3
治多县	0.0084	15	0.0055	16	0.0059	16	0.0398	6	0.0099	15
曲麻莱县	0.0119	13	0.0101	14	0.0080	15	0.0072	15	0.0091	16
安多县	0.0043	16	0.0131	13	0.0097	14	0.0069	16	0.0139	14
那曲市色尼区	0.0113	14	0.1442	2	0.0115	13	0.0087	14	0.0506	4
当雄县	0.0123	12	0.0079	15	0.0120	12	0.0152	13	0.0316	7
拉萨市辖区	0.2017	2	0.0938	3	0.1012	3	0.1446	2	0.1946	2

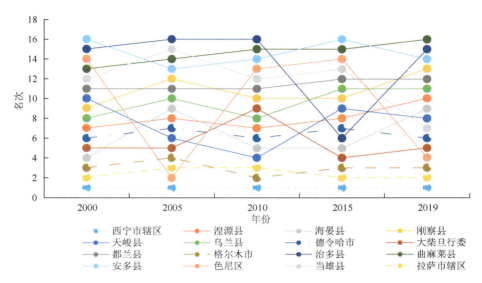

图 5.12　青藏铁路沿线城镇带城镇化发展质量指数排名图

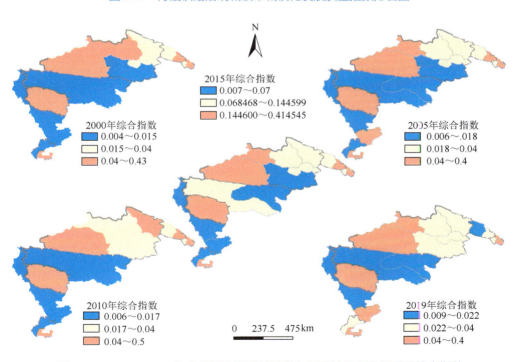

图 5.13　2000～2020 年青藏铁路沿线城镇带各区县城镇化发展质量综合指数

　　青藏铁路沿线城镇带城镇化发展质量时空演变特征如下：第一，西宁市、拉萨市、格尔木市作为青藏铁路沿线体量最大的城市，是城镇化发展质量最高的城市，呈现出点-轴发展格局，格尔木市自 2006 年末青藏铁路格尔木至西宁段开通运营之后，城镇化发展质量有明显提升，曾一度超过拉萨市。第二，高原牧区城市由于自然环境寒冷，人口稀少且外流，经济体量较小且集聚效应弱，第二、第三产业不发达等，在历年城镇化质量指数中排名靠后。第三，稳居第一等级的是两个省会城市和格尔木市，第二等级多为地州级城市、工矿业或旅游业发展较好的地区，包括德令哈市、那曲市色尼区、大柴旦行委、乌兰县、海晏县、湟源县、天峻县，第三等级为农牧业混合型或牧业占主导地位的地区，包括当雄县、都兰县、刚察县、安多县、治多县、曲麻莱县。

除了西宁市、拉萨市、格尔木市外，其余地区体量在人口和经济方面普遍过小。青藏铁路沿线大部分为高原无人区，相比东部地区由交通走廊串联起来的密集城镇带，其城镇空间分布密度过低。大部分地区产业结构不合理，以农牧业或者工矿业为主，经济构成单一，抗波动能力差。例如，柴达木地区的城市大都以盐湖化工、油气化工、矿产资源开发与冶炼等传统重工业为主。高原牧业县以牧业为主，工业发展落后，主要依靠国家财政转移支付。

5.2.3 城镇分布及规模结构变化特征

1. 青藏铁路沿线城镇带城镇数量分布变化特征

1）青藏铁路沿线城镇带城镇数量的总体变化

1990～2020年，青藏铁路沿线城镇带城镇数量从20个增加到59个，其中城市数量始终维持在5个，建制镇数量由15个增加至54个。1990～2000年，青藏铁路沿线城镇带城镇数量增长较慢，从20个增长至27个。2000～2010年，青藏铁路沿线城镇带城镇数量发展较快，从27个增长至58个。2010～2020年，青藏铁路沿线城镇带城镇数量微弱增长，从58个增长至59个（图5.14）。青藏铁路二期工程建设于2001年开

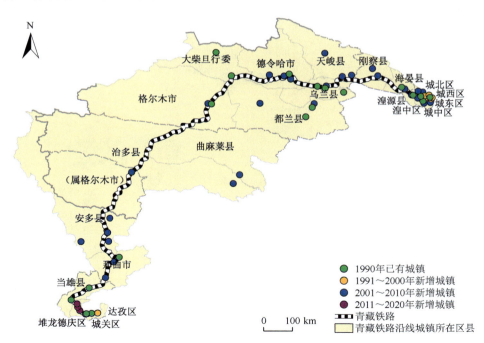

图5.14　1990～2020年青藏铁路沿线城镇带城镇空间分布图

工，2006 年全线通车，青藏铁路建设改善了沿线城镇的交通条件，降低了社会经济发展成本，极大地促进了旅游资源开发，使得沿线城镇与内地的联系更为紧密，为青藏铁路沿线城镇带来了巨大的发展红利（潘久艳和杨明洪，2010），因而 2000～2010 年是青藏铁路沿线城镇带城镇数量增长的井喷期。城镇分布在空间上总体呈现出铁路线两端较为密集、中间较为稀疏的不均衡格局，形成明显的带状空间结构。

2）青藏铁路沿线城镇带分行政区域城镇数量的变化

从省级行政区来看，青海省范围内，青藏铁路沿线城镇数量增长最快的阶段是在 2000～2010 年，该阶段城镇数量从 19 个增加到 44 个，增长了 25 个。1990～2000 年，青海省城镇数量从 14 个增加到 19 个，增长了 5 个；2010～2020 年保持 44 个不变。西藏自治区范围内，青藏铁路沿线城镇数量增长最快的阶段同样也是在 2000～2010 年，该阶段城镇数量从 8 个增长到 14 个，增长了 6 个。1990～2000 年，西藏自治区范围内的城镇数量从 6 个增长到 8 个，增长了 2 个；2010～2020 年从 14 个增长至 15 个，增长了 1 个（表 5.6）。

从地级行政区来看，各地级市（州）2020 年城镇个数较 1990 年均有一定增长，但其城镇数量多寡不一。所有地级市（州）建制镇数量均于 2010～2020 年增长几近停滞，2000～2010 年是各地级市（州）建制镇数量的快速增长期（表 5.6）。

表 5.6　1990～2020 年青藏铁路沿线城镇带分行政区域城镇数量变化

省份	地区	1990 年城镇个数	占比 /%	2000 年城镇个数	占比 /%	2010 年城镇个数	占比 /%	2020 年城镇个数	占比 /%
青海省	西宁市	4	28.57	9	47.37	18	40.91	18	40.91
	海北藏族自治州	1	7.14	1	5.26	4	9.09	4	9.09
	玉树藏族自治州	0	0.00	0	0.00	2	4.55	2	4.55
	海西蒙古族藏族自治州	9	64.29	9	47.37	20	45.45	20	45.45
	合计	14	100.00	19	100.00	44	100.0C	44	100.00
西藏自治区	拉萨市	4	66.67	6	75.00	6	42.86	7	46.67
	那曲市	2	33.33	2	25.00	8	57.14	8	53.33
	合计	6	100	8	100	14	100	15	100
青藏铁路沿线城镇带总计		20		27		58		59	

2. 青藏铁路沿线城镇带的城镇等级规模结构变化特征

1990～2020 年青藏铁路沿线城镇带城镇人口规模小于 1 万人的城镇数量由 15 个增加到 35 个，占高原城镇总数量的比重由 75% 变为 59.32%；该类城镇人口由 4.48 万人增加到 13.97 万人，占高原城镇总人口的比重由 4.52% 变为 5.75%。

1 万～5 万人的城镇数量由 2 个增加到 20 个，占高原城镇总数量的比重由 10% 变为 33.90%；该类城镇人口由 4.36 万人增加到 40.91 万人，占高原城镇总人口的比重由

4.39% 变为 16.82%。

5 万～ 10 万人的城镇数量 1990 年和 2020 年均为 1 个，占高原城镇总数量的比重由 5% 变为 1.69%；该类城镇人口由 8.94 万人降低到 5.47 万人，占高原城镇总人口的比重由 9.02% 变为 2.25%。

10 万～ 20 万人的城镇数量 1990 年和 2020 年均为 1 个，占高原城镇总数量的比重分别为 5% 和 1.69%；该类城镇人口由 12.96 万人增加至 19.44 万人，占高原城镇总人口的比重由 13.07% 变为 7.99%。

20 万～ 50 万人的城镇数量由 0 个增加到 1 个（拉萨市区），2020 年该类城镇占高原城镇总数量的比重为 1.69%，城镇人口为 35.25 万人，占高原城镇总人口的比重为 14.50%。

50 万～ 100 万人的城镇数量由 1 个（西宁市区）减少为 0 个，1990 年该类城镇占高原城镇总数量的比重为 5%，城镇人口为 68.45 万人，占高原城镇总人口的比重为 69%。

大于 100 万人的城镇数量由 0 个增加至 1 个（西宁市区），2020 年该类城镇占高原城镇总数量的比重为 1.69%，城镇人口为 128.10 万人，占高原城镇总人口的比重为 52.69%（图 5.15、表 5.7）。

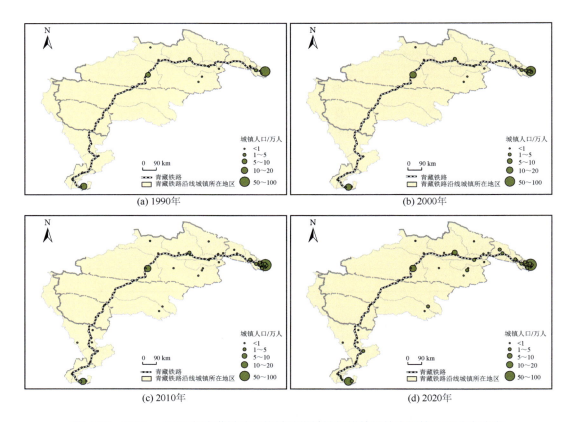

图 5.15　1990 ～ 2020 年青藏铁路沿线城镇带城镇规模等级的空间格局及动态演变

表 5.7 1990～2020 年青藏铁路沿线城镇带地区城镇人口规模等级演变

等级	人口规模	1990 年	2000 年	2010 年	2020 年
1	≥100 万人	0 个城镇	0 个城镇	西宁市区 1 个城镇,占城镇总数的 1.72%	西宁市区 1 个城镇,占城镇总数的 1.69%
2	50 万～100 万人	西宁市区 1 个城镇,占城镇总数的 5%	西宁市区 1 个城镇,占城镇总数的 3.7%	0 个城镇	0 个城镇
3	20 万～50 万人	0 个城镇	0 个城镇	0 个城镇	拉萨市区 1 个城镇,占城镇总数的 1.69%
4	10 万～20 万人	拉萨市区 1 个城镇,占城镇总数的 5%	拉萨市区、格尔木市区 2 个城镇,占城镇总数的 7.41%	拉萨市区、格尔木市区 2 个城镇,占城镇总数的 3.45%	拉萨市区 1 个城镇,占城镇总数的 1.69%
5	5 万～10 万人	格尔木市区 1 个城镇,占城镇总数的 5%	0 个城镇	0 个城镇	德令哈市区 1 个城镇,占城镇总数的 1.69%
6	1 万～5 万人	城关镇(湟源县)、德令哈市区 2 个城镇,占城镇总数的 10%	乐家湾镇、彭家寨镇、多巴镇、城关镇(湟源县)、德令哈市区等 5 个城镇,占城镇总数的 18.52%	乐家湾镇、韵家口镇、彭家寨镇、大堡子镇、廿里铺镇等 12 个城镇,占城镇总数的 20.69%	乐家湾镇、韵家口镇、总寨镇、彭家寨镇、大堡子镇等 20 个城镇,占城镇总数的 33.90%
7	<1 万人	鲁沙尔镇、多巴镇、希里沟镇、察汉乌苏镇、柴旦镇等 15 个城镇,占城镇总数的 75%	韵家口镇、大堡子镇、廿里铺镇、西海镇等 19 个城镇,占城镇总数的 70.37%	总寨镇、鲁沙尔镇、田家寨镇、共和镇等 43 个城镇,占城镇总数的 74.14%	田家寨镇、甘河镇、共和镇、上五庄镇、李家山镇等 35 个城镇,占城镇总数的 59.32%
	城镇个数总计	20	27	58	59
	总计 / 万人	99.20	132.18	182.89	243.14

总体来看,人口小于 1 万人的城镇数量始终占据较大比重,城镇人口规模普遍较小、辐射带动能力不足已成为社会经济发展面临的重要制约因素。与此同时,青藏铁路沿线城镇带城镇人口发展的不均衡现象已有所改善,城镇人口规模的空间差异正在逐渐缩小。

2020 年,青藏铁路沿线城镇带城镇人口为 243.14 万人。其中,人口小于 1 万人的城镇数量 35 个,占高原城镇总数量的 59.32%;其城镇人口为 13.97 万人,占高原城镇总人口的 5.75%。1 万～5 万人的城镇数量 20 个,占高原城镇总数量的 33.90%;其城镇人口为 40.91 万人,占高原城镇总人口的 16.82%。5 万～10 万人的城镇数量 1 个(德令哈市区),占高原城镇总数量的 1.69%;其城镇人口为 5.47 万人,占高原城镇总人口的 2.25%。10 万～20 万人的城镇数量 1 个(格尔木市区),占高原城镇总数量的 1.69%;其城镇人口为 19.44 万人,占高原城镇总人口的 7.99%。20 万～50 万人的城镇数量为 1 个(拉萨市区),占高原城镇总数量的 1.69%;其城镇人口为 35.25 万人,占高原城镇总人口的 14.50%。50 万～100 万的城镇数量为 0 个。大于 100 万的城镇数量为 1 个(西宁市区),占高原城镇总数量的 1.69%;其城镇人口为 128.10 万人,占高原城镇总人口的 52.69%。

5.2.4 空间分布格局变化特征

青藏铁路沿线城镇带城镇发展建设用地数据来源于中国科学院地理科学与资源

研究所资源环境科学与数据中心（http://www.resdc.cn）的土地利用数据（刘纪远等，2014，2018）。土地利用数据包括 1990 年、2000 年、2010 年和 2020 年 4 期，来源于 1：10 万比例尺土地利用现状多时期遥感监测数据集。该数据集以 Landsat TM/ETM 遥感影像为主要数据源，通过人工目视解译生成，经过野外调查实地验证，土地利用一级类型监测精度达到 93% 以上。土地利用数据共分为耕地、林地、草地、水域、建设用地、未利用土地六大类二十六小类。将此土地利用数据裁剪到青藏铁路沿线城镇带行政边界范围内，并提取出青藏铁路沿线城镇带建设用地。

1. 城镇空间分布的总体格局

青藏铁路贯通西宁、柴达木两个循环经济试验区，是国家西部战略通道，是青藏高原资源、人口、城镇、产业的核心集聚带，将发展成为国家西部重要的城市经济带和国家一级战略轴线，连接西宁、德令哈、格尔木、拉萨等中心城市，形成串珠状城镇带，呈现"一轴三心多节点"的空间格局。"一轴"是青藏铁路沿线从西宁到格尔木再到拉萨的发展轴；"三心"指西宁、拉萨和格尔木等中心城市；"多节点"指德令哈、都兰、那曲、当雄等节点城镇。

2. 城镇建设用地变化特征

青藏铁路沿线城镇带城镇建设用地面积及占比见表 5.8。由表 5.8 可以看出，青藏铁路沿线城镇带城镇建设用地面积占区域比例非常小，2020 年仅为 1.71%，反映出整个区域是一种地广人稀的状态，分布着大面积裸地和草地。格尔木市是青藏铁路沿线城镇带发展规模最大的城镇，建设用地面积从 1990 年的 12038hm^2 扩张到 2020 年的 36890hm^2，2020 年其城镇建设用地面积占青藏铁路沿线城镇带建设用地总面积的 41.18%，可见格尔木市在青藏铁路沿线城镇带上的地位十分重要。2020 年都兰县城镇建设用地面积占区域建设用地总面积的 13.14%，另外西宁市的城中区、城东区、城西区、城北区、湟中区（2020 年湟中县改为湟中区）五个区占到沿线城镇带总面积的 7.76%；隶属拉萨市的堆龙德庆区、城关区、达孜区三个区占到沿线城镇带总面积的 7.52%；而安多县和曲麻莱县城镇建设用地面积仅占到 0.03% 和 0.23%。

表 5.8　青藏铁路沿线城镇带的城镇建设用地面积及占比

区县	1990 年		2000 年		2010 年		2020 年	
	建设面积 /hm^2	占比 /%	建设面积 /hm^2	占比 /%	建设面积 /hm^2	占比 /%	建设面积 /hm^2	占比 /%
城中区	1131	3.23	1185	2.90	1284	1.84	1364	1.52
城关区	2291	6.54	3651	8.94	4058	5.83	4706	5.25
当雄县	38	0.11	38	0.09	38	0.05	190	0.21
堆龙德庆区	380	1.09	480	1.18	795	1.14	1846	2.06
安多县	9	0.03	9	0.02	9	0.01	31	0.03

区县	1990 年		2000 年		2010 年		2020 年	
	建设面积 /hm²	占比 /%	建设面积 /hm²	占比 /%	建设面积 /hm²	占比 /%	建设面积 /hm²	占比 /%
那曲市色尼区	392	1.12	392	0.96	392	0.56	493	0.55
刚察县	691	1.97	706	1.73	744	1.07	1372	1.53
海晏县	383	1.09	431	1.06	453	0.65	563	0.63
德令哈市	613	1.75	719	1.76	719	1.03	1330	1.48
都兰县	4643	13.26	5750	14.08	13807	19.83	11770	13.14
天峻县	499	1.43	558	1.37	558	0.80	3024	3.38
乌兰县	5814	16.60	6538	16.01	7883	11.32	7955	8.88
城北区	1553	4.44	1588	3.89	1920	2.76	2026	2.26
城东区	1478	4.22	1490	3.65	2173	3.12	2224	2.48
城西区	722	2.06	776	1.90	1147	1.65	1141	1.27
湟中区	0	0.00	0	0.00	174	0.25	208	0.23
湟源县	259	0.74	307	0.75	338	0.49	338	0.38
曲麻莱县	123	0.35	123	0.30	123	0.18	207	0.23
治多县	40	0.11	40	0.10	40	0.06	139	0.16
格尔木市	12038	34.38	13884	34.00	26595	38.19	36890	41.18
大柴旦行委	1858	5.31	2108	5.16	6235	8.95	11590	12.94
达孜区	61	0.17	61	0.15	147	0.21	186	0.21
总面积	35016	0.67	40834	0.78	69632	1.33	89593	1.71

5.2.5　城镇职能结构发育特征

青藏铁路沿线城镇带除青藏高原中心城市西宁市、拉萨市以及区域中心城市格尔木市、德令哈市、那曲市为综合型城市外，其他专业型城镇的职能类型可归纳为综合服务型、工矿服务型、交通物流型、旅游服务型、城郊经济型、农牧服务型等（图5.16）。

1. 综合型城市

综合型城市包括 5 个设市城市的中心城区，即青海省省会西宁市、西藏自治区首府拉萨市等青藏高原的两大中心城市，以及青海省的格尔木市、德令哈市和西藏自治区的那曲市等青藏高原的三大区域中心城市。这些城市不仅在青藏高原范围内承担重要的职能，而且在青藏铁路沿线城镇带范围内决定了城镇体系职能结构发育的高度。

图 5.16　青藏铁路沿线城镇带城镇职能类型现状分布图

2. 综合服务型城镇

综合服务型城镇包括 9 个城镇，即海北藏族自治州政府所在地海晏县的西海镇、部分规模较大的县城所在地，以及个别综合优势和特色突出的城镇，包括西宁市湟源县城（城关镇），海西蒙古族藏族自治州的乌兰县城（希里沟镇）、乌兰县茶卡镇、都兰县城（察汗乌苏镇）、天峻县城（新源镇），玉树藏族自治州的治多县城（加吉博洛镇）、曲麻莱县城（约改镇），拉萨市的当雄县城（当曲卡镇）。其中：

（1）海北藏族自治州州府西海镇。其隶属于青海省海北藏族自治州海晏县，地处湟水源头、金银滩草原，城镇性质和职能为海北藏族自治州政府所在地，青海省域旅游服务次中心城镇、环青海湖区域中心城市，最美草原新城。

（2）西宁市的湟源县城（城关镇）。城镇性质和职能为环青海湖旅游圈旅游服务节点，河湟文化、古城文化等地域文化体验旅游基地，高原生态农业观光与休闲旅游基地，高原探险与森林生态旅游基地，西部自驾游服务节点，山地自行车体验基地；西宁进出藏区的交通节点，区域商贸物流集散中心；西宁都市区现代畜牧业示范基地，农畜产品精深加工与集散基地，特色旅游产品加工基地。

（3）海西蒙古族藏族自治州的乌兰县城（希里沟镇）。城镇性质和职能为县域政治、经济、文化中心，以池盐、芒硝等矿产资源和农牧产品加工、生态旅游为主的综合型服务中心，青藏铁路沿线重要的交通枢纽。

（4）海西蒙古族藏族自治州乌兰县的茶卡镇。茶卡盐池所在地，共茶高速公路（2011 年末开通）、315 国道、109 国道境内通过。1950 年以来以大青盐规模化开发为主，到 2015 年，西部矿业集团会同海西蒙古族藏族自治州决定打造"茶卡盐湖——天空之镜"的旅游品牌，大力发展"茶卡羊""大青盐"精深加工、民族文化工艺品等产业，初步形成"盐湖旅游＋特色养殖业＋三产服务业"三位一体的第一、第二、第三产业融合发展模式，城镇性质和职能逐渐转变为集工、商、贸、游和物资集散为一体的国家特色小镇。

（5）海西蒙古族藏族自治州的都兰县城（察汉乌苏镇）。城镇性质和职能为县域政治、经济、文化中心，以铁矿、铅锌矿等矿产资源和农牧产品加工、商贸服务为主的综合型服务中心，集工、商、贸和物资集散为一体的高原绿洲城镇。

（6）海西蒙古族藏族自治州的天峻县城（新源镇）。城镇性质和职能为县域政治、经济、文化中心，以煤炭等矿产资源和农牧产品加工、商贸服务为主的综合型服务中心，集工、商、贸和物资集散为一体的高原绿洲城镇。

（7）玉树藏族自治州的治多县城（加吉博洛镇）。城镇性质和职能为三江源地区重要的中心城镇，县域政治、经济、文化中心，畜牧产品集散加工中心，青藏高原生态旅游服务基地和生态文化旅游名镇。

（8）玉树藏族自治州的曲麻莱县城（约改镇）。城镇性质和职能为三江源国家级自然生态保护区综合服务基地之一，县域政治、经济、文化中心，以畜产品贸易及畜产品深加工、生态旅游为主的青藏高原名镇。

（9）拉萨市的当雄县城（当曲卡镇）。城镇性质和职能为县域政治、经济、文化中心，以青藏公路铁路和纳木错等为依托，大力发展生态旅游业，积极发展畜产品加工、交通运输业和矿泉水加工业，建成具有浓郁藏北民族风情的小城市。

3. 工矿服务型城镇

工矿服务型城镇包括 10 个城镇，即西宁市湟中区（2020 年由湟中县正式改为湟中区）的多巴镇、上新庄镇、甘河滩镇、李家山镇，西宁市湟源县的大华镇，海北藏族自治州刚察县的哈尔盖镇，海西蒙古族藏族自治州格尔木市的郭勒木德镇，海西蒙古族藏族自治州乌兰县的铜普镇，以及大柴旦行委的柴旦镇、锡铁山镇。其中：

（1）西宁市湟中区多巴镇。城镇性质和职能为青海省有色金属、黑色冶炼加工和特色化工基地。

（2）西宁市湟中区上新庄镇。城镇性质和职能为以建材产业为龙头，以新型材料为特色，以甘河工业园区及周边工业的配套产业为补充，以资源开发、加工为基础的循环经济产业服务基地。

（3）西宁市湟中区甘河滩镇。城镇性质和职能为依托甘河工业园区，重点发展有色金属、黑色冶炼加工和特色化工的产业服务基地。

（4）西宁市湟中区李家山镇。城镇性质和职能为以发展硅石矿和石英矿加工、农副产品加工等为主导产业的工业服务基地。

（5）西宁市湟源县大华镇。城镇性质和职能为大华工业园区所在地，以硅铁、硅铬、铬铁等冶炼、以水泥建材、农畜产品加工等行业为主导的工业服务基地。

（6）海北藏族自治州刚察县的哈尔盖镇。城镇性质和职能为以煤炭资源的开发、加工、运输为主导产业的工业服务基地。

（7）海西蒙古族藏族自治州格尔木市的郭勒木德镇。城镇性质和职能为以昆仑玉矿、铁矿、锑矿、大理石矿等资源开发加工为主的资源开发型城镇。

（8）海西蒙古族藏族自治州乌兰县的铜普镇。城镇性质和职能为乌兰煤化工工业园所在地，以煤焦化为主的煤基多联产工业服务基地。

（9）海西蒙古族藏族自治州大柴旦行委的柴旦镇。城镇性质和职能为柴达木盆地盐化工等矿产资源深加工工业基地，开发柴达木盆地北缘地区的后勤保障基地和物资转运站。

（10）海西蒙古族藏族自治州大柴旦行委的锡铁山镇。城镇性质和职能为以铅锌矿、锡铁矿等矿产资源加工为主的资源开发型城镇，是青海省重要的铅锌矿基地。

4. 交通物流型城镇

青藏铁路沿线城镇大多数都可依托青藏铁路、青藏公路（109国道）及其他国道、省道等交通基础设施，同时附近分布有拉萨贡嘎国际机场、西宁曹家堡国际机场、格尔木机场、德令哈机场、海西花土沟机场，因此交通条件较好，促进了城镇的快速发展。其中，部分城镇职能发育不全，但依托其最为突出的交通优势，促进了镇域农牧业、旅游业、交通运输业、商贸物流业的发展，可归类为交通物流型城镇。其主要包括5个城镇，即那曲市色尼区的罗玛镇、古露镇，那曲市安多县的县城（帕那镇）、扎仁镇、雁石坪镇。

（1）那曲市色尼区罗玛镇。青藏铁路和国道109、省道305公路从该镇穿境而过，城镇性质和职能为青藏铁路沿线城镇带重要的交通节点，那曲市以集镇交通带动镇域牧业和旅游业发展的交通物流型特色小镇。

（2）那曲市色尼区古露镇。青藏铁路和国道109从该镇穿境而过，城镇性质和职能为藏北通往藏中和藏南的门户，那曲市以集镇交通带动镇域牧业和旅游业发展的交通物流型特色小镇。

（3）那曲市安多县城（帕那镇）。青藏铁路、国道109、省道301公路从该镇穿境而过，城镇性质和职能为藏北门户，西藏铁路、公路交通枢纽和物流中心之一，安多县的政治、经济、文化中心和交通枢纽。

（4）那曲市安多县扎仁镇。青藏铁路、国道109公路从该镇穿境而过，城镇性质和职能为藏北重要交通节点，那曲市以集镇交通带动镇域牧业发展的交通物流型特色小镇。

（5）那曲市安多县雁石坪镇。青藏铁路、国道109、兰西拉光缆从该镇穿境而过，城镇性质和职能为青藏铁路沿线和青海西藏交界地区重要的交通节点，以集镇交通带动镇域牧业发展的交通物流型特色小镇。

5. 旅游服务型城镇

青藏铁路沿线有丰富的旅游资源，除综合型城市、综合服务型城镇外，部分城镇主要依托附近特色旅游资源，培育发展住宿、餐饮、购物和交通等旅游综合服务功能，建设具有民族风貌的旅游小城镇，城镇性质和职能可归类为旅游服务型城镇。目前，其包括 6 个城镇，即西宁市湟中区鲁沙尔镇、上五庄镇，海北藏族自治州海晏县城（三角城镇），海北藏族自治州刚察县城（沙柳河镇），海西蒙古族藏族自治州天峻县的江河镇，拉萨市当雄县的羊八井镇。其中：

（1）西宁市湟中区鲁沙尔镇。该镇是古代"丝绸之路"和"唐蕃古道"上的重镇，旅游资源极其丰富，旅游条件得天独厚，最负有盛名的是位于鲁沙尔镇西南隅的莲花山旅游风景区，那里不仅自然景观优美，更有以藏传佛教格鲁派创始人宗喀巴大师的诞生地——塔尔寺为代表的藏传佛教文化景观，以"卡约文化""西羌文化"为主的早期古人类文化景观。相应地，鲁沙尔镇的城镇性质和职能为以青藏高原藏传佛教文化特色产业为主导的生态旅游型城镇，县域政治、经济、文化中心。

（2）西宁市湟中区的上五庄镇。该镇依托毗邻西宁市区的区位优势以及上五庄省级森林公园等，大力发展森林、农业观光旅游、商务会议游，打造上五庄生态休闲旅游基地。相应地，上五庄镇的城镇性质和职能为青藏铁路沿线城镇带上具有高原特色的以森林旅游、农业观光旅游、商务会议游为主的城市休闲旅游服务基地。

（3）海北藏族自治州海晏县城（三角城镇）。海晏县境内分布有国家级重点风景名胜区和自然保护区青海湖（我国最大的内陆咸水湖），还有金银滩大草原、原子城等高品质的旅游资源。作为海晏县的县城所在地，三角城镇的城镇性质和职能为青海省域旅游服务次中心城镇，环青海湖区域中心城镇，湖畔浪漫水城和文化名城，国家著名的红色文化名城和爱国主义教育培训基地，最美草原新城。

（4）海北藏族自治州刚察县城（沙柳河镇）。刚察县位于青海湖北岸，境内还分布有慈悲慧眼感恩塔、仙女湾湿地、甘子河大草原、西海温泉、五世达赖圣泉旅游景区等高品质的旅游资源。作为刚察县的县城所在地，沙柳河镇的城镇性质和职能为青海湖环湖地区旅游服务基地，以发展畜产品加工和商贸等为主的富有民族特色的高原生态旅游城镇。

（5）海西蒙古族藏族自治州天峻县的江河镇。城镇性质和职能为以发展旅游综合服务为主的青海湖外围旅游小城镇。

（6）拉萨市当雄县的羊八井镇。城镇性质和职能为发展以地热利用为主的休闲旅游服务基地。

6. 城郊经济型城镇

青藏铁路连接西宁和拉萨两大中心城市，分布在两大城市周边的部分城镇大力发展城郊经济，承接大中城市的技术、产业、经济和社会各方面的辐射，承担中心城市部分功能，可归类为城郊经济型城镇。目前其包括 9 个城镇，即西宁市区的乐家湾镇、韵家口镇、总寨镇、彭家寨镇、大堡子镇、廿里铺镇，拉萨市堆龙德庆区的东嘎镇（于2019年撤镇设街道）、乃琼镇（于2019年撤镇设街道），拉萨市达孜区的德庆镇。

（1）西宁市区城郊经济型城镇。包括乐家湾镇、韵家口镇、总寨镇、彭家寨镇、大堡子镇、廿里铺镇。这些城镇的性质和职能为西宁市中心城区的卫星镇，以发展工业，蔬菜、花卉等都市农业，都市休闲旅游，或商贸、物流、会展等产业为主的郊区型城镇。这些城镇多集城乡统筹先导区、城郊农业示范区、特色工业集聚区于一身，是西宁市区的重要组成部分。

（2）拉萨市区城郊经济型城镇。包括达孜区的德庆镇。城镇的性质和职能为拉萨市中心城区的卫星镇，以发展蔬菜、花卉、奶制品等农牧业综合开发及其产品深加工业，以及生物资源、藏草药种植和加工的特色产业，或特色工业及旅游休闲业为主的郊区型城镇。这些城镇都是具有浓郁藏族风情的生态城、人文城、魅力城。

7.农牧服务型城镇

青藏铁路沿线城镇带独特的地理环境及其资源条件客观上决定了城镇发育早期的地表资源利用主体方式是农牧业，因而农牧服务型城镇仍较多，包括14个城镇，即西宁市湟中区的田家寨镇、西堡镇、共和镇、拦隆口镇，海西蒙古族藏族自治州格尔木市的唐古拉山镇，海西蒙古族藏族自治州德令哈市的尕海镇、怀头他拉镇、柯鲁柯镇，海西蒙古族藏族自治州乌兰县的柯柯镇，海西蒙古族藏族自治州都兰县的香日德镇、夏日哈镇、宗加镇，海西蒙古族藏族自治州天峻县的木里镇，那曲市安多县的强玛镇。

这些城镇的主要职能是：建立面向广大农牧区的优质农产品生产与加工基地、特色产业及产品基地、种养业良种体系、农牧业技术推广服务体系、动物防疫体系、市场流通信息体系，以提供农牧业服务功能。部分城镇，随着经济社会的发展、规模的扩大，以及交通条件、资源条件等的改变，可能逐步向其他城镇职能类型转变。

5.3 城镇带城镇化发展目标与格局

5.3.1 人口与城镇化发展目标

1.总人口发展目标

分析青藏铁路沿线城镇带2000～2020年总人口演变趋势，散点图接近直线，表明适合用趋势外推法进行人口预测。经比较，选用一元线性回归模型进行人口预测，模型如下：

$$y = 4.191792 \cdot x - 8175.724$$

采用该模型预测青藏高原沿线城镇带2021～2050年人口规模，如表5.9所示，表明未来该地区在生育观念、人口生育率不发生重大转变，不发生大规模人口迁移，宏观经济政策、人口政策不发生重大调整，区域内不发生重大瘟疫、自然灾害、战争的情况下，青藏高原城镇带人口规模2030年将达到333.61万人，2050年将达到417.45万人。

表 5.9　青藏铁路沿线城镇带 2021 ～ 2050 年总人口预测　（单位：万人）

年份	预测人口	年份	预测人口	年份	预测人口
2021	295.89	2031	337.81	2041	379.72
2022	300.08	2032	342.00	2042	383.92
2023	304.27	2033	346.19	2043	388.11
2024	308.46	2034	350.38	2044	392.30
2025	312.65	2035	354.57	2045	396.49
2026	316.85	2036	358.76	2046	400.68
2027	321.04	2037	362.96	2047	404.87
2028	325.23	2038	367.15	2048	409.07
2029	329.42	2039	371.34	2049	413.26
2030	333.61	2040	375.53	2050	417.45

2. 城镇化发展目标

综合考虑数据可获得性、研究区域城市化特征，参考已有关于全国和青藏高原相关地区城市化水平预测结果，综合评判基于 2000 ～ 2019 年青藏铁路沿线城镇带城镇化水平数据建立的模型预测结果拟合优度、模型显著性水平、模型拟合精度及模型标准误差等因素，最终选择线性回归方法进行研究区域城镇化水平预测。

根据2000～2019年原始数据，用线性回归方法，确定模型参数，建立预测模型如下：

$$\hat{y} = 0.852 \cdot t - 1654.207$$

模型检验表明，显著性概率为 0.000，相关系数为 0.706，说明青藏铁路沿线城镇存在着显著的线性相关性。

预测结果表明，2030 年、2040 年、2050 年青藏铁路沿线城镇带城镇化水平将分别达到 75.35%、83.87%、92.39%，城镇人口规模将分别达到 251.39 万人、314.97 万人、385.69 万人（表 5.10）。根据区域城镇人口分布现状基础及规模预测，未来青藏铁路沿线地区城镇化水平将有 10% 左右的提升空间，城镇数量和规模将持续扩大，区域内部城镇化水平差异将会持续扩大，城镇规模结构和空间结构将会不断优化，形成功能互补、层次分明的城镇体系格局，湟水谷地、拉萨河谷地、柴达木盆地的中心城市西宁市、拉萨市、格尔木市、德令哈市人口集聚态势将会进一步加强，广大的牧区由于生态保护和自然保护地体系的建设，人口占比将会进一步减少。

表 5.10 青藏高原城镇带 2021～2050 年城镇化水平预测　　　（单位：%）

年份	城镇人口比重	年份	城镇人口比重	年份	城镇人口比重
2021	67.68	2031	76.20	2041	84.72
2022	68.54	2032	77.06	2042	85.58
2023	69.39	2033	77.91	2043	86.43
2024	70.24	2034	78.76	2044	87.28
2025	71.09	2035	79.61	2045	88.13
2026	71.94	2036	80.46	2046	88.98
2027	72.80	2037	81.32	2047	89.84
2028	73.65	2038	82.17	2048	90.69
2029	74.50	2039	83.02	2049	91.54
2030	75.35	2040	83.87	2050	92.39

5.3.2　城镇规模等级结构发展目标与格局

青藏铁路沿线城镇带 2020 年城镇人口为 243.14 万人。其中，人口小于 1 万人的城镇数量 35 个，占高原城镇总数量的 59.32%；1 万～5 万人的城镇数量 20 个，占高原城镇总数量的 33.90%；5 万～10 万人的城镇数量 1 个（德令哈市区），占高原城镇总数量的 1.69%；10 万～20 万人的城镇数量 1 个（格尔木市区），占高原城镇总数量的 1.69%；20 万～50 万人的城镇数量为 1 个（拉萨市区），占高原城镇总数量的 1.69%；50 万～100 万人的城镇数量为 0 个；大于 100 万的城镇数量为 1 个（西宁市区），占高原城镇总数量的 1.69%。随着城镇化进程的推进，青藏铁路沿线城镇带建制镇以上的镇区和城市市区规模结构将不断优化。但考虑到未来城镇人口规模的精确预测比较困难，而且撤乡设镇受政策等不确定性影响较大，城镇的规模等级范围大体上可以把握，因此根据青藏铁路沿线城镇带城镇规模结构演变的历史趋势和现状，并结合青海省、西藏自治区城镇体系规划、新型城镇化规划、各地级城市及县城的城市总体规划、国土空间规划及"十四五"规划等，分别提出 2025 年、2030 年、2035 年和 2050 年青藏铁路沿线城镇带城镇规模等级发展目标（表 5.11、图 5.17）。

表 5.11　2025～2050 年青藏铁路沿线城镇带城镇人口规模等级演变格局

等级	人口规模	2025 年	2030 年	2035 年	2050 年
1	＞100 万人	西宁市区 1 个城镇，占城镇总数的 1.69%	西宁市区 1 个城镇，占城镇总数的 1.69%	西宁市区 1 个城镇，占城镇总数的 1.69%	西宁市区和拉萨市区 2 个城镇，占城镇总数的 3.39%
2	50 万～100 万人	0 个城镇	拉萨市区 1 个城镇，占城镇总数的 1.69%	拉萨市区和格尔木市区 2 个城镇，占城镇总数的 3.39%	格尔木市区 1 个城镇，占城镇总数的 1.69%
3	20 万～50 万人	格尔木市区、拉萨市区 2 个城镇，占城镇总数的 3.39%	多巴镇、格尔木市区、德令哈市区 3 个城镇，占城镇总数的 5.08%	多巴镇、德令哈市区 2 个城镇，占城镇总数的 3.39%	多巴镇、德令哈市区 2 个城镇，占城镇总数的 3.39%

续表

等级	人口规模	2025 年	2030 年	2035 年	2050 年
4	10 万～20 万人	多巴镇、德令哈市区 2 个城镇，占城镇总数的 3.39%	0 个城镇	0 个城镇	城关镇（湟源县）、那曲市区、那曲镇 3 个城镇，占城镇总数的 5.08%
5	5 万～10 万人	城关镇（湟源县）1 个城镇，占城镇总数的 1.69%	城关镇（湟源县）1 个城镇，占城镇总数的 1.69%	鲁沙尔镇、上新庄镇、拦隆口镇、城关镇（湟源县）、西海镇 5 个城镇，占城镇总数的 8.47%	乐家湾镇、韵家口镇、鲁沙尔镇、上新庄镇、拦隆口镇、西海镇、三角镇、德庆镇（达孜区）、罗玛镇 9 个城镇，占城镇总数的 15.25%
6	1 万～5 万人	乐家湾镇、韵家口镇、总寨镇、彭家寨镇、大堡子镇、廿里铺镇、鲁沙尔镇等 20 个城镇，占城镇总数的 33.90%	乐家湾镇、韵家口镇、总寨镇、彭家寨镇、大堡子镇、廿里铺镇、鲁沙尔镇等 25 个城镇，占城镇总数的 42.37%	乐家湾镇、韵家口镇、总寨镇、彭家寨镇、大堡子镇、廿里铺镇、三角城镇等 24 个城镇，占城镇总数的 40.68%	总寨镇、彭家寨镇、大堡子镇、廿里铺镇、田家寨镇、共和镇、上五庄镇等 28 个城镇，占城镇总数的 47.46%
7	<1 万人	田家寨镇、甘河滩镇、共和镇、上五庄镇、李家山镇、大华镇等 33 个城镇，占城镇总数的 55.93%	田家寨镇、甘河滩镇、共和镇、上五庄镇、李家山镇、大华镇等 28 个城镇，占城镇总数的 47.46%	田家寨镇、甘河滩镇、共和镇、上五庄镇、李家山镇、大华镇等 25 个城镇，占城镇总数的 42.37%	甘河滩镇、大华镇、唐古拉镇、茶卡镇、柯柯镇、钜普镇等 14 个城镇，占城镇总数的 23.73%

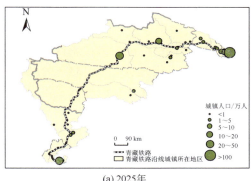

(a) 2025年

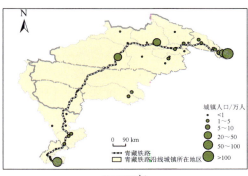

(b) 2030年

(c) 2035年

(d) 2050年

图 5.17　2025 ～ 2050 年青藏铁路沿线城镇带城镇规模等级结构的发展目标

5.3.3　城镇空间分布格局

1990～2020年，青藏铁路沿线城镇建设用地总面积从35016hm^{2}扩张到89593hm^2，增长了1倍多，其中城镇用地面积从9611hm^{2}增长到27682hm^2，其他建设用地面积（包含厂矿、大型工业区、油田、盐场、采石场等用地以及交通道路、机场及特殊用地）从25405hm^{2}扩张到55470hm^2。应加强对青藏铁路沿线城镇现有存量建设用地的挖潜，提升集约节约利用水平；严格禁止大型广场及工业园区土地过度开发。新增建设用地的人均指标应符合国家、地方相关规范要求。

隶属西宁的6个区县因处在河湟谷地，受地形制约相对较大，另外考虑到生态环境因素的制约，其基本已经达到城镇发展规模的上限。青藏铁路沿线城镇严格执行经法定程序批准的城镇规划和土地利用规划，切实保护耕地，节约集约用地，严守农田红线，严格限制高污染高能耗高排放工矿业用地，科学规划城镇建设用地标准和总体规模，保证城镇合理发展空间，将分散的农牧民适度向铁路沿线迁移。2020年，城镇用地面积达27682hm^2，城镇人均建设用地控制在110m^{2}以内。

针对青藏铁路沿线地区土地资源差异较大的实际情况，采用差别化的方式对待不同地区的建设用地标准，两端地区西宁和拉萨所辖区县应集约利用土地，中部地区可采用相对宽松的建设用地标准。结合用地现状情况，城镇规划建设用地标准近期不宜做大幅度调整，西宁市人均规划建设用地面积为90～105m^2，拉萨市人均城镇工矿用地面积控制在140m^{2}以内，格尔木市和德令哈市人均建设用地面积为135～150m^2，其他县人均城镇建设用地面积控制在140m^{2}以内。青藏铁路沿线城镇带城镇建设用地面积控制目标见表5.12。

表 5.12　青藏铁路沿线城镇带空间格局现状及目标　　　　　　（单位：hm^2）

地区	1990年	2000年	2010年	2020年	2030年	备注
西宁市城中区	1131	1185	1284	1649	1725	控制在1725hm^2
拉萨市城关区	1799	3159	3577	5761	6300	控制在6300hm^2
当雄县	0	170	170	400	400	沿109国道和当曲河带状发展，不宜跨越青藏铁路向东向南发展
堆龙德庆区	3	102	123	1637	1605	"一心一轴两片三区"的开放型联动式总体格局
安多县	0	0	0	300	300	南北扩展，以北为主，以南为辅
那曲市色尼区	366	366	366	1252	2000	合理向南发展，适当向东、北发展
刚察县	214	229	218	500	900	东拓、北扩、西南进，主体向西南扩展
海晏县	191	197	197	700	800	积极发展西海城区和三角城区，引导两城区集聚和相向发展，两城区之间保留河湖、湿地、牧草地
德令哈市	429	515	515	2400	7000	南进、西扩、东延、北控
都兰县	150	224	224	300	5520	以向东发展为主、向南向北发展为辅，坚决禁止向西发展
天峻县	146	205	205	200	1200	向南、西南发展，远景以向西发展为主

续表

地区	1990 年	2000 年	2010 年	2020 年	2030 年	备注
乌兰县	408	489	489	700	896	沿 315 国道和青藏铁路以南带状组团式布局
西宁市城北区	818	853	1779	3486	3515	集约利用土地
西宁市城东区	1237	1249	1424	1541	1550	优化空间布局
西宁市城西区	722	776	1147	1745	1745	集约利用土地
湟中区	0	0	174	754	990	构建以多巴为中心、鲁沙尔为次中心的城镇体系
湟源县	259	307	307	300	900	以向西和向南跨河发展为主，概括为"东调、南进、西拓、北控、中优"
曲麻莱县	57	57	57	200	300	建成区北部行政办公新区周边区域、城镇南部适度建设，严格控制向东、东南、西南发展
治多县	18	18	18	600	650	人均建设用地面积控制在 175m² 以内
格尔木市	1361	1415	1415	2500	5050	西拓、北延、东禁、南限。人均城市建设用地面积控制在 145m² 以内
大柴旦行委	302	389	389	600	5105	适度向西北、东南有序扩展
达孜区	0	61	147	157	170	宜向西、向北发展
总面积	9611	11966	14225	27682	48621	

青藏铁路沿线城镇带城镇空间布局坚持"分类调控、分区组织、重点带动"原则，促进社会资源的优化配置，改善资源生态环境，转变生产生活方式，加快人口等生产要素适度集中，构建全面协调可持续发展的城镇空间格局。青藏铁路沿线自然环境复杂，城镇布局分散，发展条件和发展水平均有较大的地域差异性。因此，青藏铁路沿线的城镇发展要走因地制宜的协调发展道路，以不同的发展模式，促进地区之间、城乡之间的协调发展，实现共同繁荣、跨越式发展。

以西宁、格尔木、德令哈、拉萨等城市为主体，以沿线县城和建制镇为节点，采取"以点为主，点轴结合"的空间开发模式，以改造现有中心城市和培育发展新的经济中心为重点，循序渐进地推进青藏铁路沿线地区的城镇化。加强以中心城市为节点的区域交通设施建设，改变中心城市辐射带动能力较低的局面，满足沿线地区经济社会发展的需要。积极挖掘中小城市发展潜力，扶持中小城市发展，引导各类要素高效聚集、合理流动，选择资源优越、服务供给能力强的中心城镇并将它们培育发展成中小城市。加快城镇化水平低的地区就地城镇化，培育城镇化的新增长点和增长带，提高城镇产业支撑能力和资源环境承载能力。

5.3.4　城镇发展定位与职能分工格局

青藏铁路沿线城镇带大多数城镇的性质和职能在一定时期内保持稳定，但随着绿色发展理念的贯彻落实以及城镇化的加速推进，预计规模较大的综合型城市到 2035 年前集聚规模效益仍将持续，其辐射带动能力将大幅增强；而专业型城镇，大部分将进一步突出自身优势特色，实现错位发展；其中部分规模较大或综合资源优势较为突出的城镇将向综合服务型城镇转变（图 5.18）。

图 5.18　青藏铁路沿线城镇带未来城镇职能类型发展目标图

1. 综合型城市辐射带动能力大幅增强

青藏铁路沿线城镇带未来综合型中心城市仍为西宁市区、拉萨市区、格尔木市区、德令哈市区、那曲市区。随着人口集聚和城镇规模进一步扩大，这五大城市在青藏铁路沿线城镇带甚至整个青藏高原的中心地位、综合竞争力和辐射带动能力将持续增强。

1）中心城市的核心地位更加突出

西宁市区、拉萨市区不仅是全省（自治区）的政治、经济、文化、教育、医疗、交通等综合中心，集中了全省（自治区）最好的要素资源，而且会通过西宁都市圈、拉萨城市圈的发展，进一步集聚要素，推动市区与周边地区联动发展，形成带动青藏铁路沿线城镇带甚至整个青藏高原经济发展的增长极。到 2035 年，西宁市区、拉萨市区将成为创新活力迸发、经济动力强劲、人文魅力彰显的综合型中心城市。而且中心城市发展后，将创新引领和辐射带动其他区域发展，形成高质量发展的动力源，促进人口、资源与环境的空间均衡布局，助推传统产业转型升级和绿色发展，培育战略性新兴产业，缩短区域差距，实现区域更高质量、更有效率、更加公平、更可持续的发展。

2）区域性中心城市综合服务功能增强

格尔木市区、德令哈市区、那曲市区是青藏铁路沿线城镇带甚至整个青藏高原的区域性综合型中心城市。预计到 2035 年，通过加强重点领域、重点区域、重大项目等载体建设，中心城市的辐射带动作用不断增强，在各自区域的城市中心功能更加凸显，现代化经济体系更加完善，公共服务水平逐步提升，生态环境质量保持优良，基本建成具有区域影响力的现代化高原城市，其作为重要的城市节点将引领青藏铁路沿线城镇带成为青藏高原最具影响力和带动力的强劲活跃增长极。

2. 专业型城镇优势特色进一步突出

青藏铁路沿线城镇带的绝大多数专业型城镇，包括综合服务型、工矿服务型、交通物流型、旅游服务型、城郊经济型、农牧服务型等，都是长期立足于自身资源条件及特点，形成了自身独有的城镇化发展模式和路径。预计在未来 10～15 年，随着特色小镇建设规划的实施，产业定位为"一镇一业"，突出"特而强"；城镇功能集成"紧贴产业"，力求"聚而合"；因此城镇性质和职能多维持现状，但将进一步突出区位优势和特色，优势主导产业将不断壮大，产业支撑和综合承载能力不断强化，城镇功能定位将更加明确，城镇品位特色将进一步彰显。

1) 城镇特色主导产业更具规模和水平

发展特色产业是做大做强青藏铁路沿线城镇带的重要途径。只要各专业型城镇立足区位特点、资源禀赋、产业基础，瞄准市场需求，积极探索优势产业和特色经济发展的新路子，不断壮大经济整体实力，就能强化自身城镇性质和职能，重点培育 1 个特色鲜明、具有较强竞争力和一定技术含量的主导产业，推进规模化、标准化生产，打造关联度大、带动力强的龙头企业，吸引上下游配套企业集聚，完善产业链条，增加附加值，推进专业化协作，到 2035 年实现"一镇一特色"。

2) 城镇形象更加鲜明，品位不断提升

青藏铁路沿线城镇带各专业型城镇生态发展和绿色发展的基础较好。只要在城镇整体规划中树立品质至上理念，充分考虑城镇特色，明确城镇经济和文化主题，挖掘地域特色要素，特别是充分挖掘城镇的自然环境、历史文化、民俗民风等特点，就不仅能够突出地方经济发展特色，还能在城镇重要的地段、街区、标志性建筑上体现当地地域特色，做出建筑精品，做优城镇功能，做美周边环境，塑造出符合高原特色的个性化城镇形象和品牌，让城镇有活力、有魅力，到 2035 年实现"一镇一品"。

3. 部分专业型城镇向综合服务型发展

随着城镇规模的不断扩大、交通条件的不断改善、城市功能的不断增强，以及资源综合开发步伐的加快，青藏铁路沿线城镇带的部分城镇也会像历史时期其他城镇一样，可能逐步由一种主导职能类型向多种综合职能类型转变，因而部分工矿服务型、交通物流型、旅游服务型、城郊经济型、农牧服务型城镇将在未来 10～15 年转变为综合服务型城镇，具体预测如下。

(1) 西宁市湟中区鲁沙尔镇的城镇职能将由旅游服务型转变为综合服务型城镇。

该镇是湟中区域的政治、经济、文化中心，目前依托塔尔寺等旅游资源，发展为生态旅游型城镇。随着湟中区撤县设区，鲁沙尔镇将更多地融入西宁都市区发展，城郊经济及第二、第三产业将加速发展，城镇规模将进一步扩大，有望建成西宁市集旅游休闲、工、商、贸和物资集散为一体的综合服务型城镇。

（2）海北藏族自治州海晏县城（三角城镇）的城镇职能将由旅游服务型转变为综合服务型城镇。

该镇是海晏县域的政治、经济、文化中心，目前依托青海湖等旅游资源，发展为生态旅游型城镇。随着城镇规模的扩大，三角城镇在海北藏族自治州的地位将更加突出，第二、第三产业将综合发展，有望建成海北藏族自治州集生态旅游、工、商、贸为一体的综合服务型城镇。

（3）海北藏族自治州刚察县城（沙柳河镇）的城镇职能将由旅游服务型转变为综合服务型城镇。

该镇是刚察县域的政治、经济、文化中心，目前依托青海湖等旅游资源，发展为生态旅游型城镇。随着城镇规模的扩大，畜产品加工和商贸等城镇职能也会得到充分发展，沙柳河镇有望建成以生态旅游、农牧产品加工、商贸服务为主的综合型服务中心。

（4）海西蒙古族藏族自治州大柴旦行委（柴旦镇）的城镇职能将由工矿服务型转变为综合服务型城镇。

柴旦镇目前是柴达木盆地盐化工等矿产资源深加工工业基地，随着城镇规模的扩大以及城市功能的提升，和格尔木市区、德令哈市区等工矿城市发展历程相似，柴旦镇提供综合服务的功能将会越来越强，城镇职能也会向综合服务型城镇转变。

（5）拉萨市当雄县羊八井镇的城镇职能将由旅游服务型转变为综合服务型城镇。

羊八井镇位于青藏交通线上，区位交通优势明显，是拉萨—羊八井—纳木错旅游路线上的重要节点，目前城镇职能以休闲旅游服务为主。随着城镇规模的扩大，作为当雄县域的次中心，羊八井镇可利用丰富的地热资源优势和西南部矿藏资源，引导发展清洁能源、采矿加工业、科考旅游业等，实现城镇职能向综合服务型城镇转变。

（6）那曲市安多县城（帕那镇）的城镇职能将由交通物流型转变为综合服务型城镇。

帕那镇是安多县域的政治、经济、文化中心，目前依托交通区域优势，发展成为交通物流型城镇。随着农畜产品加工、生态旅游、矿产资源开发的发展，帕那镇将成为包括行政、文教、商贸、工业、旅游服务、交通运输以及牧业服务等多种职能的综合型城镇。

5.4 城镇带绿色发展模式与路径

青藏铁路沿线城镇带绿色发展模式拟采取交通驱动模式、旅游拉动模式、工矿主导模式和综合发展模式，不同类型的城市和处在不同发展阶段的城市需采取不同的发展模式和发展路径，需要依靠科技创新驱动，稳步推进城镇带实现高质量发展；依靠特色优势产业拉动，稳步地推进绿色发展；促进人口适度向中心城市集聚，提升城镇化质量；加强资源集约节约利用，促进城镇带上的城市适度紧凑发展；加快绿色基础设施建设，建设高原绿色智慧城市。

5.4.1　城镇带绿色发展模式

1. 交通驱动模式

历史上青藏高原地区交通不便，区内独特的旅游资源、丰富的特色农产品和稀有矿产资源不能转化为经济优势。青藏铁路和航空等交通设施改善后，将青藏铁路沿线城镇率先带入全国和世界的产业分工体系中，为特色产业快速发展创造了广阔的市场，极大地增强了青藏高原经济发展的动力。

未来应充分利用青藏铁路交通动脉带动作用，完善交通枢纽、物流园区等配套设施建设，合理利用青藏铁路等不同形式的交通线路，构建现代综合交通网络体系。通过便捷的交通加大铁路沿线中小城市与中心城市间的交通联系，促进沿线地区人口的快速流动，充分发挥中心城市的聚集经济效应，加快培育发展区域交通枢纽，促进中心城市快速发展壮大，扩大腹地。依托交通网络加快地区经济的对外联系，带动沿线人流、物流、信息流、资金流的融通融合和迅速发展，推动沿线经济带的产业结构升级。利用交通事业、物流及相关产业创造更多就业机会，促进乡村人口向中心城镇集聚，推动城镇化的快速发展。应强化西宁—格尔木—拉萨的交通地位，建设面向青藏高原的区域性交通枢纽和现代物流中心。

2. 旅游拉动模式

青藏高原是地球上自然景观壮观、民族文化丰富、生物资源富集的地区，青藏铁路沿线分布着青海湖、可可西里国家级自然保护区、纳木错、布达拉宫等9处世界级的旅游资源，还分布着包括藏传佛教圣地塔尔寺、金银滩原子城、察尔汗盐湖、玉珠峰、拉萨古城、八廓街等在内的23处国家级旅游资源，以及6处国家级自然保护区和风景名胜区，193处普通级旅游资源，其景观、文化和民族的多样性、原始性、垄断性和地区分布差异性，为构建世界旅游精品工程奠定了基础。依托青藏铁路和青藏公路，建设青藏旅游线路和藏北草原观光旅游区；加大旅游促销，开发适销对路的旅游产品，实施旅游精品战略，组建旅游企业集团，创新旅游景区（点）经营管理体制，鼓励和吸引国内外有实力的企业来开发经营旅游产品。整顿规范旅游市场秩序，扶持农牧民兴办旅游实体，大力培养各类旅游人才，提高旅游服务质量和水平。

未来应以旅游业为龙头促进第三产业繁荣发展，带动第一、第二产业结构调整升级。有机整合区域内旅游资源，发挥本土历史文化和生态旅游资源优势，通过基础设施建设和景区提升改造，积极发展高原生态旅游和文化旅游业。科学谋划旅游开发项目，整合资源和资金加强基础设施建设，实现旅游公共服务设施和城镇基础设施建设融合发展，借助乡村地区良好的生态环境和独特的民俗文化资源，加快发展乡村旅游和农家乐、牧家乐产业，将潜在的旅游资源优势转化为现实的旅游发展优势，加强科学引导和专业指导，强化差异性的特色经营，从而充分发挥旅游业作为综合型、动力型产业的作用，提高城镇的吸引力，带动城镇化。

应共同开发建设青藏铁路沿线旅游区，使其成为我国重要的高原旅游地区。以青藏铁路为载体，加强青海与西藏特色旅游业合作发展，资源共享，科学规划，优势互补，分工协作，规范管理。以西宁、格尔木、拉萨三个城市为节点，以青藏铁路沿线地区为主线，开发建设布达拉宫、林芝大峡谷、雅砻河谷、三江源、青海湖、塔尔寺等沿途景区景点，共同打造青藏高原特色旅游区；共同制定区域旅游合作的互惠互利政策，协调解决发展中存在的问题，促进区域旅游业持续、快速、健康发展；联合编制青藏铁路沿线旅游区规划，共同塑造和推介青藏高原旅游区的整体形象，共同营造青藏铁路沿线旅游区的大环境，提高青藏铁路沿线区域旅游在国内外的知名度和服务质量；精心策划精品旅游项目、线路，着力创新开发旅游新产品，整合资源，联合促销，扩大影响力，增强促销效果。

3. 工矿主导模式

对于能源、交通条件相对较好，有开发前景的大、中型矿产地、勘查靶区和异常区，应加大地质勘探投入，改善地质勘探环境，加强对优势矿产资源的勘查，提高后续资源储备。重点开发有市场需求的优势矿产资源，改善矿区交通能源条件，并进行有序开发。积极引进、采用对环境保护有效的现代先进采矿工艺和技术，坚持高起点、高标准提高矿产品加工深度和精度，推动现代工业企业发展。加强治理整顿，规范矿业市场，建立良好的矿业秩序。例如，格尔木市已发展壮大盐湖化工、油气化工、金属采选冶炼三大支柱产业，培育打造新能源、新材料、新型煤基化工、高原特色轻工业、现代服务业五大新兴主导产业。

未来应以供给侧结构性改革为主线，以产业集聚为基础，实现规模化开发，推动产业结构调整升级，转变经济发展方式，促进产业层次由低端向中高端转变。运用市场方式，进一步推进多要素整合，提升产业集中度，加大产业深度，将传统产业改造升级，延伸产业链，发展上下游关系紧密产业，降低成本，提升产业附加值，推进资源要素在城市与工矿区的流动和整合。支持基础企业群发展，培育发展一批有基础、有潜力、有需求的特色产业集群，适时承接东部地区的产业转移，构建新兴产业集群，增强产业竞争力。坚持以城镇为基础，承载产业空间和发展产业经济，以产业为保障，驱动城市更新升级和完善服务配套，加大城镇化建设中的产业支撑力度，强化产业结构优化调整，促进产城融合。第一，应在柴达木地区以盐湖化工为主导，配套石油化工、煤化工等发展高效产业链。高原盐化工业应以盐湖资源为核心，形成不同层次的产业链。以昆仑开发区油气盐化工、察尔汗盐湖工业、德令哈纯碱、锡铁山铅锌工业、乌兰煤焦化工等为重点，构建高效合理的循环经济产业链。第二，发展钢铁、铁合金、有色金属冶炼工业。钢铁产业集中在西宁地区，所产钢铁可供应西部地区。将河湟谷地的铁合金基地与西藏的铬、硼资源结合，形成以硅铁为主，向高级铁合金延伸的冶炼工业。柴达木有色金属矿产具有很强的优势，应依托现有企业扩建改造，延伸产业链，做大做强。充分利用当雄矿泉水资源蕴藏量大、无污染、微量元素含量丰富的优势，大力发展矿泉水产业。逐步建成以矿泉水、啤酒、植物保健饮品为主的国家级绿色饮品生产基地,在品牌、规模和市场占有率等方面力争实现突破。

4.综合发展模式

增强青藏铁路沿线区域西宁、格尔木、拉萨等中心城市的综合发展功能。依托青藏铁路加强中心城市辐射带动作用,培育发展周边县城镇和交通节点城镇,形成中心城市—县城—特色建制镇之间要素流动通畅、产业协作密切、城乡发展协调的点线相连、以点带面的城镇空间格局。着重优化中心城区空间布局结构,加快提升城镇综合服务功能,高标准配套建设市政基础设施和生活服务设施,提高城镇发展质量,保护生态环境,改善人居环境,促进人口的集聚,重点引导发展旅游、商务金融、会展、物流业。快速发展国民经济和社会各项事业,提升城市综合实力,增强城市的聚集和服务功能。

未来应依托原有区域中心城镇优势,借助青藏铁路辐射带动能力,着力增强城镇的要素集聚能力、基础设施承载能力和辐射、带动能力,完善服务功能、提升服务质量,以绿色、可持续发展为指导,以信息化、农业产业化和新型工业化为动力,以“内涵增长”为发展方式,以“政府引导、市场运作”为保障机制,着力提升城市品位和人居环境。大力发展就业吸纳能力高的生产性、消费性、分配性和社会性服务业,以促进经济发展来加快城镇化的步伐,创新公共服务供给方式,提高基本公共服务资源配置效率,实现公共服务供给的多样化和均等化,提高城镇化发展质量。增强城镇综合吸引能力,制定实施城市居民收入增长计划,确保城市居民收入增长,在扩大就业机会的同时提高非农就业者迁移到城市的能力,从而推进城镇化和经济社会发展。

5.4.2　城镇带绿色发展路径

依托铁路交通大动脉优势把青藏高原与内地从交通上紧密连接起来,将青藏高原已经形成的集中在交通线上的城镇纳入青藏铁路沿线经济带中,充分发挥“聚集效应”,加速人流、物流、信息流等要素聚集,因地制宜地培育具有地方特色的城镇产业体系,增强中小城市及小城镇的专业化程度和承接产业转移能力,构建分工合理、功能互补的城镇化格局,依靠科技创新驱动和特色优势产业拉动,促进人口适度向城镇带中心城市集聚,稳步推进城镇带实现高质量绿色发展和适度紧凑发展,加快绿色基础设施建设,建设高原绿色智慧城市。

1.依靠科技创新驱动,稳步推进高质量发展

围绕供给侧结构性改革,实施科技创新战略,健全技术创新市场导向机制,积极探索实施科技成果处置权、收益权等机制,探索建立与贡献相匹配的创新收益制度。强化关键核心技术攻关,全力构建产业技术创新体系,提升科技支撑盐湖化工、煤化工等传统产业转型升级能力,加快科技成果转化和产业化,促进产业升级和经济结构调整,加快新技术、新工艺在资源、能源工业中的应用和推广,促进产业发展的高端化。

以新型技术和人才为支撑、以龙头企业为主体，集中产业资源，突破核心技术环节的制约。基于资源禀赋、区位优势和国家战略定位，加快推进传统产业向先进制造业和战略性产业转型升级，增强战略性新兴产业对产城融合的支撑作用，促进科技创新与城镇化协调发展。

在青藏铁路沿线中心城市建立综合科技服务中心，建设科技馆和一批科普基地；在小城市、州府所在地、县城所在地（行委）设置科普基地；在建制镇设置科技服务站。建设科技设施体系，搭建科技创新平台，提高科技服务能力，同时进一步加大农牧业科技示范园区、科技示范基地等建设规划。加快制定和实施有利于科技创新的各项政策措施，促进产业的结构调整和优化升级。

2. 依靠特色优势产业拉动，稳步推进绿色发展

以特色资源开发为重点，发挥生物资源、水能资源、矿产资源和旅游资源优势，加快发展特色产业。发挥资源优势和潜力，发展特色产业，形成若干优势产业，增强自我积累、自我发展能力。发展壮大特色优势产业，同时将青藏铁路沿线区域作为青藏高原发展重要的战略空间。改造提升传统产业，打造在西部乃至全国有影响的特色优势产业，全面促进工业结构优化升级。

（1）新能源产业。扩大单晶硅、多晶硅生产规模，带动和构建晶体硅、太阳电池等产业。加快建设柴达木太阳能大型并网发电项目，把青海建成国家重要的太阳能发电基地。抓好风能设备的研发与制造，开发大型风电机组，培育风能产业链，建成集风电整机及附属设备制造、测试、配件供应等为一体的风电装备制造业和服务基地。扩大风能利用规模，选择合适的地点建设大规模风力发电场。建立生物质能技术研发平台，推进生物质能技术研发和产业化。

（2）盐湖化工产业。以钾资源开发为龙头，大力发展盐湖综合利用和梯级开发，重点开发钾、钠、镁、氯、锂、硼、锶等盐湖资源系列产品，拓展盐湖化工产业群和产业链。着力推进盐湖化工与石油天然气化工、煤化工、有色金属和新能源、新材料的融合发展，加快盐湖化工产业向规模化、集约化、精细化方向发展，建成全国最大的盐湖化工、大型钾肥及钾盐基地。

（3）生物产业。充分利用青藏高原气候冷凉、资源丰富和无污染优势，重点发展生物医药、生化制品、动植物种植利用产业和生态产品，构筑有鲜明地域优势和高原特色的生物产业体系。加快大黄、藏茵陈等中藏药材 CAP 种植基地，抚育基地建设，创新药物研发及产业化模式，培育壮大中藏药、新特药产业。发展沙棘、枸杞、虫草和牛羊骨血等精深加工。以生物多样性资源的有效保护、持续利用和惠益共享为前提，发展野牦牛、红景天等珍稀野生动植物种质利用，培育面向全国的特色制繁种产业，建成珍稀野生动植物种子利用和农作物繁殖制种基地，加快形成以特色生物产业为主导的产业群。打造三江源、青海湖、祁连山三大生态品牌，建设在国内外具有重要影响力的生态产品供给基地，使碳汇交易和生态保护建设协调推进。

（4）旅游业。加快建设自然风光与民族文化相结合的旅游大区，努力把青藏铁路沿

线城镇带打造成精品旅游带，把旅游业培育成富民产业和支柱产业。加大旅游交通、重要景区（点）公共基础设施和服务设施的建设力度。搞好重点风景名胜区、自然保护区、文化遗产的保护与建设及民间文化资源的开发利用。完善西宁—格尔木—拉萨旅游中心区的服务功能；依托青藏铁路建设青藏旅游线路和草原观光旅游区；加大旅游促销力度，整顿规范旅游市场秩序，扶持农牧民兴办旅游实体，大力培养旅游人才，提高旅游服务质量和水平。

3. 依托交通优势促进人口适度向中心城市集聚，提升城镇化质量

坚持中心城市人口增长与城市资源环境承载力水平、生态环境容量和基础设施水平相适应、相同步的原则，根据城市主体功能定位、经济发展水平和区位特征等，科学测算城镇资源环境承载能力，因地制宜地推进适度人口规模的城镇化建设。强化先进市场要素聚集功能和带动区域发展的现代服务功能，通过统筹整合，完善基础设施，做全城市功能，加快人口向中心城市聚集。打破行政区划界限，把中心城市建成区和周边地区的发展纳入中心城市发展的总体规划中来，增强城市吸纳人口集聚的能力，逐步扩大人口容量和经济规模，提高城镇化发展质量。重点集聚吸纳先进生产要素来加快经济结构调整，以先进要素带动高素质人口进入，促进中心城市产业的优化升级，提升城镇化质量。

青藏铁路沿线要走有青藏高原特色的城镇发展道路，稳步提高城镇化水平，着力提升城镇化质量，发展城镇功能，协调城乡关系。把城镇群作为主体形态，促进大中小城镇合理分工、功能互补、协同发展。优先发展沿线中心城市，积极发展区位、资源条件良好的重点城镇。强化优先发展地区城镇经济功能，促进人口和要素适度集聚；巩固和完善适度发展与生态保育发展地区城镇服务功能，促进人口有序向中心城市流动。

4. 建设绿色智慧城市，推进城市可持续发展

严格控制青藏铁路沿线城镇发展高耗能、高排放行业，集约节约利用资源，促进资源循环利用，控制资源使用综合效率。以生态文明理念构建绿色的生产生活方式，打造"绿色低碳、清洁环保、节能低耗"的新城乡。优化城乡能源结构，建设可再生能源体系，推动太阳能、风能、生物质能、地热能等规模化应用。中心城市实施绿色行动计划，倡导绿色出行，改善空气质量，加强三废处理，划定生态红线，扩大生态空间，建设绿色廊道。立足青藏高原的生态战略地位，构建生态文明、资源节约、环境友好的城乡绿色发展路径。坚持生态文明和可持续发展，减少对自然的干扰和损害，不断改善环境质量，减少主要污染物排放总量，努力改善城市生态环境质量。严格保护三江源草原草甸地区、柴达木荒漠地区、青海湖草原湿地地区的生态环境。

加快信息化进程，促进城市宽带互联网、数字电视网和移动通信网的"三网合一"，构建以西宁为中心的"数字青海"信息工程，重点推进西宁、格尔木、德令哈、拉萨等城市的数字城市建设。中心城市统筹推动物联网、云计算、大数据等信息技术的应

用，强化城市信息网络、数据中心等信息基础设施建设。促进跨界信息共享和业务协同，强化城乡信息资源社会化利用，推广智慧化信息服务体系建设，促进城市规划建设管理和运营信息化，增强城市信息系统和信息资源的安全保障能力。

5. 加快青藏铁路沿线城镇绿色基础设施建设

抓住西部大开发的历史机遇，充分运用国债项目资金，完成干线公路、铁路和航空机场设施的扩能改造和新建任务，大力改善城镇基础设施和配套设施，打通主要风景名胜区对外交通及相互之间的联系，以城市为节点，形成完整的交通运输网络，保证物流、人流、资金流和信息流的畅通，最大限度地支持产业经济的发展。

加强能源基础设施建设，提高可再生能源比例，优化能源结构。推进区域供电、供热、供气等能源基础设施一体化、网络化建设。加强区域清洁能源建设步伐，加快太阳能、风能、沼气的开发利用，提高区域内火电厂的脱硫、脱硝工艺，全面优化能源结构，实现能源清洁化。

加快交通基础设施建设，逐步优化交通结构，提高交通效率。全面提升机动车污染控制水平，提高机动车环境准入门槛，推动机动车淘汰和车用燃油低硫化进程；大力发展绿色交通运输，加强高效环保、气候友好的交通运输技术研究和推广，推动新能源和清洁节能车辆的开发应用。

逐步推进环保基础设施建设。推进垃圾处理设施、污水处理厂的建设和优化。重点提升环境基础设施供给和规范化水平，推广集中供气供热或建设清洁低碳能源中心等，提高产业集群监测监控能力，在企业污水预处理达标的基础上实现污水管网全覆盖和稳定达标排放，推进再生水循环利用基础设施建设，引导和规范危险废物综合利用和安全处置，实现废水和固体废物的减量化、再利用、资源化。

推进水利基础设施建设。推进供水、排水基础设施建设，提升城镇供水排水能力，力争在供水保障能力上取得新突破。统筹实施节水供水、蓄水引水、治水保水、增水洁水、通水补水等重大水利工程，努力构建和谐文明的水生态保护体系、科学高效的水资源配置体系、健全完备的防洪抗旱减灾体系、系统完善的水利管理体系。

5.5 城镇带重点城市绿色发展

5.5.1 西宁段重点城市与城镇

青藏铁路从西宁市区出发后，在西宁市境内还经过湟中区（2020年6月正式撤县设区）和湟源县。该段的湟中区下辖康川街道、鲁沙尔镇、西堡镇、上新庄镇、田家寨镇、甘河滩镇、共和镇、多巴镇、拦隆口镇、上五庄镇、李家山镇，以及群加乡、土门关乡、汉东乡、大才乡、海子沟乡；湟源县下辖城关镇、大华镇，以及东峡乡、日月乡、和平乡、波航乡、申中乡、巴燕乡、寺寨乡。在未来城镇化进程中，除加强现有建制镇的建设外，应积极推动有条件的乡改镇，同时因地施策，促进城镇化绿色发展。

1. 西宁市绿色发展

1）绿色发展定位与目标

坚持绿水青山就是金山银山的理念，统筹生态环境保护和经济社会发展，推动生产生活方式绿色转型，健全完善体制机制，创建生态文明建设示范市、黄河流域上游生态保护和高质量发展先行区，努力打造国家循环化改造示范试点城市及低碳示范试点城市、全国低碳城市及国家循环经济示范城市，把西宁建成为国家绿色发展样板城市。

着力强化绿色发展的产业支撑。强力推进供给侧结构性改革，着力培育传统产业、新兴产业、现代服务业等多个经济增长点，打造高新技术产业、特色优势产业集群，拓展形成宁大（西宁—大通）北川高新技术产业、多沙（多巴—沙塘川）沿湟现代服务业、鲁多—西塔（甘河—鲁沙尔—南川）沿线特色优势产业三条千亿元经济增长带。构建绿色经济发展体系，着力打造国家绿色发展样板城市。

2）绿色发展路径

加快形成绿色生产方式。支持绿色技术创新，全面推进清洁生产，加快重点行业领域绿色化改造。控制碳排放总量和强度，制定 2030 年前碳排放达峰行动方案，推进碳中和工作。加快推进农业绿色化发展，参与建设河湟谷地百里长廊经济林带，全面推进林木废弃物资源化利用。

建立生态产品价值实现机制。坚持把绿水青山作为"第四产业"来经营，拓展生态价值向人文价值、经济价值、生活价值转化路径，推动建立生态产品价值实现机制。建设科技创新高地。西宁市在未来发展绿色经济要着力打造经济技术开发区、青海高新区和西宁国家农业科技园区三个创新高地，加快培育服务全省创新要素集聚点和增长极。依托经济技术开发区产业优势，提升科技支撑能力，建设锂电、光伏等创新型产业集群。

壮大绿色优势产业集群；做强光伏光热制造产业集群。提高要素供给能力和质量，提升优势产业链、供应链现代化水平，打造全国重要的清洁能源制造产业基地，做优锂电储能产业集群，打造国内产业链完整的锂电储能产业集群和有重要影响力的千亿元锂电储能产业基地。做精有色合金材料产业集群，建设具有全国影响力的合金新材料产业基地。做细特色化工新材料产业集群，提升特色化工产品应月水平，全力打造集重要碳纤维生产应用、盐湖资源综合利用精深加工产业、新型能源化工有机基础原材料产业和纤维新材料产业于一体的特色化工产业基地。做深生物医药和高原动植物资源精深加工产业集群，加快青藏高原动植物资源种植养殖基地建设，发展有机定制药园，培育中藏药材专业化市场。

2. 湟中区绿色发展

湟中区位于青海省西宁市东北部（图 5.19），总面积约 2700km²。2020 年湟中区常住人口为 39.50 万人，占全市人口总数的 16.01%，城镇化率超过 40%，处于新型城镇化的中期成长阶段。2020 年湟中区正式撤县设区，拉开了全区推进新型城镇化建设的序幕，为推动区域经济高质量发展带来重大机遇，今后主要走如下绿色发展路径：推动产业绿色转型，大力发展低碳循环经济；深度优化人居环境，着力提升基础设施建设，严格落实"清洁西宁·秀美湟中"品牌延伸行动，推进无废城市建设；聚焦生态安全屏障，坚持"回归自然，绿山富民"，增加绿色生态发展吸引力。

图 5.19　湟中区无人机影像和街景图（摄于 2021 年 4 月 25 日，无人机影像，城镇化科考队）

3. 湟源县绿色发展

湟源县处于青海湖东岸、湟水河上游，是青海东部农业区与西部牧业区、黄土高原与青藏高原、藏文化与汉文化的接合部，青藏铁路、109 国道和 315 国道穿境而过，素有"海藏通衢"和"海藏咽喉"之称（图 5.20），总面积约 1509km^2。2020 年湟源县地区生产总值为 26.16 亿元，占全市地区生产总值的 1.91%；常住人口为 10.98 万人，占全市总人口的 4.45%，今后主要走如下绿色发展路径：突出历史底蕴，重点发展文化旅游产业，促进县域商贸、历史、军事、宗教、民俗等文化和旅游业深度结合；引导园区集聚，形成绿色工业发展模式，以大华产业园区为载体，引导企业向园区集聚，形成规模经济，重点引进和培育绿色环保型产业轻工类型。坚持生态立县，筑牢湟水河生态安全屏障。

图 5.20　湟源县无人机影像和街景图（摄于 2021 年 4 月 25 日，无人机影像，城镇化科考队）

5.5.2　海北段重点城市与城镇

青藏铁路在海北藏族自治州境内经过海晏县和刚察县。该段的海晏县下辖三角城镇、西海镇，以及金滩乡、哈勒景蒙古族乡、青海湖乡、达玉蒙古族乡；刚察县下辖哈尔盖镇、沙柳河镇，以及伊克乌兰乡、泉吉乡、吉尔孟乡。在未来城镇化进程中，除加强现有建制镇的建设外，应积极推动有条件的乡改镇，同时因地施策，促进城镇化绿色发展。

1. 海北藏族自治州绿色发展

1）海北藏族自治州绿色发展定位与目标

抓牢绿色有机农畜产品示范省建设这个载体，持续做优高原生态循环农牧业，大力推进牦牛、藏羊、青稞、油菜、饲草产业振兴。推进刚察国家农业可持续发展示范区绿色发展先行先试，继续做好门源国家级青稞油菜现代农业产业园、海晏国家级农村产业融合发展示范园创建，持续加快牧繁农育步伐，以祁连、刚察为重点，推动海北藏族自治州被打造成为青海省有机农畜产品供应基地。

2）海北藏族自治州绿色发展路径

加快发展新型绿色工业。持续提升各县工业园区承载能力，统筹考虑环境容量、资源供给、市场需求，积极吸引优质资本向重点产业和重点园区汇集，全力推进刚察热水煤炭工业园区向清洁能源产业园转型发展，引导工业向农畜产品精深加工、文旅产品研发制造等绿色优势产业转移，打造一批绿色园区、智慧工厂。全力打造生态旅游业。着眼补齐全域旅游发展短板，提高文化旅游基本公共服务能力，强化文旅产品研发生产，打造多条精品旅游线路，积极培育和打造冬春季旅游品牌。

重点发展生态旅游业。补齐全域旅游发展短板，深化文化旅游供给侧结构性改革和需求侧管理，深入实施文化惠民工程，提高文化旅游基本公共服务能力，强化文旅产品研发生产，提升环湖赛马会、自行车赛等品牌活动运营水平，加强体育设施建设，持续培育壮大文化产业，打造多条精品旅游线路，积极培育和打造冬春季旅游品牌。

培育发展新型服务业。围绕培育会培产业，以"两弹一星"理想信念教育学院为核心，引进各方投资，提升地区整体承接能力，推动文创研发、深度体验等配套关联产业发展，打响教育培训红色品牌。围绕发展康养产业，立足中藏蒙医及温泉等资源优势，以鲁青中藏医康复医院规范运营为重点，引领带动医疗养生、健康旅游、藏药研制、健康食品加工等产业加快发展。巩固扩大电商示范州创建成果，统筹推进物流、养老、育幼、家政、物业等新型服务业全面发展。我们将持续拓展生态文明引领、资源高效利用、产业相互融合的转型升级之路，努力提高经济质量效益和核心竞争力。

2. 海晏县城镇化绿色发展

海晏县位于青海省东北部，是海北藏族自治州人民政府驻地，也是黄河重要支流——湟水河的发源地（图 5.21），全县总面积约 4443km²。2020 年海晏县地区生产总值为 21.30 亿元，占全州地区生产总值的 22.40%，常住人口为 3.77 万人，占海北藏族自治州总人口的 14.21%，城镇化率为 32%，今后主要走如下绿色发展路径：深化供给侧结构性改革，打造高质量发展试验区；坚持以生态文明建设引领经济社会发展大局，

打造生态优先发展示范区；提升民生服务保障水平，打造高品质生活先进区。

图 5.21　海晏县城无人机影像和街景（摄于 2021 年 6 月 15 日，无人机影像，城镇化科考队）

3. 刚察县城镇化绿色发展

刚察县位于青海省东北部，海北藏族自治州西南部（图 5.22），总面积约 8138.07km²。根据第七次全国人口普查公报，2020 年刚察县常住人口为 4.07 万人，城镇化率为 39.36%，处于新型城镇化的中期成长阶段。刚察县位于青海湖北岸，生态地位极其重要，环湖地区生态环境极其脆弱，一旦破坏很难恢复，因此绿色发展的城镇化过程应避免传统工业化形态对生态、环境、资源等的负效应，加快产业结构、能源结构调整，实现经济与生态的双赢，推进绿色发展、可持续发展，今后主要走如下绿色发展路径：因地制宜地打造三江源高原生态旅游区，使其成为环青海湖北岸重要旅游节点和服务中心、青藏铁路交通旅游带上的重要游客聚散地和环青海湖藏区生态旅游目的地。因情施策发展太阳能、风能等新型清洁能源产业，因势利导建设生态畜牧业循环经济发展区，实现"生态保护、草畜平衡、绿色产品生产、科技含量增加、农牧民增收"的目标。

图 5.22　刚察县城无人机影像和街景图（摄于 2021 年 6 月 16 日，无人机影像，城镇化科考队）

5.5.3　海西段重点城市与城镇

青藏铁路在海西蒙古族藏族自治州境内经过天峻县、乌兰县、德令哈市、大柴旦行委、都兰县、格尔木市。该段的天峻县下辖新源镇、木里镇、江河镇，以及苏里乡、龙门乡、舟群乡、织合玛乡、快尔玛乡、生格乡、阳康乡；乌兰县下辖希里沟镇、茶卡镇、铜普镇、柯柯镇；德令哈市下辖河西街道、河东街道、火车站街道、尕海镇、怀头他拉镇、柯鲁柯镇、蓄集乡；大柴旦行委下辖柴旦镇、锡铁山镇；都兰县下辖察汉乌苏镇、香日德镇、夏日哈镇、宗加镇，以及热水乡、香加乡、沟里乡、巴隆乡；格尔木市下辖昆仑路街道、黄河路街道、河西街道、西藏路街道、金峰路街道、唐古拉山镇、郭勒木德镇，以及大格勒乡、乌图美仁乡。在未来城镇化进程中，除加强现有建制镇的建设外，应积极推动有条件的乡改镇，同时因地施策，促进城镇化绿色发展。

1. 海西蒙古族藏族自治州绿色发展

1）绿色发展定位

海西蒙古族藏族自治州绿色发展定位是，构建国家绿色低碳循环发展示范区。全面贯彻落实《国务院关于加快建立健全绿色低碳循环发展经济体系的指导意见》，坚守生态功能保障基线、环境质量安全底线、自然资源利用上线，加速生产要素集聚和产业升级，推动形成绿色低碳循环型产业发展模式。推进生产和生活系统循环链接，加快构建循环型社会。抢占绿色低碳循环经济发展制高点，打造国家绿色低碳循环发展示范区。

2）绿色发展路径

加快存量经济绿色化改造。强化能耗、水耗、建设用地强度和总量"双控"，全面推行清洁生产，鼓励绿色技术创新，推进重点行业和重要领域绿色化改造，形成"源头减量、过程控制、末端再生"的绿色生产方式。大力发展绿色制造，开展工业节能和绿色标准化行动，完善绿色供应链。发展绿色循环服务业，持续做好循环经济。

推动增量经济绿色化构建。积极培育新能源、生态旅游、特色生物、节能环保等潜力型产业，打造高质量发展绿色增长点。持续发展新能源产业，全面优化能源结构，推动能源清洁低碳安全高效利用，探索光伏治沙有效沿线，建设全国光伏治沙示范区。大力发展生态旅游，引导低碳旅游和绿色消费。依托柴达木特色生物资源和品牌，积极发展枸杞、沙棘、藜麦、畜产品等精深加工产业。发展高效节能、先进环保、资源循环利用等节能环保产业，发展咨询服务、监测检测等绿色服务产业。

推广绿色低碳循环发展模式。立足绿色低碳循环发展，稳定盐湖化工在柴达木循环经济发展过程中的基础和核心地位，加速生产要素集聚和产业升级，大力提升资源精深加工和循环利用水平，强化以盐湖为核心的主要资源循环利用，以有色金属、石油天然气化工、煤炭等产业配套，延伸和拓展循环经济产业链，推动形成新材料、新能源、特色生物等绿色低碳循环型产业集群。加快绿色低碳循环技术创新，建立资源合理利用与保护激励约束机制，积极推进产业实现绿色转型升级。

2. 德令哈市城镇化绿色发展

德令哈市于 1988 年经国务院批准撤镇建市，是海西蒙古族藏族自治州州府所在地和全州政治、科技、文化、教育中心（图 5.23）。全市现辖三镇一乡三个街道办事处，总面积 2.77 万 km^2，2020 年常住人口 8.82 万人，年均增长 1.22%，2020 年地区生产总值 85.76 亿元，较 2019 年下降 1.8%，人均 GDP 为 9.72 万元，城镇化率为 74.15%。

图 5.23　德令哈市无人机影像图（摄于 2020 年 6 月 5 日，无人机影像，城镇化科考队）

　　德令哈市重点发展"五种经济"。一是培育壮大生态经济，积极探索特色农牧业发展方式，发展壮大畜牧业专业合作社，推进有机绿色畜产品认证。大力发展生态旅游，促进旅游业与生态保护相融合。加快推进哈拉湖保护开发，办好激情穿越哈拉湖等国家、省级山地越野探险活动，促进旅游业与生态保护相融合。二是做强做优循环经济。延伸纯碱产业链，持续打造中国碱都，积极开发多用途、高端化镁系列产品，支持西部镁业提高产能，积极发展高端耐火材料。三是大力发展数字经济。加快布局 5G 基站，推动物联网、云计算、区块链等技术和产业创新发展。四是做实飞地经济。依托援青平台、招商平台、园区平台，研究制定飞地经济招商引资优惠政策，加快推动优质产业项目向德令哈工业园飞地经济产业园集聚。五是积极发展新能源经济。依托丰富的盐湖、光能、风能等资源优势和交通区位优势，持续推进新能源产业发展，在新能源产业发展上寻找新的绿色增长极。

3. 格尔木市城镇化绿色发展路径

　　格尔木市面积 118954.18km^2（图 5.24），2020 年常住人口 22.19 万人，有 27 个少数民族，全年 GDP 达到 305.93 亿元，人均 GDP 13.79 万元，城镇化率 88.86%。格尔木市的绿色发展目标是，建成高质量绿色循环发展的产业高地，积极改造提升盐湖化工、油气化工、金属采选冶炼等传统产业。依托国家物流枢纽区位优势，积极发展清洁能源、新型材料、物流产业等一批新兴产业。谋划建设格尔木自贸区、格尔木综合保税区，申请设立跨境电商示范区。依托区位优势，努力形成综合的小商品集散地。依托柴达木盆地丰富的风能、太阳能等资源，把新能源产业作为新一轮经济增长的战略性主导产业来培育，推进新能源项目建设，优化清洁能源发展结构，建设国家第二个可再生能源示范区。以生态优先为基准规划新区建设，将新区打造成为高原绿洲、生态新城，将格尔木新区建设成中国西部重要的高原绿洲、宜居新城，融行政、文化、现代公共服务、产业研发、教育科研为一体的绿色城市。

图 5.24　格尔木市无人机影像图（摄于 2020 年 8 月 7 日，无人机影像，城镇化科考队）

4. 大柴旦行委城镇化绿色发展

大柴旦行委位于青海省西北部，柴达木盆地北缘，为海西蒙古族藏族自治州辖区，现辖柴旦镇和锡铁山镇（图 5.25），总面积为 2.10 万 km²。2019 年 GDP 为 47.56 亿元，2020 年大柴旦行委常住人口为 16287 人。大柴旦行委是海西蒙古族藏族自治州西北部重要的工矿基地，其可以为柴达木循环经济试验区提供强有力的原材料支撑，是柴达木循环经济试验区新的增长极、海西蒙古族藏族自治州西部交通物流的重要节点。充分利用工业发展带动地方经济和城镇建设，创造良好的生态旅游环境系统，建设安全、高效、畅通的交通、通信及市政设施，形成第二、第三产业协调发展的能矿资源型城镇。柴旦镇集中集约利用现有城镇建设用地，拓展城镇空间布局。

图 5.25　大柴旦行委街景及无人机影像图（摄于 2020 年 8 月 7 日，无人机影像，城镇化科考队）

5. 天峻县城镇化绿色发展

天峻县地处青海省东北部（图 5.26）、青海湖西侧，县域地势高峻，气候寒冷，平均海拔 4000m 以上，青藏铁路、315 国道穿越县境，交通便利，县政府驻地新源镇是全县政治、经济、文化、交通中心。2020 年常住人口 2.32 万人，人口年均增长率为 -3.73%。

图 5.26　天峻县新源镇街景及无人机影像图（摄于 2020 年 8 月 2 日，无人机影像，城镇化科考队）

天峻县立足"青海湖源头"和"祁连山腹地"重要生态战略位置，坚持生态优先，切实把生态文明理念深度融入经济、政治、文化、社会建设的各方面，将祁连山生态保护、布哈河流域治理、湿地保护与修复等生态保护作为环境治理的主要工作，使水土流失、草地退化基本得到遏制，实现"三河源头"和环青海湖生态保护区的生态良性循环。

6. 都兰县城镇化绿色发展

都兰县地广人稀、人口密度小，城镇、产业园区、农牧区村庄普遍人口规模较小且距离相对较远，都兰县把发展绿色有机农畜产品产业作为经济绿色发展的战略选择，培育发展绿色产业，着力打造国家级现代枸杞产业园、青海省藜麦加工示范基地、饲草料种植加工和防灾储备基地、百亿元黄金产业基地、百亿元新能源产业基地、高原文化旅游名县。

系统整合城镇组织形态，以县城（察汗乌苏镇）为中心，以香日德镇、宗加镇、夏日哈镇为重要节点，建设柴达木盆地东部城镇群，形成都兰县新型城镇化发展的重要区域和空间载体，提高县城（察汗乌苏镇）、香日德镇的辐射带动能力，增强城镇集聚产业和人口的能力。

7. 乌兰县城镇化绿色发展

乌兰县位于青海省中部、海西蒙古族藏族自治州和柴达木盆地东部，是柴达木国家级循环经济试验区"一区四园"之一，总面积 1.29 万 km²，地处柴达木盆地东缘，是通往西藏、新疆的重要交通枢纽，109 国道、315 国道和青藏铁路贯穿全境，矿产资源丰富。2020 年常住人口 3.15 万人，年均增长率 -1.93%。大力实施"全域旅游强县"战略，加快茶卡盐湖、哈里哈图、金子海、都兰湖国家湿地公园四大主体景区建设，打造国家级特色小镇和高原旅游名镇。立足区域丰富的太阳能和风能资源，着力打造新能源"开发—存储—利用"全产业链，充分利用黄河上游水电开发有限责任公司、青海省柴达木能源投资开发股份有限公司等国内大型新能源企业入驻乌兰县的有利时机，大力推动新能源产业体系建设。依托茶卡盐湖和柯柯盐湖丰富的盐湖资源优势，以龙头企业技术改造提升传统盐化工产业，积极构建上下游产业关联大、带动作用强的产业链，不断扩大盐湖产品生产能力和生产规模，提高盐化产品附加值。加快茶卡盐湖、哈里哈图、金子海、都兰湖国家湿地公园四大主体景区建设，打造国家级特色小镇和高原旅游名镇，不断提升"大美青海·多彩乌兰"等特色旅游品牌知名度。推进工业经济循环发展，打造传统产业新优势，推动煤化工、盐化工、新能源融合发展。

5.5.4　玉树段重点城市与城镇

青藏铁路在玉树藏族自治州境内经过曲麻莱县和治多县。该段的曲麻莱县下辖约改镇，以及曲麻河乡、叶格乡、麻多乡、巴干乡、秋智乡；治多县下辖加吉博洛镇，以及扎河乡、索加乡、立新乡、多彩乡、治渠乡。在未来城镇化进程中，除加强现有建制镇的建设外，应积极推动有条件的乡改镇，同时因地施策，促进城镇化绿色发展。

1. 玉树藏族自治州绿色发展

推动绿色产业发展，紧抓绿色有机农畜产品示范省创建机遇，充分利用玉树藏族自治州特色资源优势，做大做强特色产业，逐步实现经济提档升级，紧抓布局新业态，培育经济新增长极，构建三江源地区现代化绿色经济发展体系。

打造绿色有机农畜产品输出基地，依托玉树藏族自治州得天独厚的优良草场资源，全力打造"牦牛供给地"，提档升级特色种植业，提高"园区经济"发展能力、实施三大兴农行动、培育壮大新型经营主体。

打造国际生态旅游目的地，构建全域旅游发展新格局，创建全域旅游示范区，打响"三江之源""圣洁玉树"旅游品牌，建立健全支撑和保障体系。

鼓励新兴业态发展，发展特色生物资源，加快现代物流业发展，大力发展电子商务产业，全面发展健康养老产业，培育多样化服务业。

2. 曲麻莱县城镇化绿色发展

曲麻莱县位于青海省的西南部（图 5.27），玉树藏族自治州西部，总面积约 46636km²，是以藏族为主的纯牧业县。2020 年曲麻莱县常住人口为 3.32 万人，占全州人口总数的 7.80%，城镇化率超过 35%，处于新型城镇化的中期成长阶段。随着"丝绸之路经济带"建设、"一带一路"倡议、三江源生态保护等国家政策的实施，以及发达省区的帮扶，曲麻莱县的新型城镇化之路将迎来新的转变，今后主要走如下绿色发展路径：发展现代绿色畜牧业，培育三江源特色畜牧业品牌。紧紧抓住三江源国家

公园和可可西里自然遗产金字招牌，围绕"黄河源头"靓丽名片，依托"尕朵觉悟""玉珠峰"等特色品牌，大力发展生态旅游业。

图 5.27　曲麻莱县城无人机影像和街景图（摄于 2021 年 4 月 24 日，无人机影像，城镇化科考队）

3. 治多县城镇化绿色发展

治多县位于青海省西南部、玉树藏族自治州中西部（图 5.28），总面积约 80642km²。2020 年治多县常住人口为 3.45 万人，占全州人口总数的 8.11%，城镇化率超过 40%，处于新型城镇化的中期成长阶段。治多县地处三江源核心区，其境内的可可西里国家级自然保护区是目前世界上原始生态环境保存最为完整、面积最大、海拔最高、野生动植物资源最为丰富的地区之一，是全国主体民族比例最高、地区海拔最高、人均占有面积最大、生态位置最为重要的县城之一。在未来新型城镇化建设过程中，治多县主要走如下绿色发展路径：创建高原生态畜牧业引领区。建设特色牧业强县，由传统牧业经济、游牧经济向生态牧业、旅游经济转化，大力发展高原绿色农畜产品加工，推进牦牛肉、藏羊肉、虫草、藏药、青稞等农牧产品粗加工，提高农畜产品的附加值，实现绿色经济增长。传承藏族传统文化，把以"利他"为核心的对自然敬畏、生命尊重、人群友善广而推之，衍生其内涵，深度发掘传统文化的精髓，创新传承方式是治多县也是青藏高原藏区绿色发展的非正式制度保证。

图 5.28　治多县无人机影像和街景图（摄于 2021 年 4 月 25 日，无人机影像，城镇化科考队）

5.5.5　那曲段重点城市与城镇

青藏铁路在那曲市境内经过那曲县（2018 年 4 月正式撤县设区改为色尼区）和安多县。该段的色尼区下辖那曲镇、罗玛镇、古露镇，以及香茂乡、油恰乡、那玛切乡、孔玛乡、达萨乡、洛麦乡、色雄乡、尼玛乡、达前乡；安多县下辖帕那镇、扎仁镇、雁石坪镇、强玛镇，以及玛曲乡、多玛乡、措玛乡、帮爱乡、滩堆乡、玛荣乡、扎曲乡、色务乡、岗尼乡。在未来城镇化进程中，除加强现有建制镇的建设外，应积极推动有条件的乡改镇，同时因地施策，促进色尼区和安多县绿色发展。

1. 那曲市绿色发展

1）绿色发展定位

生态产品价值实现试验区。以打造国家生态文明高地为目标，以高原生态品质新城建设为引领，以"国家公园＋自然保护区＋重要湿地"等为重要载体，以创建国家级生态文明示范区为抓手，先行探索高原生态产品价值实现路径，将那曲市发展成为青藏高原生态文明高地建设的探路者、实践基地和示范区。

高原特色生物产业创新区。挖掘高原特色生态畜牧业差异化优势，建立培育区域公用品牌，不断提高畜牧业生产经营能力和畜牧产品附加值，形成产出高效、产品安全、资源节约、环境良好的高质量发展格局。

清洁能源多能互补集聚地。开展能源供给侧结构性改革，以发展清洁低碳与安全高效能源为主攻方向，积极构建以水电为主，光伏、地热、风电、光热等新能源互补的综合能源体系，使其成为西藏清洁能源接续基地的重要组成。

2）绿色发展路径

提升农牧业现代化水平。立足那曲市资源条件和农牧业实际，有重点地发展特色农牧业，构建现代农牧业产业体系、生产体系、经营体系，走绿色和特色产业之路，提高农牧业质量效益和竞争力。

加快发展文化旅游业。加强全域旅游顶层设计，保护性开发利用自然人文资源，打好特色牌、走好高端路、扶好精品点、唱好全域戏，推进"旅游+"融合发展。

创新发展清洁能源产业。全力做好电力、天然气等能源保供，推进水能、光伏、地热、风电开发。推进电能替代，探索利用天然气、光电互补、地热等方式在城市供暖中的应用，促进清洁能源就地消纳。

积极发展现代物流业。充分发挥物流园区作用，探索与青藏铁路集团合作，研究设立综合保税区，吸引西部特色产品中转和集散。发挥交通枢纽优势，充分利用出藏货运放空货车，搭建供需运货平台，推动更多特色产品走出去。

整合发展藏药产业。以预防保健、诊断治疗、康复及健康管理等为重点，开展一批特色康体保健服务项目，建设医疗保健服务基地。加快藏药材的保护与规范化种植，在巴青、索县、比如、嘉黎等地培育一批藏药材种植基地。开展藏药原产地认证，整合藏药材资源和技术力量，打造那曲藏药品牌。

2. 色尼区城镇化绿色发展

色尼区位于唐古拉山脉与念青唐古拉山脉之间，南与当雄县接壤，北与聂荣县、安多县相连，东与比如县、嘉黎县相靠，西与班戈县毗邻。东西最大距离233km，南北最大距离185km，总面积1.6万km²，平均海拔4500m以上。色尼区未来将建设成为藏北中心城市，以国家现代农业产业园建设为引领，推动牦牛产业全产业链协同发展，带动畜牧业加快发展，创建牦牛现代种业引领区、高原种养循环健康养殖示范区，打造高原有机牦牛之都，促进那曲市农牧业快速健康发展。积极发展高原特色旅游业。打造特色精品旅游产品，开发优质精品旅游路线，吸引周边地区以及国内外游客，促使一日游升级为多日游，促使旅游会员、贵宾会员服务，由短暂游变为回头游、长期游。

3. 安多县城镇化绿色发展

安多县位于西藏自治区北部、唐古拉山脉南北侧，是西藏北大门，东与青海省治多县和扎多县、西藏自治区聂荣县为邻，西与班戈县、双湖县接壤，北靠青海省格尔木市，实际管辖面积约10万km²。安多县人民政府所在地——帕那镇是我国海拔最高的县城。安多县境内河流、湖泊较多，河流流域面积4300km²，湖泊面积3500多平方公里，是长江和怒江源头。境内主要有长江源流水系、怒江源流水系和色林错源流水系。境内较大湖泊有错那、兹格塘错、懂错、蓬错等。未来重点发展以高原风光为特色的文化体育旅游产业，壮大发展牦牛养殖等畜牧业，大力发展绿色生态保护产业。

4. 雁石坪镇绿色发展

雁石坪镇位于安多县北部，与格尔木市接壤，青藏公路（G109）、铁路、兰西拉光缆、格拉输油管道横穿全境，是名副其实的西藏"北大门"。全镇实辖地域面积 2.46 万 km²。雁石坪镇是一个纯牧业镇，唐古拉山－怒江源风景名胜区的开发建设将为雁石坪镇的经济发展带来重大的机遇。雁石坪镇的建设要紧紧围绕服务于唐古拉山－怒江源风景名胜区旅游业发展，大力推进镇区基础设施建设。应依托交道优势，大力发展以旅游服务、商贸服务、餐饮服务以及手工艺品制作为主的第三产业，同时巩固并提高城镇的牧业经济发展。

5.5.6 拉萨段重点城市与城镇

青藏铁路在拉萨市境内经过当雄县、堆龙德庆区、城关区和达孜区。该段的当雄县下辖当曲卡镇、羊八井镇，以及纳木湖乡、公塘乡、宁中乡、格达乡、乌玛塘乡、龙仁乡；堆龙德庆 2015 年 10 月撤县设区，下辖东嘎镇、乃琼镇、德庆乡、马乡、古荣乡、柳梧乡、羊达乡，2019 年 9 月撤销东嘎镇、羊达乡，设立东嘎街道、羊达街道，撤销德庆乡、马乡、古荣乡，设立德庆镇、马镇、古荣镇，调整后，堆龙德庆区辖 2 个街道、4 个镇、1 个乡（柳梧乡）；拉萨市城关区下辖冲赛康街道、八廓街道、吉日街道、吉崩岗街道、札细街道、公德林街道、嘎玛贡桑街道、两岛街道、蔡公堂乡、纳金乡、娘热乡、夺底乡，达孜区下辖德庆镇、塔吉乡、章多乡、唐嘎乡、雪乡、帮堆乡。在未来城镇化进程中，除加强现有建制镇的建设外，应积极推动有条件的乡改镇，同时因地施策，促进城镇化绿色发展。

1. 当雄县（当曲卡镇）城镇化绿色发展

当雄县位于西藏自治区中部、藏南与藏北的交界地带，属拉萨的市辖县，有拉萨市的北大门之称。当雄县地处青藏线，有冰川草原、雪山温泉，以及念青唐古拉山、纳木错等著名景点，旅游业成为当雄县的支柱产业。当雄县是拉萨市域北部中心城镇、拉萨市具有区域影响力的旅游服务基地和优质畜产品基地。2019 年实现 GDP 18.09 亿元，按可比价计算，比上年增长 7.9%。其中，第一产业增加值 4.05 亿元，同比增长 6.1%；第二产业增加值 7 亿元，同比增长 1.5%；第三产业增加值 7.04 亿元，同比增长 12.2%。县城空间布局主要沿 109 国道和当曲河呈带状发展，109 国道沿线宜布局旅游配套服务设施，县城的居住、行政和公共服务功能空间上向当曲河北部拓展。

当雄县绿色发展路径如下：一是以纳木错旅游资源、青藏公路和青藏铁路为依托，引导发展旅游配套服务产业、特色畜产品加工业和交通运输业，扩大高原旅游品牌影响力，通过举办如"姆蓝雪山虫草节""当吉仁赛马节""纳木错国际徒步大会"等集文化旅游、休闲度假、特色体验于一体的活动，扩大区域旅游品牌影响力。二是依托羊八井蓝色天国、唐滨湖、姆蓝雪山、廓琼岗日冰川、纳木错环岛等旅游环线，打造全域旅游方式，以行天路游圣湖、听牧歌泡温泉、寻虫草品佳肴等为亮点，为游客量身定制高品质的个性化服务。

2. 堆龙德庆区城镇化绿色发展

堆龙德庆区位于西藏自治区中南部、拉萨市西部，东邻拉萨市城关区、林周县，西部、北部接壤当雄县，南连贡嘎县、曲水县，总面积 2704.25km²，占拉萨市总面积的 9.25%。2015 年 10 月 13 日，国务院对西藏自治区人民政府提交的《关于撤销拉萨市堆龙德庆县设立县级堆龙德庆区的请示》（藏政发〔2015〕35 号）做出了批复，同意撤销堆龙德庆县，设立拉萨市堆龙德庆区。绿色发展途径如下：以青藏公路、青藏铁路及堆龙河沿路、沿河带作为农业耕种的集中带，同时结合居民点布局与地形地貌情况，由集中带发展楚布河谷和德庆乡两条农业发展走廊，打造岗德林蔬菜基地、羊达北京援藏农业示范园、柳梧生态农业观光园等多个适宜高原发展的现代农业与特色农业点。以"工业强县、产业兴城"为战略，依托拉萨经济技术开发区和羊达乡堆龙德庆工业园区，结合区位与交通优势，对产业聚集区用地进行合理规划与布局，推进中心城区跨越式发展。

3. 拉萨城关区城镇化绿色发展

城关区隶属于拉萨市，位于雅鲁藏布江支流拉萨河中游，海拔 3650m，面积 523km²，属于高原温带半干旱气候，年最高气温 29.6℃，最低气温 −16.5℃。年平均气温 8℃，年降水量 500mm 左右，降雨集中于 7～9 月，多夜雨。年长达 3000h 以上，故有"日光城"之美称。根据第七次全国人口普查数据，截至 2020 年 11 月 1 日 0 时，城关区常住人口为 473586 人。城关区地处河谷冲积平原，是世界上海拔最高的城市之一。年日照时数 3000h 以上，有布达拉宫、大昭寺、小昭寺、宗角禄康（龙王潭公园）、罗布林卡等名胜古迹。2019 年 9 月 4 日，城关区入选首批国家全域旅游示范区。2020 年城关区实现 GDP 371.2 亿元，同比增长 6%。

城关区的未来绿色发展路径如下：①突出旅游业的主导地位和龙头作用。发挥城关区历史文化和生态环境等方面的比较优势，延伸旅游业产业链，带动现代服务业和其他相关产业的全面发展。②针对拉萨工业基础薄弱、生态环境脆弱等特点，有选择地发展优势资源加工业和民族传统手工业，适度引入综合效益好、资源消耗低、环境污染少的特色工业项目，增强工业对经济发展的促进作用。③发展特色、高效农牧业。推广农业新科技，优化农牧业区域布局，调整农牧业结构，合理依托市场，推进农牧业产业化进程，促进农牧民增收，改善农牧民生产生活条件。④建设人文城关，有效保护和合理利用物质文化与非物质文化。

4. 达孜区城镇化绿色发展

达孜区位于拉萨市东北部、雅鲁藏布江中游北岸支流拉萨河的下游区域，总面积 1373km²。2020 年达孜区总人口 31444 人。达孜，藏语意为"虎峰"，2018 年 2 月 1 日撤县设区，隶属拉萨市，318 国道贯穿而过，距离拉萨城区仅 20km，素有拉萨"东大门"之称，交通便利。全区面积 1373km^2，辖区内共有寺庙等 14 座，历史文化厚重，其中历史悠久的甘丹寺、扎叶巴寺在国内外均享有盛名。未来绿色发展路径如下：①着力推动旅游业高质量发展。依托优美的乡村自然风光、独特的藏乡民俗文化，逐步完善基础设施，打造便利的交通条件，吸引越来越多的游客前来观光旅游。②探索"旅游+"新模式新业态。依托优越位置和独特的工业资源基础，达孜区应以新型休闲旅游市场需求为导向，创新旅游发展机制，以"旅游+"为概念，探索旅游、购物、农事体验、文化等多元融合的发展模式，积极探索"工业旅游""旅游工厂"模式。

5. 羊八井镇城镇化绿色发展

羊八井镇是一个著名的旅游、新能源特色镇，位于沿青藏线城镇联系轴上，区位优势明显，交通便捷，作为当雄县域次中心，是当雄县重点扶植的中心城镇。羊八井镇应利用丰富的地热资源优势，挖掘较好的发展基础和政策优势，积极引进资金技术，规模开发中高温地热发电，提高资源利用率，带动县域西南部矿藏资源型产业区实现跨越式发展，同时，可以发展以地热资源为主题的观光、科考旅游业。虽羊八井镇海拔 4300m，但热田地势平坦，现已兴起了一座全新的地热城，地热开发利用正向综合性方向发展。近 10 多年来，羊八井镇建成了蔬菜基地以及畜产品、硼砂加工厂等企业。羊八井镇地热电厂已有 8 台 3000kW 机组，总装机 2.5 万 kW，共为西藏发电 12 亿 kW·h，年发电量在拉萨电网中占 45%。在羊八井镇地热的基础上，已开发出价廉物美的地热温泉，该温泉不含硫黄，温度较高。随着地热资源的开发利用，羊八井镇经济效益逐渐提高，带动了小镇的繁荣，马路变得宽敞，商店、饭馆、娱乐健体场所也逐渐多了起来，呈现一派欣欣向荣的景象。未来绿色发展路径如下：

（1）以地热资源为核心拓展服务业发展。完善城镇服务功能，提升城镇发展品质，建设宜居宜业的美丽特色小镇，逐步实现特色产业立镇、富镇、强镇。沿青藏公路、青藏铁路、304 省道，形成羊八井镇"T"形快速观光轴线；以登山培训学校为起点，经过启孜峰、鲁孜峰，到达古仁拉山口的古仁登山探险轴；沿古仁河、藏布曲，形成古仁 - 藏布徒步观光轴。建设旅游服务中心，完善镇区住宿餐饮、旅游商店、医疗救护等各项旅游服务功能；改善提升镇区整体景观风貌，突出新能源应用示范和藏风民俗文化特色；保护水文湿地生态，积极开展牧家乐、赛马会、草原篝火晚会等草原民俗体验活动。

（2）做精做强现代畜牧业。提升标准化规模养殖水平，增加牧业的附加值和牧民的收入。

（3）继续推动新能源电力产业。促进以新能源电力产业为主的产城一体化发展，实现与周边地区优势互补，打造拉萨市新能源产业基地，以地热发电与地热科技开发推动绿色发展。

参考文献

陈玮莹 . 2019. 江西电网供电分公司综合绩效评价研究 . 南昌：东华理工大学 .

高顺成.2016.城镇化质量评价指标体系分析.地域研究与开发,35(3):33-39.

国家统计局农村社会经济调查司.2020.中国县域统计年鉴.北京:中国统计出版社.

金丹,孔雪松.2020.湖北省城镇化发展质量评价与空间关联性分析.长江流域资源与环境,29(10):2146-2155.

李军成.2014.青藏铁路及沿线生态地质环境研究.北京:中国地质大学.

刘纪远,匡文慧,张增祥,等.2014.20世纪80年代末以来中国土地利用变化的基本特征与空间格局.地理学报,69(1):3-14.

刘纪远,宁佳,匡文慧,等.2018.2010-2015年中国土地利用变化的时空格局与新特征.地理学报,73(5):789-802.

刘子川,冯险峰,武爽,等.2019.青藏高原城乡建设用地和生态用地转移时空格局.地球信息科学学报,21(8):1207-1217.

马涛,周金星,刘玉国.2017.青藏铁路沿线植物群落多样性研究.安徽农业科学,45(16):16-20,33.

潘久艳,杨明洪.2010.构建青藏铁路沿线经济增长带的思考.铁道运输与经济,(7):18-21.

青海省统计局.2020.国家统计局青海调查总队.青海统计年鉴.北京:中国统计出版社.

申丽萍,王爱民.2016.青藏高原东北缘及其毗邻地区人口空间边际化研究.资源开发与市场,32(5):527-532.

田鑫.2016.青藏铁路沿线生态水文的变化特征研究.北京:中国地质大学.

王海兵.2019.人地关系视角下青藏高原东缘的农牧生态与族群分布.湖北民族学院学报（哲学社会科学版）,37(5):133-139.

王书明,郭起剑.2018.江苏城镇化发展质量评价研究.生态经济,34(3):97-102.

西藏自治区统计局.2020.西藏统计年鉴.北京:中国统计出版社.

徐赟,罗久富,周金星,等.2020.青藏铁路沿线高寒草甸区次生群落特征及种间关联性.草业科学,37(1):41-51.

杨彩云,王世曦,杨春艳,等.2021.川藏铁路沿线植被覆盖度时空变化特征分析.干旱区资源与环境,35(3):174-182.

曾国军,徐雨晨,王龙杰,等.2021.从在地化、去地化到再地化：中国城镇化进程中的人地关系转型.地理科学进展,40(1):28-39.

张鹏,姚甜甜,喻武,等.2020.青藏铁路沿线典型土壤类型的抗蚀性.北方园艺,(12):111-117.

张新玉,张海峰,李锴,等.2021.青海省"一谷两盆"地区互补发展SWOT分析.内蒙古科技与经济,(3):18-20.

第 6 章

川藏通道沿线城镇带
城镇化与绿色发展

川藏通道沿线城镇带发展关系到西藏的长治久安，对进一步强化川藏两地的社会经济交流、推进西南地区新型城镇化发展均具有重要战略意义和深远影响。目前沿线地区城镇发展存在城镇分散、城镇化发展水平低、城镇功能薄弱、缺乏产业支撑等问题，亟须统筹整合和提升。科学确立该地区未来城镇发展目标，探寻绿色发展路径，总结绿色发展模式，将是该地区未来城镇化带建设的重点和核心。本章介绍了川藏通道沿线城镇带基本概况，分析了川藏通道沿线城镇带的动态演变过程与基本特征，提出了川藏通道沿线城镇带城镇化发展目标、绿色发展模式与路径，并针对重点城镇进行了分析，以期为川藏通道沿线城镇带可持续发展提供参考。

6.1 科考范围与基本条件

川藏通道沿线城镇带是以川藏通道、公路为轴带，串联四川和西藏部分城镇的经济发展一体化区域，涵盖四川和西藏 12 个市（州）下辖的 79 个县域单元，是全国"两横三纵"城镇化战略格局中的重要组成部分。川藏通道沿线横跨四川盆地、川西高山峡谷、川西高山高原、横断山脉及藏南谷地五个地貌单元，地形高差大，板块活动剧烈，矿产资源和地热资源丰富。该区域气候类型复杂多样，流经的河流数量多且径流量大。

6.1.1 综合科学考察范围

川藏通道沿途经过四川、西藏两省区，川藏通道沿线城镇带东起成都，由川藏通道向西串联雅安、康定、昌都、林芝、山南等地区直至拉萨，横跨四川西部和西藏自治区东南区域，介于 26°N～34°N，89°E～106°E，包括成都市、德阳市、乐山市、眉山市、雅安市、甘孜藏族自治州、阿坝藏族羌族自治州、拉萨市、日喀则市、昌都市、林芝市、山南市 12 个市（州）下辖的 79 个县域单元（表 6.1），1300 余个乡镇，涉及面积 35 万 km²，人口 2844 万人（2020 年第七次人口普查常住人口）。其北与川北地区、青海省和藏东接壤，东与川东地区、重庆市相连，南与藏南地区、川南地区、印度、不丹、尼泊尔毗邻，地理位置特殊，战略地位极为突出（图 6.1）。川藏通道沿线城镇带是川藏开放发展战略重要支撑带，是联系青藏高原与西南腹地、华中、华东地区的战略性交通枢纽，是支撑"一带一路"倡议、实施长江经济带战略的重要发展区域。川藏通道拉萨—林芝与康定—林芝城镇带是西藏自治区和四川省的重点开发区域，包括昌都市、江达县等重点开发区域。

表 6.1　川藏通道沿线城镇带行政区名单

地级市及自治州	区县
成都市（12 个）	市辖区、双流区、金堂县、郫都区、蒲江县、新津区、都江堰市、彭州市、邛崃市、崇州市、简阳市、大邑县
德阳市（3 个）	中江县、广汉市、什邡市
乐山市（2 个）	夹江县、峨眉山市
眉山市（6 个）	东坡区、彭山区、仁寿县、洪雅县、丹棱县、青神县

续表

地级市及自治州	区县
雅安市（8个）	雨城区、名山区、荥经县、汉源县、石棉县、天全县、芦山县、宝兴县
阿坝藏族羌族自治州（1个）	汶川县
甘孜藏族自治州（13个）	康定市、泸定县、丹巴县、雅江县、道孚县、新龙县、白玉县、理塘县、巴塘县、稻城县、甘孜县、德格县、炉霍县
拉萨市（8个）	城关区、堆龙德庆区、林周县、当雄县、尼木县、曲水县、达孜区、墨竹工卡县
日喀则市（1个）	仁布县
昌都市（9个）	卡若区、江达县、贡觉县、类乌齐县、察雅县、八宿县、左贡县、芒康县、洛隆县
林芝市（6个）	巴宜区、工布江达县、米林市、墨脱县、波密县、朗县
山南市（10个）	乃东区、扎囊县、贡嘎县、桑日县、琼结县、曲松县、措美县、加查县、隆子县、浪卡子县

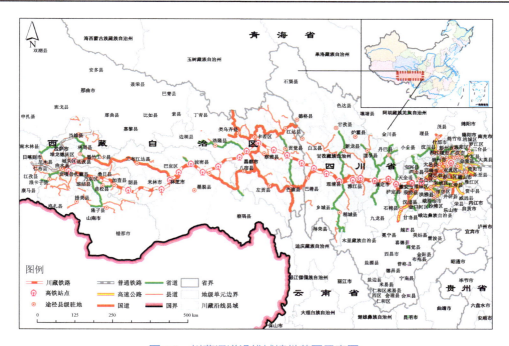

图 6.1　川藏通道沿线城镇带范围示意图

6.1.2　城镇带发展的自然条件

　　川藏通道沿线城镇带地形地貌复杂，河流众多，横贯四川盆地、川西高山峡谷、川西高山高原、横断山脉及藏南谷地五个地貌单元，属于中国地形最复杂的区域。大渡河、雅砻江、金沙江、澜沧江、怒江、雅鲁藏布江等大江大河流经该区域，河流切割深，地势落差大、山坡陡峭、沟谷深切（兰恒星等，2021）。该区域位于高度活跃的板块构造区，多地震、泥石流、滑坡等地质灾害。川藏通道沿线城镇带气候类型多样。城镇带成康段位于四川省境内，属于中亚热带湿润气候，植被以落叶阔叶林为主；康林段位于青藏高原东南部，属于高原温带季风半湿润气候，跨越了川西高山峡谷区、川西高原盆地区及横断山脉，地形落差极大，海拔落差高达 3000 多米，气候垂直分带明显，植被以针叶林为主；拉林段西段属于藏南山地自然区，平均海拔 4200 ～ 4700m，以半干旱季风气候为主，植被以高原草甸、灌丛为主。其独特的地理环境，造成极端降雨、降雪频发、冻土融化、冰川退缩等，从而也成为全球气候变化的预警区、敏感区。

川藏通道沿线城镇带位于四川省的区域具有丰富的矿产资源且种类齐全，分布着黑色、有色、稀有、贵金属等矿产类型，川西北地区稀贵金属（锂、铍、金、银）和能源矿产（铀、泥炭）资源丰富，是潜在的尖端技术产品的原料供应地。位于西藏自治区川藏通道沿线城镇的主要矿产资源有铜、铬、硼、锂、铅、锌、金、锑、铁，铬、刚玉、铜、菱镁矿、硼、自然硫、云母、砷等矿产资源储量居全国前 5 位，潜在价值在万亿元以上。

川藏通道沿线区域是中国地壳运动活跃区，地热资源非常丰富（郭长宝等，2020）。四川的康定有"温泉城"之称，西藏是中国地热活动最强烈的地区，高温水热活动多集中在藏南，其中拉萨市当雄县的羊八井地热田是我国最大的地热能发电基地。

川藏通道沿线城镇带水资源丰富，雅鲁藏布江、怒江、澜沧江、金沙江径流量较大的河流流经该区域。以大渡河流域的四川省雅安市为例，其水资源总量 184.6 亿 m³，工程蓄引提水能力 5.8 亿 m³，人均水资源 1.2 万 m³，是全国的 5.4 倍、四川省的 4 倍。水域面积 2.87 万 hm²，占雅安市总面积的 1.88%。雅安市河川除去客水，多年平均径流总量 171.86 亿 m³，占四川省的 6.74%，水力资源理论蕴藏量 1601 万 kW，其中可开发装机总容量达 1322 万 kW。理论蕴藏量为每平方千米 1045kW。大渡河流域水力资源可开发量 1016 万 kW，水电开发程度居四川省第一，是国家规划十大水电基地之一。

川藏通道沿线城镇带海拔较低的川西地区和河谷地区生物资源丰富，动植物种类多样，留存着川西云杉、冷杉等珍稀植物，大熊猫、金丝猴、云豹、白唇鹿、小熊猫等国家、省重点保护陆生野动物，盛产虫草、鹿茸、贝母、天麻、麝香等野生药用植物和菌类资源。昌都地区是雉类动物的天堂，数量多且种类繁杂，因而昌都也被称为"雉类王国"。

6.1.3　城镇带发展的社会经济基础

川藏通道沿线城镇带发展具有一定的社会经济基础，是青藏高原人文 - 自然风光秀美的地区，同时也是国家重大建设项目的重点投入区。该地区经济发展相对较好且集中，城镇分布较密集，有利于形成高原特色突出和高质量发展的城镇带。

1. 川藏通道沿线地区是青藏高原人文 - 自然风光秀美的地区

川藏通道沿途经过不少国家级或省级自然保护区、风景名胜区、森林公园、地质公园、水源保护区和文物古迹等，包括拉萨布达拉宫、大昭寺、林芝巴松措、甘孜藏族自治州海螺沟、青城山、都江堰 6 个国家 5A 级旅游景区，有罗布林卡、西藏博物馆、纳木错、鲁朗林海、雅鲁藏布江大峡谷、南伊沟、米堆冰川、南迦巴瓦峰、邛崃市天台山、平乐古镇、雅安碧峰峡、甘孜藏族自治州康定木雅圣地、四姑娘山等国家 4A 级旅游景区。沿线人文与自然和谐交融，既可以感受雪山、原始森林、草原、冰川、大江大河等壮丽的自然风光，也可以感受浓郁厚重的藏族人文气息。这为发展沿线山水生态旅游、民族文化旅游等奠定了丰富的资源基础。

2. 川藏通道沿线地区是国家重大建设项目的重点投入区

截至 2019 年，国家支持西藏的 24 个重大项目已开工建设 9 个，完成投资 446 亿元。拉林铁路顺利完工，拉林高等级公路实现贯通；藏中和昌都电网联网工程顺利完工；装机 120 万 kW 的苏洼龙水电站项目开工建设；川藏通道拉萨至林芝段第三长隧道、全长 13.59km 的林芝市贡多顶隧道实现安全贯通；G4218 拉萨至日喀则机场段公路开工建设，这是继林芝市、山南市、那曲市之后，拉萨市连接第四个地市的高等级公路项目；G4217 昌都至德格（川藏界）正在前期论证。拉萨市还建设了西藏藏医药大学新校区、技师学院、西藏自治区医院项目等促进西藏长足发展和长治久安的重大项目。可见，川藏通道沿线地区已成为国家重大建设项目的重点投入区。

3. 川藏通道沿线地区是青藏高原经济发展相对较好且集中的地区

川藏铁路在西藏境内途经拉萨、山南、林芝、昌都 4 个地级市，其中首府拉萨市是西藏的政治、经济、文化和科教中心，也是藏传佛教圣地；山南市先后被确定为国家公共文化服务体系示范区、国家生态文明先行示范区和国家新型城镇化综合试点区；林芝市是我国雪域高原重要旅游城市；昌都市拥有丰富的水能和矿产资源，是国家西电东送接续能源基地、藏东有色金属储备基地和高原特色农畜产品加工基地。2018 年，拉萨、山南、林芝、昌都四市 GDP 占西藏的比重超过 71%，是西藏地区经济发展重心区。川藏通道在四川境内途经成都市与甘孜藏族自治州，其中成都市为国家中心城市，雅安市为川西枢纽城市，甘孜藏族自治州为国家生态文明建设示范州，是西部地区重要生态屏障。2018 年，成都 GDP 达到 15342.77 亿元，占四川省的 38%；甘孜藏族自治州为 291.2 亿元，占四川省的 0.7%。

4. 川藏通道沿线是青藏高原城镇分布较密集的地区

川藏铁路沿线地区城镇密布，特别是西藏沿线县级行政单元以及镇个数占西藏的 60% 左右。四川境内包括成都市、雅安市、甘孜藏族自治州 3 个地市（州），康定、浦江、理塘、白玉等 53 个区县（市），以及 274 个镇和 307 个乡。西藏境内沿线包括拉萨、山南、林芝、昌都 4 个地级市，江达、八宿、波密等 34 个区县，以及 81 个镇和 251 个乡。相对于青藏铁路而言，川藏铁路沿线人口与城镇集中，自然条件良好，自然资源丰富，旅游景观独特，经济发展潜力巨大，川藏铁路的建设将进一步拉动沿线地区经济社会发展，极大地改善西藏东部地区交通等基础设施的可达性，强化内地与青藏高原城镇间社会经济往来，改变沿线地区的城镇布局与产业布局，提升沿线地区城镇化水平与质量，对沿线地区经济社会发展将产生重大而深刻的影响。

6.2 城镇带城镇化演变过程与基本特征

川藏通道沿线城镇带地域类型复杂，区域、城乡的发展水平存在明显的空间差异性，由于城镇发展动力差异，城镇化发展水平和态势也表现出明显的空间差异性。厘清川藏通道沿线城镇带城镇人口、城镇规模结构和城镇空间分布特征，可以为推进川藏通道沿线城镇带绿色发展提供科学依据。

6.2.1 人口与城镇化时空变化特征

1. 人口与城镇人口演变过程及特征

1）川藏通道沿线总人口变化特征

根据第五次、第六次、第七次全国人口普查数据，川藏通道沿线城镇带人口由 2000 年的 2534 万人增加至 2020 年的 2844 万人；其中，雅安—拉萨段人口总量由 327 万人增至 426 万人；东部雅江、理塘、新龙、白玉、道孚等沿线地区人口增长较快，人口分布总体呈"两头高中间低"的分布态势。从市县人口空间分布来看，川藏通道沿线城镇带人口空间分布不均衡，西藏境内县域单元人口规模过小（图 6.2）。2000 年，川藏通道沿线县域单元总人口为 2533.92 万人，其中四川省境内人口 2392.4619 万人，占 94.42%，而西藏境内县域人口仅为 141.46 万人，占 5.58%。随着青藏铁路开通，西藏基础设施与公共服务改善幅度显著提升，人口集聚水平随之提高。2000～2020 年四川境内县域单元人口占比呈下降趋势，分别降至 2010 年的 93.62%、2020 年的 92.96%。从县域单元人口分布情况来看，省、区以及地级行政单元首府所在市辖区总人口数量显著高于周边县城。总人口数排名较前的县域单元格局保持稳定。四川省境内人口主要分布于成都市市辖区、金堂县、彭州市、眉山市仁寿县和东坡区、德阳市中江县等，西藏境内人口主要分布于拉萨市城关区、昌都市卡若区、昌都市江达县、拉萨市堆龙德庆区、林芝市巴宜区。从县域单元人口规模横向比较来看，2010 年前，除拉萨市城关区外，其他县域单元人口均在 10 万人以下；而四川省人口排名前五的县域单元除市辖区外，平均人口规模更是达到 130 万人。

2）川藏通道沿线城镇人口变化特征

川藏通道沿线城镇人口在 2000～2010 年变化幅度较小，2010～2020 年为迅猛增长期，部分县市城镇人口增加近 1 倍。从整体数值来看，川藏通道沿线城镇人口分布同样不均衡，

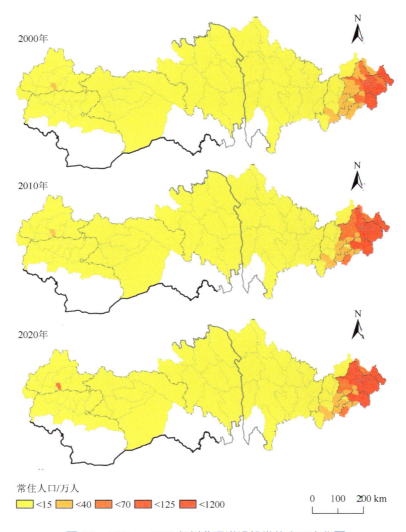

常住人口/万人
　<15　　<40　　<70　　<125　　<1200

0　　100　　200 km

图 6.2　2000 ～ 2020 年川藏通道沿线常住人口变化图

西藏境内城镇人口规模过小，2000 年城镇化率基本低于 10%，仅拉萨市达孜区、昌都市卡若区、林芝市巴宜区和工布江达县、山南市乃东区和曲松县等超过了 10%，少数县域单元甚至低于 5%。随着青藏铁路开通，西藏自治区基础设施有所加强，人口城镇化开始加速，2010 年西藏整体人口数量提升，但更多为乡村人口，城镇人口增幅并未显著增多，整体城镇化水平虽有所上升，但大部分市县仍然低于 20%，人口城镇化速度较慢。2010 年后随着国家对西藏支持力度的日益提升，其城镇人口增长速度逐步加快，乡村人口向城镇人口转变过程加速。在总人口未发生较大变化情况下，城镇人口占比逐渐提高（图 6.3）。与西藏相比，四川境内城镇人口数量更高，占川藏通道沿线地区的 93.4%（2020 年），城镇人口变化特征与西藏境内相似，2000 ～ 2010 年变化幅度较小，2010 ～ 2020 年变化速度大幅提升。从城镇人口数量对比情况看，省、区以及地级单元首府市辖区城镇人口数量要显著高于周边县城，与总人口分布特征相似。但四川境内地理条件限制导致空间差异更为明显，四川省境内城镇人口较多的地区主要为仁寿县、简阳市、中江县、金堂县，而甘孜藏族自治州、阿坝藏族羌族自治州及雅安西部地区城镇人口数量较少（图6.4）。

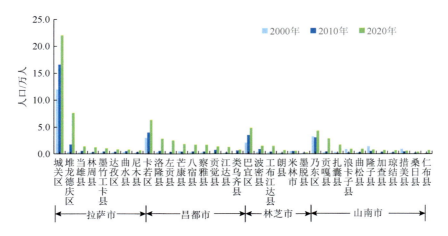

图 6.3　川藏通道沿线地区 2000～2020 年城镇人口变化（西藏自治区境内）

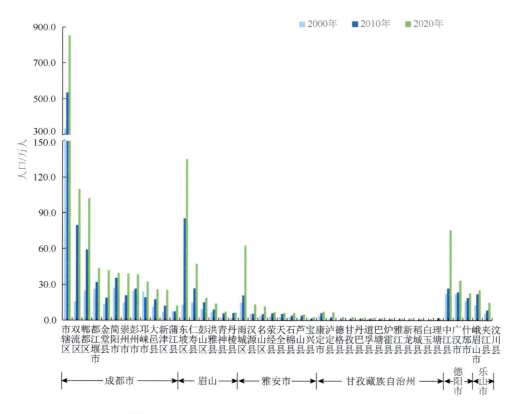

图 6.4　川藏通道沿线地区 2000～2020 年城镇人口变化（四川境内）

2. 城镇化水平演变过程与特征

川藏通道沿线城镇化率逐年提升，但整体低于全国平均水平。2000 年川藏通道沿线城镇化水平为 36.15%，属于城镇化发展滞后区域（图 6.5）。随后，沿线地区城镇化逐步加速，到 2010 年增长至 46.84%，2020 年达到 64.51%，超过西藏城镇化率 21.87%，超过全国城镇化率 0.62 个百分点，城镇化发展成效显著。从城镇化年均增长情况来看，四川境内县域单元年均增长是西藏境内县域单元年均增长的 2 倍。川藏通道沿线城镇带城镇化水平提升的主要原因在于国家加大了对藏区基础设施投资力度，推动了市政基础设施、公共服务设施、商业服务设施及文化卫生设施的建设。2010 年后，藏区城镇重点加强交通、能源、水利、市政等基础设施建设，有效促进了商业服务设施和居民住宅建设力度，也带动了经济发展对于农牧民的吸纳能力，进一步推动了城镇化建设。

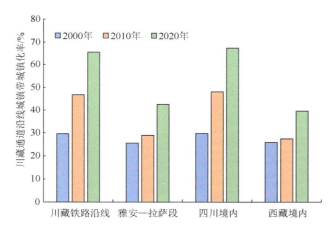

图 6.5　川藏通道沿线城镇带城镇化率对比图

3. 城镇化发展格局及特征

（1）西部与东部城镇化率提升明显，中部城镇化发展较为缓慢。

基于人口普查数据中的常住人口数据计算得到 2000 年、2010 年、2020 年川藏通道沿线城镇化率分别为 36.15%、46.84% 和 64.51%，城镇化率增长幅度接近 30%，主要贡献来自四川境内城镇，尤其是成都市城镇化率增长，2020 年成都市市辖区城镇化率为 84.5%，而西藏境内仅有堆龙德庆区城镇化率达到 83.3%，其余城市城镇化率均低于 50%，部分地区甚至仍低于 20%（表 6.2）。按照城市化进程的四阶段划分，即城镇化起步阶段（城镇化率 < 30%）、中期阶段（30% ~ 60%）、后期阶段（60% ~ 80%）、终期阶段（80% ~ 100%），2000 年有 56 个县域单元处于起步阶段，其中有 21 个城镇化率小于 10%，18 个处于中期阶段，6 个处于后期阶段。

表 6.2　川藏通道沿线城镇带城镇化率统计表　（单位：%）

省区名称	市州名称	区（县）	2000 年城镇化率	2010 年城镇化率	2020 年城镇化率
四川	阿坝藏族羌族自治州	汶川县	32.8	39.6	47.6
四川	成都市	成都市市辖区	48.2	72.2	84.5
四川	成都市	双流区	21.7	62.1	75.0
四川	成都市	郫都区	50.4	65.8	73.4
四川	成都市	新津区	32.0	40.4	72.0
四川	成都市	都江堰市	73.0	48.3	61.5
四川	成都市	简阳市	19.2	33.2	53.8
四川	成都市	邛崃市	61.0	31.0	53.5
四川	成都市	崇州市	29.3	31.2	53.2
四川	成都市	金堂县	21.3	26.1	52.4
四川	成都市	大邑县	30.8	35.0	50.3
四川	成都市	彭州市	46.8	34.5	49.1
四川	成都市	蒲江县	43.5	30.5	47.0
四川	德阳市	中江县	67.0	22.7	80.1
四川	德阳市	什邡市	60.5	45.4	56.1
四川	德阳市	广汉市	62.5	39.9	53.2
四川	甘孜藏族自治州	泸定县	20.6	30.6	32.9
四川	甘孜藏族自治州	康定市	59.1	46.4	53.5
四川	甘孜藏族自治州	稻城县	10.1	15.6	40.4
四川	甘孜藏族自治州	甘孜县	16.3	14.7	35.1
四川	甘孜藏族自治州	巴塘县	15.5	17.5	34.4
四川	甘孜藏族自治州	炉霍县	20.6	17.7	31.4
四川	甘孜藏族自治州	德格县	4.4	7.9	30.2
四川	甘孜藏族自治州	道孚县	38.9	17.4	29.0
四川	甘孜藏族自治州	丹巴县	15.0	16.8	28.7
四川	甘孜藏族自治州	新龙县	7.4	7.2	27.9
四川	甘孜藏族自治州	雅江县	10.3	14.5	25.4
四川	甘孜藏族自治州	白玉县	8.2	7.6	19.4
四川	甘孜藏族自治州	理塘县	14.3	30.4	15.7
四川	乐山市	峨眉山市	43.8	50.4	60.3
四川	乐山市	夹江县	20.5	25.2	48.8
四川	眉山市	东坡区	23.4	42.3	58.9
四川	眉山市	彭山区	42.9	52.6	56.7
四川	眉山市	洪雅县	26.6	30.0	44.8
四川	眉山市	丹棱县	14.7	43.8	43.6
四川	眉山市	青神县	13.7	34.9	43.4
四川	眉山市	仁寿县	12.0	21.6	31.2
四川	雅安市	宝兴县	21.6	27.9	53.3
四川	雅安市	石棉县	21.1	31.9	53.2

续表

省区名称	市州名称	区（县）	2000 年城镇化率	2010 年城镇化率	2020 年城镇化率
四川	雅安市	荥经县	22.7	39.4	52.5
四川	雅安市	芦山县	13.9	37.1	49.1
四川	雅安市	雨城区	44.1	58.8	47.8
四川	雅安市	天全县	20.8	39.5	47.3
四川	雅安市	汉源县	14.9	16.6	46.6
四川	雅安市	名山区	15.3	20.3	45.9
西藏	昌都市	左贡县	3.3	8.1	54.5
西藏	昌都市	洛隆县	8.5	12.2	53.7
西藏	昌都市	卡若区	32.3	34.4	42.6
西藏	昌都市	八宿县	7.6	11.7	39.5
西藏	昌都市	贡觉县	3.2	18.5	34.0
西藏	昌都市	察雅县	5.1	7.6	29.8
西藏	昌都市	芒康县	7.1	5.3	23.3
西藏	昌都市	江达县	2.6	3.2	13.6
西藏	昌都市	类乌齐县	2.1	12.5	12.9
西藏	拉萨市	堆龙德庆区	9.1	33.5	83.3
西藏	拉萨市	城关区	53.6	59.4	46.4
西藏	拉萨市	当雄县	6.5	11.9	28.3
西藏	拉萨市	达孜区	10.2	13.4	24.9
西藏	拉萨市	林周县	4.5	5.8	23.9
西藏	拉萨市	尼木县	6.9	11.4	20.3
西藏	拉萨市	墨竹工卡县	5.9	9.3	20.3
西藏	拉萨市	曲水县	11.5	15.5	18.4
西藏	林芝市	巴宜区	54.7	64.3	57.9
西藏	林芝市	工布江达县	10.4	13.5	44.9
西藏	林芝市	波密县	14.7	26.8	43.8
西藏	林芝市	朗县	15.3	10.5	39.1
西藏	林芝市	米林市	29.8	23.8	20.2
西藏	林芝市	墨脱县	10.6	18.1	16.2
西藏	日喀则市	仁布县	1.4	5.2	18.7
西藏	山南市	曲松县	15.0	18.8	70.0
西藏	山南市	贡嘎县	6.0	9.6	53.4
西藏	山南市	乃东区	55.4	51.4	52.8
西藏	山南市	扎囊县	9.7	5.1	46.9
西藏	山南市	措美县	70.8	31.3	44.5
西藏	山南市	琼结县	12.9	14.4	41.2

续表

省区名称	市州名称	区（县）	2000 年城镇化率	2010 年城镇化率	2020 年城镇化率
西藏	山南市	加查县	8.6	14.2	28.4
西藏	山南市	浪卡子县	27.4	6.7	27.7
西藏	山南市	隆子县	45.2	14.9	23.1
西藏	山南市	桑日县	7.8	11.2	20.5

2010 年有 46 个处于起步阶段，29 个处于中期阶段，4 个属于后期阶段。2020 年有 23 个处于起步阶段，但城镇化率已经全部大于 10%，47 个属于中期阶段，6 个处于后期阶段，3 个进入终期阶段（图 6.6）。可以看出，川藏通道沿线城镇带城镇化发展总体提升明显，当前已基本进入城镇化迅速发展期，部分城镇已经进入发展后期。但从空间分布上看，高城镇化率城镇基本位于东部成都都市圈和西部拉萨城市圈辐射范围内，中部缺少高城镇化率城镇，仅昌都市卡若区、左贡县、洛隆县城镇化率较高，没有出现有力的城镇增长中心。

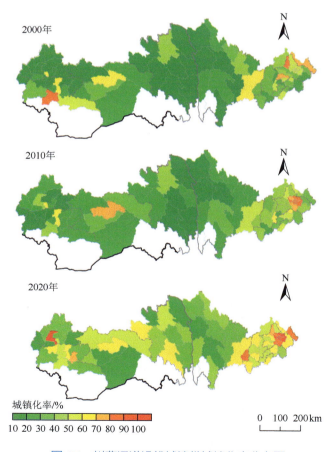

图 6.6　川藏通道沿线城镇带城镇化率分布图

（2）较高城镇化率地区沿河流、道路分布，城镇空间分布不均匀。

川藏通道沿线现有城镇主要沿河流、道路分布。多数城镇分布于雅鲁藏布江、尼洋河、金沙江、澜沧江、大渡河、青衣江、岷江等河流两岸河谷平原，部分城镇沿 G318、G512、S306 等道路分布，主要交通干线经过的地区城镇发展较快，经济发展相对较好，而交通闭塞的地区城镇发展相对落后。川藏通道沿线城镇空间分布不均匀，以川藏行政界为界，四川部分有 52 个区县，而西藏部分仅有 32 个。总体来看，成都平原地区城镇分布最为密集，其次为拉萨城市圈，形成了以成都与拉萨为中心的圈层扩展分布，而其余地区小城镇布局分散，受地形限制，沿铁路、国道及河流零星分布。

4. 城镇化发展存在的主要问题

（1）川藏通道沿线城镇带西藏境内城镇化发展水平低，城镇功能薄弱。

2020 年川藏通道沿线西藏境内人口 199.98 万人，城镇人口 79.42 万人，城镇化率为 39.71%，低于全国同期水平，但高于西藏 32% 的城镇化率。四川境内总人口 2644.03 万人，城镇人口 1784.27 万人，城镇化率达到 67.48%，略高于全国平均水平，也高于四川省 56.73% 的城镇化率。可见，西藏沿线城镇的城镇化水平滞后于全国平均水平近 25 个百分点，与四川境内城镇也保持较大差距。其主要原因在于：西藏沿线城镇的规模偏小，各城镇人口规模差距较大。总人口超过 20 万人的县域单元只有拉萨市城关区，总人口在 10 万～15 万人的有昌都市卡若区，区内规模小于 5 万人的城镇占城镇总数的 64.7%。总体来看，西藏在川藏沿线的中小城镇数量也很少，无法使大、中、小城市合理衔接，城镇体系发育不完善，很难起到吸纳剩余劳动力、带动周边地区经济发展的作用，城镇的功能受到严重削弱，并缺乏城镇化的内在发展动力。

（2）川藏通道沿线城镇带经济发展呈由东向西梯度递减格局，且经济发展差距较大。

川藏通道沿线城镇人口与经济发展空间格局失衡。2020 年，川藏通道沿线城镇总人口 2844.01 万人，其中，西藏地区沿线 199.98 万人，仅占总人口的 7.03%，而四川沿线总人口 2644.03 万人，占总人口的 92.97%。在经济总量层面，2019 年川藏通道沿线经济总量 17998 亿元，其中，西藏地区沿线 1251 亿元，仅占总量的 6.95%，而四川沿线高达 16747 亿元，占总量的 93.05%。从人均 GDP 来看，西藏沿线城镇人均 GDP 为 62565 元，略低于全国平均的 72447 元，但高于自治区的 54271 元，四川沿线城镇人均 GDP 为 63338 元，同样低于全国水平，但高于西藏水平。从财政自给率来看，西藏沿线城镇仅为 13%，四川沿线城镇为 47.9%，两者相差 34.9%。总体来看，西藏沿线城镇经济发展水平在自治区层面处于领先水平，相较四川境内城镇，其经济发展的初级性、依赖性、粗放性特征仍然明显，产业总体层次低、规模小。工业企业普遍规模小、效益低、管理粗放、创新能力差，优质文化旅游业资源开发利用不足，导致财政自给率低，社会经济发展主要依靠国家财政转移支付。

（3）川藏通道沿线城镇带藏东地区经济发展缺乏工业支撑，川西地区服务业发展滞后。

英国经济学家克拉克（Colin G. Clark）根据产业产值结构的演化，总结出以第一产业为主向以第二产业为主，继而向以第三产业为主转变的产业结构合理化和高度化的规律。从产业结构来看，2019 年沿川藏通道西藏境内城镇第一、第二、第三产业的产值比重为 6.72 ∶ 37.62 ∶ 55.66，呈现出"三二一"特征，然而大量就业人口仍集中在农业领域，因此"三二一"的产业结构不是产业高度化的标志。实际上，沿线城镇产业结构呈畸形发展，第一产业生产方式落后，农产品品种单一，畜牧业、林业、渔业属于粗放式发展并处于起步阶段；第二产业结构失衡，工业产值偏低而建筑业产值畸高，国有经济占据绝对优势，非公经济比重很低；第三产业虽然发展迅速，但是却以交通运输、商业贸易等传统服务业为主，缺乏工业化的支撑，新兴服务业产值低、质量差，导致第三产业"虚高度化"。四川境内城镇第一、第二、第三产业的产值比重为 6.76 ∶ 37.35 ∶ 55.89，呈现出"三二一"的产业结构特征，主要是由于成都市市辖区第三产业增加值对总产值的贡献率远远高于其他城镇，除去成都市市辖区，第一、第二、第三产业的产值比重变为 14.12 ∶ 40.98 ∶ 44.90，第二、第三产值比重接近。

6.2.2 城镇规模结构时空变化特征

1. 城镇数量及规模的数据获取方法

运用 ArcGIS 对川藏通道沿线地区创建 50km 的缓冲区，缓冲区覆盖的县域城镇计入城镇数量获取范围，共计 79 个县域单元。城镇数量主要来源于《中国县域统计年鉴 (2000)》《中国县域统计年鉴 (2010)》《中国县域统计年鉴 (2020)》，部分缺失市县采用《四川统计年鉴 (2001)》《四川统计年鉴 (2011)》《四川统计年鉴 (2020)》《西藏自治区统计年鉴 (2001)》《西藏自治区统计年鉴 (2011)》《西藏自治区统计年鉴 (2020)》进行补充。城镇规模以城镇人口规模为标准，数据来自于各县市统计年鉴和政府工作报告。

2. 城镇数量的变化特征

从城镇数量分布上看，川藏通道沿线四川省境内城镇数量要高于西藏自治区境内（图 6.7、图 6.8）。1990 ～ 2020 年四川省城镇数量变化幅度高于西藏自治区，甘孜藏族自治州德格县城镇数量增长幅度最高，2020 年比 1990 年增加 9 个新城镇。康定市和丹巴县增加 8 个新城镇。理塘县新增 6 个城镇。道孚县、雅江县、新龙县均新增 5 个城镇。西藏自治区仅林芝市巴宜区、山南市贡嘎县新增城镇数量达 6 个，昌都市八宿县、洛隆县、左贡县，林芝市工布江达县、米林市、朗县 2020 年比 1990 年新增 3 个城镇。其余市县新增城镇均小于 2 个。山南市琼结县、桑日县，昌都市类乌齐县、拉萨市当雄县、城关区、墨竹工卡县、林周县城镇数量没有变化。从总数量上看，1990 ～ 2000 年数量未发生变化，仅有 32 个建制镇，2010 建制镇数量达到 94 个，2020 年建制镇数量达到 154 个。甘孜藏族自治州城镇数量最多，尤其是德格县，2020 年有 10 个新设城镇，其次是康定市和丹巴县有 9 个新设城镇，西藏城镇数量最多的是林芝市巴宜区和山南市贡嘎县，有 5 个新设城镇。甘孜藏族自治州、昌都市、林芝市在川藏公路通车后，城镇人口日益增加，对新设

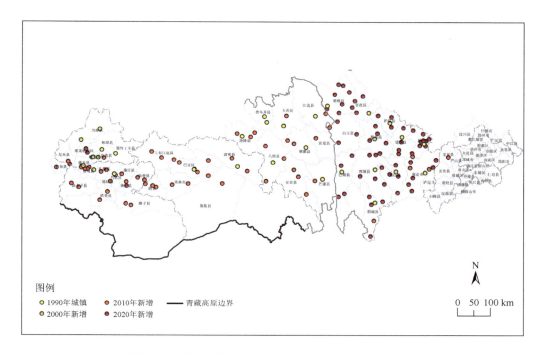

图 6.7　川藏通道沿线 1990 ～ 2020 年城镇空间分布图

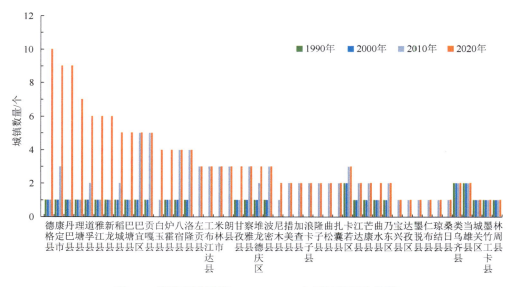

图 6.8　川藏通道沿线 1990 ～ 2020 年城镇数量变化图

建制镇的需求日益增加，尤其是甘孜藏族自治州较低海拔地区，城镇发展条件较充分，建制镇设置障碍较高海拔地区更少，如德格县和康定市。而林芝市、昌都市由于生态环境制约，本身适合设镇地区面积较小，同时林芝市城镇建设限制开发区比例较高，城镇设置制约较高。同时，四川省其他地区城镇数量多经历减少过程，如仁寿县由 2000 年 110 个下降到 30 个，多是行政区划调整所致，早期城市建设过程中为实现快速城镇化设立大量建制镇，而后对行政区划进行调整，大量合并原有乡镇，城镇数量急剧下滑，说明该地区城镇建设管理水平有所上升，已经开始认识到盲目划镇对于城镇建设并不见效。

3. 城镇等级规模结构特征

以 2020 年各市县城镇人口规模来看，城镇人口 10 万人以上的有 24 个，除拉萨市城关区外，均位于四川省，城镇人口在 5 万人以下的有 47 个，1 万人以下的 14 个，主要集中在西藏自治区，人口规模普遍较小。从城镇单元来看，川藏通道沿线城镇带位于青藏高原范围内的共有 154 个城镇，按照川藏通道沿线的城镇人口现状将各城镇划分成七级城镇规模等级结构（表 6.3、图 6.9），其中，一级城镇人口规模 ≥ 100 万人，二级城镇人口规模 50 万 ~ 100 万人，三级城镇人口规模 30 万 ~ 50 万人，四级城镇人口规模 10 万 ~ 30 万人，五级城镇人口规模 5 万 ~ 10 万人，六级城镇人口规模 1 万 ~ 5 万人，七级城镇人口规模 < 1 万人。将 2000 年、2010 年、2020 年三年川藏通道沿线各等级城镇规模进行统计，可以发现，城镇规模整体变化不大，1990 ~ 2010 年仅拉萨市城关区为四级城镇，且 1990 ~ 2000 年仅有泽当镇、康定市区、炉城镇三个六级城镇，其余城镇均为七级城镇，2010 年新增林芝市区、东嘎镇、姑咱镇三个六级城镇，其余城镇均为七级城镇，总数量随着新设城镇而增加。2020 年拉萨市区增长为三级城镇，山南市区增长为五级城镇，六级城镇增加至 11 个，七级城镇占比仍然最高。从城镇规模数量分布来看，七级城镇占主要地位，且占比从 1990 年 87.5% 增长至 2020 年 91.5%，说明川藏通道沿线城镇规模培育依然是未来城镇发展的主要方向。总体城镇空间分布上呈现为两端高、中间低的特征，同时各地级市市区发展较好，拉萨市城关区、山南市区、康定市区城镇规模等级较高，且六级城镇集中分布于拉萨市区周围。

表 6.3 川藏通道沿线各等级城镇数量变化

城镇等级	城镇人口规模	1990 年	2000 年	2010 年	2020 年
一级城镇	> 100 万人	0	0	0	0
二级城镇	50 万 ~ 100 万人	0	0	0	0
三级城镇	30 万 ~ 50 万人	0	0	0	1
四级城镇	10 万 ~ 30 万人	1	1	1	0
五级城镇	5 万 ~ 10 万人	0	0	0	1
六级城镇	1 万 ~ 5 万人	3	3	6	11
七级城镇	0.5 万 ~ 1 万人	28	28	87	141

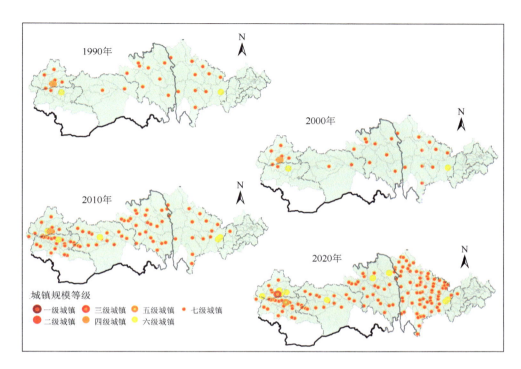

图 6.9　川藏通道沿线城镇规模等级结构变化图

2020 年川藏通道沿线城镇规模等级分布如下：三级城镇 1 个，是拉萨市城关区；五级城镇 1 个，是山南市乃东区；六级城镇 11 个，包括林芝市巴宜区、达孜区德庆镇、江达县江达镇、昌都市卡若区、昌都市卡若区城关镇、康定市区、康定市姑咱镇、林周县甘丹曲果镇、墨竹工卡县工卡镇、乃东区昌珠镇、尼木县塔荣镇。七级城镇 141 个，包括八宿县白玛镇、然乌镇、邦达镇、同卡镇，巴塘县夏邛镇、中咱镇、措拉镇、甲英镇、地巫镇，林芝市林芝镇、百巴镇、鲁朗镇、八一镇，白玉县建设镇、阿察镇、河坡镇、盖玉镇，宝兴县陇东镇，波密县扎木镇、倾多镇、松宗镇，察雅县烟多镇、吉塘镇、香堆镇，措美县哲古镇、措美镇，达孜区德庆镇，丹巴县章谷镇、巴底镇、革什扎镇、东谷镇、墨尔多山镇、甲居镇、格宗镇、半扇门镇、丹东镇，当雄县当曲卡镇、羊八井镇，道孚县鲜水镇、八美镇、亚卓镇、瓦日镇、玉科镇、仲尼镇、泰宁镇，稻城县金珠镇、香格里拉镇、桑堆镇、吉呷镇、噶通镇，德格县更庆镇、阿须镇、马尼干戈镇、竹庆镇、麦宿镇、错阿镇、打滚镇、龚垭镇、温拖镇、中扎科镇，堆龙德庆区古荣镇、马镇，甘孜县甘孜镇、查龙镇、来马镇，工布江达县金达镇、工布江达镇、巴河镇、贡嘎县杰德秀镇、吉雄镇、甲竹林镇、岗堆镇、江塘镇，贡觉县莫洛镇，加查县加查镇、安绕镇，江达县岗托镇，卡若区卡若镇、俄洛镇，康定市新都桥镇、塔公镇、沙德镇、金汤镇、甲根坝镇、贡嘎山镇、鱼通镇，朗县仲达镇、朗镇、洞嘎镇，浪卡子县浪卡子镇、打隆镇，类乌齐县桑多镇、类乌齐镇，理塘县高城镇、甲洼镇、木拉镇、拉波镇、君坝镇、格聂镇、觉吾镇，隆子县隆子镇、日当镇，炉霍县新都镇、朱倭镇、虾拉沱镇、上罗科马镇，洛隆县孜托镇、硕督镇、康沙镇、马利镇，芒康县嘎托镇、如美镇，米林市卧龙镇、米林镇、派镇，墨脱县墨脱镇，尼木县吞巴镇、琼结县琼结镇、曲水县曲水镇、达嘎镇，曲松县曲松镇、罗布沙镇，仁布县德吉林镇，桑日县桑日镇，新龙县拉日马镇、如龙镇、大盖镇、通宵镇、色威镇、尤拉西镇，雅江县河口镇、呷拉镇、西俄洛镇、红龙镇、麻郎措镇、波斯河镇，扎囊县扎塘镇、桑耶镇，左贡县旺达镇、田妥镇、扎玉镇。

6.2.3 城镇带空间布局变化特征

1. 数据来源与空间信息获取方法

城镇建设用地来源于 GlobeLand30，30m 全球地表覆盖数据 GlobeLand30 是我国研制的 30m 空间分辨率全球地表覆盖数据，2014 年发布 GlobeLand30 2000 版和 2010 版。自然资源部于 2017 年启动对该数据的更新，目前 GlobeLand30 2020 版已完成。运用 ArcGIS 对川藏通道创建 50km 的缓冲区，缓冲区覆盖的县域单元为川藏通道沿线城镇带范围，对 GlobeLand30 数据进行裁切得到研究范围内城镇建设用地空间分布图。

2. 城镇建设用地空间分布格局

川藏通道沿线城镇带建设用地主要分布于拉萨城市圈与成都平原，呈现两头高中间低的格局，与人口分布格局基本对应。林芝市、昌都市与雅安市基本为林地、草地所覆盖，城镇建设强度不高（图6.10）。昌都市与林芝市还存在部分荒地与冰川积雪地区。总体而言，川藏通道沿线受自然条件制约较大，沿线地区城镇建设难以进行，仅存在零星城镇点，且彼此之间联系不强。成都平原地区由于海拔较低，得到了较大程度开发，2000～2020 年城镇建设用地不断扩张，成都、资阳、眉山等市已经初步形成都市圈结构，以成都市为中心向周围辐射，且辐射范围不断扩大，逐渐带动了雅安市及周边城镇的建设。天全县、泸定县、康定市、石棉县等市（县）的建设用地面积也有所增长。此外，昌都市、江达县、白玉县等地建设用地也有所增加，城镇开发强度有所提升，八宿县、左贡县、芒康县出现零星城镇集中点，但面积较小。川藏通道沿线地区建设用地主要集中于拉萨和成都两市，对拉萨和成都建设用地扩张情况进行深入分析，有助于对川藏通道沿线两大核心区建设状况进一步了解。拉萨市 2000～2020 年城市建设用地面积不断扩大，2000 年拉萨市城市建设用地集中于城关区，其他地区城市建设面积很小，至 2020 年全市建设用地仍主要集中于拉萨市城关区，但在堆龙德庆区、林周县、墨竹工卡县、达孜区出现较多建设用地分布，堆龙德庆区和达孜区面积涨幅较明显。

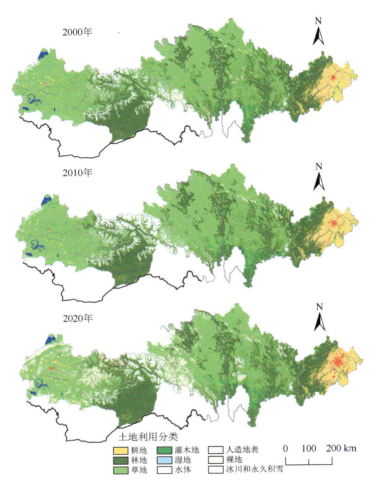

2000年

2010年

2020年

土地利用分类

耕地　灌木地　人造地表　0　100　200 km
林地　湿地　裸地
草地　水体　冰川和永久积雪

图 6.10　川藏通道沿线城镇用地 2000 ～ 2020 年空间分布图

3. 城镇空间形态特征

　　川藏通道沿线城镇除拉萨城市圈与成都平原两大重点城镇集聚区外，中间沿线地区由于受地理条件限制，城市空间形态呈现出较大差异，较多城镇沿河、沿道路进行建设用地扩张。根据川藏通道沿线城镇分布特点，选取斑块面积（CA）、最大斑块指数（LPI）、斑块密度（PD）以及斑块聚合度（AI）来揭示城镇空间形态特征。

　　计算结果表明，川藏通道沿线城镇空间扩张在 2000 ～ 2020 年动态变化显著，城镇斑块面积在 2000 ～ 2020 年从 101505.51hm² 增加到 309099.33 hm²，增长率为 204%。其中，西藏自治区内的城镇，拉萨市的城关区和堆龙德庆区城镇面积扩张较多，分别为 5941.62 hm² 和 4797.54 hm²，昌都市和山南市的城镇面积扩张较小，但速率较快（图 6.11）。成都市市辖区、双流区、彭州市、崇州市、广汉市、简阳市增长的城镇斑块面积（CA）在 6000 hm² 以上，成都市辖区增加面积最多，增加了 47068.92 hm²

271

（图 6.12）。

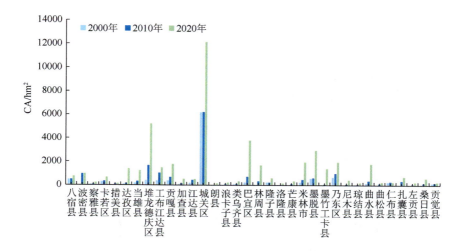

图 6.11　川藏通道沿线地区 2000 ～ 2020 年 CA 变化（西藏境内）

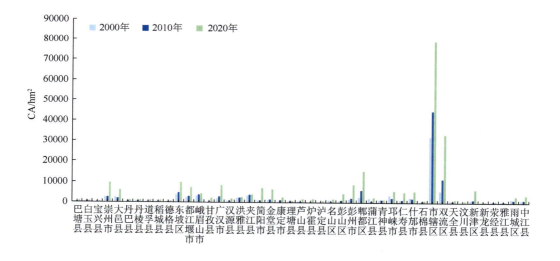

图 6.12　川藏通道沿线地区 2000 ～ 2020 年 CA 变化（四川境内）

最大斑块指数（LPI）反映的是最大城镇斑块占城镇斑块总面积的比例，西藏的八宿县、洛隆县、曲松县和贡觉县（图 6.13），四川的巴塘县、白玉县、丹棱县、稻城县、洪雅县、金堂县、东坡区、名山区、青神县、郫都区和双流区 2000 ～ 2020 年 LPI 呈现总体增长趋势，说明中心城区的增长速度较快（图 6.14）。而其他城镇的 LPI 在降低，其中的甘孜县、波密县、察雅县、类乌齐县、墨竹工卡县、林周县、朗县和桑日县从 2000 年的 100% 降低到 2020 年的 52% 以下，达孜区、城关区、尼木县、加查县、堆龙德庆区的 LPI 指数也下降了许多，说明原来城镇向周边地区扩张。

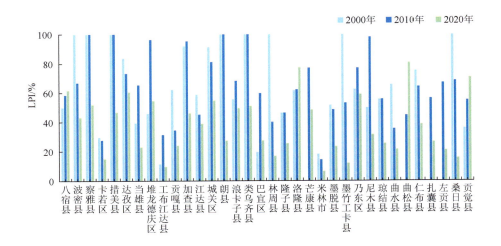

图 6.13　川藏通道沿线地区 2000 ～ 2020 年 LPI 变化（西藏境内）

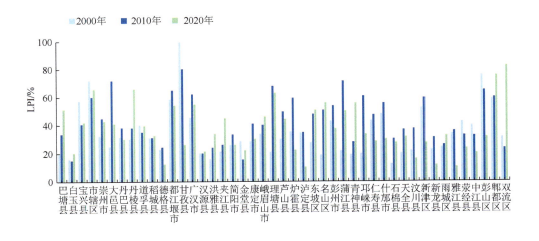

图 6.14　川藏通道沿线地区 2000 ～ 2020 年 LPI 变化（四川境内）

在所有城镇中拉萨的城关区斑块密度（PD）最小，保持在 0.34 以内，2020 年的斑块密度达到了历年的最低值 0.14，说明其建设用地的破碎化程度低，土地利用较为集中（图 6.15）。从变化上看，川藏通道沿线地区 2000 ～ 2020 年有 70% 城镇斑块密度值降低，尤其是四川的名山区、蒲江县、丹棱县、夹江县等原本斑块密度较大的城镇，密度值降低较大，可能是由于土地利用规划发挥作用，降低了建设用地破碎化程度（图 6.16）。其余 30% 的城镇 PD 值增大，这些城镇原本城镇面积就比较小，如左贡县、新龙县、甘孜县、尼木县、琼结县、芒康县和扎囊县，破碎化程度加剧。荥经县 2000 年时城镇 PD 为 34.18，仅次于名山区和丹棱县，2010 年升至 35.73，2020 年降至 23.72，成为 PD 最大的城镇，破碎化程度高。

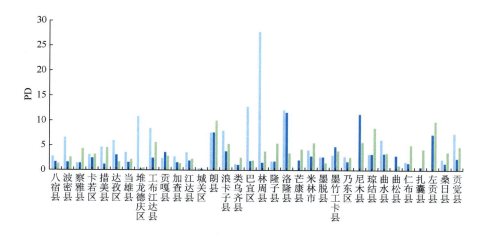

图 6.15　川藏通道沿线地区 2000 ～ 2020 年 PD 变化（西藏境内）

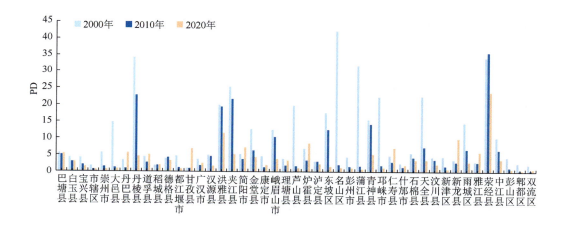

图 6.16　川藏通道沿线地区 2000 ～ 2020 年 PD 变化（四川境内）

　　川藏通道沿线地区城镇聚合性较强，即使是 2000 年斑块聚合度（AI）值最低的尼木县（53.85%），在 2020 年也达到了 90.21%（图 6.17）。2010 年和 2020 年 AI 最低的是荥经县，两个时期的城镇 AI 分别为 80.53% 和 85.85%（图 6.18）。城镇空间 AI 随时间变化较小，其中成都市市辖区和拉萨市城关区的 AI 始终稳定在 97% ～ 98% 的较高水平。川藏通道沿线城镇带城镇在 2000 ～ 2020 年空间不断扩张，AI 高且保持稳定，尤其是城镇化发展较好的地区，呈现扩张速率快、扩张强度大的特征，大部分城镇的空间形态变得更加复杂。

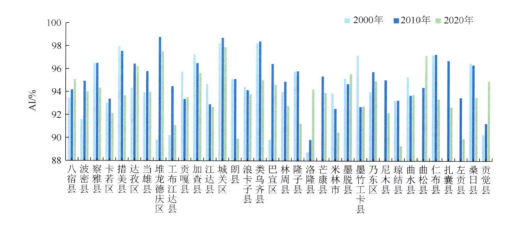

图 6.17　川藏通道沿线地区 2000～2020 年 AI 变化（西藏境内）

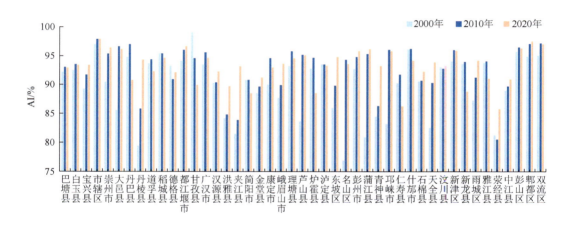

图 6.18　川藏通道沿线地区 2000～2020 年 AI 变化（四川境内）

6.2.4　城镇带城镇职能分布格局

　　根据川藏通道沿线城镇带不同城镇所发挥的政治、经济、文化等多方面的任务和所起的作用，结合城镇自身特点，参考西藏自治区城镇体系规划、西藏自治区主体功能区规划、四川省省域城镇体系规划以及各市总体规划等，综合考虑机场、铁路、公路等区域性基础设施等建设现状，将沿线的 154 个城镇（含市辖区）划分为城郊经济型城镇、工矿服务型城镇、交通物流型城镇、旅游服务型城镇、农牧服务型城镇、商贸服务型城镇、综合服务型城镇、综合性城市八类（图 6.19）。

图 6.19　川藏通道沿线城镇带 2020 年城镇职能分布图

1. 城郊经济型城镇

这类城镇有 5 个，包括曲水镇（拉萨市）、德庆镇（拉萨市堆龙德庆区）、德庆镇（拉萨市达孜区）、卡若镇（昌都市）、俄洛镇（昌都市）。

2. 工矿服务型城镇

这类城镇有 9 个，包括工卡镇（拉萨市）、江达镇（昌都市）、白玛镇（昌都市）、田妥镇（昌都市）、扎玉镇（昌都市）、杰德秀镇（山南市）、曲松镇（山南市）、罗布沙镇（山南市）、格宗镇（甘孜藏族自治州）。

3. 交通物流型城镇

这类城镇有 8 个，包括桑多镇（昌都市）、吉雄镇（山南市）、甲竹林镇（山南市）、八一镇（林芝市）、金达镇（林芝市）、米林镇（林芝市）、倾多镇（林芝市）、姑咱镇（甘孜藏族自治州）。

4. 旅游服务型城镇

这类城镇有 45 个，包括当曲卡镇（拉萨市）、羊八井镇（拉萨市）、吞巴镇（拉萨市）、岗托镇（昌都市）、类乌齐镇（昌都市）、香堆镇（昌都市）、然乌镇（昌都市）、如美镇（昌都市）、昌珠镇（山南市）、桑耶镇（山南市）、岗堆镇（山南市）、琼结镇

（山南市）、安绕镇（山南市）、林芝镇（林芝市）、鲁朗镇（林芝市）、工布江达镇（林芝市）、巴河镇（林芝市）、派镇（林芝市）、墨脱镇（林芝市）、扎木镇（林芝市）、松宗镇（林芝市）、新都桥镇（甘孜藏族自治州）、塔公镇（甘孜藏疾自治州）、甲根坝镇（甘孜藏族自治州）、贡嘎山镇（甘孜藏族自治州）、鱼通镇（甘孜藏族自治州）、章谷镇（甘孜藏族自治州）、巴底镇（甘孜藏族自治州）、甲居镇（甘孜藏族自治州）、河口镇（甘孜藏族自治州）、西俄洛镇（甘孜藏族自治州）、八美镇（甘孜藏族自治州）、甘孜镇（甘孜藏族自治州）、拉日马镇（甘孜藏族自治州）、如龙镇（甘孜藏族自治州）、更庆镇（甘孜藏族自治州）、阿须镇（甘孜藏族自治州）、马尼干戈镇（甘孜藏族自治州）、竹庆镇（甘孜藏族自治州）、麦宿镇（甘孜藏族自治州）、高城镇（甘孜藏族自治州）、甲洼镇（甘孜藏族自治州）、金珠镇（甘孜藏族自治州）、香格里拉镇（甘孜藏族自治州）、桑堆镇（甘孜藏族自治州）。

5. 农牧服务型城镇

这类城镇有 63 个，包括甘丹曲果镇（拉萨市）、达嘎镇（拉萨市）、古荣镇（拉萨市）、马镇（拉萨市）、邦达镇（昌都市）、同卡镇（昌都市）、硕督镇（昌都市）、康沙镇（昌都市）、马利镇（昌都市）、江塘镇（山南市）、桑日镇（山南市）、哲古镇（山南市）、措美镇（山南市）、加查镇（山南市）、打隆镇（山南市）、卧龙镇（林芝市）、沙德镇（甘孜藏族自治州）、金汤镇（甘孜藏族自治州）、革什扎镇（甘孜藏族自治州）、东谷镇（甘孜藏族自治州）、墨尔多山镇（甘孜藏族自治州）、半扇门镇（甘孜藏族自治州）、丹东镇（甘孜藏族自治州）、呷拉镇（甘孜藏族自治州）、红龙镇（甘孜藏族自治州）、麻郎措镇（甘孜藏族自治州）、波斯河镇（甘孜藏族自治州）、朱倭镇（甘孜藏族自治州）、虾拉沱镇（甘孜藏族自治州）、上罗科马镇（甘孜藏族自治州）、鲜水镇（甘孜藏族自治州）、亚卓镇（甘孜藏族自治州）、瓦日镇（甘孜藏族自治州）、玉科镇（甘孜藏族自治州）、仲尼镇（甘孜藏族自治州）、泰宁镇（甘孜藏族自治州）、查龙镇（甘孜藏族自治州）、来马镇（甘孜藏族自治州）、大盖镇（甘孜藏族自治州）、通宵镇（甘孜藏族自治州）、色威镇（甘孜藏族自治州）、尤拉西镇（甘孜藏族自治州）、错阿镇（甘孜藏族自治州）、打滚镇（甘孜藏族自治州）、龚垭镇（甘孜藏族自治州）、温拖镇（甘孜藏族自治州）、中扎科镇（甘孜藏族自治州）、建设镇（甘孜藏族自治州）、阿察镇（甘孜藏族自治州）、河坡镇（甘孜藏族自治州）、盖玉镇（甘孜藏族自治州）、木拉镇（甘孜藏族自治州）、拉波镇（甘孜藏族自治州）、君坝镇（甘孜藏族自治州）、格聂镇（甘孜藏族自治州）、觉吾镇（甘孜藏族自治州）、中咱镇（甘孜藏族自治州）、措拉镇（甘孜藏族自治州）、甲英镇（甘孜藏族自治州）、地巫镇（甘孜藏族自治州）、吉呷镇（甘孜藏族自治州）、噶通镇（甘孜藏族自治州）、陇东镇（雅安市）。

6. 商贸服务型城镇

这类城镇有 7 个，包括塔荣镇（拉萨市）、日当镇（山南市）、德吉林镇（日喀则市）、百巴镇（林芝市）、仲达镇（林芝市）、朗镇（林芝市）、洞嘎镇（林芝市）。

7. 综合服务型城镇

这类城镇有 12 个，包括城关镇（昌都市）、莫洛镇（昌都市）、烟多镇（昌都市）、吉塘镇（昌都市）、旺达镇（昌都市）、嘎托镇（昌都市）、孜托镇（昌都市）、扎塘镇（山南市）、隆子镇（山南市）、浪卡子镇（山南市）、新都镇（甘孜藏族自治州）、夏邛镇（甘孜藏族自治州）。

8. 综合性城市

这类城镇有 5 个，包括拉萨市城关区、昌都市卡若区、山南市乃东区、林芝市巴宜区、甘孜藏族自治州康定市区。

6.3 城镇带城镇化绿色发展目标

立足川藏通道沿线城镇带发展实际，统筹短期和长远，兼顾需要和可能，未来经济社会绿色发展的目标是：城镇化质量加快提升，生态屏障功能持续增强，城市基础设施体系全面提质，城市空间布局持续优化，城镇化与生态环境发展更加协调，成为新时代藏区践行绿色城镇化理念、建设青藏高原乃至全国生态文明高地的典范。

6.3.1 人口与城镇化发展目标

1. 以人的城镇化为核心，以人口适度聚集为方向，促进人口就地就近城镇化

全面放开城镇落户限制，引导农牧民就地就近城镇化，妥善解决安置移民、自发移民、跨县（市）移民落户。全面落实居住证制度，实现城镇基本公共服务覆盖全部常住人口。维护城镇落户农牧民土地（草场）承包权、宅基地使用权、集体收益分配权，推动户籍变动与农村"三权"和农业人口惠民政策脱钩。继续推进易地扶贫搬迁、高海拔生态搬迁、水电开发移民搬迁、地质灾害避险搬迁工作，依托县城和城镇建设定居点。到 2025 年，川藏通道沿线城镇带常住人口城镇化率达到 70% 左右，西藏沿线地区常住人口城镇化率达到 40% 左右；到 2030 年达到 75% 左右，西藏沿线地区达到 45% 左右；到 2035 年达到 80% 左右，西藏沿线地区达到 50% 左右。

2. 优化城镇发展模式，提升首府城市首位度

统筹城市经济需要、生活需要、生态需要、安全需要，发挥首府城市聚集效应、辐射效应，以"南联北通"为牵引、"东西双侧"为轴心，优化城市空间布局，完善城市功能，全面提升川藏通道沿线城镇带综合承载能力和资源配置效率。通过川藏通道，将《中华人民共和国国民经济和社会发展第十四个五年规划纲要》确定的两个国家城镇化战略重点区域（拉萨城市圈和成渝地区双城经济圈）有机连接，

形成沿川藏通道沿线相向辐射的新格局，给沿线地区城镇化的经济社会发展注入新的外部驱动力，激活沿线地区资源开发、旅游发展和城镇建设。做大做强拉萨、成都东西两侧两大核心增长极，实现人口要素的规模聚集，成都市所有县（区）城镇化率进一步增长，至2030年全部大于50%，市辖区保持在100%，拉萨城关区与堆龙德庆区在现有基础上进一步加强城镇人口聚集，力争2030年分别达到60%和90%，其余区域应继续稳步推进农牧业人口市民化进程，2030年常住人口城镇化率达到40%以上。在川藏通道基础上，引导成都都市圈向西拓展，促进雅安市城镇化发展，预期雅安市市辖区2030年常住人口城镇化率达到75%，其他县（区）单元达到50%以上。西藏境内拉萨城市圈依托拉萨贡嘎机场、林芝米林机场以及拉林高速与川藏通道拉林段，带动林芝市建设水平，加强城镇基础设施建设，引导人口合理集聚，林芝市主城区巴宜区常住人口城镇化率预期2030年达到85%，成为重要中心城镇，并辐射周边区县，波密县与工布江达县2030年城镇化率达到50%，从而形成以拉萨市城关区、林芝市巴宜区为核心，拉萨市堆龙德庆区、波密县和工布江达县等为重要城镇的涵盖拉萨市、山南市、林芝市的拉林城镇发展圈，进一步完善城市空间结构。藏东与川西地区依靠唐蕃古道和滇藏公路，未来城镇化也将进一步发展，预期康定市、理塘县、昌都市卡若区分别在2030年城镇化率达到65%、50%和50%，在藏东地区形成有力的城镇增长中心。

6.3.2 城镇化绿色发展目标

1. 努力建设以绿色为新优势的可持续发展先行区

藏中南重点开发区实现互联互通，促进要素和产业聚集，大力发展特色旅游、现代服务、商贸物流、高原生物、绿色工业。藏东清洁能源开发区加快完善流域规划布局，推动雅鲁藏布江、金沙江、澜沧江等流域水风光综合开发，快速推动藏电外送规模化发展，建设国家重要的清洁能源接续基地。深入实施产业富民战略，加快生态资源产业化，探索绿水青山向金山银山转化路径，强化全域旅游引领，做强绿色工业支撑，提升农业产业化水平，加快发展现代服务业，发展壮大新兴产业，推动产业融合发展，构建经济效益好、特色突出、带动力强的现代生态产业体系。

2. 打造生态文明建设引领区

通过对生态空间、生态安全、生态经济、生态生活、生态文化以及生态制度六大体系的构建，推动生态优先、绿色发展方式加快形成，使生态价值创造性转化的路径更加多元，这成为影响政府决策、企业生产和社会生活的主导观念；到2025年，符合川藏通道沿线城镇资源环境承载力要求的产业支撑基本形成，生态文明意识显著提高，生态安全屏障得到加强，节约资源能源和保护生态环境的机制基本建立；生态文明建设示范市的建设指标基本达标，生态环境主要指标保持全国领先地位，生态经济具有较强的竞争力，最终建成国土空间布局合理、生态环境全国领先、产业模式绿色高效、人居生活优美低碳、生态文化鲜明繁荣、生态制度完善健全的绿色城镇化发展模范示范区。

6.3.3 城镇规模结构优化目标

在原有城镇规模等级结构的基础上，调控城镇人口分布，引导人口有序流动和乡村人口城镇化进程，逐步提升中心城市首位度，加强对周边地区的带动作用。例如，拉萨市城关区、山南市乃东区、林芝市巴宜区可通过吸引人口进一步集聚，提升城镇规模等级，进而带动周边城镇规模增长，并争取新设建制镇便于人口就地集聚。昌都市卡若区、甘孜藏族自治州康定市区作为中部城镇中心，需要尽快解决当前城镇规模等级不高的问题，增强辐射能力。当前川藏通道沿线城镇绝大多数属于七级城镇，需要在西藏境内沿线稳步有序调整人口集聚分布，发掘潜力型城镇。提高产业支撑能力、公共服务品质，推动公共资源倾斜性配置和对口支援，使藏区中心城镇能够和川西地区城镇有效衔接，最终形成组团式带状城镇发展区域。预期到 2025 年林芝市巴宜区成为五级城镇；至 2030 年拉萨市区提升至二级城镇，山南市乃东区提升为四级城镇，在拉萨、山南两市形成城镇中心区；至 2035 年康定市区提升为五级城镇；至 2050 年拉萨市城关区提升为一级城镇，作为中心城镇促进人口就地就近城镇化（图 6.20）。

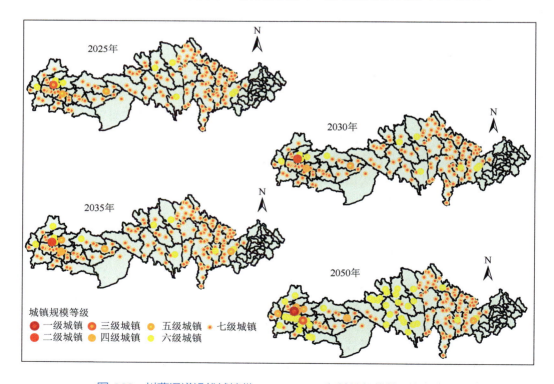

图 6.20　川藏通道沿线城镇带 2025 ～ 2050 年城镇规模等级发展目标

6.3.4 城镇空间格局优化目标

按照城镇空间分布现状和未来城镇发展潜力，川藏通道沿线城镇带未来将以成都都市圈和拉萨城市圈为双向辐射极，沿川藏通道形成"三圈两带一支点"的城镇空间新格局。形成这一空间分布格局，需要以川藏通道建设为契机，加快重要枢纽站点和战略节点建设，稳步提高沿线城镇化率，建立健全沿线地区城镇化发展远景规划，加快推进城市空间结构优化。

1. 以成都都市圈和拉萨城市圈为双向辐射极，形成"三圈两带一支点"的城镇空间新格局

"三圈"是指以川藏通道沿线为依托，建设拉萨城市圈，拓展成都都市圈，双向辐射建设藏东城镇发展圈（图 6.21）。其中，拉萨城市圈依托拉萨贡嘎机场、林芝米林机场以及拉林高速与川藏通道，形成西部重要的区域经济增长极，西藏政治、经济和文化中心，世界精品旅游目的地，辐射西藏"两江一河"地区、面向南亚地区的产业集群。未来应强化对外经济联系能力，有选择地建立一批自由贸易试验区，成为西藏对外开放的核心门户。成都都市圈是成渝城市群的双核之一，依靠川藏通道引导成都都市圈向西拓展，推动雅安成为承接成都非省会功能的主要承载地，高质量带动雅安地区特色商业、会展、科教文化和旅游产业发展。藏东城镇发展圈依托成都都市圈和拉萨城市圈的双向辐射，进一步发挥昌都市卡若区东连四川、北接青海、南通云南的区位优势，改扩建进出藏通道，提升邦达机场通航能力，强化昌都市卡若区在藏东区域的核心增长极作用，将其打造成为藏东商贸物流中心、融入成渝城市群的藏东明珠。

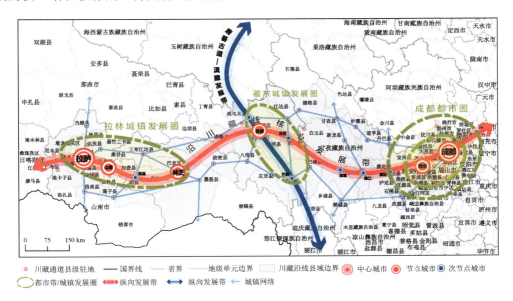

图 6.21 川藏通道沿线"三圈两带一支点"城镇化空间格局示意图

依托 G317、G318、G214 以及与川滇接壤优势，加强卡若区与江达县、芒康县的经济联合和合作，打造连接川滇两省的重要城镇发展圈。

"两带"是指依托川藏铁路和唐蕃古道建设的川藏通道沿线城镇发展带和唐蕃古道–滇藏沿线城镇发展带。其中，川藏通道沿线城镇发展带是依托川藏铁路，川藏公路 G317、G318，G4217 川藏高速北线，G4218 川藏高速南线等交通通道形成的串联拉萨、山南、林芝、昌都、雅安、成都的城镇化发展带，是目前川藏通道沿线市域产业发展最为活跃的地区，川藏铁路建设与运行将进一步加强重点城镇功能联动，构建区域核心城市与周边城镇的职能分工互补格局，形成综合交通网络、城镇体系、工业园区、绿色生态隔离带相间的空间结构；唐蕃古道–滇藏沿线城镇发展带依托 G214 国道以及规划中的滇藏铁路与滇藏高速，串联类乌齐县、察雅县、左贡县、芒康县，形成南北向城镇发展带，该发展带集聚了最为丰富的藏族历史文化遗存和历史城镇，也是联系青、藏、滇的重要通道，进一步突出其资源特色，优化产业布局，加快商贸物流、文化旅游等功能发展，建成交通走廊、文化遗产、生态空间与城镇发展交相融合的空间结构。

"一支点"是指昌都市卡若区。依托川藏通道、G317 国道、G214 国道汇集的交通枢纽优势，强化昌都市经济规模和人口规模，提升城市功能，带动周边城镇发展，使之成为藏东核心增长极，成为高质量融入成渝城市群的藏东明珠。其充分挖掘康巴人文资源和"三江"流域生态旅游资源优势，做大做强康巴特色文化产业和大香格里拉旅游产业，成为带动藏东地区重点城镇发展的重要支点。

2. 加快重要枢纽站点和战略节点建设，提高沿线城镇化率

繁荣发展铁路经济带，以川藏铁路建设为契机，发挥川藏铁路辐射带动作用，加快推进产业布局，稳步提高沿线城镇化率，加快拉萨城市圈与成渝地区双城经济圈对接，形成以川藏通道沿线地区交通线路相沟通、首尾双循环相互促进的新发展格局，从而带动川藏铁路中部沿线地区的人口城镇化进程。川藏通道沿线南向集聚了一批曾是我国贫困发生率最高、贫困程度最深、扶贫成本最高的地区，其发展水平在很大程度上影响着西藏的整体稳固与发展，应推动城镇适度集中，进一步实现边境农牧民"就地城镇化"；全力保障包括"水电路信网、教科文卫保"等在内的地区基础设施与基本公共服务供给，将战略节点城市与边远城镇和村寨连接起来，满足沿线地区人民群众对美好生活的向往与愿望。

3. 建立健全沿线地区城镇化发展远景规划，加快推进城镇空间结构优化

通过在重点城镇构建中心城区、区域中心和功能区、产业园区和特色镇的城市层级，形成分工合理、层级清晰、有机衔接的城镇体系。提升沿线重点城镇，如达孜区、卡若区、芒康县、左贡县、巴宜区、理塘县、稻城县、金堂县等的集聚效应，带动周边地区人口城镇化进程。在现有乡镇分布基础上，推进一部分优质发展县撤县设市，形成主体功能明显、优势互补、高质量发展的开发利用格局，促进城镇可持续健康发展。利用好四川境内地区优质生态资源，强化川西城镇化发展，打造一批人口承载力强的城镇

集群，并与藏区重点城市加强沟通，最终提升川藏通道沿线城镇带综合竞争力。可围绕川藏铁路站点、骨干交通干线、重点旅游区和产业园区布局城镇、聚集人口，以点串线、以点带面、组团发展，构建康定—泸定—甘孜新区一体化发展极核。

6.3.5 城镇职能结构调整目标

结合《西藏自治区城镇体系规划》《西藏自治区主体功能区规划》《四川省省域城镇体系规划》，以及各市总体规划等上位规划的要求，融入各区县总体规划等地方发展的诉求，综合考虑机场、铁路、公路等区域性基础设施等建设现状，结合各城市特色，将沿线的79个区县（含市辖区）划分为综合服务型、旅游服务型、服务现代农牧业型、工业服务型、能矿资源型、特色新兴产业服务型、商贸物流型七类（表6.4）。

表6.4 川藏通道沿线规划城市职能及发展导向一览表

职能类型	市	区县	发展方向及发展定位
综合服务型	成都市	市辖区	西部经济中心：国家重要的先进制造业中心、高端商业服务业核心区、西部生产性服务业中心、都市现代农业科技研发中心、国际性总部集聚中心； 西部金融中心：西部金融机构中心、金融市场中心、金融服务中心； 西部科技中心：区域创新创业中心、大学与科研机构汇集地、科技研发孵化和技术扩散中心、高新技术产业中心； 西部文创中心：文化创意中心、国际文化交流与展示中心、设计与艺术中心、国际演艺活动中心、国际文体活动中心； 西部对外交往中心：跨国公司集聚中心、国际组织与机构集聚中心、世界级旅游目的地、旅游集散和组织中心、国际贸易中心、会展及博览中心、国际产业合作示范区、自由贸易区、国际医疗服务中心、国际教育及职业培训中心； 综合交通通信枢纽：国家级国际航空枢纽、国家铁路枢纽、国际区域物流中心、国际性区域通信及信息枢纽、媒体及信息发布中心
	乐山市	夹江县	以发展高端陶瓷建材、军民融合产业为主导的创新型现代工业城市；以纸乡风韵、瓷都风采为特色的宜居宜业山水人文城市
	乐山市	峨眉山市	以峨眉山世界自然和文化遗产为特色的国际风景旅游城市，世界重要旅游目的地核心区、绿水青山典范城市
	眉山市	东坡区	成都大都市区副中心城市，环成都经济圈开放发展示范市，以东坡文化为特色的历史文化名城，生态宜居的公园城市
	眉山市	彭山区	城市职能：国际化休闲度假基地，西南地区商贸物流基地，四川省文教科研基地，成都大都市区新型产业基地，成都大都市区创新成果转化基地
	眉山市	仁寿县	县域经济发展先进县、成渝经济区核心县、天府新区重点县
	雅安市	雨城区	雅安市主中心，雅安市行政文化、商务金融中心。雅安市特色商业、会展、科教文化和旅游服务中心
	雅安市	名山区	雅安市次中心之一，中国生态茶城
	雅安市	荥经县	建设市域经济副中心，着力建设全省绿色新材料产业基地和国际森林康养度假目的地
	雅安市	石棉县	四川省区域综合服务枢纽之一，水电能源基地，多民族、多文化融合展厅，攀西创新产业发展新增长极，山区生态旅游目的地
	成都市	简阳市	承接国家中心城市"五中心一枢纽"的经济中心、科技中心、对外交往中心与综合交通枢纽新专业化职能；并在乡村振兴战略中取得先行突破，打造成都市新型增长极核。明确城市发展的两大职能：天府国际空港新城的国际门户、龙泉山东侧现代化产业基地

续表

职能类型	市	区县	发展方向及发展定位
综合服务型	甘孜藏族自治州	康定市	全州政治、经济和文化中心；康巴藏区政治、经济、文化、商贸、信息中心和交通枢纽
	拉萨市	城关区	国家西部重要的区域中心城市，西藏自治区政治、经济和文化中心；国家历史文化名城；世界精品旅游城市、国家西部重要交通枢纽
	拉萨市	堆龙德庆区	拉萨中心城区的东部门户，引导培育成交经济发展，始于工业集聚发展地之一
	昌都市	卡若区	藏东区域核心增长极，藏东商贸物流中心，融入成渝经济圈的藏东明珠。充分挖掘康巴人文资源和"三江"流域生态旅游资源，建成康巴特色文化产业发展中心和大香格里拉旅游区西部中心
	林芝市	巴宜区	林芝中心城市、藏东南特色旅游城市、西藏生态宜居城市、藏东南综合交通枢纽
旅游服务型	成都市	大邑县	以发展机械、建材、食品、旅游为重点的现代山水旅游城
	成都市	都江堰市	国家历史文化名城，国际旅游城市，以旅游休闲度假业为主导的卫星城
	德阳市	广汉市	成都大都市圈重要枢纽节点，生态优越的古蜀文明圣地，具有国际影响力的旅游目的地，智能制造和现代农业基地
	眉山市	洪雅县	国际康养度假旅游目的地
	雅安市	汉源县	成雅攀旅游经济带康养度假旅游城市，雅西乐交界区域旅游服务中心，县域政治、文化和旅游经济中心，文化底蕴深厚的生态梯城
	雅安市	天全县	全省林业生态旅游示范县，四川省生态康养旅游区，四川省生态体验教育基地，全市农田水利基本建设先进县
	雅安市	芦山县	中国乌木根雕艺术之都，四川省历史文化名城，川西特色旅游目的地，川西生态田园示范县，雅安北部旅游服务和商贸物流中心
	雅安市	宝兴县	国家当代自然遗产，四川全域旅游示范县，以旅游业和汉白玉文创产业为主导的特色山水旅游小城市。世界大熊猫家园；龙门山脉重要生态涵养区；以熊猫文化和生态山水为特色的全域深度体验旅游目的地；中国汉白玉文创产业基地；川西旅游通道重要门户节点及旅游服务基地
	阿坝藏族羌族自治州	汶川县	防灾减灾示范区、中国羌城和文化旅游名城
	甘孜藏族自治州	丹巴县	甘孜藏族自治州的东部重镇，全县的政治、经济、文化中心和旅游服务基地，以嘉绒藏族文化为特色的旅游城市
	甘孜藏族自治州	巴塘县	中国弦子之乡，康巴历史文化名城，以发展旅游、商贸为主的生态宜居城市
	甘孜藏族自治州	稻城县	香巴拉人文生态名城，稻城亚丁国际生态精品旅游区文化旅游目的地，甘孜藏族自治州西南中心城市
	甘孜藏族自治州	德格县	我国三大印经院之首"德格印经院"，康巴藏文化起源地，被称为康巴的敦煌、民族文化的走廊、藏文化三大发祥地之首
	甘孜藏族自治州	甘孜县	格萨尔文化、红色文化、民俗文化聚集地，雅砻湾旅游景区
	拉萨市	当雄县	拉萨市域重要的旅游服务基地，具有浓郁藏北风情的小城镇
	拉萨市	尼木县	拉萨市域西部中心城镇之一，特色旅游服务基地
	昌都市	类乌齐县	西藏自治区内集旅游度假、生态产业、畜牧业于一体的知名生态县；建设"五个类乌齐"，打造昌都地区具有强大吸引力、竞争力和功能完善的综合性高原旅游目的地
	昌都市	察雅县	察雅县是西藏自治区城镇体系规划中的三级地方中心城市之一，西藏昌都三大支撑中心（察雅县、康定市、西昌市）之一，昌都地区重要的旅游基地

续表

职能类型	市	区县	发展方向及发展定位
旅游服务型	昌都市	八宿县	昌都东南门户，以发展旅游、商贸、民族和高原特色的食品加工的工贸型城市，旅游接待基地
	林芝市	工布江达县	积极发展餐饮、住宿、生态旅游等产业
	林芝市	米林市	推进游客集散中心和藏医药文化源区建设
	林芝市	墨脱县	依托原生态旅游资源和独特的珞巴民族文化，大力发展高品质生态旅游
	山南市	扎囊县	文化旅游创意区，民族手工业基地，良种供应基地，"雅砻粮仓"，生态科技示范区
	山南市	浪卡子县	文化旅游创意区，民族工艺基地
服务现代农牧业型	眉山市	青神县	岷江流域的璀璨明珠，成绵乐发展带上的重要节点，成都平原城市群的后花园；新型机械产业特色县，农业产业特色县，以竹编文化、东坡文化为引领的文化和旅游特色县，环境优美宜居的绿色生态县
	甘孜藏族自治州	雅江县	旅游产业园，康巴汉子村旅游景区；现代高原特色农牧区，生猪养殖地，食用菌、中藏药、蔬菜、水果等特色种植业基地
	甘孜藏族自治州	道孚县	生态旅游和农牧业、文化产业融合发展的"甘孜藏区农策融合发展示范县"
	甘孜藏族自治州	新龙县	连通甘孜南北的枢纽，现代农业园区，牦牛园区
	甘孜藏族自治州	白玉县	高原特色生态农牧区，"白玉黑山羊＋藏菊"现代农业园区
	甘孜藏族自治州	炉霍县	炉霍现代农业产业园区，生态菜籽油加工及双低油菜垚地建设，"三环一带两湿地"
	拉萨市	林周县	拉萨市域中部中心城镇之一，农牧业生产服务基地
	拉萨市	曲水县	国家现代农业示范区，国家农村改革试验区，净土健康产业基地
	林芝市	波密县	西藏红色文化重镇，高原特色种植园，羊肚菌产业园区
	林芝市	朗县	"西藏辣椒之乡""一椒一果"特色种植园
	山南市	琼结县	山南卫星城，吐蕃文化核心区，山南优质"菜篮子"基地，绿色产品深加工基地
	山南市	措美县	"藏獒之乡"，国家生态文明先行示范区，高原生态民俗文化区
工业服务型	德阳市	中江县	成都大都市圈重要的工业基地与重点配套协作基地，成都周边电子产业带节点，县域名特优农产品流通、集散中心，中药产业制造基地，农副产品加工基地，独具特色的安全、风貌、生态宜居城市，城区规划规模为40万～50万人
	德阳市	什邡市	成都大都市圈重要的现代化工业城市，极富文化底蕴和自然环境特色的花园景观城市，城区规划规模为20万～30万人
	眉山市	丹棱县	中国美丽乡村典范，成都经济圈机械制造产业聚集地；中国大雅家园综合配套服务基地
	拉萨市	达孜区	拉萨中心城区的东部门户，引导培育城郊经济发展，市域工业集聚发展地之一
	日喀则市	仁布县	拉日区域的中心节点和交通要道，现代生态工业园区
	山南市	桑日县	山南卫星城，大古风景区，水电清洁能源集聚区，优势建材工业基地，葡萄种植加工基地
能矿资源型	拉萨市	墨竹工卡县	拉萨山南经济一体化东部交通枢纽，有色金属开发及矿区开发修复基地，生态畜牧业基地
	昌都市	江达县	藏东经济区重要组成部分，宣传和展示康巴文化的重要承载地，高原工矿业、农牧业和生态林业发展基地

职能类型	市	区县	发展方向及发展定位
能矿资源型	昌都市	贡觉县	昌都地区东部重要城镇，重点发展民族手工业、农畜农副产品加工业和矿产品加工业，加快发展旅游业、民族手工业及农畜农副产品加工业
	山南市	曲松县	铬铁矿业发展区，拉加里文化旅游区，藏药材种植基地，光伏产业园区
	山南市	加查县	水电清洁能源集聚区，神湖旅游目的地，核桃蓝莓种植加工基地
	山南市	隆子县	扎西康铅锌矿，优势矿产业科学发展基地
特色新兴产业服务型	成都市	双流区	国际航空枢纽，天府新区空港高技术产业功能区，以临空产业为主导的卫星城
	成都市	金堂县	以发展节能环保、通用航空、近郊休闲旅游为重点的宜居宜业天府花园水城
	成都市	郫都区	成都市重要的教育科研基地，以电子信息产业为主导的卫星城
	成都市	蒲江县	以发展机械、生物医药、食品、旅游为重点的现代生态休闲城
	成都市	彭州市	以发展石化、航空动力、生物医药、家纺服装、休闲度假旅游为重点的生态产业城
	成都市	邛崃市	以发展旅游、食品、优质白酒、生物医药、精细化工为重点的西南门户旅游城
	成都市	崇州市	以发展电子信息、家具、装饰装修材料产业以及山地度假旅游目的地为重点的西蜀历史文化名城
商贸物流型	成都市	新津区	天府新区战略性新兴产业功能区，成都市重要的物流基地，以轨道交通和新材料为主导的卫星城
	甘孜藏族自治州	泸定县	甘孜藏族自治州东部区域商贸中心和州内各县农副产品的供应基地，被誉为甘孜藏族自治州"东大门"。川西重要的旅游景区之一
	甘孜藏族自治州	理塘县	甘孜藏族自治州南部的商贸物流中心、交通枢纽中心、藏文化创意中心、重要的旅游节点城市
	昌都市	左贡县	南部川藏线上的重要城市，西藏地区的西电东送基地；以发展旅游、特色农副产品加工、商贸流通为主的具有藏式风情的山水山地小城市
	昌都市	芒康县	依托国道318、国道214和与川滇接壤优势，大力发展商贸物流业、现代农牧业，积极发展住宿、餐饮、商贸等服务业，开发特色生物资源、水能资源和旅游资源，积极发展特色食饮品业、能源产业和旅游业，加强与周边区经济联系和合作，打造连接川滇两省的重要枢纽
	昌都市	洛隆县	以农牧产品加工、流通为主的综合服务型城镇县城
	山南市	贡嘎县	拉萨山南经济一体化西部交通枢纽、商贸物流中心，生态产业示范区，高新技术产业集中区，现代农业科技园区，临空经济区

同时，在城镇尺度进一步进行发展职能的细化。结合川藏通道沿线规划城市职能及发展导向，依据2020年川藏通道沿线城镇带城镇职能，综合考虑上位规划发展要求，对2035年川藏通道沿线城镇职能进行规划，对职能与城镇发展需求不适配地进行调整，将沿线154个城镇职能进行重新划分，仍划分为城郊经济型城镇、工矿服务型城镇、交通物流型城镇、旅游服务型城镇、农牧服务型城镇、商贸服务型城镇、综合服务型城镇、综合性城市八类。重新规划后职能分布如图6.22。相比现状，未来共有8个城镇职能需要调整，其中城郊经济型城镇2个，分别是卡若区（昌都市）和俄洛镇（昌都市），均调整为综合服务型城镇；旅游服务型城镇3个，分别是羊八井镇（拉萨市）、甘孜镇（甘孜藏族自治州）、高城镇（甘孜藏族自治州），均调整为综合服务型城镇；农牧服务型城镇3个，分别是半扇门镇（甘孜藏族自治州）、玉科镇（甘孜藏族自治州）、

错阿镇（甘孜藏族自治州），半扇门镇调整为工矿服务型城镇，玉科镇和错阿镇调整为旅游服务型城镇。其余城镇不进行变动。

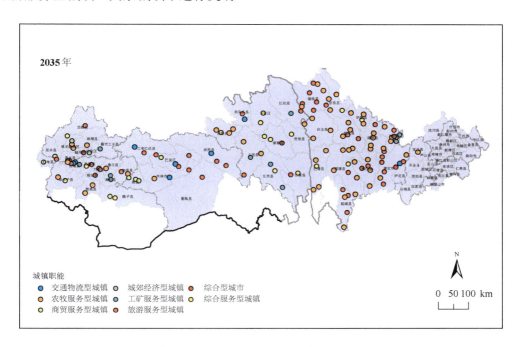

图 6.22 川藏通道沿线城镇带 2035 年规划城镇职能空间分布图

6.4 城镇带绿色发展模式与路径

川藏通道是"十四五"时期交通强国建设工程中的战略骨干通道，沿线城镇更是青藏高原生态屏障区的重要组成部分，在国家绿色发展战略中具有重要地位。川藏通道沿线城镇带绿色发展关系到国家绿色发展战略的实现，不仅关系着国家确定的各项绿色发展指标的实现，更关系着川藏通道沿线地区是否能提升城镇发展质量，实现川藏地区城镇化发展绿色转型。

6.4.1 城镇带绿色发展模式

根据川藏通道沿线城镇带现阶段发展条件、发展环境、发展阶段，可将沿线 79 个城镇分为交通驱动型、旅游拉动型、工矿主导型、绿色发展型和综合发展型 5 种发展模式，并提出了绿色发展路径。

1. 交通驱动型模式

川藏通道沿线地区城镇多沿公路建设扩张，城镇建设进程依靠公路经济带动，具有明显的交通驱动型模式特征。该模式有 8 个典型城镇，包括成都市新津区，甘孜藏族自治州理塘县，昌都市的左贡县、芒康县、类乌齐县、卡若区、江达县，山南市贡嘎县。同时，其他城镇也多借助交通基础设施建设，加强城镇化发展核心竞争力，以西藏林芝市为例，林芝市及周边城镇基本形成以 G318 沿线和至米林机场沿线为主轴的空间开发格局，公路与航空枢纽的区位优势已带动附近重点城镇成为全区重要的游客集散中心和特色生物资源的加工与出口基地。

2. 旅游拉动型模式

旅游拉动型模式就是通过旅游项目的开发和旅游产业的孵化，不断提高休闲、游憩、娱乐、度假等功能在城镇中的比重，充分发挥旅游功能在旧城改造、新城建设、特色小城镇建设等方面的引导作用，进而实现农业人口向城镇旅游服务业的转移集聚。川藏地区拥有茶马古道、南方丝绸之路、318 世界生态景观大道、岷江河谷、九寨沟 - 黄龙等具有世界影响力的自然景观。人文旅游资源涵盖文物古迹、社会民俗、传统、公关机构、建筑学特征、烹调、音乐、舞蹈、手工艺品等。川藏地区拥有藏彝文化走廊、康巴文化、羌寨文化、红色文化等优秀文化。富有民族特色的川藏文化具有独特的生命力，是区域旅游产品竞争的核心。自然与人文景观成为川藏旅游产业发展的前提，也是吸引海内外客源的基础。节庆活动与相关事件是展示区域人文旅游资源的平台，是增强游客深度体验的重要途径。川藏地区多年来形成的凉山彝族火把节、四川阿坝国际熊猫节、康定情歌节、藏历新年活动、跑马山国际登山节以及冰雪节，传承与交流了川藏民间文化、大众文化、宗教文化与传统文化，同时也丰富和扩展了区域旅游资源。应有效利用当地旅游资源，开发优质旅游线路，引导农业人口向城镇旅游服务业集聚，进而带动城镇化发展。以拉萨市当雄县和尼木县为例，当雄县可重点发展以高原风光为特色的文化体育旅游产业，壮大发展牦牛养殖等畜牧业，打造集文旅融合、能源开发、生态保护相协调的全市发展支撑极。尼木县可支持藏香、藏纸、经版雕刻等传统手工技艺与旅游产业融合发展，打造特色种养殖基地和优秀传统文化保护传承地。

3. 工矿主导型模式

工矿主导型模式是指第二产业无论是产值还是就业比重都占主导地位，依托资源优势、区位条件、市场信息和外资等条件，形成某一种或仅几种产品为主打的专业化、特色化生产。川藏沿线地区具有较优工矿资源的城镇主要有 12 个，其中工业服务型 6 个，分别是德阳市的中江县和什邡市、眉山市的丹棱县、拉萨市的达孜区、日喀则市的仁布县、山南市的桑日县。能矿资源型 6 个，分别是拉萨市的墨竹工卡县，昌都市的江达县、贡觉县，山南市的曲松县、加查县、隆子县（图 6.23）。以墨竹工卡县为例，墨竹工卡县主要矿产资源有金、锑、铬、银、铜等，可通过推动绿色矿山改造技术，提升矿产资源绿色开发水平，完善城镇综合服务配套，将其打造成为东部中心城镇。

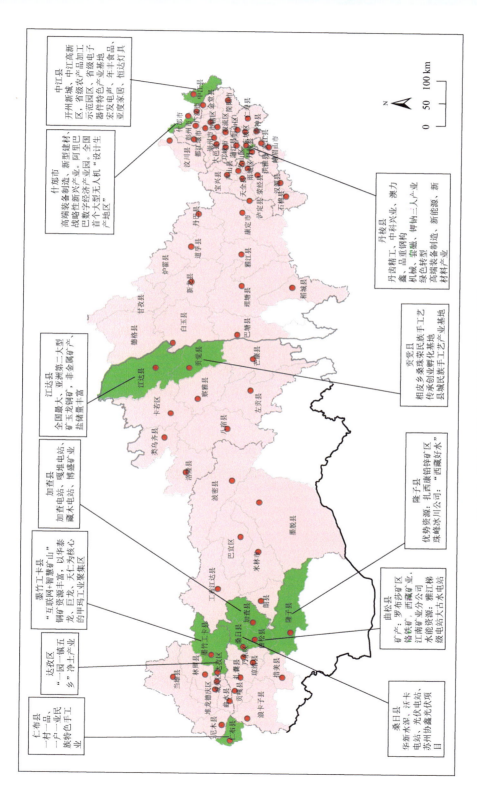

图 6.23 川藏通道沿线工矿主导型城镇分布图

4. 绿色发展型模式

以绿色发展理念推进新型城镇化，关键是要转变经济发展方式，决不能以牺牲环境为代价换取一时的经济增长。在推进新型城镇化进程中，有条件的地方可以重点发展生态环保产业、高新技术产业、优势服务业、创意文化产业、现代农业、休闲旅游业等。传统产业要积极引进绿色科技、发展绿色生产，为社会提供更多的生态环保型产品和服务。川藏地区拥有优越的自然资源，多数城镇近年来不断探索绿色发展型模式如何推进，目前在高原农牧业、循环经济、绿色清洁能源方面做出了有效尝试。例如，拉萨市林周县重点发展以青稞增产、牦牛育肥、饲草种植为主的特色农畜产品现代化生产基地，曲水县则重点建设种质资源基地、农产品精深加工基地，发展资源循环利用类产业，打造引领全区的现代化农业产业示范区和循环经济示范区，以环境友好型的特色高原农牧业有效带动城镇化发展。

5. 综合发展型模式

综合发展型城镇需要同时有一定的地理优势和产业优势，它的经济功能具有一定的综合性。城市的集聚力因为城市中各种设施的完善而日益增强。贸易业、金融业、文化业、服务业以及娱乐业等都在城市中应时代的要求而完善。在商业的推动下，城市迅速地发展起来，大型的经济中心和贸易中心落户到这些综合性城市中。川藏通道沿线城镇中有 17 个属于此类型，包括成都市市辖区、简阳市，乐山市的夹江县、峨眉山市，眉山市的东坡区、彭山区、仁寿县，雅安市的雨城区、名山县、荥经县、石棉县，甘孜藏族自治州的康定市，拉萨市的城关区、堆龙德庆区，昌都市的卡若区，林芝市的巴宜区，山南市的乃东区（图 6.24）。这些城镇在产业结构上不侧重于某特定行业，也不仅仅依靠旅游带动当地城镇化建设，城镇经济功能较为完善，同时也是区域城镇化率较高的城镇。

6.4.2 城镇带绿色发展路径

1. 依托川藏通道构筑重要生态安全屏障，大力发展特色经济与净土产业

川藏通道沿线城镇发展必须坚持"节约优先、保护优先、自然恢复为主"的方针，减少生态环境破坏，走节约资源、保护环境、提高效率、保障安全的可持续发展道路，促进社会经济发展与自然和谐发展。川藏通道沿线城镇实现生态环境保护与高质量发展的一个重要路径就是立足比较优势，推动"以产促城，以城兴产，产城融合"。部分城镇因地处偏远地区、人口稀少，自然环境还处于纯天然状态，拥有丰富的自然景观与人文景观，原始森林中不仅野生动植物种类较多，而且风光秀丽、景色优美，但这些地区的自然生态环境极度脆弱，易遭破坏，加上交通不便，因而不宜大力发展现代工业，应大力发展转口贸易、特色旅游和特色农牧产品加工等

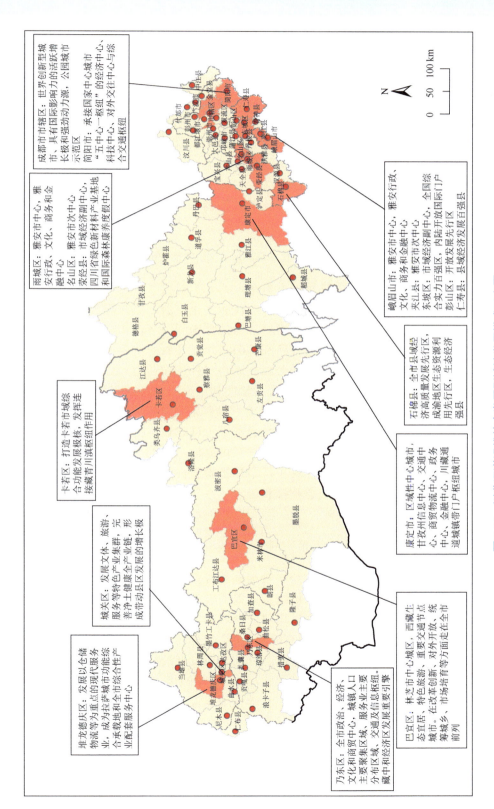

图 6.24　川藏通道沿线综合发展型城镇发展模式示意图

净土产业。作为净土产业之一的旅游服务业具有低排放、低污染、高效益的发展特征，并且交通是发展旅游业的必要条件，是联系旅游者与旅游对象的重要环节，对旅游业的发展起着推动作用。随着川藏铁路的建设，内地与西藏之间的交通联系将发生根本性改变，"高原丝绸之路"的发展将突破瓶颈，转口贸易将成为西藏边境城镇的重要功能之一。另外，雪域高原旅游近年来已成为旅游热点，随着边境地区交通、通信的改善，独具特色的西藏边境旅游将成为海内外游客的重要目的地。因而，继续提升沿线旅游交通基础设施建设，加快旅游环线公路升级改造和旅游专用公路建设，依托川藏铁路完善的旅游客运网络，发展高端旅游客运服务，增加林芝、昌都等主要客运地及重点旅游城市直飞航班，不断拓展旅游业发展空间。

2. 建设我国面向南亚开放的重要通道，加强应急保障能力

西藏是中国面向南亚的战略枢纽和开放门户，为对接"一带一路"和孟中印缅经济走廊建设，加强中国与南亚的经济贸易合作和文化交流，依托川藏铁路形成的"三圈二带一心"新城镇化发展格局，建设环喜马拉雅国际经济合作带，积极参与孟中印缅经济走廊建设，增强拉萨、林芝、昌都等面向南亚开放的重要枢纽功能，构建西藏与周边国家立体交通网络体系，畅通公路、铁路对外运输通道，提高跨国界运输、物流效率和服务能力，实现互联互通和国际运输便利化。

交通运输作为西藏国防和战时的生命线，现有运输保障能力十分有限，远远不能满足国防战备要求。加强川藏铁路配套交通基础设施建设，提高应急保障能力，保障重要战略物资和应急救灾物资运输的及时性和可靠性，是维护国家经济社会运行安全和国防安全的必然要求。应对自然灾害，增加抢险救灾时效性，降低群众安全风险，应加强村镇公路连通度，推进应急救援和应急体系建设，提高交通应急救援能力，还要加强交通线路养护管理，改善公路的运行状况和行车条件。

3. 构建沿线多层级城镇体系，优化城镇化发展空间格局

城镇体系是一群城市根据其大小、功能和相互作用的类型而组成的等级体系。西藏和川西地区地广人稀，川藏通道沿线城镇数量较内地过于稀少且分布极为分散，难以形成合理的职能分工与合作，难以构建成合理的城镇体系。必须将川藏通道沿线城镇体系的研究、规划与建设提升到国家战略层面，做好科学规划、顶层设计及制度创新。通过构建沿线城镇空间新格局，分层次、分批次地发展沿线城镇，打造川藏通道核心经济发展带中心城镇。根据社会经济现状，选择一两个条件较好的县级城市，加大培育力度，着力优化产业结构，加强市政基础设施建设，提升城镇管理水平，增强城市聚集力和辐射力，使之成为边境区域中心城镇，以此来带动区域内小城镇和村寨的发展。同时，加强沿线地区一般城镇和村寨建设，推动城镇适度集中，进一步实现边境农牧民"就地城镇化"；全力保障基础设施与基本公共服务供给，将沿线中心城镇与边远城镇和村寨连接起来，带动乡村农牧经济发展和边境安全。

4. 全力推进沿线城镇基础设施建设，强化交通辐射带动效应

川藏通道沿线城镇配套基础设施建设长期滞后，加上藏东城镇体系建设是一项长期而复杂的工程，投资大、收效慢，仅靠西藏地方财力难以支撑其发展。因此，除内地省市对藏东城镇实行对口援建外，还需从国家层面对其进行政策倾斜和资金、技术支持。国家有关部门不能只从经济效益的角度来看待相关基础设施的建设，而要从国家安全的战略高度，从民族团结、社会稳定的政治高度，来制定相关政策措施，推动川藏通道沿线兴市富民行动的规划与贯彻落实。一是加强沿线配套交通体系建设，着力保证藏东城镇与中国内地和南亚各国通道的通畅。二是高度重视沿线通信设施的建设，通信发展惠及民生，更与社会稳定及边防安全息息相关，提高西藏边境城镇通信网络建设、完善边防边控通信设施十分重要和迫切。

6.5　城镇带重点城镇绿色发展

为了深入推进川藏通道沿线城镇带城镇实现城镇化绿色发展，将川藏通道沿线城镇带分为拉萨—林芝段、林芝—雅安段，因段制宜提出重点城镇未来城镇化绿色发展重点。

6.5.1　拉萨—林芝段重点城市与城镇

1. 乃东区城镇化绿色发展

把乃东区建成山南市副中心，建成西藏自治区统筹城乡示范区、藏源生态文化示范区、农村综合改革试验区。加强与拉萨市的产业分工、协作和对接，促进现代服务业、特色农畜产品加工、藏医药、民族手工业集聚发展，打造"沿江百亿产业走廊"中心枢纽。以水能资源为核心，联合桑日光伏发电和桑日—加查水能资源，开发雅鲁藏布江流域乃东—桑日—加查片区，建设"藏中南清洁能源基地"。打造藏源文化旅游核心片区：围绕"藏源文化"、自然生态两条主线，讲好"藏源故事"、做好"第一"文章、打造"诗意"原乡、开启"寻根"之旅。大力发展高原特色种植业。立足民族特色文化资源的传承保护和开发利用，围绕藏毯、藏香、藏式家具、藏装等特色产品，以乃东藏卡垫等，促进传统工艺与现代科技和时代元素相结合、手工业与旅游文化产业相融合，引导民族手工业集聚化、规模化和品牌化发展。

2. 工布江达县城镇化绿色发展

突出生态旅游业主导地位，融入林芝国际生态旅游区和全域旅游示范区，创建全域旅游示范县，实现"过路经济"向"过夜经济"转变。夯实特色农牧业基础地位，着力发展藏猪产业、牦牛产业，创建国家级现代农业产业园，积极申报"地球第三极"

品牌，推动县域经济高质量发展。严守生态保护红线、环境质量底线、资源利用上线，坚定不移走绿色发展、生态优先的路子。建设生态安全屏障，加强生态环境保护，打好污染防治攻坚战。统筹山水林田湖草系统治理，落实生态保护补偿机制，加大自然保护区建设力度，优化调整自然保护地，探索建立林地征占用长效机制，完成森林城市创建任务。践行"绿水青山就是金山银山"的发展理念，提高绿色发展水平，兼顾"绿起来"与"富起来"，找准适宜绿色发展的经济发展模式和价值转换路径，提高GDP的"含绿量"，让绿水青山变成金山银山，创建国家级生态文明示范县。

3. 巴宜区城镇化绿色发展

严守生态保护红线、环境质量底线、资源利用上线，坚定不移走绿色发展、生态优先的路子。建设生态安全屏障，加强生态环境保护，统筹山水林田湖草系统治理，落实生态保护补偿机制，加大自然保护区建设力度，优化调整自然保护地，探索建立林地征占用长效机制，完成森林城市创建任务。践行"绿水青山就是金山银山"的发展理念，找准适宜绿色发展的经济发展模式和价值转换路径，提高GDP的"含绿量"，让绿水青山变成金山银山，创建国家级生态文明示范区（图6.25）。建设蔬菜、水果、花卉苗木、禽蛋肉、藏猪种猪及猪仔供应基地。不断扩大设施蔬菜种植规模，完善农副产品生产、加工、包装、保鲜、储运、销售为一体的产业链，加强"林芝蓝莓""米瑞蔬菜之乡"等区域品牌打造，积极融入"地球第三极"品牌体系。

图6.25　林芝市巴宜区无人机影像（拍摄于2021年3月21日，无人机自动合成，城镇化科考队）

6.5.2　林芝—雅安段重点城市与城镇

1. 波密县城镇化绿色发展

加强波密县重点城镇建设力度，将其建设成为承接产业转移、发展战略性产业和提升传统产业的主要区域。运用互联网、物联网、大数据、人工智能等新技术改造传统农牧加工企业，推广先进适用的绿色工艺、技术，加快生产线改造，补齐关键技术短板。推动城镇特色农牧产品向高附加值精深加工延伸，建设规模化茶叶加工厂，完善提升产业链和供应链，提高产品质量。推行清洁生产，降低消耗排放，开发新品种，加大综合利用水平，打造综合利用产业链，扩宽产业带。构建多元旅游产品，以林芝桃花旅游节、雅鲁藏布生态文化旅游节、"三带七区"集中连片旅游景区为平台，重点依托国家森林公园、森林公园、城市公园、民族村落、古城古镇、农业观光园，实施波密县桃花谷生态风情项目建设，多层次发展研学游、自然景观游、避暑休闲、温泉度假、健康养生、山地户外运动、产品制造体验、探险等旅游产品。创新有利于农牧民广泛深入参与的业态模式，推进旅游业与农业、美丽乡村、民族文化、健康养生融合发展，提升旅游发展水平，打造林芝旅游升级体验。精心办好林芝桃花旅游文化节，充分利用主流媒体及影视、书刊、网络，唱响"人间净地、醉美林芝"，提升"畅游西藏、从林开始"知名度。

2. 巴塘县城镇化绿色发展

坚持生态文明绿色发展，打造美丽巴塘新名片（图 6.26）。把保护青藏高原生态作为最大贡献，扛起生态文明建设的责任，森林覆盖率、水土流失综合治理面积、城镇生活垃圾无害化处理率、天气优良天数占比等指标达到省控标准，守住底线、守住红线、守住上限、作出贡献。坚持擦亮底色、寻找路径、培育核心、打造龙头、转化优势、实现价值，以重点突破带动全局发展。压紧压实河（湖）长、林长、路长责任，加强

图 6.26　巴塘县城无人机影像图（拍摄于 2021 年 5 月 21 日，无人机自动合成，城镇化科考队）

湿地保护治理、森林草原管护、生物多样性保护，落实长江10年"禁渔令"，加快建设"数字林草"平台。以措普国家森林公园为龙头，打造生态旅游产业；以格木国家草原自然公园试点项目为龙头，为草原自然公园建设蹚出新路，以"江南森林·五彩田园"河西万亩立体生态园为龙头，推进城市立体生态发展，争创国家生态文明建设示范县。

3. 泸定县城镇化绿色发展

发挥泸定县区位、文化和气候优势，加快建设全国知名红色文化旅游和教育基地、成渝地区康养度假旅居目的地和优质教育医疗基地（图6.27），加快推进新城开发，积极融入成渝地区双城经济圈。提高中心城市辐射带动能力，加快完善物流集散功能，有序拓展城市空间，加快培育高就业容量产业，提高公共服务供给水平。筑牢资源本底，统筹推进植树造林、山水保护、生态修复、功能提升。以绿色发展理念指导推动产业转型升级，着力解决县域环境问题，严抓大气、水、土壤污染防治工作。按照"山顶戴帽子、山腰挣票子、山下饱肚子"的发展目标，着力推进林业生态建设，大力发展林业产业，全面强化森林资源管护，助推生态城镇化建设。现今继续围绕"成都后花园，康养加休闲"的定位，实施生态环境改善活动，抓好天然林保护工程和新一轮退耕还林还草、湿地恢复、水土保持等重点生态工程建设，坚决守住绿水青山和蓝天净土。

图6.27　泸定县城无人机影像（拍摄于2021年5月19日，无人机自动合成，城镇化科考队）

4. 康定市城镇化绿色发展

围绕交通枢纽和节点，加快发展区域性中心城市，建设区域发展增长极。提升康定市发展能级，推动城市功能向周边区域拓展，有序疏导非首府主导功能，加快产业向中高端转型，强化要素市场体系和功能平台建设，提升信息中心、交通中心、商贸物流中心、政务中心、金融中心功能，建成川藏通道城镇带门户枢纽城市和康巴地区最具竞争力和影响力的中心城市。引导传统农业向高效、特色、观光农业转变，扩大聚集效应，推动第一、第二、第三产业融合发展。大力发展康养、山地、文化、民俗、体验旅游，从生态旅游角度助力城镇化建设，践行绿色发展。

参考文献

昌都市发展和改革委员会.2021.昌都市国民经济和社会发展第十四个五年规划和 2035 年远景目标纲要.

成都市发展和改革委员会.2021.成都市国民经济和社会发展第十四个五年规划和二〇三五年远景目标纲要.

甘俊伟,杨龙,李进军.2017.基于 DEMATEL 的川藏旅游产业竞争力影响因素研究.干旱区资源与环境,31(3):197-202.

甘孜藏族自治州发展和改革委员会.2021.甘孜藏族自治州国民经济和社会发展第十四个五年规划和二〇三五年远景目标纲要.

格勒多吉.2019.以川藏铁路建设培塑区域中心城市.当代县域经济,(8):54-55.

郭长宝,王保弟,刘建康,等.2020.川藏铁路交通廊道地质调查工程主要进展与戉果.中国地质调查,7(6):1-12.

国家发展和改革委员会.2021.中华人民共和国国民经济和社会发展第十四个五年规划和 2035 年远景目标纲要.

拉萨市达孜区发展和改革委员会.2021.拉萨市达孜区国民经济和社会发展第十四个五年规划和 2035 年远景目标纲要.

拉萨市发展和改革委员会.2021.拉萨市国民经济和社会发展第十四个五年规划和 2035 年远景目标纲要.

兰恒星,张宁,郎平,等.2021.川藏铁路可研阶段重大工程地质风险分析.工程地质学报,29(2):326-341.

乐山市发展和改革委员会.2021.乐山市国民经济和社会发展第十四个五年规划和二〇三五年远景目标纲要.

眉山市发展和改革委员会.2021.眉山市国民经济和社会发展第十四个五年规划和二〇三五年远景目标纲要.

日喀则市人民政府.2018.日喀则市珠峰特色手工业发展规划（2017-2025）.

山南市发展和改革委员会.2021.西藏自治区山南市"十三五"时期国民经济和社会发展规划纲要.

四川省发展和改革委员会.2021.四川省国民经济和社会发展第十四个五年规划和二〇三五年远景目标纲要.

田超.2014.交通导向发展模式下城际铁路促进城镇化研究——以武汉城市圈为例.城市发展研究,21(5):20-25.

吴沛宝.2012.西藏城镇化发展战略研究.拉萨:西藏大学.

徐杰芳.2018.煤炭资源型城市绿色发展路径研究.合肥:安徽大学.

雅安市发展和改革委员会.2021.雅安市国民经济和社会发展第十四个五年规划和二〇三五年远景目标纲要.

游珍.2017.基于人地关系视角的中国边境城市协调发展路径研究.北京:中国地质大学.

中共昌都市委员会.2021.中共昌都市委员会关于制定国民经济和社会发展第十四个五年规划和二〇三五年远景目标的建议.

中共西藏自治区委员会.2021.中共西藏自治区委员会关于制定国民经济和社会发展"十四五"规划和二〇三五年远景目标的建议.

周晓琴.2016.交通驱动下山区中小城市旅游发展研究.昆明:云南师范大学.

第 7 章

唐蕃古道沿线城镇带城镇化与绿色发展

唐蕃古道横贯我国西部，跨越举世闻名的"世界屋脊"，是连通我国和西南友好邻邦的"黄金路"。唐蕃古道形成和畅通于唐朝，是中原与吐蕃之间的贸易往来要道，距今已有 1300 多年的历史，是一条承载藏汉交好、科技文化传播的"文化运河"，是藏汉友好交流的历史见证。唐蕃古道沿线城镇带地处高寒地区，人口稀疏，2019 年总人口为 436.5 万人，城镇人口约 235.1 万人，城镇化率为 53.9%。城镇化进程滞后于全国平均水平，城镇密度较低，平均每万平方公里不到 1 个城镇。城镇化进程空间差异大，较大规模城镇主要集中在青海省省会西宁市和西藏自治区首府拉萨市。沿唐蕃古道地区为多民族聚居区，历史悠久，文化璀璨，给现代文明留下了丰盛的非物质文化遗产，具有强大的文化资源开发潜力。唐蕃古道沿线城镇带城镇化正处在快速发展时期，同时也是城镇化由低质量发展向高质量发展迈进的关键转型期，沿线城镇禀赋各异，城镇化发展应因地制宜，采取绿色发展模式，生态环境保护、民族文化传承与社会经济发展并重。

7.1 科考范围与基本条件

唐蕃古道是唐代以来中原内地去往中国青海、中国西藏乃至尼泊尔、印度等国的必经之路，也是我国古代历史上一条非常著名的交通大道。唐蕃古道起自陕西西安（即长安），途经甘肃、青海，至西藏拉萨（即逻些），承载着千年的历史和文化沉淀，是一条象征着民族融合和文化交流的道路。

7.1.1 综合科学考察范围

唐蕃古道沿线城镇带研究范围包括西宁市、海南藏族自治州、果洛藏族自治州、玉树藏族自治州、昌都市、那曲市、拉萨市 7 个市（州）下辖的 34 个县级单元（表 7.1 和图 7.1）。其中，多数县级单元分布在青海省与西藏自治区，仅有石渠县位于四川省甘孜藏族自治州。唐蕃古道沿线城镇带北接我国内蒙古自治区、新疆维吾尔自治区，东与川东地区、甘肃省相连，南与藏南地区、川南地区、印度、不丹、尼泊尔毗邻，地理位置特殊，战略地位突出。这一带广大区域地处三江源国家级自然保护区，生态地位十分重要，具有与"一带一路"共建国家友好交流的历史文化基础，自然资源丰富，生态环境优美，旅游资源富足。

表 7.1　唐蕃古道沿线城镇带综合科学考察研究范围

市（州）	县（区）
西宁市（7 个）	城中区、城东区、城西区、城北区、湟源县、湟中区、大通县
海南藏族自治州（4 个）	共和县、兴海县、贵南县、同德县
果洛藏族自治州（4 个）	玛沁县、玛多县、甘德县、达日县
玉树藏族自治州（4 个）	玉树市、囊谦县、杂多县、称多县
昌都市（2 个）	类乌齐县、丁青县

续表

市（州）	县（区）
那曲市（4 个）	巴青县、索县、聂荣县、色尼区
拉萨市（8 个）	当雄县、城关区、堆龙德庆区、达孜区、林周县、尼木县、曲水县、墨竹工卡县
甘孜藏族自治州（1 个）	石渠县

图 7.1　唐蕃古道沿线城镇带综合科学考察研究范围示意图

7.1.2　城镇带发展的自然条件

唐蕃古道沿线城镇带位于青藏高原腹地，境内山川相涧、河流纵横、湖泊众多，大部分地区位于青海省三江源国家级自然保护区内，是长江、黄河和澜沧江源头所在地，水资源丰富，生态地位极高，是国家生态安全屏障的重要组成部分。

唐蕃古道沿线城镇带河床陡峭，河谷狭窄，落差较大，蕴藏着丰富的水能资源，开发潜力也极大。黄河在海南藏族自治州内横贯五县，干流长 411km，干流水域落差大，跨度窄，水量丰富，是黄河水利电力资源的"富矿区"，电力蕴藏量 900 万 kW。海南藏族自治州境内修建及规划修建的其他干流梯级电站有龙羊峡、拉西瓦峡、羊曲峡、班多峡、尼那等，其中共和县境内的龙羊峡水电站总装机容量 128 万 kW，年发电量达 60 亿 kWh。兴海县是海南藏族自治州重要的水电资源开发基地，黄河一级支流曲什安河、大坝河流域内建有莫多、尕曲、党村、满龙、温泉、双龙、百盘峡等 19 座梯级水电站。囊谦县境内有澜沧江水系扎曲、孜曲、巴曲、热曲、吉曲五条大河由西北平行向东南跨过全境，流经长度为 599km，水能理论蕴藏量约为 142.6 万 kW，平均每平方公里储能 112kW。

唐蕃古道沿线城镇带海拔高，空气稀薄，干燥少云，空气洁净，阳光灿烂，日照充足，不少地区年日照百分率超过 55%，蕴藏着极为丰富的光能资源。拉萨市海拔 3650m，全年日照时间在 3000h 以上，享有"日光城"的美誉。西藏是中国地热活动最强烈的地区，唐蕃古道沿线城镇带的地热资源也非常丰富，拉萨市当雄县的羊八井地热田是我国最大的高温湿蒸汽热田，热水温度在 93 ～ 172℃，已经开发成为地热能发电基地和重要旅游景点，那曲市色尼区已建成地热电厂，装机容量为 4010kW。唐蕃古道沿线城镇带海拔较高，地势高亢开阔，对风的阻挡小，风能资源富集，青海湖东部至日月山地区具有很高的风能储量，共和县风能可用时间频率在 60% 以上，全年时数超过 5000h，是青海省可开发风能的主要地区之一。

唐蕃古道沿线城镇带植被区系以北温带成分为主，由于其独特的地理位置和环境，植物中有许多青藏高原特有物种和经济植物。植物主要有乔木科、莎草科、百合科、菊科、豆科、柏科、杨柳科、十字花科、蔷薇科、毛茛科、龙胆科、麻黄科、蓼科、报春花科等，包括云杉、桦树、落叶松、青杨、沙棘、柠条、金露梅、银露梅等多种植物资源，其中野生药草种类多、分布广、经济价值较高，有冬虫夏草、党参、大黄、柴胡、红景天、黄芪、枸杞、唐古特大黄、达乌里龙胆、雪莲、麻黄、贝母、列当、羌活、锁阳等多种中藏药用植物。野生动物资源极为丰富，珍稀动物主要有藏羚羊、野牦牛、白唇鹿、雪豹、盘羊、岩羊、马麝、马鹿、棕熊、猞猁、高山雪鸡等。

7.1.3 城镇带发展的社会经济基础

唐蕃古道是藏汉友好的见证，被誉为民族团结的"千年平安路"。唐蕃古道以唐代鄯城（今西宁）为分割点，分为东西两段。这里关注的唐蕃古道西段位于青藏高原，从西宁经玛多、玉树、那曲至拉萨，横跨青海和西藏。

唐蕃古道形成和畅通于唐朝，距今已有 1300 多年历史，是当时连接中国和吐蕃的主要交通道路，是唐代以来中原通往中国青海、中国西藏乃至尼泊尔、印度等国的必经之路（张安福，2020）。史籍记载，唐蕃古道成为固定的官道正式形成于唐代。7 世纪前期，松赞干布统一了青藏高原并建立吐蕃王朝。唐贞观十五年（公元 641 年），文成公主前往吐蕃和亲，揭开了唐蕃古道历史上影响深远的一页。伴随着文成公主与松赞干布的联姻以及随后金城公主入藏和亲，双方使者往来增加，汉藏两族人民接触频繁，连通唐蕃之间的友好大道——唐蕃古道由此得名。在这条古道上，使臣往来、贸易流通、文化传输、宗教传播。东、西方文明在这片广阔的西部地区发生碰撞、融合，促进了汉藏文化的发展。

千百年来唐蕃古道一直承载着汉族和藏族各种层次、各种形式交流的重任，藏汉文化和经济的交流以古道为轴向四周发散出去。唐蕃古道历经了千年历史演变，古道上的历史和故事都深刻地铭刻在两地之间的河流山川、风土人情中，大量融合了汉、藏两族文化特色的文化遗产为汉、藏两族文化的交流融合做了最好的见证。唐蕃古道沿线随处可见兼具汉藏两族绘画特点的壁画、石刻以及记载于沿途城镇史料文献中的各种史记、传说，沿途独特的民俗、习惯等都是唐蕃古道文化最好的记录者。唐蕃古道沿线城镇带自然环境优美、文化资源丰富，有望通过旅游文创产业发展、藏文化传承保护等，促使城镇带地区成为带动周边区域发展的新增长极。

7.2 城镇带城镇化演变过程与基本特征

唐蕃古道沿线城镇带为人口稀疏区，总人口从 1990 年的 277.4 万人增长至 2019 年的 436.5 万人，城镇人口由 71.4 万人增长到 235.1 万人，城镇化率由 25.7% 提高至 53.9%。2000 年唐蕃古道沿线设有城镇 20 个，下设乡 69 个；2020 年城镇增至 93 个，乡村增至 190 个。城镇数目总体较少，城镇密度较低，平均每万平方公里不到 1 个城镇。唐蕃古道沿线城镇带城镇规模等级分布在三级至八级之间，较大规模城镇主要集中在青海省西宁市和西藏自治区首府拉萨市。唐蕃古道沿线城镇功能主要为综合服务型城镇、旅游服务型城镇、农牧服务型城镇、工矿服务型城镇、城郊经济型城镇、商贸服务型城镇六类。

7.2.1 人口与城镇化时空演变特征

1. 唐蕃古道沿线总人口演变过程

唐蕃古道沿线城镇带主要分布在青海和西藏境内。唐蕃古道青海沿线、西藏沿线1990 年、2000 年、2010 年、2015 年和 2019 年总人口数量如表 7.2 所示。1990～2019 年，唐蕃古道沿线城镇带总人口增长较快，1990 年青海与西藏沿线人口为 268.35 万人，到2019 年增长至 420.27 万人，增长了 56.5%。西藏沿线人口增速较青海沿线快，1990～2019年唐蕃古道沿线青海和西藏人口分别增长了 51.4% 和 75.5%。唐蕃古道沿线城镇带人口主要集中在青海，青海沿线人口占总人口的 3/4 以上（图 7.2）。

表 7.2 唐蕃古道沿线人口总数 （单位：万人）

年份	青海沿线	西藏沿线	唐蕃古道青海与西藏沿线
1990	209.86	58.49	268.35
2000	249.06	81.27	330.33
2010	294.16	91.22	385.38
2015	307.33	93.97	401.30
2019	317.62	102.64	420.27

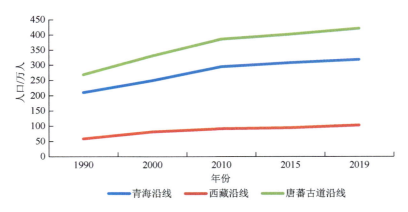

图 7.2　唐蕃古道沿线青藏地区人口数量变化趋势图

　　唐蕃古道沿线大部分地区海拔较高，许多区域属于偏远地区，人口稀疏。青海与西藏唐蕃古道沿线人口占这两个省（区）总人口的 43.8%，人口主要集中在西宁市和拉萨市，西宁市人口密度最高，2019 年人口密度约为 308 人 /km^2，拉萨市人口密度约为 18 人 /km^2。人口密度最低的玛多县平均每平方公里不到 1 人。

　　在县级单元尺度进一步分析唐蕃古道人口数量演变特征，对唐蕃古道沿线 34 个县级单元的人口数量进行统计分析，1990 年、2000 年、2010 年、2015 年和 2019 年各县级单元的人口数据如表 7.3 所示。总体而言，各县级单元人口数量都随着时间的推移而增长，受人口流出影响，部分县级单元在个别时段人口数量下降。人口增长最快的县级单元为西宁市城中区和城西区以及拉萨市城关区，1990 ~ 2019 年人口增长超过一倍以上。西宁市和拉萨市的快速城镇化带来人口的快速增长。由于城镇扩张受限，西宁市湟中区、湟源县与共和县人口增速较慢，1990 ~ 2019 年人口增长低于 10%。

表 7.3　唐蕃古道沿线县级人口数量　　　　　　　　　　（单位：万人）

县级城市	1990 年	2000 年	2010 年	2015 年	2019 年
西宁市城中区	12.73	16.83	29.70	30.80	32.08
西宁市城东区	20.78	29.61	35.97	38.10	39.15
西宁市城西区	12.73	24.87	24.26	26.40	28.54
西宁市城北区	18.40	22.80	29.90	31.40	32.52
西宁市湟中区	42.40	44.85	43.78	44.25	46.39
湟源县	12.70	12.98	13.66	13.53	14.37
大通县	38.94	41.70	43.59	45.64	45.66
共和县	12.79	11.20	12.30	14.00	13.26
兴海县	4.99	5.96	7.60	7.86	8.23
贵南县	5.71	6.36	7.66	7.94	8.13
同德县	4.08	4.87	6.44	6.50	6.34
玛沁县	3.07	3.58	5.12	5.83	4.84

续表

县级城市	1990 年	2000 年	2010 年	2015 年	2019 年
玛多县	1.05	1.09	1.13	1.20	1.57
甘德县	2.20	2.55	3.48	3.67	4.02
达日县	2.15	2.44	3.10	3.27	3.98
称多县	3.2	4.04	5.56	5.8	6.11
石渠县	5.9	6.35	8.68	9.5	10.13
玉树市	6.45	7.79	12.04	12.30	11.38
囊谦县	5.54	5.74	8.58	8.76	10.11
杂多县	3.13	3.87	5.83	5.88	7.06
类乌齐县	3.29	4.09	4.99	5.21	5.84
丁青县	5.00	6.06	6.99	8.11	9.29
巴青县	2.88	3.59	4.83	4.93	5.70
索县	2.88	3.47	4.36	4.92	5.39
聂荣县	2.36	2.82	3.24	3.32	3.76
那曲市色尼区	6.14	8.18	10.88	11.34	11.23
当雄县	3.40	3.92	4.65	5.20	5.44
拉萨市城关区	12.32	27.91	27.91	26.08	27.99
拉萨市堆龙德庆区	4.12	4.05	5.22	5.15	5.68
拉萨市达孜区	2.35	2.49	2.67	2.84	3.12
林周县	4.71	5.09	5.02	5.51	6.46
尼木县	2.63	2.74	2.81	3.01	3.45
曲水县	2.73	2.97	3.19	3.41	3.70
墨竹工卡县	3.67	3.89	4.47	4.97	5.60
合计	277.42	340.75	399.61	416.63	436.52

唐蕃古道沿线城镇带县级单元人口分布如图 7.3。1990 年人口数量大于 20 万人的县级单元有 3 个，分别为西宁市城东区和湟中区、大通县。到 2000 年，西宁市城西区和城北区及拉萨市城关区人口增至 20 万人以上，2010 年人口超过 20 万人的县级单元为西宁市城中区，到 2019 年人口数量大于 20 万人的县级单元数量维持在 7 个，集中在西宁市辖区县和拉萨市辖区。从空间分布来看，唐蕃古道沿线城镇带人口分布形成东中西部分别聚集的空间布局，其中，东部以西宁市为人口聚集中心增长，中部以玉树市联动周边的县级城市为人口聚集中心增长（2019 年玉树市和囊谦县人口在 10 万人以上），西部地区以拉萨市城关区和那曲市色尼区为人口聚集中心增长。

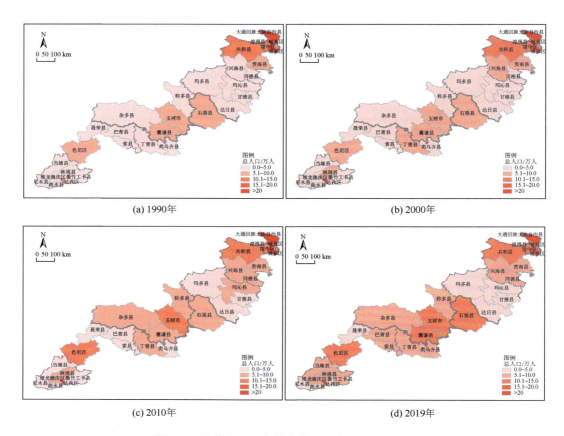

(a) 1990年 (b) 2000年

(c) 2010年 (d) 2019年

图 7.3 青藏高原沿唐蕃古道县级城市人口分布图

2. 唐蕃古道沿线城镇人口演变过程

唐蕃古道沿线城镇带城镇人口规模比较小，增长比较缓慢。青海省与西藏自治区沿唐蕃古道城镇人口变化见图 7.4。青海、西藏两省区城镇人口规模相差较大，城镇人口主要分布在青海省。1990 年青海省城镇人口占唐蕃古道沿线城镇带人口的 90% 以上，西藏自治区沿唐蕃古道地区人口仅有 3.7 万人，之后西藏自治区唐蕃古道沿线城镇人口增长加快，至 2019 年增长到 41.1 万人，占青藏高原沿唐蕃古道城镇总人口的 17.5%。1990 ～ 2019 年唐蕃古道沿线城镇带城镇人口增加显著，由 1990 年 71.44 万人增长至 2019 年的 235.08 万人，增长了约 2.3 倍。

唐蕃古道沿线城镇带县级行政单元城镇人口数量如表 7.4 所示。唐蕃古道沿线城镇带县级单元城镇人口规模总体偏低。2000 年以前，青藏高原沿唐蕃古道区域一些县级单元未设城镇，因此城镇人口数量为 0。随着社会经济的发展，城镇逐渐成为经济社会活动的主要载体，城乡和区域之间的人流、物流、资金流和信息流增强，越来越多的生产要素和社会经济活动向城镇集中，城镇成为区域经济社会发展的动力源，城镇化进程

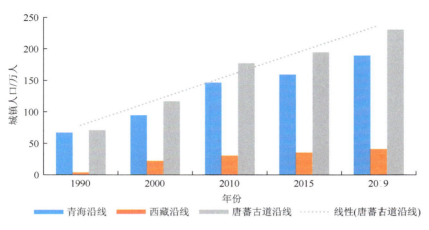

图 7.4　唐蕃古道沿线青海省与西藏自治区城镇人口变化图

快速推进。城镇人口较多的县级单元集中在总人口数较多的西宁市与拉萨市。1990 年，镇人口最多的县级单元为西宁市城东区，约有 13.5 万城镇人口。至 2019 年，西宁市城中区、城东区、城西区、城北区、大通县和拉萨市城关区城镇人口规模达到 20 万人以上。

表 7.4　唐蕃古道沿线城镇带县级行政单元城镇人口数量　（单位：万人）

县级城市	1990 年	2000 年	2010 年	2015 年	2019 年
西宁市城中区	10.73	13.02	25.94	26.53	31.89
西宁市城东区	13.54	17.03	25.35	29.63	39.09
西宁市城西区	10.51	22.83	23.26	24.40	28.51
西宁市城北区	13.40	17.50	23.75	24.73	30.60
西宁市湟中区	2.60	3.66	7.38	11.9	16.87
湟源县	3.06	3.10	3.52	4.01	5.91
大通县	7.88	10.26	14.45	13.72	21.03
共和县	3.28	3.41	4.55	4.99	3.95
兴海县	0.00	0.00	1.98	1.47	1.08
贵南县	0.00	0.00	1.76	0.78	2.13
同德县	0.00	0.00	1.56	2.33	1.23
玛沁县	1.16	1.29	2.41	2.17	2.51
玛多县	0.00	0.39	0.32	0.51	0.40
甘德县	0.00	0.00	0.38	0.40	0.43
达日县	0.00	0.00	0.66	1.04	0.39
称多县	0.00	0.00	0.32	0.64	1.07

续表

县级城市	1990 年	2000 年	2010 年	2015 年	2019 年
石渠县	0.27	0.34	0.54	0.95	2.00
玉树市	1.31	2.60	5.68	7.07	3.38
囊谦县	0.00	0.00	1.84	1.70	0.88
杂多县	0.00	0.00	2.07	0.24	0.64
类乌齐县	0.09	0.08	0.62	0.32	1.86
丁青县	0.11	0.29	0.42	0.21	0.59
巴青县	0.00	0.00	0.24	0.46	0.60
索县	0.07	0.13	0.47	1.27	1.47
聂荣县	0.00	0.00	0.23	0.29	0.72
那曲市色尼区	1.26	2.44	4.30	4.54	4.98
当雄县	0.19	0.26	0.55	0.83	1.33
拉萨市城关区	1.16	17.17	19.92	20.69	21.99
拉萨市堆龙德庆区	0.22	0.37	1.75	1.95	2.24
拉萨市达孜区	0.00	0.25	0.36	1.04	1.28
林周县	0.17	0.23	0.29	0.97	1.12
尼木县	0.00	0.20	0.32	0.87	0.99
曲水县	0.26	0.34	0.49	0.47	0.54
墨竹工卡县	0.17	0.23	0.41	1.36	1.38
合计	71.44	117.42	178.09	194.48	235.08

3. 唐蕃古道沿线城镇化水平演变过程

1990 ～ 2019 年，唐蕃古道沿线城镇人口增加约 163 万人，城镇化率由 25.8% 增加到 53.9%，连续 30 年波动上升，到 2019 年与全国平均水平约相差 6 个百分点。城镇化受行政建制调整的影响比较大。青海省与西藏自治区沿唐蕃古道城镇化水平演变见图 7.5。唐蕃古道沿线青海地区城镇化率远高于西藏地区，与全国平均水平基本同步，1990 ～ 2019 年，城镇化率由 31.7% 增长至 59.3%。唐蕃古道沿线西藏地区城镇化基础薄弱，1990 年城镇化率仅为 6% 左右，2019 年城镇化率增长到 40% 左右，低于全国平均水平约 20 个百分点。唐蕃古道沿线城镇带城镇化水平表现出很大的空间差异性。青海省西宁市是典型的移民城市，其移民人口多达 100 多万人，城镇化水平远高于唐蕃古道青藏沿线其他地区，到 2019 年城镇化率超过 70%。西藏自治区首府拉萨市城镇化率高于西藏自治区其他地区城镇化水平，到 2019 年达到 50%。

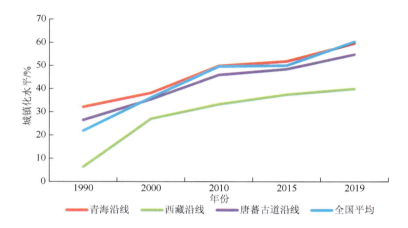

图 7.5　唐蕃古道沿线青海省与西藏自治区城镇化水平演化图

7.2.2　城镇规模等级结构时空变化特征

唐蕃古道沿线城镇带 2020 年有城镇 93 个、乡 190 个。城镇数目总体较少，城镇密度较低，平均每万平方公里不到 1 个城镇，城镇集中发展区域主要分布在城镇带东西两端，即青海省省会西宁市和西藏自治区首府拉萨市及其附近。青藏高原唐蕃古道沿线城镇带的城镇以六级和七级规模为主，一级到四级规模中大型城镇较少，集中分布在青海省省会西宁市和西藏自治区首府拉萨市。

1. 城镇数量演变与城镇布局

对唐蕃古道沿线 34 个县级单元 1990 年以来的城镇和乡村数量进行统计，结果见图 7.6。随着城镇化步伐的加快和城镇化水平的提高，该地区城镇数量逐步上升。1990 年，

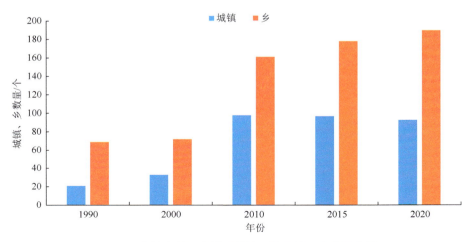

图 7.6　唐蕃古道沿线城镇带地区城乡数量变化趋势图

青藏高原地区唐蕃古道沿线设有城镇 21 个，下设乡 69 个；2000 年，青藏地区唐蕃古道沿线共有各类城镇 33 个，下设乡 72 个；2010 年，青藏地区唐蕃古道沿线共有各类城镇 98 个，下设乡 161 个；到 2015 年城镇数量增至 97 个，下设 178 个乡；随后城乡结构趋于稳定，到 2020 年，共有城镇 93 个、乡 190 个（表 7.5）。

表 7.5　2020 年唐蕃古道沿线城镇带城镇分布表

省区	地市州	县级	2020 年城镇	城乡数量
青海	西宁市	西宁市辖区	西宁市区、乐家湾镇、韵家口镇、总寨镇、彭家寨镇、大堡子镇、廿里铺镇（7 个）	城镇 28 个 乡 18 个
		大通县	桥头镇、城关镇（大通县）、塔尔镇、东峡镇、新庄镇、黄家寨镇、长宁镇、景阳镇、多林镇（9 个）	
		湟中区	鲁沙尔镇、多巴镇、田家寨镇、西堡镇、上新庄镇、甘河滩镇、共和镇、拦隆口镇、上五庄镇、李家山镇（10 个）	
		湟源县	城关镇（湟源县）、大华镇（2 个）	
	海南藏族自治州	共和县	恰卜恰镇、倒淌河镇、龙羊峡镇、塘格木镇、黑马河镇、石乃亥镇、江西沟镇（7 个）	城镇 15 个 乡 14 个
		同德县	尕巴松多镇、唐谷镇（2 个）	
		兴海县	子科滩镇、河卡镇、曲什安镇（3 个）	
		贵南县	茫曲镇、过马营镇、森多镇（3 个）	
	果洛藏族自治州	玛沁县	大武镇、拉加镇（2 个）	城镇 6 个 乡 23 个
		甘德县	柯曲镇（1 个）	
		达日县	吉迈镇（1 个）	
		玛多县	玛查理镇、花石峡镇（2 个）	
	玉树藏族自治州	玉树市	玉树市区、隆宝镇、下拉秀镇（3 个）	城镇 10 个 乡 24 个
		杂多县	萨呼腾镇（1 个）	
		称多县	称文镇、歇武镇、扎朵镇、清水河镇、珍秦镇（5 个）	
		囊谦县	香达镇（1 个）	
西藏	拉萨市	城关区	拉萨市区（1 个）	城镇 13 个 乡 38 个
		林周县	甘丹曲果镇（1 个）	
		当雄县	当曲卡镇、羊八井镇（2 个）	
		尼木县	塔荣镇、吞巴镇（2 个）	
		曲水县	曲水镇、达嘎镇（2 个）	
		堆龙德庆区	古荣镇、马镇、德庆镇（堆龙德庆区）（3 个）	
		达孜区	德庆镇（达孜区）（1 个）	
		墨竹工卡县	工卡镇（1 个）	
	昌都市	类乌齐县	桑多镇、类乌齐镇（2 个）	城镇 4 个 乡 19 个
		丁青县	丁青镇、尺牍镇（2 个）	
	那曲市	色尼区	那曲市区、那曲镇、罗玛镇、古露镇（4 个）	城镇 10 个 乡 24 个
		聂荣县	聂荣镇（1 个）	
		索县	亚拉镇、荣布镇（2 个）	
		巴青县	拉西镇、雅安镇、杂色镇（3 个）	

续表

省区	地市州	县级	2020 年城镇	城乡数量
四川	甘孜藏族自治州	石渠县	尼呷镇、洛须镇、色须镇、虾扎镇、温波镇、蒙宜镇、阿日扎镇（7 个）	城镇 7 个 乡 30 个

　　唐蕃古道沿线城镇带城镇布局见图 7.7。该区域范围内城镇数目较少，城镇密度较低，平均每万平方公里不到 1 个城镇，城镇体系尚不完备。城镇分布表现出较大的空间差异性，城镇集中发展区域主要分布在城镇带东西两端，即青海省省会西宁市和西藏自治区首府拉萨市及其附近。

2. 城镇等级规模结构特征

　　按照城镇人口数量划分城镇规模等级，将唐蕃古道沿线城镇带城镇划分成八级，一级城镇人口规模 ≥ 100 万人，二级城镇人口规模 50 万～ 100 万人，三级城镇人口规模 30 万～ 50 万人，四级城镇人口规模 10 万～ 30 万人，五级城镇人口规模 5 万～ 10 万人，六级城镇人口规模 1 万～ 5 万人，七级城镇人口规模 0.5 万～ 1 万人，八级城镇人口规模 ＜ 0.5 万人。1990 年、2000 年、2010 年、2015 年、2020 年唐蕃古道沿线城镇带各县级行政单元等级规模划分结果见表 7.6，空间分布见图 7.7。1990 年唐蕃古道沿线城镇带城镇规模普遍偏小，八级城镇数量最多，为 22 个，占城镇数的半数以上，六级和五级城镇数量分别为 7 个和 1 个，城镇最高等级规模为三级，为西宁市区。随着城镇化发展，沿线城镇单元人口数量增长，城镇数量大幅上升。到 2019 年唐蕃古道沿线城镇带六级及以下城镇数量上升到 26 个，占城镇总数量的三分之二，多位于青藏高原腹地的玛多、甘德和达日；西宁市城镇等级达到一级，是唐蕃古道沿线城镇带唯一超过百万人口的大城市。1990 ～ 2019 年，唐蕃古道一级到四级中大型城镇分布无明显变化，为青海省省会西宁市区、大通县的桥头镇和西藏自治区首府拉萨市区。从空间分布来看，青海省境内城镇规模等级整体较西藏自治区高。1990 ～ 2019 年，随着城镇数量的增加和人口规模的增长，六级以下小城镇单元数量增幅较大且增速明显。

表 7.6　唐蕃古道沿线城镇带县级单元城镇等级规模划分

城市等级	年份	城市或城镇
三级 （30 万～ 50 万人）	1990	—（0 个）
	2000	—（0 个）
	2010	—（0 个）
	2015	—（0 个）
	2019	城中区、城东区、城北区（3 个）

续表

城市等级	年份	城市或城镇
四级 (10万～30万人)	1990	城中区、城东区、城西区、城北区(4个)
	2000	城中区、城东区、城西区、城北区、大通县、城关区(6个)
	2010	城中区、城东区、城西区、城北区、大通县、城关区(6个)
	2015	城中区、城东区、城西区、城北区、湟中区、大通县、城关区(7个)
	2019	城西区、湟中区、大通县、城关区(4个)
五级 (5万～10万人)	1990	大通县(1个)
	2000	—(0个)
	2010	湟中区、玉树市(2个)
	2015	玉树市(1个)
	2019	湟源县(1个)
六级 (1万～5万人)	1990	湟源县、湟中区、共和县、玛沁县、玉树市、色尼区、城关区(7个)
	2000	湟中区、湟源县、共和县、玛沁县、玉树市、色尼区(6个)
	2010	湟源县、共和县、兴海县、贵南县、同德县、玛沁县、囊谦县、杂多县、色尼区、德庆区(10个)
	2015	湟源县、共和县、兴海县、同德县、玛沁县、达日县、囊谦县、索县、色尼区、德庆区、达孜区、墨竹工卡县(12个)
	2019	共和县、兴海县、同德县、贵南县、玛沁县、称多县、石渠县、玉树市、类乌齐县、索县、色尼区、当雄县、德庆区、达孜区、林周县、墨竹工卡县(16个)
七级 (0.5万～1万人)	1990年	—(0个)
	2000年	—(0个)
	2010年	达日县、石渠县、类乌齐县、当雄县(4个)
	2015年	贵南县、玛多县、称多县、石渠县、当雄县、尼木县、林周县(7个)
	2019年	囊谦县、杂多县、丁青县、巴青县、聂荣县、尼木县、曲水县(7个)
八级 (<0.5万人)	1990年	兴海县、贵南县、同德县、玛多县、甘德县、达日县、称多县、石渠县、囊谦县、杂多县、类乌齐县、丁青县、巴青县、索县、聂荣县、当雄县、德庆区、达孜区、林周县、尼木县、曲水县、墨竹工卡县(22个)
	2000年	兴海县、贵南县、同德县、玛多县、甘德县、达日县、称多县、石渠县、囊谦县、杂多县、类乌齐县、丁青县、巴青县、索县、聂荣县、当雄县、德庆区、达孜区、林周县、尼木县、曲水县、墨竹工卡县(22个)
	2010年	玛多县、甘德县、称多县、丁青县、巴青县、索县、聂荣县、达孜区、林周县、尼木县、曲水县、墨竹工卡县(12个)
	2015年	甘德县、杂多县、类乌齐县、丁青县、巴青县、聂荣县、曲水县(7个)
	2019年	玛多县、甘德县、达日县(3个)

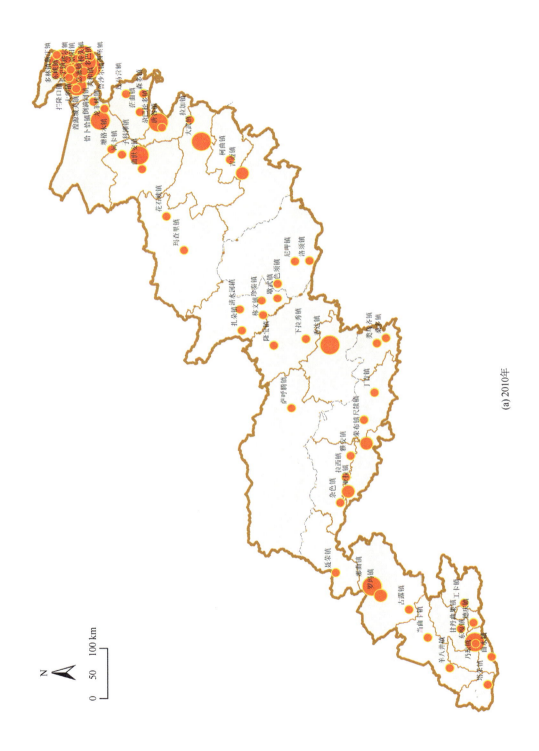

(a) 2010 年

(b) 2015年

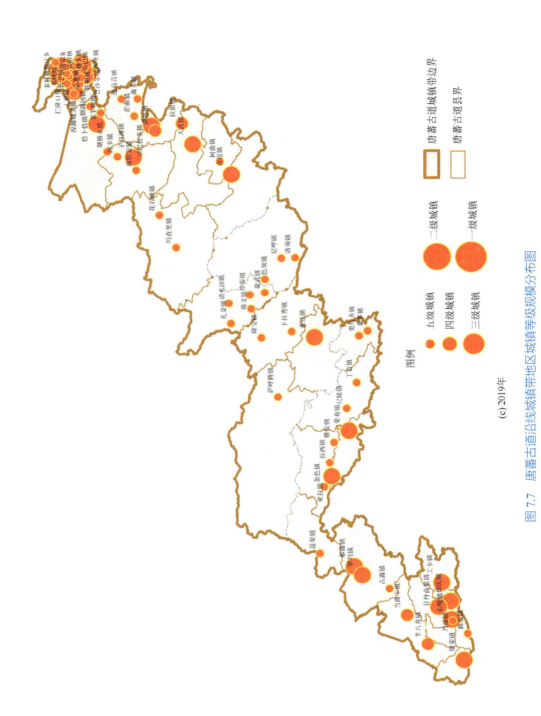

图 7.7 唐蕃古道沿线城镇带地区城镇等级规模分布图

(c) 2019 年

7.2.3　城镇职能分工格局

参考青海省与西藏自治区城镇体系规划以及各地级单元总体规划，结合实际调研情况，将唐蕃古道沿线城镇带 93 个城镇（含市辖区）划分为综合型城镇、综合服务型城镇、交通物流型城镇、旅游服务型城镇、农牧服务型城镇、工矿服务型城镇、城郊经济型城镇、商贸服务型城镇等八类，见图 7.8，划分结果及依据详见表 7.7。

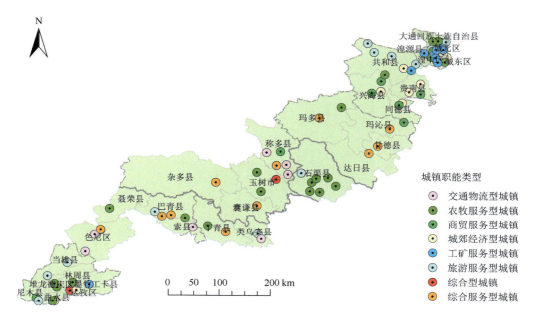

图 7.8　唐蕃古道沿线城镇带城镇职能分布图

表 7.7　唐蕃古道沿线城镇带城镇职能定位

职能	省份	州市名称	区县名称	城镇名称	发展方向及发展定位
综合型城市	青海	西宁市	市辖区	西宁市区	国家西部重要的区域中心城市，青藏高原政治、经济和文化中心；国家历史文化名城；世界精品旅游城市、国家西部重要交通枢纽。突出中心城区引领作用，充分发挥其在经济、科技、文化、社会各个方面优势，加强高新技术、文化旅游、金融服务、基础教育、物流集散等功能
	青海	玉树藏族自治州	玉树市	玉树市区	
	西藏	拉萨市	城关区	拉萨市区	
	西藏	那曲市	色尼区	那曲市区	
城郊经济型城镇	青海	西宁市	市辖区	乐家湾镇	青海省的省会，古称西平郡、青唐城，取"西陲安宁"之意，是青海省第一大城市，亦是整个青藏高原最大的城市；是青海省全省的政治、经济、文化、教育、科教、交通和通信中心，是国务院确定的内陆开放城市；是青藏高原的东方门户，古"丝绸之路"南路和"唐蕃古道"的必经之地，自古就是西北交通要道和军事重地，素有"西海锁钥""海藏咽喉"之称，是世界高海拔城市之一。西部地区重要交通枢纽。主动融入兰西城市群，谋划启动"大西宁"规划建设，按照"西扩、南活、北优、东延、中疏"总体要求，围绕"一心双城、环状组团发展"生态山水城市格局，规建并举增颜值
	青海	西宁市	市辖区	韵家口镇	
	青海	西宁市	市辖区	总寨镇	
	青海	西宁市	市辖区	彭家寨镇	
	青海	西宁市	市辖区	大堡子镇	
	青海	西宁市	市辖区	廿里铺镇	

续表

职能	省份	州市名称	区县名称	城镇名称	发展方向及发展定位
城郊经济型城镇	西藏	拉萨市	曲水县	曲水镇	市域南部中心城镇，拉萨中心城市南大门，市域工业集聚发展区之一，市域净土健康产业重要集聚区。应利用交通便捷的优越条件和工业集中区的规模效应，促进工业化进程，引导发展藏医药、绿色食品等净土健康产业，建材、农机加工等优势产业
	西藏	拉萨市	堆龙德庆区	德庆镇（堆龙德庆区）	
	西藏	拉萨市	达孜区	德庆镇（达孜区）	
	青海	西宁市	大通县	桥头镇	市域东部中心城镇，拉萨中心城区的东部门户，市域新型工业化示范点。加大产业培植力度，发展绿色食品、国防科技、太阳能、电力设备制造等优势产业，以工业转型升级的新突破打造区域经济新的增长点
	青海	西宁市	湟源县	城关镇（湟源县）	
	青海	海南藏族自治州	共和县	恰卜恰镇	全镇经济以农业为主，主要作物有小麦、青稞、蚕豆、豌豆、油菜、马铃薯等
	青海	海南藏族自治州	兴海县	子科滩镇	子科滩镇是中世纪唐蕃古道重要通道，历代高僧讲经授法的重要场所
	青海	海南藏族自治州	同德县	尕巴松多镇	"三江源"自然保护区的核心功能区和缓冲功能区，是"中华水塔"的重要组成部分，具有十分重要的生态地位
	青海	海南藏族自治州	贵南县	茫曲镇	发挥优势，做强传统，以现代生态农牧业为支点，补齐特色产业循环发展新链条
	青海	海南藏族自治州	贵南县	过马营镇	
商贸服务型城镇	青海	海南藏族自治州	贵南县	森多镇	旅游与文化、有机农业、美丽乡村建设深度融合，实现文旅、农旅、体旅全覆盖、高品质、有特色，努力构建更加符合功能定位的产业融合发展新模式
	青海	果洛藏族自治州	玛沁县	拉加镇	
	青海	玉树藏族自治州	称多县	清水河镇	
	西藏	拉萨市	尼木县	塔荣镇	以创建全域旅游示范区为契机，坚持以"旅游+"为产业发展导向
	青海	西宁市	大通县	城关镇（大通县）	是青藏高原的东门户，素有"青藏咽喉"之称，建设成全市乃至全省经济转型发展的先导区、城乡一体化建设的先行区、生态涵养发展的示范区、民族团结进步的模范区，成为重要的新型工业基础、现代农业示范基地、生态文化旅游基地和西宁市卫星城市，全面建设一个"繁荣、和谐、生态、宜居"的新大通
	青海	西宁市	大通县	塔尔镇	
	青海	海南藏族自治州	同德县	唐谷镇	"三江源"国家自然保护核心区，生态保护与文化旅游
	青海	海南藏族自治州	兴海县	河卡镇	"三江源"国家自然保护核心区，生态保护与文化旅游
	青海	海南藏族自治州	兴海县	曲什安镇	"三江源"国家自然保护核心区，生态保护与文化旅游
旅游服务型城镇	西藏	昌都市	类乌齐县	类乌齐镇	打造昌都地区具有强大吸引力、竞争力和功能完善的综合性高原旅游目的地
	青海	西宁市	大通县	东峡镇	为海南藏族自治州州属五县之一，是青海藏区人口较多、地域辽阔、畜牧业经济比重较大的一个县，在青海藏区经济社会发展布局中处于重要地位
	西藏	那曲市	巴青县	杂色镇	特色旅游服务基地
	四川	甘孜藏族自治州	石渠县	色须镇	特色旅游服务基地
	青海	西宁市	湟中区	鲁沙尔镇	鲁沙尔镇是古代"丝绸之路"和'唐蕃古道"上的重镇，旅游资源极其丰富，旅游条件得天独厚
	青海	西宁市	湟中区	上五庄镇	特色旅游服务基地

317

续表

职能	省份	州市名称	区县名称	城镇名称	发展方向及发展定位
旅游服务型城镇	青海	海南藏族自治州	共和县	倒淌河镇	海南藏族自治州首府所在地，是全州的政治、经济、文化、科技中心，发展地方特色工业、商贸、旅游服务为主的现代牧区新型城镇。把发展生态农业作为实现农牧业生产集约化的重要举措来抓，充分挖掘自然资源优势和农牧业内部潜力，积极探索和实践以解决农村能源、保护生态环境、增加农牧民收入为目的的生态农业模式
	青海	海南藏族自治州	共和县	黑马河镇	
	青海	海南藏族自治州	共和县	石乃亥镇	
	青海	海南藏族自治州	共和县	江西沟镇	
	西藏	拉萨市	当雄县	当曲卡镇	重要的旅游服务基地，具有浓郁藏北风情的小城镇
	西藏	拉萨市	当雄县	羊八井镇	依托全域旅游概念，围绕"一湖引领、多点支撑"的乡村旅游发展思路，立足实际，多举措推进旅游业快速发展
	西藏	拉萨市	尼木县	吞巴镇	
农牧服务型城镇	青海	西宁市	大通县	新庄镇	围绕现代设施农业、净土健康产业、生态人文旅游产业、物流业、现代服务业，提升三次产业融合发展，培育壮大优势特色产业，支持与经开区产城融合发展，充分利用好区、市产业发展扶持政策及资金，着力提升产业强区能力
	青海	西宁市	大通县	景阳镇	
	青海	西宁市	大通县	多林镇	
	青海	西宁市	湟中区	田家寨镇	
	青海	西宁市	湟中区	西堡镇	
	青海	西宁市	湟中区	共和镇	
	青海	西宁市	湟中区	拦隆口镇	
	青海	海南藏族自治州	共和县	塘格木镇	发挥优势，做强传统，以现代生态农牧业为支点，补齐特色产业循环发展新链条
	青海	果洛藏族自治州	玛多县	花石峡镇	三江源地区旅游名县，青南地区交通枢纽，人民安居乐业、社会长治久安的青海藏区和谐之县
	青海	玉树藏族自治州	玉树市	隆宝镇	高原生态型商贸旅游城市，国际旅游目的地、国家生态文明建设示范区、青川藏地区旅游商贸物流中心枢纽、青海省藏区城乡一体化先行区、三江源地区中心城市
	青海	玉树藏族自治州	玉树市	下拉秀镇	
	西藏	昌都市	丁青县	尺牍镇	整合农业资源，高标准实施项目
	西藏	那曲市	聂荣县	聂荣镇	以嘎确牧业产业园为代表的现代化牧业产业园区将聂荣的牧业产业化推向了发展新阶段
	西藏	那曲市	巴青县	雅安镇	
	西藏	拉萨市	林周县	甘丹曲果镇	市域中部中心城镇，拉萨市重要的农牧业生产服务基地和绿色食品加工基地
	西藏	拉萨市	曲水县	达嘎镇	引导发展以农牧业产品加工为主的绿色食品产业，成为拉萨主要的农副产品生产加工基地
	西藏	拉萨市	堆龙德庆区	古荣镇	助推文化旅游融合高速发展，走出一条以畜牧业发展为支撑、文化旅游业发展为动力，辐射带动全县经济社会全面发展的新路子
	西藏	拉萨市	堆龙德庆区	马镇	

续表

职能	省份	州市名称	区县名称	城镇名称	发展方向及发展定位
农牧服务型城镇	四川	甘孜藏族自治州	石渠县	尼呷镇	充分利用农牧区优势资源，带动全县畜牧业由传统粗放型向现代集约型转变，巩固提升牦牛产业发展产能，大力引导和支持高原现代设施畜牧业规模化发展，以"产品变商品、商品变品牌、品牌带产业"为导向，打响"圣洁甘孜·太阳部落"农畜产品区域公共品牌，把畜牧大县建设成为畜牧产业大县
	四川	甘孜藏族自治州	石渠县	洛须镇	
	四川	甘孜藏族自治州	石渠县	虾扎镇	
	四川	甘孜藏族自治州	石渠县	温波镇	
	四川	甘孜藏族自治州	石渠县	蒙宜镇	
	四川	甘孜藏族自治州	石渠县	阿日扎镇	
交通物流型城镇	西藏	昌都市	类乌齐县	桑多镇	西藏自治区内集旅游度假、生态产业、畜牧业于一体的知名生态县
	西藏	那曲市	色尼区	罗玛镇	以牧业为主，兼有副业
	西藏	那曲市	色尼区	古露镇	是那曲市的政治、经济、文化、交通、信息、通信中心
	西藏	那曲市	索县	荣布镇	转变农业生产方式，发展高效设施农业
	青海	玉树藏族自治州	称多县	歇武镇	生态＋畜牧业，以"粮改饲、饲补畜，农支牧，牧馈农"为总体思路，购置牲畜良种，种植芫根、燕麦、青干草饲草料，壮大畜群组织，优化畜群结构，稳步推进生态畜牧业合作社规范化、规模化、标准化建设
	青海	玉树藏族自治州	称多县	扎朵镇	
	青海	玉树藏族自治州	称多县	珍秦镇	
综合服务型城镇	青海	果洛藏族自治州	玛沁县	大武镇	果洛藏族自治州的交通枢纽，国家级"三江源"生态保护区
	青海	果洛藏族自治州	甘德县	柯曲镇	生态畜牧业发展的方向要围绕"夯基础、壮产业、强品牌、促就业、保生态"来拓展
	青海	果洛藏族自治州	达日县	吉迈镇	是果洛藏族自治州内仅次于州府所在地（大武）的重要商品、中藏药材集散地和青川交界处的重要交通枢纽。达日县以高原牧业为主导产业，交通枢纽、文化旅游为城镇化发展主要动力
	青海	果洛藏族自治州	玛多县	玛查理镇	
	青海	玉树藏族自治州	杂多县	萨呼腾镇	以全国农业可持续发展试验示范区和省级牦牛产业发展先试先行县为基础，继续加大对设施农业的投入力度，加快推进"商品农牧业"发展
	青海	玉树藏族自治州	称多县	称文镇	
	青海	玉树藏族自治州	囊谦县	香达镇	
	西藏	昌都市	丁青县	丁青镇	民族手工业
	西藏	那曲市	色尼区	那曲镇	那曲市委所在地，色尼区人民政府驻地。藏北牧区畜产品和土特产品的集散地
	西藏	那曲市	索县	亚拉镇	民族手工业
	西藏	那曲市	巴青县	拉西镇	生态与文化旅游、生态保护产业、高原特色农牧业、水电开发是城镇化与社会经济发展的动力
工矿服务型城镇	青海	海南藏族自治州	共和县	龙羊峡镇	加工业大县，青南地区交通枢纽，人民安居乐业、社会长治久安的青海藏区和谐之县
	青海	西宁市	湟中区	多巴镇	建立和完善农村小城镇可持续发展规划体系
	青海	西宁市	大通县	黄家寨镇	全国民族团结进步模范集体、全国民族团结创建活动示范县、国家科技进步示范县、中国民间文化艺术之乡、全国双拥模范县、全国老龄工作先进县、全国双拥模范县（三连冠）、全国林业科技示范县等国家级荣誉称号
	青海	西宁市	大通县	长宁镇	

续表

职能	省份	州市名称	区县名称	城镇名称	发展方向及发展定位
工矿服务型城镇	青海	西宁市	湟中区	上新庄镇	高原生态畜牧业、高原生态旅游业和高原商贸服务业
	青海	西宁市	湟中区	甘河滩镇	重点建设三个发展区：一是以工业园区为中心的核心发展区，重点发展工业建设。二是园区附近的9个村重点发展城郊型经济，并重点发展劳务经济，结合小城镇建设将农民逐步向非农行业转移。三是园区边缘的3个村重点发展绿色农业
	青海	西宁市	湟中区	李家山镇	加工业发展重点地区
	青海	西宁市	湟源县	大华镇	筑牢湟水河上游生态安全屏障，加速生态资源高效开发、生态产业培育转型，努力推动生态资源优势转化
	西藏	拉萨市	墨竹工卡县	工卡镇	市域东部重要的中心城镇，以高原风光旅游为特色的特色旅游服务基地，藏医药及有色金属开发重要基地。引导发展旅游配套服务业，农畜产品深加工、矿产开发、药材开发等特色产业

7.3 城镇带非物质文化遗产分布格局

非物质文化遗产是各族人民世代相传，并视为其文化遗产重要组成部分的各种传统文化的表现形式以及与传统文化表现形式相关的事物和场所。唐蕃古道沿线城镇带为多民族聚居区，历史悠久，文化璀璨，给现代文明留下了丰盛的非物质文化遗产。截至2021年，唐蕃古道沿线拥有国家级非物质文化遗产代表性项目107项，省级非物质文化遗产代表性项目315项，包含传统技艺，传统美术，传统体育、游艺与杂技，传统舞蹈，传统戏剧，传统医药，传统音乐，民间文学，民俗，曲艺全部十大类非物质文化遗产，具有强大的文化资源开发潜力。注重对非物质文化遗产资源的保护和传承，有利于推动城镇化与非遗保护传承同行。

7.3.1 非物质文化遗产空间分布特征

将公布的国家级（五批）、省级非物质文化遗产代表性项目名录（不含中直单位申请的项目）按照流布范围进行叠加统计，分析唐蕃古道沿线城镇带非物质文化遗产数量和空间分布情况。青藏高原唐蕃古道沿线非物质文化遗产资源丰富，城镇带地区34个县都有非物质文化遗产流布，非物质文化遗产整体上呈现出西南多、东北少的空间特征。

1. 唐蕃古道国家级非遗资源数量与空间分布

非物质文化遗产是先辈在生产生活中创造并继承下来的，形成和发扬于一定的人文环境和自然环境，具有地域性、民族性、社会性、民众性等特征（齐爱民，2007；麻国庆和朱伟，2018）。根据国家级（五批）非物质文化遗产代表性项目名录，统计唐蕃古道沿线城镇带国家级非遗资源。西藏自治区沿唐蕃古道国家级非物质文化遗产代表性项目见表 7.8，青海省沿唐蕃古道国家级非物质文化遗产代表性项目见表 7.9。唐蕃古道沿线西藏地区国家级非物质文化遗产代表性项目总计为 55 项，青海地区总计为 38 项，四川地区总计 14 项（表 7.10）。唐蕃古道沿线文化遗产资源丰富，具有强大的文化发展潜力。

表 7.8　西藏自治区沿唐蕃古道国家级非物质文化遗产代表性项目

序号	项目名称	项目类型	项目编号批次	申报地区或单位	项目保护单位	传承人
1	谐钦（拉萨纳如谐钦）	传统舞蹈	III -83(2)		拉萨市文化局	索朗次仁
2	藏戏（尼木塔荣藏戏）	传统戏剧	IV -80(1-2)	西藏自治区尼木县	西藏自治区拉萨市尼木县文化广播电影电视局	欧罗巡巴
3	藏香制作技艺	传统技艺	VIII -141(2)	西藏自治区尼木县	西藏自治区拉萨市尼木县文化广播电影电视局	次仁平措，次仁，旦增曲扎
4	佛教音乐（雄色寺绝鲁）	传统音乐	II -138(2-2)	西藏自治区曲水县	西藏自治区拉萨市曲水县文化广播电影电视局	尼玛卓嘎
5	廓孜	传统舞蹈	III -89(2)	西藏自治区曲水县	西藏自治区拉萨市曲水县文化广播电影电视局	扎桑
6	协荣仲孜	传统舞蹈	III -105(3)	西藏自治区曲水县	西藏自治区拉萨市曲水县文化广播电影电视局	桑珠
7	佛教音乐（直孔噶举派音乐）	传统音乐	II -138(2)	西藏自治区墨竹工卡县	拉萨市墨竹工卡县直孔替寺管理委员会	顿珠
8	羌姆（直孔嘎尔羌姆）	传统舞蹈	III -22(1-2)	西藏自治区墨竹工卡县	拉萨市墨竹工卡县直孔替寺管理委员会	—
9	宣舞（普堆巴宣舞）	传统舞蹈	III -80(2)	西藏自治区墨竹工卡县	西藏札达县文化广播电影电视局（札达县新闻出版文化广电局）	昂嘎，罗杰
10	藏族唐卡（墨竹工卡直孔刺绣唐卡）	传统美术	VII -14(1-1)	西藏自治区墨竹工卡县	墨竹工卡县文化广播电影电视局	米玛次仁
11	藏香制作技艺	传统技艺	VIII -141(2)	西藏自治区墨竹工卡县	拉萨市墨竹工卡县直孔替寺管理委员会	—
12	藏族唐卡（拉萨堆绣唐卡）	传统美术	VII -14	西藏自治区拉萨市	—	—
13	酥油花（强巴林寺酥油花）	传统美术	VII -48(1-2)	西藏自治区昌都市	西藏昌都市强巴林寺管理委员会	生格
14	藏族拉伊（那曲拉伊）	传统音乐	II -21(1-3)	西藏自治区那曲市	那曲市群众艺术馆	
15	拉萨囊玛	传统舞蹈	III -81(2)	西藏自治区拉萨市	拉萨市城关区娘热民间艺术有限公司	洛布曲珍
16	赛马会（当吉仁赛马会）	传统体育、游艺与杂技	VI -43(2)	西藏自治区拉萨市	当雄县文化广播电影电视局	—
17	风筝制作技艺（拉萨风筝）	传统技艺	VIII -88(1)	西藏自治区拉萨市	西藏自治区群众艺术馆	—
18	藏族矿植物颜料制作技艺	传统技艺	VIII -199(3)	西藏自治区拉萨市	拉萨市城关区古艺建筑美术公司	阿旺晋美

续表

序号	项目名称	项目类型	项目编号批次	申报地区或单位	项目保护单位	传承人
19	藏历年	民俗	X-131(3)	西藏自治区拉萨市	拉萨市群众艺术馆	—
20	格萨(斯)尔	民间文学	I-27(1)	西藏自治区	西藏自治区文化厅	次仁占堆(被判刑),桑珠,巴嘎,巴旦
21	弦子舞(芒康弦子舞)	传统舞蹈	III-19(1)	西藏自治区	西藏芒康县文化广播电影电视局	次仁旺堆,江措
22	锅庄舞(昌都锅庄舞)	传统舞蹈	III-20(1)	西藏自治区	西藏自治区昌都地区卡若区文化广播电影电视局	松吉扎西,洛松江村,泽仁尼玛
23	热巴舞(丁青热巴)	传统舞蹈	III-21(1)	西藏自治区	西藏自治区昌都地区丁青县文化广播电影电视局	丹增曲塔,四郎曲珍
24	热巴舞(那曲比如丁嘎热巴)	传统舞蹈	III-21(1)	西藏自治区	西藏比如县文化局	嘎鸟
25	日喀则扎什伦布寺羌姆	传统舞蹈	III-22(1)	西藏自治区	日喀则地区扎什伦布寺管理委员会	喇嘛次仁,喇嘛米玛,扎西
26	山南昌果卓舞	传统舞蹈	III-39(1)	西藏自治区	贡嘎县文化广播电影电视局	索朗,边巴次仁
27	嘎尔	传统舞蹈	III-85(2)	西藏自治区	西藏自治区群众艺术馆	平措玉杰,扎西次仁
28	藏戏(拉萨觉木隆)	传统戏剧	IV-80(1)	西藏自治区	西藏自治区文化厅	旦达,次旦多吉
29	藏戏(日喀则迥巴)	传统戏剧	IV-80(1)	西藏自治区	西藏自治区文化厅	朗杰次仁
30	藏戏(日喀则南木林湘巴)	传统戏剧	IV-80(1)	西藏自治区	西藏自治区文化厅	次多
31	藏戏(日喀则仁布江嘎尔)	传统戏剧	IV-80(1)	西藏自治区	西藏自治区文化厅	次仁
32	藏戏(山南雅隆扎西雪巴)	传统戏剧	IV-80(1)	西藏自治区	西藏自治区文化厅	次仁旺堆,尼玛次仁
33	藏戏(山南琼结卡卓扎西宾顿)	传统戏剧	IV-80(1)	西藏自治区	西藏自治区文化厅	嘎玛次仁,白梅
34	山南门巴戏	传统戏剧	IV-81(1)	西藏自治区	西藏错那市文化广播电影电视局	格桑旦增,巴桑
35	藏族唐卡(勉唐画派)	传统美术	VII-14(1)	西藏自治区	西藏自治区文化厅	丹巴绕旦,格桑次旦,罗布斯达
36	藏族唐卡(钦泽画派)	传统美术	VII-14(1)	西藏自治区	西藏自治区文化厅	次仁罗布,扎西
37	藏族唐卡(勉萨画派)	传统美术	VII-14(1-2)	西藏自治区	西藏唐卡画院	—
38	藏文书法(尼赤)	传统美术	VII-64(2-2)	西藏自治区	西藏图书馆	扎西顿珠

续表

序号	项目名称	项目类型	项目编号批次	申报地区或单位	项目保护单位	传承人
39	拉萨甲米水磨坊制作技艺	传统技艺	Ⅷ-47(1)	西藏自治区	西藏嘎吉林文化旅游开发有限公司	—
40	藏族造纸技艺	传统技艺	Ⅷ-69(1)	西藏自治区	拉萨彩泉福利民族手工业有限公司	次仁多杰
41	藏医药（拉萨北派藏医水银洗炼法和藏药仁青常觉配伍技艺）	传统医药	Ⅸ-9(1)	西藏自治区	西藏藏医药大学	强巴赤列，尼玛次仁，索朗其美，嘎务，多吉
42	藏医药（藏医外治法）	传统医药	Ⅸ-9(1-1)	西藏自治区藏医药大学	西藏自治区藏医药大学	米玛
43	藏医药（藏药炮制技艺）	传统医药	Ⅸ-9(1-1)	西藏自治区藏医院	西藏自治区藏医院	丹增彭措，索朗顿珠，占堆
44	藏医药（藏药七十味珍珠丸配伍技艺）	传统医药	Ⅸ-9(1-1)	西藏自治区藏药厂	西藏甘露藏药股份有限公司	洛桑多吉
45	雪顿节	民俗	Ⅹ-31(1)	西藏自治区	西藏自治区文化厅	—
46	藏族天文历算	民俗	Ⅹ-121(2)	西藏自治区	西藏自治区藏医院	贡嘎仁增
47	望果节	民俗	Ⅹ-145(4)	西藏自治区	西藏自治区群众艺术馆（西藏自治区非物质文化遗产保护中心）	—
48	藏族唐卡（康勉萨唐卡）	传统美术	Ⅶ-14	西藏自治区昌都市	—	—
49	传统帐篷编制技艺（巴青牛毛帐篷编制技艺）	传统技艺	Ⅷ-285	西藏自治区那曲市	—	—
50	卓舞（热振曲卓）	传统舞蹈	Ⅲ-39	西藏自治区拉萨市	—	—
51	藏医药（藏医脉泻杂炯疗法）藏医药（藏医脉泻杂炯疗法）	传统舞蹈	Ⅲ-39	西藏自治区拉萨市	—	—
52	古尔鲁	曲艺	Ⅴ-143	西藏自治区拉萨市	—	—
53	擦擦制作技艺（拉萨擦擦制作技艺）	传统技艺	Ⅷ-264	西藏自治区拉萨市	—	—
54	藏族唐卡（齐吾岗派）	传统美术	Ⅶ-14	西藏自治区	—	—
55	藏医药（索瓦日巴-藏医有关生命、健康及疾病的认知与实践）	传统医药	Ⅸ-9	西藏自治区	—	—

注：国家级非物质文化遗产代表性项目名录与国家级非物质文化遗产代表性项目代表性传承人名录是独立发布的，部分项目传承人暂未评级，因而传承人在此表中空缺。

表 7.9　青海省沿唐蕃古道国家级非物质文化遗产代表性项目

序号	项目名称	项目类型	项目编号批次	申报地区或单位	项目保护单位	传承人
1	灯彩（湟源排灯）	传统美术	Ⅶ-50(1)	湟源县文化馆	青海省湟源县	杨增贵
2	佛教音乐（塔尔寺花架音乐）	传统音乐	Ⅱ-138(2-1)	青海省湟中塔尔寺管理委员会	青海省湟中区	罗藏官却，罗藏更尕
3	塔尔寺酥油花	传统美术	Ⅶ-48(1)	青海省湟中区塔尔寺管理委员会	青海省湟中区	尕藏尖措，罗藏昂秀
4	湟中堆绣	传统美术	Ⅶ-72(2)	湟中区文化馆	青海省湟中区	徐全熙
5	加牙藏族织毯技艺	传统技艺	Ⅷ-22(1)	湟中区文化馆	青海省湟中区	杨永良
6	银铜器制作及鎏金技艺	传统技艺	Ⅷ-196(3)	湟中区银铜器协会	青海省湟中区	何满
7	抬阁（芯子、铁枝、飘色）（湟中区千户营高台）	民俗	Ⅹ-87(2)	湟中区文化馆	青海省湟中区	李富先
8	花儿（老爷山花儿会）	传统音乐	Ⅱ-20(1)	大通回族土族自治县文化馆	青海省大通回族土族自治县	马得林
9	佛教音乐（青海藏族唱经调）	传统音乐	Ⅱ-138(2)	兴海县文化馆	青海省兴海县	索南卓玛
10	锅庄舞（囊谦卓干玛）	传统舞蹈	Ⅲ-20(1-1)	囊谦县文化馆	青海省囊谦县	布扎西
11	陶器烧制技艺（藏族黑陶烧制技艺）	传统技艺	Ⅷ-98(2)	囊谦藏黑陶文化研究开发有限公司	青海省囊谦县	白玛群加
12	锅庄舞（称多白龙卓舞）	传统舞蹈	Ⅲ-20(1-1)	称多文化馆	青海省称多县	才哇
13	青海汉族民间小调	传统音乐	Ⅱ-146(3)	西宁市群众艺术馆	青海省西宁市	刘世维
14	贤孝（西宁贤孝）	曲艺	Ⅴ-19(1-1)	西宁市群众艺术馆	青海省西宁市	沈永宁，李洪盛
15	青海平弦	曲艺	Ⅴ-92(2)	西宁市群众艺术馆	青海省西宁市	刘钧
16	青海越弦	曲艺	Ⅴ-93(2)	西宁市群众艺术馆	青海省西宁市	李得顺，刘世红
17	藏族拉伊	传统音乐	Ⅱ-21(1)	海南藏族自治州群众艺术馆	青海省海南藏族自治州	切吉卓玛
18	藏族民歌（藏族酒曲）	传统音乐	Ⅱ-115(2-2)	海南藏族自治州群众艺术馆	青海省海南藏族自治州	—
19	藏族扎木聂弹唱	传统音乐	Ⅱ-131(2)	海南藏族自治州群众艺术馆	青海省海南藏族自治州	—
20	藏族服饰	民俗	Ⅹ-113(2-2)	海南藏族自治州群众艺术馆	青海省海南藏族自治州	加羊卓玛
21	阿尼玛卿雪山传说	民间文学	I-108(3)	青海省果洛藏族自治州群众艺术馆	青海省果洛藏族自治州	—
22	藏戏（青海马背藏戏）	传统戏剧	Ⅳ-80(1-1)	青海省果洛藏族自治州群众艺术馆	青海省果洛藏族自治州	才让华旦
23	藏文书法（果洛德昂洒智）	传统美术	Ⅶ-64(2)	青海省果洛藏族自治州群众艺术馆	青海省果洛藏族自治州	查·巴智，桑格达杰
24	藏族民歌（玉树民歌）	传统音乐	Ⅱ-115(2)	玉树藏族自治州群众艺术馆	青海省玉树藏族自治州	达哇战斗
25	弦子舞（玉树依舞）	传统舞蹈	Ⅲ-19(1-1)	玉树藏族自治州群众艺术馆	青海省玉树藏族自治州	扎西昂江
26	锅庄舞（玉树卓舞）	传统舞蹈	Ⅲ-20(1)	玉树藏族自治州群众艺术馆	青海省玉树藏族自治州	昂加措

序号	项目名称	项目类型	项目编号批次	申报地区或单位	项目保护单位	传承人
27	锅哇（玉树武士舞）	传统舞蹈	III-130(4)	玉树藏族自治州民间文化艺术协会	青海省玉树藏族自治州	达哇才仁
28	赛马会（玉树赛马会）	传统体育、游艺与杂技	VI-43(2)	玉树藏族自治州群众艺术馆	青海省玉树藏族自治州	—
29	藏族金属锻制技艺（藏刀锻制技艺）	传统技艺	VIII-120(2)	玉树藏族自治州群众艺术馆	青海省玉树藏族自治州	龙多然杰，尕玛代青
30	藏族服饰	民俗	X-113(2)	玉树藏族自治州群众艺术馆	青海省玉树藏族自治州	旦增多杰
31	格萨（斯）尔	民间文学	I-27(1)	青海省《格萨尔》史诗研究所	青海省	才让旺堆，达哇扎巴，格日尖参，才智
32	藏族婚宴十八说	民间文学	I-77(2)	青海省文化馆	青海省	—
33	皮影戏（河湟皮影戏）	传统戏剧	IV-91(1-1)	大通回族土族自治县文化馆	青海省	靳生昌，周邦辉
34	青海下弦	曲艺	V-94(2)	青海省文化馆	青海省	刘延彪
35	藏族鎏钴技艺	传统技艺	VIII-221(4)	青海藏医药文化博物馆	青海省	张宪忠
36	藏医药（藏医放血疗法）	传统医药	IX-9(1-3)	青海省藏医院	青海省	尼玛才让
37	藏族刺绣（贵南藏族刺绣）	传统美术	VII-132	青海省海南藏族自治州贵南县	青海省	—
38	藏族唐卡（藏娘唐卡）	传统美术	VII-14	青海省玉树藏族自治州	青海省	—

注：国家级非物质文化遗产代表性项目名录与国家级非物质文化遗产代表性项目代表性传承人名录是独立发布的，部分项目传承人暂未评级，因而传承人在此表中空缺。

表 7.10 四川省沿唐蕃古道国家级非物质文化遗产代表性项目

序号	项目名称	项目类型	项目编号批次	申报地区或单位	项目保护单位	传承人
1	格萨（斯）尔	民间文学	I-27(1)	甘孜藏族自治州文化馆	甘孜藏族自治州文化馆	阿尼
2	川江号子	传统音乐	II-24(1)	四川省艺术研究院	四川省艺术研究院	—
3	川剧	传统戏剧	IV-12(1)	四川省艺术研究院	四川省艺术研究院	陈智林，陈巧茹，晓艇，任庭芳，徐寿年，肖德美，魏益新，余开源
4	木偶戏（川北大木偶戏）	传统戏剧	IV-92(1)	南充市非物质文化遗产保护中心	南充市非物质文化遗产保护中心	李泗元
5	四川扬琴	曲艺	V-75(2)	四川省曲艺研究院	四川省曲艺研究院	徐述，刘时燕
6	四川扬琴	曲艺	V-75(2)	四川省艺术研究院	四川省曲艺研究院	徐述，刘时燕
7	盆景技艺（川派盆景技艺）	传统美术	VII-94(2-1)	四川省盆景协会	四川省盆景协会	周厚西
8	藏族民歌（川西藏族山歌）	传统音乐	II-115(2)	甘孜藏族自治州文化馆	甘孜藏族自治州文化馆	—
9	藏族唐卡（噶玛噶孜画派）	传统美术	VII-14(1)	甘孜藏族自治州文化馆	甘孜藏族自治州文化馆	颜登泽仁，拉孟

续表

序号	项目名称	项目类型	项目编号批次	申报地区或单位	项目保护单位	传承人
10	藏医药（甘孜藏族自治州南派藏医药）	传统医药	IX -9(1)	甘孜藏族自治州藏医院	甘孜藏族自治州藏医院	唐卡·昂翁降措，格桑尼玛
11	锅庄舞（甘孜锅庄）	传统舞蹈	III -20(1-1)	石渠县文化馆	石渠县文化馆	阿德，白马尼麦
12	川菜京艺	传统技艺	VIII-272	四川省	—	—
13	藏族唐卡（郎卡杰唐卡）	传统美术	VII-14	四川省甘孜藏族自治州	—	—
14	中医诊疗法（李仲愚杵针疗法）	传统医药	IX-2	四川省	—	—

注：国家级非物质文化遗产代表性项目名录与国家级非物质文化遗产代表性项目代表性传承人名录是独立发布的，部分项目传承人暂未评级，因而传承人在此表中空缺。

　　根据国家级非物质文化遗产申报单位的行政等级高低，界定非物质文化遗产代表性项目的流布范围大小。将公布的第五批国家级非物质文化遗产按照流布范围进行统计，得到非物质文化遗产在唐蕃古道沿线城镇带县级单元尺度空间分布情况，见图7.9。国家级非物质文化遗产数量空间分布的区域差异明显，整体上呈现出西南多、东北少的空间特征。西藏自治区墨竹工卡县流布的国家级非物质文化遗产代表性项目最多，共有45项，西藏自治区曲水县和尼木县次之，分别为43项、42项。

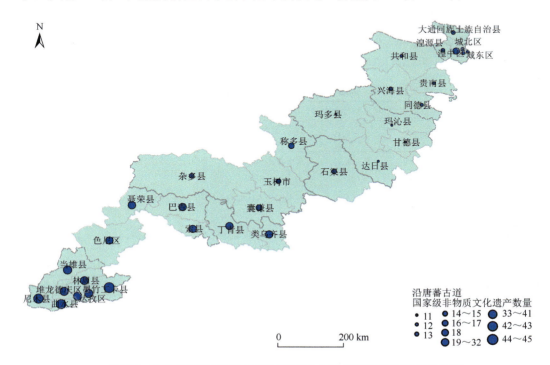

图 7.9　唐蕃古道沿线城镇带国家级非物质文化遗产数量空间分布图

2. 唐蕃古道省级非遗资源数量与空间分布

　　唐蕃古道沿线城镇带省级非物质文化遗产代表性项目数量比国家级多，这与我国现行的"国家—省—市—县"四级非物质文化遗产保护体系有关。与国家级非物质文化遗产空间分布特征一致，西藏省级非物质文化遗产数量多于青海。唐蕃古道沿线城镇带西藏沿线共拥有省级非物质文化遗产项目 177 项，青海沿线共拥有省级非物质文化遗产项目 106 项，四川共拥有省级非物质文化遗产项目 32 项。

　　将省级非物质文化遗产项目按照流布范围进行统计，得到非物质文化遗产在唐蕃古道沿线城镇带县级单元尺度空间分布情况，见图 7.10。省级非物质文化遗产数量空间分布的区域差异明显，文化遗产主要集中在西藏自治区。西藏自治区索县流布的省级非物质文化遗产数量最多，为 92 项，其次是聂荣县、色尼区、墨竹工卡县，为 88 项；位于青海省的甘德县、达日县省级非物质文化遗产数量较少，为 23 项。

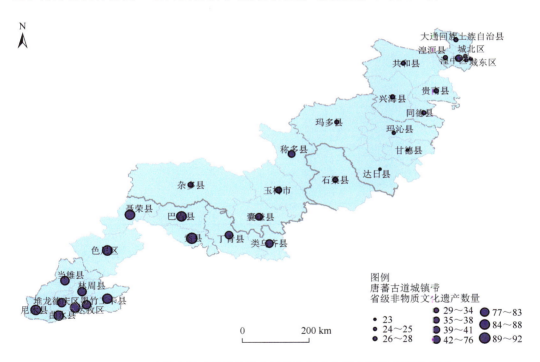

图 7.10　唐蕃古道沿线城镇带省级非物质文化遗产数量空间分布图

7.3.2　非物质文化遗产类型结构特征

　　根据国务院公布的国家级非物质文化遗产名录中的十大类型，将唐蕃古道沿线城镇带地区的国家级和省级非物质文化遗产代表性项目进行分类统计。唐蕃古道沿线城镇带非物质文化遗产种类齐全，包含传统技艺，传统美术，传统体育、游艺与杂技，传统舞蹈，传统戏剧，传统医药，传统音乐，民间文学，民俗，曲艺全部十大类型非物质文化遗产。

唐蕃古道沿线城镇带国家级非物质文化遗产有传统技艺 14 项，传统美术 18 项，传统体育、游艺与杂技 2 项，传统舞蹈 21 项，传统戏剧 12 项，传统医药 8 项，传统音乐 13 项，民间文学 5 项，民俗 7 项，曲艺 7 项，其中传统舞蹈和传统美术类型项目最多，传统体育、游艺与杂技类型项目最少。唐蕃古道沿线城镇带省级非物质文化遗产有传统技艺 81 项，传统美术 41 项，传统体育、游艺与杂技 14 项，传统舞蹈 34 项，传统戏剧 8 项，传统医药 33 项，传统音乐 30 项，民间文学 29 项，民俗 33 项，曲艺 12 项，其中传统技艺类型项目最多，传统戏剧类型项目最少（表 7.11）。

表 7.11　唐蕃古道沿线城镇带非物质文化遗产类型及项数

非物质文化遗产类型	国家级	省级	总数
传统技艺	14	81	95
传统美术	18	41	59
传统体育、游艺与杂技	2	14	16
传统舞蹈	21	34	55
传统戏剧	12	8	20
传统医药	8	33	41
传统音乐	13	30	43
民间文学	5	29	34
民俗	7	33	40
曲艺	7	12	19
总计	107	315	422

根据国家级和省级非物质文化遗产在唐蕃古道沿线城镇带县级单元尺度的空间分布情况，统计各县级单元不同类型非物质文化遗产数量，见图 7.11。唐蕃古道沿线城镇带非物质文化遗产类型呈现出明显的省级差异，除曲艺外，唐蕃古道沿线西藏其他 9 种类型非物质文化遗产项目数目都高于青海省。位于唐蕃古道沿线城镇带青海各县区的非物质文化遗产项目以传统技艺、传统医药和曲艺类型为主，西藏各县区的非物质文化遗产项目则侧重于传统美术和传统医药类型。青海和西藏内部县级单元非物质文化遗产类型结构表现出相似性。

传统技艺类型的非物质文化遗产项目主要集中于青海的湟中区、大通县和西藏的城关区、尼木县、曲水县；传统美术主要集中于西藏地区，受民族文化影响，藏族画派、泥塑、唐卡居多，且流布范围较广，基本覆盖全省；传统体育、游艺和杂技类型的数量最少，34 个县区均不足 10 项，色尼区最多，为 7 项，该类型在西藏主要表现为游艺形式，而青海则多为武术；传统舞蹈在青海的玉树市、囊谦县、杂多县、称多县和西藏的墨竹工卡县分布较多；传统医药主要分布在西藏各县区，尤以索县、巴青县、

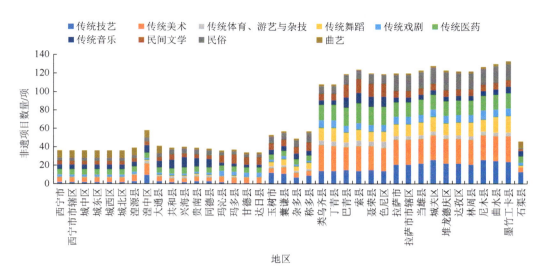

图 7.11　唐蕃古道沿线城镇带各县级单元国家级与省级非物质文化遗产项目类型结构图

聂荣县、色尼区居多，所拥有申报数量均超过 20 项；传统音乐分布较均衡，兴海县、巴青县、索县、聂荣县、色尼区拥有 10 项以上的非遗项目，西藏多弹唱，青海多小调；民间文学主要集中于西藏那曲市，且以省级非遗项目居多，流传着众多神话传说和民间故事；民俗以堆龙德庆区、曲水县为主要集聚区，当雄县、城关区、达孜区、林周县、尼木县、墨竹工卡县次之，活动多为婚丧嫁娶和节庆祈福仪式；曲艺则与其他类型不同，集中于拉萨市下辖范围，多弦乐。

　　通过计算非物质文化遗产项目数目在不同县级单元的变异系数，分析不同类型非物质文化遗产项目分布的空间差异。传统美术、传统舞蹈、曲艺类型的非物质文化遗产项目数在县区之间的空间分布差异最大；传统体育、游艺与杂技，以及传统戏剧、民俗类型的非物质文化遗产项目数在县区之间的空间分布差异居中；传统技艺、传统医药、传统音乐和民间文学类型的非物质文化遗产项目影响范围较广，这些类型的非物质文化遗产项目数在县区之间的空间分布差异最小。

7.3.3　城镇化与非遗保护传承的互动机制

　　非物质文化遗产作为文化的重要组成部分，是文化多样性的具体体现，是可持续发展的重要保障。伴随着工业化、城市化和全球经济一体化进程的不断加快，青藏高原的文化生态也正在发生变化，非物质文化遗产及其生存环境受到冲击。

　　1.唐蕃古道非物质文化遗产资源对城镇化的影响

　　目前，唐蕃古道沿线城镇带非物质文化遗产资源与城镇化之间的线性关系较弱，非物质文化遗产资源对唐蕃古道城镇化的影响作用较小。其主要原因在于：第一，我国非物质文化遗产的开发利用起步较晚，暂时还未形成完善的科学发展模式，且尚处于非物质文化遗产资源的发掘和界定、开发和利用的探索阶段，非物质文化遗产资源在促进经济社会发展等方面所具有的强大潜力还没有显现出来；第二，唐蕃古道沿线城镇带经济水平普遍较低，34 个县区平均城镇化率为 34.6%，远低于同期我国内地常住人口城镇化率的 60.6%，同时 2019 年西藏非物质文化遗产保护专项资金仅为 1313 万元，在 31 个省（自治区、直辖市）（除港、澳、台）中排名第 23 位，投入的资金、物力、人力非常有限，非物质文化遗产资源的开发利用和前期投资不足，限制了非物质文化遗产资源利用及其对城镇化发展的促进作用；第三，青藏高原地区非物质文化遗产资源种类丰富、项目繁多，不同特点的项目保护利用的方式不同，规划和建设实施复杂，给非物质文化遗产资源的传承造成了一定的困难。

2. 唐蕃古道城镇化对非物质文化遗产保护传承的影响

城镇化对非物质文化遗产保护和传承的影响具有两面性。一方面，城镇化水平越高，交通越便利，基础建设越完备，非物质文化遗产保护和开发的基础条件越好，相关开发利用设施的建设保障越有力。城镇化水平越高，当地越有能力做好非物质文化遗产的知识普及、传承人培训、活动开展等工作，推动非物质文化遗产的保护传承。城镇化水平高，社会经济发达，也具备条件让更多的财力、人力、物力可以投入非物质文化遗产保护和传承中来。另一方面，城镇的发展可能在一定程度上破坏非物质文化遗产资源的生态，从而加速非物质文化遗产的消逝，改变非物质文化遗产项目产生和赖以生存的环境。另外，人才资源的城镇化聚集使一些非物质文化遗产项目缺少了人脉传承基础。老一辈传承人年岁已高，年轻人为追求高收入、更多就业机会、高质量生活品质而向城市集聚，容易出现非物质文化遗产传承断层巨大、后继无人的状况，特别是一些需要言传身教的传统手工技艺类项目，面临着巨大的传承困难，致使精湛技艺无人可传，面临濒危状况，不利于特色产业保护和传承。

在青藏高原这片民族文化富饶的土地上，城镇化循序推进，外来文化和价值观冲击着当地的文化土壤，城镇化和现代化发展对非物质文化遗产的负面影响正在凸显，而对非物质文化遗产保护的正面作用还不够明显。受历史、经济、人口和地理等因素制约，唐蕃古道沿线城镇带文化保护手段还相对单一，资金和人才保障相对不足，文化软实力建设滞后，非物质文化遗产项目在调查、认定、申报等方面相对滞后，传承方式以家族传承方式为主，社会影响面小，部分非遗项目涉及人口较少的民族，传续困难，非物质文化遗产的保护、传承、发展面临着极为严峻的形势。因此，亟须探索出符合青藏高原非物质文化遗产自身规律的保护实践方法，限制城镇化对非物质文化遗产保护和开发的负面影响，发挥城镇化对非物质文化遗产开发的积极作用，更好地实现城镇化进程与非遗保护协调发展。

3. 唐蕃古道城镇化与非物质文化遗产保护传承的互动机制及优化路径

城镇化和非物质文化遗产保护都与现代化的大环境关系密切，两者之间相互影响、相互制约，形成双向循环互动机制。城镇化水平高，对非遗保护传承投入高，能更好地进行非遗项目的保护和利用；而非物质文化遗产保护和利用得越完善科学，非物质文化遗产资源产生的经济价值和社会价值越大，进而越有效推进新型城镇化进程进入良性循环。反过来，城镇化水平较低，当地政府财政对文化保护和传承的支持越少，非物质文化遗产保护传承的力度越小，如果非物质文化遗产资源没有得到很好的保护和传承，大量珍贵的文化资源消逝，也就失去了推动城镇化发展的文化产业发展的动力，陷入恶性循环。

非物质文化遗产是特有的文化资源，因其稀缺性及文化差异性，对社会、经济、文化等各个方面的发展都具有重要的意义。保护和传承非物质文化遗产，是坚定文化自信、提高国家文化软实力、推动社会主义文化繁荣兴盛的重要基础，同时也是美丽中国建设的一个重要领域（方创琳等，2019）。

在非物质文化遗产保护与开发过程中，应始终遵循"物质化"、以人为本、整体性保护、活态保护、民间事民间办与多方参与、原真性保护、多样性保护、精品保护、濒危遗产优先保护、保护与利用并举十项基本原则（苑利和顾军，2006）。首先，开展非物质文化遗产资源全面调查记录与研究工作，完善现有项目的相关资料，挖掘潜在的、具有价值的非物质文化遗产资源，对其历史发展脉络以及蕴含的文化价值进行深入研究。其次，充分利用现代科学技术，为非遗保护提供多形式、全方位、科学性的技术保障，推广数字化保护，以纸质资料、电子资料、影视资料等形式建档，搭建非物质文化遗产多媒体交互体系平台，构建国家非物质文化遗产保护与传承技术体系（黄永林和谈国新，2012）。最后，采取政府主导、社会参与的方式，建立科学的管理体系，对非物质文化遗产实施有效的保护和利用，疏导非物质文化遗产的投资渠道，发动社会力量积极参与保护可持续发展利用开发，让传统文化重焕生机。

7.4　城镇带城镇化绿色发展目标

为实现唐蕃古道沿线城镇带国民经济和社会绿色发展目标，需要寻找新的发展动力，探索符合自身阶段和区位特点的绿色发展方式。唐蕃古道沿线城镇带经济社会发展的目标是：新型城镇化高质量发展，绿色生态屏障稳步建设，城镇体系规模结构持续完善，城市空间布局不断优化，城市化质量进一步提升，走生产发展、生活改善、生态良好、资源节约、全面协调的绿色发展道路。

7.4.1　人口与城镇化发展目标

唐蕃古道很多县城以农牧业为主，人口分布比较分散。未来应努力改善农牧民生产生活条件，统筹城乡发展，以发展生态旅游、农牧产品深加工、可再生能源、民族文化等地方特色产业为楔入点，培育唐蕃古道地区社会经济发展的内在动力，逐步提高城镇化水平，到 2025 年、2030 年、2035 年，常住人口城镇化率分别达到 55%、57%

和 59% 左右。

1. 优化经济社会资源配置，促进人口适度集中发展

以城乡统筹发展为目标、资源环境承载能力为前提、特色经济和公共服务发展为动力，转变农牧民生产生活方式和改善农牧民生产生活条件，按照大分散小集中的原则引导农牧民就地就近城镇化，合理布局农牧区安居定居点。转移农牧区富余劳动力，促进人口等生产要素适度集中。科学合理布局区域基础设施和城乡公共服务设施，实现城镇基本公共服务覆盖全部常住人口，供水、电力和道路基础设施基本配套，供水普及率和电力覆盖率明显提高。力争农牧民人均纯收入快速增长，与全国平均水平的差距显著缩小。促进人口稳定增长，到 2025 年，高原唐蕃古道沿线城镇带常住人口达到 351 万人，2030 年达到 360 万人，2035 年达到 370 万人。逐步提高城镇化水平，到 2025 年唐蕃古道沿线城镇带常住人口增长 2% 左右；到 2030 年常住人口增长 2.5% 左右；到 2035 年常住人口增长 3% 左右（表 7.12）。

表 7.12　唐蕃古道沿线城镇带人口发展目标　　　　　　（单位：万人）

省（自治区）	市（州）	区（县）	2020 年	2025 年	2030 年	2035 年
青海	西宁市	市辖区	41.7701	42.6	43.7	45.0
青海	西宁市	湟源县	10.9802	11.2	11.5	11.8
青海	西宁市	湟中区	39.5043	40.3	41.3	42.5
青海	西宁市	大通县	40.3368	41.1	42.2	43.4
青海	海南藏族自治州	共和县	13.3409	13.6	13.9	14.3
青海	海南藏族自治州	兴海县	7.5833	7.7	7.9	8.2
青海	海南藏族自治州	贵南县	7.1841	7.3	7.5	7.7
青海	海南藏族自治州	同德县	6.0268	6.1	6.3	6.5
青海	果洛藏族自治州	玛沁县	5.1245	5.2	5.4	5.5
青海	果洛藏族自治州	玛多县	1.1336	1.2	1.2	1.2
青海	果洛藏族自治州	甘德县	3.4840	3.6	3.6	3.8
青海	果洛藏族自治州	达日县	3.0995	3.2	3.2	3.3
青海	玉树藏族自治州	玉树市	12.0447	12.3	12.6	13.0
青海	玉树藏族自治州	囊谦县	8.5825	8.8	9.0	9.2
青海	玉树藏族自治州	称多县	5.5619	5.7	5.9	6.0
青海	玉树藏族自治州	杂多县	5.8268	5.9	6.1	6.3
西藏	昌都市	类乌齐县	5.8856	6.0	6.2	6.3
西藏	昌都市	丁青县	9.8677	10.1	10.3	10.6
西藏	那曲市	巴青县	5.6200	5.7	5.9	6.1

续表

省（自治区）	市（州）	区（县）	2020 年	2025 年	2030 年	2035 年
西藏	那曲市	索县	5.2923	5.4	5.5	5.7
西藏	那曲市	聂荣县	3.5163	3.6	3.7	3.8
西藏	那曲市	色尼区	10.4490	10.7	10.9	11.3
西藏	拉萨市	当雄县	4.7900	4.9	5.0	5.2
西藏	拉萨市	城关区	47.3586	48.3	49.5	51.0
西藏	拉萨市	堆龙德庆区	9.1065	9.3	9.5	9.8
西藏	拉萨市	达孜区	3.2318	3.3	3.4	3.5
西藏	拉萨市	林周县	5.0596	5.2	5.3	5.4
西藏	拉萨市	尼木县	2.9989	3.1	3.1	3.2
西藏	拉萨市	曲水县	4.1851	4.3	4.4	4.5
西藏	拉萨市	墨竹工卡县	4.9511	5.1	5.2	5.3
四川	甘孜藏族自治州	石渠县	10.3633	10.6	10.8	11.2

注：2020 年数据来源于第七次全国人口普查数据。

2. 提高城镇发展质量，发挥城镇聚集效应

通过唐蕃古道沿线城镇带将两大城镇发展圈，即西宁城镇发展圈和拉萨城镇发展圈有机连接，形成以唐蕃古道发展轴为骨架向周边辐射的新格局，带动唐蕃古道沿线城镇带经济社会发展，完善沿线地区城镇功能，实现资源开发、旅游发展和城镇建设良性互动，做大做强西宁和拉萨南北两大核心增长极。中心城市和重点发展城镇形成以旅游服务、特色加工制造业和城市服务业为主导的产业体系，有效增强经济功能，建成具有高原特色的生态友好型产业基地。逐步提高城镇化水平，到 2025 年唐蕃古道沿线城镇带常住人口城镇化率达到 55% 左右；到 2030 年达到 57% 左右；到 2035 年达到 59% 左右（表 7.13）。

表 7.13　唐蕃古道沿线城镇带城镇化发展目标　　　　　（单位：%）

省（自治区）	市（州）	区（县）	2020 年	2025 年	2030 年	2035 年
青海	西宁市	市辖区	87.9	90.0	93.0	95.0
青海	西宁市	湟源县	8.7	10.0	15.0	20.0
青海	西宁市	湟中区	2.4	5.0	8.0	10.0
青海	西宁市	大通县	2.4	5.0	8.0	10.0
青海	海南藏族自治州	共和县	7.2	10.0	15.0	20.0
青海	海南藏族自治州	兴海县	12.6	15.0	20.0	25.0
青海	海南藏族自治州	贵南县	13.3	15.0	20.0	25.0
青海	海南藏族自治州	同德县	15.9	20.0	25.0	30.0

续表

省（自治区）	市（州）	区（县）	2020 年	2025 年	2030 年	2035 年
青海	果洛藏族自治州	玛沁县	18.7	20.0	25.0	30.0
青海	果洛藏族自治州	玛多县	84.6	100.0	100.0	100.0
青海	果洛藏族自治州	甘德县	27.5	30.0	35.0	40.0
青海	果洛藏族自治州	达日县	30.9	35.0	40.0	45.0
青海	玉树藏族自治州	玉树市	8.0	10.0	15.0	20.0
青海	玉树藏族自治州	囊谦县	11.2	15.0	20.0	25.0
青海	玉树藏族自治州	称多县	17.2	20.0	25.0	30.0
青海	玉树藏族自治州	杂多县	16.5	20.0	25.0	30.0
西藏	昌都市	类乌齐县	16.3	20.0	25.0	30.0
西藏	昌都市	丁青县	9.7	12.0	15.0	20.0
西藏	那曲市	巴青县	17.0	20.0	25.0	30.0
西藏	那曲市	索县	18.1	20.0	25.0	30.0
西藏	那曲市	聂荣县	27.3	30.0	35.0	40.0
西藏	那曲市	色尼区	9.2	12.0	15.0	20.0
西藏	拉萨市	当雄县	20.0	25.0	30.0	35.0
西藏	拉萨市	城关区	2.0	5.0	10.0	15.0
西藏	拉萨市	堆龙德庆区	10.5	15.0	20.0	25.0
西藏	拉萨市	达孜区	29.7	35.0	40.0	45.0
西藏	拉萨市	林周县	18.9	20.0	25.0	30.0
西藏	拉萨市	尼木县	32.0	35.0	40.0	45.0
西藏	拉萨市	曲水县	22.9	25.0	30.0	35.0
西藏	拉萨市	墨竹工卡县	19.4	25.0	30.0	35.0
四川	甘孜藏族自治州	石渠县	31.0	35.0	40.0	45.0

注：2020 年数据来源于第七次全国人口普查数据。

3. 以绿色发展为主导，建设神奇美丽的唐蕃古道

以绿色发展为引领，加快推进唐蕃古道基础设施建设，着力治理优化生态环境，将绿水青山转化为经济资源，实现经济生态化和生态经济化。唐蕃古道大气、水环境质量继续保持优良状态，城市空气质量保持二级标准；天然草地、森林植被、重要湿地资源和生物多样性得到有效保护，控制和减少水土流失；保障古道重要江河水资源持续利用，维护区域水资源水环境安全，构筑国家生态安全屏障。实现唐蕃古道经济、社会与资源环境的可持续发展，提高人口资源管理水平，适度发展与自然生态环境相适应的特色产业，加强生态环境保护与建设，建设唐蕃古道资源节约型和环境友好型社会，实现城镇化、经济发展与生态保护和谐共进。

4. 突出生态文明建设，建设文化富饶的生态文明高地

针对唐蕃古道沿线城镇带特殊的生态地位，建立共治、共管、共建、共享的生态保护长效机制。对生态敏感区建立协防、共管、通知制度；对局部具有开发条件的地区，确定合理的开发容量，避免恶性竞争，实现共同开发、品牌共享、资源共保、共同获益。严守冰川、江河湖泊、森林草原保护及自然保护地划定的生态保护红线，筑牢生态安全屏障，维护生态系统的完整性和稳定性。科学划定城市开发边界，合理确定城市人口规模，科学配套规划建设基础设施，为子孙后代留下天蓝地绿水清的美丽家园。到 2025 年，基本形成符合唐蕃古道沿线城镇带资源环境承载力要求的产业支撑体系，基本形成节约能源资源和保护生态环境的产业结构、增长方式、消费模式；到 2030 年，生态文明高地的建设指标基本达标，生态环境主要指标保持全国领先，建成国土空间布局合理、发展模式绿色高效、生态环境优美宜居、生活方式低碳节约、生态制度完善健全的生态环境保护体系，将唐蕃古道沿线城镇带建设成为环境优美、宜居宜业、宜游宜养、人与自然和谐相处的美丽古道。

7.4.2　城镇规模结构优化目标

在原有城镇规模等级结构基础上，走有唐蕃古道特色的城乡发展道路，提升城镇功能，提高城镇发展质量，构建城乡协调发展的空间结构，实现城乡共同富裕。优先发展中心城市，积极发展区位、资源条件良好的重点城镇。强化优先发展类型城镇经济功能，促进人口和要素适度集聚，预期到 2030 年形成以拉萨和西宁城市为核心，以唐蕃古道为骨架，以特色产业城镇为节点，区域和城乡发展相协调、经济社会与资源环境相适应的城镇空间格局，构建与青藏高原其他城镇联系密切的开放型城镇空间网络，使其成为青藏高原整体城镇格局中重要组成部分。促进城镇人口进一步集聚，预期到 2025 年累计增加四级以上城镇 1 个，到 2030 年累计增加四级以上城镇 1 个，到 2035 年累计增加五级以上城镇 6 个（表 7.14）。

表 7.14　唐蕃古道沿线城镇带城镇规模等级结构化发展目标　（单位：个）

城市等级	2020 年	2025 年	2030 年	2035 年
一级（≥100 万人）	1	1	1	1
二级（50 万～100 万人）	0	0	1	1
三级（30 万～50 万人）	1	1	1	1
四级（10 万～30 万人）	1	2	2	2
五级（5 万～10 万人）	2	3	2	8
六级（1 万～5 万人）	24	27	31	30
七级（0.5 万～1 万人）	64	59	55	50

7.4.3 城镇空间格局优化目标

以拉萨城市圈和西宁都市圈为双向辐射极，沿唐蕃古道形成"两圈一带"的城镇空间新格局（图 7.12）。"两圈"是指以唐蕃古道为依托建设拉萨城市圈和西宁都市圈，双向辐射建设唐蕃古道沿线城镇带。拉萨城市圈依托拉萨贡嘎机场、林芝米林机场以及拉林高速与川藏铁路，形成西部重要的区域经济增长极，西藏政治、经济和文化中心。未来应继续增强拉萨的经济功能和公共服务功能，使之成为高原实现跨越式发展的经济中心、公共服务中心、对外开放的中心，增强辐射带动能力，带动周边区域城乡实现跨越式发展。西宁都市圈是青藏高原对外联系的门户，依靠青藏铁路引导唐蕃古道沿线城镇带向四方拓展。作为青海省的交通枢纽，西宁是甘青、青藏、宁张、宁果公路交通的中心，也是陇海—兰新经济轴线的重要节点，未来应高质量带动西宁特色商业、会展、科教文化和旅游产业发展。"一带"是指依托青海西宁—云南景洪国道的沿唐蕃古道发展轴。唐蕃古道发展轴依托 G214 国道，串联林周县、当雄县、那曲市、湟源县等重要节点城市形成南北向城镇发展带，该发展带是一条政治、经济和文化之路，集聚了丰富的藏族历史文化遗存和历史城镇，未来将进一步突出其资源特色，优化产业布局，加快文化旅游发展，形成交通走廊、文化遗产、生态空间与城镇发展交相融合的空间结构。

图 7.12　唐蕃古道沿线城镇带"两圈一带"城镇化空间格局示意图

7.5　城镇带绿色发展模式及路径

唐蕃古道沿线的城市禀赋各异，城镇化发展路径应因地制宜，突出当地特色，注重生态、经济、文化的协调发展，采取绿色发展模式，使生态环境保护与社会经济发展并重。

7.5.1　文化传承型城镇

唐蕃古道历史积淀深厚，拥有丰富的非物质文化遗产和物质文化遗产资源，具有重要的文化价值，是支撑高原文化旅游产业发展的根基。基于此，唐蕃古道沿线城镇带城镇化发展应将新型城镇化与民族特色文化保护和传承深度融合，推行文化传承型城镇化发展模式。

1. 探索建立唐蕃古道文化生态保护区，维护文化生态平衡

鉴于唐蕃古道深厚的历史积淀、重要的文化价值、丰厚的历史文化遗存、鲜明的文化特色和丰富的非物质文化遗产资源，建议在唐蕃古道文化资源富集、存续状态良好的区域探索建立唐蕃古道文化生态保护区，推动唐蕃古道文化区域性整体保护和传承发展，以维护区域文化生态平衡，同时亟须对唐蕃古道文化资源进行科学、准确、全面的调查和记录，并对其形成演化发展脉络进行梳理和深入研究，构建出较为完整的唐蕃古道文化理论体系，挖掘新的时代价值，使其成为中华文化基因理念体系的重要组成部分。

2. 通过旅游发展助推文化"造血"，加强文化生产性保护

加强各旅游景区与唐蕃古道文化的联动，增强线上线下文化相关产品供给，在旅游宣传上加大特色文化的宣传力度，在唐蕃古道各城镇设立文化体验中心、非遗传承人工作室等，提升非物质文化遗产传承体验设施建设，形成集珍品收藏、陈列展览、活态展示、教育研学、互动体验、传承培训、公共服务、创意产业、文化旅游等功能于一体的非物质文化遗产传承体验设施体系，使其成为保护和展示唐蕃古道历史文化的有效载体和重要支撑。旅游演艺经营主体以唐蕃古道文化为题材，创作一批底蕴深厚、特色鲜明、涵育人心的优秀旅游演艺作品，在唐蕃古道推出一批具有鲜明文化特色的主题旅游线路、研学旅游产品。推动唐蕃古道文化宣传传播，推出唐蕃古道专题节目，提高专业化、规范化传播水平。

3. 培育唐蕃古道沿线城镇带特色文化传承人才

借助新时期文化援藏的重大机遇，成立唐蕃古道文化传承中心，重点资助民族特色文化经典研究、文化传承培训、文化经典保护筹款等人才项目，刃实保护和传承好民族优秀文化，推动特色文化体系的永续保护与传承。高校、科研院所建设唐蕃古道

历史文化研究机构，开展历史文化保护研究，关注城市发展脉络与文化遗产的互动关系，培养专业研究人才。将文化传承与国民教育和居民生活相结合，加强文化素质教育，提高文化普及程度，增强民众文化保护与传承意识，培育浓厚的文化氛围。

7.5.2　渐进内生型城镇

唐蕃古道沿线城镇带位于高海拔地区，高寒缺氧且生态环境脆弱，生态地位十分重要。这片独特的土地孕育出深厚的文化底蕴，文化传承价值巨大。特殊的本底条件决定了唐蕃古道城镇化发展不能沿袭内地的城镇化模式，不能过分强调人口等生产要素聚集，不能走被动式城镇化道路，不能追求城镇化的速度和水平（方创琳和李广东，2015）。基于此，唐蕃古道沿线城镇带城镇化发展要走出一条适合其特点的发展路径，采取渐进适度的内生型城镇化发展模式，重点追求城镇化的效益与质量。

1. 构建绿色文旅主导型的净土产业体系，培育城镇化发展内生动力

城镇化的发展必须要有产业来带动，城镇建设应与产业发展充分结合起来。打造绿色生态的产业体系是提升城市发展的自我造血功能、培育城镇化发展内生动力的必然选择。唐蕃古道沿线城镇带拥有全球稀缺性多元文化旅游资源，旅游业具有潜力发展成为最具活力的产业。然而，目前城镇带文化旅游产业发展过于依赖外部力量，内生动力不足，自我"造血"功能较弱，可持续发展能力较低。应尽快对文旅产品进行设计和调整，进一步延长旅游业的产业链条，优化并完善城市产业体系。依据宜农则农、宜牧则牧、宜工则工、宜游则游、宜商则商、宜居则居的原则，因地制宜，因势利导，建立以绿色文旅产业为主导产业，以净土生物产业链、净土清洁能源产业链、现代服务产业链、高新数字产业链、商贸流通产业链为延伸的相互支持、相互补充的产业体系，支撑唐蕃古道沿线城镇带新型城镇化建设。

2. 立足实际、把握规律，走渐进适度的城镇化发展道路

立足于唐蕃古道沿线城镇带发展的实际情况，充分认识其新型城镇化的特殊性和长期性，准确把握其经济社会和城镇化发展所处的特殊阶段及规律，统筹考虑特殊的民族生活习惯和特殊的生产方式，从当地的生态环境和资源承载能力出发，从当地的经济和社会发展的现状与需求出发，正确处理好城镇化速度与质量之间的辩证关系，既不要冒进，也不要坐等，该快则快，需稳则稳，积极稳妥，有序推进（方创琳和李广东，2015）。此外，受客观地理条件和生态环境承载力所限，城镇带不宜采取以中心聚集为主的人口转移模式，不宜大规模城市化和市民化，将人口大量集聚到中心城区，需要适度聚集、适度规模、适当分散，引导农牧民就近就地镇民化，积极稳妥地推进城镇化进程。

7.5.3　绿色驱动型城镇

唐蕃古道沿线城镇带城镇化发展应在保护高原生态环境的基础上进行，实施资源集约、循环经济的可持续发展模式与路径。

1.加快产业结构调整升级，走绿色城镇化道路

在《三江源国家公园产业发展和特许经营专项规划》的指引下，立足唐蕃古道资源禀赋、环境承载能力和产业发展基础，以生态农牧业为基础，以生态体验和环境教育、特色文化、中藏药材资源开发利用、生态循环服务业为核心，以生态循环工业为辅，加快产业结构调整升级，推进唐蕃古道产业绿色发展。在承担好生态功能的同时，依据自然资源分布和等级情况，适度布局生态有机农牧业，推广种养结合、农牧结合、林牧结合的生态立体农牧业循环模式，形成高原循环型农牧业生产方式，注册三江源国家公园系列品牌，积极推动相关产品的绿色认证，申请生态原产地保护产品，提高产品附加值，进一步促进牧民增收。

2.加强资源能源节约集约利用，走低碳城镇化道路

以唐蕃古道资源环境承载能力为基础，严守生态保护红线、资源总量上限，加快转变资源能源利用方式，优化能源生产消费结构，加强清洁能源利用，提高资源利用效率，大力开发太阳能资源、风能资源、人工种养殖动植物资源、地热资源、矿泉水、荒地、滩涂等，由自然资源资产管理部门履行国有资产监督管理职能，明确市场准入条件，严格控制开发范围和开发强度，确保资源合理利用；限制开发水电资源、天然可利用牧草地资源（不含草地碳汇）、自然景观资源、药用植物资源、地下水等；禁止开发野生动物资源、国家重点保护野生植物资源等。建立城乡微循环系统，完善再生资源回收利用网络，做到城镇内部资源的再生及合理利用，提高城镇自身的再生产能力。

7.6　城镇带节点城镇的绿色发展

唐蕃古道沿线城镇带由青海省西宁市经玛多县、玉树市、那曲市到拉萨市，沿途包括西宁市、海南藏族自治州、果洛藏族自治州、玉树藏族自治州、昌都市、那曲市、拉萨市 7 个市（州）下辖的 34 个县级城市。经历了上千年岁月的沉淀，每个城市都有属于自己的历史、故事和温度，每个城市都有融入了历史和文化发展的独特的自然和人文特色。

7.6.1　青海段节点城市与城镇

唐蕃古道一半以上路程在青海省境内。唐蕃古道沿线城镇带青海省境内包括西宁市 5 区 2 县、海南藏族自治州 4 县、果洛藏族自治州 4 县和玉树藏族自治州 4 县。2019 年总人口 323.74 万人，城镇人口 191.99 万人，城镇化率为 59.3%，高于青海省平

均城镇化水平。旅游、对外开放、生态保护与建设、交通、国家区域发展政策等是唐蕃古道青海段城镇发展的主要动力，城镇化普遍存在着发展基础薄弱、内生增长动力薄弱、产业结构层次不高的问题。未来，需要着重强化创新驱动，发展生态文化旅游、现代化农牧业、清洁能源等特色产业，优化产业结构，实现经济社会转型和跨越发展。

1. 共和县城镇化绿色发展

共和县位于青藏高原东北部，是海南藏族自治州首府所在地。共和县北靠青海湖，南临黄河，被誉为青藏高原的东门户（图 7.13），平均海拔 3200m，是海南藏族自治州的政治、经济、文化、科技中心，在青海藏区经济社会发展布局中处于重要地位。2000年共和县总人口为 11.2 万人，其中城镇人口为 3.41 万人，城镇化率为 30.4%，2019 年总人口增长至 13.26 万人，城镇化率为 29.8%，低于青海省平均城镇化水平 55.5%。共和县是以发展地方特色工业、商贸、旅游服务为主的现代牧区新型城镇。其拥有农牧、矿藏、水电、地热、旅游、动植物、清洁能源七大优势资源，蕴藏着经济增长的巨大潜力，境内有龙羊峡水电站。共和县高原风光雄伟壮观，有闻名遐迩的日月山、青海湖、龙羊峡水电站、倒淌河，佛教文化、藏区文化源远流长，是中外游客向往的旅游胜地。

图 7.13 共和县城无人机影像图（拍摄于 2020 年 8 月 1 日，无人机自动合成，城镇化科考队）

共和县位于兰西城市群 1h 经济圈内，未来共和县需坚持生态保护第一的发展理念，着重加强保护生态环境、发展生态经济、培育生态文化。同时，充分利用国家实行差别化区域发展政策，依托交通区位、特色资源和多元融合的优势，拓展开放领域，增强发展活力，成为兰西城市群发展中的一个重要支点。

2. 兴海县城镇化绿色发展

兴海县地处青藏高原东部、青海省海南藏族自治州西南部，位于青海省柴达木盆地东部边缘、西秦岭山地西端与青南高原北缘的交会地带，黄河越境而过，是三江源国家级自然保护核心区，平均海拔 3924m，是典型的高原牧业县。2000 年总人口为 5.96 万人，2019 年增长至 8.23 万人，城镇化率为 13.1%。兴海县金属和非金属矿产资源十分丰富，是青海省十大资源开发县之一、全国 31 个重点探矿区之一，铜矿开采为全县的支柱产业。兴海县产业结构单一，高原牧业为主要产业，缺乏城镇化内生动力，居民城镇化意愿不强烈。兴海县交通条件较差，与外部联系的道路和境内公路的级别比较低，影响了兴海县的发展和对周边地区的作用力。同时，旅游关联产业配套不完善、景点开发和基础设施建设落后成为制约旅游业发展的关键因素。未来应重点实施三江源地区生态保护，保护高原生态系统，推进生态文明建设。

3. 贵南县城镇化绿色发展

贵南县位于青海省东部，隶属海南藏族自治州，位于祁连山边缘至昆仑山的过渡地带，属于共和盆地，大部分地区海拔在 2150～4500m。2000 年贵南县总人口为 6.36 万人，2019 年增长至 8.13 万人，城镇化率为 26.2%。贵南县是"中国藏绣生产基地"，藏绣产业为贵南县经济社会发展提供了一定的潜在动力。贵南县整体城镇化水平较低，存在着经济结构单一、产业层次较低、结构性矛盾突出、缺乏创新动力和人才、城镇化内生动力不足、基础设施建设滞后等问题。未来应在保护现有生态环境的基础上，着力培育城市外围大范围的生态区域，发展生态产业，发展高原特色农牧业产品深加工。贵南县应依托"中国藏绣之乡"，重点发展藏绣产业，打造特色文化产业，结合南部高原特色景观，发展生态旅游业，提高商贸流通业现代化水平，打造全省最大的草产品生产配送基地，提高乡镇集聚水平。

4. 同德县城镇化绿色发展

同德县地处青海省东南部（图 7.14），位于海南藏族自治州、黄南藏族自治州、果洛藏族自治州三州交界处，隶属海南藏族自治州，是青海省区域发展布局中重要的节点城市，海拔在 2640～4671m。同德县全境处于黄河流域，属于三江源国家级自然保护区的核心功能区和缓冲功能区，是"中华水塔"的重要组成部分，具有十分重要的生态战略地位。2000 年总人口为 4.87 万人，2019 年增长至 6.34 万人，城镇化率为20.5%。同德县总人口与城镇化率都稳步增长，同德县城镇化水平远低于青海省平均城镇化水平 55.52%。同德县有众多的古迹遗址和藏传佛教寺院。境内团结村兔儿滩的古墓葬群及其宗日文化遗址是迄今发现的黄河上游最早的人类活动遗址。同德县水能理论蕴藏量巨大，流量稳定，落差大，水能动力充足，是建设中小型水电站的理想之地，水电开发前景广阔。同德县北接环西宁"中国夏都"旅游圈和环湖经济区，南连青南经济区和三江源生态旅游区，是西宁通往青南地区直至四川省的咽喉要道，也是海南藏族自治州、黄南藏族自治州、果洛藏族自治州三州的物资集散地，对外交通通畅。生态与文化旅游、生态保护产业、高原特色农牧业、水电开发是同德县城镇化与社会经济发展的动力。未来同德县应在保护和改善生态环境的基础上，促进畜牧业可持续发展，因地制宜发展适合的生态产品，提高农牧业附加值，重点提高地区基础设施服务水平，提高人民生活水平质量和物资集散地服务水平，发展生态与文化特色旅游，加快城镇化发展步伐，带动农牧区经济社会的全面发展。

图 7.14 同德县城无人机影像图（拍摄于 2020 年 8 月 2 日，无人机自动合成，城镇化科考队）

5. 玛沁县城镇化绿色发展

玛沁县地处青海省东南部、果洛藏族自治州东北部，因境内的阿尼玛卿雪山而得名，平均海拔 4100m。玛沁县属国家"三江源"生态保护核心区，是黄河上游的重要生态屏障，是青藏高原上世界级高原旅游目的地城市。玛沁县大武镇为果洛藏族自治州政府所在地（图 7.15），是果洛藏族自治州政治、经济、文化中心城市，是整个果洛藏族自治州的交通枢纽，多条省道途经玛沁县，直通西宁市与四川省阿坝藏族羌族自治州。2000 年总人口为 3.58 万人，城镇化率为 36.0%，2019 年增长至 4.84 万人，城镇化率为51.9%，与 2019 年青海省平均城镇化率 55.5% 基本齐平。玛沁县有丰富的草场资源、

图 7.15 玛沁县城无人机影像图（拍摄于 2020 年 8 月 4 日，无人机自动合成，城镇化科考队）

矿产资源、野生动植物资源、旅游资源。格萨尔文化、民族宗教文化、古建筑文化、山川文化源远流长，其中拉加寺被列入国家级重点文物保护单位，阿尼玛卿雪山神话传说被列入国家级非物质文化遗产名录。未来应加强三江源地区的生态保持与恢复，大力推行生态移民，推动经济结构调整，转变发展方式，充分利用国家加大对西部地区投资倾斜和加快藏区发展的政策，加强交通、能源、水利和公共服务与城乡基础设施建设，加强与周边区域的联系，首推无污染的高原旅游产业、文化产业、民族手工业、中藏药、生态农牧业及其延伸的先导产业，将玛沁县建设成为三江源保护区以高原旅游、生态经济为主的具有地域特色的服务型城市。

6. 玛多县城镇化绿色发展

玛多县地处果洛藏族自治州西北部（图7.16），是万里黄河流经的第一县，也是我国自唐代以来通往西藏边陲的重要驿站和古老渡口，平均海拔在4200m以上，境内河流密集、湖泊众多，有大小湖泊5090个，主要湖泊包括扎陵湖、鄂陵湖、冬格措纳湖、星星海、岗纳格玛错，是"黄河之源""千湖之县"，是三江源国家公园黄河园区的所在地，是青藏高原的重要生态屏障。玛多县历史文化悠久，是中国格萨尔文化的发祥地之一。吐蕃松赞干布在鄂陵湖畔迎娶文成公主留下汉藏和亲、民族团结的千古美谈。玛多县2000年总人口为1.09万人，城镇化率为35.8%，2019年增长至1.57万人，城

图 7.16　玛多县城无人机影像图（拍摄于 2020 年 8 月 4 日，无人机自动合成，城镇化科考队）

镇化率为 25.5%,低于 2019 年青海省平均城镇化率 55.52%。玛多县生态地位十分重要,其位于三江源国家级自然保护区核心腹地,是青藏高原重要的生态屏障,也是黄河中下游地区经济社会发展的重要生态功能平衡区,具有底蕴深厚的宗教文化历史。依托独特的资源禀赋优势和交通区位优势,高原生态文化旅游业、商贸服务业与高原特色畜牧业有成为玛多县社会经济与城镇化发展驱动力的潜力。

未来玛多县应通过三江源国家公园建设,加强基础设施建设,发展生态保护与生态旅游产业,挖掘历史文化资源,探寻适合玛多县特色的城镇化发展道路,推进农牧业现代化和绿色化,构建集约化绿色发展模式,减轻生态环境压力。通过培育高原生态畜牧业、高原生态旅游业、高原商贸服务业三大产业,打造果洛藏族自治州生态大县、"三江源"地区旅游名县,青南地区交通枢纽。

7. 甘德县城镇化绿色发展

甘德县位于青海省东南部(图 7.17),地处果洛藏族自治州腹地,经济以畜牧业为主。2000 年甘德县总人口为 2.55 万人,2019 年增长至 4.02 万人,城镇化率为 10.7%,远低于 2019 年青海省平均城镇化率 55.5%。甘德县城镇化水平极低,牧业居民城镇化意愿不强,城镇化内生动力严重不足。未来,应在推进生态环境保护治理的基础上,以西部开发为依托,进行基础设施建设,为甘德县的开发提供新的承载力。以县境内丰富的自然景观和历史文化为依托,开发格萨尔文化旅游产品,建设高原生态旅游城镇。依托种类丰富的中藏药材,推广中藏药材培育种植,形成具有地方资源特色的中藏药材加工产业,培育绿色发展新动能,推进特色产业发展。

图 7.17 甘德县城无人机影像图(摄于 2020 年 8 月 6 日,无人机自动合成,城镇化科考队)

8. 达日县城镇化绿色发展

达日县位于青海省东南部（图7.18）、果洛藏族自治州南部，是格萨尔文化生态保护区和三江源生态保护综合实验区的交会地区。巴颜喀拉山脉从西北向东南横贯达日县全境，将达日县分为长江、黄河两大水系流域地区，黄河从西向东流经达日县340km。达日县平均海拔在4200m以上。2000年达日县总人口为2.44万人，2019年总人口增长至3.98万人，城镇化率为9.8%。达日县城镇化水平很低，远低于青海省平均城镇化率55.5%。达日县是三江源重要的生态功能区，承担着生态保护和建设的职能，是青藏高原上承载绿色发展的主要城镇之一。达日县以高原牧业为主导产业，以交通枢纽、文化旅游为城镇化发展主要动力，从事牧业居民城镇化意愿不强，城镇化率低，缺乏城镇化内生动力。未来，达日县应继续坚持生态保护优先，筑牢国家生态安全屏障，依托生态环境优势和旅游资源优势，鼓励产业结构向多元化方向发展，因地制宜发展生态畜牧业、中藏药产业、特色旅游业和民族文化产业，打造格萨尔文化旅游品牌，以发展生态旅游促进生态保护、经济发展，同时加快发展文化产业和服务业的步伐，为持续发展提供支撑和保障。

图 7.18 达日县城无人机影像图（拍摄于2020年8月6日，无人机自动合成，城镇化科考队）

9. 称多县城镇化绿色发展

称多县位于青藏高原东部、青海省中南部（图7.19），地处三江源国家级自然保护区核心区域，是玉树藏族自治州东部地区重要的生产生活中心、三江源国家级自然保护区通天河核心区生态移民基地，平均海拔 4500m，2000 年总人口为 4.04 万人，2019 年增长至 6.11 万人，城镇化率为 17.5%，城镇化水平远低于青海省平均城镇化水平 55.5%。称多县境内旅游资源丰富，有许多具有浓郁民族特色、悠久藏文化内涵和传奇色彩的自然人文景观，历史上称多县还是著名的歌舞之乡。称多县的主导产业是农牧业，生态移民、易地搬迁、旅游是城镇化发展的主要驱动因素。城镇建设主要依靠国家投资，投资需求与供给矛盾突出，基础设施建设不配套导致城镇功能不完善。未来，应依托称多县内丰富的生态、旅游和文化资源，重点提升特色产业发展新动能，加强旅游基础配套设施建设，促进生态文化旅游发展，实现城镇、乡村、生态产业、文化、旅游等多功能相互融合，将称多县建设成为康巴特色文化旅游城、藏区现代农牧业产业加工贸易基地和综合水电能源服务基地。

图 7.19　称多县城无人机影像图（拍摄于 2019 年 6 月 3 日，无人机合成，城镇化科考队）

10. 玉树市城镇化绿色发展

玉树市位于青藏高原东部、玉树藏族自治州最东部，是青海省、西藏自治区和四川省三地交接区域的商贸物流中心、青海南部地区的中心城市，是州府、市府所在地，是玉树藏族自治州政治、经济、文化的中心，是康巴藏区的重要城市。自古以来，玉树市就是"南丝绸之路"和唐蕃古道的重要节点，在对外开放和西部发展格局中发挥着重要作用。玉树市平均海拔 4494m，是一个以牧为主、农牧结合的半农半牧城市。2000 年玉树市总人口为 7.79 万人，2019 年增长至 11.38 万人，城镇化率为 29.7%。玉树市城镇化水平整体偏低，低于青海省平均城镇化率 55.5%。玉树市地域辽阔，地广人稀，平均海拔高，自然条件恶劣，可利用的土地资源较为缺乏。产业以农牧业为主，结构单一，经济主要靠政府投资拉动，社会资本参与程度不高，经济发展内生动力不足，经济发展缓慢。城镇规模较小，人口集聚度较低，重点城镇辐射带动性较弱。城镇建设主要依靠国家投资，基础设施建设不配套导致城镇功能不完善，公共服务能力不足，缺乏各类专业管理、技术人才。未来玉树市城镇化应依托特有的高原生态环境资源、农牧资源、藏文化资源和青藏川三省（区）交界的区位，构建以文化生态旅游、商贸、物流等产业为主，以特色农牧业和生态友好型资源加工业为辅的环境友好、附加值高、协同效应好、拉动效应大的产业体系。围绕提高生态服务功能及提高城镇居民与农牧民的生活质量，引导人口向中心城区和重点城镇集聚，提升重点城镇的承载能力和吸引力。

11. 囊谦县城镇化绿色发展

囊谦县位于青海省最南端、玉树藏族自治州东南部，是青海省的"南大门"，处于高山峡谷向青藏高原主体的过渡地带，境内大小山脉交错，海拔在 4500 ～ 5000m。囊谦县具有十分丰富的历史遗迹、宗教寺院、民俗风情、原生态歌舞等文化资源。2000 年囊谦县总人口为 5.74 万人，2019 年增长至 10.11 万人，城镇化率为 8.7%。囊谦县是玉树藏族自治州的农业大县和牧业大县，由于生计保障、生活习惯等问题，牧民搬迁到城镇地区生活的意愿不强，囊谦县城镇建设主要依靠国家投资，城镇化内生动力不足，基础设施建设不配套导致城镇功能不完善。囊谦县是玉树藏族自治州移民大县。生态移民、农牧业现代化与转型发展以及旅游是囊谦县城镇化与社会经济发展的主要驱动因素。未来囊谦县应紧抓国家对青海藏区支持机遇和三江源生态保护与建设机遇，依托囊谦县生态环境和资源优势以及地域风情浓郁的自然和人文景观，发展高原特色产业，加强特色农畜产品加工，大力发展生态旅游业，培育陶艺等手工加工业，提升城镇自生造血功能，加强城镇基础设施建设，增强城镇集聚能力，推动撤县改市工作，推动经济社会转型跨越发展。

12. 杂多县城镇化绿色发展

杂多县位于青海省南部，隶属玉树藏族自治州，被誉为"澜沧江源第一县、长江南源第一县、中国冬虫夏草第一县、中国雪豹之乡、格萨尔说唱艺术之乡、雪域山歌之乡、雪域牦牛文化发祥地"。杂多县是澜沧江的发源地，是澜沧江、长江两大河流的摇篮，全境都属于三江源国家级自然保护区，包括果宗木查、当曲湿地、昂赛森林灌丛三个保护分区，生态地位十分重要。2000 年总人口为 3.87 万人，2019 年增长至 7.06 万人，城镇化率为 9.0%，城镇化水平远低于青海省平均城镇化率 55.5%。杂多县是传统的高原牧业大县，杂多县虫草品质高，境内旅游资源丰富，生态旅游、科学考察、探险旅游、宗教朝觐、风情观光等发展潜力巨大。杂多县地处三江源国家级自然保护区，国家对其进行扶持，投入资金实施生态环境治理和建设工程。虫草经济、生态移民、旅游发展是杂多县城镇化与社会经济发展的主要驱动因素。未来应持续推进三江源生态保护，推进三江源国家公园体制试点设立，在坚持"畜牧稳县"战略的基础上，因地制宜发展高原特色生态畜牧业、高原特色旅游业和农畜产品加工业，适度开发水电、矿产等优势资源，重视文化保护传承，促进文化旅游业融合转型升级，提升发展质量，推动

杂多县绿色发展。

7.6.2 西藏段节点城市与城镇

唐蕃古道沿线城镇带西藏境内包括昌都市2县、那曲市3县1区、拉萨市5县3区。2019年总人口102.7万人，城镇人口41.1万人，城镇化率为40.0%，高于西藏自治区平均城镇化水平，城镇化进程正处于加速发展阶段。旅游、交通、丰富的自然资源、农牧产业优势、生态保护与建设、国家层面的区域发展政策等是唐蕃古道西藏段城镇发展的主要动力。城镇化建设目前普遍存在着基础设施不健全、内生动力不足、经济结构不合理、产业发展不协调等问题。未来，需要挖掘发展内生动力，创新驱动产业升级融合，大力培育特色优势产业，提高核心竞争力，实现城镇化高质量发展。

1. 类乌齐县城镇化绿色发展

类乌齐县位于西藏自治区东北部，隶属昌都市，海拔在3439～5790m，地势西北高、东南低，地貌景观呈山原类型，山间河谷深切、沟壑纵横、峡谷众多、坡向分明，素有"天堂类乌齐·三江花都城""西藏小瑞士""昌都后花园"的美誉。县城所在地桑多镇地处国道317线和214线汇合处，类乌齐县城处于昌都地区的北大门，是距昌都市最近的县城，是昌都市联系那曲市与西宁市的重要枢纽节点。2000年总人口为3.29万人，2019年增长至5.84万人，城镇化率为31.93%。类乌齐县有着伊日温泉、崩勒溶洞、德曲颇章神山、类乌齐寺等丰富的旅游资源以及康巴英雄结、仲确节等特色民俗，其旅游服务业等第三产业较为发达，旅游以及交通是城镇化发展的主要驱动因素。未来类乌齐县应凭借交通区位优势，加强与周边县市的衔接，提高对外交通能力，加强基础设施建设，不断改善城镇条件，提升城镇综合功能，发挥城镇在类乌齐县经济社会发展中的辐射带动作用。在环境保护与社会经济发展中间寻找合适的道路，加强特色产业体系建设，建设旅游、矿产、工业物流与商贸强县。

2. 丁青县城镇化绿色发展

丁青县地处西藏东北部，隶属西藏自治区昌都市。其西北高东南低的地形和藏北草原向横断山脉过渡的地势，构成了丁青县独特的河谷、平坝、崇山峻岭的自然景观，境内水系分布广泛，河流众多。丁青县历史悠久，民间绘画独秀一枝，驰名昌都市。2000年总人口为6.06万人，2019年总人口增长至9.29万人，城镇化率为6.39%，远低于2019年西藏平均城镇化率31.5%。丁青县山川壮丽，有着丰富的旅游资源，独特的地形、地貌、山川湖泊和人文景观，还有苯教文化形成的古刹名寺、人类遗址和历史文物，吸引了众多游客，有效带动了旅游服务行业的快速发展。虫草经济、旅游以及便利的交通区位是丁青县社会经济和城镇化发展的主要动力，需挖掘工业发展潜力，提升工业发展动力，优化产业结构，大力发展特色产业，深入推进旅游业发展，推动城镇化建设，保障建设资金的持续投入，进一步完善相关基础设施，加强交通网络建设，提高县域核心竞争力。

3. 巴青县城镇化绿色发展

巴青县地处藏北高原南羌塘大湖盆区，隶属那曲市，平均海拔在 4500m 以上，常年高寒缺氧，冬寒夏凉，冬季多大风雪，降雪日数约在 150 天以上。巴青县为牧业县，盛产各种牧业产品及高原黄金——虫草。317 国道从巴青县穿城而过，巴青县与外界形成顺畅的经济对流。2000 年总人口为 3.59 万人，2019 年增长至 5.70 万人，城镇化率 10.53%，远低于 2019 年西藏平均城镇化率 31.5%。巴青县牧草生长旺盛，具有良好的畜牧业发展前景。青藏铁路的开通和那曲市物流中心的建成，以及 G317 国道路面改造，使巴青县已逐步发展成为连接那曲市与昌都市、昌都市与拉萨市、西藏与青海部分地区的桥梁和纽带。巴青县除了极为丰富的高山牧场特征景观外，还有神秘难测的麦莫溶洞，处于 317 国道上的巴青县是整个那曲市旅游环线上的一个节点。未来应充分利用丰富的虫草等药材资源，发展藏医药业；以城镇建设为中心，大力发展现代商贸服务业；挖掘县域独特的自然人文景观资源，发展生态旅游，同时完善公共设施建设，为城乡居民营造交通快捷、配套完善、生活方便的居住环境，带动县域城乡社会经济产业繁荣发展。

4. 索县城镇化绿色发展

索县位于怒江上游的索曲河流域，连接藏北高原与藏东高山峡谷，是那曲市"东三县"之一。索县地势西北高、东南低，总体上呈现西北向东南阶梯状递减趋势。索县位于藏北发展的主要轴线国道 G317 上，是连接成都和拉萨的重要交通节点，也是西藏东部大环线上的重要支撑点。索县位于藏北地区与藏东地区的交界位置，是藏北地区的东部门户，是藏北与藏东地区广阔腹地的重要节点。2000 年总人口为 3.47 万人，2019 年增长至 5.39 万人，城镇化率为 27.3%，略低于 2019 年西藏平均城镇化率 31.5%。索县经济以牧业为主，兼有农业，利用互联网平台打造"互联网＋"发展模式，给传统产业发展注入了新的活力。索县历史悠久，文化底蕴浓厚，加之独特的山水生态，构成索县现阶段独特的生态文化资源。索县具有旅游、药材采集加工、农牧产品加工、物资流通、仓储等产业发展优势，这些产业开始初步发展。索县位于拉萨至昌都线路的几何中点，国道 G317 从索县经过，是拉萨至昌都途中重要的驿站。因此，农牧业现代化发展、旅游、交通区位等都是索县经济发展和城镇化的主要动力。未来索县依托现有资源和区位优势，发展文化生态旅游、药材采集加工、畜产品加工、仓储等主要职能，不断挖掘产业发展新动能，优化当地产业链，加快其城镇化绿色发展。

5. 聂荣县城镇化绿色发展

聂荣县地处西藏自治区北部、唐古拉山南麓，位于青藏高原腹地那曲地区中部，地处怒江源头，与新疆维吾尔自治区和青海省交界，平均海拔 4700m 左右。聂荣县离西藏自治区副中心城镇那曲镇距离近，接收辐射能力强。2000 年总人口为 2.82 万人，

2019 年增长至 3.76 万人，城镇化率 19.2%，低于西藏平均城镇化率 31.5%。聂荣县作为纯牧业县，第一产业发展为县城之本，主要牲畜及产品有牦牛、山羊、酥油、牛羊绒等。聂荣县具有一定数量的自然人文资源，有闻名的尼玛乡温泉，民族手工业为特色产业。未来聂荣县要深挖潜力，加快畜产品加工业发展，延展生产链条，加强生态环境的保育，推进区域生态屏障体系建设，加强环境保护与产业协调发展。立足特色资源，发展优势产业，大力发展羊毛加工等具有本地特色的民族手工业。强化县域基础设施统筹建设，加强城镇化建设，塑造具有明显地域文化特征的城镇形象，建成具有民族特色、区域特点，经济、社会和生态全面协调发展的现代化高原城镇。

6. 当雄县城镇化绿色发展

当雄县位于西藏自治区中部，地处藏南与藏北的交界地带，有"拉萨市的北大门"之称。青藏公路（国道 G109 线）由东向西横贯当雄县全境。当雄县地处青藏高原腹地，山地冰川、河谷多，为纯牧业县。2000 年总人口为 3.92 万人，2019 年总人口增长至 5.44 万人，城镇化率为 24.50%，低于 2019 年西藏平均城镇化率 31.5%。当雄县有许多名胜古迹和旅游景点，包括世界海拔最高的咸水湖纳木错、神山念青唐古拉山、历史名城冲嘎固始汗夏宫遗址、藏传佛教噶当派创始人仲敦巴旧址、藏北八塔、嘎罗寺（噶玛噶举派）、羊井寺（噶玛噶举红帽派）、康玛寺（格鲁派）、第十一届亚运会圣火纪念碑、羊八井地热电站、念青唐古拉圣药温泉度假村等。旅游资源的开发结合青藏铁路通车带来的便利交通，使当雄县的旅游产业蓄势待发。未来，当雄县需要加大补短板力度，加快基础设施和公共服务设施建设，提高未来城镇化健康发展的支撑力，严守生态红线、底线，改善牧区生态环境，持续推进产业高质量发展，利用当地自然资源优势和交通优势深入打造生态文化旅游业，发展畜牧产品深加工产业，大力发展可再生能源，推动实现绿色发展。

参考文献

方创琳，李广东. 2015. 西藏新型城镇化发展的特殊性与渐进模式及对策建议. 中国科学院院刊，30（3）：294-305.

方创琳，王振波，刘海猛. 2019. 美丽中国建设的理论基础与评估方案探索. 地理学报，74（4）：619-632.

黄永林，谈国新. 2012. 中国非物质文化遗产数字化保护与开发研究. 华中师范大学学报（人文社会科学版），51（2）：49-55.

麻国庆，朱伟. 2018. 文化人类学与非物质文化遗产：非物质文化遗产的特征. 北京：生活·读书·新知三联书店.

齐爱民. 2007. 非物质文化遗产系列研究（一）非物质文化遗产的概念与构成要件. 电子知识产权，（4）：17-21.

苑利，顾军. 2006. 非物质文化遗产保护的十项基本原则. 学习与实践，（11）：118-128.

张安福. 2020. 唐蕃古道 - 中走文成公主西行路. 广州：广东人民出版社.

第 8 章

边境城镇带城镇化与口岸固边城镇发展

长达 4000 多公里的青藏高原边境城镇带是捍卫国防安全和生态安全的要冲地带，肩负着"神圣国土的守护者，幸福家园的建设者"的重要使命。随着中尼、中印等边境口岸开放程度不断提高，青藏高原边境城镇带发挥着"一带一路"倡议下建设"南亚大通道"的重要作用。新时代，青藏高原边境城镇带是建设面向南亚开放的重要通道的载体。通过对青藏高原边境城镇带林芝段、山南段、日喀则段、阿里段等逐段考察，完成对沿线亚东口岸、樟木口岸、吉隆口岸、里孜口岸、普兰口岸等边境口岸以及察隅县、墨脱县、隆子县、错那市、亚东县、定结县、吉隆县、仲巴县、普兰县、噶尔县等重点地区边境城镇的深入研究，旨在厘清青藏高原边境城镇带城镇化历史进程及现状格局、城镇体系发育过程及发育机理，明晰口岸边贸及固边戍边与边境地区城镇化的互动机制，分析高原边境城镇带不同分段存在的主要问题与主要矛盾，提出高原边境城镇带的绿色发展路径及调控措施。

8.1 边境城镇带基本情况

8.1.1 综合科学考察范围

边境城镇带位于我国西藏自治区沿边地区，北起阿里地区的日土县，沿边境线由西北向东南延伸至林芝市的察隅县。研究范围涉及西藏自治区 4 个地级市（地区）的 21 个县（市）（图 8.1），具体包括阿里地区的日土县、噶尔县、札达县和普兰县，日喀则

图 8.1 边境城镇带综合科学考察范围示意图

市的仲巴县、萨嘎县、吉隆县、聂拉木县、定日县、定结县、岗巴县、亚东县和康马县、山南市的浪卡子县、洛扎县、错那市和隆子县，林芝市的朗县、米林市、墨脱县和察隅县（表 8.1）。主要交通通道为国道 G219，在边境城镇带的东南端也有多条重要的省道和县道，如 S201、S202、S307、日亚线、嘎定线、扎墨公路等，它们将边境城镇带各城镇有机串联在一起。边境城镇带东部紧邻云南省迪庆藏族自治州和西藏自治区昌都市，西部和南部邻接缅甸、印度、不丹、尼泊尔和克什米尔（印度和巴基斯坦的领土争端地区）。边境城镇带是面向南亚开放的重要通道，在地缘政治经济战略格局中具有重要地位，对于维护国家长治久安、巩固边疆稳定、全面实现青藏高原边境地区社会经济可持续发展具有重要意义。

表 8.1　边境城镇带研究范围

地级行政单元	县级行政单元
阿里地区（4 个）	日土县、噶尔县、札达县、普兰县
日喀则市（9 个）	仲巴县、萨嘎县、吉隆县、聂拉木县、定日县、定结县、岗巴县、亚东县、康马县
山南市（4 个）	浪卡子县、洛扎县、错那市、隆子县
林芝市（4 个）	朗县、米林市、墨脱县、察隅县

8.1.2　边境城镇和边境口岸

截至 2021 年，边境城镇带共有城镇 36 个，其中，包括 1 个地区行政公署（阿里地区行政公署驻地狮泉河镇）、20 个一般县城和 15 个一般建制镇（表 8.2）。边境城镇带有口岸 6 个（表 8.3），包括亚东县亚东口岸（对面印度）、定结县日屋 – 陈塘口岸（对面尼泊尔）、聂拉木县樟木口岸（对面尼泊尔）、吉隆县吉隆口岸（对面尼泊尔）、仲巴县里孜口岸（对面尼泊尔）、普兰县普兰口岸（对面尼泊尔）。按照是否有口岸，共有口岸型城镇 5 个，包括定结县日屋镇、定结县陈塘镇、聂拉木县樟木镇、吉隆县吉隆镇和普兰县普兰镇。

表 8.2　边境城镇带城镇

地级行政单元	城镇名单
阿里地区（4 个）	日土镇（日土县城）、狮泉河镇（噶尔县城）、托林镇（札达县城）、普兰镇*（普兰县城）
日喀则市（16 个）	拉让乡（仲巴县城）、帕羊镇、加加镇（萨嘎县城）、宗嘎镇（吉隆县城）、吉隆镇*、聂拉木镇（聂拉木县城）、樟木镇*、协格尔镇（定日县城）、岗嘎镇、江嘎镇（定结县城）、陈塘镇*、日屋镇*、岗巴镇（岗巴县城）、下司马镇（亚东县城）、帕里镇、康马镇（康马县城）
山南市（6 个）	浪卡子镇（浪卡子县城）、洛扎镇（洛扎县城）、拉康镇、错那镇（错那市区）、隆子镇（隆子县城）、日当镇
林芝市（10 个）	朗镇（朗县县城）、仲达镇、洞嘎镇、米林镇（米林市区）、派镇、卧龙镇、墨脱镇（墨脱县城）、竹瓦根镇（察隅县城）、上察隅镇、下察隅镇

* 为口岸型城镇。

表 8.3　边境城镇带口岸

地级行政单元	口岸名单
阿里地区（1 个）	普兰口岸（普兰县）
日喀则市（5 个）	吉隆口岸（吉隆县）、樟木口岸（聂拉木县）、日屋–陈塘口岸（定结县）、亚东口岸（亚东县）、里孜口岸（仲巴县）

8.1.3　城镇带发展的基本条件

1. 自然条件

边境城镇带地形地貌复杂，地处世界最高、中国最大的高原——青藏高原西南部，喜马拉雅山、喀喇昆仑山和冈底斯山支脉贯穿于此，平均海拔为 4139m，最高点为世界最高峰——珠穆朗玛峰（8848.86m），地势西北高、东南低，地形起伏度大。雅鲁藏布江流经该区域，由于海拔高、地势落差大、山坡陡峭、沟谷深切，水能蕴藏量丰富。边境城镇带位于高度活跃的板块构造区，多暴风雪、地震、冻害等自然灾害；位于高原山地气候区，辐射强、日照丰富，年日照时数在 3200h 左右；气温低，年温差大，7 月平均气温在 10℃左右，1 月平均气温约 -18℃；降水少，年降水量 172.8mm，40% 集中在 8 月。

边境城镇带植物种类繁多、植被结构复杂，垂直带谱明显，从高山寒带植物到热带植物在此几乎都能生长，原始森林类型众多，有常绿阔叶林、针阔叶混交林、暗针叶林等，是世界呈现生物多样性最典型的区域之一，堪称"生物基因库"。边境城镇带动物种类繁多、分布广阔，其中国家级保护动物高达 100 多种，如雪豹、野驴、野牦牛、藏羚羊、藏雪鸡、黑颈鹤、盘羊、棕熊、马熊、猞猁、麝（獐子）、盘羊、金雕鸢、斑头雁、赤麻鸭、白额雁、水獭等国家二级保护动物。此外，河湖鱼类较多，个别鱼类有较高的药用价值，如羊卓雍措拥有蕴藏高达 2 亿～3 亿 kg 的高原特有无鳞鱼和裂腹鱼，素有"西藏鱼库"之称。

边境城镇带拥有丰富的矿产资源且种类齐全，优势矿种有铜、铬、硼、锂、铅、锌、金、锑、铁，有较丰富的光能资源和地热资源，年均日照时间长，有多个温泉分布。边境城镇带水资源也较为丰富，主要来源于地表水资源、冰川水资源和大气降水。中国第三大河流雅鲁藏布江流经于此，落差大，水流湍急，蕴藏着巨大的水能资源。

2. 人文条件

早在远古时期，边境城镇带就有人类活动，日土县的岩画、石器、壁画、石丘墓葬等就是很好的证明。到公元 7 世纪初，松赞干布在山南市建立了有史以来首次统一青藏高原各部族的政权——吐蕃王朝，为了加强与泥婆罗（今尼泊尔）的友好关系，巩固吐蕃和印度半岛的宗教联系，松赞干布迎娶了泥婆罗的尺尊公主，其入藏通道就位于吉隆口岸。公元 847 年平民起义，吐蕃王朝崩溃，西藏长期处于藩王割据局面。

公元 895 年，晚年的吉德尼玛衮将其三子分封各处，后人称为"三衮占三围"，即"阿里三围"。10 世纪，第三子德祖衮在其封地建立古格王朝，其统治中心在札达象泉河（藏语为朗钦藏布）流域，今阿里地区的日土县、噶尔县、札达县、普兰县四个边境城镇在其势力范围之内。11 世纪，玛尔巴和米拉日巴等高僧在山南创立噶举派。1156 年，帕木竹巴（简称帕竹）在噶举派中独树一帜。在萨迦时期和帕竹时期，林芝市、山南市、日喀则市均成了藏传佛教噶玛噶举派的势力范围。在公元 13 世纪，古格王朝随西藏一起归属元朝，交由萨迦地方政权管辖处理。元朝中央在藏族地区设了三个宣慰使司，今山南、日喀则、阿里、林芝等地归乌斯藏宣慰司管辖。七世达赖喇嘛格桑嘉措执政时期，遵照清朝乾隆皇帝的谕旨，于 1751 年成立噶厦，下设"基巧""宗"两级机构，边境城镇带分属于阿里基巧、山南基巧、桑珠孜宗（今日喀则市）、地东宗（今林芝市）。

中华人民共和国成立之后，1950 年 5 月撤销札达宗办事处，最早建立了札达县。1959 年 5 月，合并错那宗、德让宗两宗，设立错那县。同年，并三宗一溪建工朗县，由山南地区管辖，林芝地区成立后，朗县被划归林芝地区管辖。1959 年 7 月，建墨脱县。1959 年 8 月，成立米林县人民政府，因县政府设在米林村而得名。1960 年通过宗溪合并等方式先后成立了噶尔县、萨嘎县、普兰县、吉隆县、聂拉木县、定日县、定结县、亚东县、康马县、浪卡子县和洛扎县。1961 年 3 月，设立日土县，由新疆维吾尔自治区管辖，后于 1978 年，日土县由新疆维吾尔自治区划归西藏自治区，隶属阿里地区管辖。1962 年 2 月，合并定结县的康（巴）、塔杰两个区，成立岗巴县。1966 年 5 月，桑昂曲宗县改称察隅县。

边境城镇带具有丰富多彩的少数民族文化。除藏族外，还有门巴族、珞巴族、夏尔巴人、僜人等。门巴族意思是"居住在门隅"，主要分布在墨脱县、米林市和错那市，门巴族有自己的语言——门巴语。珞巴族意为"南方人"，在米林市、墨脱县、察隅县、隆子县、朗县等最为集中。夏尔巴人意为"东方来人"或"留下来的人"，集中于定结县陈塘镇等地区。僜人又称"僜巴"，分布于察隅县等。

8.2　边境城镇带城镇化演变过程与基本特征

从常住总人口、城镇化水平、城镇规模、空间分布格局以及口岸发展等多个角度，系统分析边境城镇带动态演变过程，厘清过去边境城镇带动态演变的基本规律，明晰当前边境城镇带发展的主要特征和问题。2020 年第七次全国人口普查数据显示，边境城镇带常住总人口增长至 45.38 万人，其中，城镇总人口 10.58 万人，常住人口城镇化率为 23.32%。规模等级较高的城镇包括噶尔县狮泉河镇、亚东县帕里镇、岗巴县岗巴镇、定日县协格尔镇、隆子县隆子镇、萨嘎县加加镇、亚东县下司马镇等。边境城镇带建设用地不断扩展，行政中心型城镇和口岸城镇用地扩张突出。口岸发展良好，吉隆口岸成为重要的对外口岸，樟木口岸正有序恢复，里孜口岸等新建口岸稳步发展。

8.2.1 边境城镇带人口与城镇化时空变化特征

历次全国人口普查数据显示，边境城镇带人口规模增长放缓，近年来部分县市出现人口负增长现象。城镇化水平稳步提升，特别是以噶尔县为代表的地级行政中心等地区城镇化发展迅速，但是边境城镇带呈现出一个相对平稳的低水平城镇化发展模式。

1. 总人口变化特征

边境城镇带人口规模持续增长，但增速有所放缓。1982年，边境城镇带21个县域单元的总人口规模达254040人，占青藏高原人口比重的3.01%（表8.4）。改革开放以来，随着经济发展水平的提升、医疗卫生条件的改善、生态移民等，边境城镇带人口规模不断增长。到2020年，边境城镇带总人口规模增加至453853人，占青藏高原人口比重增至3.46%。值得注意的是，边境城镇带人口增长的速度在不断下降。1982～1990年人口年均增长率高达2.64%，随着人口基数的扩大以及生育率的下降，2010～2020年人口年均增长率下降至1.11%，但仍高于青藏高原（0.70%）和全国（0.53%）的平均水平。分县来看，总人口排名靠前的县域单元基本保持稳定，定日县、浪卡子县和隆子县排名稳居前三，尤其是定日县人口规模持续领先，由1982年的3.46万人增加至5.82万人，但占边境城镇带人口比重有所下降，由1982年的13.63%降至2020年的12.82%。

表 8.4　1982～2020 年边境城镇带人口变化情况

区域	总人口 / 人	年均增长率 /%	占青藏高原人口比重 /%
1982	254040	—	3.01
1990	313003	2.64	3.26
2000	363789	1.51	3.41
2010	406428	1.11	3.32
2020	453853	1.11	3.46

从人口密度看，边境城镇带人口空间分布不均，呈现"东部高、西部低"的空间格局（图8.2）。1982～2020年，边境城镇带人口均主要集聚在距离省会城市拉萨市较近、交通相对便利的浪卡子县、朗县、洛扎县、隆子县、定日县、康马县、亚东县、定结县等。其中，1982～2010年人口密度最高的县一直是距离拉萨市最近的浪卡子县，人口密度由1982年的3.16人/km^{2}增加至2010年的4.34人/km^2。2020年，朗县的人口密度超越浪卡子县排在第一位，达4.28人/km^2。此外，1982～2020年，人口密度最低的县一直是位于最北端的日土县，1982年人口密度仅达0.06人/km^2，2020年增长至0.14人/km^2。

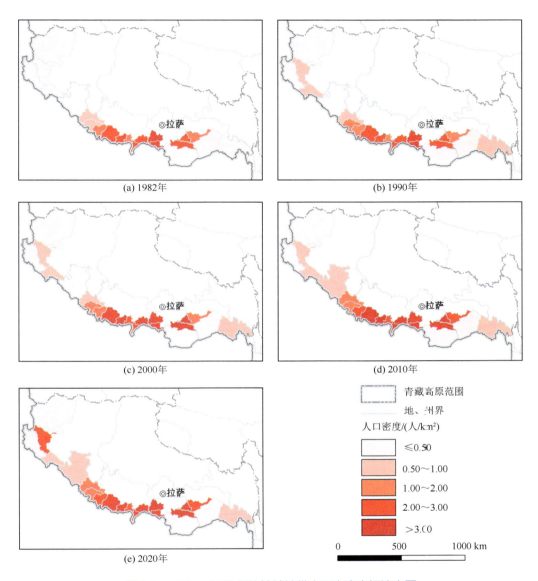

图 8.2　1982 ～ 2020 年边境城镇带人口密度空间演变图

　　人口增长速度也空间分布不均，呈现"中间低、两端高"的空间格局（图 8.3）。1982 ～ 1990 年，年均增长率高值区主要位于东南端的察隅县以及西北端的噶尔县、札达县和仲巴县，尤其是仲巴县，年均增长率高达 10.91%；年均增长率低值区主要位于中部的错那市和朗县，尤其是错那市，年均增长率仅达 1.15%。1990 ～ 2000 年，各县年均增长率普遍降低，高值区主要分布在西北端的噶尔县、聂拉木县、萨嘎县、仲巴县等，低值区主要分布在中部的洛扎县、错那市、康马县等。2000 ～ 2010 年，大多数县的年均增长率继续下降，中部靠近拉萨市的错那市和洛扎县开始出现人口负增长，年均增长率分别达 -0.14% 和 -0.05%。2010 ～ 2020 年，越来越多的县加入了负增长的行列，错那市、浪卡子县、聂拉木县和隆子县的人口下降幅度均在 0.15% 以上，尤其是错那市，人口下降幅度高达 0.82%；此外，位于两端的噶尔县、札达县、普兰县、洛扎县、墨脱县等人口年均增长率有所回升。总体来看，人口增长速度与人口分布格局大致相反，呈现"中间低、两端高"的空间格局。

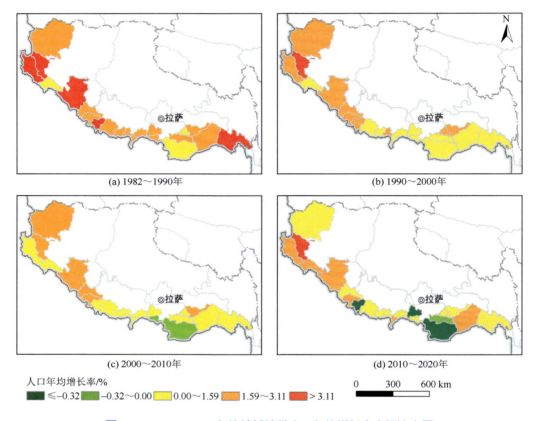

图 8.3　1982 ～ 2020 年边境城镇带人口年均增长率空间演变图

2. 城镇人口变化特征

边境城镇带的城镇人口规模波动增长，但增长速度波动下降。1982 年，边境城镇带城镇人口共 2485 人，1990 年增至 5943 人，年均增长率达 11.52%。改革开放以来，凭借较发达的经济条件和较完善的教育、医疗、交通等基础设施和公共服务，城镇对人口的吸引力不断提升，城镇人口加速增长，到 2000 年增长至 73151 人，年均增长率高达 36.86%。2010 年根据当年统计口径，城镇人口为 68651 人。2020 年"七普"数据显示，边境城镇带的城镇人口规模呈现增长趋势，到 2020 年边境城镇带城镇人口共计 105760 人，年均增长率达 5.55%，这主要与就地就近城镇化战略、外来人口增长及人口回流等有关。

分县来看，边境城镇带城镇人口分布由集中趋向分散（图 8.4）。受统计口径影响，1982 年城镇人口全部集中在亚东县。1990 年城镇人口仅分布在亚东县、聂拉木县和吉隆县三个县域单元，以亚东县为主，共 3169 人，占边境城镇带总人口的 53.32%。2000 年调整统计口径，城镇人口在各个县均有分布，以隆子县、浪卡子县、噶尔县、洛扎县等为主，尤其是隆子县，城镇人口规模高达 14552 人，占边境城镇带总人口的 19.89%。到 2010 年，根据最新统计口径，噶尔县、米林市、亚东县等县域单元的城镇人口仍在不断增长，尤其是噶尔县，城镇人口增加至 10282 人，占边境城镇带总人口的 14.98%。到 2020 年，除聂拉木县、岗巴县外，其余各县城镇人口均在不断增长，噶尔县城镇人口稳居第一位，城镇人口增加至 23824 人，占边境城镇带总人口的 22.53%。可见，1982～2020 年，城镇人口增长最明显的是噶尔县，由 2000 年的 7507 人增加至 2020 年的 23824 人，增长了 2.17 倍。

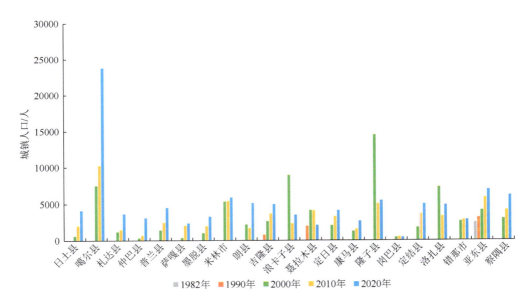

图 8.4　1982～2020 年边境城镇带城镇人口演化图（按照当年统计口径）

3. 城镇化水平演变特征

边境城镇带的城镇化水平逐步上升，但整体低于青藏高原和全国平均水平。根据各年统计口径，1982 年、1990 年、2000 年和 2010 年边境城镇带城镇化率分别为 0.98%、1.90%、20.11% 和 16.89%，2020 年增长至 23.30%，低于青藏高原平均水平（47.58%）。边境城镇带城镇化水平空间差异十分显著（图 8.5），1982 年，亚东县城镇化率达 26.05%。1990 年，亚东县、聂拉木县和吉隆县城镇化率分别达 29.23%、16.51% 和 7.71%，以中部地段城镇为主。2000 年，城镇化率突破 50% 的是噶尔县，高达 56.17%；城镇化率介于 30%～50% 的是隆子县、洛扎县和亚东县。到 2010 年，噶尔县城镇化水平继续领先，高达 60.84%；亚东县城镇化率增至 45.63%。到 2020 年，噶尔县城镇化率继续增长至 76.62%，亚东县以及西北端的札达县、日土县、普兰县等城镇化水平也介于 30% ～ 50%。

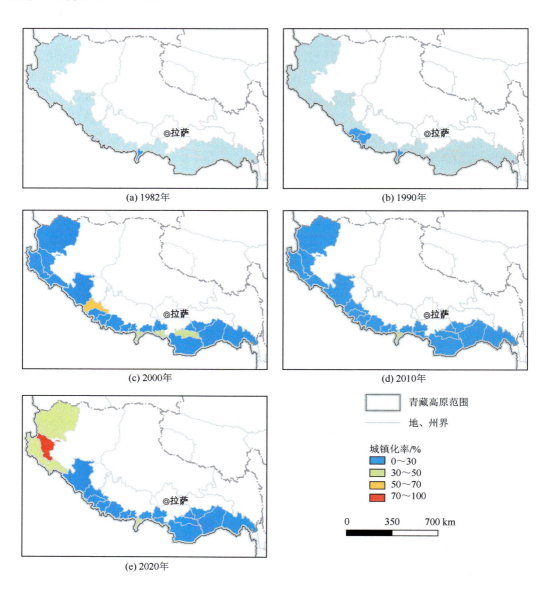

图 8.5　1982 ～ 2020 年边境城镇带城镇化水平空间演变图

8.2.2　边境城镇带城镇规模结构时空变化特征

城镇数量来源于《中国县域统计年鉴（2000）》《中国县域统计年鉴（2010）》《中

国县域统计年鉴（2020）》，部分缺失市县采用《西藏统计年鉴（2001）》《西藏统计年鉴（2011）》《西藏统计年鉴（2020）》进行补充。城镇规模以城镇人口规模为标准，数据来自于各县市统计年鉴和政府工作报告。

1. 城镇数量的变化特征

2020 年，边境城镇带 21 个县共包括 36 个城镇和 128 个乡。其中，这 21 个县中最多的拥有 3 个城镇，包括日喀则市的定结县以及林芝市的朗县、米林市、察隅县，而日喀则市的吉隆县、聂拉木县、定日县、亚东县以及山南市的浪卡子县、洛扎县、隆子县均拥有 2 个城镇，剩下的 10 个县如阿里地区的日土县、噶尔县、札达县、普兰县等均只拥有 1 个城镇。从城镇数量变化来看，1990 ~ 2000 年，边境城镇带城镇数量快速增加，由 1990 年的 5 个增加至 2000 年的 36 个，增长了近 8 倍，这主要与 2000 年之前大量县撤乡设镇的行政区划调整有关。2000 年以来，边境城镇带城镇数量一直保持稳定，维持 36 个数量不变，且各个县所辖的城镇数量也未发生变化（图 8.6）。

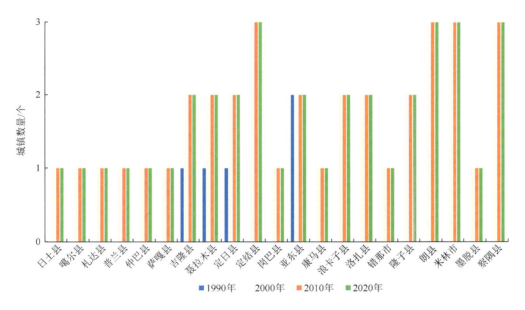

图 8.6　1990 ~ 2020 年边境城镇带城镇数量变化图

2. 等级规模的变化特征

1990 年以来，边境城镇带镇区人口规模不断增长，但均小于 1 万人，均属于规模较小的小城镇。在此基础上，按照自然断裂点法将城镇规模划分为四个等级，其中，一级城镇人口规模 > 3500 人、2500 人 < 二级城镇人口规模 ≤ 3500 人、1500 人 < 三级城镇人口 ≤ 2500 人、四级城镇人口规模 ≤ 1500 人，结果如表 8.5 和图 8.7。

表 8.5 1990～2020 年边境城镇带城镇规模等级结构统计　（单位：个）

城镇等级	1990 年	2000 年	2010 年	2020 年
一级城镇	—	1	1	1
二级城镇	—	1	1	6
三级城镇	1	1	3	12
四级城镇	4	33	31	17

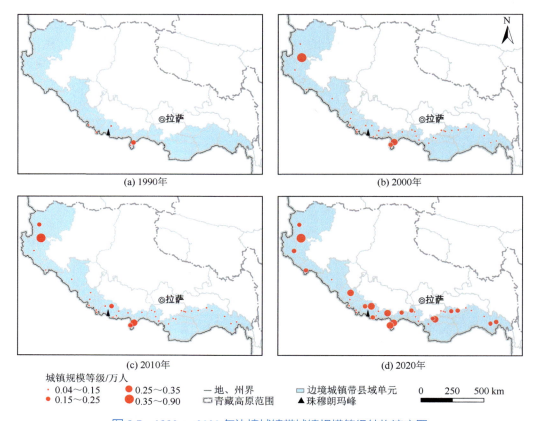

图 8.7 1990～2020 年边境城镇带城镇规模等级结构演变图

1990 年，边境城镇带只有 5 个城镇，且人口规模普遍偏小，镇区常住人口均小于 2500 人。其中，三级城镇仅有 1 个，即亚东县的一般建制镇——帕里镇，镇区常住人口达 1740 人，占边境城镇带镇区总人口的 42.01%。此外，吉隆县的吉隆镇、聂拉木县的樟木镇、定日县的协格尔镇以及亚东县的下司马镇 4 个城镇的镇区常住人口均小于 1500 人，均属于四级城镇，最小的樟木镇镇区人口仅达 131 人。

2000 年，伴随着城镇数量的增加，边境城镇带城镇人口规模也在不断增长。其中，一级城镇增长为 1 个，即噶尔县的县政府驻地——狮泉河镇，其镇区常住人口规模达 4500 人，占边境城镇带镇区总人口的 15.57%。二级城镇也增长至 1 个，即亚东县的帕里镇，其镇区常住人口达 2555 人，实现了由三级城镇向二级城镇的转变。三级城镇也仅有 1 个，即亚东县的县政府驻地——下司马镇，其镇区常住人口达 1625 人，实现了由四级城镇向三级城镇的升级。此外，普兰县的普兰镇、定日县的协格尔镇、米林市的米林镇、察隅县的竹瓦根镇等 33 个城镇属于四级城镇，镇区人口规模均不超过 1500 人。

2010 年，边境城镇带规模等级结构变化不大。一级和二级城镇仍分别包含 1 个城镇，即分别为噶尔县的狮泉河镇和亚东县的帕里镇，其中狮泉河镇仍作为边境城镇带的首位城镇，其镇区常住人口达 5282 人，占边境城镇带镇区总人口的 13.87%。三级城镇增加至 3 个，包括定日县的协格尔镇、亚东县的下司马镇以及日土县的日土镇，其中协格尔镇和日土镇实现了由四级城镇向三级城镇的提升。此外，普兰县的普兰镇、米兰县的米兰镇、定结县的陈塘镇等 31 个城镇仍属于镇区人口不超过 1500 人的四级城镇。

2020 年，边境城镇带规模等级呈现明显的金字塔结构。其中，一级城镇仍为 1 个，即噶尔县的狮泉河镇，其镇区常住人口规模增长至 8892 人，但占边境城镇带镇区总人口的比重下降至 13.09%。二级城镇增至 6 个，主要集聚在中部的日喀则市，包括亚东县的帕里镇、岗巴县的岗巴镇、定日县的协格尔镇、隆子县的隆子镇、萨嘎县的加加镇以及亚东县的下司马镇，镇区常住人口介于 2500～3500 人。三级城镇增至 12 个，分布较为分散，包括察隅县的下察隅镇、竹瓦根镇，米林市的卧龙镇、米林镇，隆子县的日当镇，日土县的日土镇，普兰县的普兰镇，札达县的托林镇，康马县的康马镇，浪卡子县的打隆镇，定结县的陈塘镇，定日县的岗嘎镇。四级城镇降至 17 个，如洛扎县的洛扎镇、吉隆县的宗嘎镇、察隅县的上察隅县、聂拉木县的聂拉木镇、定结县的江嘎镇、浪卡子县的浪卡子镇、朗县的朗镇等。

8.2.3　边境城镇带空间分布格局与变化特征

城镇建设用地数据来源于 GlobeLand30，即 30m 空间分辨率全球地表覆盖数据。2014 年我国发布 GlobeLand30 2000 版和 2010 版。自然资源部于 2017 年启动对该数据的更新，目前 GlobeLand30 2020 版已完成。对 GlobeLand30 数据进行裁切得到研究范围内城镇建设用地空间分布图，乡镇居民点数据来源于卫星遥感影像和实地调研。

1. 城镇建设用地空间分布格局

21 世纪以来，边境城镇带建设用地不断扩展（图 8.8）。2000 年边境城镇带建设用地共 56.55km²，主要分布在东南和西北两端，呈现"中间低、两端高"的空间格局。其中，建设用地最多的是山南市的错那市，高达 28.45km²，占边境城镇带总建设用地面积的 50.32%；其次是墨脱县、察隅县、普兰县和噶尔县，建设用地面积均在 2.5 km² 以上；建设用地最少的是日喀则市的吉隆县，不足 0.1 km²，仅占边境城镇带总建设用地面积的 0.17%。2010 年边境城镇带建设用地面积增长至 69.33km²，年均增长率达 2.06%。其中，建设用地面积最大的仍然是错那市，但略有下降，达 28.16 km²，占边境城镇带总建设用地面积的比重也下降至 40.61%；其次是墨脱县、噶尔县和普兰县，建设用地面积均在 5 km² 以上；此外，米林市、察隅县、定结县和康马县以及隆子县、洛扎县建设用地面积也均在 2 km² 以上，仍然呈现"中间低、两端高"的空间格局。2020 年，边境城镇带建设用地面积快速增长，高达 180.85 km²，年均增长率高达 10.06%。其中，错那市的建设用地面积持续领先，快速增长至 57.95 km²，但占边境城镇带总建设用地面积的比重继续下降至 32.04%；其次是墨脱县、米林市和噶尔县，建设用地面积分别达 32.18 km²、17.27 km² 和 12.74 km²，占边境城镇带总建设用地面积的比重均在 7% 以上；此外，察隅县、定日县、康马县、隆子县的建设用地面积也增长至 5 km² 以上。值得注意的是，2020 年建设用地空间分布格局开始逆转，主要集聚在中部的山南市和日喀则市，初现"中间高、两端低"的空间格局。

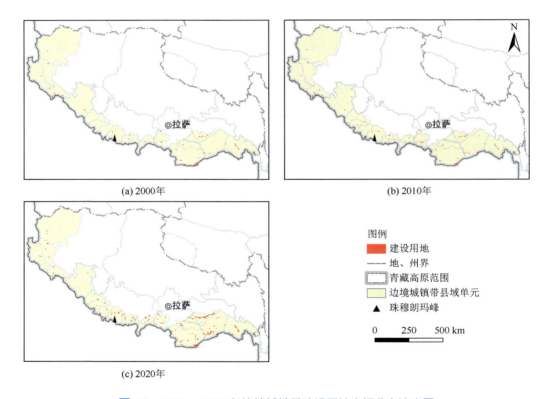

(a) 2000年   (b) 2010年   (c) 2020年

图 8.8　1990 ～ 2020 年边境城镇带建设用地空间分布演变图

2. 城镇交通连接与空间组织特征

边境城镇带交通基本可以实现互通（图 8.9）。其中，阿里地区以及日喀则市的城镇主要通过 G219 和 G318 串联，日土县的日土镇、噶尔县的狮泉河镇、仲巴县的帕羊镇、萨嘎县的加加镇、聂拉木县的樟木镇和聂拉木镇、定日县的岗嘎镇和协格尔镇均沿国道分布，而札达县的托林镇、普兰县的普兰镇等虽不沿国道，但也会以省道和县道作为支流与 G219、G318 国道等主干道相连。此外，珠穆朗玛峰以东的城镇通过省道与县道相连，如察隅县的下察隅镇与竹瓦根镇之间通过 S201 省道连接；朗县的仲达镇与米林市的米林镇之间通过 S306 省道连接；错那市的错那镇与隆子县的日当镇之间通过 S202 省道相连；亚东县的下司马镇与康马县的康马镇之间通过 G204 省道相连；定日县的协格尔镇与亚东县的下司马镇之间通过嘎定线县道互通，途经江嘎镇、岗巴镇和帕里镇。通过国道、省道、县道、乡镇等多层级交通体系，将边境城镇带各城镇有机串联、合理并联，从而呈现点轴式、条带状的空间组织模式。

图 8.9　边境城镇带城镇间交通连接情况

8.2.4　边境城镇带口岸发展历程与现状特征

通过实地科考，获取普兰口岸、吉隆口岸、樟木口岸、亚东口岸、日屋－陈塘口岸和里孜口岸的最新资料，厘清各口岸发展历史、发展现状、主要优势和存在的问题，这些口岸将支撑边境城镇带成为面向南亚开放重要通道的重要节点，也是边境城镇带发展城镇经济的重要支撑。

1. 普兰口岸

普兰口岸坐落于阿里地区东南面的普兰县境内，与尼泊尔、印度两国接壤，分别对应尼泊尔雅犁口岸、印度贡吉口岸。它是西藏对尼泊尔开放的国际性口岸，也是阿里地区唯一的对外通商口岸（图 8.10）。

普兰口岸得益于优越的地理区位条件，拥有悠久的商贸交易历史，其于 1954 年正式开放，1992 年成为西藏西南部对外贸易往来的主要口岸，年交易额约 4000 万元，在这期间，其一度受中印边境冲突影响被迫关闭。1995 年，普兰口岸建设成为中央援藏的 62 个项目之一，在国家资助下修建了边贸市场和口岸检查等单位的工作用房，并成立了普兰口岸领导小组，实现了物质条件与政策环境质的改善。2015 年，国务院《关于支持沿边重点地区开发开放若干政策措施的意见》（国发〔2015〕72号）"沿边重点地区名录"中明确了普兰口岸为"沿边国家级公路口岸"。

图 8.10　普兰口岸发展现状及对面尼泊尔发展现状图（拍摄于 2020 年 10 月 14 日，海拔 3700m，城镇化科考队）

普兰口岸最具特色之处是以县为区域（而非单通道的口岸类型），包括 21 个山口通道、水道桥道和相关边贸市场，由此形成了"一心三道"式对外贸易空间格局。"一心"为普兰县城普兰镇，其是普兰口岸的中心城镇，承担着边贸管理中心、边贸商品交易中心等众多贸易功能，以及全县行政管理和公共服务职能。普兰县城商贸服务业相对发达，与口岸贸易直接相关的有口岸边贸市场区和口岸管理区两个功能区，前者包括普兰口岸边贸市场和边民互市贸易市场，发挥着国际商品交易中心的作用；后者则包括位于新县城的普兰口岸联检楼，具有检验检疫、海关通关、现场查验、口岸办公等功能。"三道"是指普兰口岸所拥有的斜尔瓦通道、强拉通道、丁嘎通道三条主要对外贸易通道，是印度、尼泊尔人民经商、朝拜、旅游的重要通道。

普兰口岸进出口额在众多口岸中并不占优势，且具有交易额和货运量不稳定、外贸顺差大等特点。其主要原因包括气候条件的制约使每年口岸开放时间不同，吉隆等大规模口岸的开放使普兰口岸受到冲击等。在进出口商品方面，中尼双方贸易结构互补性较强，多以初级农畜产品和普通轻工产品为贸易对象。总体而言，普兰口岸虽规模偏小，但已自成体系，且发展态势良好。

在对内交通方面，普兰口岸有 G219 国道、S207 省道、那狮公路等道路通向县外，乡村公路通车里程达到 490km，各乡镇之间交通畅通，有利于发展与周边地区的经济合作、吸引内地货源流入。普兰口岸的对外交通条件也正处于逐步改善阶段：G219 国道串联了普兰县城与阿里地区其他县镇，可带动普兰旅游的发展：斜尔瓦通道至普兰县城的柏油路已修通；丁嘎、强拉、柏林等通道至普兰县城的砂石路已具备通行条件。

2. 吉隆口岸

吉隆口岸位于日喀则市吉隆县吉隆镇（图 8.11），是青藏高原边境仅有的三大国际性口岸之一。该口岸区位优越，交通相对便利：对内，吉隆口岸距离吉隆县县政府所在地宗嘎镇 78km；对外，吉隆口岸距尼泊尔首都加德满都仅有 131km，与尼泊尔旅游胜地博克拉及印度等地都有着紧密的交通联系。在自然条件上，吉隆口岸易受地震等地质灾害影响，且每年因大雪需封山 3 个月左右。但相比樟木口岸等其他口岸，吉隆口岸工程地质条件较为优越，且可供开发的备用建设用地资源较为丰富。

图 8.11　吉隆口岸发展现状图（拍摄于 2018 年 7 月 6 日，海拔 1800m，成镇化科考队）

吉隆口岸经历了"由盛转衰再复兴"的发展过程。该口岸历史文化氛围浓厚，自唐代起就是中国西藏与尼泊尔间最大的陆路通商口岸和传统边贸市场，这一地位一直保持至中华人民共和国成立后。但在 20 世纪 80 年代，随着樟木口岸日渐兴盛，吉隆口岸陷入了衰弱期。直至 2006 年吉隆县政府提出口岸复兴的战略方针后，吉隆口岸才逐步恢复往日的繁荣。

如今，吉隆口岸是进出口情况与设施条件最为领先的西藏陆路口岸，进出口额、进出口货物、出入境交通工具以及人员数量等指标均在西藏陆路口岸中处于绝对的领先地位，且还在快速增长。以吉隆口岸进出口额为例，其由 2013 年的 800 万元增长至 2018 年的 34.05 亿元，5 年间增长幅度为 400 多倍。

吉隆口岸商贸往来以一般贸易、边境小额贸易等相对成熟的贸易方式为主，但出入境商品仍主要为农产品、加工食品、手工艺品等附加值相对较低的产品。其中，出口商品包括活畜、糖类、酒类、大米、面粉、青油等，进口商品包括大米、方便面、饮料、铜制品等。近年来，吉隆口岸也开始逐步发展产品出入境加工行业，成为流苏围巾、披肩、地毯、牛羊毛制衣等产品出境加工的通道。

3. 樟木口岸

樟木口岸位于日喀则市聂拉木县樟木镇、喜马拉雅山南麓的中尼边境、聂拉木县樟木镇的樟木沟底部，东、南、西三面与尼泊尔辛杜帕尔乔克、多拉卡两县接壤，对应尼方口岸为科达里，距离日喀则市478km，距离拉萨市736km，距离尼泊尔加德满都128km。其周围为樟木口岸自然保护区。樟木口岸是国家一类陆路通商口岸、西藏最大的边贸中心口岸、中国通向南亚次大陆最大的开放口岸。

樟木口岸是国家一级公路——中尼公路之咽喉，是中国和尼泊尔之间进行政治、经济、文化交流的主要通道。樟木口岸面对尼泊尔中腹地区，畅通的中尼公路带来了樟木边境贸易市场的发展和繁荣，地理上形成了从樟木口岸到日喀则、江孜、拉萨以至国内兄弟省区的连接。口岸气候较好，海拔2400m，距离国界友谊桥头1700m。樟木口岸为陆路通商口岸，从樟木口岸进口到中国的商品主要有大米、面粉、辣椒、香水，出口到尼泊尔的商品有羊毛、茶叶、盐和藏药等。

樟木口岸至今已有300余年历史，1965年开始开放，边民互市开始进行，到1975年可以通车，再到近20年快速发展，发展历史悠久。随着我国改革开放政策的实施，中央政府先后批准开放樟木口岸、普兰口岸等，西藏各边境地区逐步完善基础设施，1983年经批准成为国家一类陆路口岸，现为国际性陆路口岸。樟木口岸公共设施相对完善，行政职能机构和经营性服务机构相对健全，目前对尼开放、开展的贸易类型包括边民互市贸易、边境小额贸易和一般贸易，是中尼两国经济、政治、文化交流的主要公路口岸，承担着90%以上的中尼贸易量。

2015年尼泊尔发生"4·25" 8.1级特大地震，导致樟木口岸及道路、桥梁等设施严重损毁，樟木口岸的居民当时不得不被安置到日喀则，海关搬迁至拉萨办公，樟木口岸不再对游客等开通，实质上暂时停止了运转，使中尼两国双边贸易合作往来严重受挫，给两国人民交往交流造成困难。2019年5月29日，关闭四年的樟木口岸重新开放。

4. 亚东口岸

亚东乃堆拉边贸通道位于日喀则市亚东县，是日喀则市重点边贸通道，是连接中印陆路贸易最短的通道，也是中印陆路边境唯一的边贸口岸（图8.12）。历史上，亚东长期作为边陲通道存在。1894年亚东口岸对外通商，并迅速成为西藏最重要的通商口岸。至20世纪初，亚东口岸交易额最高时达上亿美元，占中印边贸总额的80%以上。在1962年中印边界发生冲突，口岸关闭以前亚东口岸一直是中印边境贸易十分活跃的口岸。2006年7月，乃堆拉山口正式恢复开通，2019年中印双边贸易额达928亿美元。虽然亚东县边境互市贸易额仅11601.28万元，经过乃堆拉的进出口贸易"体量"不大，但作为中国与印度少有的陆上口岸，其发展对中印关系和西藏对外贸易仍具有十分重要的意义。

图 8.12　亚东口岸发展现状图（拍摄于 2018 年 6 月 30 日，海拔 4300m，城镇化科考队）

亚东边贸通道目前共有帕里市场、桑姆市场以及仁青岗市场三处贸易市场，其中，又以仁青岗市场规模最大。这 3 个贸易点均以互市贸易为主，没有大宗货物进出口贸易，从事边贸活动的边民购买商品一般使用美元。在交易内容上，边民进出口货物由活畜、小家电、首饰、糖果等十几个品种发展到床上用品、服装、卡垫、生丝、铜器、糖果、中草药等四十余种。其中，乃堆拉贸易通道的进出口商品以生活用品为主，出口商品主要为服装、鞋、床上用品、箱包、藏香、保温瓶等，进口商品主要为植物油、饼干、铜铝制品、饮料、方便面、大米、白糖等。

5. 日屋－陈塘口岸

日屋－陈塘口岸坐落于日喀则市南部的定结县，其中日屋口岸位于日屋镇，陈塘口岸位于陈塘镇，两个口岸之间以陈塘公路连接，构成独特的"一口岸两通道"形式，并称为日屋－陈塘口岸（图 8.13）。日屋－陈塘口岸与尼泊尔接壤，为中尼双边性口岸，对应尼泊尔的哈提亚市场。日屋－陈塘口岸为季节性口岸，冬季时，中尼边境仅在每周三和周六才允许边民通关与互市贸易。日屋口岸的边境贸易集中在每年的 5～10 月，交易盛期为 7～9 月。日屋－陈塘口岸以 2010 年为发展转折点。2010 年之前，日屋口岸发展缓慢。2010 年后，中央与当地政府加大对日屋－陈塘口岸的投资，2010 年首届日屋口岸物资文化交流会的成功举办和 2012 年中尼双方确定陈塘为中尼双边性口岸后，2014 年，日屋口岸正式升级为中尼双边性口岸，定结县内至此有 2 个二类双边贸易口岸——陈塘、日屋口岸（国家二级通商口岸），日屋－陈塘口岸边境交易额的年增长幅度也得到了迅速提升，口岸发展加快。2018 年，《西藏自治区日屋－陈塘口岸发展规划（2016-2025）》通过，日屋－陈塘口岸正式考虑一体化建设发展。

日屋－陈塘口岸以边民互市贸易为主，进出口商品主要有羊毛、茶、粮食、牲畜、木材和日用百货等，以日常生活用品为主。当前，日屋－陈塘口岸的边贸产业发展规模和口岸对外开放程度仍存在局限性，仅限边境居民通行。

图 8.13　建设中的陈塘口岸（左）和日屋口岸（右）（拍摄于 2020 年 10 月 17～18 日，海拔分别为 2300m 和 4500m，城镇化科考队）

6. 里孜口岸

里孜口岸坐落于西藏自治区日喀则市最西端的仲巴县（图 8.14）。里孜边贸市场历史悠久，居住在边境线两侧的中尼居民每年 6 月和 9 月定期在此开市两次，每次 10 天左右。随着经济发展，帐篷边贸市场规模逐年增大，参与人数越来越多，交易品种也更加多样化。目前，里孜口岸边境贸易配套设施齐全且建设资金到位，《西藏自治区里孜口岸发展规划（2016—2025）》对里孜口岸发展进行规划部署，2019 年 11 月 30 日，国务院批准西藏里孜公路口岸对外开放。据实地调研介绍，里孜口岸总投资 9 亿多元。截至 2020 年 10 月，里孜口岸联检楼（含国门）等多个口岸配套项目的建设已花费 3 亿元左右，里孜口岸的配套建设前景可观。

图 8.14　建设中的里孜口岸（拍摄于 2020 年 10 月 15 日，海拔 5000m，城镇化科考队）

考虑到仲巴县仁多乡、吉玛乡和布多乡生活条件差、自然环境不宜居以及里孜口岸发展需要劳动力等问题，仲巴县将上述三个乡内全部居民进行易地搬迁至里孜口岸。调研时，80 户已搬迁，后续还有 200 多户需要搬迁。搬迁居民可享受边境补贴，也可参与口岸周边规划的商业街经营。易地搬迁为里孜口岸注入了充足劳动力，使边民更好地服务于里孜口岸建设和边境贸易。

8.3　边境城镇带城镇化发展目标

8.3.1　人口与城镇化发展目标

以国防安全、生态安全和打造面向南亚开放的重要通道为导向，构建边境特殊城镇化模式。一是加强本地城镇产业发展和设施提升，提升本地就近城镇化质量；二是加强外来人口的公共服务保障，保障外来人口就业安居；三是普及现代化生活生产方式，推进边境农村就地城镇化。到 2025 年，边境城镇带常住人口城镇化率突破 25%，到 2035 年，边境城镇带常住人口城镇化率稳定在 30% 左右。

1. 留住人口，提升就近城镇化质量

尊重沿边地区百姓的城镇化意愿和就近城镇化规律，大力发展边境旅游、城镇服务业、特色手工业、农林牧渔业服务业、现代物流业等产业，保障农牧业转移人口就业。加强抵边基本公共服务供给，补齐供电、供水、信息、通信等城镇基础设施，强化抵边道路网络建设和季节性物资保障。积极支撑本地群众和返乡群众创业就业，提供融资、税收、土地等优惠措施，提升沿边地区特色创业和就业发展。鼓励西藏高海拔地区和边境生态环境脆弱地区向边境资源环境承载力条件较好的城镇生态移民，积极配套新居民各类设施，保障生态移民安居乐业。

2. 吸引人口，鼓励区外人口在边境就业安居

建设面向南亚开放的重要通道，依托亚东口岸、陈塘－日屋口岸、吉隆口岸、樟木口岸、里孜口岸、普兰口岸和边贸点，推动下司马镇、陈塘镇、日屋镇、吉隆镇、聂拉木镇、亚热乡、普兰镇等地区发展边贸型经济，鼓励内地居民前往边境城镇地区从事物流、边贸、餐饮住宿、批发零售、旅游、文化创意等产业，推动外来人口与本地人口享受一致的户籍、教育、医疗、养老、社会保险等基本公共服务，全面推进边贸城镇地区的现代化生活方式和传统文化有机结合。加强边贸市场跨境人口管理，加强境外居民的生活和贸易设施建设，推进外国公民在我国安居就业。

3. 固边守边，推进边境农村就地城镇化

不同于其他地区，青藏高原边境地区绵延数千公里，分布着众多农村居民点，通过完善基础设施和转变生活生产方式，推动农村地区农牧业和非农就业结合发展，实现传统生活方式向现代化生活渐进式融合和转变。促进抵边型村庄居民点乡村振兴，

按照现代化生活生产方式开展农村建设，提升传统农牧业生产水平，发展新型农业生产和农产品经营模式，积极培育本地电商、批发零售、餐饮住宿、自助银行等非农产业，推进农村社区建设，完善广场、体育、娱乐休闲、图书馆等社区设施建设，加强非农业技能培训和现代化生活方式推广，积极推动社会保障和制度的城乡等值化发展。

8.3.2　城镇化发展目标

以边境生态安全为导向，全面推进边境城镇带城镇化发展与绿色发展有机结合。一是建设青藏高原边境地区生态屏障，选择适宜城镇发展的地区有控制地开展城镇建设。二是打造青藏高原边境地区宜居城镇，加强城镇空间内部的绿色空间建设。三是积极推动低碳发展，倡导低碳化生活生产方式。在未来时期，边境城镇带环境统筹山水林田湖草一体化保护和修复机制基本形成，空气质量优良天数比例保持在100%，主要江河湖泊水质达到或优于Ⅲ类水体比例保持在100%，县城及以上城镇生活垃圾无害化处理率、污水处理率分别达到95%、85%以上，土壤环境质量持续良好，自然保护区得到充分保障，城镇低碳宜居水平显著提升。

1. 生态优先，构建青藏高原边境生态屏障

加强以喜马拉雅山脉为主体的青藏高原边境生态屏障建设，切实保护好自然山体、自然冰川、自然河流、自然湖泊、自然森林、野生植物、野生动物等，落实生态保护红线管控，强化自然保护地体系建设，严格限制自然保护区核心地带的人类活动。按照资源环境承载力和国土空间开发适宜性，依托国土空间规划，切实确定适宜城镇建设的地带，严格划定城镇开发边界，避免城镇无序扩张和建设。切实开展青藏高原边境地区生态修复，加强对人类活动足迹频繁区、自然灾害频发区等的生态环境动态监测，重点落实城镇和道路周边缓冲地带的生态破坏管理和自然修复。

2. 绿色导向，建设青藏高原边境宜居城镇

重视城镇绿色开敞空间建设，加强适宜边境地区气候和本地居民健康的树草花种植，加强城镇园林景观和园艺风光打造，适时推进公园城镇建设，将绿色建设有机地融入城镇整体景观中。构建边境城镇环卫设施体系建设，加强无公害化固体废弃物处理和垃圾回收，推进适宜本地的污水处理设施建设，加强城镇环境污染整治。积极开展生态保护专项宣传和保护活动，引导居民积极植树造林和保护绿化用地，提升城镇居住生产舒适性，打造一批边境地区宜居样板城镇。

3. 低碳路径，推动青藏高原边境城镇可持续发展

严格控制高碳排放生活生产活动，禁止一切超标的碳排放行为，积极发展和利用清洁能源，使能源资源配置更加合理、利用效率大幅提高。用低碳的思维、低碳的技术来改造城市的生产和生活，在城镇建设中主动使用低碳化基础设施，推行绿色交通

和建筑，强化产业规划、交通规划、城市设计等领域的绿色低碳规划导向。积极普及低碳化生活方式，加强低碳化生活方式宣传，鼓励低碳化交通出行和绿色消费，倡导低耗能型作息行为，积极推动城镇打造"15 分钟生活圈"，建设绿色、低碳、便捷的"完整社区"。

8.3.3　城镇规模结构调整目标

　　城镇成为边境地区承载人口的重要载体之一。未来边境地区常住人口规模超过 5 万人的城镇达到 3 座，包括墨脱县城、噶尔县城、萨嘎县城；常住人口规模介于 1 万～ 5 万人的城镇达到 6 座，包括米林市区、仲巴县城、吉隆县城、亚东县城、普兰县城和聂拉木县城；常住人口规模介于 0.5 万～ 1 万人的城镇达到 8 座，包括定日县城、朗县城、浪卡子县城、洛扎县城、察隅县城、日当镇、卧龙镇、派镇；常住人口规模在 0.5 万人以下的城镇达到 22 座，包括康马县城、定结县城、隆子县城、岗巴县城、札达县城、日土县城、错那市区、帕里镇、帕羊镇、拉康镇、打隆镇、陈塘镇、吉隆镇、岗嘎镇、日屋镇、仲达镇、日屋镇、仲达镇、岗巴镇、洞嘎镇、上察隅镇。樟木镇通过震后恢复，镇区常住人口规模有望逐步恢复到 0.5 万人。需要指出的是，上述城镇规模结构调整目标主要是依据现有行政区划。如果考虑未来县级、乡级行政区划调整，城镇数量有所增加，城镇规模等级也相应发生变动。主要的调控路径包括提升县城驻地城镇的人口集聚力，扩大抵边型城镇人口规模，促进口岸型、交通枢纽型城镇人口高质量集聚，有序疏解高海拔型、生态脆弱型城镇人口。

8.3.4　城镇空间格局优化目标

　　构建青藏高原边境城镇带"梳状"固边型镇村体系（图 8.15）。一是沿沟谷、古道等构建"口岸（边境岗哨）—边贸镇（乡）—边境县城"梳齿纵轴，连通边境前沿的国防中心、边贸中心与内陆腹地的行政中心，形成功能互补的边防走廊，包括日土县—班公错、噶尔县—扎西岗乡、札达县—底雅乡、普兰县—普兰口岸、仲巴县—亚热乡—里孜口岸、吉隆县—吉隆镇—吉隆口岸、聂拉木县—樟木镇—樟木口岸、定结县—日屋镇（口岸）—陈塘镇（口岸）、亚东县—亚东口岸、错那市—勒门巴民族乡、隆子县—玉麦乡、朗县—金东乡、米林市—南伊珞巴民族乡、墨脱县—背崩乡、察隅县—下察隅镇—上察隅镇等"梳齿"走廊，着力推进吉隆口岸、普兰口岸、里孜口岸、樟木口岸、日屋 - 陈塘口岸、亚东口岸等有序协调分工发展；二是沿国道 G318、G219 等构建与边境线平行的"梳柄"横轴，其作为每条梳齿纵轴的内陆腹地连接线，形成"拉萨市—日喀则市—山南市—林芝市"等中枢城市构成的"梳柄"轴道，向北通过西宁、兰州连接内地，向东通过雅安、成都连接内地，向南通过迪庆、昆明连接内地；三是以边境口岸、边贸城镇等为基点，建立横向乡村通道，保障边境前沿国防巡逻和生态保护巡逻，填补"梳齿"纵轴间的空白地带。

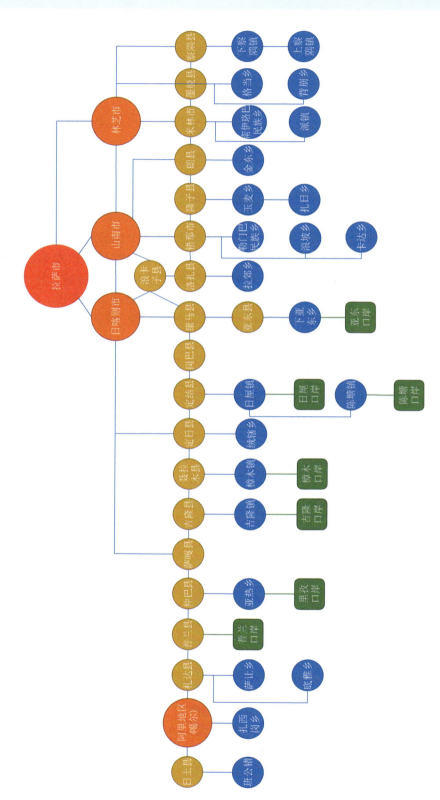

图 8.15 边境城镇带"梳状"固边型镇村体系示意图

8.3.5　边境口岸建设目标

1. 普兰口岸建设发展目标

普兰口岸的建设应着力于自身的区位与资源优势，实现错位发展。增强特色产业的带动作用，突出旅游服务贸易特色，大力改善交通设施，推进与印度和尼泊尔的多元互通互联，促进"一口岸多通道"格局发展，提高对人流物流的双重吸引力。加快加紧基础设施建设，扩大新唐嘎国际市场贸易规模，突出普兰口岸的区域性国际商品集散地和交易中心等功能，使其成为南亚贸易陆路大通道的重要桥头堡。此外，还需要继续进行不同时间尺度的规划，并贯彻落实各类规划目标。

2. 吉隆口岸建设发展目标

将吉隆口岸建设成为南亚陆路贸易大通道的重要节点、中国与尼泊尔全方位合作的窗口、西藏对外开放的核心区与示范区、现代化的国际性口岸。充分发挥吉隆口岸在西藏对外开放、开展中尼贸易中的关键作用，大力建设跨境经济开发区、国际物流中心、国际边贸市场等吉隆口岸核心功能区，形成"一镇多区"格局。进一步完善基础设施条件，改善与尼泊尔边境地区、中心城镇的交通联系，落实相关规划文件中提到的吉隆镇口岸客运站、吉隆通用机场等重要交通枢纽建设。延长进出口产品产业链，加快发展金融、物流、仓储、电子信息等口岸配套服务，逐步依托口岸发展进出口加工业。力争在 2035 年末进出口贸易额达到 90 亿元左右，实现货运量 15 万 t 左右，出入境人员达到 70 万人次左右。

3. 樟木口岸建设发展目标

将樟木口岸建设成为中国对尼合作的重要平台、西藏口岸科学发展的示范、中尼边民生活必需品交流的平台，建设与环境承载力相适应、突出发展特色、安全宜居的新型口岸城镇。利用灾后恢复重建的契机，着力实现樟木口岸转型发展，引导口岸由商贸流通和边境旅游向边境高端旅游、过境服务、边境管控转型。重点实施樟木口岸灾后重建和转型发展。科学制定樟木口岸恢复重建方案，合理确定未来发展功能和方向，引导樟木口岸转型和升级。促进扩大高附加值货物贸易规模，加大旅游服务贸易发展，提高贸易发展的质量。开展关于口岸发展的深入调查与评估工作，科学地对樟木口岸进行恢复重建，统筹安排地质灾害治理口岸恢复重建和转型发展工作，加强对其他地质灾害点的治理，开拓发展空间，引导仓储物流功能向县城、县内和周边其他适宜区域转移，加强与尼泊尔的互联互通。

4. 亚东口岸建设发展目标

亚东口岸应积极为恢复口岸开放创造条件和积累优势。一是继续扩大边民互市贸易，积极磋商协调中印贸易清单，增加贸易产品种类，通过两国边民的友好往来和边境地区的互通有无，为贸易条件改善奠定基础；二是进一步建设口岸城镇，提升服务业发展水平，增强旅游集散能力、公共服务能力、商贸辐射能力，助力口岸发展；三是根据边贸迅速发展的态势，积极开辟新的边贸市场，以承载更多的贸易活动；四是加强人才培训、信息服务，发展电子商务，使亚东口岸的贸易尽量向内地辐射；五是多层次、多形式、多领域地与印度开展磋商合作，为进一步开放口岸创造机遇。

5. 日屋－陈塘口岸建设发展目标

促进日屋－陈塘口岸扩大开放开发，按照"一口岸两通道"模式建设运行，加快完善日屋－陈塘口岸基础设施体系和配套服务设施，巩固扩大中尼边民互市贸易，增加边境货物贸易规模，深化与尼泊尔方交流合作，为日屋－陈塘口岸升级奠定基础，努力将其建设成为中国对南亚开放大通道的有机组成部分、中国与尼泊尔东北部地区经贸合作的主要中心、中尼两国边民生活必需品交换的重要平台、定结县经济社会发展的有力引擎。加强日屋镇市政设施和陈塘镇基础设施建设，提高服务功能，深化与日喀则市在口岸功能上的合作。增强特色产业对口岸贸易的支撑作用，重点培育壮大农畜产品种养及加工业、民族手工业、旅游业等。

6. 里孜口岸建设发展目标

加快里孜口岸基础设施条件建设，健全口岸监管设施，充分发挥里孜口岸通道作用，扩大里孜口岸对外开放程度，巩固扩大边境贸易，积极开展跨境旅游服务贸易，努力探索中尼合作走廊建设，将里孜口岸建设成为中国对南亚开放大通道的组成部分、中尼经贸往来的重要通道、中尼两国边民生活必需品交流的平台、仲巴县经济发展的重要带动力量。鼓励支持边民参与边境贸易活动，充分发挥里孜口岸边境贸易在满足边民基本生活需求、增加边民收入、促进仲巴县地区发展方面的重要作用。合理布局里孜口岸功能，加强与仲巴县城、日喀则市的协作和互动，构建"一区两点"空间布局结构，以里孜口岸所在的擦若村为主要依托，着力形成口岸国门区域；以仲巴县城拉让乡、日喀则市珠穆朗玛峰开发开放试验区为特定功能区，形成两大支点。

8.4 边境城镇带岸城互动发展模式与路径

8.4.1 岸城互动发展模式的基本框架

基础设施建设和产业结构调整是青藏高原边境口岸与边贸城镇互动过程中的重要媒介（图 8.16）。对于基础设施严重不足的青藏高原来说，若要充分释放口岸潜能，必须满足口岸运行对口岸配套海关设施以及周边城镇交通设施、市政设施、公共服务设施的要求。因此，青藏高原的口岸发展往往同时伴随着边境城镇的基建过程。而众多的基础设施建设项目，既可以通过推动建设用地扩张进而实现空间城镇化水平提升，也可以刺激以建筑业为代表的第二产业发展，促进当地产业结构优化升级。此外，作为实现边界两侧人员、商品、技术、资金、信息交换的通道，口岸也为边境城镇发展边境贸易、跨境旅游、进出口加工、生产性服务业等依赖跨国"流"的流通业奠定了基础，从而有益于推动经济城镇化建设。

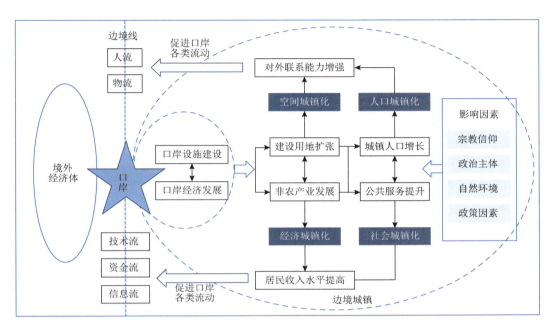

图 8.16　青藏高原边境口岸与边贸城镇互动机制框架示意图

　　虽然空间和经济是岸城互动的主要领域，但口岸对边境城镇的影响力并不局限于此，反而会由这两大领域进一步延伸至其他方面。例如，口岸掀起的城市建设浪潮可以从物质层面改善边境城镇的公共服务质量，是当地社会城镇化的动力源泉；得益于口岸发展背景下良好的经济增长态势及优质的公共服务，本地农牧民、国内其他地区甚至尼泊尔的劳工与商人都会被吸引至边境城镇工作、定居，这有助于城镇人口比例的增长，推进人口城镇化进程。在口岸带动边境城镇发展的同时，边境城镇在经济、空间等层面的变化也为进一步的口岸建设创造了条件。在经济方面，逐渐起步的进出口制造业意味着口岸贸易商品的档次与交易额或有机会提升，当地兴盛的服务业可以吸引更多游客通过口岸。而在空间方面，高水平、高质量的空间城镇化则增强了边境城镇对外联通及对内服务的能力，有助于促进人员与物资在边境的流动、扩大口岸规模。

　　需要指出的是，受制于落后的综合建设水平，青藏高原各大口岸及其对应的边境城镇均缺乏推动发展的内生动力，岸城关系受政治、文化、自然环境等外部因素影响较大。这些影响因素的作用机制十分多样，如以政府为代表的因素可以通过投资设施建设、推行优惠政策等方式，直接左右基础设施建设、产业结构升级等岸城互动中的重要中间过程；而当地独特的自然资源、人文资源则主要是为边境城镇借助口岸发展旅游业等产业提供潜在条件。在不同的口岸–边境城镇互动过程中，同样类型的因素也会发挥不同性质的作用。

8.4.2　岸城互动发展的主要路径

1. 普兰口岸与普兰县城的互动发展路径

一方面，普兰口岸推动了普兰县城的城镇化进程（图8.17）。普兰城镇建设有用于"一关两检"现场查验办公的联检办公楼及边防检查站，具备基本的办公和生活条件，可以保证口岸正常运行。此外，普兰口岸已初步构建了水电路信系统、贸易管理设施系统、市场设施系统和城镇市政设施系统，对联检区建设、边防管理检查设施建设等相关设施都有详尽的设计，尽力解决《普兰口岸规划》中所指出的"城镇市政设施不完善，县城供水、供电尚不能充分保证，废物处理、公共卫生等设施不足，防灾减灾设施薄弱，对游客、外商等外来人口的接待能力有限"等问题，努力实现"联检区的绿化、美化、路面硬化和给排水系统改造""在普兰县城建设信息指挥中心等设施，完善边防站机关的综合配套设施"。这些措施对保障口岸的正常运转和健康发展发挥着重要作用，并大幅度地提高了普兰镇的空间城镇化水平。同时，正是因为口岸的存在，西藏已明确提出要打通边境口岸的公路大通道，打破边境口岸的封闭，扩大开放。西藏自治区"十三五"产业发展总体规划指出："打造新疆经狮泉河至普兰和吉隆、青海经拉萨和日喀则桑珠孜区至亚东和吉隆、四川和云南经昌都、林芝至亚东和吉隆等面向南亚开放公路大通道"。在空间层面之外，普兰口岸的经济发展也带动了县城旅游业、商贸服务业的发展，从而实现了产业的结构转型升级，有助于提升居民收入水平和县城经济水平、推动普兰县经济城镇化发展。而在空间发展作用下，可以切实改善居民生活、生产的环境，提高教育、医疗水平，推动社会城镇化发展。

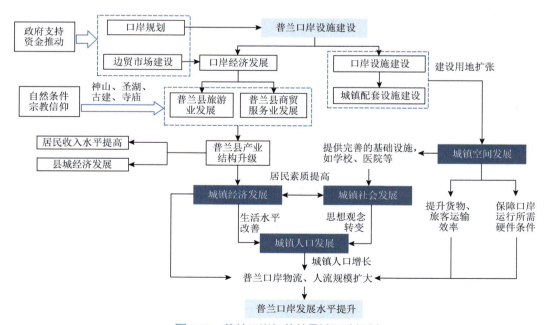

图 8.17　普兰口岸与普兰县城互动机制

另一方面，普兰镇的城镇化水平越高，越有利于口岸的建设和发展。城镇交通设施的完善可以保证普兰镇与其他各乡镇之间交通通畅，满足口岸运行所需的硬件条件，有利于其与周边地区的经济合作，便于人员和货物流动、吸引内地货源流入、促进外贸和特色产业发展。边贸市场的建设与交易规则的规范完善，可以形成一定区域内的辐射力，提高口岸知名度，促进物流、人流规模的扩大。此外，城镇社会思想的转变、居民素质的提升和城镇人口的增长，都有助于普兰口岸进一步扩大与发展。但是当前普兰镇的城镇化水平不太能满足口岸的建设目标，还有一定的提升空间。

2. 吉隆口岸与吉隆县城的互动发展路径

吉隆口岸作为西藏自治区最为重视的口岸之一，其岸城关系受政府影响最大，自然资源、文化资源也在其演变过程中发挥了作用（图 8.18）：出于刺激经济发展、维护外交关系等需求，各级政府对吉隆口岸的重建工作均极为重视，并以大规模的基础设施建设作为支持口岸建设的主要抓手。为了充分释放口岸发展潜能、提升口岸服务能力，各级政府不仅筹办了直接与商品、旅客通关紧密相关的吉隆口岸设施建设项目，也在吉隆县的范围内着力发展相关产业设施和基础设施，促使吉隆县，特别是吉隆镇的空间城镇化水平及社会城镇化水平迅速提升。与此同时，吉隆口岸及吉隆县相关设施的建设也促进了当地建筑业、旅游业与商贸服务业等第二、第三产业的发展，有助于充分利用吉隆县境内和中尼边境两侧丰富的自然资源与文化资源，进一步实现吉隆县经济结构的城镇化。虽然政治因素推动下的基础设施建设是口岸带动城镇发展的主要媒介，但政府对口岸复兴的支持并不完全局限于物质层面。通过制定刺激旅游业

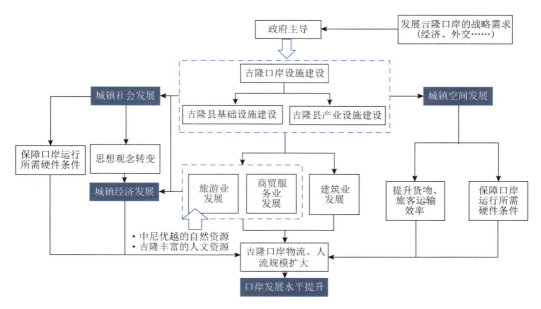

图 8.18　吉隆口岸与吉隆县城互动机制

等非农产业发展的优惠政策、积极开展针对口岸贸易与相关政策的宣传教育工作，原本因藏族传统文化而处于劣势的当地营商环境得到了大幅度改善，越来越多的边民开始利用吉隆口岸及其带来的资源发家致富，吉隆县的城镇经济、口岸经济逐步成型。

需要指出的是，自复关工作开展以来，吉隆县的城镇发展基本由自上而下的政府输血工程推动，社会因素和市场因素鲜少发挥作用。因此，除 2016 年大规模的灾后重建外，当地的城镇建设基本都是围绕口岸展开的，势必会对口岸发展产生直接影响，包括：县内各类基础设施的完善使口岸得以高质量、高效率运行；旅游业、商贸服务业等产业发展条件的创造有助于进一步提升口岸的运输能力。但也正是由于吉隆县近期的发展主要得益于自身的区位优势、资源优势和政府扶持，被动性较强，其对口岸发展的影响仍然较弱。《西藏自治区口岸发展"十三五"规划》将吉隆镇定位为"国家重要边境口岸城镇、历史文化名镇，西藏边境地区重要的商贸、旅游节点"。2013～2018 年，吉隆口岸的进出口额由 800 万元增长至 34.05 亿元，5 年间增长幅度为 400 多倍；截至 2017 年，吉隆县共接待游客 18.6 万人，旅游创收超过 1 亿元，为当地贡献了 15% 左右的 GDP。

3. 樟木口岸与聂拉木县城的互动发展路径

樟木口岸在尼泊尔大地震前是西藏地区最大的陆路通商口岸。一方面，樟木口岸的地位与其得天独厚的地理位置、源远流长的发展历史不无关系；另一方面，樟木口岸的发展也得到了政府的政策支持和资金投入。而在尼泊尔大地震后，对于樟木口岸及聂拉木县城的互动关系而言，政府的政策因素也发挥了极大的作用。首先，政府为重建樟木口岸和聂拉木县城投入了海量的资金，兴修多处基础设施，促进了当地空间城镇化与经济城镇化。而口岸重建所带来的大规模基础设施兴建也有利于城镇人口的回迁，聂拉木县的人口城镇化进程也得到了较快的发展（图 8.19）。

4. 亚东口岸与亚东县城的互动发展路径

亚东县城镇的发展动力包括援藏、兴边富民等各方面的资金支持，属于外力驱动型城镇化，自身造血能力有待进一步加强。乃堆拉边贸通道是我国目前开放的唯一一个只面向印度的边贸通道，其战略意义大于经济意义，因此口岸发展受政治因素影响最大。亚东岸城互动主要体现在三个方面（图 8.20）：城镇交通基础设施的改善，如通过 G562 国道、S204 省道与拉萨、印度等地连通，为口岸贸易与对外交流提供了便利条件，促进了亚东县与邻国、国内城市的人流、物流联系；边贸发展与城镇旅游业、餐饮服务、交通运输等行业的发展互相促进，城镇发展的内生动力在此互动过程中不断增强，从而进一步促进岸城互动，但受限于政治因素，岸城互动仍有限；各级政府筹办与商品、旅客通关直接紧密相关的口岸通关设施建设，并以此为基点，在亚东县城范围内着力推动相关产业设施和基础设施的建设完善。

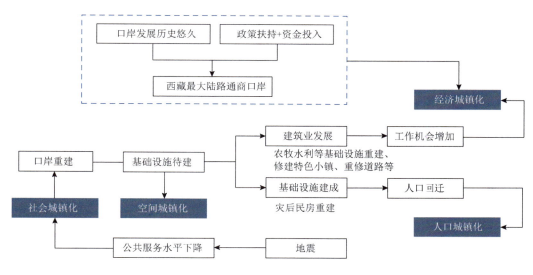

图 8.19　樟木口岸与聂拉木县城互动机制

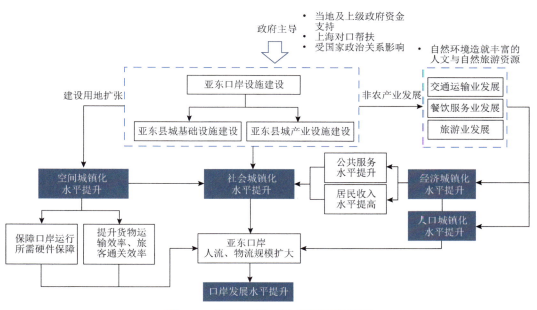

图 8.20　亚东口岸与亚东县城互动机制

总体而言，目前亚东县岸城互动主要由自上而下的政府驱动力推动，自下而上的岸城互动因政治因素的影响而受到约束，口岸发展逐渐滞后于城镇化发展，口岸对城镇的促进作用较小，二者互动力量有限。

5.日屋 - 陈塘口岸与定结县城的互动发展路径

当前，定结县口岸和城镇化的发展均依靠政府资金、项目投入共同推进，属于自上而下的政府驱动型口岸 – 城镇发展模式，并且主要呈现出定结县口岸日渐融入城镇空间、以口岸发展推动城镇化发展的趋势（图8.21）。

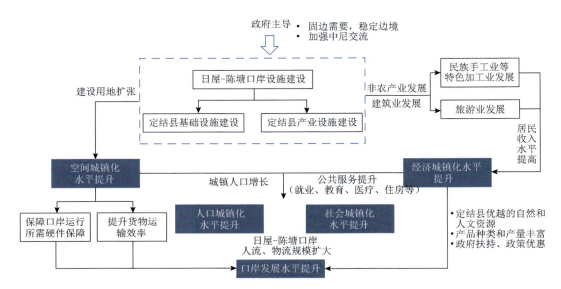

图 8.21　日屋 – 陈塘口岸与定结县城互动机制

出于稳定边境、加强中尼交流与提高边民物质文化水平等多重目的，中央政府采取注入资金、项目等方式建设日屋 – 陈塘口岸及基础设施，基础设施建设直接和间接地带动了当地建筑业和非农产业的发展，提高了居民收入；同时，基础设施的建设也改变了定结县建筑景观，扩大了当地建设用地，推动了定结县空间城镇化进程加速。与此同时，定结县的发展也有益于口岸规模的扩大。县内日益完善的道路设施提高了定结县内外通行性及中尼边贸互市的便捷度，口岸发展水平日渐提升。国家投入资金推动定结县城镇化的发展，为当地居民提供就业岗位和公共服务设施，当地居民也承担着守疆固边的职责，推进中尼边民互市与文化交流，促进口岸发展和城镇发展。

8.5　边境城镇带重点城镇绿色发展

8.5.1　林芝段重点固边城镇

1. 察隅县（竹瓦根镇）

察隅县，藏语意为"人居住的地方"（图8.22）。其隶属林芝市，2020年总面积3.16 万 km²。第七次全国人口普查数据显示，察隅县常住人口为28237人，其中城镇人口6221人，城镇化水平为22.03%。2019年察隅县GDP共103400万元，其中第一产业增加值 16200 万元，占 15.67%；第二产业增加值 40000 万元，占 38.68%；第三产业增加值 47200 万元，占 45.65%，呈现出明显的"三二一"产业结构。

图 8.22　察隅县无人机影像与实景图（拍摄于 2021 年 3 月 26 日，海拔 1500m，城镇化科考队）

　　察隅县要实现新型城镇化和绿色发展，首先要聚焦以人为本，着力推动高质量城乡发展。坚持全面提升、协调发展，提高城镇和乡村规划建设管理水平，加快形成、全面提升多点支撑、各具特色、共建共享的城乡发展新格局。抓好集镇建设，衔接做好县城、下察隅镇兴边富民行动中心城镇建设，持续完善察瓦龙乡、上察隅镇、古拉乡、古玉乡基础设施建设，争取实施一批乡镇公共服务、城乡接合部等补短板项目，提升城镇综合承载能力，实现更多农牧民群众就近城镇化。加强边境地区建设，进一步深化网格化管理，承接好外事巡边员建设试点工作，细化联防联空措施，保障和谐安宁。

　　其次，聚焦绿色发展，着力推动高质量生态建设。坚持和完善生态文明制度体系，坚决践行"绿水青山就是金山银山、冰天雪地也是金山银山"的理念，深入推进美丽察隅建设，牢牢守住生态底线，筑牢生态安全屏障，确保全年空气质量优良天数比例稳定在 100%，主要河湖水质达到Ⅲ类标准以上，城镇集中式饮用水水源地水质达标率保持在 100%。推进绿色技术创新，倡导绿色低碳生产生活方式，让绿色发展、绿色生活成为全社会的自觉行动。

2. 墨脱县（墨脱镇）

墨脱县，藏语意为"花朵"。其位于西藏自治区林芝市，雅鲁藏布江下游（图8.23），

图 8.23　墨脱县城实景图（拍摄于 2021 年 3 月 24 日，海拔 1100m，城镇化科考队）

喜马拉雅山东段与岗日嘎布山脉的南坡，东邻察隅县，南与印度交界（部分区域在藏南地区），西接米林市、隆子县、错那市，北连波密县、巴宜区。2020 年，墨脱县总面积 3.4 万 km²。第七次全国人口普查数据显示，墨脱县常住人口为 14889 人，其中城镇人口 3318 人，城镇化水平为 22.29%。2019 年墨脱县 GDP 共 68600 万元，其中第一产业增加值 4600 万元，占 6.71%；第二产业增加值 32800 万元，占 47.81%；第三产业增加值 31200 万元，占 45.48%，呈现出明显的"二三一"产业结构。

墨脱县要实现新型城镇化和绿色发展，首先要统筹推进城乡发展，坚持全县"一盘棋"，强化乡（镇）功能配套建设，提升集镇综合承载能力，扎实推进小集镇基础设施项目建设，重点实施一批乡（镇）公共服务、给排水、垃圾、污水处理设施等补短板项目。有序推进边境建设，全力推进边境地区基础设施提档升级，全面推行"互联网＋农牧民""互联网＋合作社""互联网＋物流"等农业发展新模式、新业态，加快实施电子商务进农村综合示范项目，构建县、乡、村三级电子商务管理服务网络，带动农牧民就地就近就业创业，多渠道增加群众收入，实现就地、就近乡村城镇化。

其次，深入开展生态保护，改善高质量发展环境。坚持生态优先，践行绿色发展理念，提高城镇精细化管理水平，积极搭建"数字化城管""智慧城管"平台，提高城镇智能化、人性化、精细化管理水平。加强镇容环境综合治理，重点加大"乱搭乱建、乱设乱立、乱摆乱放"等现象源头管控和执法力度，维护好市政基础设施。统筹整合城乡接合部空闲地块，对县城周边零星分布的汽修、仓储、建材销售、铁艺加工、摩托车销售点进行统一规划安置，提升县城整体风貌。

3. 米林市（米林镇）

米林市，藏语意为"药洲"，地处西藏自治区东南部，林芝市西南部，雅鲁藏布江中下游，念青唐古拉山脉与喜马拉雅山脉之间，东南部与墨脱县相连，西部与朗县相接，北部与巴宜区、西北部与工布江达县毗邻，南部与隆子县相连。2020 年总面积为 9471km²。第七次全国人口普查数据显示，米林市常住人口为 26176 人，其中城镇人口 5915 人，城镇化水平为 22.60%。2019 年米林市 GDP 共 181400 万元，其中第一产业增加值 17100 万元，占 9.43%；第二产业增加值 80800 万元，占 44.54%；第三产业增加值 83500 万元，占 46.03%，呈现出明显的"三二一"产业结构。

米林市要实现新型城镇化和绿色发展，首先要坚持城乡联动协调发展。抢抓水电开发等重大工程建设，谋划推动新型城镇化建设与城乡边一体化发展，整合叠加农业生产、居民生活、旅游休闲、生态康养四大空间，建设以市区为中心的大米林沿边发展区，推动产业、产城、景城融合，通过乡村旅游助力乡村振兴，实现就地、就近城镇化，打造乡村振兴产业示范带，突出旅游产业支柱地位和农牧特色产业支撑作用，巩固提升雅鲁藏布大峡谷 5A 级景区成果，加快对南伊沟景区的重塑提升工作，配合实施城乡和旅游景区 5G 网络建设，完善扎贡沟景区旅游公共服务基础设施，打造琼林老村民族文化旅游村，不断提升"山水米林，花谷药洲"的旅游知名度和体验厚度。

其次，坚持绿色生态发展。坚决守好生态底线，推动绿水青山、冰天雪地向金山银山转换。巩固森林、湿地、草原生态保护补偿机制，推进水生态保护补偿工作。不断增强全民节约意识、环保意识、生态意识。加强生态安全屏障防护林、重点区域生态公益林建设，加大江河、草原、湿地、天然林及生物多样性保护，坚决遏制外来物种入侵，筑牢生态安全屏障。

4. 朗县（朗镇）

朗县，藏语意为"显现"。其位于林芝市西南部，地处喜马拉雅山北麓，雅鲁藏布江中下游。2020年朗县总面积约4106km²，中印边境线长100km。第七次全国人口普查数据显示，朗县常住人口为17648人，其中城镇人口5170人，城镇化水平达29.30%。2019年朗县GDP共80700万元，其中第一产业增加值11300万元，占14.00%；第二产业增加值22300万元，占27.63%；第三产业增加值47100万元，占58.37%，呈现出明显的"三二一"产业结构。

朗县要实现新型城镇化和绿色发展，首先要确保城乡协调和一体化发展。按照"一江两岸、一城四片区"的格局，塑造"高原山水"城市，建成金东乡、登木乡、拉多乡及朗镇4个边疆明珠小镇（乡），优化城镇空间布局，提升城市品质和完善城市功能，增强城市引领力、辐射力、集聚力，提升城镇化水平。缩小城乡居民收入差距，培育村集体经济新主体，结合朗县农牧特色产业、文化旅游产业、藏医藏药产业、清洁能源产业"四大产业"布局，根据就近就便、不离乡不离土、能干会干的要求，大力培育新型农牧业经营主体，实现乡村振兴和乡村城镇化。在新型城镇化过程中，注重增强区域文化底蕴，加大民族文化遗产和民俗文化挖掘、传承和保护，继续完善公共文化活动服务设施，积极开展群众性文体活动，不断凸显县文化活动中心和乡（镇）文化站功能。

其次，要确保生态屏障更加牢固，牢固树立生态优先、绿色发展理念，推进生态文明示范创建和"两山"实践创新基地建设，有效保护草原、湿地、天然林等生态系统及生物多样性，建成生态文明先行示范区和全国生态文明高地。

8.5.2 山南段重点固边城镇

1. 隆子县（隆子镇）

隆子县，藏语意为"万事顺利，实力雄厚""须弥山顶"，古称"涅"。其地处山南市南部，喜马拉雅山北麓东段，北与朗县、加查县接壤，南与门隅地区、东与珞瑜地区、西与措美县相连，西南与错那市、偏北方与曲松县、西北与山南市乃东区、东北与米林市相邻。2020 年隆子县总面积 10566km², 实际控制面积 8165km²。第七次全国人口普查数据显示, 隆子县常住人口为 33570 人, 城镇化水平达 16.46%。2019 年隆子县 GDP 共 150978 万元, 其中第一产业增加值 7661 万元, 仅占 5.08%；第二产业增加值 75707 万元, 占 50.14%；第三产业增加值 67610 万元, 占 44.78%, 呈现出明显的"二三一"产业结构。

隆子县要提高城镇化水平, 必须坚持以人民为中心的发展理念, 实施乡村振兴战略、农村人居环境综合整治、边境小康村建设, 注重民族风情、彰显地域特色, 加强城镇基础设施和公共服务设施建设, 完善城镇功能, 提高城镇治理水平, 打造特色宜居城镇, 走出一条生产发展、生活富裕、生态优良、特色鲜明的城镇化发展路子。坚持绿色发展路径, 严守生态环保底线, 以巩固"两山"理论实践创建为重点, 完成"全国生态文明县"创建工作。

2. 错那市（错那镇）

错那市, 藏语意为"湖的前面", 位于西藏自治区南端, 山南市喜马拉雅山脉南麓, 东接印占珞瑜地区, 西邻不丹, 南与印度接壤。截至 2020 年常住人口为 13932 人, 城镇化水平达 20.61%。2019 年错那市 GDP 共 71390 万元, 其中第一产业增加值 2678 万元, 仅占 3.75%；第二产业增加值 34186 万元, 占 47.89%；第三产业增加值 34526 万元, 占 48.36%, 呈现出明显的"三二一"产业结构。

错那市的城镇化与绿色发展要以创新发展、绿色发展、和谐发展为理念, 以转变经济发展方式为主线, 以提高特色产业发展质量和效益为目标, 以完善扶持政策、加大扶持力度、扩大基地规模、延伸产业链条、提高产业品质为着力点, 发展绿色茶产业、旅游业和民族手工业等特色优势产业, 尤其是勒布沟中国天然氧吧, 助力生态旅游、健康旅游、全域旅游, 将旅游业打造为错那市的支柱产业；在此基础上, 促进旅游业与勒布茶叶、卡达藏刀等地方特色产品深度融合, 提升特色产业发展水平, 推动特色产业上规模、增效益, 打造错那市经济增长亮点。

3. 洛扎县（洛扎镇）

洛扎县, 藏语意为"南方大悬崖", 地处西藏自治区南部, 山南市西南部, 因地处喜马拉雅山南麓而得名。全县中部就是一条大峡谷——洛扎沟, 东南与措美县和错那市为邻, 西北与浪卡子县相连, 南与不丹接壤。2020 年洛扎县总面积 5031km², 边防线长 200km。第七次全国人口普查数据显示, 洛扎县常住人口为 19865 人, 其中城镇人口 4923 人, 城镇化水平达 29.78%。2019 年洛扎县 GDP 共 68005 万元, 其中第一产业增加值 5004 万元, 仅占 7.36%；第二产业增加值 33966 万元, 占 49.95%；第三产业增加值 29035 万元, 占 42.69%, 呈现出明显的"二三一"产业结构。

洛扎县的新型城镇化道路重点要通过乡村振兴与特色小镇建设促进农村人口就地、就近城镇化。全力抓好乡村产业振兴, 进一步加大边境旅游基础设施建设, 大力发展旅游业，争取实施白玛林湖景区建设、卡久风景名胜区建设、拉郊峡谷生态观光区建设，持续加强旅游宣传和旅游文化的融合发展，不断提升洛扎县的知名度。洛扎县的绿色发展始终把绿水青山作为推进县域经济持续发展的最大"本钱"，全力推进省级生态文明建设示范县创建工作；积极推进自治区级生态县和扎日村、杰罗布村等生态村创建工作，确保生态创建全覆盖。

4. 浪卡子县（浪卡子镇）

浪卡子县，藏语意为"白鼻尖"，位于山南市西南部，地处西藏南部的喜马拉雅山中段北麓，东与措美县、扎囊县交界，西与日喀则市江孜县、康马县、仁布县为邻，南与洛扎县和不丹接壤，北与尼木县和曲水县隔江相望。2020年浪卡子县常住人口为32835人，其中城镇人口3551人，城镇化水平为10.81%。2019年浪卡子县生产总值共87701万元，其中第一产业增加值5722万元，仅占6.52%；第二产业增加值42281万元，占48.21%；第三产业增加值39698万元，占45.27%，呈现出明显的"二三一"产业结构。

浪卡子县要稳步推进新型城镇化进程，促进工业化、信息化、城镇化、农业现代化同步发展。加快边疆明珠小镇建设步伐，深化县城建设辐射带动作用，推进乡镇基础设施建设进程，加强县城新区改造、县城老旧小区等市政基础设施项目建设。积极探索"文化＋农业＋旅游"等融合发展模式，推进打造羊湖东环线旅游线路，充分发挥旅游对乡村振兴和就地城镇化的带动作用。着重优化城镇功能、产业发展空间结构和布局，努力提高人居环境质量。继续做好生态文明体制改革，强力推进美丽浪卡子县建设步伐，启动实施环保浪卡子县、美丽浪卡子县建设。开发实施光热、风电等一批新能源项目，促进建材产业绿色集约发展，打造绿色建材生产基地。

8.5.3 日喀则段重点固边城镇

1. 亚东县（下司马镇）

亚东县地处喜马拉雅山脉中段南麓的群山沟壑之中（图8.24），平均海拔3400m，东部和西南部分别与不丹和印度锡金邦接壤，北临康马、岗巴、白朗三县，向南呈楔状伸入印度和不丹之间，边境线长290km。县域面积4212km²，2018年亚东县常住人口为13920人，其中城镇人口近万人，是日喀则市城镇化水平较高的县。

亚东县经济社会发展基础较好，发展速度较快，2018年GDP为7.7亿元，同比增长14.87%。为促进边境地区小康村建设、实现经济社会快速发展，亚东县25个行政村均被纳入边境小康村一线村居建设项目。2016年，亚东县在日喀则地区率先实现脱贫摘帽。

图 8.24　亚东县城实景图
（拍摄于 2018 年 6 月 29 日，海拔 3000m，城镇化科考队）

2. 定结县（江嘎镇）

　　定结县位于日喀则市（图 8.25），平均海拔 4400m，地势南北高、中部低。定结县行政区域面积为 7566km²。人口方面，2000 年定结县常住人口为 17961 人，户籍人口为 17763 人；2010 年定结县常住人口为 20319 人，户籍人口为 20237 人；至 2020 年常住人口数达到 20362 人。定结县户籍人口流失较少，且常住人口数量在逐渐增加。2000 年定结县的城镇化率为 10.08%，2010 年为 18.03%，城镇化水平较低且增长缓慢。经济方面，2000～2018 年定结县经济增长趋势明显，2017 年地区生产总值突破 4 亿元。三次产业中，定结县目前已形成以第三产业为主导的产业经济发展模式。其中，第一产业增加值增幅较平缓，在产业结构中的比重逐渐缩小；第二、第三产业增加值增幅较大，逐年增加趋势明显。定结县属半农半牧县，农业产品主要包括青稞、油菜、马铃薯、萝卜、白菜等作物；第二产业主要为农畜产品加工和建筑业，包括藏被、陈塘镇夏尔巴竹编及卡垫、藏刀、陶器制作等特色民间工艺品加工；第三产业中，定结县旅游产业和边贸产业发展较为良好。从 2005 年开始，定结县提出以旅游业为重点，大力发展特色产业，开发了陈塘夏尔巴文化项目、陈塘生态旅游和叶如河湿地旅游项目。2012 年，定结县提出"边贸兴县，旅游活县"发展战略，将日屋镇和陈塘镇建成外贸强镇、旅游名镇，旨在以边贸和旅游辐射带动定结县经济发展。

图8.25　定结县城无人机影像图（拍摄于2020年10月17日，无人机合成，海拔4200m，城镇化科考队）

城乡建设方面，近年来，定结县交通设施建设逐步开展，交通通达性逐步提高。公路改造工程大大降低了公路沿线周边村镇的运输成本，使陈塘镇正式告别人背畜驮的时代，提高了居民的生产生活条件。由于地形限制，定结县住户分散，交通建设的开展显著降低了定结县居民的交通成本和生活成本，使居民生活幸福感大幅度提高。

3. 聂拉木县（聂拉木镇）

聂拉木县作为边境重镇，地震前的樟木口岸负担全区 90% 以上的对尼贸易，是区内外沟通南亚的重要门户。全县边境线长 153km，边境通道 33 个。2017 年，聂拉木县退出贫困县（区）；2018 年 9 月 25 日，获得商务部"2018 年电子商务进农村综合示范县"荣誉称号；2017 年完成地区生产总值 7.18 亿元，同比增长 17.5%，农牧民人均可支配收入 8969.81 元，同比增长 33.3%；社会消费品零售总额 9282 万元，同比增长 19%。2015 年发生的尼泊尔"4·25" 8.1 级特大地震，导致樟木口岸及县城道路、桥梁等设施严重损毁。目前已初步完成县城控制性详细规划及乡村规划。通过统一购置水泥、规范砂石用料，严格要求建设项目质量，多措并举规范项目建设领域。根据《中国县城建设统计年鉴》数据，聂拉木县城市建设用地面积变化较小，2016 ～ 2018 年的总面积基本维持不变，居住用地、商业服务设施用地面积减少，公共管理与公共服务用地、工业用地基本维持不变，绿地与广场用地、道路交通设施用地面积增长较快。

4. 吉隆县（宗嘎镇和吉隆镇）

吉隆县坐落于日喀则市的西南部，南面毗邻尼泊尔，是西藏的边境县之一。县域总面积为 9300km²，县政府驻地为宗嘎镇（图 8.26）。边境线长 162km，共有 12 个通尼的山口。作为边境县，吉隆县人口数量少、增长缓慢。2020 年吉隆县有常住人口 17536 人，得益于口岸扩大开放，2020 年吉隆县 GDP 达到 9.6 亿元。此外，吉隆县自然条件优越，人文资源丰富，坐拥吉隆口岸这一国家战略支点，被规划定位为"国家重要边境口岸城镇、历史文化名镇，西藏边境地区重要的商贸、旅游节点"等。自复关工作开展以来，吉隆县的城镇化基本是由自上而下的政府输血工程推动，被动性较强。考虑到吉隆口岸是中央政府及西藏自治区政府最为重视的青藏高原边境口岸，吉隆县的发展也备受各级政府的关注。在此背景下，大规模的城镇建设成为政府鼓励吉隆县发展的主要抓手：为实现吉隆口岸复兴，各级政府在吉隆县内着力发展与口岸发展息息相关的商贸服务设施、旅游服务设施、市政基础设施、公共服务设施、交通基础设施等，由此使得吉隆镇建设用地数量及空间城镇化水平迅速提升。无论是从城市建设用地面积数值还是从遥感影像来看，吉隆口岸正式开放后的 2015 ～ 2017 年是吉隆县新增建设用地最多的时期，且主要得益于公共设施的增加。其中，2016 年是吉隆县空间城镇化速度最快的时期，城市建设用地面积在 1 年间增长了 37.76%。但尽管如此，吉隆县的空间城镇化水平依然较低。2018 年，吉隆县城市建设用地面积仅有 4.1km²，占县域总面积的比例不到 0.1%。与此同时，吉隆县迅猛的空间发展也促进了当地建筑业、旅游业与商贸服务业等非农产业的发展，并使其逐步成为吉隆县经济发展的主要驱动力。

图 8.26　吉隆县城街景图（拍摄于 2018 年 7 月 7 日，相机合成，海拔 2700m，城镇化科考队）

5. 仲巴县（帕羊镇）

仲巴县坐落于日喀则市最西端（图 8.27）、喜马拉雅山以北，南边与尼泊尔接壤。仲巴县行政面积为 4.59 万 km²，约占日喀则地区总面积的 1/4，平均海拔在 5000m 以上，县城驻地海拔 4772m，政府驻地于帕羊镇。仲巴县边境线长 357km，占日喀则地区边境线长的 1/4，历史上形成 5 个边贸互市点和 23 个对外通道、20 个界桩。2020 年全县总人口 26897 人，人口密度仅 0.63 人 /km²。根据 2000 年第五次全国人口普查和 2010 年第六次全国人口普查数据，仲巴县 2000 年城镇化率为 1.94%，2010 年城镇化率为 3.16%，2020 年城镇化率为 11.63%，城镇化发展水平极低。仲巴县是日喀则市唯一的纯牧大县，产业发展以畜牧业为主，且全县第一产业增加值仍在逐年增长。仲巴草场有 4985 万亩① 草地，当地饲养绵羊、山羊、牦牛、马等牲畜。2020 年全县 GDP 10.03 亿元。近年来，仲巴县建设用地面积有所增长，其中城市建设用地以物流仓储与道路交通设施、公用设施用地等服务于里孜口岸建设的用地增长为主。

图 8.27　仲巴县城无人机影像图（摄于 2020 年 10 月 15 日，无人机合成，海拔 4300m，城镇化科考队）

6. 岗巴县（岗巴镇）

岗巴，藏语意为"雪山附近的村庄"。其位于西藏南部（图 8.28）、日喀则市东南部，属喜马拉雅山地貌，北与萨迦县相邻，东与亚东、白朗两县交界，西与定结县毗连，南与印度锡金邦接壤，边境线长 97km。2020 年面积 3938.68km²。第七次全国人口普查数据显示，岗巴县常住人口为 11276 人，其中城镇人口 474 人，城镇化水平仅达 4.20%。2019 年岗巴县 GDP 共 49300 万元，其中第一产业增加值 4800 万元，仅占 9.74%；第二产业增加值 8800 万元，占 17.85%；第三产业增加值 35700 万元，占

---

① 1 亩 ≈666.7m²。

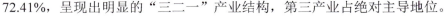

72.41%，呈现出明显的"三二一"产业结构，第三产业占绝对主导地位。

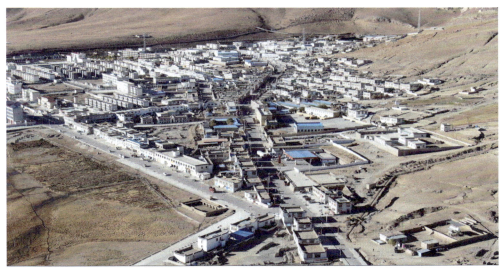

图 8.28   岗巴县城无人机影像图（拍摄于 2020 年 10 月 18 日，无人机合成，海拔 4500m，城镇化科考队）

岗巴县未来城镇化发展需要补齐基础设施短板，加快智慧城市建设，完善城区功能，优化县城就业、教育、医疗、文化等公共服务体系，进一步完善县城区域性商业配套设施。加快边境建设，将岗巴县建设成为维护国家安全和领土完整、维护西藏稳定的钢铁长城，筑牢国家安全稳定的屏障。完善边境小康村配套设施和抵边村建设，统筹推进经济建设和国防建设，加快建设拥军支前保障体系，大力推进"智慧边防"建设。

7. 定日县（协格尔镇）

定日，藏语意为"定声小山"，位于西藏西南部，日喀则市南部，地处喜马拉雅山脉中段北麓，东接拉孜县、萨迦县、定结县，西连聂拉木县，南与尼泊尔接壤，北靠昂仁县。2020 年定日县总面积 1.4 万 km²。第七次全国人口普查数据显示，定日县常住人口为 58173 人，其中城镇人口 4166 人，城镇化水平仅 7.16%。2019 年定日县 GDP 达 112900 万元，其中第一产业增加值 24800 万元，占 21.97%；第二产业增加值 50400 万元，占 44.64%；第三产业增加值 37700 万元，占 33.39%，呈现出"二三一"产业结构。

定日县城镇化发展要坚持城乡统筹、融合推进的思路，努力把县城和各小城镇打造成为生态城镇、文化城镇、智慧城镇、宜居宜业的民族团结幸福美丽的新型特色城镇。在县城老城区加快实施集中供暖、供氧和供排水防冻工程，完善实施道路工程、绿化工程、亮化工程。加快曲当特色小城镇市政基础设施建设和其他小城镇市政基础设施前期规划，加紧县域更名为珠穆朗玛县和撤县设市、撤乡设镇及村改居工作，争取设立白坝镇。继续呼吁在定日、定结、吉隆、聂拉木四县的基础上，设立珠穆朗玛特区。

坚持绿色发展、低碳生活，以生态乡镇、生态村和珠穆朗玛"绿色小城镇""绿色村庄""绿色庭院"创建为牵引，大力建设生态珠穆朗玛。继续配合做好珠穆朗玛峰国家级自然保护区功能区划调整勘界立标和珠穆朗玛国家公园试点。

8. 康马县（康马镇）

康马，藏语意为"红色庙宇"，地处西藏南部、日喀则市东南部，东南部与不丹接壤，南部与亚东县毗邻，西北部与白朗县相邻，北部与江孜县接壤，东部与山南浪卡子县相邻。2020年康马县总面积7000km^2。第七次全国人口普查数据显示，康马县常住人口为20864人，其中城镇人口2701人，城镇化水平达14.87%。2019年康马县GDP达58400万元，其中第一产业增加值12100万元，占20.71%；第二产业增加值21600万元，占36.99%；第三产业增加值24700万元，占42.30%，呈现出"三二一"产业结构。

康马县要加强县城棚户区改造、道路优化绿化和滨河景观建设，给排水管网和污水处理全覆盖，垃圾收运处置更加高效，市政功能更加齐全，城区面貌更加优美，城市品位进一步提升。建设好省级生态文明县，继续深化草原生态保护奖励机制，系统做好水环境综合治理和水生态保护，确保河湖水质稳定在Ⅲ类标准以上，城镇集中式饮用水水源地水质达标率保持在100%。着力加强城市管理，巩固提升县城环境卫生秩序，抓好运行规范，持续改善人居环境。

9. 萨嘎县（加加镇）

萨嘎，藏语意为"可爱的地方"。其位于喜马拉雅山北麓、冈底斯山脉以南、雅鲁藏布江上游（图8.29），东与昂仁县、西与仲巴县、北与措勤县、东南与聂拉木县和吉隆县为邻，西南与尼泊尔接壤。2020年萨嘎县常住人口为16200人，其中城镇人口2411人，城镇化水平达14.88%。2019年萨嘎县GDP达52300万元，其中第一产业增加值10600万元，占20.27%；第二产业增加值18700万元，占35.76%；第三产业增加值23000万元，占43.97%，呈现出明显的"三二一"产业结构。

未来城镇化发展要深入实施城市美颜行动，坚持环卫作业市场化管理机制，扩大环卫公司服务范围，重点整治环境卫生、市政设施、市容秩序等方面存在的突出问题，推动城市美化、亮化、绿化工程，力争做到城市管理100%全覆盖。打造美丽乡村样板工程。生态安全屏障功能得到有效发挥，江河源头、草原、湖泊、湿地、天然林等生态系统及生物多样性得到有效保护，各类自然保护区、重点生态功能区保护和建设得到加强，保持草畜动态平衡。主要污染物和碳排放总量、单位生产总值能源和水资源消耗量控制在国家核定范围内，环境质量指数达到100%，建成具有鲜明地域和文化特色的宜居城镇和美丽乡村。

图 8.29　萨嘎县城无人机影像图（拍摄于 2020 年 10 月 16 日，无人机合成，海拔 4500m，城镇化科考队）

8.5.4　阿里段重点固边城镇

1. 噶尔县（狮泉河镇）

　　噶尔，藏语意为"帐篷或兵营"，又称噶达克。其位于西藏西北部（图 8.30），西北同印控克什米尔地区接壤，东南与普兰县相邻，南及西南与札达县接壤，北靠日土县，东与革吉县毗邻。2020 年噶尔县总面积 1.99 万 km²，第七次全国人口普查数据显示，噶尔县常住人口为 31052 人，其中城镇人口 23824 人，城镇化水平高达 76.72%。2019 年噶尔县 GDP 达 41305 万元，其中第一产业增加值 6246 万元，占 15.12%；第二产业增加值 12870 万元，占 31.16%；第三产业增加值 22189 万元，占 53.72%，呈"三二一"产业结构。

　　噶尔县未来城镇化发展要优化产业结构、创新农牧业发展方式，以产业"输血"激发"造血"机能，把产业振兴作为乡村振兴的重要措施，一是打通现代畜牧业融合链条，从种养殖、加工、销售各个环节实现融合发展，真正实现产、供、销一体化发展，打造特色畜产品，积极拓宽销路，加强与电商发展相融合，引导群众增强自身"造血"

图 8.30　噶尔县俯瞰图（拍摄于 2020 年 10 月 12 日，海拔 4200m，城镇化科考队）

功能；二是加大宣传力度，引导牧民群众转变"惜杀惜售"观念，加大活畜出栏数量，减轻草场承载力，保护生态环境；三是探索发展牧区特色旅游业，加快推进休闲牧业示范点、"牧家乐"等规划设计，为外来游客提供具有浓郁乡土气息的文化服务，促进牧区旅游发展，努力实现让脱贫群众不离家、不离土，就近就便融入产业发展，实现稳定就业，就地、就近实现城镇化过程，大力实施国土绿化行动和植树造林，全面实施"美丽噶尔"建设。

2. 日土县（日土镇）

日土，藏语意为"枪叉支架的山下"，位于阿里地区西北部（图 8.31），东邻革吉县、改则县，南与噶尔县相接，北依新疆，西与印控克什米尔地区接壤，喀喇昆仑山和冈底斯山支脉横穿全境，被称为"世界屋脊的屋脊"。2020 年常住人口为 11167 人，其中城镇人口 4163 人，城镇化水平 37.27%。2019 年日土县 GDP 达 43097 万元，其中第一产业增加值 8337 万元，占 19.34%；第二产业增加值 8657 万元，占 20.09%；第三产业增加值 26103 万元，占 60.57%，呈现出"三二一"产业结构。

日土县城镇化发展要按照"产业兴旺、生态宜居、乡风文明、治理有效、生活富裕"的总体要求，推进整体发展、协调发展，形成以城带乡（村）、以乡（村）促城、城乡（村）互动的新格局。以县城为纽带，沿 G219 国道打造多玛乡自治区级小城镇和日土镇特色小城镇，积极开展省级生态乡镇（村）创建活动，大力实施以班公错为主的生态建设，做好高海拔易地搬迁工作。

图 8.31　日土县城街景图（拍摄于 2020 年 10 月 11 日，海拔 4200m，城镇化科考队）

3. 札达县（札达镇）

札达，藏语意为"下游有草的地方"。其位于喜马拉雅山与冈底斯山之间（图 8.32），东邻普兰县，北靠噶尔县，西南与印度交界，西靠印控区克什米尔。2020 年札达县总面积 2.75 万 km²。第七次全国人口普查数据显示，札达县常住人口为 8454 人，其中城镇人口 3692 人，城镇化水平达 43.67%。2019 年札达县 GDP 达 36754 万元，其中第一产业增加值 3542 万元，占 9.64%；第二产业增加值 11712 万元，占 31.86%；第三产业增加值 21500 万元，占 58.50%，呈现出"三二一"产业结构。

图 8.32　札达县城街景图（拍摄于 2020 年 10 月 13 日，海拔 3700m，城镇化科考队）

札达县城镇化发展要走绿色发展之路。一是要全力推动旅游业高质量发展。依托自然疆域风光以及象雄文明和古格王国遗址等人文特色，着力提升旅游文化内涵，积极推动文旅融合，保护历史文化遗产，使旅游开发与文化传承相得益彰。重点发掘和培育 2～3 种具有浓郁地方风格的旅游纪念品，发展壮大民族手工艺、土特产品、民族医药、特色食品等旅游产品。二是繁荣发展商贸物流业。加快构建农牧区物流设施，建立和完善以县城为中心、以乡镇为节点，适应城镇发展变化的农牧区商品流通体系和物流配送体系。坚持"绿水青山就是金山银山、冰天雪地也是金山银山"的发展理念，在大力发展县域经济的同时，推动环境治理体系不断健全、治理能力不断提升，环境基础设施大幅改善，绿色发展指标进一步提升，生态系统质量和稳定性不断提升。

4. 普兰县（普兰镇）

普兰县总面积为 1.25 万 km²（图 8.33），2017 年总人口 12587 人，其中城镇人口数为 4308 人，城镇化率为 34.23%。普兰县城镇化进程主要得益于丰富的自然资源和政策、规划的倾斜与制定。普兰县拥有冈仁波齐峰和玛旁雍错，在印度教、藏传佛教等信徒的认知中，它们分别属于"神山、圣湖"，是著名的宗教朝圣圣地，历史上是印度教徒入境朝拜的必经之路。朝圣旅游的兴盛对普兰县城镇化与绿色发展都产生了十分积极的影响。由于普兰通往印度的强拉山通道海拔高，气候恶劣，每年只有 3 个月的开放时间，所以不少印度教徒会先乘直升飞机飞往斜尔瓦口岸入境。受此影响，斜尔瓦口岸也成为普兰县的重点建设地区，从普兰县城去往斜尔瓦口岸的路已经铺成了柏油路，方便人们驾车通行。由于香客大多选择在雄巴村落脚休憩，村内外国游客众多，村庄

图 8.33　普兰县城街景图（拍摄于 2020 年 10 月 14 日，海拔 3800m，无人机合成，城镇化科考队）

内的村民也会自发地投身旅游服务行业，提供一些吃住服务。这些都奠定了普兰县发展旅游业的基础，增加了人员的流动，一方面推动口岸运输规模的扩大，另一方面切实带动了跨境旅游业和服务业的发展，实现了绿色发展。同时，村民营生方式与生活观念的转变，也构成了城镇化发展的内生驱动力，促进了社会城镇化水平的进一步提高。

　　普兰县的经济、空间城镇化发展受国家对普兰口岸的政治定位与政策制定的影响较大。普兰口岸为国家一级口岸，《西藏自治区普兰口岸发展规划（2011—2020 年）》指出，要发展普兰口岸特色产业，将其与口岸外贸发展目标密切衔接，与中心城镇功能和城镇化进程相结合，并强调应重视普兰口岸基础设施建设规划。这些政策从资金、人力等方面对县城的经济、空间与社会发展提供支持，若能对政策加以合理把握利用，将提高县城的支撑力，增强通道的运输能力，扩大市场的贸易范围，实现高质量的城镇化发展。

参考文献

李青 , 赵京兴 . 2015. 西藏边境口岸发展现实与展望 . 北京 : 社会科学文献出版社 .

刘妤 . 2018. 地缘经济视角下西藏边境陆路口岸空间布局、发展效力及对策研究 . 西藏大学学报 : 社会科学版 , 33（2）: 195-204.

戚伟 . 2019. 青藏高原城镇化格局的时空分异特征及影响因素 . 地球信息科学学报 , 21（8）: 1196-1206.

张海云 . 2018. 秩序、流动与认同——西藏三口岸边民贸易调查记 . 北方民族大学学报（哲学社会科学版）,（3）: 53-60.

Cohen J, Monaco K. 2008. Ports and highways infrastructure: an analysis of intra-and interstate spillovers. International Regional Science Review, 31（3）: 257-274.

第 9 章

西宁都市圈城镇化与高质量发展

西宁都市圈地处青藏铁路沿线城镇带和唐蕃古道沿线城镇带交汇处，是兰西城市群的重要组成部分，是青藏高原人口最集中、城镇化发展水平最高、经济总量最集中的地区。与中东部都市圈相比，其经济水平、人口总量、交通便捷度、同城化程度等方面都比较弱，但却是青藏高原发育程度最高的都市圈。西宁都市圈有着发育的特殊自然条件和经济社会发展基础，本章立足于西宁都市圈的人口、经济、社会等城镇化要素的发育状况与演变特征，重点分析西宁都市圈的城镇化特征和绿色发展特征，提出西宁都市圈率先在青藏高原基本实现社会主义现代化，建成青藏高原高度同城地区、兰西城市群发展之"鼎"、高原美丽都市圈和黄河流域上游生态文明示范区。

9.1 科考范围与发展条件

西宁都市圈位于青海省东部、湟水河谷盆地，是青藏高原的东方门户，素有"西海锁钥"之称，曾是中原地区通往西藏乃至南亚的古"丝绸之路"南路和"唐蕃古道"的必经之地，现阶段是兰西城市群的重要组成部分，也是通向西藏，连通尼泊尔、不丹、印度、斯里兰卡等南亚国家陆上通道的重要节点。西宁都市圈及其所在的河湟谷地强化了连接中原腹地与西藏、南亚等地的枢纽功能，成为沟通中国和南亚诸国、连通太平洋和印度洋的关键咽喉要道之一。

9.1.1 范围界定与基本条件

依据国务院批复的兰西城市群范围和《西宁市国民经济和社会发展第十四个五年规划和二〇三五年远景目标纲要》、《海东市国民经济和社会发展第十四个五年规划和二〇三五年远景目标纲要》以及《青海省国民经济和社会发展第十四个五年规划和二〇三五年远景目标纲要》，将西宁都市圈范围界定为西宁市、海东市2个地级市范围，具体包括西宁市所辖城东区、城中区、城西区、城北区、湟中区、湟源县、大通县，海东市所辖平安区、乐都区、互助县、民和县、化隆县、循化县（图9.1）。西宁都市圈形成发育具有以下基本条件。

1. 西宁都市圈是青藏高原实现绿色发展的重要引擎，绿色转型潜力大

西宁都市圈城镇化特征主要表现为人口从高原向河谷迁移，从山地向平川迁移，从都市圈外围区县向都市圈的迁移，进而向西宁主城区迁移。西宁都市圈的经济发展也处于加速增长阶段，市场化的产业地域分工形成，产业链的空间结构逐渐重组，产业集聚日益显著。西宁都市圈绿色发展主要表现为产业升级及其绿色化转型，都市圈的基础设施和公共服务设施品质不断提升，就业环境和生活品质不断改善以及创新能力逐步提升。西宁作为青海的省会城市，具有较好的经济基础和一定的辐射能力。海东在气候和发展特色上有一定优势，作为河湟文化的发祥地，具有突出的文化特色。

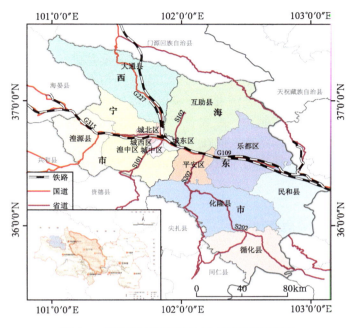

图 9.1　西宁都市圈所辖的县 / 区及空间范围

2. 西宁都市圈具有共同的河湟文化认知，文化凝聚力强

西宁都市圈所辖的西宁、海东两市地理空间邻近，文化习俗相依，同属于祁连山河湟谷地文化区，民风民俗相近，历来贸易往来和文化交流密切，因此两市的协调发展基础较好。都市圈所处的河湟谷地孕育着辉煌多元的文化，聚居有汉、藏、蒙、土、回、撒拉等民族，拥有具有地方特色的民族婚俗、节庆、服饰、饮食、文化艺术等。因此，都市圈内各区域历史联系紧密、文化地理背景相同，形成了多民族聚居、多宗教共存、多种文化汇聚、开放包容的都市特性和璀璨绚丽的风土人情以及中国西部安居乐业的宁远之地。

3. 西宁都市圈位于青藏高原东麓的河湟谷地，自然条件相对优越

西宁都市圈所在的青藏高原东麓河湟谷地属于川道式的河谷类型，是青藏高原和黄土高原连接处最为流畅且连续的带状空间之一，具备河谷的闭合、传输、交汇和边缘效应。西宁都市圈是连接青藏高原和黄土高原两大高原的交通线路的最佳选择，这对于周边绵绵大山和丘陵的复杂地貌而言极为重要，大大强化了河谷沿线的集散功能。交通建设与地形相互协同，河谷的格局基本决定了区域性交通网络格局，这对区域性的社会经济规划和建设，尤其是城镇发展乃至都市圈发育影响深远，即沿着众多河谷所形成的交通网络系统不但支撑了城镇生长，而且使得依托河谷发育的城镇在山区和丘陵地区成为区域性交通网络的重要节点。

4. 西宁都市圈处在快速发育阶段，拥有高质量发展的巨大空间

西宁都市圈是推动兰西城市群建设的重要支撑，也是青海省向东发展和融入兰西城市群的纽带。西宁都市圈建设提出时间较晚，其发展基础较为薄弱，处于待培育和发展的阶段，属于培育型都市圈。虽然西宁、海东两市在产业转型、人才吸引和生态环境等方面有了一定的成果，经济发展质量以及城镇化水平得到进一步提升，但两市的协调发展仍然面临着一定制约，主要表现在西宁市高端功能不足，聚集了过多的非省会功能，同时西宁、海东两市之间在发展定位上存在衔接不足的问题，在产业基地等部分功能上存在交叉；两市的水资源短缺情况严重，依然存在水和大气污染排放及其治理的压力。

9.1.2 经济社会发展条件

1. 人口基本概况

由于气候环境、历史文化、经济政治等因素，西宁都市圈一直是青海省甚至青藏高原的人口集聚热点区，西宁都市圈对周边地区有一定吸引力且逐年发展态势持续向好。2020 年西宁都市圈常住人口为 382.65 万人，占青海省常住人口的 64.95%（图 9.2）；平均人口密度为 186 人/km²，远高于青海省 8 人/km²。2000～2020 年，西宁都市圈常住人口呈平稳增长态势。西宁都市圈人口数量增长属于平稳增长类型，常住人口中民族构成以汉族为主，其次为回族、藏族、土族、撒拉族、蒙古族。人口分布呈现以西宁市区为中心，沿湟水河以及湟水河支流辐射分布的态势。西宁市 2020 年常住人口 246.8 万人，人口增长率 3.82%。其中，城镇人口为 194.06 万人，城镇化率 78.63%；乡村人口为 52.73 万人，占常住人口的 21.37%。在第七次全国人口普查中，少数民族人口为 70.51 万人，占常住人口的 28.57%，其中包括回族、藏族、土族。海东市 2020 年末全市常住人口为 135.85 万人，增长率为 –9.02%。城镇人口为 54.89 万人，占常住人口的 40.4%。在第七次全国人口普查中，少数民族人口为 64 万人，占常住人口的 47.12%，有藏族、回族、土族、撒拉族、蒙古族和其他少数民族。

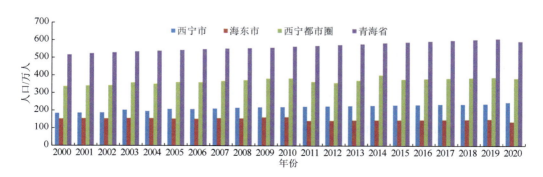

图 9.2 2000～2020 年西宁都市圈与青海省总人口演变情况

2. 经济情况

西宁都市圈经济运行呈现总体平稳、稳中有进、稳中向好的良好态势，具有较强的地方经济活力。2020年西宁都市圈地区生产总值1887.58亿元，固定资产投资891.94亿元，公共财政预算收入160.43亿元；地区生产总值年均增逐3.9%，2000年占青海省的57.05%，2020年达到了62.8%（图9.3、图9.4）。其中，西宁市2020年地区生产总值1372.98亿元和增长3.4%，市属固定资产投资587.266亿元和与上年相比降低了25.9%，公共财政预算收入133.51亿元，增长31.2%。海东市2020年地区生产总值514.6亿元和增长5.1%，市属固定资产投资304.728亿元和与上一年相比降低11.8%，公共财政预算收入26.92亿元，增长31.8%。

图9.3 2000～2020年西宁都市圈与青海省地区生产总值的变化

图9.4 2000～2020年西宁都市圈居民人均生产总值

西宁都市圈的第一产业产值增速较为平缓；第二产业产值2000～2015年呈逐渐增长趋势，2015年之后呈缓慢下降态势；第三产业产值增速呈现不断增加的特征，

2010 ～ 2020 年均在高速增长（图 9.5）。西宁市作为青海省会，是都市圈的中心城市，有强大吸引力和发展活力，其产业结构变化与都市圈基本一致，即第一产业缓慢下降，第二产业先上升后下降，第三产业先下降后上升。西宁市产业结构持续优化，三次产业加快融合，战略性新兴产业加快布局，现代服务业加快壮大，都市现代农业加快发展，现代产业体系加速构建。海东市作为西宁都市圈的重要组成部分，2000 ～ 2020 年经济总量不断增长，经济结构明显优化，特色产业和优势产业正在培育和形成。2013 年的撤区设市，推动了海东市跨越发展和转型升级的步伐，各产业资源潜力正在被挖掘，产业发展活力逐步增强。海东市第一产业产值比重整体呈下降趋势，第二产业产值比重呈先上升后下降趋势，海东市新型工业化进程不断加快，"高新轻优"产业发展方向日趋成熟，金属冶炼、建筑材料、水力发电、农副加工四大传统产业逐步转型升级，新能源、新材料、信息产业、装备制造、食品医药四大新兴产业培育壮大，青稞酒、拉面、青绣、富硒等特色产业加快推进，重点带动、多点支撑的现代化产业格局基本形成；第三产业动能更加强劲，文旅商融合发展，商贸流通体系逐步形成，交通运输、房地产、金融、商贸服务、住宿餐饮、信息咨询等服务业发展势头良好。

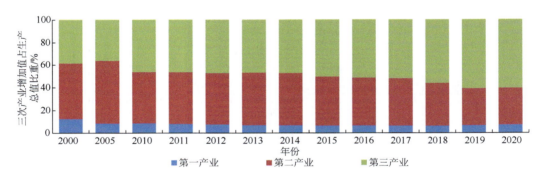

图 9.5　2000 ～ 2020 年西宁都市圈三次产业增加值占生产总值比重

　　2010 ～ 2020 年西宁都市圈的固定资产投资总额增速较快，固定资产投资从 2000 年的不足 500 亿元增长到 2019 年的 1583.95 亿元，年均增长率接近 40%，但 2020 年的固定资产投资总额有所下降，为 891.99 亿元（图 9.6）。都市圈的外资总体在持续减少，外资主要集中在西宁市。曹家堡机场的国内、国际航线持续增加；青藏铁路、兰新高铁通车运行，西成铁路已开工建设；国家重点公路网中多条国道、高速公路在西宁交会；连接东西、通达南北的立体交通网络使西宁市成为西部地区连接丝绸之路经济带和长江经济带的重要枢纽。

　　西宁都市圈 2020 年一般公共预算收入 160.43 亿元，比上年增长了近一倍。其中，2020 年西宁市一般公共预算收入 133.51 亿元，比上年增长 31.2%。2020 年海东市一般公共预算收入 26.92 亿元，比上年增长 31.82%（图 9.7）。2020 年都市圈一般公共预算支出 563.72 亿元，比上年增长 45%。其中，2020 年西宁市一般公共预算支出 329.51 亿元，比上年增长 0.4%；2020 年海东市一般公共预算支出 234.21 亿元，比上年下降 1.5%。

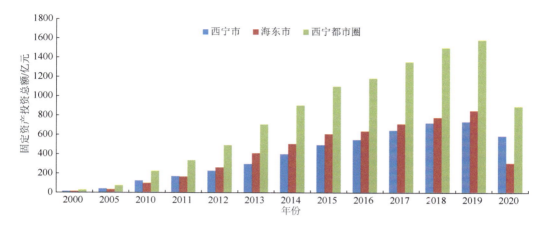

图 9.6　2000 ～ 2020 年西宁都市圈固定资产投资总额

图 9.7　西宁都市圈 2000 ～ 2020 年一般公共预算收入和一般公共预算支出

3. 社会概况

2000 ～ 2020 年西宁都市圈经济快速发展，民生日益改善，生态持续向好，社会不断进步，已成为中国西部发展势头迅猛、发展潜力巨大的核心地域之一。都市圈扎实推进生态建设，西宁、海东两市着力构建城市生态屏障，重拳治理环境污染，强力推进节能减排。其中，山体绿化进展明显，尤其是城区周边的丘陵变绿了；滨水空间建设效果良好，成为城市的旅游休闲空间。2020 年西宁都市圈社会消费品零售总额为 695 亿元。2010 ～ 2019 年西宁都市圈社会消费品零售总额明显增长，且增幅随着时间推移逐渐增加，2020 年存在一定下滑；2019 年西宁市实现社会消费品零售总额比上年增长 5%，但 2020 年为 573.57 亿元，比上年下降 9.3%；2019 年海东市社会消费品零售总额比上年增长 6.4%，2020 年为 121.27 亿元，比上年增长 3.9%（图 9.8）。

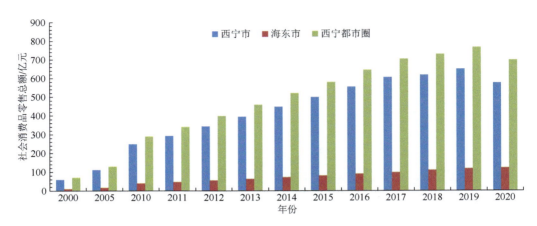

图 9.8　2000～2020 年西宁都市圈社会消费品零售总额

　　西宁都市圈生态良好、环境宜人、旅游资源丰富，有著名的藏传佛教圣地塔尔寺和东关清真大寺，以及毗邻中国内陆最大的咸水湖——青海湖。西宁的空气质量连续五年位居西北省会前列，成为全国首个入选"无废城市"试点的省会城市。西宁夏季平均气温18.3℃，被誉为"世界凉爽城市"和"中国夏都"。西宁先后荣获全国文明城市、国家卫生城市、世界旅游名城、国家森林城市、全国园林城市等称号。西宁自1992年被国务院确定为内陆开放城市后，先后与"一带一路"共建国家37个城市和地区缔结了国际友城及友好关系，已逐步成为丝绸之路经济带上的重要节点城市、向西开放的桥头堡。

9.1.3　产业空间结构及开发区建设基础

1. 产业空间结构

　　从产业功能的空间结构现状来看，西宁都市圈形成了以西宁为核心，与周边城镇等外围区域构成核心-外围产业联动结构。核心区以比较发达的第二产业、第三产业为主，外围区域以高原农业和具有资源优势的产业为主。从经济联系与地缘经济关系来看，西宁与周边的大通、湟源、湟中、乐都、互助基本上是一种较强的产业互补关系。西宁都市圈矿产资源丰富，核心区与外围城镇形成了一种基于原料供需的产业关系，西宁通过整合周边资源，发展矿产资源的加工产业，形成矿业加工产业集群。西宁周边农牧业发达，是西宁居民生活所需的粮油、蔬菜等必需品的来源。农业发展方面，外围大多数县区基础良好，各县区应立足特色、放大优势、加强合作，在高原青稞、中药、油菜、蔬菜种植等领域，探讨农业发展规模化和产业化经营的模式；旅游服务业方面，外围城镇需要进一步整合旅游资源，融合各地自然山水、民族风情特色，联手创新旅游精品路线、打造高原旅游品牌，让高原旅游成为区域经济增长点。

2. 开发区建设基础

从西宁都市圈开发区发展来看，开发区的数量逐步增加，类型不断丰富，开发区发展日益均衡，分工明确。开发区以主要城镇为核心，大多分布在主要的城市发展轴上。近年来，西宁都市圈推动开发区提质发展，开发区运行机制、招商水平等稳定。西宁都市圈持续优化工业园区布局，推动园区由单一生产型向复合型转变，构建国家级园区引领带动、省级园区有力支撑、地方园区特色彰显的高质量发展载体。西宁都市圈内有 2 个国家级开发区、5 个省级开发区。西宁（国家级）经济技术开发区扩大辐射和带动能力，形成硅材料及光伏制造、有色（黑色）金属、新材料、特色化工、藏毯绒纺、高原生物健康和高端装备制造 7 个主导产业，着力培育锂电与新能源汽车、光电与新一代信息技术 2 个新兴产业，提升产业层次，打造促进产业融合、吸纳要素聚集、辐射带动城市群循环经济发展的核心区。海东工业园培育壮大新能源、新材料、信息产业、装备制造、食品医药等主导产业以及现代服务业，谋求在符合条件的情况下升级为国家级经济技术开发区。西宁都市圈正着力打造甘河工业园、南川工业园、临空综合经济园 3 个千亿元产业园和东川工业园、生物科技产业园、北川工业园、乐都工业园、民和工业园、互助绿色产业园 6 个五百亿元产业园，加快建设湟源青藏高原原产地特色产业聚集园和国际（西宁）绿色产业园区。

9.2　西宁都市圈形成发育过程

都市圈是都市区发展到一定阶段的产物，是高度同城化地区，都市圈演化的高级阶段就是城市群。西宁都市圈的形成发育经历了由都市区到都市圈的发育演化过程，同时成为兰西城市群发展的西部核心。良好的发展基础、地域邻近的便捷条件和较为发达的交通网络为西宁都市圈形成发育奠定了基础，促使西宁都市圈逐渐形成中心-外围的圈层结构。

9.2.1　都市圈集聚发展过程

1. 良好的发展基础和地域邻近的便捷条件促进了都市圈的形成

西宁都市圈内部的人员和物资流动密度高于与外部之间的流动密度，正在形成一个相对独立、联系紧密的一体化区域，构建了完善的市场机制与区域建设协调机制。西宁、海东两市的协调发展基础较好，为居民提供了多种工作、居住等选择的机会，正在创造出一种具有高度认同感的地域社区环境。经过多年建设，西宁都市圈的对外和内部交通体系不断优化，区域性交通网络日益完善，对外能力全面提升，并形成了向心、紧密的都市圈日常交通网络。西宁都市圈目前有兰青铁路、青藏铁路、兰新高速铁路三条路线。其中，兰新高速铁路在民和南站、海东站、海东西站、西宁站、大通西站设有站点，极大地促进了都市圈内的人流往来。未来，随着甘青合作的进一步深化，西成铁路、兰州西宁城际铁路、兰州西宁新高速、西宁环城高速以及智慧交通方面的合作建设，将进一步打开西宁都市圈的发展框架，促进要素在都市圈以及城市群高效流动。

2. 日益完善的基础设施和都市圈日常交通网络拉动了都市圈的发育

西宁都市圈的空港枢纽进一步完善，向西开放门户作用突出。2018 年 12 月，国家发展和改革委员会、交通运输部联合印发《国家物流枢纽布局和建设规划》的通知，将西宁市规划为商贸服务型国家物流枢纽承载城市。2020 年曹家堡机场三期扩建工程正式获得国家发展和改革委员会批复，曹家堡机场三期扩建工程的实施将使西宁都市圈向西的开放门户作用更加凸显，将成为青藏高原重要的交通通信枢纽、商贸物流和科技文化中心，空港枢纽建设的进一步完善也会给西宁都市圈，乃至整个青海省带来旅游服务产业方面的利好。西宁都市圈的公铁网络逐步完善。公路方面，目前已经形成"一横七纵"的公路通道网。"一横"指的是承东启西沿河湟川谷形成横向主通道，包括 G6（京藏高速）、G109（京拉线）、民小一级公路，贯通了都市圈的民和县、乐都区、平安区、西宁市区。"七纵"指连南贯北的七条高速通道，包括川大高速、G213、平阿高速、宁贵高速、G109（湟源—日月山段）、宁大高速、宁互公路，贯通了湟水谷地主要节点城市与南部积石山县大河家镇、化隆县、尖扎县、湟中区、日月镇及与北部大通县、互助县的联系，形成了都市圈空间结构主骨架，促进了都市圈内要素流动。

3. 一小时交通圈提升了都市圈的日常通勤能力

西宁都市圈的一小时交通圈已然形成，日常通勤能力大幅度提升，而且日常交通呈现出明显的向心性（图 9.9）。当前，以西宁市主城区为中心的城际轨道、铁路客运专线还没有基本覆盖周边区县，主城区和周边地区的交通联系还是以高速公路为主。西宁都市圈的智慧公交体系深入实施，城市交通结构不断完善，大大促进了都市圈通勤效率的提升。为建设公交都市、打造品质公交、全面推广普及西宁市交通一卡通工作，西宁公交集团有限责任公司发行了西宁智能一卡通——"夏都通"。"夏都通"接入了城市交通、公共服务、政府服务等多类应用，采用大数据分析和服务信息共享的形式，使智慧公交体系成为"智慧西宁"建设的重要组成部分。现阶段"夏都通"已经能实现全省内信息共享，在西宁市五区二县，以及海东市所辖的平安区、乐都区、民和县都能使用智慧"夏都通"办理公共事务，今后"夏都通"还将在其他各领域方面发挥便民、利民的作用。

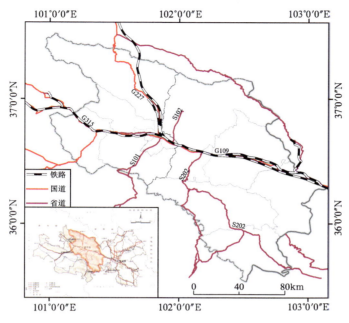

图 9.9　西宁都市圈的交通体系与网路格局

9.2.2　都市圈规模等级结构演化过程

1. 人口规模等级结构及演化

西宁都市圈人口分布的空间集中度和不均衡度呈上升态势,人口密度较高的乡镇主要分布在连接西宁、海东两市市区的中轴线上,呈现出"带状集聚"特征和"中心 - 外围"结构。人口规模的等级结构及其演化反映了都市圈的人口增长、空间分异以及吸引力强弱,西宁都市圈人口规模等级结构大致可分为以下三级(图 9.10、图 9.11)。

第一级:西宁市的主城区,含城东区、城中区、城北区、城西区。西宁都市圈的人口主要集中在西宁市所辖的主城区,且人口主要为城镇人口,集聚程度呈上升态势。高等级产业和服务均集中在此,是都市圈核心区。

第二级:西宁市的湟中区及海东市的乐都区、平安区、民和县。湟中区在 2019 年撤县建区,西宁市主城区的部分功能向湟中区转移。海东市乐都区是市政府所在地、平安区是海东市的市委所在地,海东市的乐都区与平安区共同组成了都市圈的次级中心,总人口在缓慢增加,城区人口集中趋势比较明显。民和县毗邻甘肃省兰州市的红古区,发展基础较好,人口基数较大。这些县区新产业发展良好,新城建设有成效,如河湟新区定位为国家级新区,湟中区所辖的多巴新城,吸引了较多的就业人口。

411

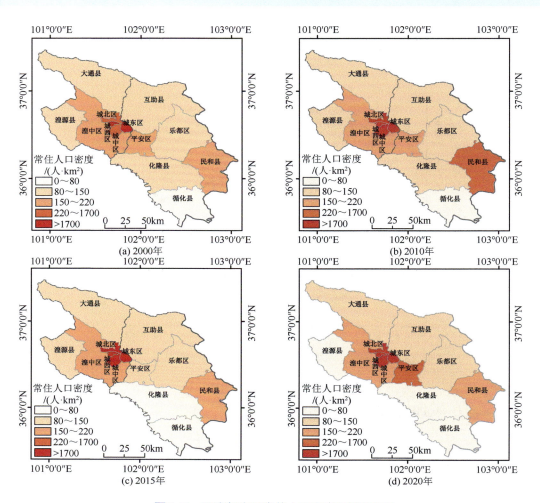

图 9.10　西宁都市圈常住人口密度及其演化图

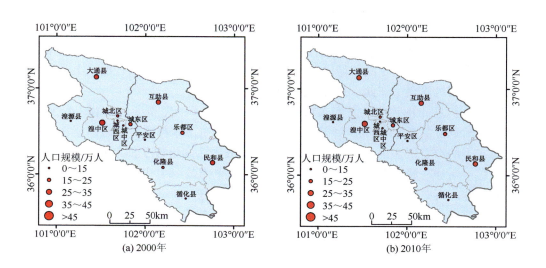

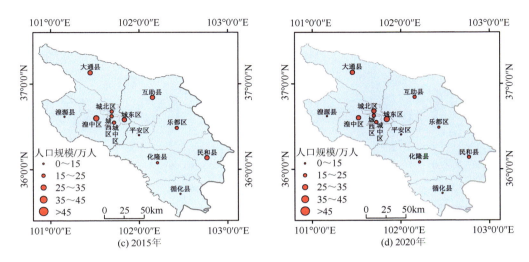

图 9.11　西宁都市圈常住人口规模及其演化图

第三级：影响范围相对较小的县区，包括西宁市所辖的湟源县、大通县，海东市所辖的化隆县、循化县、互助县，主要承载本县区尺度的中心职能，人口密度相对最低。

2. 经济规模等级结构及演化

西宁都市圈的经济活动主要集中在西宁市主城区以及湟水河谷沿线的区域，呈现出典型的点 - 轴空间结构模式，即都市圈经济活动的空间分布区域不均衡，呈现出"中心 - 外围"结构或"带状集聚"特征。综合地区生产总值和人均地区生产总值来看，西宁都市圈的经济规模等级结构大致可分为以下三级（图 9.12 ～图 9.14）。

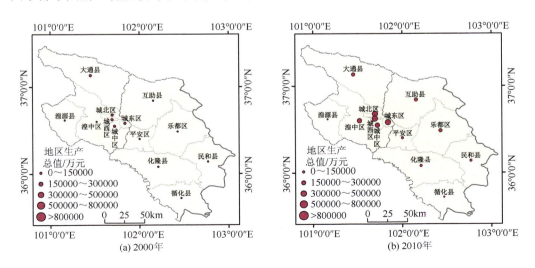

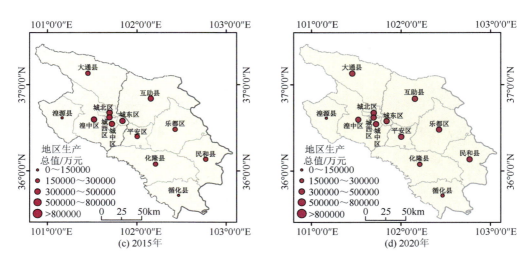

图 9.12　西宁都市圈 GDP 等级规模及其变化图

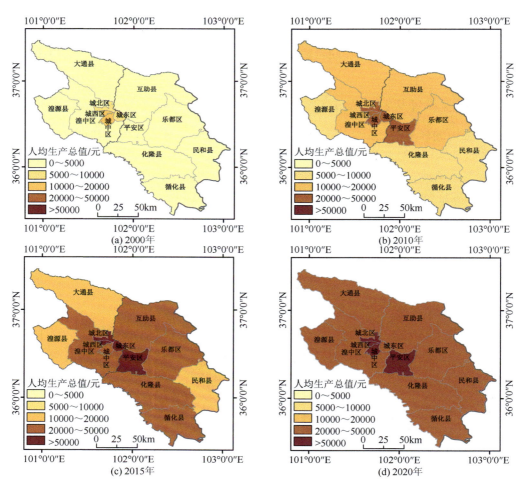

图 9.13　西宁都市圈人均 GDP 等级规模及其变化图

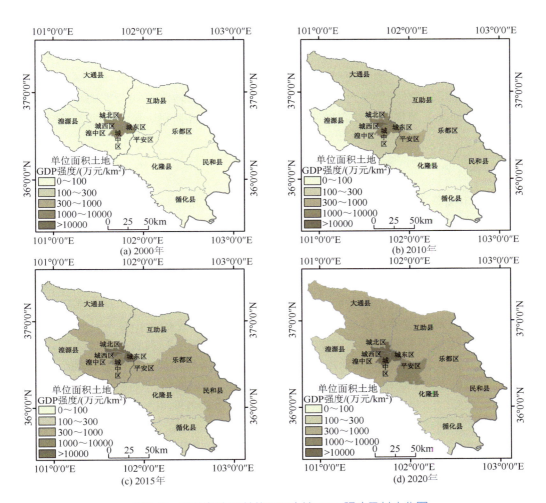

图 9.14　西宁都市圈单位面积土地 GDP 强度及其变化图

第一级：区域增长极，指西宁主城区及湟中区。这是都市圈乃至青海省的经济集中地和增长极，都市圈的经济活动主要集中在西宁主城区，且集聚程度呈上升态势。

第二级：重要的经济中心，包括海东市的乐都城区、平安城区、大通县、互助县以及河湟新区、多巴新城等。这些城镇依托产业园区，成为西宁都市圈的重要经济增长引擎。

第三级：县区级的经济重镇，民和县、湟源县、化隆县和循化县。民和县作为西宁都市圈东部的门户城市，是兰西城市群协调发展的重要节点城市，有利于承接产业转移；湟源县是都市圈的西部门户城市，能够承接西宁市的能源化工、机械制造等部分产业转移；化隆县和循化县地区生产总值和人均地区生产总值均较低，并且属于西宁都市圈的外围圈层，与都市圈核心城镇的经济联系较弱。

9.2.3 都市圈空间格局演化过程

依据人口和经济的基本特征，西宁都市圈的总体空间结构可归纳为"一核多心，双轴连接，多功能片区"的空间组织模式。根据功能分区要求以及区域分区的协调互补特征，西宁都市圈迄今的绿色发展正在驱动都市圈层面转向更加合理的功能分区与职能结构，各地区资源优势正在有机结合起来，开始打造高质量、绿色化的生产、生活、生态空间。

1. 一核多心

西宁都市圈基本形成了"一核多心"的格局，西宁市主城区的首位度较高且不断提升。西宁市主城区是西宁都市圈的空间核心，位于两轴交叉的节点上，即两轴来向的人流、物流、资金流在此汇集，形成了西宁都市圈的核心，即人口规模大、城市化水平高，承担省会职能，是都市圈的经济、科教、文化、金融、信息中心，交通枢纽，高端商贸和服务业基地，旅游开发和旅游服务基地（图9.15）。西宁主城区为周边地区提供公共服务和高端职能，辐射和带动周边县区发展。总体上，西宁都市圈仍处于极化阶段，大量资源、技术、资金都因虹吸效应而流向西宁主城区，这与其他西部省份的强省会的集聚过程相似。西宁市主城区是西宁都市圈的医疗教育、居住休闲、行政办公、现代商务、金融信息、高新技术研发的综合性服务型功能区和信息金融产业区，主要功能是行政管理、经济、商贸、金融、交通运输、邮电通信、科技信息、文教卫生、文化娱乐、教育、信息交流、居住、旅游休闲中心，以服务业和高新技术产业为核心。

都市圈的多中心包括湟源县的城关镇，大通县的桥头镇，湟中区的多巴镇、甘河滩镇和总寨镇，平安区的平安镇，互助县的塘川镇，乐都区的碾伯镇，民和县的川口镇，循化县的积石镇，化隆县的群科镇和巴燕镇，以及河湟新区、多巴新城等。海东市的乐都区和平安区共同承担都市圈东部地区的市级服务功能，为海东市的市级政治、文教、金融、交通和商贸中心。互助县为西宁都市圈提供农业生产、生态服务、休闲旅游服务，为西宁都市圈的后花园；大通县近年来迁入了许多城北区原有的传统产业，与湟中区甘河工业园区内产业一起承担西宁都市圈传统产业和重工业生产职能，还承担着西宁都市圈的北部门户功能，具备一定的商贸职能；民和县依托其大规模、特色、绿色的农产品成为全省粮食生产基地，也承担着甘青一体化的先锋城市、西宁都市圈的对甘门户、中东部游客进入青海的集散地等功能；湟源县承担西宁都市圈与西部牧区交流的职能，作为农产品加工重点区域，是西宁都市圈特色农产品贸易中心。循化县的积石镇、化隆县的群科镇是青海省城市化地区与牧区的枢纽，是西宁都市圈与青海西部地区联系的桥头堡。

2. 双轴连接

西宁都市圈实际上形成了主轴和副轴交汇"十"形空间格局，共同形成了都市圈的骨干轴线框架。主轴指湟水河—兰西高速—西和高速沿线，是西宁都市圈的精华地带。

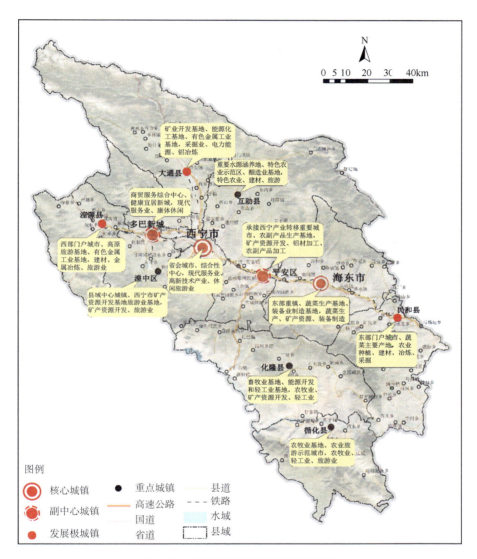

图 9.15　西宁都市圈产业空间布局图

民和县、乐都区、平安、西宁市城东区、城西区、湟源县沿交通线和湟水河从东到西分布，主要连接了西宁市主城区和湟源县的城关镇、湟中区的多巴镇、平安区的小峡镇和平安镇、乐都区的碾伯镇和民和县的川口镇。这个轴线集中了都市圈主要的生产、生活活动及其设施。副轴是北川河—南川河沿线，大通县、城北区、城西区、城中区、湟中区沿交通线从北到南分布，主要连接了湟中区的鲁沙尔镇和大通县的桥头镇，是西宁市"十"形城市形态的扩张和延伸，是一个城市尺度的短轴线。西宁市的主城区位于两轴的交叉点上，人流、物流、资金流在此汇集，形成了西宁都市圈的绝对核心。当然，这个核心也为周边地区提供了公共服务和高端职能，辐射和带动周边县区的发展。

3. 多功能片区

西宁都市圈主要形成了两大区域、两大功能片区的区域格局。一方面，都市圈可分为湟水片区和黄河干流片区两部分。因为交通条件的限制和社会经济活动的发展特征，循化、化隆两县所在的黄河干流部分"相对独立"，与甘肃临夏的社会经济联系比较强。另一方面，都市圈的功能组织大致可分为河谷地带和山区丘陵地带两部分。主要城镇及其生产、生活活动基本分布在河谷地带，而山区丘陵地带则分布了少部分的城镇和部分人口以及典型山地农业活动，更强调生态修复和保护，部分地区已转化为生态保护区和修复区。西宁都市圈加快改造提升传统产业，立足盐湖化工、有色金属、能源化工、特色化工等传统产业基础牢、潜力足的优势，加快转型升级、提质增效。积极发展壮大新兴产业，以新能源制造、新材料、生物制药、高端装备制造、电子信息等产业为支点，全力推动有基础、有优势、有竞争力的新兴产业做大做强，逐步成为西宁都市圈工业经济发展的主导产业（表 9.1）。

表 9.1　西宁都市圈 2000 ～ 2020 年各县区的主要行业及其调整情况

	主要类型	主导产业调整方向
西宁市主城区	有色金属、电力、建材、化工和机械装备制造	现代农牧业、藏毯、绒纺、锂电、光伏光热、有色金属精深加工、特色化工、生物医药、高原动植物资源精深加工、文化旅游、商贸会展服务业、现代制造业、现代商贸物流、金融商务、文化创意产业
湟中区	有色金属加工、建工建材、毛毯地毯制造	蔬菜、饲草、肉牛养殖、农副产品加工等现代农业；中草药种植加工、青稞等绿色工业；以文化旅游、现代物流、电子商务为主的现代服务业
大通县	有色金属、电力、建材、化工和机械装备制造	特色农业、农副产品精深加工、新型建材、节能环保产业、装备制造业、有色金属精深加工、化工产业、生物食品产业、旅游业
湟源县	建工建材、食品酿造、金属冶炼、塑料制品、毛毯地毯制造	粮食、蔬菜、饲草、畜禽养殖等现代农业，以风电、锂电子为主的新能源、新材料产业；以旅游业和商贸流通为主的第三产业
乐都区	农畜产品、建工建材、机械零配件加工、煤焦化工	以农副产品加工业、生态及保健食品生产、金属铸造、装备制造业、建材、冶炼、机械加工业、矿产品加工业、盐化工为主的生态循环产业；以商务金融、旅游服务、商贸流通、职业教育为主的现代服务业
平安区	金属冶炼、农产品加工、建工建材	新能源、新材料、高新技术、富硒及农副产品加工等现代新型工业；商务金融、教育科研、文化旅游、现代物流、房地产等第三产业
民和县	电石、特种铝合金、铁合金	以特色农产品加工为主的现代农业；以水电、铝材、水泥、碳素、氧化镁、复混肥为主，以淀粉制品、乳制品、软饮料等特色轻工业为辅的现代工业；商贸物流、文化旅游、电子商务、金融服务等服务业
互助县	金属冶炼、碳化硅、建工建材、食品酿造	现代生态绿色农业，食品加工、农副产品深加工、民族特色产品加工、医药保健品等轻工产业，建材、冶炼、石膏等资源型产业，土族民俗文化旅游、生态休闲旅游、房地产、商务商贸等现代服务业
化隆县	强电解铝、硅铁	以油料作物种植、花卉种植、高原冷水鱼养殖为主的第一产业，以金属冶炼、农畜产品加工、食用油加工、花卉加工、旅游纪念品加工等为主的第二产业，以休闲生态旅游为主的第三产业
循化县	有色金属、建工建材	现代特色农业，以民族食品、民族服饰、民族用品、民族旅游纪念品加工、牛羊肉类、奶制品加工等为主的民族特色的轻工业，以民俗文化、黄河风情及宗教旅游为主的现代旅游业

资料来源：各县区政府网站、政府工作报告、统计公报及相关规划。

9.2.4　都市圈土地利用演化过程

1. 土地利用特征

根据遥感解译的土地利用数据[①]，2020 年西宁都市圈土地面积为 20543.59km²，其中耕地面积 4083.85km²，占土地总面积的 19.88%；林地面积 3679.50km²，占 17.91%；草地面积 11561.45km²，占 56.28%；水域面积 131.39km²，占 0.64%；建设用地面积 549.19km²，占 2.67%；未利用地面积 538.20km²，占 2.62%。西宁城区用地趋于饱和，而海东的河湟新区、乐都区等地区依然具有较大的可利用空间和发展潜力。通过对西宁都市圈各时期的土地利用数据统计分析，总结 2000 ～ 2020 年西宁都市圈土地利用变化的主要特征如下：

（1）耕地、林地以及未利用地面积均有减少。其中，耕地面积从 4188.33km² 减少到 4083.85km²，耕地流失面积最多（表 9.2、图 9.16）。未利用地面积从 567.73km² 减少到 538.20km²；林地面积从 3684.21km² 减少到 3679.50km²，总体变动不大；草地面积从 11554.71km² 增加到 11561.45km²，面积总量增加幅度较小，但草地仍是西宁都市圈最主要的土地利用类型。

表 9.2　西宁都市圈土地利用面积及其变化

指标	年份	耕地	林地	草地	水域	建设用地	未利用地
面积 /km²	2000	4188.33	3684.21	11554.71	114.08	434.53	567.73
	2005	4139.70	3683.08	11559.22	124.27	468.93	568.38
	2010	4134.52	3682.22	11566.02	129.12	493.56	538.15
	2015	4086.90	3681.96	11552.60	130.09	549.93	542.11
	2020	4083.85	3679.50	11561.45	131.39	549.19	538.20
面积占比 /%	2000	20.39	17.93	56.24	0.56	2.12	2.76
	2005	20.15	17.93	56.27	0.60	2.28	2.77
	2010	20.13	17.92	56.30	0.63	2.40	2.62
	2015	19.89	17.92	56.23	0.63	2.68	2.64
	2020	19.88	17.91	56.28	0.64	2.67	2.62
变化量 /km²	2000 ～ 2005	−48.63	−1.13	4.52	10.19	34.40	0.65
	2005 ～ 2010	−5.18	−0.85	6.80	4.84	24.62	−30.23
	2010 ～ 2015	−47.62	−0.26	−13.42	0.98	56.37	3.96
	2015 ～ 2020	−3.05	−2.46	8.85	1.30	−0.74	−3.91
	2000 ～ 2020	−104.48	−4.71	6.75	17.31	114.66	−29.53
变化率 /%	2000 ～ 2005	−1.16	−0.03	0.04	8.94	7.92	0.11
	2005 ～ 2010	−0.13	−0.02	0.06	3.90	5.25	−5.32
	2010 ～ 2015	−1.15	−0.01	−0.12	0.76	11.42	0.74
	2015 ～ 2020	−0.07	−0.07	0.08	1.00	−0.13	−0.72
	2000 ～ 2020	−2.49	−0.13	0.06	15.17	26.39	−5.20

① 西宁都市圈土地利用数据来源于中国科学院地理科学与资源研究所资源环境科学与数据中心（http://www.resdc.cn），将土地利用类型归并为林地、草地、耕地、水域、城乡建设用地和未利用地 6 种类型，空间分辨率为 30m。

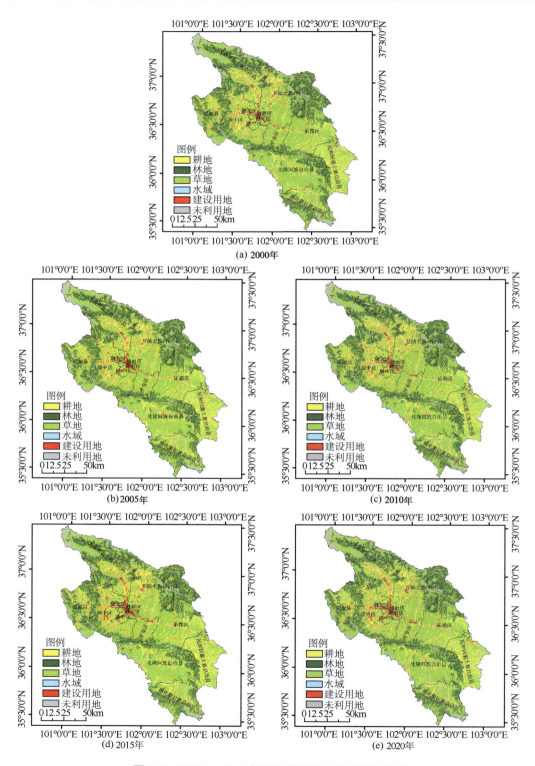

图 9.16 2000 ～ 2020 年西宁都市圈土地利用分布图

（2）城镇建设用地总体稳步增加，是西宁都市圈土地利用变化的另一显著特点，该类型土地变动较为剧烈。2000～2020 年，西宁都市圈城镇建设用地面积从 434.53km² 增加到 549.19km²，共增加了 114.66km²，年均增加 1.18%，为各土地利用类型中变动面积与变动幅度最大的类别，主要分布在河湟新区、乐都新城区等。

2. 土地利用转化趋势

（1）耕地减少而转变为其他用地类型是西宁都市圈土地利用变化的一个重要特征。2000～2020 年，耕地的总流出量为 248.59km²，其中流向草地和建设用地的面积最大，分别为 101.19km² 和 119.52km²，共占耕地面积总流出量的 88.79%（表 9.3、表 9.4）。耕地面积在 2000～2020 年流失幅度最大，其中较大比例流向草地、林地与水域，表明在 2000 年后西宁都市圈对退耕还林、退耕还草政策的有力实施；耕地流向林地和水域的面积分别为 8.86km² 和 18.59km²，分别占耕地面积总流出量的 3.56% 和 7.48%。而耕地增加量主要从草地转换而来，表明西宁都市圈在绿色有机农畜产品示范省建设中积极投入高标准农田建设，有力地推动了绿色农业发展。

（2）在建设用地的变化过程中，耕地流向建设用地的趋势最为明显。土地的转变按照草地、耕地、建设用地的顺序流动，反映了西宁都市圈城市化过程是随着人类活动增加，部分草地被开发为农用地，随后大量农用地再转变为非农用地的过程。

（3）草地和耕地间转移趋势明显，耕地既是草地转入的主要来源，也是草地流出的主要方向，2000～2020 年有 101.19km² 的耕地退耕还草，同时有 114.41km² 的草地被开辟为耕地。

表 9.3　2000～2020 年不同时期西宁都市圈土地利用类型转移矩阵 （单位：km²）

年份	转移前面积	转移后面积						转移前合计
		耕地	林地	草地	水域	建设用地	未利用地	
2000～2005	耕地	4115.64	2.70	28.96	7.10	33.72	0.21	4188.33
	林地	1.76	3663.67	17.58	0.70	0.44	0.07	3684.21
	草地	20.73	16.48	11509.55	3.20	1.98	2.76	11554.71
	水域	0.58	0.06	0.23	113.17	0.04	0.00	114.08
	建设用地	0.91	0.07	0.68	0.11	432.75	0.00	434.53
	未利用土地	0.08	0.09	2.22	0.00	0.00	565.34	567.73
	转移后总计	4139.70	3683.08	11559.22	124.27	468.93	568.38	20543.59
2005～2010	耕地	4076.36	2.77	27.26	7.64	25.62	0.06	4139.70
	林地	2.43	3662.09	16.87	0.89	0.44	0.36	3683.08
	草地	50.65	17.11	11483.09	2.11	2.66	3.61	11559.22
	水域	1.21	0.10	0.56	118.20	4.20	0.00	124.27
	建设用地	3.76	0.11	4.16	0.28	460.63	0.00	468.93
	未利用土地	0.11	0.06	34.09	0.00	0.00	534.12	568.38
	转移后总计	4134.52	3682.22	11566.02	129.12	493.56	538.15	20543.59

续表

年份	转移前面积	转移后面积						转移前合计
		耕地	林地	草地	水域	建设用地	未利用地	
2010～2015	耕地	4052.31	3.11	26.23	2.15	50.59	0.12	4134.52
	林地	2.43	3653.99	25.20	0.12	0.34	0.14	3682.22
	草地	26.86	24.34	11487.39	0.51	10.88	16.04	11566.02
	水域	1.14	0.24	0.41	127.19	0.13	0.00	129.12
	建设用地	4.03	0.20	1.23	0.12	487.97	0.00	493.56
	未利用土地	0.12	0.07	12.14	0.00	0.01	525.81	538.15
	转移后总计	4086.90	3681.96	11552.60	130.09	549.93	542.11	20543.59
2015～2020	耕地	3928.15	7.38	90.02	5.75	55.19	0.40	4086.90
	林地	9.51	3589.45	79.24	0.98	2.57	0.22	3681.96
	草地	87.52	81.48	11355.90	1.99	6.15	19.56	11552.60
	水域	5.39	0.32	1.45	122.04	0.88	0.01	130.09
	建设用地	52.96	0.51	11.44	0.63	484.38	0.00	549.93
	未利用土地	0.32	0.37	23.40	0.00	0.01	518.01	542.11
	转移后总计	4083.85	3679.50	11561.45	131.39	549.19	538.20	20543.59

(4) 水域面积从 114.08km² 逐年稳步增长到 131.39km²，所占区域面积比重有所提升，同时期的流入土地主要来源于耕地，表明西宁都市圈对于水资源紧缺的问题做出了相应调整，保证了生态环境的良好发展。

(5) 草地、林地及耕地中各有 12.01km²、0.51km² 以及 0.43km² 的土地转化为未利用地，这也反映出土地存在着一定的退化情况，未利用土地中有 41.84km² 转化为草地，说明西宁都市圈土地荒漠化整治取得了一定的成效。

表 9.4 2000～2020 年西宁都市圈土地利用类型转移矩阵 （单位：km²）

年份	转移前面积	转移后面积						转移前合计
		耕地	林地	草地	水域	建设用地	未利用地	
2000～2020	耕地	3939.73	8.86	101.19	18.59	119.52	0.43	4188.33
	林地	9.10	3595.11	73.91	2.24	3.34	0.51	3684.21
	草地	114.41	74.43	11338.19	6.49	9.18	12.01	11554.71
	水域	4.22	0.30	1.29	103.29	4.98	0.01	114.08
	建设用地	16.14	0.41	5.04	0.78	412.16	0.00	434.53
	未利用土地	0.25	0.39	41.84	0.00	0.01	525.24	567.73
	转移后总计	4083.85	3679.50	11561.45	131.39	549.19	538.20	20543.59

9.3　西宁都市圈城镇化发展与污染排放特征

2020 年西宁都市圈人口城镇化率为 65.06%，比 2010 年增加了 18 个百分点。人口城镇化增速高于同期青海省和全国平均增长速度，表明西宁都市圈集聚人口、资本等要素的能力在不断增强，人口城镇化进程加快。人口集聚、土地供给、资本保障和创新驱动等要素是驱动西宁都市圈快速发育的供给驱动因素；消费拉动、投资拉动、外需驱动、公共服务、规划引导是西宁都市圈快速发育的需求驱动因素。西宁都市圈发育过程中也衍生出了一定的环境污染问题。

9.3.1　城镇化发展特征

1. 西宁都市圈城镇化水平

1）人口城镇化水平

2010～2020 年西宁都市圈常住人口城镇化率上升近 18 个百分点，2020 年我国常住人口城镇化率为 63.89%，西宁都市圈的人口城镇化率为 65.06%，西宁都市圈人口城镇化增速高于同期青海省和全国平均增速，表明西宁都市圈集聚人口、资本等要素的能力在不断增强，人口城镇化正快速推进。相比而言，中东部地区都市圈城镇化率大都在 80% 以上，兰白都市圈城镇化率也达到了 76.26%，表明西宁都市圈的人口城镇化水平仍有很大的提升空间。2010～2020 年，西宁都市圈常住人口和常住人口城镇化率均呈现出上升的态势，其中西宁市主城区常住城镇人口增长速度较快但由于常住人口城镇化率在 2010 年已达到较高的水平，这五年的变化幅度明显要小于其他大部分区县的增长幅度。西宁都市圈内只有西宁市四个主城区以及海东市平安区 2020 年常住人口城镇化率在全国平均水平之上，其他大部分区县常住人口城镇化率不足 50%（图 9.17、图 9.18）。作为都市圈核心，西宁市主城区在吸引人口进一步集聚的同时应积极发挥自身的辐射带动效应，引领西宁都市圈的人口城镇化均衡推进，实现各地区的协同发展。

2）产业城镇化水平

2010～2020 年西宁都市圈的产业城镇化率保持在 90% 以上，在非农产业占比相对稳定的背景下，西宁都市圈第三产业占比的上升反映了地区产业结构高级化的不断推进，这一趋势与兰白都市圈保持一致。西宁都市圈内部区县间产业城镇化进程存在着差异，大通县、湟源县、湟中区等区县的产业城镇化水平在人口城镇化推进的同时却呈现出下降的态势（图 9.19），这可能导致城镇化的动力不足，进而产生"城镇空心化"等问题。

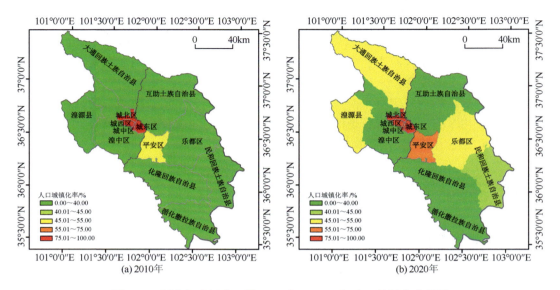

图 9.17　西宁都市圈分区县 2010 年和 2020 年人口城镇化水平图

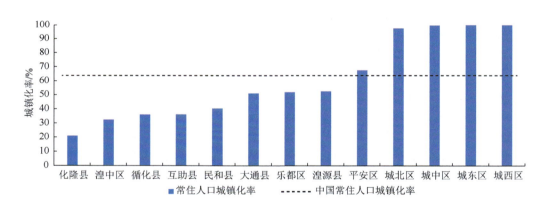

图 9.18　2020 年西宁都市圈各区县常住人口城镇化率图

　　西宁都市圈的人口城镇化和产业城镇化水平凸显了现阶段其城镇化水平的特殊性：都市圈内部城镇化水平差异较大，大部分区县人口城镇化滞后于全国平均水平；同时部分区县产业城镇化和人口城镇化演进趋势背离。西宁都市圈要着重增强城镇集聚要素的能力，以进一步推动城镇化发展，充分发挥各地区比较优势，科学构建产业体系，合理推动地区产业城镇化进程，同时要更加注重县域产业的发展，以此推动区域经济循环畅通、统筹城乡发展。

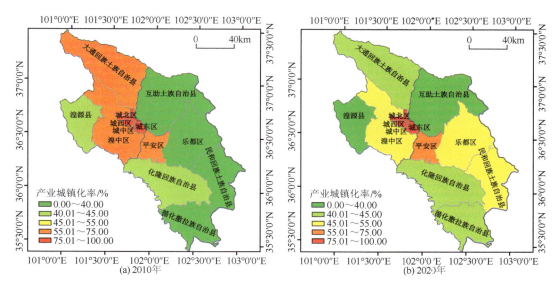

图 9.19　西宁都市圈分区县 2010 年和 2020 年产业城镇化水平图

2. 西宁都市圈城镇化发展供给层面的驱动因素

1）人口集聚

人口向城镇的集聚可以提高城镇人力资源的供给，直接推动城镇化率的提高。人口规模的扩张有利于放大知识的溢出效应和城市生产的规模效应，降低公共服务提供的平均成本，促进经济集聚的发展。政策性人口迁移是政府推动人口城镇化的一种重要方式，它依靠政府的力量推动人口的流动，往往与生态保护等治理目标相联系，在推动人口城镇化的同时实现社会全面、协调发展。生态移民是国家为缓解自然保护地和生态脆弱地区人口压力，实现生态保护和可持续发展目标而实施的一项复杂系统工程。例如，海东市平安区三合镇通过易地扶贫搬迁工作不仅使贫困户走出深山、住入新房（图 9.20），而且通过流转土地、积极引进加工企业、发展特色种植、生态牧场等方式，对贫困户脱贫后的后续生活就业给予了足够的保障，在提高贫困群众收入的同时实现了要素的集聚与城镇化发展。

2）资本供给

绿色金融是推进西宁都市圈城镇建设的可行路径和重要工具。依托绿色金融增加绿色产业的要素投入，建立绿色经济驱动高质量城镇化的发展模式，是西宁都市圈推动城镇化的重要选择。绿色金融以外其他结构性货币政策的实施也极大地优化了资本供给结构，推动了西宁都市圈的高质量发展。为了提高金融对西宁都市圈的支持力度，银行业金融机构创设"三农惠民贷""惠农虫草贷""拉面贷"等涉农信贷产品，加大融资支持力度。以央行贷款为工具基础的再贷款和再贴现体现了货币政策对于特定产业的支持导向，有助于推动产业转型升级与促进城镇功能提升和完善。

425

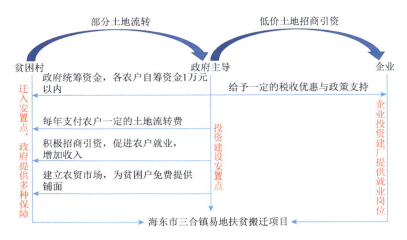

图 9.20　三合镇异地扶贫搬迁模式图

3）土地供给

　　国有土地有偿使用是西宁都市圈城镇化的重要推动力，以新城新区尤甚。政府依靠从房地产行业得到的土地收入进行新区的基础设施建设，为城镇化的快速推进创造先决条件。依靠房地产推动西宁都市圈城镇建设的可行路径，仍要着重加强特色优势产业的集聚与发展，为城镇化提供持续的动力与坚实的保障。由于集体经营性建设用地入市的配套制度不完善、产权制度不健全、收益分配机制不合理等，集体经营性建设用地入市在西宁都市圈还停留在制度设计与规划探索层面，虽然西宁市湟源县前沟村已经推行了这一制度，但是目前还未形成可复制、可推广的有益经验，未来应在条件允许的情况下增加改革试点，完善集体建设用地入市的价格形成机制。农牧村集体经营性建设用地使用制度的改革将在推动西宁都市圈城镇建设的同时为乡村振兴注入内生动力，实现城乡统筹发展。

4）创新驱动

　　西宁都市圈虽是青藏高原地区经济发展的先导区和增长极，但由于地理区位的制约和相对于其他大城市较为落后的经济发展水平，其在吸引人才集聚方面并不具备优势。西宁都市圈推进城镇化，人力资本的约束将愈加明显，要进一步加强创新型、知识型人才队伍的储备，结合本地实际需要建设适用性人才队伍，为推动经济高质量发展与城镇化进程提供坚实的支撑。例如，西宁市通过扩大高等教育规模、取消落户限制并出台人才培养和引进项目等方式，积极引进高层次人才助推企业转型升级与地区创新发展，然而缺乏创新型人才仍是制约西宁都市圈高质量发展的主要短板。西宁都市圈需要推进创新体系建设，激发各类社会主体的创新、研发活力，不断探索西宁都市圈实现创新驱动发展的新路子。

3. 西宁都市圈城镇化发展需求层面的驱动因素

1）消费牵引

消费升级不仅可以促进人们的消费，而且消费升级的结构性变化必将有力地推动产业升级,从而对城镇化的良性发展起到重要的支撑作用。西宁都市圈所辖范围内的各级政府十分重视消费升级在经济发展中起到的重要作用,把"消费升级"写入政策文件,推动消费升级的落地发展。随着西宁都市圈居民收入水平的不断提高,服务业占 GDP 的比重就会越来越高,进一步增强消费对于经济增长的拉动作用仍是重中之重,以消费增长与升级引领供给侧优化,加快培育经济发展新动能,是实现西宁都市圈产业发展、推动城镇化进程的重要保障。

2) 投资推动

根据罗斯托的经济发展阶段论,要想实现经济起飞,首要条件是要有 10% 以上的投资增长率。西宁都市圈大部分地区经济发展还未到起飞阶段,保持一定的投资增长速度是很有必要的。西宁都市圈内主要城市一方面积极承接东部地区产业转移,政府投资力度也不断加大,有力地推动了一批强基础、增功能、利长远的重大项目建设;另一方面,政府加大对需求侧的管理力度,不断发挥投资对优化供给结构的关键作用,实现企业原有发展动能的巩固以及新动能的挖掘与释放,极大地推动产业转型升级与地区高质量发展。

3) 外需驱动

西宁都市圈是兰西城市群的重要组成部分,也是通向西藏,连通尼泊尔、不丹、印度、斯里兰卡等南亚国家陆上通道的重要节点,有着显著的交通区位优势。依托青藏高原独一无二的高海拔和冷凉气候特征,特色产品出口额不断增加,2020 年西宁进出口贸易伙伴已增至 62 个,主要贸易伙伴有墨西哥、日本、哈萨克斯坦、韩国等国家。对外贸易放大了西宁都市圈的比较优势,推动了优势特色产业提质扩容,扩大了企业的生产规模与经济效益。

4) 公共服务

优质化的公共服务是吸引都市圈人口、产业集聚的一个重要因素,也是保障民生工作的具体落实。现阶段,父母十分重视子女的学业,而城镇学校的教育质量明显要优于乡村学校的教育质量,因此父母就会尝试各种方法把子女送到城镇念书,且在城镇租房进行陪读,进而增加了城镇常住人口的数量;另外,先进的医疗设备,数量多且规模大的公园、商场及运动场也是吸引人口向城镇集聚的重要因素。除此之外,政府部门还努力把"放管服"改革落到实处,缩减企业的办事流程,尊重企业家,为企业部门提供良好的公共服务,从而推动产业在本地区的落地。

5) 规划引导

政府是都市圈规划建设的主导者,政府的规划与政策制定引导着中国都市圈的前进方向,具有促进国家和地方战略目标实现、弥补市场失灵、有效配置公共资源、促进协调可持续发展的功能。西宁市 2020 年全面取消外来人口落户限制也正是对这一政策的具体落实,其将有力地推动人口向城镇的集聚,推动西宁都市圈城镇的进一步建设和经济社会的不断发展。规划政策的调整与实施影响着地方城镇化的进程,而科学的政策实施极大地推动了都市圈城镇化的进程与高质量发展。新城新区建设是政府推进城镇化的重要举措,河湟新区是西宁和海东的桥梁纽带、兰西城市群中部重要节点城市，也是青海省目前唯一拥有机场、铁路、高速公路立体综合交通网络和海关特殊监管场所的新区。河湟新区建设将大大促进西宁都市圈同城化进程。

9.3.2 污染物排放特征

1.都市圈环境规制特征

环境规制是促进西宁都市圈绿色发展的重要措施，西宁都市圈环境规制呈现"中心高边缘低"的空间分异特征。环境规制高值区主要集中在西宁市所辖主城区，说明环境规制效率与经济发展水平存在空间耦合，西宁市作为青海省的省会，在西宁都市圈范围内具有更高的经济发展水平，以及更强的环境改善压力，在市场、制度和技术等因素共同驱动下形成环境规制效率高值集中区（图9.21）。环境规制效率低值区在经济待

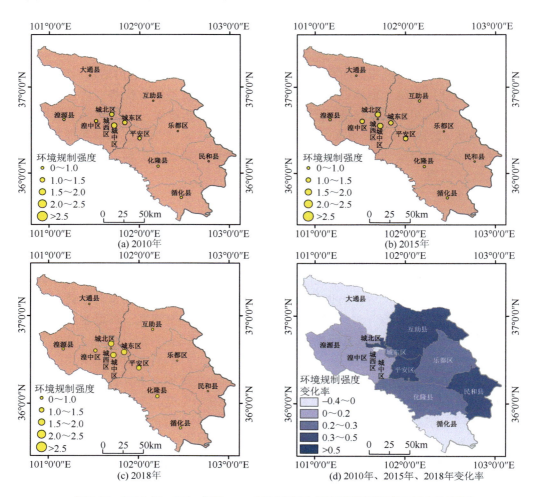

图9.21　2010年、2015年及2018年西宁都市圈环境规制强度及其变化率图

发展县区形成了连绵区。由于缺乏政策压力，该类县区保持环境规制效率低水平空间集聚状态。随着生态文明理念的不断贯彻和污染防治攻坚的深入，通过提高环境规制效率推动西宁都市圈绿色发展的作用日益凸显，西宁都市圈实施大气环境保护与治理工程，推进以西宁、海东为重点的大气污染联防联控，对工业、生活、农业、自然扬尘等各类排放源开展综合治理，使优良天数比例大幅提升，重污染天气基本消除。

2. 都市圈工业二氧化硫排放特征

西宁都市圈工业二氧化硫排放呈现"中心高边缘低"的空间分异性，工业二氧化硫排放与工业集聚的空间格局存在地理耦合。工业二氧化硫排放的高值区呈点状分布，主要集中在西宁市所辖大通县、湟中区、城北区（图9.22），海东市所辖乐都区和民和县等工业县区；工业二氧化硫排放的低值区呈片状分布，主要集中在西宁市所辖城东区、城中区和城西区，并且西宁都市圈的工业二氧化硫排放格局具有"路径依赖"特征。

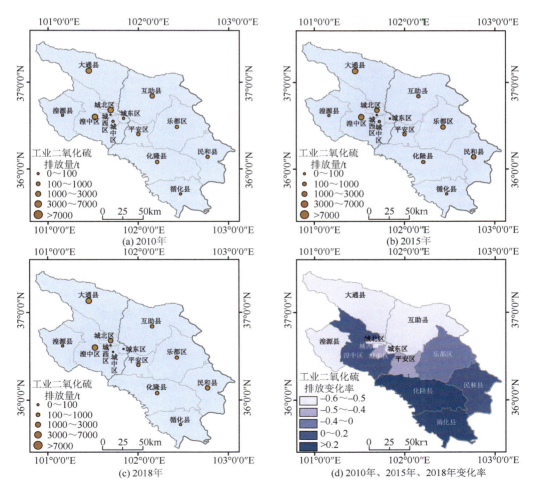

图9.22　2010年、2015年、2018年西宁都市圈工业二氧化硫排放量及其变化率图

虽然西宁都市圈的工业二氧化硫排放情况有所好转，但工业二氧化硫排放高值区以西宁市的大通县、湟中区、城北区为主，西宁市较海东市在工业二氧化硫排放管控方面较为薄弱，这是由西宁市的工业结构所导致的。从工业二氧化硫在 2010 ～ 2018 年变化情况来看，海东市的循化县和化隆县变化较大，化隆县有排放增强的趋势，但两县在排放量上较西宁都市圈内的其他县区并不大。工业二氧化硫的排放既是环境问题，也是发展问题，因此在保持经济发展的前提下，推动工业结构调整和产业链延伸，提高资源利用效率，实现第二产业提质增效，通过环境规制实现减排技术推广和示范，提高技术水平对工业二氧化硫减排的贡献率。

3. 都市圈工业废水排放特征

西宁都市圈工业废水排放具有"路径依赖"特征和"北部高南部低"空间分异特征（图 9.23），工业废水排放量与工业发展水平的空间格局存在地理耦合。工业废水排

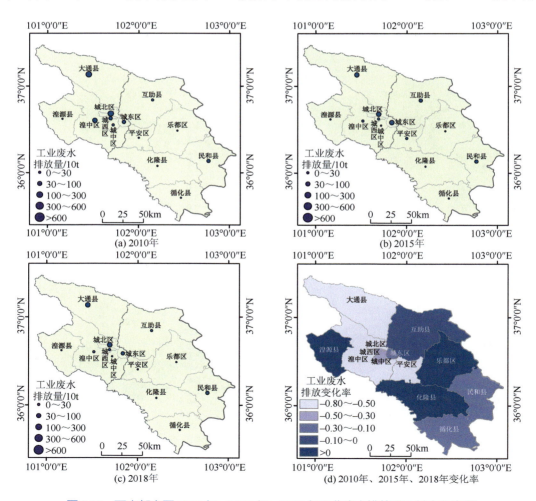

图 9.23　西宁都市圈 2010 年、2015 年、2018 年工业废水排放量及其变化率图

放高值区主要集中在西宁市所辖大通县、湟中区、城北区，工业废水排放低值区主要集中在海东所辖的循化县、化隆县等农业为主型县区。工业废水排放是都市圈工业发展过程中的衍生问题，因此需通过政府力、企业力、市场力和社会力协同控制污染集聚。发挥政府主导作用，落实各县区政府对本行政区域污染防治的主要责任；明确高污染高排放企业主体责任，严格执行环保法规和标准；发挥市场调控作用，把污染防治转化为企业的内在要求；增强全体公民环境保护意识，形成全社会共同参与的氛围。西宁都市圈想要实现绿色发展就必须通过"规模工业"向"绿色工业"转型，克服纯粹追求工业生产规模的弊端，减少生态环境破坏，提高资源利用水平，避免高资源消耗、高污染排放的工业发展模式。

9.4　西宁都市圈城镇化模式与绿色发展路径

西宁都市圈城镇化发展模式包括中心城区的提质增效模式、新城新区的产城融合模式、县城的服务经济模式、特色小镇的产业引领模式等；绿色发展路径包括生态移民、生态修复和生态环境治理等，目标是将西宁都市圈建成高品质、高质量发展的生态型都市圈。

9.4.1　城镇化发展模式

1. 中心城区的提质增效模式

西宁都市圈在青海省处于绝对的人口密集区，西宁市老城区城市发展进入提质增效的重要时期，更加注重城市的内涵式发展，由大规模增量建设转为存量提质改造和增量结构调整并重，这是适应城市发展新形势、推动都市圈高质量发展的必然要求，是坚定实施扩大内需战略、构建新发展格局的重要路径。

在生态方面，西宁市老城区以创建全国文明城市为抓手，推行资源节约、环境友好的消费文化，形成简约适度、绿色低碳、文明健康的生活方式和消费模式。同时，积极在绿色低碳循环的道路上推动产业转型升级，开展"高原绿、西宁蓝、河湖清"建设行动，推动地区绿色发展。在文化方面，西宁市中心主城区综合考虑自身的功能定位、文化特色、建设管理等多重因素，注重文化传承与创新，强化空间引导和管控，增强城市的空间立体性、平面协调性、风貌整体性、文脉延续性，塑造一批河湟精品建筑。积极利用文化资源激发文旅消费，促进经济社会发展。在公共服务方面，西宁市中心老城区转变城市建设方式，积极申报城市修补、生态修复国家试点城市，提升市政设施设计和建设标准，全面建设"海绵城市"，加快地下综合管廊建设，积极推广绿色建筑和装配式建筑，加快建设"适度超前、设施完善、服务便捷、管理高效"的现代基础设施体系，构建安全、便捷、绿色、高效、经济、与城市布局形态和功能组织相协调的"畅通西宁"的综合交通体系。

2. 新城新区的产城融合模式

西宁市作为西宁都市圈的核心,发展"大西宁"势必扩展现有空间格局,所以"西扩、东延"是"大西宁"空间布局的重点所在,也是西宁市新城新区主要的规划内容。其中,多巴新城的建设和湟中的"撤县设区"是"西扩"的主要内容,而河湟新区建设则是"东延"的重点。

多巴新城位于湟中区多巴镇,东距省会西宁市20km,南距湟中区鲁沙尔镇25km,总规划面积为134km^2,是西宁市"一心双城、环状组团发展"布局中的"双城"之一。多巴新城"产城融合"的模式,重点在"产",多巴新城没有河湟新区那样优越的区位优势和交通体系,紧邻西宁市的地理位置反而成为它的劣势。多巴新城基础设施和公共服务领域发展较好,这是多巴新城建设中的一个亮点,但是多巴新城未来建设要基于城市的实际发展水平,要注重城镇化质量,着重进行人口、产业、土地耦合协调的城镇化布局。

河湟新区是西宁市"东延"的主要承载地,河湟新区规划面积43.3km^2,是青海省海拔最低、最适宜居住的新区,也是西宁和海东的桥梁纽带、兰西城市群中部重要节点城市。优越的区位条件和便利的基础设施使得河湟新区在承接产业转移与招商引资方面有明显的优势。河湟新区在进行"产城融合"的城镇化模式时,重点在于"城"。

3. 县城的服务经济模式

县城是县域的经济、文化、政治中心,拥有较为完善的基础设施和便利的交通区位,因此是县域内人口的集聚区和人口城镇化的第一步"阶梯"。现在农民进行城镇化方式选择时,考虑的是"综合收益最大化",要综合考虑经济收益、家庭团圆、子女教育等因素,因此许多人就放弃了长距离异地城镇化而选择了就地城镇化。在这种情况下,县城将成为城镇化的重要载体。人口密度的不断提高推动对服务业尤其是消费型服务业需求的上升,进而创造出更多的就业岗位促进服务业供给的增加,这种正反馈机制推动县城服务业中后期的快速发展,形成一种以服务业引领的城镇化模式。县城服务业的发展离不开县域内居民收入水平的提高,而导致居民收入水平提高的因素是多样且复杂的,如异地工业化带动本地城镇化、农村居民就业空间的扩展以及农业生产率的提高、县域内其他城镇工业化的推进等。但无论如何,居民收入的提高促进了县城服务业的发展,进而推动了城镇化进程。

4. 特色小镇的产业引领模式

特色小镇在此指的是聚焦特色产业和新兴产业、集聚发展要素,不同于行政建制镇和产业园区的创新创业平台。特色小镇是现代经济发展到一定阶段的产物,是规划面积一般为几平方公里的微型产业集聚区,既非行政建制镇,也非传统产业园区,具有细分高端的鲜明产业特色、产城人文融合的多功能特性以及集约高效的空间利用特点。特色小镇一般毗邻中心城区和县城,区位条件和发展潜力较好,是构建都市圈或城市群的重要节点支撑。只不过与县城城镇化的模式不同，小城镇更注重以特色产业来支撑地区的发展。西宁都市圈依托丰富的自然旅游资源与历史悠久的河湟文化，充分发挥各地优势，打造各具特点的特色小镇（表 9.5）。相较于城区而言，特色小镇吸引产业或人口集聚的优势在于它的低成本，尤其是远远低于城市的建设用地价格。不同于城市建设用地的出让，特色小镇的建设用地部分来自集体经营性建设用地，这使企业极大地降低了土地使用成本，实现了村集体收益的增长，增加了农民的收入，有效地缩小了城乡之间的差距。因此，在特色小镇的发展过程中，要以打造"特色产业"为基础，避免"房地产化"倾向，房地产引入会提高土地使用成本，使得特色产业难以实现集聚与发展。

表 9.5　西宁都市圈部分特色小镇

特色产业	特色小镇代表
特色文化主导型	威远青稞酒文化小镇、丹麻土族非遗文化特色小镇、大通县花儿特色小镇、凤山新城特色小镇
体育运动主导型	卓扎滩运动休闲特色小镇、碾伯体育小镇
田园综合体型	磨尔沟田园综合体特色小镇、乐都卯寨特色小镇
特色旅游主导型	鲁沙尔旅游风情特色小镇、卡阳"花海"小镇、平安驿特色小镇、民和古鄯特色小镇
康养休闲主导型	药水滩温泉小镇、寿乐休闲小镇
科技产业主导型	田家寨"千紫缘"科技农业小镇

9.4.2　城镇化绿色发展路径

1. 生态移民促进都市圈绿色发展

生态移民搬迁的对象主要是居住在深山、石山、高寒、荒漠化、地方病多发等生存环境差、不具备基本发展条件，以及生态环境脆弱、限制或禁止开发地区的农村建档立卡户。生态移民之后的产业发展及拆除旧房、宅基地复垦和生态恢复工作是生态修复的重要手段。将移民安置工作与生态建设工程有机结合起来，是巩固脱贫成果、改善环境的最佳选择，西宁都市圈在生态移民搬迁过程中形成了以下四种主要模式。

"整体搬迁"安置模式：针对山高坡陡、土地贫瘠、自然条件极差的区域，采取整体搬迁至县城所在地，建档立卡户全部入住，随迁户正在有序进住，土地流转、劳务培训、转移就业等工作正在稳步推进。

"下山上楼"安置模式：将生态搬迁与小城镇建设相结合，让山区脱贫群众实现了住进楼房的梦想。这种模式既加快了山区困难群众巩固脱贫成果步伐，又丰富了特色小镇的人气和活力。

"进城集中"安置模式：在县城所在地建设生态移民集中安置区，不仅彻底改善了安置户的居住环境，加快了西宁都市圈的城市建设步伐。在新村建设的同时，着力在后续产业的发展上下功夫，实现"搬得出、稳得住、能致富"的目标。

"统规自建"安置模式：按照"统规自建"的方式，在对村庄布局、基础设施、房屋建设进行统一规划设计的基础上，由群众自主建设，既保证了建设进度和质量，又最大限度地降低了建设成本，同时还体现了民俗文化建筑特色。

2. 生态修复推动生态型都市圈建设

在进行易地搬迁之后，西宁市和海东市均采取了一系列生态修复措施，确保西宁都市圈生态文明建设的推进。健全生产土地有偿退出、置换和流转政策，凡是实施易地扶贫搬迁的农牧民在承包期内保留其原有耕地、林地、草场承包经营权。农牧民自愿退出原土地承包经营权的，原集体土地承包经营权由村集体收回。安排建档立卡户，设置林业生态公益管护岗位包括林业生态公益林保护岗位和天保管护岗位，加强对生态保护的监管力度；加快完成相关地区的主要支流、中小河流治理和山洪灾害重点防治建设任务，提高农村居住环境的水安全度；加强相关地区水生态系统修复和水生态环境保护工作。农户搬迁后，旧宅基地、院内圈舍等附属设施占地复垦按照复垦相关规定，优先复垦为耕地，不适宜复垦为耕地的进行生态保护修复。西宁都市圈的生态环境资源丰富，有国家级和省级自然保护区、风景名胜区、森林公园、地质公园共计13处，这些地区生态价值高，也意味这些地区是生态保护重要性高地区，是生态治理与修复的重点区。

3. 加强湟水河流域生态环境治理

西宁都市圈是青海省主要农业基地和经济文化区，人口稠密，土地开发利用程度较高，随着城镇化、工业化快速推进，作为唯一受纳水体的湟水河入河污染物排放量和种类逐年增加，径流量逐年减小，主要污染物排放量远大于河流环境容量，已影响到流域经济社会可持续发展。西宁市针对社会经济发展空间布局与水环境承载力之间的矛盾，污染物排放量削减、水生态修复工作任务重等问题，围绕空间格局优化、产业结构调整、水循环利用、水污染防治、水生态修复、宣传教育及水环境管理能力建设等领域开展治理工作。海东市通过湟水流域生态修复和综合治理工程，巩固水环境治理成果，确保水环境质量持续稳定向好。水生态环境治理方面，坚持"水资源、水生态、水环境、水灾害"四水同治，强力推进工业企业截污治污，坚决取缔"小散乱污"企业，对化隆、李家峡、公伯峡库区网箱养鱼进行集中清理，有效治理农业面源和畜禽养殖污染。针对沿黄矿山非法开采、湟水河河道非法采沙等突出问题开展专项治理，使河道生态环境明显改善。

9.5 西宁都市圈高质量发展目标与调控

根据西宁市、海东市的"十四五"规划、实地调研等相关资料，将西宁都市圈总体发展目标确定为：青藏高原城镇化的核心区和兰西城市群的"西核"，青藏高原最重要的东部门户和经济社会和谐发展的关键区。至2035年，将西宁都市圈建设成为青海省基本实现现代化的先行区、青藏高原尤其是青海省进行绿色转型发展以及高原山水都市圈建设的引领区，成为青海高质量发展的增长极和引擎地，青藏高原综合性中心以及智力、创新高地。

9.5.1　高质量发展目标

1. 到 2030 年高质量发展目标

——生态环境得到新改善。都市圈国土空间开发保护更好落实，湟水流域生态保护持续加强。生产生活方式绿色转型的成效显著。生态产品价值实现机制取得突破，生态文明制度更加健全。城乡人居环境更加干净美丽，公园城市基本建成。

——经济增长稳中有进，在质量效益明显提升的基础上实现经济持续健康发展。经济结构更加优化，创新能力显著提升，产业基础高级化和产业链现代化水平明显提高，先进制造业实现新突破，数字经济加快发展，重大基础设施支撑作用充分发挥，农业基础更加稳固，城乡区域发展协调性明显增强，都市圈现代化经济体系建设取得重大进展。

——实现更加充分更高质量就业，都市圈居民收入增长和经济增长基本同步，分配结构明显改善，基本公共服务供给更加优质均衡，全民受教育程度不断提升，多层次社会保障体系更加健全，卫生健康体系更趋完善。

——都市圈发展能级显著提升，空间布局更加合理。突发公共事件应急能力显著增强，自然灾害防御水平明显提高，发展安全保障更加有力。城市管理更加科学化、精细化、智能化，社会水平明显提高，走出符合高原特色的都市圈治理新路子。

——西宁－海东一体化进程明显加快。西宁东扩，海东西进，西宁、海东相向发展，基础设施、产业布局和基本公共服务、城乡发展、生态建设和环境保护一体化进程明显加快。

2. 到 2035 年高质量发展目标

——率先在青藏高原同全国同步基本实现社会主义现代化。都市圈经济实力、科技创新转化实力、城市综合实力大幅跃升，经济总量和城乡居民人均收入迈上新的大台阶，成为青藏高原发展的重要增长极。

——全面建成青藏高原高度同城地区。进一步加快西宁－海东一体化进程并向同城化阶段迈进。在基础设施、产业布局和基本公共服务、城乡发展、生态建设和环境保护等方面实现高度同城化。

——全面建成兰西城市群发展之"鼎"。基本实现新型工业化、信息化、城镇化、农业现代化，部分领域关键技术实现重大突破，建成具有高原特色的现代化经济体系。广泛形成绿色生产生活方式，生态环境质量更优。基本实现教育现代化、卫生健康现代化，文化软实力和全民健身水平显著增强，社会主义物质文明和精神文明协调发展。

形成对外开放新格局，参与国内国际经济合作和竞争新优势明显增强。成为青藏高原率先实现中国式现代化的典范。

——建成高原美丽都市圈和黄河流域上游生态文明示范区。积极推进高原美丽城市和高原美丽城镇建设，将西宁都市圈建设成为在全国乃至全球有重要影响力的美丽都市圈。

9.5.2 主要调控措施

1. 总体思路：建设高原山水型生态都市圈

西宁都市圈高质量发展遵循"全域整治，河谷集聚，功能分工，空间重构，网络一体，创新驱动"的总体思路，着力提升都市圈的凝聚力、辐射力、创造力和宜居性，推动西宁、海东两市的一体化进程。推进重点行业和重要领域绿色化改造，重视和持续推动绿色化、特色化、地方化的全产业链发展，尤其是农业领域的绿色产业链。立足生态资源和民族特色，打造文旅融合发展新标杆，丰富拓展生态康养新业态，建设绿色创新发展新高地，探索地方特色的绿色发展新模式。伴随着沿湟水谷地日益展开的空间框架，西宁和海东两市通过路网、机场和新城镇建设等日益紧密相连和相接，建成为山水型都市圈。

2. 空间调控：建构"两核两组团两轴"的空间格局

西宁都市圈的空间调控需根据未来发展需求重构功能结构，优化空间布局，建构基于西宁、海东两市一体化的新空间格局，促进西宁、海东两市的功能融合，建议建构"两核两组团两轴"的空间格局，即以西宁市主城区、乐都城区为两核心，以平安河湟组团、多巴甘河组团为两组团，以湟水轴线和北川－南川轴为两轴，形成一个沿湟水谷地的轴线形空间框架。发挥核心、组团的辐射带动功能，提升综合竞争力，梯次推动西宁都市圈的中心城区、各级城镇的功能互补和多级中心的协调发展，驱动内部的功能一体化和同城化发展，进而推动区域经济的绿色发展。

1）提升两核

西宁都市圈的增长极指西宁主城区和海东市乐都区。这两个核心主要承担都市圈的行政、商务、科技创新、高端教育和医疗等都市服务功能，是都市圈服务转型发展的核心。鉴于西宁主城区的高密度化和用地的日趋紧张，西宁市主城区应提升高端的综合承载能力，建设高水平中心，提升服务能力、创新能力和辐射能力，尤其是西宁主城区，应持续推动中心城区的"瘦身健体"，强化科技创新、现代服务、先进制造、国际交往等高端功能，建设产城融合、职住平衡、生态宜居、交通便利的郊区新城，进而推动区域社会经济的发展。

西宁主城区应规划为医疗教育、居住休闲、行政办公、现代商务、金融信息、高新技术研发的综合性服务型功能区、信息金融产业区，西宁都市圈的政治、经济、文化中心。

海东主城区以区域服务为主要功能，形成医疗教育、居住休闲、行政办公、文化娱乐为主要功能的居民生活综合服务区，形成西宁都市圈的次核心城区。

2）建设两轴

在都市圈尺度，可打造强大、美丽的主轴线，营造良好的人居环境，即加强都市圈沿湟水谷地的都市圈主轴线建设，推动西宁、海东两市的有效整合，促进都市圈内的产业结构和空间功能调整。对于沿轴孤立、点状分布的城镇，通过湟水河谷的主轴线建设以及相关城市规模的扩张和新城建设，依水而建，以水托城，从而形成沿河城镇带，促进绿色发展。北川－南川轴主要进行内部挖潜和改造工作，提升城市品质。提升都市圈与外部核心区域高速的交通、通信的交流和流通能力，加速自身内部一小时都市圈的交通、通信网络的建立，提高都市圈的创新能力和网络一体化水平，支撑西宁都市圈的绿色发展转型和产业升级。

3）培育两组团

鉴于区位布局、发展基础和未来趋势等，培育西部多巴甘河组团、中部平安河湟组团，前者作为疏解西宁非省会职能的新城，是都市圈面向西部的发展中心；后者作为两市边界地区，化解"切变"效应，打造都市圈新产业基地及连接组团。

平安河湟组团为西宁都市圈新产业发展和两市融合发展的驱动中心，需合理协调两城关系，打造一个连通两市的高新产业、物流产业等的产城融合中心。海东市经济活动和人口的联系均与西宁相向发展，两城城市空间扩张在河湟新区相接。西宁都市圈产业转移核心承接地和引入地为河湟新区，其城镇空间拓展潜力较大，具有曹家堡机场和高铁新区的区位条件、土地和政策优势，但目前产业规模、门类和效益并未达到都市圈预期标准。目前，西宁市在都市圈内首位度极高，故应采取扩容模式，将河湟新区作为连接两个地区的支点。

多巴甘河组团为西宁都市圈西向新产业发展的核心。其作为西宁市与湟源县、湟中区的交汇点，联合甘河工业园区，可发挥对三个城市的经济辐射、服务支撑作用，成为都市圈面向青海西部的发展中心。多巴镇作为未来湟中行政中心所在地，承接了西宁大都市的体育文化、生活居住等任务，可作为疏解西宁非省会职能的新城。同时，湟中区内，甘河工业园区已是一个传统产业聚集地，拥有一条产业带，主要进行金属冶炼、新材料生产加工、高端材料生产，今后仍需进行改造和提升。

4）融合多极点

大通－互助发展极：大通县应切实考虑与城北区整合，打造"大通－北川"高新技术产业带，建设全省重要的生物制药基地。互助县重点发展绿色现代化农业和旅游产业，建成国家级现代农业示范区和河湟地域文化特色、民族地域文化特色旅游度假基地。

湟中－湟源发展极：是都市圈的绿色经济发展支点，作为最靠近青海湖的城镇，发挥着重要的生态功能，应继续加强绿色经济体系的建设，从绿色农业、新能源产业等方面发展绿色经济。湟中－湟源发展极需要发挥自身优势，减少污染，提高效益，打造农产品全产业链、生产"定制"产品。

民和－对甘"开放极"：都市圈对甘"开放"支点，应充分利用其区位优势，作为青海的窗口城市，与兰州市红古区积极一体化，突破行政壁垒，成为西宁都市圈的"开放"支点。以农业规模化和打造本地品牌为目标，发挥农药化肥零使用优势，提高农产品质量。

循化－化隆沿黄发展极：都市圈的生态保护和修复的重点地区，为农副产品加工产业的提升地；农产品种植应与电子商务结合提高其产品附加值，并成为外出务工的重要基地，摆脱目前原料供应的定位，形成绿色食品精深加工、现代农业为主导产业的特色农业示范区。

3. 重点领域调控：推进产业转型与绿色增效

1）加快都市圈产业转型发展

重点构建有机肥、种子繁育、特色种植、农产品加工、旅游销售的一体化绿色农业产业链；以生物、医药、资源型产品深化工为核心的高科技产业链；以青海湖、夏都、高原文化为主题的旅游休闲产业链；以枸杞、牦牛等为核心的绿色、特色、高原特质的产业链。结合当地民族文化来塑造特色书店等现代或后现代文化景观，并利用地方文化打造商业综合体，将区域文化融入经济发展当中，通过差异化道路提升经济效益。在保持现有工业规模的条件下，大力推进绿色转型，通过承接产业、组团发展，通过技术和产业链的改造升级，转型发展绿色工业。以现代农业、特色农业为主导带动旅游服务业，以特色产品、高原产品、绿色产品打造城市品牌，结合电子商务扩展销售渠道，提高经济效益和社会效益，推动城市绿色发展。

2）推进西宁都市圈两山的林草植被保护

构建起符合西宁都市圈实际的自然保护地体系，确保自然生态系统、自然景观和生物多样性得到严格保护。全面保护天然林，加强水土流失预防和治理，加大退耕还林还草力度，有序推进黄河、湟水河两岸南北山重点区域造林绿化，加强护林基础设施建设，全面融入国家公园示范省建设，全力配合做好祁连山国家公园相关工作，大力推进北山国家森林公园、雄先林场等省级森林公园、孟达国家级自然保护区的提升改造。推进森林康养基地建设，增加森林碳汇。加强森林防火和林草有害生物防治能力建设。加强林草植被保护，重点开展天然林、山地草地资源保护，恢复生物多样性与水土流失，增强水源涵养能力。

3）强化西宁都市圈湟水生态景观带建设

建设湟水河两侧重点区域生态廊道，形成都市圈生态景观廊道和生态保护带，推动绿色都市圈建设，构筑城市绿色生态轴线，建设湟水河生态活力轴，以支撑都市圈沿湟水谷地的主轴线建设。以湟水流域为重点，统筹推进水环境保护、水生态修复、水污染治理，保障水环境质量稳定向好。加强黄河、湟水河、大通河干流两岸生态环境治理，打造滨水文化景观带。大力开展生态宜居型、蓄水保土型、水源涵养型等生态清洁小流域建设，实现清水入河。

4）提升西宁都市圈城区绿色能效

围绕西宁都市圈的主要建成区，优化城市园林体系建设，提高城镇绿化水平，增加群众绿色福祉。以国家公园示范省建设为引领，全面建成自然保护地管理体系，推进"公园城市＋自然保护地"建设新模式，建设国家公园论坛服务、野生动物救护、生态环境监测及科学研究平台。将公园城市建设与"绿屏绿心绿廊绿道"体系有机结合，科学布局休闲游憩和绿色开敞空间，以高标准绿道串联城市社区，建设城市客厅。加快建设西宁国家级环城生态森林公园、西堡生态森林公园、西宁城市绿心森林公园、海东湟水河城市湿地公园、贵德黄河清国家湿地公园。高品质建设湿地公园，提升城市河道、城市道路绿化面积，提升城市的"绿肺"功能。

参考文献

陈红霞 . 2018.《都市圈产业升级与区域结构重塑》. 北京：科学出版社 .

方创琳 . 2013. 中国城市发展格局优化的科学基础与框架体系 . 经济地理，33（12）：1-9.

方创琳 . 2019. 中国新型城镇化高质量发展的规律性与重点方向 . 地理研究，38（1）：13-22.

方创琳，王德利 . 2011. 中国城市化发展质量的综合测度与提升路径 . 地理研究，30（11）：1931-1946.

方创琳，张永姣 . 2014. 中国城市一体化地区形成机制、空间组织模式与格局 . 城市规划学刊，（6）：5-12.

付丽娜，彭真善，张爱群 . 2020. 新型城镇化与产业结构的交互影响——以环长株潭城市群为例 . 经济
　　地理，40（11）：95-104.

高晓辉 . 2017. 西宁市生产性服务业发展与空间布局研究 . 西宁：青海师范大学 .

海东市人民政府 . 2015. 海东市国民经济和社会发展第十三个五年规划 .

海东市人民政府 . 2020. 海东市国民经济和社会发展第十四个五年规划和二〇三五年远景目标纲要 .

姜维旗 . 2019. 西宁市市辖区产业空间结构演变研究 . 西宁：青海师范大学 .

李建建，戴双兴 . 2009. 中国城市土地使用制度改革 60 年回顾与展望 . 经济研究参考，（63）：2-10.

李莉 . 2020. 青海省农牧区新型城镇化研究 . 昆明：云南财经大学 .

李强，陈振华，张莹 . 2017. 就近城镇化模式研究 . 广东社会科学，（4）：179-190，256.

李晓华 . 2015. 中国城镇化与工业化的协调关系研究：基于国际比较的视角 . 中国社会科学院研究生院
　　学报，（1）：40-50.

刘宇香，杨永春 . 2008. 兰州都市圈的培育与建设探析 . 城市发展研究，15（4）：12-15.

聂伟，陆军，周文通 . 2019. 撤县设区改革影响撤并县域人口城镇化的机制研究—基于中心 - 外围城区
　　资源配置视角 . 人口与发展，25（3）：2-13.

聂伟，陆军 . 2019. 撤县设区改革与地级市经济增长——整县设区和拆县设区的比较研究 . 经济问题探
　　索，（2）：95-101.

青海省人民政府 . 2015. 青海省国民经济和社会发展第十三个五年规划 .

青海省人民政府 . 2020. 青海省国民经济和社会发展第十四个五年规划和二〇三五年远景目标纲要 .

唐艳，杨永春，贾伟，等 . 2019. 西宁市 2001-2016 年空间扩展及驱动力分析 . 兰州大学学报：自然科学
　　版，55（3）：365-372.

王海飞 . 2020. 兰州 - 西宁城市群联动发展研究 . 北京：经济科学出版社 .

王亚飞，郭锐，樊杰 . 2020. 国土空间结构演变解析与主体功能区格局优化思路 . 中国科学院院刊，

35(7)：855-866.

西宁市人民政府．2015．西宁市国民经济和社会发展第十三个五年规划．

西宁市人民政府．2020．西宁市国民经济和社会发展第十四个五年规划和二〇三五年远景目标纲要．

肖磊，潘劼．2020．人口流出地区城镇化路径机制再认识——以四川省县域单元为例．地理科学进展，
　　39(3)：402-409.

杨伟民．2010．发展规划的理论和实践．北京：清华大学出版社．

杨永春．2012．河流文明：河谷型城市生长与建设原理—兴起、布局、演化、规划．兰州：兰州大学出版社．

张航，丁任重．2020．实施"强省会"战略的现实基础及其可能取向．改革，(8)：147-158.

张莹，雷国平，周敏，等．2019．中国人口土地产业城镇化的协同演化状况．城市问题，(1)：14-22.

张永姣，曹鸿．2015．基于"主体功能"的新型村镇建设模式优选及聚落体系重构—藉由"图底关系理
　　论"的探索．人文地理，30(6)：83-88.

张永姣，方创琳．2016．空间规划协调与多规合一研究：评述与展望．城市规划学刊，(2)：78-87.

周庆华．2009．黄土高原•河谷中的集聚—陕北地区人居环境空间形态模式研究．北京：中国建筑工业
　　大学出版社．

第 10 章

拉萨城市圈城镇化与高质量发展

拉萨城市圈地处青藏铁路沿线城镇带、川藏通道沿线城镇带、唐蕃古道沿线城镇带和边境城镇带的交汇处，是仅次于西宁都市圈的青藏高原第二个高度城镇化地区和人口密集地区，也是国家"十三五"规划纲要中提出重点建设的两大城市圈之一。通过科学考察，分析拉萨城市圈人口与城镇化动态演变过程，发现城镇化发展中存在的问题，提出城镇化发展目标与模式，将拉萨城市圈建成为青藏高原创新发展引领区、西藏特色产业集聚区、西藏新型城镇化示范区、西藏开放合作试验区和西藏城乡融合发展先行区。通过城市圈的一体化发展，未来将拉萨城市圈建成为在青藏高原具有重要影响力、同城化程度高的城市圈。

10.1 科考范围与基本条件

10.1.1 科学考察范围

拉萨城市圈的研究范围包括拉萨市 3 区 5 县和山南市 4 个区（县），即拉萨市的城关区、堆龙德庆区、达孜区、尼木县、曲水县、当雄县、林周县、墨竹工卡县，山南市的乃东区、桑日县、扎囊县、贡嘎县，总面积约为 3.88 万 km^2（图 10.1）。

拉萨市位于青藏高原南部，地理坐标为 91°1′33″E ～ 91°10′23″E、29°38′51″N ～ 29°42′38″N，东邻林芝市，西连日喀则市，北接那曲市，南与山南市交界，总面积约 2.9 万 km^2，占西藏自治区总面积的 2.4%。拉萨市 8 个区（县）均包含在城市圈内，共 37 个乡、12 个镇、16 个街道办事处。山南市位于青藏高原南部，地理坐标为 90°14′E ～ 94°22′E、27°08′N ～ 29°47′N，北接拉萨市，西与日喀则市毗邻，东与林芝市相连，南与南亚次大陆的印度、不丹两国接壤，面积达 7.9 万 km^2，约占西藏面积的 1/15。2016 年 2 月，国务院批复撤销山南地区和乃东县，设立地级山南市。拉萨城市圈包括山南市 4 个区（县），共 15 个乡、9 个镇、1 个街道办事处。

拉萨城市圈中的山南市是西藏古文明的发祥地之一，史称"雅砻"。公元 2 世纪，出生于林芝波密一带的聂赤赞普游历至雅砻地区时，被代表当地部落利益的 12 名雍仲本教徒推举为王，成为西藏历史上第一位赞普。6 世纪左右，雅砻部落不断吞并强邻、扩张领地，成为西藏最强大部落。公元 7 世纪，松赞干布统一西藏，建立吐蕃政权，并逐渐将政治、经济、文化中心由山南琼结向拉萨转移。之后的一千多年，山南虽然不再作为西藏的政治中心，但山南作为藏文化的根系所在地，诸如王陵建设、祭祀等大型活动依旧在山南进行。

1966 年 11 月 23 日，民航拉萨站从当雄机场转场至拉萨贡嘎国际机场，当雄机场停止使用，这是拉萨山南经济一体化进程的一个重要开端。贡嘎国际机场成为拉萨和山南最主要的空中对外交通枢纽，后来机场又进一步扩建，极大地增强了机场的吞吐能力。2009 年 7 月拉贡机场高速公路通车，提升了拉萨至贡嘎国际机场的可达性。

2016 年 6 月，拉萨市旅游局与山南市旅游局签署"拉萨山南旅游一体化发展"战略合作，两市将共同打造旅游品牌，共同开拓旅游市场，大力推进两地"无障碍旅游区"建设，未来山南的旅游资源将有效融入拉萨市场，丰富藏地中心旅游产品，打造"藏中旅游极"。

图 10.1　拉萨城市圈空间范围图

2017 年 12 月 8 日，泽贡高速通车，打通了拉萨南向大动脉，有效地促进了拉萨山南经济一体化发展，推动拉萨城市圈的进一步形成。

2017 年以来，山南市加快推进拉萨山南经济一体化建设，积极承接拉萨非首府功能与产业转移，把江北新区作为落实拉萨山南经济一体化发展的强大引擎和培育新的经济增长点的强大支撑，明确了江北新区"全区最有特色、最突出的经济增长点"的定位，提出了"新区引领"的工作思路。

2018 年 11 月 26 日，西藏自治区发展和改革委员会发布《推进拉萨山南经济一体化发展规划》，确立了拉萨山南经济一体化的发展定位和实现路径，围绕实现拉萨山南经济一体化发展，重点推进空间布局、基础设施、产业发展、公共服务、生态建设、体制机制六个方面一体化，推动拉萨城市圈走向成熟和协调发展。

2020年6月25日，拉林铁路建成通车，在山南4区（县）设桑日、山南、扎囊、贡嘎四站，结束了山南市不通铁路的历史，极大地压缩了拉萨与山南4区（县）之间的时间距离，增强了城市圈内部联系能力，提升了拉萨山南经济一体化水平。

10.1.2　战略区位条件

1. "世界屋脊"的交通中心

拉萨城市圈位于"世界屋脊"之称的青藏高原西南部，东邻林芝，西连日喀则，北接那曲，南与山南部分区（县）相连。其核心城市拉萨是青藏高原重要的交通枢纽和文化中心，山南是西藏早期的政治文化中心，是藏民族之宗和藏文化之源。G318、G219、G109在拉萨交会，并向周边地区辐射，形成以拉萨为中心的高原公路运输网络，为游客进出西藏提供便捷通道，也形成全国著名的旅游风景道。青藏铁路、拉日铁路、拉林铁路以及正在建设的川藏铁路雅林段、新藏铁路和日（日喀则）亚（亚东）铁路打开了多条通向我国西南地区、西北地区以及出境的新通道。拉萨贡嘎国际机场距离拉萨和山南市区仅一个小时车程，不仅能够连通内地直辖市、主要省会城市、重要经济发达城市，而且开通有卡拉奇、新德里、加德满都等多条国际航线。

青藏高原早期的中心是山南，山南是藏民族之宗、藏文化之源；松赞干布统一高原后建都拉萨，并在拉萨河畔修大昭寺、建布达拉宫，带来了以拉萨为中心的城镇发展兴盛时期，高原名城从此逐渐形成，青藏高原的政治文化中心也从山南逐渐转移至拉萨。

2. 国际旅游目的地的重要门户

拉萨城市圈文化旅游资源丰富。拉萨有1380多年的历史，是国务院首批公布的24个国家历史文化名城之一。拉萨是藏传佛教的中心地，被誉为"雪域圣城"，保存着众多宗教寺庙和历史建筑，拥有大昭寺、布达拉宫、罗布林卡三大世界文化遗产。拉萨的旅游吸引力不仅仅源自实体物质资源，同时也包括其因宗教文化而生的神圣庄严的精神和气质。此外，拉萨还拥有众多高品质的生态资源，其中纳木错和念青唐古拉山是西藏生态旅游资源的顶级代表，具有国际级吸引力。因地处西藏地热资源密集带上，拉萨地热温泉资源丰富，其中羊八井地热田规模最大、最为著名，此外还有德仲温泉、日多温泉、邱桑温泉和宁中温泉等众多温泉资源点。

山南是西藏的"江南"，是西藏文化的发祥地，被公认为"西藏民族文化的摇篮"，众多的古文化遗址、浓郁的民族风情、迷人的自然景色等得天独厚的旅游资源，吸引众多的中外游客。全市有藏民族遗址20多处，藏传佛教文化遗址30多处，风景瑰丽，风情独特，神山圣湖闻名遐迩，古庙名刹鳞次栉比，古迹名胜比比皆是。全市拥有国家级文物保护单位16处18个点，自治区级文物保护单位85处500个点，国家级非物质文化遗产 14 个、传承人 11 个，自治区级非物质文化遗产项目 46 个、传承人 60 个，有西藏第一座宫殿雍布拉康，第一座佛堂昌珠寺，第一座寺庙桑耶寺，第一块农田萨日索当，第一座村庄索卡，第一部经书邦贡恰加，第一部藏戏琼结宾顿。山南雅砻河风景区是西藏第一个国家级重点风景名胜区。

拉萨城市圈作为川藏、青藏和滇藏三大热点线路终极目的地，正逐步成为我国西部旅游的中心城市和战略支撑点之一。拉萨城市圈还是国际旅游重要的目的地，是我国面向南亚的出入境旅游门户、跨喜马拉雅山南亚旅游圈的旅游中心城市之一。从推动中国和南亚战略合作的高度，将旅游业的合作与交流作为深化南亚战略合作的突破口，在建设南亚陆路贸易大通道的基础上，加强与南亚地区的空中联系，将拉萨城市圈建设成为南亚旅游门户。

3. 南亚通道上的战略支撑点

西藏作为历史上南方丝绸之路、唐蕃古道、茶马古道段的重要参与者，是中国与南亚国家交往的重要门户，"一带一路"倡议中提出"推进西藏与尼泊尔等国家边境贸易和旅游文化合作"。西藏充分参与"一带一路"倡议，加快建设南亚大通道，积极对接"一带一路"和孟中印缅经济走廊，推动环喜马拉雅经济合作带建设。拉萨城市圈作为西藏自治区的核心地区，是推进中国西藏与尼泊尔等国家边境贸易和旅游合作的桥头堡，在加快建设南亚通道、扩大西藏开放新格局、提升西藏国际化水平等方面具有重要地位。

4. 国家重要的安全屏障

拉萨城市圈所在的青藏高原位于南亚次大陆的北部，是我国极其重要的国家安全屏障，避免了兰州、成都、西安成为我国的边境最前沿，极大地增强了我国的战略纵深，减轻了西北地区的边防压力，使广大西南地区成为我国稳定的大后方。拉萨城市圈所在的青藏高原也是我国极其重要的生态安全屏障和水源涵养区，被称为"第三极""亚洲水塔"，是我国"两屏三带"生态安全战略格局的重要组成部分，是重要的国家生态安全屏障和国家生态文明高地，其生态战略地位极为重要。

10.1.3　独特自然条件

1. 地形条件

拉萨城市圈地势北高南低，由东向西倾斜，海拔 3259 ～ 7124m，中部为拉萨河河谷平原，南部为雅鲁藏布江河谷平原（图 10.2）。拉萨位于青藏高原南部，海拔 3650m，是世界上海拔最高的城市之一，地势北高南低，由东向西倾斜，中南部为雅鲁藏布江支流拉萨河中游河谷平原，地势平坦。在拉萨以北 100km 处屹立着念青唐拉大雪山，北沿是纳木错，山顶最高处海拔 7117m。山南地势南高北低、西高东低，最高海拔 7000 多米，最低海拔 2000 多米，平均海拔在 3700m 左右。地质构造复杂，主要地貌有河谷、山地、冰川、湖泊等。雪山冰川较多，海拔 6000m 以上的雪山就有 10 多座。雅鲁藏布江自西向东流经山南市。

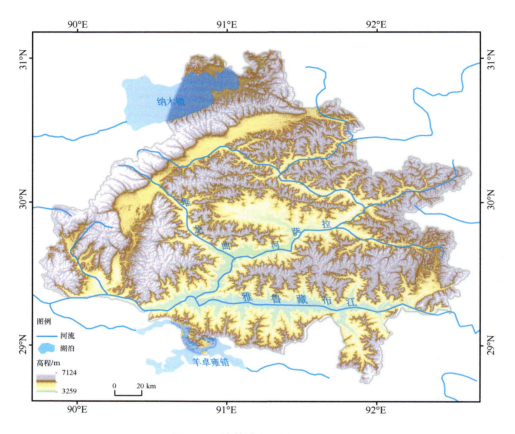

图 10.2　拉萨城市圈地形示意图

2. 气候与植被条件

林振耀和吴祥定（1981）将青藏高原划分为 13 个气候区，拉萨城市圈所在的区域属于藏南高原温带半干旱气候区，气候总体较为干旱。拉萨市年平均气温为 7.8℃，1 月最冷，最低气温为 -9.8℃，6 月最热，最高气温为 23℃，气温年较差小，昼夜温差较大，无霜期 100～120 天。年降水量在 200～510mm，干湿季分明，降水集中在 6～9 月，称为雨季，多夜雨。年平均日照时数 3000h 以上。11 月至次年 5 月多风沙。山南市年平均气温在 5.6℃左右，极端最低气温 -27℃，极端最高气温 31℃，气温年较差小，昼夜温差较大，无霜期 120 天左右。年降水量在 200～500mm，干湿季分明，降水集中在 6～9 月，占全年降水量 70%～85%，多夜雨。年平均日照时数 2600～3300h。多大风，年平均大风日数为 70 天左右，风期主要分布在 12 月至翌年 3 月。

3. 水文条件

流经拉萨城市圈的主要河流是拉萨河。拉萨河是拉萨市的母亲河，是雅鲁藏布江最大的支流，发源于念青唐古拉山南麓嘉黎里彭措拉孔马沟，流经那曲、当雄、林周、墨竹工卡、达孜、城关、堆龙德庆，至曲水，全长 495km，流域面积 31760km^2；最大流量 2830m^3/s，最小流量 20m^3/s，年平均径流量 287m^3/s；是世界上最高的河流之一，海拔由源头 5500m 到河口 3580m。拉萨河径流由雨水、融水和地下水补给，并以雨水补给为主。受降水量影响，河川径流年内变化大，7～9 月径流量占全年径流的 60% 以上，而 1～3 月径流量仅占 10%，径流的年际变化小，年变差系数约为 0.26。拉萨河流域有大小湖泊数十个，以纳木错最为著名。

山南市年均径流量 706.48 亿 m^3。流域面积在 50km^2 以上的河流有 355 条，其中流域面积 200km^2 以上的河流有 104 条。雅鲁藏布江是山南市最大的河流，也是中国最长的高原河流，流经贡嘎、扎囊、桑日、加查、曲松、乃东、浪卡子 7 县区，流域面积 1.69 万 km^2，滋养着沿江两岸万亩人工林地。雅鲁藏布江山南段河道较为宽阔，最宽处达 7km。流域降水的年际变化较小，7～9 月降水量占全年降水量的 50%～80%，同时该时期冰雪融水补给河流的水量也大，因此雅鲁藏布江径流年际变化小，但 7～9 月径流量较大，而其他月份径流量较小。山南市有湖泊 88 个，蓄水量约 170 亿 m^3。冰川蓄水量约 10 亿 m^3，地下水约 230 亿 m^3，全市水能资源理论蕴藏量 3510 万 kW。

4. 生态环境状况

拉萨城市圈范围内重工业少，空气清新，水质优良，生态环境总体良好，但由于地处高寒气候区，植被稀少，生态环境比较脆弱。拉萨市水环境质量总体优良，7 个国控监测断面水质均满足水功能区的要求。山南市 2018 年纳入监测的重要江河湖泊水功能区为 10 个，水功能区水质达标率达到 90%，超过全国平均水平 17 个百分点，水质达标率明显高于全国平均水平。拉萨市环境空气质量较优，2019 年拉萨市空气质量优良率 99.7%，生态环境部发布的 168 个重点城市空气质量排名中拉萨市排名第二。山南市 2020 年第一季度、第三季度和 2021 年第一季度的环境空气质量优良天数比例为 100%，2020 年第二季度为 97.8%，空气质量较好。2020 年 10 月 9 日，拉萨市和山南市被生态环境部授予第四批国家生态文明建设示范市县。拉萨市拥有西藏雅鲁藏布江中游河谷黑颈鹤、拉鲁湿地等国家级自然保护区和纳木错自治区级自然保护区，建有林周县热振国家级森林公园和尼木县尼木国家级森林公园等。

10.1.4　经济社会发展基础

1. 人口发展

第七次全国人口普查数据显示，2020 年拉萨城市圈常住人口为 1057897 人，占西藏常住人口的 29%。其中城镇人口为 686015 人，常住人口城镇化率为 64.85%。

拉萨市常住人口为 867891 人，其中城关区 473586 人、堆龙德庆区 91065 人、达孜区 32318 人、林周县 50596 人、当雄县 47900 人、尼木县 29989 人、曲水县 41851 人、墨竹工卡县 49511 人、拉萨国家级经济技术开发区 11804 人、西藏文化旅游创意园区 4689 人、拉萨柳梧高新区 34582 人。全市常住人口中，城镇人口为 605511 人，占 69.77%；居住在乡村的人口为 262380 人，占 30.23%。男性人口 470353 人，占 54.19%；女性人口为 397538 人，占 45.81%，总人口性别比为 118.32。藏族人口 608856 人，占 70.15%；其他少数民族人口为 25953 人，占 2.99%；汉族人口为 233082 人，占 26.86%。

拉萨城市圈中山南市常住人口 190006 人，其中乃东区 81608 人、扎囊县 36656 人、贡嘎县 53701 人、桑日县 18041 人。山南市城镇人口为 80504 人，占 42.37%，其中乃东区 54188 人、扎囊县 9918 人、贡嘎县 14101 人、桑日县 2297 人；男性人口为 99476 人，占 52.35%；女性人口为 90530 人，占 47.65%，总人口性别比为 109.88。藏族人口为 164272 人，占 86.46%；其他少数民族人口为 2236 人，占 1.18%；汉族人口为 23498 人，占 12.36%。

2. 经济发展

2020 年拉萨城市圈地区生产总值达 799.59 亿元，占西藏的比重为 42.02%。拉萨市地区生产总值为 678.16 亿元，占拉萨城市圈的比重为 84.81%，山南市地区生产总值为 121.43 亿元，占 15.19%。城市圈人均地区生产总值为 75583 元，拉萨市人均地区生产总值为 78139 元，高于城市圈的人均地区生产总值，山南市人均地区生产总值为 63909 元，低于城市圈和拉萨市人均地区生产总值。2020 年拉萨市城镇居民人均可支配收入 43640 元，农村居民人均可支配收入 18268 元，城乡收入比为 2.39∶1。2019 年山南市城镇居民人均可支配收入为 34369 元，农村人均可支配收入为 14770 元，城乡收入比为 2.33∶1。

2020 年拉萨市生产总值中，第一产业增加值 22.45 亿元，第二产业增加值 290.44 亿元，第三产业增加值 365.27 亿元，三次产业比重依次为 3.3∶42.8∶53.9。农林牧渔业总产值 41.76 亿元，其中农业产值 17.01 亿元、林业产值 0.45 亿元、牧业产值 23.85 亿元、渔业产值 0.02 亿元、农林牧渔服务业产值 0.43 亿元；全年农作物总播种面积 4.97 万 hm²，粮食产量 15.53 万 t；年末牲畜存栏总头数 116 万头（只、匹），肉类产量 3.42 万 t；禽蛋产量 0.15 万 t，奶产量 11.33 万 t，蔬菜产量 27.56 万 t。规模以上工业企业 85 家，工业总产值 163.10 亿元。进出口贸易总额 15.95 亿元，其中出口 11.14 亿元，进口 4.81 亿元。接待国内外游客 2008.03 万人次，其中入境游客 0.24 万人次，国内游客 2007.79 万人次，全年旅游总收入 301.84 亿元，旅游外汇收入 266.4 万美元，社会消费品零售总额 369.35 亿元。

2019 年山南市生产总值中，第一产业生产总值为 3.51 亿元，第二产业生产总值为 53.7 亿元，第三产业生产总值为 53.14 亿元，三次产业比重依次为 3.18∶48.66∶48.16。农林牧渔业总产值为 6.37 亿元，其中农业产值 3.01 亿元、牧业产值 2.97 亿元；粮食产量 9.33 万 t；年末牲畜存栏总头数 42.23 万头（只、匹），肉类产量 1.09 万 t；奶产量 1.82

万 t，蔬菜产量 3.52 万 t，油菜产量 0.33 万 t。工业总产值 19.86 亿元，社会消费品零售总额 46.4 亿元。

10.2　拉萨城市圈演变过程与基本特征

拉萨城市圈包含 21 个镇和 52 个乡，总人口、城镇人口、城镇数量总体呈增加态势，2020 年第七次全国人口普查数据表明，拉萨城市圈总人口为 105.79 万人，占西藏常住人口的 29%，其中城镇人口 68.6 万人，常住人口城镇化率为 64.85%，常住人口呈现出进一步向首府拉萨市集聚的强劲特征。

10.2.1　城市圈人口与城镇化时空变化特征

1. 拉萨城市圈人口演变过程：总人口总体呈增加趋势

由于历史条件限制，西藏自治区未参加 1953 年和 1964 年两次全国人口普查，且 1951～1986 年，拉萨市行政范围多次调整，1982 年第三次全国人口普查缺少与拉萨市现有行政区划一致的人口数，因此在分析拉萨城市圈城镇人口演变时，使用 1990～2020 年第四、第五、第六、第七次全国人口普查数据。

1982 年第三次全国人口普查数据显示，拉萨城市圈总人口为 430102 人。拉萨市现有 8 个区（县）总人口为 314002 人，其中拉萨市区（城关区）105866 人、林周县 42488 人、当雄县 27661 人、尼木县 22978 人、曲水县 25697 人、堆龙德庆县 35596 人、达孜县 20838 人、墨竹工卡县 32878 人。山南 4 区（县）总人口为 117100 人，其中乃东县 38847 人、扎囊县 29888 人、贡嘎县 36213 人、桑日县 12152 人。

1990 年第四次全国人口普查数据显示，拉萨城市圈总人口为 5□0273 人。拉萨市总人口为 375968 人，其中城关区 139816 人、林周县 47122 人、当雄县 34025 人、尼木县 26248 人、曲水县 27346 人、堆龙德庆县 41210 人、达孜县 23517 人、墨竹工卡县 36684 人。山南 4 区（县）总人口为 134305 人，其中乃东县 45175 人、扎囊县 33293 人、贡嘎县 41624 人、桑日县 14213 人。

2000 年第五次全国人口普查数据显示，拉萨城市圈总人口为 629242 人。拉萨市总人口为 474499 人，其中城关区 223001 人、林周县 50895 人、当雄县 39169 人、尼木县 27375 人、曲水县 29690 人，堆龙德庆县 40543 人、达孜县 24906 人、墨竹工卡县 38920 人。山南 4 区（县）总人口为 154743 人，其中乃东区 58808 人、扎囊县 35278 人、贡嘎县 44624 人、桑日县 16033 人。

2010 年第六次全国人口普查数据显示，拉萨城市圈总人口为 7□7480 人。拉萨市总人口为 559423 人，其中城关区 279074 人、林周县 50246 人、当雄县 46463 人、尼木县 28149 人、曲水县 31860 人、堆龙德庆县 52249 人、达孜县 26708 人、墨竹工卡县 44674 人。山南 4 区（县）总人口为 158057 人，其中乃东区 59615 人、扎囊县 35473 人、贡嘎县

45708 人、桑日县 17261 人。

2020 年第七次全国人口普查数据显示,拉萨城市圈总人口为 1057897 人。拉萨市总人口为 867891 人,其中城关区 473586 人、林周县 50596 人、当雄县 47900 人、尼木县 29989 人、曲水县 41851 人、堆龙德庆区 91065 人、达孜区 32318 人、墨竹工卡县 49511 人、拉萨国家级经济技术开发区 11804 人、西藏文化旅游创意园区 4689 人,拉萨柳梧高新区 34582 人。山南 4 区(县)总人口为 190006 人,其中乃东区 81608 人、扎囊县 36656 人、贡嘎县 53701 人、桑日县 18041 人。

1990～2020 年拉萨城市圈总人口数量处于上升趋势,2010～2020 年上升速度明显快于 1990～2000 年和 2000～2010 年,2000～2010 年的人口增长速度最慢。拉萨市总人口增长趋势与城市圈总人口增长趋势较为一致,而山南 4 区(县)人口增长速度显著低于拉萨市的人口增长速度(图 10.3)。拉萨市各区(县)中城关区的人口数量最多,远远高于其他区县,且增长速度最快;2010 年之后堆龙德庆区总人口数量迅速增加,2020 年成为拉萨市总人口仅次于城关区的区县;达孜区虽然完成了撤县改区,但是总人口数量仍然较少;拉萨市所属其他县总人口数量较少,除林周县外,30 年间其余各县人口持续增长;1990～2000 年林周县人口增长较快,但 2000～2010 年总人口数量出现下降趋势,2010～2020 年虽然有所回升,但与 2000 年相比略有下降(图 10.4)。山南市 4 区县中总人口数量最多的是乃东区,其次是贡嘎县和扎囊县,桑日县的人口最少。30 年间乃东区增长速度最高,2010 年以后贡嘎县总人口增长速度也明显加快,扎囊县和桑日县的总人口数量缓慢增长(图 10.5)。总体来看,城市圈核心区域拉萨市区和乃东区的人口较多,增长速度最快,城市圈人口进一步向拉萨市区集聚。

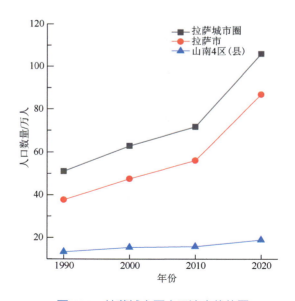

图 10.3　拉萨城市圈人口演变趋势图

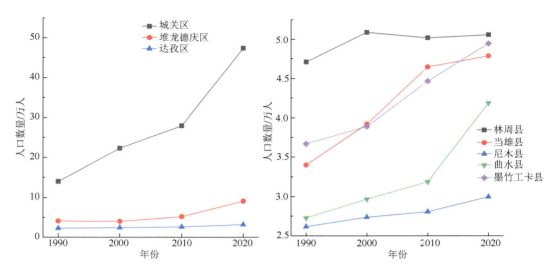

图 10.4　拉萨市各区县人口演变趋势图

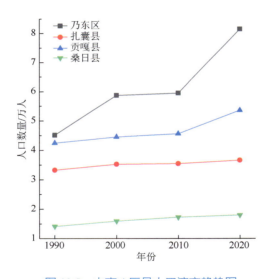

图 10.5　山南 4 区县人口演变趋势图

2. 城镇人口演变过程：城镇人口呈增加态势，进一步向首府拉萨集聚

1990 年第四次全国人口普查数据显示，拉萨市市人口 127170 人，镇人口 10491 人。城关区人口 127170 人，无镇人口；林周县无市、镇人口；当雄县无市人口，镇人口 2568 人；尼木县无市、镇人口；曲水县无市人口，镇人口 1479 人；堆龙德庆县无市人口，镇人口 4588 人；达孜县无市、镇人口；墨竹工卡县无市人口，镇人口 1856 人。山南 4 区（县）镇人口 19640 人。乃东县无市人口，镇人口 16701 人；扎囊县无市、镇人口；贡嘎县无市人口，镇人口 2939 人；桑日县无市、镇人口。

2000 年第五次全国人口普查数据显示，拉萨市城镇人口 190532 人，其中城关区 171719 人、林周县 2308 人、当雄县 2562 人、尼木县 1988 人、曲水县 3409 人、堆龙德庆县 3699 人、达孜县 2537 人、墨竹工卡县 2310 人。山南 4 区（县）城镇人口 49853 人，其中乃东县 32584 人、扎囊县 3429 人、贡嘎县 12592 人、桑日县 1248 人。

2010 年第六次全国人口普查数据显示，拉萨市城镇人口 240958 人，其中城关区 199159 人、林周县 2922 人、当雄县 5538 人、尼木县 3178 人、曲水县 4924 人、堆龙德庆县 17504 人、达孜县 3589 人、墨竹工卡县 4144 人。山南 4 区（县）城镇人口为 45615 人，其中乃东县 30646 人、扎囊县 1824 人、贡嘎县 11211 人、桑日县 1934 人。

2020 年第七次全国人口普查数据显示，拉萨市城镇人口 605511 人，其中城关区 467925 人、林周县 4890 人、当雄县 8495 人、尼木县 6605 人、曲水县 7692 人、堆龙德庆区 75856 人、达孜区 7267 人、墨竹工卡县 8902 人、三个主要经济功能园区城镇人口 17879 人。山南 4 区（县）城镇人口为 80504 人，其中乃东区 54188 人、扎囊县 9918 人、贡嘎县 14101 人、桑日县 2297 人。

1990～2020 年，拉萨城市圈的城镇人口数量呈现上升趋势，其中 1990～2010 年的城镇人口增长显著低于 2010～2020 年间增长速度。拉萨市的城镇人口数量和增长速度均远远高于山南 4 区（县）的城镇人口数量和增长速度（图 10.6）。

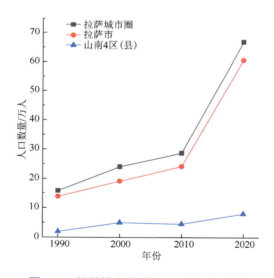

图 10.6　拉萨城市圈城镇人口数量演变趋势

1990～2020 年，拉萨城市圈的城镇人口主要集中分布在拉萨市，除 2000 年拉萨市城镇人口占拉萨城市圈比重低于 80%（79.26%）外，1990 年、2010 年、2020 年均在 80% 以上，近年来所占比重进一步增加，2020 年拉萨市城镇人口占城市圈的比重达到 88.26%。山南市城镇人口占城市圈的比重情况与拉萨市相反，1990～2000 年占比逐渐上升，2000 年为 20.74%，2020 年占比下降为 11.74%，拉萨城市圈城镇人口进一步向首府拉萨集聚（图 10.7）。

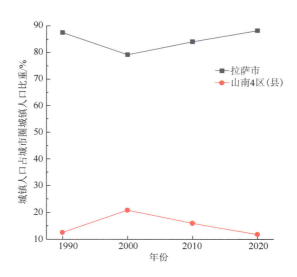

图 10.7　拉萨市和山南 4 区（县）城镇人口占城市圈城镇人口比重演变趋势

　　1990 ～ 2020 年，各区县城镇人口数量占比整体处于上升趋势。拉萨市城关区增长
速度最快，其次是拉萨市堆龙德庆区和山南市乃东区（县），达孜区是拉萨市辖区中城
镇人口增长速度最慢的区；当雄县城镇人口在波动中增长，拉萨市其余各县均持续增
长，且在 2010 年以后增长较快。山南市各县中贡嘎县和扎囊县城镇人口在波动中增长，
1990 ～ 2000 年和 2010 ～ 2020 年城镇人口保持增长状态，2000 ～ 2010 年，城镇人口数
量出现下降，桑日县城镇人口在 1990 ～ 2020 年处于连续增长状态，但是增长速度缓慢
（图 10.8）

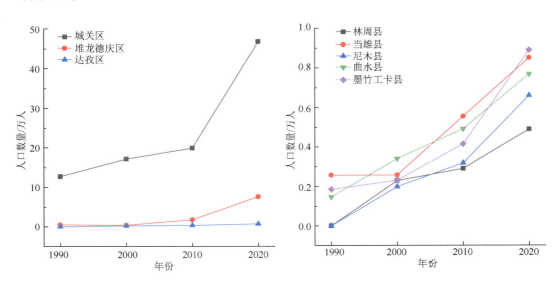

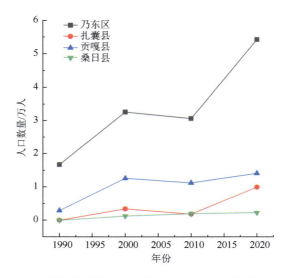

图 10.8 拉萨城市圈各区县城镇人口数量演变趋势

3. 城镇化水平演变过程: 城镇化率总体呈增加态势

1990～2020年, 拉萨城市圈和拉萨市人口城镇化率呈现增长趋势, 2010年以后的增长速度显著高于2010年前的增长速度。1990～2000年和2010～2020年, 山南4区 (县) 人口城镇化率增长较快, 而2000～2010年人口城镇化率相较2000年前出现下降趋势, 1990～2020年的山南4区 (县) 人口城镇化率处于增长趋势, 但增长速度低于拉萨市 (图10.9)。

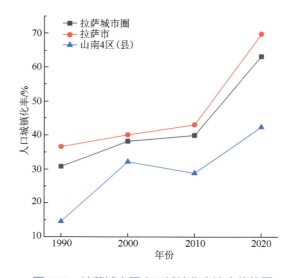

图 10.9 拉萨城市圈人口城镇化率演变趋势图

　　1990～2020 年拉萨城市圈各区县人口城镇化率整体呈上升趋势。城关区 1990～2010 年的人口城镇化率受城镇人口统计口径的影响呈现连续下降的趋势，但仍维持在 60% 以上的水平，2010 年后人口城镇化率急速上升，至 2020 年已接近 100%；堆龙德庆区（县）是整个拉萨城市圈中人口城镇化率提升幅度最大的区（县），1990 年处于城市圈各区县中的较低水平，至 2020 年已经成为城市圈中人口城镇化率仅次于城关区的区县，30 年间提升了 72.17%；达孜区的人口城镇化率在拉萨市市辖区中最低，但处于持续增长状态；当雄县人口城镇化率在波动中增长，曲水县的人口城镇化率虽然在不断增长，但增长速度在降低；尼木县、墨竹工卡县和林周县的人口城镇化率持续增长，且 2010 年以后增长速度显著提高。1990～2020 年，乃东区和扎囊县人口城镇化率呈现波动中上升的趋势，2020 年扎囊县的人口城镇化率已经超越贡嘎县，在山南市 4 区（县）中仅次于乃东；贡嘎县 1990～2000 年人口城镇化率提升较快，但进入 21 世纪后人口城镇化率停滞不前，2020 年人口城镇化率甚至略低于 2000 年；桑日县人口城镇化率虽在不断增长，但增长速度降低（表 10.1、图 10.10、图 10.11）。

　　拉萨城市圈内，拉萨市的核心区城关区和堆龙德庆区人口城镇化率最高，但是拉萨市其余区（县）的人口城镇化率亟待提高，大多数处于 20% 以下的水平，尤其是达孜区，虽然已经完成撤县设区，且紧邻拉萨城市圈的核心区域城关区，但人口城镇化率增长速度较慢（表 10.1、图 10.10）。山南 4 区（县）的人口城镇化率整体低于拉萨市，最高的乃东区仅为 66.4%，近年来被堆龙德庆区所超越，成为城市圈中位列第三的区县（表 10.1、图 10.11）。

表 10.1　1990～2020 年拉萨城市圈各区县人口城镇化率　　（单位：%）

地区名称	1990 年	2000 年	2010 年	2020 年
城关区	90.96	77.00	71.36	98.80
林周县	0	4.53	5.82	9.66
当雄县	7.55	6.54	11.92	17.73
尼木县	0	7.26	11.29	22.02
曲水县	5.41	11.48	15.46	18.38
堆龙德庆区	11.13	9.12	33.50	83.30
达孜区	0	10.19	13.44	22.49
墨竹工卡县	5.06	5.94	9.28	17.98
乃东区	36.97	55.41	51.41	66.40
扎囊县	0	9.72	5.14	27.06
贡嘎县	7.06	28.22	24.53	26.26
桑日县	0	7.78	11.20	12.73

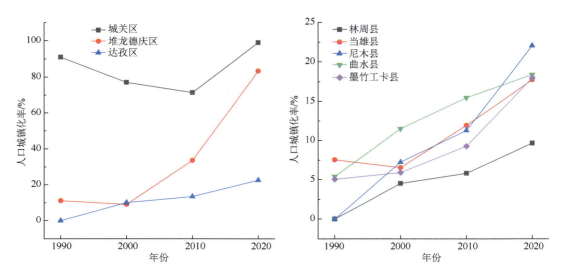

图 10.10 拉萨市各区县人口城镇化率演变趋势图

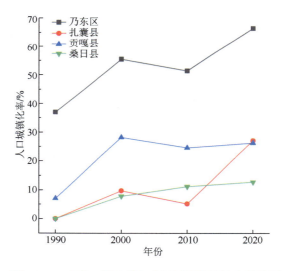

图 10.11 山南 4 区（县）人口城镇化率演变趋势图

4. 城镇化发展阶段：总体处在城镇化发展中期阶段，阶段性差异显著

1990 年，拉萨城市圈内只有拉萨市城关区处于城镇化的后期阶段（Northam，1975）；山南市乃东区处于城镇化的中期阶段；当雄县、堆龙德庆县、曲水县、墨竹工卡县和贡嘎县的人口城镇化率较低，处于城镇化的初期阶段；尼木县、林周县、达孜县、扎囊县和桑日县人口城镇化率为 0，还未进入人口城镇化的初期阶段 [图 10.12（a）]。

2000 年，拉萨城市圈内只有拉萨市城关区处于城镇化的后期阶段，山南市乃东区处于城镇化的中期阶段，其余区（县）处于城镇化的初期阶段 [图 10.12（b）]。

2010 年，拉萨城市圈内城关区依旧处于城镇化的后期阶段，堆龙德庆区和乃东区处于中期阶段，其余区县的人口城镇化率处于城镇化的初期阶段 [图 10.12（c）]。

2020 年，拉萨城市圈内城关区和堆龙德庆区处于城镇化的后期阶段，乃东区依旧处于中期阶段，其余区县处于城镇化的初级阶段 [图 10.12（d）]。

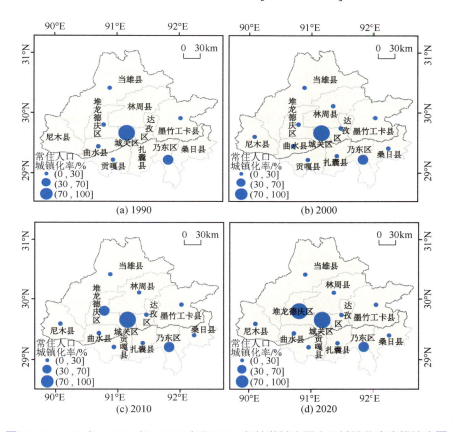

图 10.12 1990 年、2000 年、2010 年和 2020 年拉萨城市圈人口城镇化率空间演变图

5. 人口城镇化存在的主要问题：城镇化率总体偏低，内生动力不足

拉萨市城关区和堆龙德庆区人口城镇化水平高，山南副中心城镇化动力不足，人口城镇化水平偏低，其他区（县）城镇化动力不足，人口城镇化水平较低。乃东区城镇人口较少、城镇化水平较低，造成山南副中心在城市圈一体化发展中定位不明、职能发挥不足。

中介城市贡嘎县城镇化水平较低，尚未发挥区位优势。贡嘎县是山南 4 区（县）中总人口数量仅次于乃东区的区（县），2010 ～ 2020 年总人口增长速度不断加快。贡嘎县是拉萨和山南之间联系的重要节点城镇，且是拉萨、山南对外交通枢纽拉萨贡嘎国际机场的所在地，同时又是拉林铁路的重要节点，承担拉萨、山南连接日喀则、林芝等自治区内城市的重要中介职能。此种情况下，贡嘎县本应成为城市圈内重要城镇节点，成为人口和产业的集聚中心，但近20年来贡嘎县的城镇化水平始终处于30%以下，处于城镇化初期阶段，同时增长速度较慢，甚至低于2000年的人口城镇化水平（20年间人口城镇化率下降1.96%），对人口的集聚效应较弱，难以承担首府城市与城市圈内乃至与自治区内城市连接的中介职能，与所处的优势区位不相匹配。

6. 影响人口城镇化水平的因素

1）经济发展：城市圈GDP占西藏GDP的比重达到42%

经济发展是影响人口城镇化水平的最重要因素，经济规模的扩大、工业化和旅游的带动等因素推动了人口城镇化。2002年，拉萨城市圈GDP占西藏的38.93%，2020年这一比例达到了42.02%；2002年拉萨市GDP占西藏的33.99%，2020年这一比例达到了35.64%。拉萨市的GDP占自治区的比重有所提高，经济规模的扩大会在一定程度上吸引人口集聚。拉萨市三次产业结构由2005年的7.2∶23.2∶69.6转变为2020年的3.3∶42.8∶53.9，第一产业占比下降，第二产业占比上升，工业化发展促进了人口城镇化；第三产业比重虽然有所降低，但整体规模扩大，就业人数增加。2020年拉萨市旅游收入达到301.84亿元，占西藏旅游总收入的82.42%，拉萨市旅游业提供了大量的就业岗位，吸引区内外人口向拉萨流动。同时，在旅游业发展的过程中还存在一种现象，即旅游资源的富集以及旅游收入的提升，使拉萨市人口在不同季节具有明显的胀缩特征，随着时间的推移，这部分"胀缩人口"会逐渐演变为城市稳定常住人口，形成"弹性城镇化"现象，由旅游带来的常住人口的增加也是拉萨常住人口城镇化率提升的重要因素之一（王延中和黄万庭，2016）。

第七次全国人口普查数据显示，拉萨市常住人口中人户分离人口达到50.11万人，约占总人口的57.74%。区内流动人口27.76万人，比2010年增加22.88万人。首府城市吸引了区内外人口的集聚（拉萨市统计局，2021）。

2）首府城市商业服务业和居住环境因素

2019年拉萨市社会消费品零售总额达到383.75亿元，占西藏的比重为49.62%。2019年拉萨市房屋施工面积、房屋竣工面积和住宅面积均位居自治区各地市第1位，分别占自治区的比重为52.34%、46.09%和47.21%。西藏自治区的7所高等院校中有6所都集中分布在拉萨市，还拥有拉萨中学、拉萨市北京中学和拉萨江苏实验中学等为代表的优质基础教育资源。2019年拉萨市拥有医疗卫生机构347个，实有床位数4075人，在岗职工8997人，均处于西藏自治区各地市中的最高水平，同时西藏自治区12家三甲医院中的4家分布在拉萨市。商业服务业的繁荣、优质教育资源和医疗资源的集聚带来居住环境的改善，为吸引市内外人口向拉萨集聚创造了条件。

3）易地搬迁因素

2016年以来，西藏加大了以扶贫脱贫为目标的易地搬迁力度。截至2020年，全区26.6万人搬迁到了海拔较低、适宜生产生活的964个易地扶贫搬迁区（点）（中共中央统一战线工作部，2021）。那曲、昌都等位于生态敏感区和生活贫困区的农牧民搬迁到了拉萨市经济技术开发区、柳梧新区和山南市乃东区等发展条件较好的区域，同时通过劳务输出、就近务工、自主创业、集体分红等方式带动易地搬迁人口脱贫致富，进而实现人口城镇化。

4）行政区划调整因素

2015 年，堆龙德庆县撤县设区，下属各乡镇随之进行相应调整，原有的部分乡村人口转变为城镇人口，同时柳梧高新区和拉萨国家级经济技术开发区的设立和发展带来产业集聚，使堆龙德庆区的人口城镇化率迅速提升。在行政区划调整和产业园区的双重作用下，堆龙德庆区一跃成为拉萨城市圈中人口城镇化率位列第二的区（县）。堆龙德庆区人口城镇化水平提高的重要因素除了行政区划调整外，产业园区的设立与建设带来的集聚效应也不容忽视。达孜县 2017 年也进行了撤县设区。但是 2020 年达孜区的常住人口城镇化率只有 22.49%，同时达孜工业园区并未达到堆龙德庆区中两个园区的规模，对人口的吸引能力不足，行政区划的调整并没有带来达孜区人口城镇化率的大幅度提高。可见，行政区划调整并不是提升人口城镇化水平的重要因素，产业不发展也难以实现新增人口的城镇化。

10.2.2　城市圈城镇数量变化特征

1. 城市圈区县数量变化

1）拉萨市城镇数量变化

1960 年 1 月，拉萨市人民政府正式成立，下辖曲水、尼木、堆龙德庆、当雄、达孜、墨竹工卡、林周、旁多 8 县和东城、南城、西城、北城 4 区，10 月 16 日增设澎波区。拉萨市下辖 8 县 5 区。1961～1964 年，拉萨市的行政区划有较大调整：一是将所辖东城、南城、西城、北城 4 区撤销合并为城关区；二是自治区筹委会决定撤销旁多县、澎波区，并入林周县；三是中共西藏工委决定撤销林芝专区，林芝、米林、墨脱、工布江达 4 县划归拉萨市管辖。至 1964 年 7 月，拉萨市共辖 11 个县、1 个区。1965 年，西藏自治区成立，拉萨市成为自治区首府，辖 12 个县（区）。1986 年，林芝地区恢复成立，其原划归拉萨市管辖的林芝、米林、墨脱、工布江达归建于林芝地区。拉萨市下辖城关区、堆龙德庆县、达孜县、墨竹工卡县、曲水县、林周县、尼木县和当雄县 8 县（区）（拉萨市地方志编纂委员会，2007）。2015 年撤销堆龙德庆县，设立拉萨市堆龙德庆区。2017 年撤销达孜县，设立拉萨市达孜区。截至 2020 年，拉萨市下辖 3 区 5 县，即城关区、堆龙德庆区、达孜区、曲水县、尼木县、当雄县、墨竹工卡县、林周县。

2）山南市城镇数量变化

1985 年，山南地区辖 12 县，即乃东县、琼结县、错那县、哲古县、隆子县、洛扎县、朗县、桑日县、扎囊县、加查县、贡嘎县和拉加里县。2016 年，山南地区改设为山南市，乃东县撤县，设立乃东区，原乃东县行政区域为乃东区的行政区域。

2. 城市圈镇和街道数量变化

1980 年，拉萨市城关区共拥有 6 个街道，没有镇，城市圈内的其他 11 个县都没有镇。城关区的 6 个街道分别为吉日街道、吉崩岗街道、扎细街道、公德林街道、冲赛康街道与八廓街道。1984 年，山南地区乃东县撤销泽当乡设立泽当镇，城市圈内的镇数量为 1 个。1987 年，拉萨市堆龙德庆县撤销东嘎乡设立东嘎镇，墨竹工卡县撤销工卡乡设立工卡镇，扎囊县撤销扎塘乡设立扎塘镇，贡嘎县撤销杰德秀乡设立杰德秀镇，城市圈内的镇数量达到 5 个。1988 年，当雄县撤销当曲卡乡和羊八井乡分别设立当曲卡镇和羊八井镇。城市圈内的镇数量达到 7 个。1992 年，曲水县撤销曲水乡设立曲水镇。城市圈内的镇数量达到 8 个。1993 年，堆龙德庆县撤销乃琼乡设立乃琼镇。城市圈内的镇数量达到 9 个。1996 年，贡嘎县撤销吉雄乡、岗堆乡、甲竹林乡、江塘乡分别设立吉雄镇、岗堆镇、甲竹林镇、江塘镇。城市圈内的镇数量达到 13 个。1999 年，达孜县撤销德庆乡设立德庆镇，林周县撤销甘丹曲果乡设立甘丹曲果镇，乃东县撤销昌珠乡设立昌珠镇，扎囊县撤销桑耶乡设立桑耶镇，桑日县撤销桑日乡设立桑日镇，尼木县撤销塔荣乡设立塔荣镇。城市圈内的镇数量达到 19 个。2003 年，城关区新设立嘎玛贡桑街道，城关区街道数量达到 7 个。2009 年，城关区新设立两岛街道，城关区街道数量达到 8 个。2010 年 10 月，冲赛康街道与八廓街道合并为八廓街道。城关区街道数量为 7 个。2011 年，城关区新设立金珠西路街道，城关区街道数量达到 8 个。2018 年，城关区撤销夺底乡、蔡公堂乡、娘热乡和纳金乡分别设立夺底街道、蔡公堂街道、娘热街道、纳金街道，城关区街道数量达到 12 个；堆龙德庆区撤销柳梧乡设立柳梧街道，堆龙德庆区街道为 1 个，拉萨市和城市圈的街道共 13 个。2019 年，堆龙德庆区撤销东嘎镇、乃琼镇、羊达乡分别设立东嘎街道、乃琼街道、羊达街道，乃东区撤销泽当镇设立泽当街道。城关区的街道数量仍为 12 个，堆龙德庆区街道为 4 个，拉萨市的街道共 16 个；山南市的街道为 1 个，城市圈的街道为 17 个。堆龙德庆区撤销古荣乡、马乡、德庆乡分别设立古荣镇、马镇、德庆镇，尼木县撤销吞巴乡设立吞巴镇，曲水县撤销达嘎乡设立达嘎镇。城市圈内的镇数量达到 21 个。

2020 年，拉萨城市圈内的 12 区（县）共包括 17 个街道、21 个镇、52 个乡。17 个街道中，拉萨市域内有 16 个、山南市只有 1 个泽当街道。21 个镇中，拉萨市域内有 12 个镇，山南市域内有 9 个镇。52 个乡中，拉萨市有 37 个，山南市有 15 个（表 10.2）。

3. 城镇空间格局演化

1980 年，拉萨城市圈城区仅限于城关区的 6 个街道，城镇发展水平低（图 10.13）。1990 年，拉萨城市圈街道数量保持不变，镇的数量迅速增加，达到了 7 个。新设立的镇大多是各县的县城所在地。

表 10.2　2020 年拉萨城市圈街道、镇、乡

县（区）	街道	镇	乡
城关区	吉日街道、吉崩岗街道、两岛街道、八廓街道、金珠西路街道，夺底街道、蔡公堂街道、娘热街道、纳金街道、扎细街道、公德林街道、嘎玛贡桑街道		
堆龙德庆区	东嘎街道、乃琼街道、羊达街道、柳梧街道	古荣镇、马镇、德庆镇	
达孜区		德庆镇	塔杰乡、章多乡、唐嘎乡、雪乡、帮堆乡
林周县		甘丹曲果镇	春堆乡、松盘乡、强嘎乡、卡孜乡、边交林乡、江热夏乡、阿朗乡、唐古乡、旁多乡
当雄县		当曲卡镇、羊八井镇	格达乡、宁中乡、公塘乡、龙仁乡、乌玛塘乡、纳木湖乡
尼木县		塔荣镇、吞巴镇	麻江乡、普松乡、卡如乡、尼木乡、续迈乡、帕古乡
曲水县		曲水镇、达嘎镇	才纳乡、南木乡、聂当乡、茶巴拉乡
墨竹工卡县		工卡镇	扎雪乡、门巴乡、扎西岗乡、日多乡、尼玛江热乡、甲玛乡、唐加乡
乃东区	泽当街道	昌珠镇	亚堆乡、索珠乡、多颇章乡、结巴乡、颇章乡
扎囊县		扎塘镇、桑耶镇	扎其乡、阿扎乡、吉汝乡
贡嘎县		吉雄镇、岗堆镇、甲竹林镇、江塘镇、杰德秀镇	朗杰学乡、昌果乡、东拉乡、克西乡
桑日县		桑日镇	增期乡、白堆乡、绒乡

资料来源：国家统计局《统计用区划代码》和《统计用城乡划分代码》。

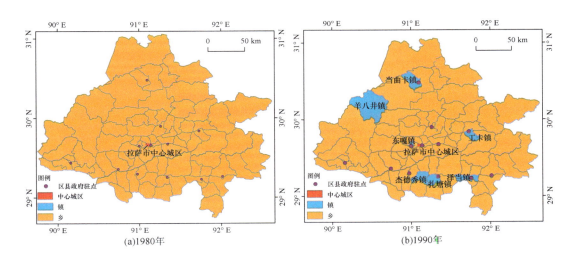

(a)1980年　　　　(b)1990年

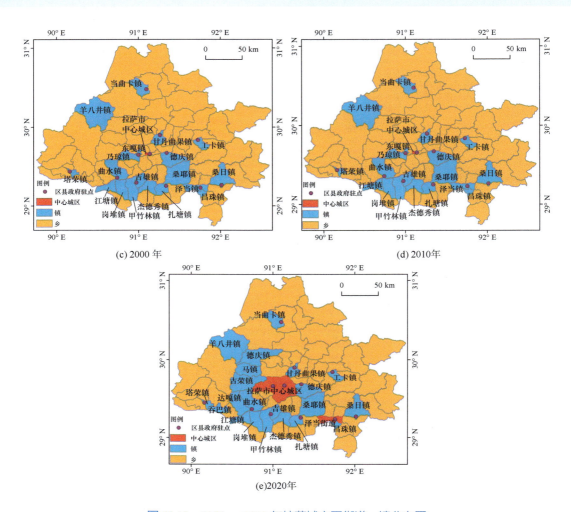

(c) 2000 年　　　　　　(d) 2010年

(e)2020年

图 10.13　1980～2020 年拉萨城市圈街道、镇分布图

　　2000 年拉萨城市圈街道数量没有变化，但镇的数量增加了 12 个，达到了 19 个，城镇空间扩张显著。2010 年拉萨城市圈镇的数量没有变化，街道数量调整为 7 个，仅增加了一个。2020 年随着城关区撤乡设区，堆龙德庆县、达孜县和乃东县撤县设区，拉萨城市圈街道数量显著增加，达到了 17 个，拉萨市中心城区扩张明显，镇的数量增加了两个。

　　拉萨城市圈大部分城镇沿主要交通干线分布，城镇空间分布具有明显的地形指向性。城镇主要分布于拉萨河和雅鲁藏布江沿线及各支流河谷地带，以及念青唐古拉山脉东南部的当雄——羊八井谷地（图 10.14）。拉萨城市圈的城镇分布呈现出北疏南密的特点。北部区域高大山脉分布密集，人口和城镇数量相对少，而南部雅鲁藏布江为宽谷带，人口和城镇数量相对多。此外，受河谷地形限制，拉萨市和山南市核心城区很难向周边区域进行空间拓展，极大地限制了主城区空间扩展，主城区难以在城市圈内进一步发挥引领和辐射作用。

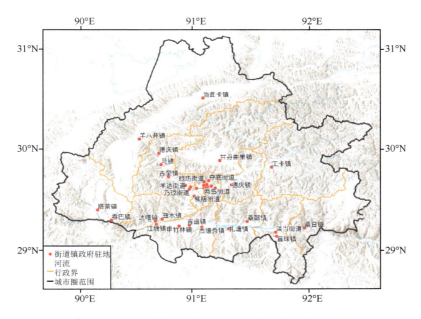

图 10.14 拉萨城市圈城镇空间分布和地形的关系图

10.2.3 城市圈城镇等级规模变化特征

1. 人口等级规模结构变化特征

1990 年以来，拉萨市中心城区的范围在扩大，城市总人口数量总体上以较快速度增加。城镇人口由 1990 年的 9 万余人较快增加到 2000 年的 17 万余人，拉萨市属于Ⅱ型小城市；2000～2010 年，人口增速较慢，2010 年人口接近 20 万人；2010 年以来，人口增速很快，2020 年人口数超过了 55 万人，拉萨市上升为中等城市（表 10.3）。

表 10.3 拉萨城市圈各城镇总人口数量及增长表

县区	城镇	1990 年人口数/人	2000 年		2010 年		2020 年	
			人口数/人	相较 1990 年增长/%	人口数/人	相较 2000 年增长/%	人口数/人	相较 2010 年增长/%
拉萨市中心城区*		91969	171719	86.71	199159	15.98	550774	176.55
堆龙德庆区（县）	东嘎镇	9012	9359	3.85	13371	42.87	—	
	乃琼镇	—	7838		11485	46.53	—	
	古荣镇	—	—		—		7563	
	马镇	—	—		—		4627	
	德庆镇	—	—		—		6457	
达孜区（县）	德庆镇	—	7382		9040	22.46	13268	46.77

续表

县区	城镇	1990 年人口数 /人	2000 年		2010 年		2020 年	
			人口数 /人	相较 1990 年增长 /%	人口数 /人	相较 2000 年增长 /%	人口数 /人	相较 2010 年增长 /%
林周县	甘丹曲果镇	—	8111	—	8267	1.92	10530	27.37
当雄县	当曲卡镇	3556	4182	17.60	5202	24.39	7305	40.43
	羊八井镇	4669	4348	−6.88	5017	15.39	6025	20.09
尼木县	塔荣镇	—	6082	—	6393	5.11	8480	32.65
	吞巴镇	—	—	—	—	—	2451	—
曲水县	曲水镇	3289	7406	125.17	8695	17.40	9378	7.86
	达嘎镇	—	—	—	—	—	7981	—
墨竹工卡县	工卡镇	2336	5409	131.55	6493	20.04	10964	68.86
乃东区	泽当街道	—	—	—	—	—	53524	—
	泽当镇	16701	29770	78.25	30370	2.02	—	—
	昌珠镇	—	6399	—	6621	3.47	7200	8.74
扎囊县	扎塘镇	—	9181	—	9495	3.42	12480	31.44
	桑耶镇	—	4578	—	4625	1.03	5940	28.43
贡嘎县	吉雄镇	—	4931	—	5016	1.72	5988	19.38
	岗堆镇	—	6670	—	6832	2.43	11641	70.39
	甲竹林镇	—	7879	—	8459	7.36	10943	29.37
	江塘镇	—	4705	—	4852	3.12	4201	−13.42
	杰德秀镇	2939	7746	163.56	7508	−3.07	4933	−34.30
桑日县	桑日镇	—	4212	—	4720	12.06	4963	5.15

资料来源:第四、第五、第六次全国人口普查数据公报,第七次全国人口普查数据公报。"—"表示该年份要么是乡,要么转设为街道,不是城镇。

*拉萨市中心城区范围在变化:1990 年和 2000 年包含 6 个街道,2010 年包含 8 个街道,2020 年包含 16 个街道。

1990 ~ 2020 年的不同时期,拉萨城市圈各城镇总人口数量增长速度差距较大。2010 ~ 2020 年,贡嘎县的江塘镇和杰德秀镇人口负增长;除拉萨市中心城区外,乃东区的泽当镇和泽当街道、墨竹工卡县的工卡镇、贡嘎县的岗堆镇人口增速也很快,达孜区的德庆镇、当雄县的当曲卡镇、林周县的甘丹曲果镇、尼木县的塔荣镇、扎囊县的扎唐镇和桑耶镇、贡嘎县的甲竹林镇人口增速较快,而其余各镇人口以较低速度增加。

拉萨城市圈中,拉萨市中心城区的首位度一直较高;人口数居于第二位的是山南市乃东区的泽当街道,2020 年其人口数仅约为拉萨市中心城区的 10%,而其他城镇人口规模较小。按城镇总人口数少于 5000 人(Ⅵ级)、5000 ~ 9999 人(Ⅴ级)、10000 ~ 19999 人(Ⅳ级)、20000 ~ 49999 人(Ⅲ级)、50000 ~ 99999 人(Ⅱ级)和 10 万人以上(Ⅰ级)划分为 6 个等级,1990 年,拉萨市中心城区人口规模居于Ⅱ级,乃东县泽当镇居于Ⅳ级,堆龙德庆县东嘎镇居于Ⅴ级,其他五个镇居于Ⅵ级,缺少Ⅰ级和Ⅲ级的城镇。

2000 年，拉萨市中心城区人口规模居于Ⅰ级，乃东县泽当镇居于Ⅲ级，堆龙德庆县东嘎镇和乃琼镇等 12 个城镇居于Ⅴ级，当雄县当曲卡镇等 6 个镇居于Ⅵ级，缺少Ⅱ级和Ⅳ级的城镇（图 10.15）。

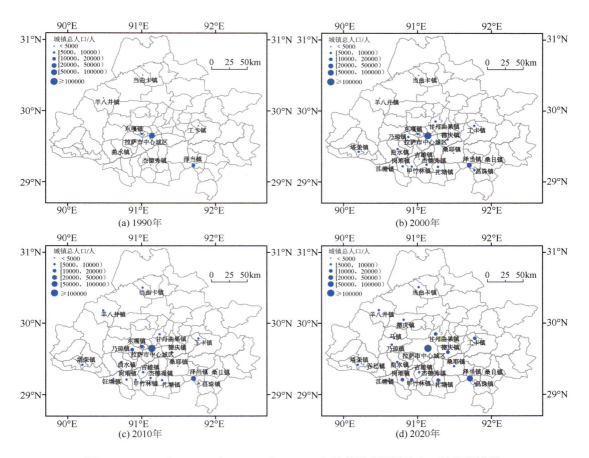

图 10.15　1990 年、2000 年、2010 年、2020 年拉萨城市圈城镇人口等级规模图

2010 年，拉萨市中心城区人口规模居于Ⅰ级，乃东县泽当镇居于Ⅲ级，堆龙德庆县东嘎镇和乃琼镇居于Ⅳ级，达孜县德庆镇等 13 个城镇居于Ⅴ级，扎囊县桑耶镇等 3 个城镇居于Ⅵ级，缺少Ⅱ级城镇。

2020 年，拉萨市中心城区人口规模居于Ⅰ级，乃东区泽当街道居于Ⅱ级，达孜区的德庆镇等 6 个城镇的人口规模居于Ⅳ级，堆龙德庆区的古荣镇等 10 个城镇居于Ⅴ级，堆龙德庆区的马镇等 5 个镇居于Ⅵ级，缺少Ⅲ级的城镇。

2. 城镇建成区变化特征

拉萨城市圈城镇建成区面积差异很大（表 10.4、图 10.16）。拉萨市中心城区的范围在扩大，建成区面积也以较快的速度增加，建成区面积由 1980 年的 12.5721km² 扩大到 2020 年的 73.8135km²。山南市乃东区中心城区（泽当镇／泽当街道）建成区面积居

表 10.4　拉萨城市圈各城镇建成区面积

县区	城镇	1980年 建成区面积/km²	1990年 建成区面积/km²	1990年 相较1980年增长/%	2000年 建成区面积/km²	2000年 相较1990年增长/%	2010年 建成区面积/km²	2010年 相较2000年增长/%	2020年 建成区面积/km²	2020年 相较2010年增长/%
拉萨市中心城区*		12.5721	14.3370	14.04	17.2512	20.33	21.4848	24.54	73.8135	243.56
堆龙德庆区（县）	东嘎镇	—	—	—	0.9216	—	6.6429	620.80	—	—
	乃琼镇	—	—	—	—	—	—	—	—	—
	古荣镇	—	—	—	—	—	—	—	—	—
	马镇	—	—	—	—	—	—	—	—	—
	德庆镇	—	—	—	—	—	—	—	—	—
达孜区（县）	德庆镇	—	—	—	—	—	1.5498	—	1.2681	−18.18
林周县	甘丹曲果镇	—	—	—	—	—	0.4986	—	0.9234	85.20
当雄县	当曲卡镇	—	—	—	—	—	1.2024	—	2.0430	69.91
	羊八井镇	—	—	—	—	—	—	—	—	—
尼木县	塔荣镇	—	—	—	—	—	1.5408	—	2.1456	39.25
	吞巴镇	—	—	—	—	—	—	—	—	—
曲水县	曲水镇	—	—	—	—	—	0.7146	—	1.4400	101.51
	达嘎镇	—	—	—	—	—	—	—	—	—
墨竹工卡县	工卡镇	—	—	—	—	—	0.6111	—	0.9459	54.79
乃东区	泽当街道	—	—	—	—	—	—	—	11.6838	60.57
	泽当镇	—	2.0646	—	3.3714	60.33	7.2765	115.83	—	—
	昌珠镇	—	—	—	—	—	0.0693	—	0.4257	514.29
扎囊县	扎塘镇	—	—	—	—	—	0.3627	—	2.2311	515.14
	桑耶镇	—	—	—	—	—	—	—	—	—
贡嘎县	吉雄镇	—	—	—	—	—	0.8217	—	1.1529	40.31
	岗堆镇	—	—	—	—	—	—	—	—	—
	甲竹林镇	—	—	—	—	—	—	—	—	—
	江塘镇	—	—	—	—	—	—	—	—	—
	杰德秀镇	—	0.2709	—	0.2709	0	—	—	—	—
桑日县	桑日镇	—	—	—	—	—	0.8109	—	0.9693	19.53

注：—表示该年份要么是乡，要么转设为街道，不是城镇；或者，建成区面积太小，无法识别。

*拉萨市中心城区范围在变化：1990年和2000年包含6个街道，2010年包含8个街道，2020年包含16个街道。

466

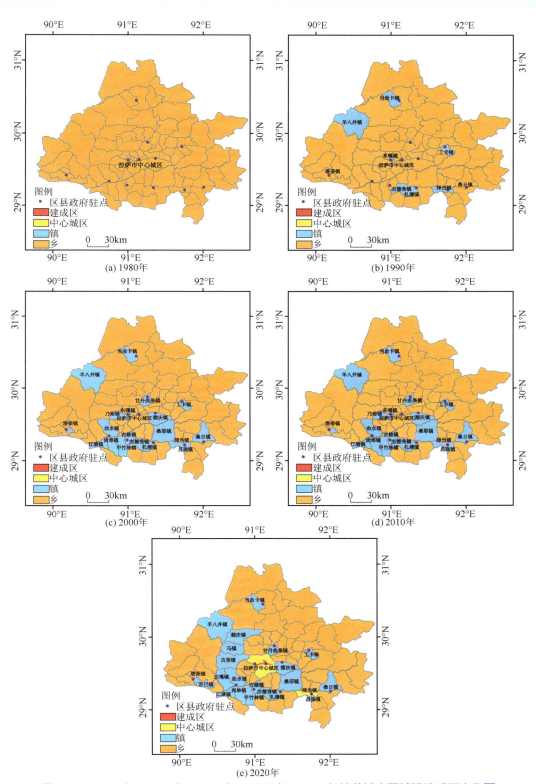

图 10.16　1980 年、1990 年、2000 年、2010 年、2020 年拉萨城市圈城镇建成区变化图

于第二，建成区面积由 1980 年的 2.0646km² 扩大到 2020 年的 11.6838km²。2020 年城镇建成区面积在 2km² 左右的有当雄县当曲卡镇、尼木县塔荣镇、扎囊县扎塘镇，建成区面积在 1km² 左右的有达孜区德庆镇、林周县甘丹曲果镇、曲水县曲水镇、墨竹工卡县工卡镇、贡嘎县吉雄镇和桑日县桑日镇，乃东区昌珠镇的建成区面积为 0.4257km²，其他城镇建成区面积都很小。随着城镇面积的扩大，城镇面貌也发生了很大变化。

10.2.4 城市圈城镇职能结构变化特征

1. 城镇经济发展与职能演变

拉萨城市圈是西藏自治区内经济最为发达的地区，具有强大经济活力和较大发展潜力。

1960 年拉萨经济发展水平较低。在三产构成中，第一产业占主导地位，第二产业占比仅为 10.5%，农牧业是区域发展的主导方向。1960～1978 年，拉萨市经济发展速度较快。第一产业所占比例逐渐降低，第二、第三产业在产业结构中所占的比例不断提高。1965 年，第三产业产值比重已经远远超过第一产业，成为区域中主导的产业部门。截至 1978 年，拉萨市共有轻工业企业 27 家，重工业企业 13 家。第三产业虽然占比高，但以低层次的传统服务业中的邮电业、批发和贸易零售业为主。

2020 年拉萨市 GDP 678.16 亿元，较 2010 年增加了 499.25 亿元，增加了近 4 倍，但增长速度稍缓于上一阶段（图 10.17）。第一产业产值 22.45 亿元、第二产业 290.44 亿元、第三产业 365.37 亿元，三次产业比例为 3.31∶42.83∶53.86，第一产业、第三产业比例下降，第二产业比例上升。2020 年规上工业企业达到 85 家，主要工业部门包括矿产采掘业、绿色食饮品业、藏医药业、新型建材业、民族手工业等。将纳木错打造为世界自然文化双遗产和国际高原生态旅游示范区，旅游业快速发展（图 10.18）。

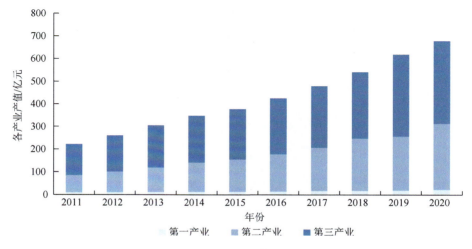

图 10.17 2011～2020 年拉萨市三产产值示意图

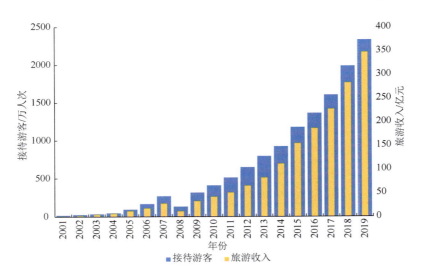

图 10.18　2001 ～ 2019 年拉萨市接待游客和旅游收入变化图

　　2002 年山南市 GDP 为 8.012 亿元，其中第一产业产值 1.23 亿元、第二产业产值 1.74 亿元、第三产业产值 6.04 亿元，三产比例 15.35∶21.7∶75.44，山南市四区县的国内生产总值占到山南市的 60% 以上（图 10.19）。到 2019 年 GDP 为 110.3508 亿元，其中第一产业产值 3.52 亿元、第二产业产值 53.7 亿元、第三产业产值 53.14 亿元，三产比例 3.19∶48.66∶48.15，第一产业、第三产业比例持续下降，第二产业比例上升，产业结构由"三二一"转为"二三一"。

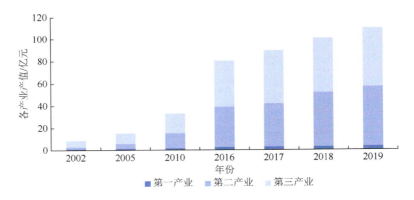

图 10.19　2002 ～ 2019 年山南市四区县三产产值

2. 城镇职能结构特征

　　拉萨城市圈是西藏自治区经济最为发达的地区，以净土健康产业、文化旅游产业为主要发展方向，带动西藏农牧业、商贸物流业的发展（表 10.5）。拉萨城市圈的城镇职能包括综合型、农牧服务型、旅游服务型、工矿服务型、城郊经济型、交通物流型、综合服务型等类型。

表 10.5　拉萨城市圈城镇职能分工表

区（县）	镇	职能类型	职能目标
拉萨市核心区（城关区和堆龙德庆区 17 街道）		综合型	自治区首府，区域发展增长极。城关区发展文体、旅游、服务等特色产业集群，完善净土健康全产业链；堆龙德庆区发展以仓储物流等为重点的现代服务业，做强三大绿色工业
堆龙德庆区	古荣镇	农牧服务型	镇域商业服务业中心，农牧产品及精深加工
	马镇	农牧服务型	镇域商业服务业中心，农牧产品及精深加工
	德庆镇	城郊经济型	城郊农业，商业服务业
达孜区	德庆镇	旅游服务型	服务业，都市旅游，农牧加工产业
林周县	甘曲镇	农牧服务型	县域政治文化中心，商业服务业中心，农牧业加工和开发
当雄县	当曲卡镇	综合服务型	县域政治文化中心，商业服务业中心
	羊八井镇	旅游服务型	依托丰富的地热资源发展旅游
尼木县	塔荣镇	工矿服务型	镇域服务中心，矿产资源开发
	吞巴镇	旅游服务型	旅游服务业和民族手工业
曲水县	曲水镇	城郊经济型	县域政治文化中心，商业服务业中心，城郊农业，商业服务业
	达嘎镇	农牧服务型	镇域商业服务业中心，农牧产品及精深加工
墨竹工卡县	工卡镇	综合服务型	县域政治文化中心，商业服务业中心
乃东区	泽当街道	综合型	山南市中心城区，市域政治经济文化中心
	昌珠镇	综合型	镇域政治经济文化中心
贡嘎县	甲竹林镇	交通物流型	交通枢纽，现代物流业
	杰德秀镇	旅游服务型	旅游，传统手工业
	岗堆镇	旅游服务型	旅游，传统手工业
	吉雄镇	综合服务型	县域政治文化中心，商业服务业中心
	江塘镇	农牧服务型	镇域商业服务业中心，农牧产品及精深加工
扎囊县	扎塘镇	综合服务型	县域政治文化中心，商业服务业中心
	桑耶镇	旅游服务型	旅游服务
桑日县	桑日镇	农牧服务型	县域政治文化中心，商业服务业中心，农牧业加工

10.3　拉萨城市圈城镇化发展目标

未来将拉萨城市圈建成青藏高原同城化程度高的城市圈，2035 年城市圈常住人口达到 114.92 万人，常住人口城镇化率达到 75.31%，形成"一心一廊两带多极"的空间格局。

10.3.1　城市圈发展定位

拉萨城市圈的发展定位为：建成青藏高原创新发展引领区、西藏特色产业集聚区、西藏新型城镇化示范区、西藏开放合作试验区和西藏城乡融合发展先行区。重点发展以净土健康产业和文化旅游产业的支柱产业，为西藏自治区居民提供高端商业服务业。拉萨城市圈中各城镇职能目标如表 10.6 所示。

表 10.6　拉萨城市圈城镇职能目标

区（县）	镇	职能类型	职能目标
拉萨市核心区（城关区和堆龙德庆区 17 街道）		综合型	自治区首府，区域发展增长极。城关区发展文体、旅游、服务等特色产业集群，完善净土健康全产业链；堆龙德庆区发展以仓储物流等为重点的现代服务业，做强三大绿色工业
堆龙德庆区	古荣镇	农牧服务型	农牧产品精深加工，延长农牧业产业链
	马镇	农牧服务型	农牧产品精深加工，延长农牧业产业链
	德庆镇	城郊经济型	镇域政治文化中心，商业服务业中心，发展城郊农业，商业服务业
达孜区	德庆镇	旅游服务型	发展现代服务、现代农业和都市旅游，以食饮品加工、民族手工业为特色产业，延伸农牧加工产业链
林周县	甘丹曲果镇	农牧服务型	县域政治文化中心，商业服务业中心，打造农畜产品现代化生产基地
当雄县	当曲卡镇	综合服务型	县域政治文化中心，商业服务业中心
	羊八井镇	综合服务型	县域政治文化中心，商业服务业中心，打造以高原风光为特色的文化体育旅游产业
尼木县	塔荣镇	工矿服务型	县域政治经济文化中心，矿产资源开发加工
	吞巴镇	旅游服务型	发展旅游服务业和民族手工业，支持传统手工艺与旅游产业融合发展
曲水县	曲水镇	城郊经济型	县域政治文化中心，城郊型农业和商业服务业
	达嘎镇	农牧服务型	农牧产品及精深加工，建设种质资源基地、农产品精深加工基地
墨竹工卡县	工卡镇	综合服务型	县域政治文化中心，商业服务业中心，提升矿产资源绿色开发水平
乃东区	泽当街道	综合型	山南市中心城区。发挥中心城区引领作用，重点发展综合服务、商贸物流、文化旅游、特色制造等产业
	昌珠镇	综合型	镇域政治经济文化中心
贡嘎县	甲竹林镇	交通物流型	交通枢纽，依托航空港优势，重点发展航空服务、现代物流
	杰德秀镇	旅游服务型	旅游，传统手工业
	岗堆镇	旅游服务型	旅游，传统手工业
	吉雄镇	综合服务型	镇域政治文化中心，商业服务业中心
	江塘镇	农牧服务型	农牧产品精深加工，延长农牧业产业链
扎囊县	扎塘镇	综合服务型	县域政治文化中心，商业服务业中心
	桑耶镇	旅游服务型	旅游服务
桑日县	桑日镇	农牧服务型	县域政治文化中心，商业服务业中心，农牧产品精深加工，延长农牧业产业链

拉萨市定位为：青藏高原开放发展门户、人文旅游胜地、生态文明高地、民生幸福天堂。以文化旅游、净土健康、绿色工业、现代服务业、数字产业五大产业集群为代表的环境友好型、资源节约型、劳动密集型、区域特需型、高端定制型特色优势产业和适宜产业发展，形成更具创新力、附加值更高的现代产业体系。

山南市4区（县）定位为：国家安全屏障中心区、藏中南经济核心区、世界旅游目的地特色区和生态文明建设示范带动区。做大做强高原现代农牧业，做精做细生态友好型绿色工业，提升现代服务业功能和品质，打造更具影响力和美誉度的藏源文化旅游基地，建设更好地支撑高原生态和固边富民的现代产业新城。

10.3.2 城市圈城镇人口发展目标

1. 城市圈城镇人口发展目标

拉萨城市圈各城镇2025年，2030年和2035年总人口发展目标如表10.7所示。2025年，拉萨市中心城区人口规模居于Ⅰ级，乃东区泽当街道居于Ⅱ级，达孜区的德庆镇等6个城镇的人口规模居于Ⅳ级，堆龙德庆区的古荣镇等11个城镇居于Ⅴ级，堆龙德庆区的马镇等4个镇居于Ⅵ级，缺少Ⅲ级城镇（图10.20）；2030年，Ⅳ级城镇数量增加到8个，Ⅴ级的减少到9个，其他不变；2035年，拉萨市中心城区人口规模居于Ⅰ级，乃东区泽当街道居于Ⅱ级，达孜区德庆镇人口规模居于Ⅲ级，当雄县当曲卡镇等6个城镇人口规模居Ⅳ级，堆龙德庆区古荣镇等10个城镇居于Ⅴ级，堆龙德庆区马镇等4个镇居于Ⅵ级。

表 10.7　拉萨城市圈城镇总人口发展目标　（单位：万人）

区（县）	镇	2025 年	2030 年	2035 年
城市圈总人口		91.11	107.84	114.92
拉萨市中心城区 (16 个街道)		67.27	81.53	85.81
堆龙德庆区	德庆镇	0.67	0.69	0.71
	马镇	0.47	0.47	0.48
	古荣镇	0.81	0.87	0.94
达孜区	德庆镇	1.54	1.78	2.06
林周县	甘丹曲果镇	1.12	1.20	1.28
当雄县	当曲卡镇	0.84	0.97	1.11
	羊八井镇	0.65	0.71	0.77
尼木县	塔荣镇	0.92	1.00	1.09
	吞巴镇	0.25	0.25	0.26
曲水县	曲水镇	0.99	1.06	1.12
	达嘎镇	0.82	0.85	0.88
墨竹工卡县	工卡镇	1.31	1.56	1.86
乃东区	泽当街道	6.20	7.18	8.31
	昌珠镇	0.74	0.76	0.79

续表

区（县）	镇	2025 年	2030 年	2035 年
扎囊县	扎塘镇	1.35	1.46	1.57
	桑耶镇	0.63	0.68	0.72
贡嘎县	岗堆镇	1.34	1.54	1.77
	甲竹林镇	1.19	1.29	1.40
	江塘镇	0.41	0.40	0.39
	杰德秀镇	0.44	0.39	0.35
	吉雄镇	0.63	0.66	0.69
桑日县	桑日镇	0.52	0.54	0.56

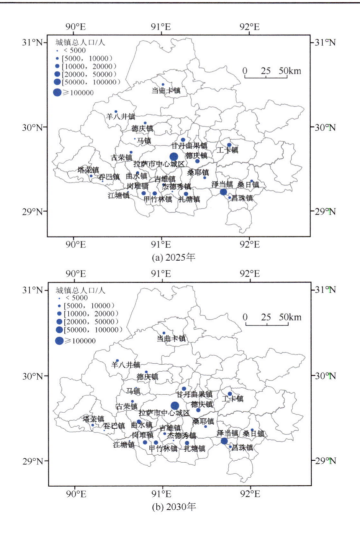

(a) 2025年

(b) 2030年

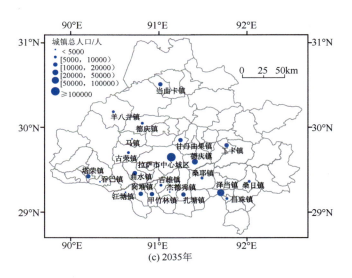

图 10.20　2025 年、2030 年、2035 年拉萨城市圈人口等级规模图

2. 城市圈区（县）人口城镇化率目标

拉萨城市圈各区（县）2025 年、2030 年和 2035 年人口城镇化发展目标如表 10.8。
2025 年，拉萨市城关区和堆龙德庆区处于城镇化的后期阶段，山南市乃东区和扎囊县
处于城镇化的中期阶段，其余区（县）处于城镇化的初期阶段 [图 10.21（a）]。2030 年，
山南市乃东区也进入城镇化的后期阶段，拉萨市达孜区、尼木县和山南市扎囊县进入
城镇化的中期阶段，其余区（县）则处于城镇化的初期阶段 [图 10.21（b）]。2035 年，
拉萨市城关区、堆龙德庆区和山南市乃东区处于城镇化的后期阶段，拉萨市墨竹工卡县、
达孜区、尼木县、当雄县和山南市扎囊县进入城镇化的中期阶段，其余区（县）处于
城镇化的初期阶段 [图 10.21（c）]。

表 10.8　各区（县）人口城镇化水平目标　　　　（单位：%）

区（县）	2025 年	2030 年	2035 年
城关区	100	100	100
堆龙德庆区	87.54	89.31	91.11
达孜区	27.40	33.40	40.72
林周县	12.46	16.06	20.71
当雄县	22.29	27.19	33.17
尼木县	27.22	33.64	41.57
曲水县	20.07	22.44	25.09
墨竹工卡县	22.47	28.10	35.12
乃东区	69.47	72.69	76.05

区（县）	2025 年	2030 年	2035 年
扎囊县	30.61	34.63	39.18
贡嘎县	27.17	28.11	29.09
桑日县	14.39	16.28	18.42
拉萨城市圈	71.40	73.09	75.31

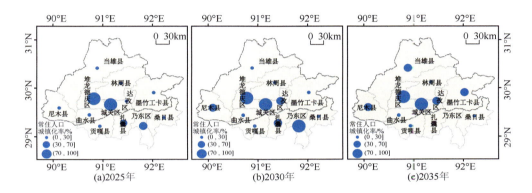

图 10.21　拉萨城市圈各区（县）人口城镇化水平预测

10.3.3　城市圈空间结构优化目标

1. 拉萨城市圈形成"一心一廊两带多极"的空间格局

"一心"是指涵盖拉萨中心城区、曲水县、贡嘎县、扎囊县、山南市中心城区的核心区（图 10.22）；"一廊"指神山圣湖文化名城观光廊道；"两带"指沿拉萨河南北两岸分布的北部拉萨河经济带和南部雅江中游经济带；"多极"指以各县城组成的产业中心或服务中心。发挥核心区的辐射功能和廊道、经济带的带动作用，驱动区域内协调发展。

核心区：以拉萨市中心城区为核心区内主中心，以乃东区为核心区内副中心，加强与拉萨市的产业分工、协作和对接。

一廊道：神山圣湖文化名城观光廊道，串接纳木错－念青唐古拉山国家自然地质及文化景观公园、拉轨岗日山－羊卓雍措国家自然地质及文化景观公园、当雄县、羊八井镇、拉萨中心城区等自然、文化资源。

两带：拉萨河经济带依托 G318 线、G4218 线、S1 线和拉萨—墨竹工卡铁路，建设西起曲水镇，东至工卡镇，沿拉萨河南北两岸分布的北部拉萨河经济带。雅鲁藏布江江中游经济带依托 G349 线泽贡高等级公路、拉林铁路、空港通道，打造雅鲁藏布江中游"沿江百亿产业走廊"，建设沿雅鲁藏布江南北两岸分布的拉萨山南经济一体化南部经济带（山南市人民政府，2019）。

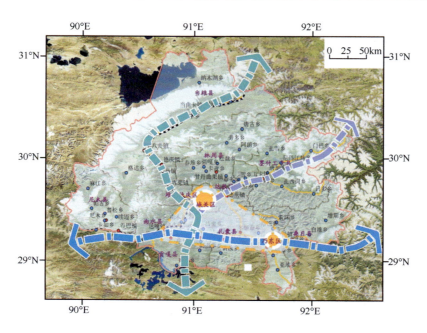

图 10.22　拉萨城市圈"一心一廊两带多极"空间结构格局图

多极：指各县城组成的产业中心或服务中心。

2. 拉萨市和山南 4 区县空间结构格局

拉萨市构建"一心两翼，南联北通"的空间结构，以老城中心地区为拉萨城市主中心，建成拉萨市文化辉煌核心区、多元文化融汇展示区、国际文化旅游圣地、商业金融中心；西翼以堆龙德庆区为城市副中心，打造藏中南地区物流中心和综合保税区；东翼以达孜区为城市副中心，建成新型工业化示范基地和生态休闲旅游基地。

山南市 4 区（县）：乃东区为主中心、贡嘎县为副中心。中心城区重点完善基础设施和公共服务设施，精心设计好雅砻河两岸景观，打造高原藏区河谷城市特色风貌。副中心加快改善基础设施和公共服务条件，增强在保护生态、巩固边防、发展特色产业等方面的服务功能，建成为支撑服务市域发展的副中心。同时，贡嘎县、扎囊县、乃东区、桑日县均位于雅鲁藏布江中游经济带，打造雅鲁藏布江中游"沿江百亿产业走廊"，建设西藏新的产业隆起带。

10.4　拉萨城市圈绿色发展模式与路径

10.4.1　绿色发展过程

从资源利用、环境治理、环境质量、增长质量、绿色生活五个方面分析拉萨城市圈绿色发展过程、现状和问题。

1. 资源利用

拉萨城市圈耕地面积在增加。2006 年拉萨市耕地为 35056.83hm²。2006～2014 年，拉萨市耕地面积在波动中有下降趋势，但从 2014 年以来，耕地面积以较快的速度增加，2019 年耕地面积达到 38520.71hm²（图 10.23）。2006 年以来，山南市耕地面积也在逐年增加，2019 年耕地面积达到 31941.09hm²。

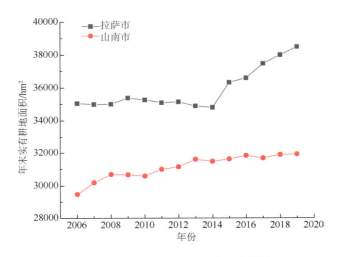

图 10.23   拉萨市、山南市年末实有耕地面积

拉萨城市圈供水总量总体在增加，工业用水效率提高。拉萨市 2007～2018 年用水量呈增加态势。总用水量中，生产用水量总体上在逐年增加，2019 年生产用水量为 2743 万 t；2006 年以来，生活用水量逐年增加，至 2015 年达到最高的 5533 万 t，之后在波动中下降到 2019 年的 3005 万 t（图 10.24）。拉萨市工业用水效益总体上在提高。2018 年山南市用水总量为 49788 万 t，其中农业用水量 45376 万 t、工业用水量 1760 万 t、生活用水量 2552 万 t。

拉萨城市圈工业能源利用效率总体在提高，而人均生活用电量在增加。拉萨市每亿元工业生产总值需要的能源从 2006 年的 84.70 万 kW·h 减少到 2019 年的 23.30 万 kW·h，每亿元工业生产总值用水量从 2006 年的 5.65 万 t 减少到 2019 年的 2.35 万 t（图 10.25）。2015～2018 年山南市工业能源消费总量增加，但单位 GDP 能源消费总量降低，能源利用效率提升（图 10.26）。

2. 环境治理

随着经济发展，拉萨市部分污染物的排放量在增加。2006～2019 年，拉萨市水体中氮氧排放总量逐年增加，化学需氧量排放总量在总体减少，但减少幅度较小（图 10.27）。2006～2011 年，大气中二氧化硫排放总量在增加，但从 2012 年开始排放总

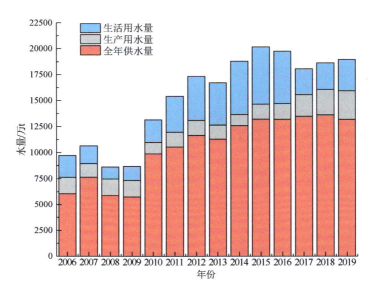

图 10.24　拉萨市全年供水量、生产用水量和生活用水量

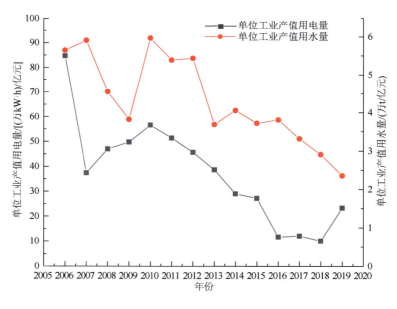

图 10.25　拉萨市单位工业产值用电量和用水量

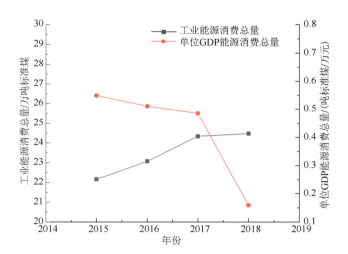

图 10.26 山南市工业能源消费总量和单位 GDP 能源消费总量

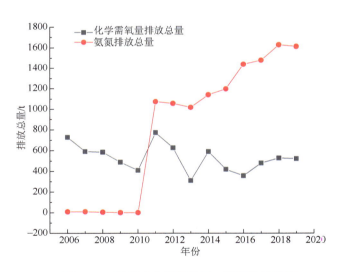

图 10.27 拉萨市化学需氧量、氨氮排放总量

量总体上减少；近些年，氮氧化物排放总量在增加（图 10.28）。2017 年拉萨市固体废弃物产生量为 190.37 万 t，其中以一般工业固废为主，产生量为 154.47 万 t。山南市主要污染物年均值满足国家二级标准（城区）。

拉萨城市圈环保基础设施不断完善，但还需加强建设。2019 年拉萨市建成并投入运行的污水处理厂 5 座，总处理规模为 18.6 万 t/d。在建城乡污水处理厂 7 座，新增污水处理规模为 2.8 万 t/d，新增配套管网 25.98km。此外，拉萨高新区污水处理厂正处于项目前期，墨竹工卡县甲玛乡等 7 个乡镇污水处理厂项目已于 2019 年 6 ～ 7 月陆续开工建设。市域内有垃圾填埋场 5 座，填埋场设计容量 1037.32 万 m³，已填容量 218.61 万 m³，

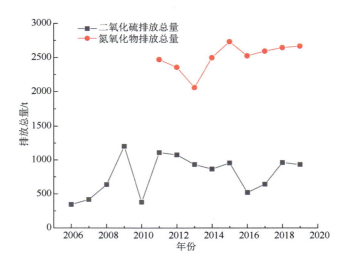

图 10.28　拉萨市二氧化硫、氮氧化物排放总量

生活垃圾转运站 2 座。在曲水县建有垃圾焚烧厂 1 座，装机容量 15MW，日处理垃圾可达 700t。离中心城镇较远的村镇地区环境基础设施建设投入较少，设施设备水平较差，垃圾收运设施简陋且数量不足，垃圾运输无法做到及时压实、密封清运。危废尚未建立健全收集、转运、集中处理的机制，存在污染地下水、地表水和土壤风险。拉萨市环境监管能力弱。现代化监测手段欠缺，环境自动监测点位少，缺乏统一监管的环境信息共享平台。

3. 环境质量

拉萨城市圈空气环境质量较高。拉萨市空气环境质量高，近两年变得更好。2016 年拉萨市空气质量优良天数率为 85.8%，2017 年～2019 年空气优良率升高至 98% 以上。山南市乃东区环境空气质量优良天数比例也达到 98%。

拉萨市水环境质量总体优良。2013～2019 年，拉萨市设置的 7 个国控监测断面中，雅鲁藏布江色麦断面、雅鲁藏布江才纳断面、拉萨河东嘎断面、拉萨河达孜断面、墨竹工卡县拉萨河下游 1km 断面 5 个断面水质稳定达到《地表水环境质量标准》（GB 3838—2002）中 II 类标准。由于背景值超标，扎西岛和扎西岛西南 12km 两个断面 2013 年、2015～2018 年的氟化物监测数据均为劣 V 类。如果不计入氟化物，扎西岛断面水质稳定达到《地表水环境质量标准》（GB 3838—2002）III 类标准。拉萨市城市集中式饮用水水源地有献多水厂、北郊水厂、药王山水厂、西郊水厂共 4 个水厂，2013～2019 年 4 个水厂的监测数据均达到或优于地下水 III 类标准，水质达标率 100%。2018 年山南市纳入监测的重要江河湖泊水功能区为 10 个，考核水功能区水质达标率 90%。

拉萨市噪声环境质量总体良好。2019 年拉萨市 231 个噪声监测点的监测显示，拉萨市噪声环境质量总体保持良好。近几年，拉萨市农药使用总量、化肥施用总量及其使用强度在降低，农业面源污染有所改善。农药使用总量从 2010 年的 141.33t 增加到 2013 年的 167.60t，然后逐年减少至 2019 年的 107.62t；化肥施用总量从 2010 年的 10585.04t 增加到 2014 年的 18401.37t，然后逐年减少至 2019 年的 9586.66t（图 10.29）。单位耕地面积化肥施用总量从 2010 年的 300.08kg/hm² 降低到 2019 年的 248.87kg/hm²，单位耕地面积农药使用总量从 2010 年的 3.70kg/hm² 降低到 2019 年的 2.16kg/hm²（图 10.30）。

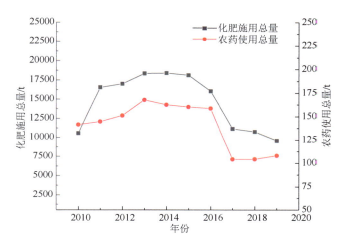

图 10.29　拉萨市化肥施用总量、农药使用总量

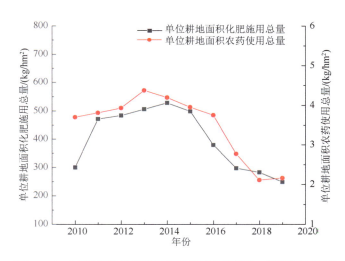

图 10.30　拉萨市单位耕地面积化肥施用总量、农药使用总量

　　拉萨市原生生态空间基础较好，但区域生态环境脆弱，建设用地面积在不断扩大。拉萨市拥有西藏雅鲁藏布江中游河谷黑颈鹤、拉鲁湿地等国家级自然保护区和纳木错

自治区级自然保护区，建有林周县热振国家级森林公园和尼木县尼木国家级森林公园。自然生态系统类型多样，森林、草地、湿地等重要生态系统和生物多样性资源得到有效保护，森林覆盖率达19.15%，草地覆盖率达17.89%。区域生态环境较为脆弱，存在土地荒漠化和沙化问题，荒漠化和沙化导致区域土地资源减少、草场退化、水土流失、生物多样性减少、发生次生自然灾害等。2000～2019年，全市年平均水源涵养量增加2.35%左右，防风固沙功能、水土保持功能、生物多样性保护功能基本维持稳定，固碳能力稳中有升。山南市全市森林覆盖率约5%。建设用地需求量增大，挤占了绿色空间，加剧了生态风险。

4. 增长质量

拉萨城市圈经济发展质量逐年提高。2006年以来，拉萨市和山南市农村居民人均可支配收入、城镇居民人均可支配收入都在稳步增加（图10.31）。随着现代化进程的加快，经济总量提升和城镇化水平提高，人类活动对环境的影响增强，对环境负面影响的压力增大。

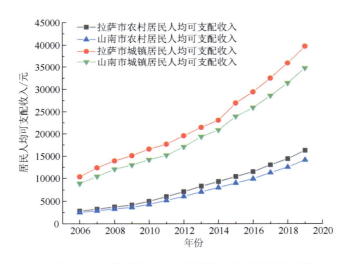

图10.31　拉萨市、山南市居民人均可支配收入图

5. 绿色生活

近几年，拉萨市建成区绿地率和绿化覆盖率在降低，而山南市在增加。2006～2010年，拉萨市建成区绿地率和绿化覆盖率在增加，但随着建成区面积的扩大，基础设施不断完善，自2011年以来，拉萨市建成区绿地率和绿化覆盖率在降低（图10.32）。山南市城市公共绿地面积约达24万m^2，城区内公园、广场绿化等约30处，城市绿化覆盖率达42.99%，人均公共绿地面积由原来的3.4m^2增加到现在的10.34m^2。

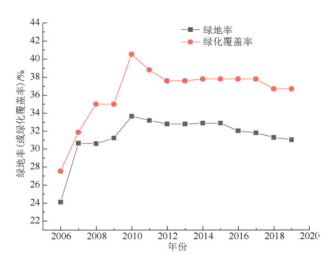

图 10.32　拉萨市建成区绿地率与绿化覆盖率变化图

10.4.2　绿色发展模式

1. 城市圈同城化发展模式

按照都市圈圈层结构的培育模式，以拉萨市为中心、山南市为副中心，建成两个辐射带增长极，带动城市圈周边地区的发展，进一步向都市圈建设的方向迈进。在城市圈建设过程中，突出旅游业和文化优势，发展优势资源加工业和民族传统手工业，完善城市圈基础设施，保护生态环境，打造山青水碧天蓝城靓的高原生态绿城、底蕴深厚人文荟萃的历史名城、独特风光旖旎的国际旅游胜地、人民幸福社会和谐的现代化城市圈。

在城市圈建设过程中，推动拉萨山南一体化发展。目前，拉萨山南经济一体化程度不高，缺少促进城市圈发展的政府间合作机制。要构建拉萨和山南市政府间合作机制和组织，推进区域经济一体化发展。在生态保护、基础设施建设、经济发展、国土空间规划等方面，拉萨市和山南市要加强合作和分工协作，促进拉萨市和山南市中心城区非核心功能向周边地区疏解，各城镇产业协同错位发展。

2. 特色卫星镇发展模式

拉萨市以综合发展为主，打造高品质世界级旅游文化城市，补齐基础设施短板，完善旅游厕所、旅游标识、高原供氧等设施建设；加强对文化资源的挖掘、文创产品的开发，发展体育旅游、康养旅游等旅游新业态。培育、引进一批龙头产业，提高净土健康产业的规模和产品质量。其中，城关区发展高等级商业服务业和旅游业；堆龙德庆区发展工业、物流、居住、商业服务等；达孜区发展以农牧业、食饮品加工、民族手工业等为重点的特色产业。

林周县突出交通驱动型＋旅游拉动型，构建拉萨市北部重要的综合枢纽，打造农牧业生产服务基地和生物资源开发基地，发展特色都市休闲旅游基地，发展高端、智慧农牧业，推进规模化、专业化发展，推动农牧产品精深加工，开发附加值高、绿色、精品的青稞和牦牛产品，打造具有知名度的"林周品牌"。

当雄县突出绿色发展型，是全市唯一纯牧区，是重要的国家安全屏障、生态安全屏障、战略资源储备基地、高原特色农产品基地和中华民族特色文化保护地，建成集生态、体育、康养为一体的全域旅游目的地。依靠当雄纳木错、雪山等自然资源、"当吉仁"赛马节的体育特色、羊八井镇地热资源，发展具有当雄特色的旅游产业。完善牦牛产业链，加强宣传，提升当雄牦牛品牌知名度。

墨竹工卡县突出绿色发展型，建成国家农村产业融合发展示范区、高原地区新型城镇化先导区、拉萨乡村振兴引领区、拉萨东部综合服务中心和雪域温泉康养旅游中心。发展绿色工矿产业，延伸产业链，提高矿产品科技含量，提升产品附加值；建成甲玛绿色矿业小镇，引进配套企业，促进工矿业集中发展。

曲水县突出绿色发展型，打造产业发达、设施完善、环境优美、特色鲜明的高原宜居城市。提升发展现代农牧业，培养、引进一批规模大、效益好的龙头企业，延长产业链，发展高品质、高附加值的农牧产品。完善工业园区基础设施，鼓励企业引进先进技术，推进工业低碳、循环、集约的技术改造。

尼木县突出旅游拉动型＋工业带动型，是重点旅游城镇和民族手工业生产及加工基地。依托尼木县藏地文化、宗教文化、民宿文化等发展文化旅游产业，建设尼木特色文化旅游品牌和产品。加强对"尼木三绝"的保护，做强民族手工业。采用"农户＋基地＋工地"的模式，扩大农牧业生产规模。

山南市乃东区突出综合发展，发展特色旅游业、商贸流通业、农副产品加工、藏医药和民族手工业，建成以"藏源文化"为核心的全域旅游示范区。

桑日县突出工矿主导型＋绿色发展型，大力发展能源业、矿产业、旅游业和特色农牧业，开发水电能源，完善电力外送通道。

扎囊县突出绿色发展型，是自治区粮食主产区，围绕农牧业提质、旅游业增效、生态文明建设和区域融合发展，不断提升发展能力和发展质量，加快发展青稞、油菜等农产品加工业，利用现代工艺改造传统肉制品、乳制品的加工方式，健全仓储物流产业链。

贡嘎县突出交通驱动型＋绿色发展型，做强现代物流产业，发展航空保税物流、净土健康冷链加工物流、公共仓储物流、货物中转物流等航空物流业。利用优质青稞、油菜优势作物，发展高原绿色农牧产品加工业，将畜牧产品与现代物流优势相结合，拓展高端冷鲜肉制品、乳制品市场。加快构建空港经济圈、沿江经济产业区、交通枢纽、物流商贸区、藏族文化传承与发扬基地。

10.4.3　绿色发展路径

1. 城市圈尺度绿色发展路径

1）大力发展绿色经济，做大做强净土健康产业

一是发展绿色现代农牧业，建设高原绿色农产品基地。推动有机和生态农牧业的发展，进一步降低化肥和农药的施/使用强度；推动农牧业适度规模经营和专业化种养殖，加快绿色产业基地建设；发展种养结合循环农业。城市近郊区主要种植蔬菜、建立畜禽养殖基地和发展特色农畜产品加工业，成为农牧业现代化的示范区域。雅鲁藏布江和拉萨河河谷建立青稞生产基地。当雄县、林周县北部热振藏布流域、墨竹工卡县北部曲绒藏布支流部分乡镇等，建立以牦牛、半细毛羊为主的特色养殖基地。

二是推动文化旅游业发展，建成高原文旅基地。推进旅游和文化、净土健康、现代商贸、科技、体育等的融合发展，提供多样化、个性化、精品化、绿色化的旅游产品。

三是发展绿色服务业，推动服务业绿色转型升级，形成高原智慧服务业基地。发展金融租赁、电子商务、科技研发等生产性服务业；建设覆盖全城市圈、辐射南亚的物流基地；推进智慧生产、智慧生活等的建设。

四是提高能源资源节约集约和低碳利用水平。提高能源转化和利用效率，增加新能源在各区（县）能源供给结构中的比重，推广沼气等清洁能源的生产。发展低碳、节能、具有民族特点的高原特色建材业，淘汰落后工艺和高污染高能耗、环保性能差的建材企业，使用工业或城市固态废弃物生产有利于环境保护和人体健康的绿色建材。加强永久基本农田保护，确保城市圈耕地保有量不减少、永久基本农田保护率不降低，严格落实耕地占补平衡。

五是提高城市圈的综合创新能力。加强特色农畜产品研发、藏药制造和藏药材培育、高原能源开发、天然饮用水开发、高原地方病防治、高原健康保健、高寒建筑节能等领域创新。

2）推动拉萨山南同城化发展，建立拉萨城市圈合作的长效工作机制

拉萨城市圈虽然被国家"十三五"规划纲要确定为重点建设的两个城市圈之一，但至今尚未建立拉萨城市圈建设的长效合作机制，甚至对拉萨城市圈的范围尚无明确的界定，拉萨山南经济一体化程度不高，缺少促进城市圈发展的政府间合作机制。未来拉萨城市圈的发展急需建立拉萨和山南市政府间合作机制和组织，成立拉萨城市圈同城化建设工作委员会。

拉萨城市圈同城化建设工作委员会在生态保护、基础设施建设、经济发展、国土空间规划等方面开展一体化和同城化合作，促进拉萨和山南由城市圈向都市圈建设方向迈进。

3）稳定提高城市圈生态安全水平

推进山水林田湖草沙冰的系统保护，加强山体生态修复及绿化建设，扩大城市圈绿色覆盖率和森林面积，打造"高原氧吧"，构建重点湖泊湿地保护网络，推进水土保持，

最大限度地减少人为水土流失和生态破坏。

提高水环境质量。加大拉萨河流域和雅鲁藏布江流域植树造林、南北山绿化、水土保持、河道整治工作力度，提高水源涵养和水体自净能力；加大藏药、酿酒等重点行业水污染治理力度，减少污水排放；加快雨污合流排水管网的分流改造，各区（县）政府所在地城镇污泥无害化处置率达 90% 以上；控制农业面源污染，主要农作物测土配方施肥技术推广覆盖率达 80% 以上；加强农村环境综合整治。

加强大气污染治理。加强水泥行业大气污染防治，现有燃煤锅炉实施煤改气、煤改电。在城市圈加油站、储油库和油罐车完成油气回收治理。推进城市公交、出租车辆的"油改气""油改电"工作，推广使用新能源汽车。

推进土壤污染防治。修复重金属超标的污染耕地和蔬菜基地、影响人居环境安全的重点行业建设用地、具有潜在环境风险的垃圾填埋场等。加强固体废物处理处置，建设生活垃圾处置设施。

4）完善城市圈绿色基础设施

加强城市圈交通网络建设。目前，城市圈"两环九射"高等级路网尚不完善，青藏、拉日和拉林铁路均为单线铁路，现代化综合交通运输体系尚未形成。要加快连接城市、园区、景点的高等级路网建设，加快复线铁路建设。完善给排水设施；设立电动汽车充电桩（站）；建设餐厨垃圾处理设施和生活垃圾压缩转运站，建立和完善垃圾运输通道，增加运输车辆配备；优先发展城市圈公共交通。

5）倡导城市圈绿色生活方式，建成高品质生活圈

树立绿色消费理念，倡导绿色消费和适度消费。倡导居民绿色出行，推广节水型器具、高能效家电、新能源汽车等节能环保低碳产品。优先发展绿色饭店、绿色商场、绿色超市等，鼓励企业生产销售更多物美价廉的绿色消费品。

2. 区县尺度绿色发展路径

1）城关区

建设智昭净土健康产业园、现代都市休闲农业产业示范区、嘎巴现代农业示范区和夺底沟观光农业示范区。把八廓街建成为以传统街区、名人故居、历史古迹、红色教育基地为核心的城市旅游地标。加强对拉鲁湿地国家级自然保护区的保护。加快推进辖区内拉萨河等重点流域、河道环境综合治理。

2）堆龙德庆区

加强楚布沟森林公园、药王谷藏医药博览园、温泉康养基地、"象雄美朵"生态旅游文化产业园等建设，全力发展绿色生态产业，加强城区排污管网和垃圾处理基础设施建设。

3）达孜区

推动达孜工业园区、现代农业产业园区发展。建设万亩青稞示范种植基地，稳步扩大有机青稞种植比例，到 2025 年有机青稞种植面积占比达 45%。在 5 个乡卫生院新建污水处理设施。加强畜禽粪污和农作物秸秆资源化利用，畜禽粪污综合利用率和

农作物秸秆综合利用率均达到 100%。合理调整境内黑颈鹤国家级自然保护区核心区和缓冲区范围。实施桑珠林水库下游、章多乡、主西沟下游等水系连通生态保护与修复工程，加强唐嘎、巴嘎等湿地保护。实施境内"两江四河"流域和拉萨周边地区造林绿化工程，在拉萨市与达孜区交界处建设 1 km 绿色长廊，未来 5 年全区森林覆盖率达到 33%。

4）林周县

推动高标准农田建设，建设现代农牧业生产基地。发展能源、矿业、农牧林产品加工业。加强饮用水水源地保护；防止锰矿、汞矿开采和汞矿浮远后的废渣进入澎波河污染水体；完善城市排水管网及建设集中污水处理厂，提高城市污水处理率；提高工业用水的重复利用率。提高工业固体废弃物的综合利用水平，重点做好粉煤灰、炉渣、冶金废渣的综合利用。

5）当雄县

壮大"极净当雄"绿色产品品牌。未来 5 年牧业科技成果转化率达到 50% 以上。推进羊八井高温地热发电项目建设，建设当雄县地热能产业示范基地。推进以纳木错、羊八井等为重点的国家公园建设，继续开展极高海拔地区生态移民搬迁。

6）尼木县

依托"尼木三绝"和吞弥·桑布扎历史遗迹，重点发展民族手二业、吞巴旅游、藏鸡养殖及加工业，建设绿色工厂与绿色园区。发展生态循环农业和有机农业，加强农业节水。实施农牧区传统能源替代工程。加强固体废物与土壤污染防治。实施尼木玛曲河生态景观综合整治工程。置换高能耗、高污染、低产出的工业用地。

7）曲水县

建设河谷奶牛产业带和城郊奶牛生产区；建设万头牦牛生产基地，发展"净土牦牛"品牌；促进规模化饲草种植，形成规模化饲草种植基地，延伸发展集饲草储存、饲草加工、奶牛全混合日粮（TMR）等饲草加工产业。推进卓普河生态修复，加强 G318 国道及机场高速沿线沙化治理。

8）墨竹工卡县

建设饲草基地、高产奶牛养殖基地和万亩油菜种植基地，推进 G349 和 G318 沿线乡村垃圾、污水治理和改善村容村貌。推进唐加乡、尼玛江热乡、扎雪乡、门巴乡农村集中供水。推进墨竹工卡段拉萨河干流生态修复及综合整治，扎西岗吉古沟、斯布沟、扎雪乡其朗沟水土流失综合治理工程等。推进尼玛江热乡宗雪村废弃油库旧址土壤污染修复治理、墨竹玛曲沿线沙棘林保护区建设。

9）乃东区

乃东区与桑日县共建新能源产业园区，形成江北太阳能光伏产业基地。整合乃东鲁琼工业园、桑日建材工业园、琼结工业园，以乃东为重点，发展水泥制品产业。开展人口密集区的河道综合整治，清理河道与河岸垃圾。开展农牧区环境综合整治。在城郊接合部、城镇出入口及交通干线沿线，治理以白色污染为主的脏、乱、差现象。推进防护林体系建设工程、周边造林绿化工程、退耕还林工程和防沙治沙工程。

10）贡嘎县

建设青稞、红土豆良种繁育基地。新建集中式牲畜棚圈，建设畜禽生态养殖基地。建设苗木繁育基地和林果种植基地，建设高原特色林果示范园。促进"空港＋县城"产业一体化，建设沿江综合产业发展带，空港经济发展区、杰德秀古镇旅游区、羊卓雍措旅游区、农业现代化生产区四大产业集中区，建设西藏牧业产品加工产业园、昌果新兴产业聚集发展园区。加强县城排水防涝，园林绿化。加强水土保持工作，确保80%以上的沟谷源头和山洪、泥石流易发区水土流失得到防治。推动雅鲁藏布江干流、支流生态修复，建设贡嘎雅江生态景观带。

11）扎囊县

加强青稞等农作物良种繁育基地、绿之源有机蔬菜、戈壁田园水培蔬菜基地、扎其乡牦牛育肥基地、温室大棚蔬菜生产基地、扎囊县国家现代化农业产业园建设。工业园区配套给排水管网，建设污水处理厂和垃圾收集及转运站等。建设桑耶镇垃圾转运站。实施城镇周边造林绿化工程、西藏"两江四河"流域造林绿化工程。

12）桑日县

做大做强葡萄产业，以塔木村、洛村为示范点规模发展。建设石灰石矿大型矿山绿色矿山建设示范点。

参考文献

拉萨日报.2019.山南市积极承接拉萨非首府功能与产业转移，加快推进拉萨山南经济一体化建设. http://www. lasaribao.com/lsrb/pc/content/201811/23/c52259. html. 2019-10-19.

拉萨市地方志编纂委员会.2007.拉萨市市志.北京：中国藏学出版社.

拉萨市统计局.2021.拉萨市第七次全国人口普查主要数据简析.http://tjj.lasa.gov.cn/tjj/newtjfx/202107/84bddf942f7345a19a31946bc310c1f6. shtml. 2022-11-13.

李裕瑞，王婧，刘彦随，等.2014.中国"四化"协调发展的区域格局及其影响因素.地理学报，69（2）：199-212.

林振耀，吴祥定.1981.青藏高原气候区划.地理学报，（1）：22-32.

山南市人民政府.2019.推进拉萨山南经济一体化发展规划.

山南网.2022.乃东区经济社会发展综述.http: //m.xzsnw.com/xw/shms/169950.html. 2022-06-09.

王延中，黄万庭.2016.拉萨市弹性城镇化路径初探.青海民族研究，27（1）：90-95.

西藏自治区人民政府.2020.筑牢国家生态安全屏障.http://www.xizang.gov.cn/xwzx_406/xwrp/202008/t20200826_171484. html. 2020-08-29.

杨亚波.2009.西藏第三产业发展思考.西藏研究，（1）：112-118.

中共中央统一战线工作部.2021.人民日报：搬进新家园，生活节节高.http://www.zytzb.gov.cn/tzxy/358854. jhtml. 2022-04-06.

Northam R M. 1975. Urban Geography. New York: John Wiley & Sons, Inc.

第 11 章

柴达木城镇圈城镇化
与循环经济发展

柴达木城镇圈资源丰富，稳疆固藏战略地位十分重要。2020 年柴达木城镇圈常住人口为 46.82 万人，比 2010 年减少 2.11 万人。其中，城镇人口 35.85 万人，常住人口城镇化率为 76.57%，远高于全国和青海省平均水平。城镇圈形成了"双核双轴一环三区多点"的空间格局，"双核"是指格尔木、德令哈两个区域中心城市，"双轴"指青藏铁路主轴线和花土沟镇—格尔木市—察汗乌苏镇副轴，"一环"是沿国道 G315、国道 G109、省道 S215 构成城乡发展主环线，"三区"包括工矿城镇拓展发展区、城乡综合优化发展区和牧矿提升发展区。柴达木城镇圈未来发展立足丰富资源优势，突出循环经济发展主攻方向，坚持集约开发、循环利用、永续发展原则，重点建设格尔木工业园、德令哈工业园、乌兰工业园、大柴旦工业园、都兰工业园 5 个循环经济工业园，构建以盐湖化工为核心的循环经济产业体系，建成世界级盐湖产业基地、国家重要的战略性产业基地、全国重要清洁能源基地和稳疆固藏的战略节点。

11.1　科考范围与基本条件

11.1.1　综合科学考察范围

柴达木城镇圈是指柴达木盆地位于青海省海西蒙古族藏族自治州境内（不含唐古拉山镇）的区域，包括德令哈市、格尔木市、茫崖市、都兰县、乌兰县、天峻县、大柴旦行委等（表 11.1、图 11.1），下设 8 个街道办事处、21 个镇、14 个乡、3 个乡级行政委员会、75 个社区居委会、305 个村民委员会。该地区地处青藏高原北部、青海省西北部，北邻甘肃省酒泉市，西接新疆巴音郭楞蒙古自治州，南与青海省玉树藏族自治州、果洛藏族自治州相连，东与青海省海北藏族自治州、海南藏族自治州毗邻。区域范围北起祁连山、阿尔金山南麓，南迄昆仑山北麓，东至青海南山、鄂拉山西麓，西至阿尔金山和昆仑山支脉祁曼塔格山汇合处东麓，东西长约 850km，南北宽 $350 \sim 450$km，面积约 25.66km^2，约占海西蒙古族藏族自治州总面积的 85.31%，占青海省总面积的 35.6%。柴达木城镇圈主体位于柴达木盆地，从行政区划看，不包括格尔木市代管的唐古拉山镇，也不包括柴达木盆地位于甘肃和新疆境内的自然区域。

表 11.1　2020 年柴达木城镇圈乡镇基本情况

地区名称	城镇数量 / 个	所辖镇（设置年份）	下辖乡
德令哈市	4	尕海镇（2001）、怀头他拉镇（1999）、柯鲁柯镇（2006）	蓄集乡
格尔木市	4	唐古拉山镇（2005）、郭勒木德镇（2003）	大格勒乡、乌图美仁乡
茫崖市	3	花土沟镇（1985）、冷湖镇、茫崖镇（1964）	
乌兰县	4	希里沟镇（1984）、茶卡镇（1985）、柯柯镇（1985）、铜普镇（2005）	
都兰县	8	察汗乌苏镇（1958）、香日德镇（1985）、夏日哈镇（2001）、宗加镇（2005）	热水乡、香加乡、沟里乡、巴隆乡

续表

地区名称	城镇数量 / 个	所辖镇（设置年份）	下辖乡
天峻县	10	新源镇（2001）、江河镇（2005）、木里镇（2005）	阳康乡、织合玛乡、龙门乡、快尔玛乡、苏里乡、舟群乡、生格乡
大柴旦行委	2	柴旦镇（2005）、锡铁山镇（1993）	
合计	35	21	14

图 11.1　柴达木城镇圈研究范围图

11.1.2　城镇圈发展的基本条件

1.区位条件

　　柴达木城镇圈地处青、甘、新、藏四省区交通联系的中心地带，向西可至中亚，向南直通南亚，是西北地区重要的战略通道和对外开放门户，也是国家西北、西南路网骨架中的重要交通枢纽和连接西藏、新疆、甘肃的战略支撑点。其地域广袤，资源丰富，被誉为举世闻名的"聚宝盆"，是一个典型的资源富集地区。在主体功能区划上，其是青海省重点开发区和支撑全省经济社会可持续发展的重要增长极，也是国家重要的战略资源储备基地、青藏地区重要的新型工业基地和高原特色产业发展的核心地区，承担着支撑青海省经济社会和谐发展的重任，引领着青藏高原地区新型工业化和可持续发展进程。柴达木盆地的资源禀赋及优势决定了其投资发展方向和地位，是中国盐湖资源产业发展最具投资空间和发展潜力的区域之一，在经济和区域发展功能上承担着支撑青海经济社会发展、支援西藏、稳定新疆和支持全国发展的重任，是向西向南开放的"桥头堡"、对外开放的战略支点和丝绸之路经济带青海的重要门户枢纽,是国家实施新一轮西部大开发及"一带一路"建设的重要节点之一,新时期柴达木盆地在全省乃至西部发展全局中的地位更加突出。

2. 地形条件

柴达木城镇圈所在的柴达木盆地是青藏高原北部边缘的一个巨大的封闭性的山间断陷盆地,略呈三角形(图11.2),是中国四大盆地中地势最高的盆地。柴达木为蒙古语,意为"盐泽"。柴达木盆地主体在海西蒙古族藏族自治州,是被昆仑山、阿尔金山、祁连山等山脉环抱的封闭盆地,盆地面积27.50km²,介于90°16′E~99°16′E、35°00′N~39°20′N。

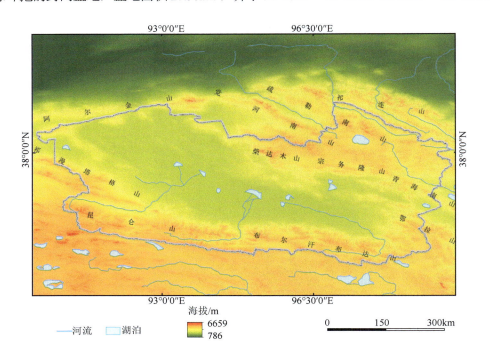

图 11.2　柴达木城镇圈 DEM 图

柴达木盆地地质基底为前寒武纪结晶变质岩系。其地势由西北向东南微倾,海拔自3000m渐降至2600m左右。其地貌呈同心环状分布,自盆地边缘至中心,由洪积砾石扇形地(戈壁)、冲积-洪积粉砂质平原、湖积-冲积粉砂黏土质平原到湖积淤泥盐土平原有规律地依次递变。地势低洼处盐湖与沼泽广布。盆地西北部戈壁带内缘比高,百米以下的垅岗丘陵成群成束。盆地东南沉降剧烈,冲积与湖积平原广阔,主要湖泊如南、北霍布逊湖和达布逊湖等都分布于此。柴达木河、格尔木河等下游沿岸及湖泊周围分布有大片沼泽。

3. 自然资源

1)矿产资源
柴达木城镇圈矿产资源富集,现已发现各类矿产 111 种,矿产地 1679 处,已探明储量矿产 90 种、矿产地 389 处，其中大型矿床 95 处、中型矿床 82 处、小型矿床 137 处、矿点 75 处，其中 9 种资源矿藏储量居全国首位，资源潜在经济价值达 188 万亿元。其中，盐湖矿产 12 种，主要包括钠盐、镁盐、钾盐、芒硝、天然碱、石膏、硼矿、锂矿、锶矿等；能源矿产 3 种，即石油、天然气、煤；金属矿产 16 种，主要包括铁、铬、铜、铅、锌等；非金属矿产 27 种，主要包括石灰岩、白云岩、硫铁矿、重晶石、蛇纹岩、硅灰石等；水气矿产 2 种。各类矿藏具有储量大、品位高、类型全、分布集中、组合好等特点。其中，钾、镁、钠、芒硝、锂、锶储量居全国之首，氯化钾、氯化镁、氯化锂等储量占全国已探明储量的 90% 以上，探明无机盐保有资源储量达 3400 亿 t，占全国盐湖资源总量的 1/3，被列入国家"西部十大矿产资源集中区"。

柴达木城镇圈素有"盐的世界"之称。已探明的保有盐湖资源储量：氯化钾 7.06 亿 t、镁盐 210 亿 t、氯化钠 3317 亿 t、芒硝 69 亿 t、锂矿 1890 万 t、锶矿 1928 万 t，均居全国首位，其中氯化钾、氯化镁、氯化锂等储量占全国已探明储量的 90% 以上。硼矿 1573 万 t，溴储量 29 万 t，居全国第 2 位。

柴达木城镇圈油气资源累计探明加控制石油地质储量 4.08 亿 t，累计探明地质储量为 2.89 亿 t，其中可采探储量 3443.1 万 t，居全国第 13 位；天然气累计探明加控制天然气地质储量 3663 亿 m^3，其中探明 3046 亿 m^3，为我国陆上第四大气区。

柴达木城镇圈累计查明铁矿资源储量 2.9 亿 t，远景储量 5 亿 t 以上。其主要分布在东昆仑山北坡的都兰、格尔木地区。主要矿区有肯德可克、磁铁山、尕林格、清水河、海寺和白石崖等。锡铁山、滩间山、肯德可克、尕林格、野马泉等以昆仑山、柴北缘成矿带为主的有色及贵金属矿区，已探明和保有黄金资源量 100t、铅锌资源量 150 万 t、铜资源量 50 万 t、钼 5 万 t。

柴达木城镇圈煤炭资源主要分布在祁连山、柴北缘两大含煤区，探明和保有资源储量为 51.5 亿 t，占青海省保有资源储量的 86%，其中保有基础储量为 19.5 亿 t，占青海省保有基础储量的 72.86%，由西到东主要分布在鱼卡矿区、绿草山大煤沟矿区。

2）水资源

柴达木城镇圈多年平均水资源总量 55.8813 亿 m^3，水资源可利用量 18.74 亿 m^3，实际已开发利用水资源量 5.5 亿 m^3，可利用率 33.54%，柴达木盆地是青海省六大内陆流域之一（图 11.3），多年平均降水量 115.9mm，多年平均蒸发量 1581.8mm，仅约 1/5 的降水可形成径流。水资源分区见表 11.2。

3）太阳能风能资源

柴达木城镇圈太阳能资源十分丰富。日光透过率高，日照时间长，加之气候干燥、降水量小，云层遮蔽率低，年平均日照时数为 3500h 以上，日照百分率为 80% 以上，年平均太阳总辐射量为 7000 MJ/m^2，为全国第二高值区，太阳能发电理论装机容量可达 28 亿 kW，理论发电量达到 51200 亿 kW·h，占青海省太阳能理论装机及发电量的 90% 以上。在相同面积和容量条件下，光伏并网发电能比相邻的甘肃、新疆多发 15% ～ 25% 的电量。

图 11.3　柴达木城镇圈水系图

表 11.2　柴达木城镇圈水资源分区表　　　　　　　　　（单位：亿 m³）

工业园区	地区或水资源分区	主要河流	水资源量				
			合计	地表水	地下水	地表水、地下水重复量	经济社会可消耗水资源量
德令哈工业园	德令哈市（巴音河德令哈区）	巴音河、巴勒更河	4.85	4.1014	3.2597	2.5111	1.9007
格尔木工业园	那棱格勒乌图美仁区	那棱格勒河	12.7997	11.8907	8.4648	7.5558	3.9526
	格尔木区	格尔木河	9.8404	8.7089	7.4288	6.2973	3.3341
	格尔木市小计		22.6401	20.5996	15.8936	13.8531	7.2867
	都兰县（柴达木河都兰区）	香日德河、察汗乌苏河	14.9757	12.0361	10.3533	7.4137	6.4548
乌兰工业园	乌兰县（都兰河希赛区）	都兰河	1.2236	0.9615	0.9118	0.6497	0.7589
大柴旦工业园	大柴旦行委（鱼卡河大小柴旦区）	鱼卡河、塔塔棱河	3.0347	2.5151	1.9159	1.3963	1.3936
	冷湖行委（冷湖周边区及察汗斯拉图干盐滩区）	大苏干湖	0.4256	0.2254	0.4164	0.2162	0.0397
	茫崖行委（尕斯湖、老茫崖湖、大浪滩 - 风南干盐滩区）	铁木里克河	4.2982	3.5237	3.4424	2.6679	0.5083
	哈尔腾河苏干湖区	哈尔腾河	4.4334	3.5095	3.3451	2.4212	0.4
柴达木城镇圈	合计（包括入境水量）		55.8813	47.4723	39.5382	31.1292	18.7426

　　柴达木城镇圈是风能资源丰富区，大部分区域属于风能可利用区，年平均风功率密度多在 50 ~ 100W/m²，全年风能可用时间 3500 ~ 5000h，出现频率 50% ~ 70%，主导风向大部分地方为偏西风，其中冷湖、德令哈为偏东风，香日德、都兰为东南风。年平均风速均在 3m/s 以上，地区西部和唐古拉山区超过 5 m/s，其中盆地内风速 ≥ 17 m/s 的大风日数均在 50 天以上，西部超过 100 天，唐古拉山区达 150 天以上，为全国同纬度之冠。

　　4）土地资源

　　柴达木城镇圈可利用土地面积 49197 万亩，其中，农用地 16712 万亩，占 33.97%；建设用地 122.74 万亩，占 0.25%；未利用地 32361 万亩，占 65.78%。在已利用农用地中，包括耕地 52.39 万亩、园地 0.65 万亩、草地 15644 万亩、其他农用地 12 万亩。在建设用地中，包括居民点工矿区用地 105 万亩、交通用地 14 万亩、水利设施建设用地约 1 万亩。柴达木城镇圈内广布大面积的盐土、盐沼、沙砾戈壁，特殊的地形地貌形成大量工业可利用荒漠土地，发展工业不占耕地、基本农田和草场，从而为柴达木城镇圈的建设提供了良好的土地资源支撑。图 11.4 为柴达木城镇圈 2020 年 9 月遥感影像图。图 11.5 为柴达木城镇圈 2020 年土地利用现状图。

　　5）生物资源

　　柴达木城镇圈生物资源主要有高原特色农牧业资源、中藏药资源等。农牧业资源主要有小麦、青稞、豌豆、蚕豆、油菜、蔬菜及马铃薯等农作物品种资源；牦牛、柴达木黄牛、高原毛肉兼用半细毛羊、柴达木山羊及藏系绵羊等家畜品种资源。中藏药资源主要有引种栽培及人工饲养的药用植物、药用动物及药用矿物等，其中，人工栽培的药食两用植物主要有枸杞、甘草、罗布麻、菊芋、黄芪等；中藏药药材主要有白刺、锁阳、秦艽、大黄、红景天、马尿泡、羌活、沙棘等。

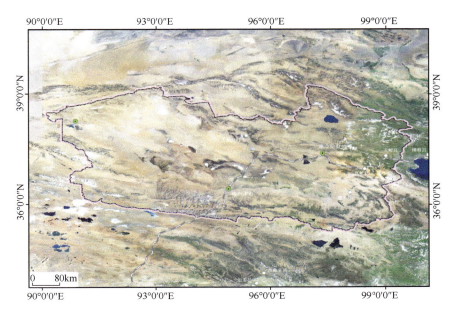

图 11.4　2020 年柴达木城镇圈遥感影像图

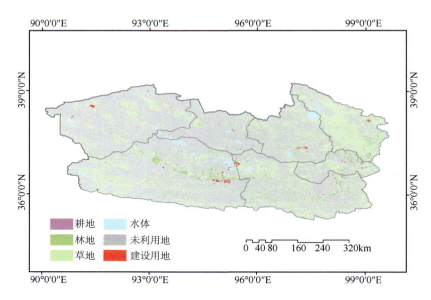

图 11.5　2020 年柴达木城镇圈土地利用现状图

6）林业资源

柴达木城镇圈现有林业用地面积 2702.44 万亩，其中，有林地 54.1 万亩、疏林地 60.56 万亩、灌木林地 874.58 万亩、未成林造林地 75.19 万亩、宜林地 1637.55 万亩、苗圃地 0.46 万亩。森林覆盖率为 2.06%。根据生态区位和用途，盆地生态公益林界定面积为 2596.2 万亩，占林业用地的 96%。

11.2　柴达木城镇圈城镇化动态演变过程与特征

2020 年柴达木城镇圈常住人口为 46.82 万人，比 2010 年减少 2.11 万人。其中，城镇人口 35.85 万人，常住人口城镇化率为 76.57%，远高于全国和青海省平均水平。

11.2.1　城乡人口演变过程与特征

根据第七次全国人口普查数据，柴达木城镇圈所在的海西蒙古族藏族自治州 2020 年常住人口 468216 人，与 2010 年第六次全国人口普查的 489338 人相比，减少 21122 人，下降 4.32%，年平均增长率为 –0.44%，见图 11.6。

从历次人口普查结果来看，前六次人口普查的常住人口规模均呈现增长态势，特别是第二次人口普查，人口年平均增长率达到 17.20%。值得注意的是，2020 年相对于 2010 年人口规模呈现明显的下降态势，见图 11.6，从近 10 年海西蒙古族藏族自治州常住人口规模变化来看，2017 年是一个转折点，2017 年之前人口一直是增加的，2017 年之后人口呈现下降趋势（图 11.7）。2010 ～ 2019 年，人口规模最大的是 2017 年，常

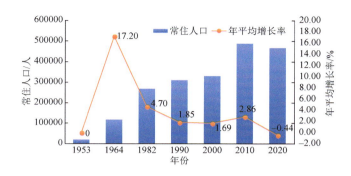

图 11.6　柴达木城镇圈历年人口普查常住人口及年平均增长率图

住人口达到 52.52 万人。从各地区人口分布来看，格尔木市人口规模最大（图 11.8），占海西蒙古族藏族自治州总人口近一半，其近 10 年总人口在 20 万～25 万，2018 年之前，人口缓慢增长，2017 年人口规模最大，达到 24.05 万人，2017 年之后呈现缓慢下降趋势。其他几个县（市）人口均在 10 万人以内，人口规模较大的依次是乌兰县、都兰县、德令哈市、茫崖市、天峻县、大柴旦行委。乌兰县人口增幅最大，2015 年之前是 3 万多，2015 年猛增到 10 万人，此后一直保持在 10 万人左右。人口下降最明显的是茫崖市，茫崖市是 2018 年撤销茫崖行政委员会和冷湖行政委员会，合并两个行委设立的县级茫崖市。2018 年之前的人口统计包括两个行委总人口。2016 年之前茫崖市常住人口规模在 5 万人左右，2017 年明显下降，常住人口 3.1 万人，2018 年设市时常住人口 5.9 万人。值得注意的是，第七次全国人口普查资料显示，2020 年常住人口仅 1.88 万人，相对于 2018 年人口下降了 68%，相对于 2010 年下降了 44%，是海西蒙古族藏族自治州人口下降幅度最大的县级行政区。

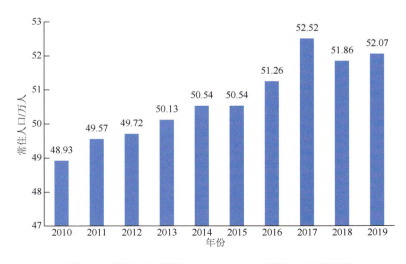

图 11.7　柴达木城镇圈 2010 ～ 2019 年常住人口变化图

图 11.8　2010～2019 年海西蒙古族藏族自治州各地区常住人口变化图

11.2.2　城镇化水平演变过程与特征

柴达木城镇圈是典型的资源型区域，其城镇化发展既具有一般资源型区域城镇化的共性，也具有自身独特性。中华人民共和国成立初期柴达木盆地没有设市的建制，城镇化率仅 11.25%；到 2019 年，有 3 座城市，21 个建制镇，已形成以 3 个县级市为中心，县城、建制镇、工矿区为基础的城镇体系。2020 年城镇化率达到 73.5%，高于青海省和全国平均水平。表 11.3 为柴达木城镇圈城镇化演变历程表。

表 11.3　柴达木城镇圈城镇化演变历程表

年份	行政区划调整及城镇建设历程
1949	1949 年 9 月青海解放。同年 11 月，成立都兰县人民政府，辖今海西蒙古族藏族自治州全境，直隶省政府。辖五区，现乌兰县希里沟为第一区，现天峻地区汪什代海藏族部落为第二区，现德令哈地区柯鲁沟（今德令哈戈壁乡）蒙古旗为第三区，现都兰县香日德地区为第四区，现玉树藏族自治州曲麻莱县为第五区
1950	1950 年，将香日德第四区划为都兰县直辖区，其他区分别改为：希里沟为第一区，汪什代海为第二区，柯鲁沟为第三区，现玉树藏族自治州曲麻莱县为第四区（1953 年曲麻莱设县，第四区划入曲麻莱县）
1952	1952 年 9 月 20 日，撤销都兰县，设立县级都兰蒙藏哈萨克族自治区
1953	1953 年 8 月 8 日，县级都兰蒙藏哈萨克族自治区改建为专区一级的都兰蒙藏哈萨克族自治区。同年 10 月，都蒙藏哈族自治区定名为都兰蒙藏哈萨克族自治区，下辖都兰蒙古族自治区和天峻藏族自治区。同年，在都兰成立了海西蒙藏哈萨克族自治区筹备委员会，在格尔木成立了阿尔顿曲克哈萨克族自治区筹备委员会
1954	1954 年 1 月 25 日，正式成立了专区级海西蒙藏哈萨克族自治区（驻察汗乌苏），同时撤销了天峻都兰县直属的香日德区，成立了都兰蒙古族自治区，撤销了天峻汪什代海第二区，成立了天峻藏族自治区。1954 年 7 月，成立了区一级的阿尔顿曲克哈萨克族自治区，直属海西蒙藏哈萨克族自治区管辖。1954 年海西蒙藏哈萨克族自治区辖都兰蒙古族自治区、天峻藏族自治区、阿尔顿曲克哈萨克族自治区
1955	1955 年 12 月 12 日，海西蒙藏哈萨克族自治区更名为海西蒙藏哈萨克族自治州，同时成立德令哈工作委员会，撤销天峻藏族自治区，设立天峻县，都兰蒙古族自治区恢复为都兰县
1956	1956 年 3 月，成立格尔木工作委员会
1958	1958 年，撤销德令哈工作委员会，设立德令哈县

续表

年份	行政区划调整及城镇建设历程
1959	1959 年 1 月,海西蒙藏哈萨克族自治州迁驻大柴旦,设立大柴旦市,直属海西蒙古族藏族自治州,自治州和柴达木行政委员会合署办公。1959 年 3 月,撤销都兰县第一区,设立乌兰县,直属海西蒙古族藏族自治州
1960	1960 年撤销格尔木工作委员会,设立格尔木市
1961	1961 年,设立冷湖市,隶属海西蒙古族藏族自治州
1962	1962 年,撤销德令哈县,并入乌兰县
1963	1963 年 8 月 26 日,撤销柴达木行政委员会,并入海西蒙古族藏族自治州。同时全区更名为海西蒙古族藏族哈萨克族自治州。至此,海西蒙古族藏族哈萨克族自治州辖 3 县(都兰、乌兰、天峻)、3 市(格尔木、大柴旦、冷湖)、3 工委(茫崖、马海、唐古拉山),一个区级自治区(阿尔顿曲克)
1964	1964 年 7 月,撤销大柴旦市和冷湖市,分别设立大柴旦镇和冷湖镇,撤销茫崖工作委员会,设立茫崖镇,三镇隶属海西蒙古族藏族哈萨克族自治州
1965	1965 年 3 月,撤销格尔木市,改为格尔木县
1973	1973 年,设立德令哈城关区
1980	1980 年 6 月,格尔木县恢复为格尔木市
1982	1982 年,格尔木市一部分牧民群众搬迁到茫崖阿拉尔地区驻牧,设立牧民委员会,隶属茫崖镇
1983	1983 年 10 月,撤销德令哈城关区,设德令哈镇,为自治州直辖镇
1984	1984 年 5 月,恢复茫崖行政委员会,为州人民政府派出机构,辖茫崖镇、冷湖镇、大柴旦镇。同年 5 月,应全州哈萨克族自愿要求,并经中央及国务院同意,全部遣返新疆
1985	1985 年 5 月 21 日,海西蒙古族藏族哈萨克族自治州更名为海西蒙古族藏族自治州
1988	1988 年 6 月,撤销德令哈镇,成立德令哈市(县级)。至此,海西蒙古族藏族自治州辖 2 市(格尔木、德令哈)、3 县(都兰、乌兰、天峻)、1 个行政委员会(茫崖)
1992	1992 年 2 月,大柴旦镇、冷湖镇分别改为大柴旦行政委员会、冷湖行政委员会,为州人民政府派出机构。同年,继续保留大柴旦镇,隶属大柴旦行政委员会。保留冷湖镇,隶属冷湖行政委员会。至此,海西蒙古族藏族自治州辖 2 市(格尔木、德令哈)、3 县(都兰、乌兰、天峻)、3 个行政委员会(茫崖、冷湖、大柴旦)
2001	①撤销德令哈市怀头他拉乡,设怀头他拉镇;撤销郭木里乡,设立尕海镇。②撤销天峻县天棚乡、关角乡,合并设立新源镇。③撤销都兰县夏日哈乡,设立夏日哈镇。④撤销乌兰县巴音乡,并入茶卡镇。⑤将天峻县生格乡政府驻地迁至野马滩
2005	①撤销戈壁乡,设立柯鲁柯镇;②撤销宗务隆乡;③撤销郭勒木德乡,设立郭勒木德镇;④撤销唐古拉山乡,设立唐古拉山镇;⑤撤销宗加乡和诺木洪乡,设立宗加镇;⑥撤销赛什克乡,并入柯柯镇;⑦撤销铜普乡,设立铜普镇;⑧撤销木里乡,设立木里镇;⑨撤销江河乡,设立江河镇;⑩撤销鱼卡乡,并入柴旦镇
2011	海西蒙古族藏族自治州辖 2 市(格尔木、德令哈)、3 县(都兰、乌兰、天峻)、3 个行政委员会(茫崖、冷湖、大柴旦)、21 个镇、14 个乡
2018	2018 年 2 月,撤销茫崖行政委员会和冷湖行政委员会,合并设立茫崖市(县级),以原茫崖行政委员会和冷湖行政委员会所辖区域为茫崖市的行政区域。至此海西蒙古族藏族自治州辖 3 市(格尔木、德令哈、茫崖)、3 县(都兰、乌兰、天峻)、1 个行政委员会(大柴旦)、21 个镇、14 个乡

图 11.9 表明,2010 ~ 2019 年柴达木城镇圈城镇化水平呈现缓慢增长态势,由 2010 年的 70.03% 增长到 2019 年的 72.22%。从各市、县城镇化水平来看,可分为三个层次。

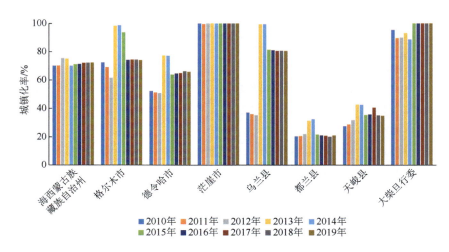

图 11.9　2010～2019 年海西蒙古族藏族自治州及各市（县）城镇化水平演变图

第一层次：城镇化率最高的是茫崖市和大柴旦行委。茫崖市近 10 年城镇化率一直接近 100%，是一个典型的资源型城市，总面积 4.99 万 km²，辖花土沟镇、冷湖镇、茫崖镇。这三个镇是典型的资源型城镇，地处荒漠戈壁，自然条件严酷，平均海拔 3000m，属典型的高原大陆性气候，降水少、蒸发量大、干燥、寒冷、缺氧、沙尘天气较多，全年平均气温 4.0℃，年降水量 47.8mm。年平均大风日数 36 天，年日照时数 3128.3h。资源富集是茫崖市突出的区域特征，初步探明的矿产有石油、天然气、石棉、天青石、芒硝等 26 种，产地 120 余处，大型矿床 12 处。其中，石棉储量 2154 万 t，居全国之首；天青石储量 1500 万余 t，占全国储量的 88%；累计探明石油储量 6.74 亿 t，天然气地质储量 4025 亿 m³；共生芒硝资源储量 53.41 亿 t，占青海省储量的 61.27%。茫崖镇以石棉矿开采而形成，冷湖镇以石油开采而形成。第七次全国人口普查资料显示，2020年茫崖市常住人口 1.88 万人，大柴旦行委总人口 1.63 万人。

第二层次：是乌兰县、格尔木市、德令哈市，城镇化水平在 60%～80%。

第三层次：是天峻县和都兰县。天峻县海拔较高，草地资源丰富，是以牧业为主的县，辖 3 镇 7 乡，城镇化水平较低，在 27%～30%。都兰县是传统的农业大县，是海西蒙古族藏族自治州农业人口最多的县，城镇化水平最低，在 20% 左右。从空间分布看，城镇化水平西部高、东部低，城市和资源型城镇高，农牧业地区低。

11.2.3　城镇化驱动机制与发展模式

柴达木城镇圈城镇化发展在不同时期具有不同的驱动机制，按照其特征可分为三个阶段：1949～1958 年为依托农场建设带动城镇化阶段，1959～1999 年为依托资源开发带动城镇化阶段，2000 年至今为依托工业化综合发展带动城镇化阶段。

1. 依托农场建设带动城镇化（1949 ～ 1958 年）

柴达木盆地城镇化的发展与其资源开发和国家战略密切相关。中华人民共和国成立初期，柴达木城镇圈产业发展以农业发展为主，城镇化以兴建农场型城镇来驱动。盆地东部地区土壤肥沃、阳光充足，为农业发展奠定了基础，逐渐吸引农牧民前来定居，东部生产条件较好的地区逐步建立起村庄和农场，东部城镇率先发展，但该阶段柴达木城镇圈西部地区还是一片荒凉戈壁。

2. 依托资源开发带动城镇化（1959 ～ 1999 年）

柴达木城镇圈以其特有的矿产资源优势决定了其战略地位，通过青藏铁路修建以及境内国道和省道为主的交通基础设施建设，为城镇发展奠定了基础。通过资源开发，有效地带动柴达木城镇圈的经济发展，一些资源型城镇随着盆地资源开发逐步形成，如"石油城"——冷湖、"石棉城"——茫崖、"化工城"——大柴旦。20 世纪 50 年代末至 60 年代是海西蒙古族藏族自治州城市人口增长最快的时期，到了 20 世纪 60 年代，柴达木城镇圈城镇格局就已经基本形成。在资源开发规模加大、人口增长、工业化发展的推动下，柴达木城镇圈的城市建设水平逐步提高。1980 年，格尔木县正式改为格尔木市；1988 年德令哈镇也改为德令哈市。从此以后，柴达木城镇圈的城镇化建设，以格尔木和德令哈两个城市为中心向两翼发展，形成了"哑铃状"的发展格局。到了 20 世纪 90 年代，已经形成了以格尔木市为中心，包括大柴旦、冷湖、茫崖在内的西部工业区和以德令哈市为中心，包括都兰、乌兰、天峻县在内的东部绿洲农业区。

3. 依托工业化综合发展带动城镇化（2000 年至今）

工业化是城镇化的主要动力。城镇化水平提高与工业化推进、区域经济发展是相辅相成的，资源型区域城市化初期主要依靠优势资源开发推动产业发展，资源开发初期主要通过以资源开采和初加工为支柱产业形成具有专业性职能的城市（镇）。柴达木城镇圈是典型的资源型区域，中华人民共和国成立初期柴达木城镇圈没有设市的建制，城镇化率仅 11.25%；西部大开发之前，柴达木城镇圈城镇化建设速度比较慢，1999 年盆地总人口31.23 万人，有 43 个乡镇、3 个街道办事处。自 20 世纪 90 年代中期开始，通过工业化发展，产业结构进入"二三一"发展阶段，2014 年三次产业占 GDP 的比重达到 4.64：76.43：18.93，同期青海省为 9.4：53.6：37，柴达木城镇圈第二产业增加值占比远高于同期全省和全国平均水平。工业快速发展带动了经济的快速发展，为区域城镇化积累了一定的资金和发展条件。到 2019 年，柴达木城镇圈有 3 座城市、21 个建制镇，城镇化水平不断提高，已经形成以 3 个县级市为中心，县城、建制镇、工矿区为基础的城镇体系。

11.2.4　城镇化发展格局及特征

柴达木城镇圈城镇空间结构格局为"双核双轴一环三区多点"的格局，见图 11.10。

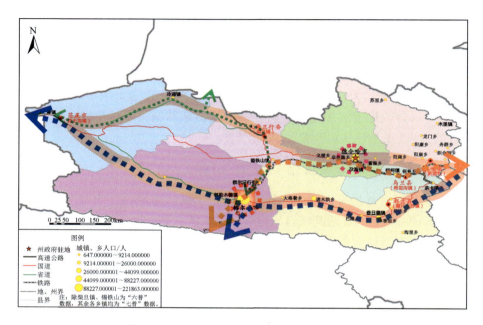

图 11.10　柴达木城镇圈城镇空间结构格局图

双核：是指格尔木、德令哈两个区域中心城市。

双轴：青藏铁路主轴线和花土沟镇—格尔木市—察汗乌苏镇副轴。

一环：沿国道 G315、国道 G109、省道 S215 构成城乡空间发展主要环线，环线上包括格尔木市、德令哈市、柴旦镇、察汗乌苏镇、希里沟镇、新源镇等。

三区：柴达木城镇圈可划分为工矿城镇拓展发展区、城乡综合优化发展区和牧矿提升发展区三个城乡统筹功能分区。工矿城镇拓展发展区包括冷湖、茫崖和大柴旦三大区域，是指以资源开发、新能源发展为主导，工业生产与生产服务协调发展的区域，是海西蒙古族藏族自治州城乡统筹发展的重要资源支撑区。城乡综合优化发展区包括德令哈、格尔木、乌兰、都兰等区域，是指以先进制造业、现代服务业与特色农牧业协调发展的区域，是海西蒙古族藏族自治州重要经济增长极、人口集聚和统筹城乡一体化发展先导区。牧矿提升发展区包括天峻县及周边区域，是指以特色牧业为主、煤炭能源开采为辅，生产和生态协调发展的区域。引导人口向县城和小城镇集聚，提升聚居度和生活水平。

多点：各类工业集中区和建制镇。

11.2.5　城镇等级规模结构及职能

柴达木城镇圈最早建镇的是 1958 年设立察汗乌苏镇，设市最早的是 1960 年设格尔木市（县级）；1964 年由于矿产资源开发需要，设立海西 3 镇，即大柴旦镇、冷湖镇、茫崖镇。1983 年撤销德令哈城关区，设立德令哈镇；1988 年撤销德令哈镇，设立德令哈市（县级）。1984～1985 年设置茶卡镇、柯柯镇、花土沟镇、希里沟镇、香日德镇。前 3 个因矿产资源开发形成，后 3 个为农业镇。1990～1999 年设置 2 个镇。2000～2006 年设置 10 个镇，建制镇达到 21 个，2006 年之后没有新增建制镇。从建制镇设置时间来看，20 世纪 60 年代、80 年代、21 世纪初是三个建镇高潮时期。2018 年 2 月，撤销茫崖行政委员会和冷湖行政委员会，设立县级茫崖市。2020 年柴达木城镇圈包括 3 市 3 县 1 行委、21 个镇 14 个乡，见表 11.4。

表 11.4　柴达木城镇圈城镇设置时间表

时期（年份）	数量	镇（设置年份）
1949～1959	1	察汗乌苏镇 (1958)
1960～1979	3	（大）柴旦镇 (1964)，茫崖镇 (1964)，冷湖镇 (1964)
1980～1989	5	希里沟镇 (1984)，茶卡镇 (1985)，柯柯镇 (1985)，香日德镇 (1985)，花土沟镇 (1985)
1990～1999	2	锡铁山镇 (1993)，怀头他拉镇 (1999)
2000～2020	10	尕海镇 (2001)，夏日哈镇 (2001)，新源镇 (2001)，郭勒木德镇 (2003)，唐古拉山镇 (2005)，铜普镇 (2005)，宗加镇 (2005)，江河镇 (2005)，木里镇 (2005)，柯鲁柯镇 (2006)

从城镇规模等级体系看，柴达木城镇圈形成"中心城市—县域中心城市—重点镇和一般乡镇"的城镇等级结构。中心城市，包括格尔木市和德令哈市，人口规模为 20 万～50 万人。县域中心城市，包括都兰（察汗乌苏镇）、乌兰（希里沟镇）、天峻（新源镇）、茫崖（花土沟镇）、大柴旦（柴旦镇）行政中心驻地城镇，人口规模达到 3 万～10 万人。重点镇，主要包括怀头他拉镇、茶卡镇、柯柯镇、夏日哈镇、香日德镇、宗加镇、冷湖镇、柯鲁柯镇，人口规模达到 0.5 万～3 万人。一般乡镇，包括锡铁山镇、唐古拉山镇、铜普镇、江河镇、茫崖镇、尕海镇、木里镇、香加乡、沟里乡、巴隆乡、蓄集乡、大格勒乡、乌图美仁乡、热水乡、快尔玛乡、生格乡、阳康乡、织合玛乡、舟群乡、苏里乡、龙门乡，人口规模 0.1 万～0.5 万人（表 11.5）。

表 11.5　柴达木城镇圈城镇等级规模结构表

等级结构	数量	城镇名称	人口规模 / 万人
中心城市	2	德令哈市；格尔木市 (含郭勒木德镇)	20～50
县域中心城	5	茫崖市 (花土沟镇)；都兰县 (察汗乌苏镇)；乌兰县 (希里沟镇)；天峻县 (新源镇)；大柴旦 (柴旦镇)	3～10
重点镇	8	香日德镇；茶卡镇；冷湖镇；柯鲁柯镇；怀头他拉镇；柯柯镇；夏日哈镇；宗加镇	0.5～3
一般乡镇	21	锡铁山镇；唐古拉山镇；铜普镇；江河镇；茫崖镇；尕海镇；木里镇；香加乡；沟里乡；巴隆乡；蓄集乡；大格勒乡；乌图美仁乡；热水乡；快尔玛乡；生格乡；阳康乡；织合玛乡；舟群乡；苏里乡；龙门乡	0.1～0.5

城市（镇）职能指的是城市（镇）在区域中所起的作用，所承担的分工和特点。海西蒙古族藏族自治州城市（镇）可分为三类，中心城市、县域中心城市均为综合型城市，具有综合型城市职能，并分别兼具辐射和服务州域和县域的职能，其他乡镇则根据各城镇自身发展特色等实际情况和未来所应具备的服务职能进行划分。各城镇具体职能见表 11.6。

表 11.6　柴达木城镇圈城镇职能划分表

等级结构	城镇	职能类型	发展定位
中心城市 （2个）	格尔木 （含郭勒木德镇）	综合型	构建"一中心两枢纽"，即资源加工中心（新材料、石油天然气、盐湖化工、新能源、有色金属、钢铁）、区域性综合交通枢纽、电力枢纽
	德令哈市	综合型	构建"一基地一中心"，即资源加工基地、区域政治文化中心
县域中心城市（5个）	都兰 （察汗乌苏镇）	综合型	都兰县综合服务基地，综合型城镇，农畜产品加工基地，有色、黑色金属深加工及建材加工基地，旅游接待中心
	乌兰 （希里沟镇）	综合型	乌兰县综合服务基地，综合型城镇，煤化工、盐化工基地，特色生物，新能源、海西东部物流集散中心、装配制造业
	天峻 （新源镇）	综合型	天峻县综合服务基地，综合型城镇，高原畜牧加工基地、煤炭综合利用基地，旅游接待中心
	茫崖市 （花土沟镇）	综合型	茫崖市综合服务基地，新型工业城镇，盐湖化工、大型钾肥、金属冶炼基地，区域交通节点
	大柴旦行委 （柴旦镇）	综合型	新型工业城镇，有色金属、盐湖化工、煤炭化工基地，海西西部物流集散中心、新材料、新能源
重点镇 （8个）	怀头他拉镇	旅游型	生态农牧业，旅游服务
	茶卡镇	旅游型	交通服务、旅游服务、现代旅游业
	柯柯镇	工贸型	盐湖化工、石材加工
	夏日哈镇	农贸型	现代农牧业
	香日德镇	旅游型	现代农业、旅游服务
	宗加镇	农贸型	枸杞种植、加工、新能源
	冷湖镇	工贸型	盐湖化工、新能源基地、文创、旅游
	柯鲁柯镇	旅游型	现代农业、旅游服务
一般乡镇 （21）	锡铁山镇	工矿型	采矿及矿产加工
	唐古拉山镇	旅游型	生态旅游
	铜普镇	工贸型	煤炭加工
	尕海镇	农贸型	生态农牧业
	江河镇	牧贸型	生态畜牧
	茫崖镇	工矿型	矿产开采及初步加工
	木里镇	旅游型	矿山治理、生态旅游
	香加乡	牧贸型	生态畜牧
	沟里乡	牧贸型	生态畜牧
	巴隆乡	农贸型	生态农牧业
	蓄集乡	农贸型	生态农牧业
	大格勒乡	农贸型	生态农牧业（枸杞）
	乌图美仁乡	工矿型	矿产开采及初步加工
	热水乡	牧贸型	生态畜牧、生态旅游
	快尔玛乡	牧贸型	生态畜牧
	生格乡	牧贸型	生态畜牧

等级结构	城镇	职能类型	发展定位
一般乡镇 (21)	阳康乡	牧贸型	生态畜牧
	织合玛乡	牧贸型	生态畜牧
	舟群乡	牧贸型	生态畜牧
	苏里乡	牧贸型	生态畜牧
	龙门乡	牧贸型	生态畜牧

柴达木城镇圈城镇化存在如下突出问题：①城镇体系不完整，城镇规模较小，城镇之间经济联系不密切，中心城市辐射力不强。②城镇化水平区域差异大，东部城镇较密集，城镇化率低，西部地区城镇化率高，但产业单一，城镇之间空间距离远，交通成本高，空间联系不紧密。③除区域中心城市基础设施较好之外，其他城镇基础设施不完善，自然条件严酷，人居环境差。④城镇化水平较高，但城乡发展不平衡，人口聚集程度不高，人口规模萎缩趋势明显。⑤乡村基础设施建设滞后，也不利于城镇化水平质量的提升。而且，农牧业转移人口尚未在教育、就业、医疗、养老、保障性住房等方面全面享受城镇居民的基本公共服务，造成城镇化品质较低。

11.3　柴达木城镇圈循环经济发展思路及建设重点

柴达木城镇圈立足丰富的资源优势，坚持合理配置、集约开发、循环利用、永续发展的原则，重点建设格尔木工业园、德令哈工业园、乌兰工业园、大柴旦工业园、都兰工业园 5 个循环经济工业园，构建以盐湖化工为核心的循环经济主导产业体系，建成国家重要的战略性产业基地、全国最大钾肥生产基地、世界级盐湖产业基地、国家战略油气储备基地和全国重要清洁能源基地。

11.3.1　循环经济建设意义及发展思路

1. 柴达木城镇圈循环经济建设缘由

柴达木城镇圈矿产资源富集，太阳能、风能、旅游和特色生物资源丰富，尤其是分布有丰富的石油、天然气、煤炭、湖盐、黑色有色稀有金属等矿产资源，各类矿藏具有储量大、品位高、类型全、分布集中、组合好等特点，潜在经济价值在 100 万亿元以上。其中，钾、镁、钠、芒硝、锂、锶储量居全国之首，氯化钾、氯化镁、氯化锂等储量占全国已探明储量的 90% 以上，探明无机盐保有资源储量达 3400 亿 t，占全国盐湖资源总量的 1/3。柴达木城镇圈资源开发必须综合考虑共生、伴生的资源，否则会造成资源的浪费和环境问题。例如，2009 年察尔汗盐湖区氯化钾产量就达 300 多万吨，按照当时的技术，每生产 1t 氯化钾就要产生 40m³ 含 26% ～ 33% 氯化镁的"老卤水"副产品。以察尔汗盐湖地区当时每年氯化钾产量 300 多万吨计算，每年产生的含氯化镁老卤水副产品超过 1.2 亿 m³，这些含氯化镁老卤水因各种原因难以回收和资源化利用，已经成为当时制约青海乃至我国钾肥工业可持续发展的重要因素。大量含氯化镁老卤水存在并以惊人的速度增加，不仅严重影响钾肥工业的发展，也威胁着察尔汗团结湖周围十几家钾肥企业和察尔汗铁路的安全。于是，盐湖资源的综合开发和利用被提上议事日程。

2. 柴达木盆地循环经济建设意义

青海省作为长江、黄河、澜沧江的发源地，是我国最重要、影响范围最大的生态区域。该地区矿产资源十分丰富，是青海省经济社会发展最具有活力的地区，承担着支撑青海省经济社会发展、保护三江源、支援西藏建设的重任。但区域生态系统十分脆弱，生态环境的敏感性和不稳定性十分突出，环境保护的任务十分艰巨。这样的地区既要发展经济，又要保护自然环境，所以发展循环经济是唯一的现实选择。

首先，"三江源"保护离不开国家支持，青海省也承担着艰巨的任务，责任重大。但从地区经济发展看，青海省 4 个属于"三江源"生态保护区的少数民族自治州均为青海省欠发达地区，地广人稀、远离经济中心、自我发展能力十分有限。柴达木循环经济试验区作为青海主要的经济发展区，资源相对富集，产业发展的聚集优势明显，具备工业发展的优势条件，一直是青海省地方财政重要来源区，承担"三江源"地区移民安置任务，担负着青海省地方实施"三江源"保护主要财力支撑的重任。大力推动试验区的循环经济建设，不仅会有力地促进区域社会经济健康发展，而且会极大地支持"三江源"生态环境的保护。

其次，柴达木地区是青海省主要的经济发展区，也是我国西部重要的资源开发区，拥有丰富的自然资源，但其地处青藏高原，生态环境比较脆弱。发展循环经济是实现试验区可持续发展的必然选择。该地区在资源开发、工业发展方面尚处于起始阶段，将循环经济的理念体现在规划、建设、管理等各个方面，着力构建循环经济的产业体系，可以有效避免"先污染、后治理"的传统增长方式。从试验区资源条件看，该地区资源富集，资源组合好，关联度强，具备构建以盐湖特色优势资源为主导的区域循环经济产业体系条件，能够支持资源、产品、产业多层次的区域循环经济产业体系建设。推进试验区循环经济发展，有利于促进资源集约化程度，优化资源配置，促进资源的高效利用、循环利用，最大限度地减少和降低矿产资源开发造成的环境污染、生态破坏，实现区域经济健康、可持续发展。

再次，该地区具有资源品种多、组合好的特点，有利于区域性大规模整体开发、多产业集群联动发展循环经济，特别适合构建循环经济的产业体系。发展前期，试验区产业发展模式较为粗放，多为采集和挖掘业，产业关联度不高，产业链短，精深加工能力不足，产品多为初级产品，多种有用成分没有得到有效利用，造成了资源的闲置和浪费。

最后，柴达木地区处于青、甘、新、藏四省（区）交会的中心地带，是稳藏固疆的战略要地和重要门户。同时，试验区与省内及周边少数民族地区在历史、文化、经济、社会等方面有许多相似之处，拥有共同的地域、共同的民族和共同的宗教信仰，特别是青海省内宗教文化活动的特殊地位对周边地区的宗教文化活动具有深远而特殊的影响，使其形成一个密不可分的特殊经济文化圈。实现试验区的可持续发展，对促进青海民族地区的经济发展，巩固维疆援藏战略地位，确保各族人民安居乐业、和谐共处、共同进步，维护西部少数民族地区的民族团结和社会稳定，具有重要的经济和政治意义。

3. 柴达木循环经济建设总体思路与目标

柴达木循环经济建设的总体思路是依托资源优势，明确功能定位，结合区域特点，优化产业布局，积极构建以盐湖化工产业为核心，以油气化工、金属冶金、煤炭综合利用、新能源、特色生物产业为主导，以新材料产业为培育重点的多产业纵向延伸、横向融合的循环经济主导产业体系，突出强调资源综合利用，注重节能减排，提高经济增长绿化度，推进绿色发展，建成循环经济发展先行区，发挥其在青海省乃至全国的示范带动作用。

柴达木循环经济建设的原则一是按照合理配置、集约开发、循环利用、永续发展的原则，注重处理好加快发展与转变方式的关系，处理好发展速度、开发强度与生态建设之间的关系。二是按照循环经济"减量化、再利用、资源化"的原则，重点规划建设格尔木工业园、德令哈工业园、乌兰工业园、大柴旦工业园四个循环经济工业园，构建以盐湖化工为核心的六大循环经济主导产业体系，形成资源、产业和产品多层面联动发展的循环型产业格局。三是做好对矿产、能源、土地、水资源的支撑能力分析，处理好资源开发、环境保护与产业协同发展的关系。四是把环境保护与生态建设放在突出的位置，提出了 15 项环境保护和生态建设措施，确保经济发展与资源环境效益的统一。

柴达木循环经济建设的发展目标是建立以盐湖资源开发为核心的盐湖化工，融合油气化工、金属冶金、煤炭综合利用、新能源、新材料、高原特色生物，形成循环型产业体系，建成全球最大的电解金属镁生产基地、太阳能发电基地，全国最大的钾肥生产基地、碱业生产基地，区域性油气化工基地、煤化工基地，国内重要的锂深加工基地和新材料生产基地。《青海省国民经济和社会发展第十四个五年规划和二〇三五年远景目标纲要》提出，把柴达木盆地建成世界级盐湖产业基地，全面提高盐湖资源综合利用效率，着力建设现代化盐湖产业体系，打造具有国际影响力的产业集群和无机盐化工产业基地。加快发展锂盐产业，提升碳酸锂生产规模和产品档次，发展锂电材料、高纯度金属锂等系列产品。稳步发展钾产业链，延伸发展化工基本原料下游产品，提升钾肥产业，开发高效、环保钾肥新品种。打造国家"两碱"工业基地，优化钠资源利用产业链条，开发碱系列下游产品。做大镁产业，推进高纯镁砂、氢氧化镁精深加工，推进金属镁一体化等项目，发展镁基系列产品，建设镁质建材原料生产基地。加大盐湖提硼力度，拓展开发硼系材料及新产品，推进硼化工产业发展中心建设。

4. 柴达木循环经济建设战略定位

建成国家重要的战略性产业基地。聚焦优势产业绿色转型升级，持续巩固提升海西为全国最大钾肥生产基地和国家重要纯碱基地的地位，打造世界级盐湖产业基地；建设国家战略油气储备基地，全面推进清洁能源发电、输送、消纳、装备制造产业协同发展，加快培育发展氢能产业，打造全国重要能源基地；促进盐湖产业、油气化工、金属冶炼、清洁能源四大战略性产业向高端高质高技发展，着力打造具有一定国际竞争力、全国影响力的国家重要的战略性产业基地。

11.3.2 循环经济园区建设重点

柴达木循环经济试验区成立以来，相继建成投产盐湖开发、纯碱、碳酸锂、甲醇及铁矿采选、煤炭开发等40多个重大产业项目，形成了以盐湖资源开发为核心，以融合盐湖化工、油气化工、金属冶金、煤炭工业、新能源、高原特色生物等产业为主导的循环型产业体系。格尔木、德令哈、大柴旦、乌兰四个工业园区建设加快，形成了优势互补的循环产业布局和良性互动的发展机制。各工业园区功能定位、产业发展布局逐步明晰，为加快构建结构优化、技术先进、清洁安全、附加值高的现代产业体系奠定了基础。试验区还建立了淘汰落后产能退出机制，积极推进清洁生产、节能降耗，逐步加大了低能耗、高附加值行业在工业经济规模中的份额，万元GDP能耗和单位工业增加值能耗指标逐年下降，为全省最低水平。此外，针对制约循环经济发展的盐湖资源综合开发、新能源、新材料等领域，突破了一批技术难题，科技进步对经济增长的贡献率达到45%，科技支撑作用明显。

目前，柴达木盆地以格尔木、德令哈、大柴旦、乌兰工业园为主的"一区四园"发展格局初步形成，盐湖化工、油气化工、有色金属、煤化工、新材料、新能源、特色生物七大循环经济主导产业体系和昆仑、察尔汗两个千亿元，德令哈、大柴旦、乌兰、都兰四个五百亿元产业基地建设开始起步，特色优势产业正在逐步培育壮大，各园区主导产业如表11.7所示。近年来，试验区相继被国家认定为"西部大开发特色优势产业基地""柴达木盐湖化工及金属新材料国家新型工业化产业示范基地""国家可持续发展实验区""盐湖特色材料国家高新技术产业化基地"，被评为"全国循环经济工作先进单位"。加快实施循环化改造项目，进一步完善循环经济产业体系，延伸盐湖化工、油气化工、金属冶金、煤化工、特色生物、新能源产业一体化、新材料等产业链条及现代物流业，加快产业升级，推动工业经济提质增效。

表 11.7　柴达木循环经济试验区工业园主导产业表

园区名称	主导产业
格尔木工业园	以盐湖化工、煤化工、油气化工、新能源、金属冶金发展为主导产业。 盐湖化工产业：稳定钾肥产量的基础上重点发展下游精细化产品，加大其他伴生资源的回收和产品开发，逐步形成以钾、钠、镁、锂、硼等盐湖资源精深加工、循环利用和产业延伸为特点的综合开发格局。以创建创新型盐湖化工循环经济特色产业集群为重点，构建以钾、钠、镁、锂、锶、硼、溴等资源梯级开发和以配套平衡氯气、氯化氢气体为辅的盐湖资源综合开发产业体系。重点谋划推进金属镁一体化及配套产业，碳酸锂扩能提质配套动力锂电池，高纯镁砂一体化，高纯氯化锂及锂 6、锂 7 高技术锂产品，聚苯硫醚及配套等项目。 煤化工产业：推动煤炭资源综合利用产业体系建设，推进煤炭、能源、化工一体化发展，实现盐湖、煤炭、天然气、冶金等产业融合发展。以青海矿业集团年产 120 万 t 煤制烯烃项目为基础，重点发展烯烃下游产品产业链。 油气化工产业：300 万 t 炼油扩能、苯下游精细化工产品开发及甲醇下游产品开发等。 新能源产业：加快太阳能、热能、风能资源开发，进一步推进新能源产业成长，重点围绕太阳能、风能电源建设，推进太阳能热发电储热熔盐一体化，风电、光电、光热装备及电站建设一体化发展。重点谋划推进 50 万 kW 太阳能光热发电配套 100 万 t 三元复合熔盐及太阳能光电，光热追日镜系统，槽式、线性菲涅耳式反射镜，逆变器等装备制造一体化以及风电场建设与风机、叶片、轮毂、变速器、变压器等风电设备制造一体化项目。 金属冶金产业：提升铅、锌等共伴生矿产资源和矿山废弃物综合利用水平，加快青藏高原区域性钢铁基地建设，推进冶炼中副产硫酸与盐湖化工、煤化工产业融合发展。重点建设钢铁一体化，夏日哈木镍钴矿采选、冶炼分离、羰基冶金技术及羰基硼开发及生产，海绵钛配套金属镁，铜冶炼、铜合金、压延、电工材料，锌合金压延加工产品等项目
德令哈工业园	利用德令哈及周边地区丰富的煤炭、石灰石、石英等非金属矿资源和钠盐、镁盐资源，重点打造以盐碱化工为主体，新材料、特色生物、新能源及装备制造等产业统筹发展的循环经济产业体系，大力发展新材料、高性能镁合金及制品、结构板材、有机硅等相关产业，以及周边地区柴达木福牛、藜麦、枸杞、高原水产等种养殖（殖）基地，建设柴达木绿色产业园集中示范加工区
大柴旦工业园	能源 — 煤化 — 盐化 — 冶金产业链：以煤清洁利用为龙头，重点发展动力煤、硅胶、硼系列产品及硫酸钾、聚苯硫醚、磷酸铁钾、溴素等深加工产品。 新能源产业链：重点发展光伏发电、光热发电、风力发电等新能源产业。 资源综合高效利用：利用锡铁山硫精矿和尾矿生产硫酸，稀有金属和铁矿砂；利用盐湖资源，生产氧化镁、硫化碱；利用煤矸石发电，生产烧结砖。 整体煤气化联合循环一体化开发产业链，重点推进 50 万 t 油页岩开发
乌兰工业园	利用周边煤炭资源发展煤化工产业，并与盐化工相结合完善循环经济产业链条，提升畜产品加工产业链，发展新能源产业链
都兰工业园	进一步完善黄金产业园建设，并积极发展黄金精炼及黄金粉、丝、箔材料加工产品，大力推进铅、锌、铜等多金属资源开发，延伸产业链条，壮大枸杞种植及生物加工产业、石材产业、新能源产业

1. 格尔木循环经济工业园

格尔木循环经济工业园是以盐湖化工、石油天然气化工、金属冶金产业融合发展为特色的格尔木循环经济工业园。工业园总规划面积 92.67km²，分为盐湖化工、石油化工、有色金属三个循环经济专业区，其中：盐湖化工工业园区规划面积约 60km²；石油化工工业园区规划面积 14.18km²；有色金属工业园区规划面积 18.49km²，已形成 300 万 t 钾肥、45 万 t 硫酸钾镁肥、30 万 t 氯化镁、50 万 t 原盐、3 万 t 碳酸锂、7 万 t 硼酸、8 万 t 氧化镁、150 万 t 炼油、100 万 t 甲醇、10 万 t 粗铅、30 万 kw 燃气发电生产规模。

重点建设昆仑和察尔汗两个千亿元重大产业基地，发展盐湖化工、石油天然气化工、有色金属三大支柱产业，通过产业间产品、副产品或废弃物的物流、能流交换，进行产业链延伸和耦合，逐步形成以钾、钠、镁、锂、硼等盐湖资源综合利用和产业延伸为重点的综合开发格局，辐射带动茫崖、冷湖、大柴旦、都兰等地的循环经济产业发展。察尔汗产业基地主要布局盐湖化工及镁、锂、PVC 等新材料产业，在现有百万吨钾肥、金属镁一体化项目的基础上，积极发展镁合金及压铸件、PVC精深加工、耗氯等下游产业，配套建设物流中心、大型非标设备制造中心等，完善服务功能，建成盐化工与能源化工协调发展的循环经济产业集群。昆仑产业基地主要布局炼油工业、石油天然气化工、钢铁一体化、有色金属冶炼及精深加工产业、新能源、建材工业、部分轻工业、高新技术研发、精细化工生产、装备制造业以及油气化工、有色金属产业关联的盐湖化工延伸项目。

2. 德令哈循环经济工业园

依托德令哈及周边地区丰富的盐湖、煤炭、石灰石等资源，以盐湖钠盐、锶盐综合开发利用为重点，构建两碱化工、新型建材产业链，着力发展两碱化工、锶化工、新型建材产业，辐射带动乌兰、都兰、大柴旦、冷湖等地区的工业发展，构建国家重要的碱化工、锶化工产业基地。围绕打造五百亿元产业基地，利用德令哈及周边地区丰富的煤炭、石灰石、石英等非金属矿资源和钠盐、镁盐资源，重点打造以盐碱化工为主体，新材料、特色生物、新能源及装备制造等产业统筹发展的循环经济产业体系，大力发展新材料、高性能镁合金及制品、结构板材、有机硅等相关产业。利用煤炭资源建设煤制乙二醇、大型热电站等项目，依托周边地区丰富的锂资源，打造锂电材料产业集群。依托本地及周边地区柴达木福牛、藜麦、枸杞、高原水产等种养植（殖）基地，建设柴达木绿色产业园集中示范加工区。构建两碱化工、煤化工、绿色产业、新型建材、新材料、新能源、储热熔盐、新能源装备制造系列产品循环经济产业链，积极谋划新能源电动车、军民融合特种材料等项目，辐射带动乌兰、都兰、天峻等地区循环经济产业发展。

3. 大柴旦循环经济工业园

依托大柴旦、冷湖、茫崖及周边地区丰富的盐湖、油气、煤炭、有色金属等资源，以综合开发利用为核心，着力发展能源、煤化工、盐湖化工、有色金属产业，辐射带动大柴旦、冷湖、茫崖等地的发展，构建国家重要的盐湖化工、能源、碳一化工、铅锌产业基地。工业园规划面积34.6km²，分为锡铁山铅锌尾渣与盐湖资源综合利用精细化工产业区、饮马峡盐湖化工与煤炭资源清洁利用产业区、大柴旦盐化产业区。已形成220万t原油、100万t钾肥、150万t铅锌采选、15万t铅锌精粉、15万盎司黄金、320万t煤炭、15万t石棉、10万t硫化碱、20万t硫酸、6万t硼酸、15万t磷铵的生产规模。突出盐化综合利用产业的差异化发展，实现大柴旦、锡铁山、饮马峡三个区域的盐湖、有色金属、煤炭资源循环利用和产业延伸。在有色金属及贵金属采选、钾肥、纯碱、煤炭等产业基础上，构建能源—煤化工—盐化工—冶金产业链，力争将鱼卡矿区煤炭开采能力扩大到3000万t，布局百万吨油页岩开发、IGCC煤电一体化深层煤炭气化技术示范项目，促进能源、煤化工、盐化工、冶金产业有机融合，重点发展盐化工综合利用、高纯氯化锂、硼系列产品、聚苯硫醚等产业，建成大柴旦五百亿元产业基地，辐射带动冷湖、茫崖等地区的工业发展。

4. 乌兰循环经济工业园

依托木里丰富的焦煤资源和茶卡、柯柯盐湖钠资源，以及乌兰、都兰、天峻地区丰富的高原特色生物资源，以资源综合开发为重点，着力发展煤焦化工、盐化工、特色生物产业，辐射带动天峻、乌兰、都兰等地区发展，构建青藏高原重要的煤焦化工、特色生物产业基地，重点发展盐业、煤焦化、新能源产业。积极有序推进煤炭深加工和综合利用，延伸煤炭转化链，构建"煤—盐—化"一体化产业链、"煤—电—煤化工"及"煤炭开发—焦炭及焦油深加工"产业链等，引导发展煤焦油、苯等精细化工产品、焦炉气甲醇及甲醇下游系列产品，配套支撑格尔木、德令哈工业园等重点园区产业发展。抓好茶卡、柯柯盐湖资源综合利用项目，积极延伸拓展产业链，大力发展新能源产业，按照产业协同发展的要求，积极有序推进木里丰富的焦煤资源深加工和综合利用，辐射带动天峻地区的发展，建成乌兰五百亿元产业基地。

5. 都兰循环经济工业园

都兰枸杞产业园规划范围包括都兰县宗加镇诺木洪村、乌图村、哈西娃村 3 个村和诺木洪农场厂部、一大队、二大队、三大队、四大队、五大队 6 个生产大队，涵盖《宗加镇总体规划》所拟定的河西区、河东区与路北区，规划区总面积约 169.8km^2，规划总投资 235268 万元。产业园区分为枸杞生产功能区、枸杞加工功能区、枸杞产品物流功能区、科技研发功能区、有机枸杞种植示范功能区、休闲观光功能区、农业综合服务功能区等功能区。

11.4　柴达木城镇圈循环经济发展面临挑战与对策

柴达木城镇圈绿色发展和循环发展面临着产业基础相对薄弱、资源性重化工业比重大、循环利用层次低、高原市场主体不发育、循环经济主要产品市场需求与产能不匹配、水资源供求结构性矛盾突出等挑战，未来需要重新审视循环经济产业链策略，掌握循环经济发展度；立足优势资源，突出主导产业和主业；大力加强科技创新，持续推进转型升级；统筹协调市场经济与循环经济的关系，增强城镇圈经济发展活力；统筹协调资源开发与环境保护关系，加强城镇圈环境影响监测与评估；建立柴达木循环经济大数据平台和预警机制，增强循环经济抵御风险能力。

11.4.1　循环经济发展面临的挑战

1. 产业基础相对薄弱，工业结构以资源性重化工业为主

主导产业基于产业链的企业集聚，产业集群规模小、成熟度不高，分工协作体系不健全，产业关联传导效果不明显，缺乏规模优势和协同效应，产品尚处于产业链的中低端。多数企业集聚于资源开发和粗加工的上游产业，产品工业附加值低，原材料

工业占比高，产品附加值偏低，市场竞争力弱，容易受国际市场价格波动影响，单位产品能耗、水耗高，用地粗放，土地集约节约利用水平低。同时，节能减排任务艰巨，清洁生产形势严峻，促增长与降能耗矛盾突出。而柴达木盆地循环经济试验区的龙头骨干企业，涉及科研开发、生产经营、化工产品生产、建筑安装、资本运营等业务，龙头骨干企业盲目扩大规模，进行并购，扩充产业门类，导致其严重亏损现象的出现。

2. 尚处循环利用初级阶段，基础型产品比重大，产业链短，引发盲目循环

柴达木城镇圈内企业多处于产业链源头和资源集约开发、循环利用的初级阶段，各产业之间融合较少，在产业层次、成长速度、市场集中度、技术进步、产业关联带动作用方面存在较大的差距，迫切需要加快延伸产业链条、拓展产业范围、提升产业层次、壮大产业规模。过分追求产业链完美将引发循环经济盲目循环。柴达木盆地循环经济试验区具有以盐湖资源综合利用为基础的金属产业体系，其构建了有色冶金产业链，延伸了盐化工产业链。基于完善产业链的诉求，循环经济试验区开始大力发展"金属镁一体化项目"。但产能严重过剩等原因使循环经济出现盲目循环的问题，从而导致该项目亏损严重。

3. 高原市场主体不发育，循环经济主要产品市场需求与产能不匹配

发展循环经济最关键的开采技术、环保技术、节能技术和资源综合利用技术依靠自身研发难度大，资源的整体开发和深度开发水平偏低。制约循环经济发展的技术瓶颈、共性问题和相关产业链接技术尚待突破，围绕市场、资源、人才、技术、项目的竞争更加激烈，人才、技术和管理能力不足的矛盾更加突出。柴达木盆地地处我国西北内陆，远离市场，市场经济背景下青藏高原市场主体不发育，市场需求小。以镁产业的生产和消费为例，2012 年中国是全球最大的镁生产国和出口国，国内镁产量占世界的 80%以上，镁企业的产能利用率约为 60%，全球镁的产能严重过剩。2012 年，镁价一般在 17500 元/t 左右，而在 2020 年 1 月，标准镁锭的报价基本上在 14000 元/t 左右。作为柴达木盆地循环经济试验区的主要产品，在这期间镁价不升反降。同时，2019 年我国钾肥施用量前三的省份为河南省、广西壮族自治区和广东省，其中河南省钾肥施用量达 55.3 万 t，广西壮族自治区钾肥施用量为 55.1 万 t，广东省钾肥施用量为 43.3 万 t，钾肥需求大省均距柴达木盆地较远。2019 年，我国钾肥主要进口国为加拿大、俄罗斯、白俄罗斯等，其中加拿大钾肥进口金额为 9.82 亿美元，俄罗斯联邦进口金额为 6.33 亿美元，白俄罗斯进口金额为 5.54 亿美元。中国钾资源仅占世界总储量的百分之几，青海盐湖钾资源占中国目前可利用总钾资源的 97%。目前，中国钾肥年需求量约 1200 万 t，利用青海盐湖钾资源生产的钾肥年产量约 600 万 t，能满足中国半数的需求。因此，柴达木盆地作为我国重要的钾资源开发和生产区，需要继续扩大钾肥的生产以此弥补市场缺口。

4. 水资源供求结构性矛盾突出

柴达木地区本身降水稀少，有限的降水主要集中在北部祁连山和南部昆仑山地区，

盆地中西部地区年降水量不到 50mm，盆地中矿产资源特别是盐湖资源和工业主要集中在盆地中西部，水资源与矿产资源的空间配置错位分布加剧了水资源供求矛盾。

11.4.2　循环经济发展对策建议

1. 重新审视循环经济产业链策略，掌握循环经济发展度

柴达木城镇圈循环经济试验区需要重新审视产业链，产业链的分析设计要全面考虑、全面分析，实行上下游统筹管理，优化调整产业链结构，促进产业链的合理运行和联系。在产业链规划、制定、招商引资和产业发展过程中，规划和管理人员应尽可能规划设计完整的产业链，并按此组织引导产业实际生产。同时，产业链的产业实体发展不能大而全，而应该适度小而精，实现盐湖梯级开发与综合利用，避免循环经济的盲目循环，增强循环经济的整体效益，掌握循环经济高效发展的度，以此改变柴达木盆地循环经济试验区的产业结构，提升发展质量和效益，实现循环型产业体系的可持续循环。

2. 立足优势资源，突出主导产业

柴达木城镇圈循环经济试验区的主导产业不能盲目追求大而全，需要利用柴达木盆地的新能源优势，以新能源基地建设为抓手，推动钾等金属矿物的开采和加工，深化钾资源开发为龙头的盐湖化工循环型产业体系，继续将其作为青藏高原战略资源储备基地，同时实现国家生态安全屏障的作用，实现区域经济社会环境的可持续发展。同时，应该突出其主要考虑碳达峰、碳中和战略背景下的工业发展路径。转变经济发展方式，剥离不良资产，与效益不佳的关联企业脱钩，大力发展主业。在主导产业发展的过程中进一步深化对资源、环境、技术、产业、人口等发展要素的再认识，建立一条富有资源特色、符合地方发展实际的绿色低碳、可持续的产业发展道路，以此推动柴达木盆地循环经济试验区核心竞争力和影响力不断增强，为全面建成国家循环经济示范区提供产业支撑。

3. 大力加强科技创新，持续推进转型升级

坚持把转变经济增长方式和提升经济发展质量作为科技工作的核心任务，建立政府引导、市场驱动、企业投入为主体的多元化投融资体系，加大力度支持创新要素向关键领域集中，着力提升科技创新能力。围绕关键技术、重点领域、主要产品，加强科技攻关，建立研发扶持和奖励机制，充分调动科研人员的积极性。柴达木循环经济区企业大多为资源型企业，要转变组织管理模式和经营方式，通过研发提升产品科技含量和附加值，推动企业转型升级，减少企业对主导产品的过度依赖，减轻资源产品价格波动对企业造成的影响。

4. 统筹协调市场经济与循环经济关系，增强城镇圈经济发展活力

柴达木盆地循环经济区在引进企业的过程中应该尊重市场经济的特性，明确政府与市场边界，确立企业投资主体地位，按照市场配置资源，根据市场变化、市场需求和宏观环境，适当取消或者下放项目核准权限，最大限度地避免试验区内企业的亏本。在市场经济条件下，发展循环经济不应只考虑"副产品"排放和产业链的完整性，还需兼顾市场需求。应该关注循环经济产业链的组织，科学合理地发展市场经济背景下的循环经济。重视主导产业的生产，深化钾资源的开发和生产，弥补我国钾肥在市场上的需求，深入探讨和研究盐湖镁资源的综合利用，审慎推进盐湖镁一体化项目。

5. 统筹协调资源开发与环境保护关系，加强城镇圈环境影响监测与评估

发展循环经济的初衷是提高资源综合开发利用效率，最大限度地减少资源浪费、减轻环境影响，建立资源节约型和环境友好型社会。在产业发展中要统筹规划、科学谋划，在产业链设计上，要加强产业和项目的环境影响评估，不能为了"循环"而循环，盲目延长拓宽产业链条。在招商引资工作中，要注重选商选资，在项目引进中，对节能减排提出明确要求，以低消耗、低排放、高效率为基本准则。柴达木盆地是一个内陆盆地，河流自净能力低，污染排放物自然消解能力差，污染物长期在盆地底部积累必然对自然环境带来重大影响，要加强对重要污染源、重点企业和关键区域的环境监测和环境督查，尽早建立生态补偿制度。

6. 建立柴达木循环经济大数据平台和预警机制，增强循环经济抵御风险能力

充分利用 5G+ 网络、物联网、智慧城市等先进科学技术，以数字经济为纽带，搭建柴达木循环经济区大数据平台，使柴达木循环经济区在循环经济发展分析、市场风险预估预警、环境监测评价、自然灾害防范等方面服务数字化、信息化、科学化和精准化，更好地发挥循环经济发展的示范引领作用。

参考文献

孙发平, 冀康平, 张继宗. 2008. 循环经济理论与实践——以柴达木循环经济试验区为例. 西宁: 青海人民出版社.

熊增华, 王石军. 2020. 中国钾资源开发利用技术及产业发展综述. 矿产保护与利用, (6): 1-7.

中共海西州委, 海西州人民政府. 2021. 海西州国民经济和社会发展第十四个五年规划和二○三五年远景目标纲要. http://www.haixi.gov.cn/info/4519/225112.htm. [2021-03-04].

中共青海省委, 青海省人民政府. 2014-05-25. 青海省新型城镇化规划. 青海日报（第3版）, 5.

中共青海省委, 青海省人民政府. 2021-02-10. 青海省国民经济和社会发展第十四个五年规划和二○三五年远景目标纲要. 青海日报（第1版）.

第 12 章

高原城镇人居环境建设

青藏高原独特的自然地理环境和丰富的人文社会环境，铸就了独特的人居环境，其经济生产活动和社会生活方式具有明显的地域特征。改善青藏高原城镇人居环境、提升人居环境建设质量、彰显人居环境文化品质，是青藏高原城镇化与绿色发展的重要路径，也是高原城市人民美好生活的重要保障。

12.1 高原城镇人居环境资源调查分类与地域特征

青藏高原人居环境资源禀赋各异,其中自然景观资源受地形地貌、自然气候的影响,形成高原、冰川、谷地、盆地以及山地等若干各具特色的自然地理区，高山环绕、高差悬殊，地域特征鲜明；人文景观资源以独具时代精神的红色文化、多元融合的民族文化和价值独特的历史文化遗产为代表，类型丰富且保存完好。青藏高原是我国自然资源富足且多民族聚居的地区,高原环境昭示其得天独厚的生态地位与资源优势。同时,青藏高原还是少数民族聚居地、中华民族特色文化保护地和世界观光旅游地。将青藏高原各类人居环境资源进行合理分类整理，对于资源保护以及未来可持续利用具有一定理论价值以及现实意义。

12.1.1 城镇人居环境资源调查与分类

根据国家质量监督检验检疫总局于 2017 年颁布的《旅游资源分类、调查与评价》（GB/ T18972—2017）标准对我国文化景观类型的分类，结合青藏高原的自然特性及地域文化特性，将青藏高原人居环境资源分为自然景观资源与人文景观资源两大类。其中，自然景观资源包括 3 个主类和 7 个亚类，以及 9 个基本类型。人文景观资源包括 7 个主类和 18 个亚类，很多资源品位高、规模大，具有很高的开发利用价值。

1. 自然景观资源分类

青藏高原自然资源丰富。结合分类标准，将青藏高原自然资源分为 3 个主类及 7 个亚类，分别为地文景观、水域景观和生物景观（表 12.1）。

表 12.1 青藏高原自然景观资源分类表

主类	亚类	基本类型	代表类型
地文景观	自然景观综合体	山丘型景观	阿依拉山、鲁贡拉山、杰拉山、冈巴拉山、楚拉山、崩希拉山、唐古拉山、可可西里山、祖尔肯乌拉山、托尔火山、元朔山、娘娘山、达坂山、珠穆朗玛峰自然保护区、卓奥友峰、奥依塔克风景区、慕士塔格风景区、公格尔峰、加斯山地景观等
		沟谷型景观	六大沟、亚东沟、陈塘沟、嘎玛沟、绒辖沟、樟木沟、吉隆沟、卓玛峡谷、察隅慈巴沟国家级自然保护区、祁连黑河大峡谷、黄河大峡谷风景区、西宁长岭沟风景区、宗家沟、湟源峡、东峡小江南、九龙峡、石门金锁、大峡沟国家森林公园、大峪沟国家AAAA 级旅游景区、车巴、立竹、塔乍三沟等
		滩地型景观	静房湾、察汗河国家森林公园、西宁人民公园、西宁麒麟湾公园、隆宝滩自然保护区、群果扎西滩、德宗马海湖大盐滩、昆特依大盐滩、金沙江第一滩等

续表

主类	亚类	基本类型	代表类型
地文景观	地质构造与地表形态	地质构造	雅鲁藏布江大断裂带与多雄藏布断裂带、波罗吉荣大峡谷、怒江、澜沧江大峡谷、伊日大峡谷、一线天、雅鲁藏布大峡谷、南迦巴瓦、丹霞地貌等
		地表形态	丁达拉普巴(溶洞)、妈康珠普巴(溶洞)、尼桑普巴(溶洞)、麦莫溶洞、拉日石窟、洛村石窟、色吾土林地貌景观、红山谷景观、托云地质公园、阿什库勒冰碛湖古代冰川遗址、兔儿石山、则岔石林、白石崖溶洞、朵山玉笋等
水域景观	河流		雅鲁藏布江、多雄河、梅曲河、拉萨河、尕尔丁曲、加木吴曲、湘曲河、森格藏布河、狮泉河、生拉藏布河、木吉河、依格孜牙河、康西瓦河、喀拉塔什河、克孜河、恰克马克河、塔什库尔干河、澜沧江源头、黄河源头、长江源头、三江源自然保护区、湟水河、南川河、解放渠、大通河、湟水、黄河谷地、茶卡盐湖、金子海、柯柯盐湖等
	湖沼	游憩湖区	思金拉错、切措湖、哲古湖、白玛灵湖、普松如巴湖、东喜天湖、多巴湖、多庆湖、措姆折林、昂仁金措、崇巴雍措、佩枯错、湖、娘母丁胡、雍则绿神湖、金岭千年冰川湖、三色湖、喀拉库勒湖、布伦库勒湖、鲸鱼湖、青海湖、沙岛、芦苇岛、月牙湖、太阳湖、错禙褴、东大滩水库、年保仙女湖、月牙湖、龙卡湖、日尕玛措湖、文措湖等
		湿地	那曲沼泽湿地、桑桑湿地、下洛湿地、巴嘎雪湿地、拉妥虚地、定结湿地、丝绸古道金草滩、南门峡湿地公园、可鲁克湖-托素湖湿地自然保护区、青海西宁湟水国家湿地公园、乐都大地湾河国家湿地公园、青海洮河源国家湿地公园、黄河清湿地公园、玛多冬格措那湖国家湿地公园、青海天峻布哈河国家湿地公园、达日黄河国家湿地公园、柴达木河流域湿地等
	地下水		布西温泉、学安温泉、古竹同温泉、俄雄温泉、茶曲乡玛库温泉、宗朗灵泉、热水温泉、包忽图听泉等
生物景观	植被景观	林地	白玉沟原始森林、天然古沙棘林、绒辖森林景区、嘎玛森林景区、下亚东原始森林、胡杨林、北山国家森林公园、互助嘉定国家地质公园、红叶谷休闲生态旅游景区、湟源大黑沟森林公园、玛柯河林区、原始森林、柴达木梭梭冰自然保护区、都江堰国家森林公园、大雪峰原始森林风景名胜区等
		草地	贡德林草原邱多江草原、藏北草原、帕里草原、字嘎大草原、哲古草原、玉其塔什草原、尚亥草原风景区、金银滩草原、祁连山草原等
	野生动物栖息地		桑日马鹿自然保护区、申扎自然保护区、错鄂鸟岛、红拉山滇金丝猴自然保护区、东久自然保护区、北部生态旅游景区、野生动物景区、长毛岭野鹿驯旅游区、黑颈鹤自然保护、黑颈鹤自然保护区、中昆仑野生动物保护区、阿尔金山狩猎区且末狩猎场、阿尔金山自然保护区、罗布泊野骆驼保护区等

1)地文景观

依据相关分类标准,地文景观可细分为自然景观综合体、地质构造与地表形态两个亚类。其中,自然景观综合体包含山丘型景观、沟谷型景观以及滩地型景观三个基本类型,由于青藏高原地形变化丰富,又是中国现代冰川集中分布的地区,因而形成大量特色鲜明、景观丰富的山丘型与沟谷型景观,包括自然山体、冰川、高山峡谷等多种类型,它们在青藏高原地区广泛分布。

2)水域景观

青藏高原是长江、黄河、澜沧江、怒江、雅鲁藏布江等大江大河的发源地,河湖众多,景观丰富。部分河流平原地区是主要城镇的起源地,如青海省最初的城镇发展就起源于湟水流域,西藏拉萨则沿拉萨河进行建设。湖沼包含游憩湖体和湿地两种类型,其中游憩湖体主要分布于青海、西藏和四川,如纳木错、青海湖等,大型湖泊是区域湿地系统的重要组成部分,其独特的高原风光极大地推动了区域旅游业的发展,也支持了城镇发展;湿地景观大量分布于青海,如青海西宁湟水国家湿地公园、青海洮河

517

源国家湿地公园等，西藏次之，其他地区仅有少量分布。

3）生物景观

青藏高原生物多样性丰富，具有大量青藏高原特有物种，生物景观种类多样且价值高。生物景观可细分为植被景观和野生动物栖息地两种类型。植被景观主要包括草地和林地两类。其中，草地种类丰富，主要包括高寒草甸草原、荒漠草原以及高寒草原等类型，广泛分布于各个地区，西藏、青海、四川分布较多；林地以原始森林、森林公园为主要形式，大多分布于青海、西藏以及四川，部分省（区）的单一树种形成特色景观林，如西藏的沙棘林和巨柏等。在野生动物栖息地方面，各地都具有其特色动物保护区，如西藏红拉山滇金丝猴自然保护区、甘肃安南坝野骆驼自然保护区以及滇金丝猴栖息地等。

2. 人文景观资源分类

青藏高原民族文化资源历史悠久，内容丰富多彩，种类全面，不同类型文化交相辉映，形成了青藏高原区域深厚的文化底蕴，孕育了富有特点的人居环境。可将青藏高原文化资源分为 7 个主类以及 18 个亚类（表 12.2）。

表 12.2　青藏高原人文景观资源分类表

主类	亚类	代表类型
宗教文化资源	宗教活动场所	布达拉宫、大昭寺、塔尔寺、慈悲慧眼感恩塔、藏娘佛塔、仁青崩寺、罗邦寺、德尔贡寺、格林寺、巴尔贡寺、马尔崩寺、布久喇嘛林寺、松格玛尼石经城、三安曲林寺、觉拉寺、达旺寺(印占)、贡巴子寺、扎同寺、卡达寺、桑顶寺、雍布多寺、岗普寺、羊卓新扎寺、扎热桑丹曲林寺、塔林曲德寺、门嘎曲德寺、白地扎西贡桑曲林寺、白教母寺、达拉岗布寺等
	宗教活动与庙会	供奉莲花生节、封斋节、山神节、宗喀巴圆寂纪念日、送鬼节、哲古牧人节、次曲节、丹巴市、格冬节、跳神节、酥油花灯节、藏历新年、传昭大法会、萨噶达瓦节、丹巴"墨尔多庙会"、色达金马节、转山会、圆根灯会等
红色文化资源	红色教学与科研场所	西海郡原子城、西昌卫星发射中心发射场区等
	纪念地与纪念活动场所	果洛和平解放纪念地、片马人民抗英胜利纪念馆、循化县平叛殉难烈士纪念碑、烈士陵园纪念塔、红军烈士墓、烈士陵园纪念塔、中国工农红军西路军烈士纪念塔、中国人民解放军一兵团二军抢渡黄河殉难烈士纪念塔、西藏江孜宗山抗英遗址等
民族民俗文化资源	可移动文物	舞蹈纹饰彩陶盆、铜锭、敛口剔花酱釉瓷罐、酱釉扁水壶、青铜戈、板斧形青铜斧、十字镐形铜斧、西宁卫千户所管军印、唐卡、骨雕、佛像等
	岁时节令	撒拉族开斋节、土族纳顿节、七里寺花儿会、古尔邦节、赛马节、斗牛节、达玛节、望果节、傈僳族刀杆节、雪梨节、大草原夏季雅克音乐季、崇州金鸡风筝节、宗日文化艺术节、赛宗旅游文化艺术节、林卡节、谢水节、沐浴节、俄喜节等
	传统服饰装饰	湟中堆绣、土族盘绣、热贡堆绣、色果服饰、普兰妇女服饰、嘉绒藏族服饰、顶毪衫、帮典、扎扎服饰、塔吉克族服饰等
	传统演艺	大通皮影、大通刺绣、大通剪纸、大通农民画、傈僳族民歌、银铜器制作及鎏金技艺、灯影戏、回族宴席曲、青海花儿、跳麻龙、盔甲舞、多颇章卓舞、雅砻扎西雪巴藏戏、萨迦索舞、彩袖舞、锅庄舞、宣舞、仲孜霞卓、过卓、羌姆、玛结霞卓、搓蹉、开益、四弦乐等
	地方习俗	搜山求雨、神林、跳盔甲、化醪子、打油火、踩铧头、羊髀骨卜、树葬、扎盘的传说、走婚、游牧、敬猫习俗、茶趣、抢头帕、丹巴成人仪式、撒拉族文化、藏族文化、青海藏医药文化、古象雄文明、普米族文化、白族文化、塔吉克族礼仪等

续表

主类	亚类	代表类型
民族民俗文化资源	地方特色产品与技艺	青海国际藏毯展览中心、加牙地毯、银铜器制作及鎏金技艺、酥油花、"普水"石刻、尼木藏香、尼木藏尼纸、普松雕刻、唐卡等
古代军事文化资源	军事遗址与古战场	班玛藏族碉楼群、莎车亚克艾日克乡哈尔加什炮台、松岗直波古碉、"东方金字塔"—丹巴古碉群、诺米村碉楼遗址、擦木卡战场遗址、聂拉木碉堡、三岩碉楼、普兰战场遗址等
历史文化资源	历史人物事件	禄东赞、宇妥·云丹贡布、索南嘉措、松赞干布、十三世达赖喇嘛土登嘉措、九世班禅曲吉尼玛、噶·论弓仁噶、桂·熏奴贝、贡钦·晋美林巴、罗桑嘉措、夏仲·次仁旺杰等
	历史文化活动场所	王洛宾音乐艺术馆、仓央嘉措文化广场
	历史特色街区	丹噶尔步行街、茶马互市、明清老街、剑南老街
	历史建构筑物	东关清真大寺、馨庐公馆、白玉巷清真寺、苏家堡故城、明长城、会宁寺、广惠寺、城关文庙、塔尔寺、卡约文化遗址、南滩古城墙、大金瓦寺、丹噶尔古城、哈拉库图城遗址、湟源城隍庙、东科寺、莫布拉遗址、龙山遗址、北禅寺、大佛寺、沈那遗址、北山土楼、西宁北山寺、虎台遗址、朗巴寺、仲ետ古宅等、布达拉宫、大昭寺、小昭寺、宗角禄康、罗布林卡、藏北八塔、廓玛寺、卓玛拉康、雄色寺、聂当大佛等
交通文化资源	交通运输场站	樟木口岸、转山古道、怒江驼峰航线纪念馆等
	桥梁	湘河唐东杰布铁索桥、藤网桥、溜索等
交流文化资源	文化廊道	唐蕃古道、茶马古道等

1）宗教文化资源

青藏高原宗教文化繁盛，受自然地理与历史发展的影响，宗教环境处于藏传佛教、伊斯兰教、基督教、天主教、道教五大宗教并存的宗教格局之中，其中藏传佛教历史悠久，影响范围最广。藏传佛教寺庙建筑以布达拉宫、塔尔寺为代表，在青海西宁地区分布较为集中，建筑形式包括寺庙、石经塔、佛塔、讲经台等；伊斯兰教清真建筑主要分布在青海西宁、海东地区以及新疆部分地区；其余宗教在青藏地区分布的大型建筑或者著名建筑较少。西藏宗教活动较为活跃，以各类宗教节日为主，包括哲古牧人节、次曲节、传昭大法会、萨噶达瓦节等。

2）古代军事文化资源

在青藏高原军事发展历史中，吐蕃王朝是其中浓墨重彩的一笔，但现有军事遗址及古战场在此时期的遗存较少，青海、西藏、四川的军事遗址多为两宋到明清时期遗存，如班玛藏族碉楼群、诺米村碉楼遗址、丹巴古碉群、擦木卡战场遗址等，甘肃军事遗址以关口遗址为主，包括临江关、火烧关、五里关、玉垒关、悬马关等。这些古战场、古碉楼、古炮台等，是青藏高原重要的古代军事文化资源。

3）红色文化资源

青藏高原红色文化的主要形式包括教学科研实验场所、纪念地与纪念活动场所。其中，青海省海北藏族自治州的中国原子城作为我国首个核武器研制基地，属于国家级爱国主义教育示范基地，是青藏高原地区重要的红色景观。除此之外，青海省海东市建设有较多革命烈士纪念碑、纪念塔；西藏自治区拉萨市建设有拉萨烈士陵园、西藏自治区百万农奴解放纪念馆等，一系列红色文化景观是革命历史的伟大见证。

4）民族民俗文化资源

青藏高原少数民族聚居，各民族在交流与冲突、吸引与排异的过程中创造迸发出鲜明的民族民俗文化。传统服饰装饰是区别各民族的最显著特征，青藏地区传统民族服饰文化主要包括藏族服饰文化、回族服饰文化、撒拉族服饰文化、东乡族服饰文化、保安族服饰文化以及土族服饰文化六大类型。岁时节令包括以河湟地区河湟社火等为代表的信仰节日、以西藏地区春播节等为代表的生产节日、以海西巴龙那达慕赛马节等为代表的竞技节日、以互助译林馒头寺花儿会等节目为代表的民间艺术节等几种民俗节日呈现类型。

5）历史文化资源

青藏高原是中华文明的发源地之一，是中华民族文化发展融合、民族团结交流的重要地区，其历史文化独特，形成众多人类文化遗址。青海、西藏、甘肃等地分布有大量古城遗址，包括西宁丹噶尔古城、海北尕海古城、那曲古象雄王国遗址等；西藏地区藏式建筑历史悠久，形式多样，如布达拉宫、大小昭寺、罗布林卡等古建筑特色鲜明，在世界建筑史上也独树一帜；此外，古街、古塔等建筑遗迹也在青藏地区广泛分布。

6）交流文化资源

青藏高原地理位置特殊，是古代西域文明、中亚文明、南亚文明与华夏文明相互交融的重要通道。高原民族在谋求生存迁徙、交流发展的过程中开辟了"茶马古道""唐蕃古道"等重要古道，打通了内陆与高原交流的途径。"唐蕃古道"是我国古代历史上一条举足轻重的交通要道，作为唐朝与吐蕃王朝的连通要道，不仅是藏汉人民世代友好往来的历史见证，同时在促进国家领土完整、民族统一的进程中具有重要且深远的影响。

7）交通文化资源

青藏高原地区山岭交错，水网体系复杂，以交通连通为目的的桥梁文化与水系文化密不可分。桥梁文化广泛分布于青藏高原各区域，具体如西藏昌都加玉桥等古桥梁以及甘肃甘南黄河首曲第一桥等近现代兴建的桥梁。同时，山脉纵横的高原环境势必成为通行之重要阻碍，因此以四川凉山转山古道为代表的这一类型古道成为早期劳动人民克服险要地势形成的交通方式之一。

综上所述，青藏高原地区历史悠久，各类民族文化资源丰富，地区内以藏民族为主要基点所发展的宗教文化、军事文化、交流文化富集度高，民族民俗文化受地区多个世居少数民族影响，呈现一派繁盛景象，具备较好的文化资源发展基础。但是由于青藏高原地区地势险峻，环境条件较为复杂，城乡经济基础相对较为薄弱，地区内各人居环境之间的交通可达性较差，整体文化景点开发相对处于落后状态。

12.1.2　城镇人居环境建设的地域特征

人居环境指在一定的地域空间范围内围绕人类居住、工作、学习、教育、文化、卫生和娱乐等活动而形成的由各种自然、社会、文化和经济因素及条件所构成的有机综合体。

青藏高原在史前就有人类活动的迹象，发展至今形成了"大分散、小集聚"的城镇空间分布格局，各类历史文化、不同宗法制度以及族群流动都对其产生了深刻影响。

1. 青藏高原人居环境发展历程

考古资料证实，青藏高原在史前就有人类活动的迹象，主要集中于青海南部的沱沱河、湟水河流域，黄河沿岸、海南藏族自治州共和盆地以及西藏的林芝、拉萨、那曲、阿里、墨脱等处。至少 3 万年前，以打制石器、狩猎、采集野果为主的古人类就已生活在青藏高原。新石器时期时，青藏高原的人类活动不但十分广泛，而且其原始宗教、文化和生产力水平已呈现出较为繁荣的景象。青藏高原东部黄河上游的氐羌系统文化以及北方草原的游牧文化已分别从不同的方向汇集于青藏高原地区，并与当地的土著文化融合，形成了以藏东河谷区遗址为代表的卡若文化、以雅鲁藏布江流域曲贡遗址为代表的曲贡文化和广泛分布于藏北草原的藏北细石器文化，这三种原始文化代表了来源和构成各不相同的三大居民群体，成为后来组成藏民族的三个基本来源。青铜器时代后，青藏高原的人们族属不同、部落有别，大致形成了以藏北草原为中心、部落逐水草而居的游牧文化，以及分布于雅鲁藏布江中下游流域和藏东峡谷区的农耕文化。两汉时期在河湟地区的屯田和移民戍边政策使内地较先进的生产技术、工具和农作物品种等传入青海地区，大批汉族人从内地进入或长住于青藏高原，各民族交错杂居的局面开始出现。元朝建立了统一的中央政权，从体制上对西藏进行全面施政，藏族已分布在整个青藏高原，汉族等主要居住在东部河湟地区，回族主要居住于西北地区。中华人民共和国成立后，青藏高原的历史也翻开了崭新的一页，"大分散、小集聚"是青藏高原城镇空间分布的主要格局，城镇主要集中在青海省东部湟河谷地和西藏东南部"一江两河"地区，其中西宁都市圈和拉萨城市圈在青藏高原城镇空间格局演变中一直处于核心地位。

2. 青藏高原人居环境建设的自然分异特征

从历史发展来看，世界文明主要起源于自然条件优越的河谷、平原地区。一般说来，平原及沿江沿海地区的自然条件要优于高原山地地区，更适宜于人们生产生活。对于青藏高原地区，城镇的选址以自然地理条件为主要考虑因素，地势地貌、山川气候、河流土壤等自然地理环境与城市的兴建和发展有着密切的关系。

青藏高原大部分城镇选址主要体现为沿江河谷地、湖泊发展，包括沿雅鲁藏布江、拉萨河、澜沧江和湟水等主要河流以及青海湖、茶卡盐湖、色林错、乌兰乌拉湖、纳木错等湖泊发展；部分城镇沿山坡、盆地发展，如柴达木盆地、藏北高原、藏南谷地等。

沿江、河谷地带发展的主要城镇有青海的西宁市、海北蒙古族藏族自治州、海南藏族自治州大部分县、玉树藏族自治州和海东市；西藏的首府拉萨、日喀则、昌都、林芝、那曲以及山南的部分县等。其中，拉萨、日喀则市分别选择建在雅鲁藏布江支流拉萨河和年楚河沿岸。而日喀则市吉隆县则位于雅鲁藏布江、东林藏布河、吉隆藏布河三河交汇地，一年收获两次，青稞等作物产量丰富。昌都深受澜沧汇的影响；山南市乃东区（前藏重要城市泽当所在地）则位于雅鲁藏布江支流之雅澜河畔。对于青海来说，西宁、海北藏族自治州和海东藏族自治州选择建在湟水、大通河沿岸，依靠河流谷地发展农业。青海的城镇发展最早开始于湟水谷地，随后逐步向西扩展进入青海湖地区，从农耕区过渡到农牧交错区，进而向游牧区拓展。

沿湖发展的主要城镇有青海海南藏族自治州的共和县、海北藏族自治州的刚察县和海晏县、海西蒙古族藏族自治州的乌兰县、果洛藏族自治州的玛多县；西藏那曲市的尼玛县、申扎县、班戈县、双湖县、安多县等。其中，海南藏族自治州的共和县、海北藏族自治州的刚察县和海晏县的选址就依托青海湖地区，大力发展农牧业。

位于山地的主要城镇有青海黄南、西藏山南市区、阿里地区等。其中，阿里地区境内山脉纵横交错，平均海拔在4800m左右，对城市选址和人居环境造成了很大的制约，使得城市发展缓慢。

位于盆地的城镇主要分布于青海省海西蒙古族藏族自治州，其地处柴达木盆地，具有丰富的石油和矿产资源，其中格尔木、大柴旦等城市（镇）是柴达木盆地综合开发的基地和产物。

3. 青藏高原人居环境建设的人文分异特征

青藏高原与中国其他地区相比是一个独特的地理、生态、文化区域，其独特的历史发展背景以及地理生态条件使青藏高原人居环境具有鲜明的地方特征与民族特色。在青藏高原的城镇发展演变过程中，各类历史文化、不同宗法制度以及族群流动对其产生深刻影响。

从历史文化层面分析，青藏高原在吐蕃王朝未崛起之前已孕育着珍贵的象雄文化，集高原、草原、农耕文明为一体。藏族先民长时期处于小邦时代，经象雄王朝发展逐步形成几乎覆盖全境的部族联盟，此时人居环境已实现城市与牧区的区分，并发展出较为繁荣的商业经济，在西藏阿里地区发掘的"琼窿银城"遗址即古象雄时期政治文化中心之一。吐蕃文化是继象雄文化之后青藏高原地区形成的又一重要历史文化，吐蕃王朝将松散的游牧部族联合统一，大力发展农业，使得藏族先民的生活方式由森林狩猎与草原游牧转向农业耕作，人居环境出现由山林向河谷地发展的趋势。不同时期的历史文化对于青藏高原城镇发展具有不同的推动作用，各政权更迭的历史时期形成了不同的人居环境发展倾向，但青藏高原城镇发展在经历千年历史洗礼之后仍欣欣向荣，这也得益于扎根这片土地的历史文化之哺育。

从宗法制度层面分析，青藏高原多教并存，地区宗教环境处于藏传佛教、伊斯兰教、基督教、天主教、道教五大宗教并存的基本格局之中，各类宗教文化对青藏高原地区城镇布局产生一定影响。其中，由于青藏高原是我国藏族主要聚居地，藏教文化对于地区城镇发展影响范围相对更广，藏传佛教文化在青藏高原有明显的地域分异，不同藏教教派形成不同的人居环境特点。吐蕃时期佛教与政治的融合对于之后的青藏地区城镇形成与发展有着最初的规划引领作用，如拉萨城市的形成即由政治中心布达拉宫与宗教（佛教）中心大小昭寺进行总体控制，最终发展成为城市雏形。总体来说，青藏高原人居环境受藏传佛教影响较大，宗教发展与城镇发展相互影响、彼此磨合。

从族群流动层面分析,青藏高原族群分布错综复杂,古代族群与羌人有紧密的联系,羌人族群部落在发展与演进过程中逐渐形成汉藏语系中的各个民族。青藏高原地区分布的民族有以藏族、汉族、蒙古族、普米族、纳西族等为代表的世居民族以及以回族、撒拉族等为代表的后迁入少数民族,不同族群具有其特殊的社会价值体系,其人居环境同样各具特色,如四川松潘形成藏、羌聚居于山腰地带,汉、回聚居于山下河流冲积平原地带的空间居住格局。随着唐蕃古道、茶马古道等的兴建,青藏高原地区族群流动加速,文化交融带来生活习俗的改变,从而影响高原城镇建设。族群的不断流动带来了不同文化的交融,在物质层面与非物质层面都留下宝贵的印痕,对人居环境的发展产生深远影响。

12.2　高原城镇人居环境建设现状与问题

人居环境是青藏高原特色文化生发传承的重要物态载体,青藏高原的自然生态环境较为极端,对高原人居环境格局影响较大。近年来,青藏高原各地积极响应国家国土绿化政策,大规模实施国土绿化项目,积极推进高原城镇人居环境提升建设。

12.2.1　城镇人居环境建设现状

通过多年建设,青藏高原人居环境得到明显改善,城市绿化美化等生态文明建设逐步推进,生态思想得到了广泛的传播,城市居民生活环境和生活质量得到大幅提升。

青海、西藏作为青藏高原的主要省(区),是青藏高原城镇人居环境建设的主力军。其中,青海省大力开展生态环境保护、城乡建设工作,加大对拓展城市绿色空间建设的投资和管理力度,城市宜居性、舒适度不断提升,农村基础设施不断改善,城乡面貌焕然一新。青海省大力发展森林城市、森林城镇、美丽乡村建设,多方面发力持续推进城市人居环境增绿进程,城市绿地系统结构和功能得到进一步优化。在环境保护与生态修复方面,青海省全力推进国土绿化提速行动,随着国土绿化面积持续增加,重点区域生态功能得到恢复和提升,河湟两山绿色屏障初显成效,高标准绿色廊道骨架景观初步形成,森林城市、森林城镇、美丽乡村建设稳步推进,人居环境得到进一步改善,林草产业发展取得新突破。在国家公园建设方面,青海省积极推动以国家公园为主体的自然保护地体系示范省建设,推动国家公园示范省建设重大战略落地实施,协调推进自然保护区、森林公园、沙漠公园、湿地公园、地质公园和风景名胜区建设。保护生态环境,构建生态文明、和谐美丽的青海。

以西宁为例,西宁市作为青海省省会大力推动"高原绿""幸福西宁"建设行动,"十三五"期间,城区园林绿地面积增加 360hm²,建成 26 个规模较大精品公园游园、完成 98 处街头绿地建设、92 条道路绿化新改建及 682 个老旧楼院、单位庭院景观提升改造项目,高质量完成 75.8km 绿道绿化景观提升。西宁市充分发挥在东部城市群建设、湟水流域空间治理战略中的区域带动作用,将国土绿化作为生态俣护重大举措,使城市乡村生态景观焕然一新，巩固提升了河湟流域生态生活质量。基于园博园、"清水入城"工程，打造绿色景观生态廊道，充分改善了西宁市人居环境，展开了"高原绿、西宁蓝、河湖清"的生态画卷（图12.1）。

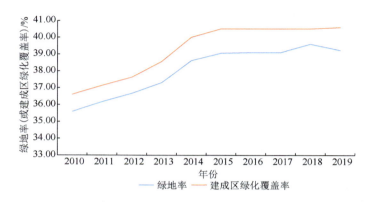

图 12.1　西宁市 2010 ～ 2019 年绿地率和建成区绿化覆盖率变化情况图

　　西藏的地理环境相对特殊，生态环境脆弱。近年来，西藏自治区政府牢固树立绿色发展理念，依托地域特点，不断推进美丽西藏建设，深入实施生态安全屏障保护与建设规划，生态领域投入增幅 20% 以上，城镇绿色建筑面积达 428.2 万 m^2，人居环境质量得到较大改善。在环境保护及生态修复方面，西藏自治区持续开展大规模国土绿化行动，突出拉萨、日喀则、山南沿江、沿铁路、沿公路、城镇周边等重点区域建设，统筹山水林田湖草和防沙治沙综合治理，形成集中连片、有规模的植树造林成效，生态安全屏障功能稳定向好，生态、社会和经济效益都显著提升。在国家公园建设方面，西藏结合当前自然保护地的资源分布状况和管理情况，优先开展羌塘、珠峰国家公园体制试点方案编制，积极进行地球第三极国家公园群建设，带动西藏相关领域绿色发展。

　　以拉萨为例，拉萨市自 2007 年"创建国家生态园林城市"工程启动以来，实现拉鲁湿地、古树名木的全面保护、公园、道路绿化、城周防护林以及苗圃等绿化工作的规划和建设。截至 2012 年拉萨市已建成包括宗角禄康公园、青年林卡、慈松塘公园、布达拉宫广场公园等城市公园和街旁游园共 62 座，并且大力开展老城改造、城市微更新项目。到 2019 年拉萨市城市绿化总面积达 2659.7hm²，公园绿地服务半径覆盖率超过《国家园林城市标准》80% 的规定，达到 82.6%，打造"15 分钟绿地便民服务圈"工作基本完成。在建设美丽拉萨过程中，已初步形成拉萨市的城市绿化新格局，城市人居环境明显改善（图12.2）。

　　青藏高原各地市州积极响应国家生态保护号召，改善人居环境，依据自身特色资源，在环境保护的基础上大力发展特色经济、特色旅游产业，获得了各类荣誉称号。采用称号普查的方式，对青藏高原地区各县所获得的荣誉称号进行调查，并以称号类型作为分类原则，共分文化、旅游、生态景观、经济发展、社会发展、综合六类，以掌握青藏高原城镇发展成就的总体状况。

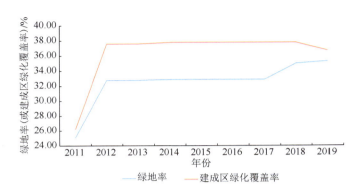

图 12.2　拉萨市 2011 ～ 2019 年绿地率和建成区绿化覆盖率变化情况图

在文化方面，青藏高原部分城镇具有悠久的发展历史和丰富多彩的民俗文化，文化资源丰富，获得了"国家历史文化名城""中国民间文化艺术之乡"等荣誉称号，如拉萨市是首批国家历史文化名城，以风光秀丽、历史悠久、风俗民情独特、宗教色彩浓厚而闻名于世。在旅游方面，大部分城镇都依据自身资源特色大力发展旅游业，获得各类荣誉称号，其中，香格里拉被认定为云南首批省级全域旅游示范区，拉萨市被评为中国优秀旅游城市。在生态景观方面，各地区积极创建生态文明示范区，改善生态环境。其中，拉萨市、林芝市、北川羌族自治县等县（市）荣获"国家生态文明建设示范市县"称号。在社会发展方面，各地区积极进行文明城市、卫生城市的创建，其中德令哈市、乌恰县、林芝市等获得"国家卫生城市"称号，三树市获得"全国文明城市"称号。

总体来说，青藏高原各地市州在环境保护、人居环境建设、经济社会发展方面都进行大量的尝试，结合地区特色资源，不断探索高原地区特色发展路线，获得了多项荣誉，为青藏高原城镇发展和人居环境建设作出了卓越贡献。

12.2.2　城镇人居环境建设存在的问题

青藏高原各地区都高度重视人居环境提升、绿色空间建设，希望通过持续拓展城市绿色空间以及进一步优化城市绿地系统结构和功能，从而实现人居环境的良好建设与发展，但在此过程中也逐渐出现一些建设问题。

1. 城镇人居环境品质亟待提升

一方面，城市绿色空间虽然数量和面积有所提升，但整体利用率不高，城市绿地缺少品质。以格尔木市城市绿地为例，绿地品质缺乏，主要体现在四个方面：①绿地功能缺失，缺少综合性公园。②景观缺失，城市形象特色尚不明确。③管理缺失，一些公园服务设施缺乏及时施工。④文化缺失，一些城市公园对于文化的表达不准确，城市的特色和气质没有体现。与此同时，对于城镇，人居环境的一味增绿也会导致绿地分布不均衡，从而使得绿地系统不完善，景观与生态功能反而变弱。

2. 城镇人居环境建设的文化特色亟待显现

高原城镇地域文化丰富多彩，但是在人居环境建设过程中对于地方的文化特色塑造却略有不足，许多城市普遍存在城市色彩缺乏，城市印象不足的问题，因此对于城市的特色塑造亟待加强。

12.3 典型城市与城镇人居环境建设

近年来，青藏高原城镇建设持续推进，西宁、拉萨等省会城市快速发展，并成为核心支点带动周边地区发展，西海镇、鲁朗镇等旅游名镇景观独特，陈塘、吉隆、墨脱等边境城镇各具特色，且担负着我国守边固疆的重要职责，人居环境建设备受关注。

12.3.1 高原绿色翡翠西宁人居环境建设

西宁市是青藏高原的东方门户、古"丝绸之路"南路和"唐蕃古道"的必经之地，自古就是西北交通要道和军事重地，素有"西海锁钥""海藏咽喉"之称，是世界高海拔城市之一，青海省的政治、经济、科教、文化、交通和通信中心，也是国务院确定的内陆开放城市。近年来，西宁作为生态文明的践行者，被评为"国家卫生城市""中国优秀旅游城市""中国园林绿化先进城市""国家森林城市""全国文明城市"等荣誉称号，被誉为"青藏高原上的绿色翡翠"。西宁人居环境受西北边防重镇和东西方交往要道的影响，形成了多民族、多元文化相互依存，并根植于自然山水格局之中的基本态势。人居环境的基本特点为"三川汇聚，两山对峙"的山水格局，"方城直街、城外延厢"的古城风貌，以及受"丝绸之路""唐蕃古道"等交往文化孕育产生的多元文化格局。

1. 西宁市人居环境资源特色

三川汇聚，两山对峙，山势东来围要塞，河声北走撼边城，汉文化、西域文化和游牧文化等多元融合，独特的自然山水格局与东西交流文化塑造了西宁人居环境的资源特色。

1)"三川汇聚，两山对峙"的山水格局

西宁市地处青藏高原东部，位于湟水谷地。境内河流密布，沟壑纵横，市区四面环山、三川汇聚，呈现"两山夹三河"空间形态。西宁市的山脉统属昆仑山系的祁连山脉之余脉；西宁主城区四面环山，分别被拉脊山、日月山、达坂山余脉环抱；湟水以北，为达坂山支脉，被称为北山；湟水以南，为拉脊山支脉，被称为南山。地势西南高、东北低，地形南北窄、东西长，呈带状。西宁主城区内三川汇聚，黄河支流湟水河及其支流南川河、北川河汇合于城市中心区，湟水河自西向东流过全市。受"三川汇聚，两山对峙"地形的影响，尤其是南川河东、湟水南的河流阶地，地势平坦，取水方便，易守难攻，是筑城的首选之地。由此，西宁"山势东来围要塞，河声北走撼边城"的山水格局使其形成了边境雄关，其是历代中央王朝治理边疆、促进民族团结、维持稳定的重要区域。此外，结合便利的水源条件形成了历史悠久的西北城市。

2）"方城直街、城外延厢"的古城风貌

西宁地处西北边境，兵御戎术亦多，需要营建城墙堡寨来达到守民的目的。古人通过"相其形势""向其缘由"，在城市四方高筑城墙寨堡，以"列戍屯兵"。其次进行"形相画野，因水以山"，改造利用原有地形与旧寨，"复择其平原旷野者，则筑临壑附岩寨焉，山巅垣平，四望可削，则短以垣， 为之山城焉。其旧寨之类，坏者则修补之。旧壕之壅填者，则挑浚之"，最终达到"川陵襟带，形胜据矣；垣堑高峻，保障崇矣；星布络绎，守望便矣"的目的。通过人居环境营建，西宁古城沿主河谷形成了城市中轴线，两边依次布局署府、文庙、贡院、寺庙、兵营、仓库等，体现了礼制严谨、井然有序的布局结构。城市周围山地建有南禅寺、东岳庙等寺庙，呈现山水环绕、林草丰美的立体城市景观。西宁古城延续了"方城直街、城外延厢，以形寓意、礼乐谐和"的基本格局，为方正形城市和棋盘状街道网，具有相对规整和发育良好的城市外部形态。

3）交往文化孕育的多元文化格局

西宁作为进出青海高原和河湟谷地的门户，具有特殊的地理位置。"得西宁，则可右控青海，左引甘凉，内屏河兰，外限羌戎失西宁，关系中原安危"，西宁自古就有"青藏门户"之称。"西宁地区山高谷深，江河纵横，公路交通的战略地位十分重要，东连甘陕，北出河西走廊，西南为入藏通道，东南通达四川，西北可进新疆，自古便是联结中原与边陲的交通要冲。"西宁既是丝绸之路"青海道"的重镇，又是"唐蕃古道"的要冲，在我国东西方交往史中发挥了重要作用。伴随着丝绸之路和唐蕃古道的繁荣发展，西宁发展成为重要的交通枢纽、商贸中心、文化桥梁。唐朝时，西域、内地的蕃汉商贾和使臣不断往来，逐渐定居于此，故西宁开始形成以藏传佛教为标志的藏文化底蕴，结合汉文化、西域文化和游牧文化的多元文化格局。这里的汉族文化是中原农耕文化向河湟地区的延伸，藏文化是青藏高原牧业文化在东部宗喀地区的延续，鲜卑蒙古文化是历史上塞北民族游牧文化在湟水谷地的延续，伊斯兰文化集中体现在回族聚集区。多种文化随着政权迭代，在西宁发展中不断碰撞、共存与融合。到明代后，汉族大量迁入西宁，汉族文化再度兴旺，同时藏文化、伊斯兰文化等相继推进。不同民族在不同时期的城市建设逐步形成了属于自身文化的建筑风格以及固定区域，从而影响着西宁城市的社会人文景观风貌。

2. 西宁市人居环境建设现状

根据西宁人居环境的发展历程，结合其人居环境的资源特色，从人居环境的绿地系统和景观风貌等方面着手，分析西宁市人居环境的建设现状。

1）城市绿色空间体系建设现状

夯实生态本底，持续推进绿色空间规模建设。近年来，西宁依托三北防护林工程、天然林保护工程等国家林业重点工程，扎实推进人工造林、封山育林、森林抚育、退化林分修复、经济林建设等项目实施，绿化工作取得了建设成果。对比西宁城市十年间建成区绿地率、建成区绿化覆盖率、建成区绿化覆盖面积和人均公园绿地面积等指标，发现各项指标均稳步提升，2019 年建成区绿化覆盖率达 40.58%（表 12.3），达到了生态园林城市指标要求。

表 12.3　2011～2019 年西宁市绿化指标统计

年份	建成区绿地率 /%	建成区绿化覆盖率 /%	建成区绿化覆盖面积 /hm²	人均公园绿地面积 /m²
2019	39.23	40.58	3977	12.42
2018	39.6	40.5	3894	12.5
2017	39.1	40.5	3809	12.47
2016	39.1	40.5	3732	12
2015	39.06	40.5	3647	12
2014	38.62	40	3520	12
2013	37.31	38.56	3277	10.6
2012	36.67	37.63	2823	10
2011	36.17	37.13	2785	9.5

资料来源：www.xining.gov.cn.（2021 年 3 月 5 日）。

顺应自然肌理，打造开放的绿色空间系统。西宁市的绿色空间遵循西宁主城区的山水地貌而构建，以西宁的自然山水形态为骨架，串联西宁主城区绿地及城乡地区的绿地，从而形成开放性的绿色空间。推进都市区空间重构，构建"一心双城，环状组团发展"的生态山水城市格局，以及构建"一心两屏三廊道"的城市生态安全屏障，"一心"为城市绿心森林公园，"两屏"为南北两山和拉脊山、日月山、达坂山森林保护建设，"三廊道"为湟水河、北川河、南川河两岸绿化。西宁城市绿心森林公园是西宁都市区的氧源绿地、维持区域自然资源和环境承载力的基础、构筑城市生态安全格局的关键。

打造生态地标，不断筑牢南北山生态绿色屏障。采取高标准整地、大规格苗木栽植、前坡面花海营造、滴灌节水等措施，在晋宋坪、小有山打造绿化示范样板林。北山美丽园的建设是筑牢北山生态屏障，打造生态地标的典范工程。为确保西宁城区北侧的北山地质灾害区域内居民生命财产安全，改造城东区的棚户区，改善北山危岩体周边环境脏乱差等问题，西宁市启动实施了机场高速沿线环境整治绿化工程，在前期北山危岩体治理的前提下，构建了北山美丽园 6000 亩永久性绿地。公园共包括北山烟雨景区、丹凤朝阳景区、昆仑神韵景区、京韵青风景区、付家寨景区、宁湖湿地景区 6 个部分。

突出生态修复，推进北川湿地公园建设。依托于北川河水系，将北川河岸的绿色空间串联起来，形成一个集生态防护、休闲绿地、旅游景区、文化展示、自然生态环境功能为一体的绿色景观生态廊道。

彰显山水相融，持续推进环城国家生态公园和湟水国家湿地公园建设。建设融生态保护、休闲、科普、体验、娱乐为一体的西宁环城国家生态公园，重点建设南山生态运动休闲区、北山生态文化体验区、西山生态景观观赏区、小有山林业科技展示区。致力于打造一个融生态保护、科普教育、文化展示、观光旅游等多功能于一体的中心城市绿心。

2）城市景观风貌建设现状

西宁是一座融合了汉文化、藏文化、移民文化的历史古城，自然山水、历史遗迹、宗教民族以及飞速发展的工商业共同塑造了西宁多样的城市景观风貌。"三川汇聚，两山对峙"的山水格局使城市空间"天生"具有沿河流呈带状扩展的特征。这种特殊地形则成为城市快速扩展的障碍，随着城市规模的不断扩张，其功能的"外溢"受到周围山脉的限制，只能沿着 4 条河谷轴向延伸，发育成典型的"十字交叉"形河谷城市，逐步形成了"水城相间，四山夹城，轴线突出、带状路网"的"十"形空间结构框架。城市四周由山体所挟，形成了自然景观制高点及眺望点：西山上浦宁塔，北山上北禅寺、宁寿塔，南山上凤凰亭，交相呼应构成了一幅连绵不断的自然山水背景画。山与山相连、水与水相贯的城市特色，启迪、记载和书写了西宁城市的历史、现在与未来，架构了城市发展脉络，延续了城市发展轴线。

如今，在西宁大规模的城市建设中已难寻昔日明清古城的模样，受城镇化进程和现代化影响较大，建筑风貌趋于一致，其中杂糅着历史遗迹和宗教建筑，形成混合多样的城市景观。"两个中心"范围内的城市主干道两侧，分布有城市广场以及大量现代建筑。藏式建筑主要分布于城中区，以藏医院和藏饰一条街水井巷为主，形成独特的藏式传统风貌区；城东区分布有东关回族女子中学、东关清真大寺、东关特色商业一条街、湟光、义乌、索麻巷等建筑，具有浓厚伊斯兰风貌；历史遗迹以城西区以虎台遗址公园和城东区的康王墓为主。不同的民族在不同时期有不同的组合，从而形成独特的融合景观。

12.3.2　高原绿色明珠拉萨人居环境建设

拉萨是西藏自治区的首府，是政治、经济、文化与宗教中心，也是世界上海拔最高的城市之一。拉萨坐落于巍峨的群山之间，拥有多彩绚烂的文化遗产，拉萨作为高原上的明珠，其人居环境建设尤为重要。以拉萨市建成区为对象，从绿色空间和景观风貌等方面进行综合考察，发现拉萨城市绿地规模稳步增长但仍有提升空间，生态安全屏障仍需进一步加固；城市绿地系统框架逐步完善，总体呈现"新城区多、老城区少"、东西分布不均匀的现象，绿色空间布局仍需进一步完善。拉萨绿色空间建设中地域特色有所彰显，文化内涵整体有待提升；文化遗产的保护、历史文脉的延续，以及绿地价值的焕活方面表现较好，但仍需要立足人民需求，全面提升绿地服务水平，改善人居环境。

纵观拉萨城市建设历史，从布达拉宫的营建，到大昭寺的出现，直到后来八廓街的发展、寺庙群的形成，每次城市格局营造和空间建设重心的发展与变迁，都与政治、宗教相关联，并在政教合一的城市制度影响下，形成了文化信仰至上的人居环境氛围，城市人居格局包涵了物质空间和人文信仰双重结构，是以人文为导向的传统东方城市人居环境营建的典型例子。

1. 拉萨市人居环境的资源特色

四山环绕，一水中流，历史悠久，遗产众多，气候温和，降水较多，水源充沛，物种丰富，根植于青藏高原，发展于宗教之间，独特的高原河谷地貌与宗教民族特征孕育了拉萨独特的人居环境。

1)"四山环绕，一水中流"的山水格局

拉萨位于青藏高原的中部，海拔 3650m，地处雅鲁藏布江支流拉萨河北岸，喜马拉雅山及喀喇昆仑两大山支分布于其东、南。拉萨河谷平原呈"簸箕"形，地势相对较低，是典型的河谷型城市。由于冈底斯－念青唐古拉山脉阻隔了来自北方的寒冷空气和大风的侵扰，河谷平原气候相对温和、舒适。另外，雅鲁藏布江河谷切穿雄伟的喜马拉雅山脉，成为印度洋季风暖湿气流的良好通道，使拉萨河谷有较多的降水。拉萨河、流沙河及星罗棋布的湿地、沼泽为拉萨古城提供了充足的水源，土肥水足，极有利于开展大规模的农业生产，其奠定了城市发展的物质基础。同时，拉萨城区"四山环绕，一水中流"的山水格局，形成了天然的易守易拓的城池。因此，拉萨城优越的自然山水格局既保证了城市发展的物质基础，又形成了城市安全的天然屏障，山水形胜俱佳。

2)"政治－宗教"双核心的高原古城风貌

拉萨古城格局的形成与藏区统治方式的变化密切相关。统治方式先后经历了吐蕃时期的政治依托军事，分裂时期、萨迦时期、帕竹时期的宗教辅助政治，甘丹颇章政权时期高度统一的政教合一模式，城市格局也先后经历了以布达拉宫为政治中心建设，以大小昭寺为宗教中心并在其周围形成最初的居住区，以及以布达拉宫、大小昭寺形成的政治－宗教双核心建设的古城形态（图 12.3）。此外，鲜明的城市宗教空间及设施

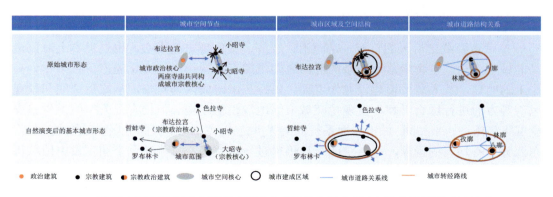

图 12.3　拉萨市基本城市形态特征（重绘自《拉萨市基本城市形态形成及演变研究》）

也是拉萨古城的重要特点。藏民的游牧习俗使其大多选择在聚集地的制高点上建立宗教建筑以便于防御，这也成为藏区宫殿的主要形式，如布达拉宫。拉萨古城还围绕"政治－宗教"两大核心发展出大量的宗教建筑和鲜明的宗教空间。此外，围绕大昭寺的八廓、围绕布达拉宫的孜廓、围绕整个城市林廓，这三条转经道的形成对拉萨古城形态也有一定的影响。"政治－宗教"双核心以及鲜明的宗教空间的高原古城风貌格局成为拉萨人居环境的重要特色之一。

3）文化遗产众多、宗教色彩浓厚的人文景观特色

拉萨以风光秀丽、历史悠久、文化灿烂、风俗民情独特、名胜古迹众多、宗教色彩浓厚而闻名于世，是国务院首批公布的 24 个历史文化名城之一，民族文化深厚，城内历史文化遗产众多，人文景观资源丰富，高原古城特色突出。立于城市中心的布达拉宫、大昭寺、罗布林卡被联合国教育、科学及文化组织列入世界文化遗产名录，布达拉宫位于拉萨市中心，作为藏传佛教格鲁派的圣地，是世界上海拔最高的一处宫堡式建筑群，壁画、坛城、佛像等宗教艺术形式在其中展现的淋漓尽致，充满丰厚的历史与文化积淀，反映古代人民对于人居环境的美好期待和朴实的劳动智慧。八廓街历史文化街区是拉萨城市形成、发展的历史中心区域，从建筑节点到空间肌理，都仍保持着较为传统的历史格局和历史风貌。

城区内历史文化资源众多，城区建筑高度受到严格控制，形成中间低四周高的空间状态，寺庙建筑分布在半山腰。哲蚌寺是藏传佛教最大的寺庙，与甘丹寺、色拉寺合称为拉萨三大寺；甘丹寺由藏传佛教格鲁派创始人宗喀巴大师亲自筹建，是格鲁派中地位最高的寺院；色拉寺全称"色拉大乘寺"，也是藏传佛教格鲁派六大主寺之一；直贡梯寺是直贡噶举派的主寺，有西藏最有名的天葬台寺庙群，成为藏文化最直接的体验和传承之地。

2. 拉萨市人居环境建设现状

根据拉萨人居环境的发展历程，结合其人居环境的资源特色，从人居环境的绿地系统和景观风貌等方面着手，分析拉萨市人居环境的建设现状。

1）绿地系统建设现状

调研表明，高寒山地绿地系统、河谷平原绿地系统、城镇绿地系统、河网绿地系统、交通道路绿地系统、风景区和自然保护区绿地系统共同构成拉萨城市绿色空间的基本骨架，形成高原条件下独特的人居环境生态体系。以拉萨市建成区为对象，从绿色空间的规模数量、结构布局和建设质量等方面进行综合考察，分析拉萨市人居环境绿地系统的建设现状。

城市绿地规模稳步增长。数据显示，2019 年拉萨市建成区绿地率为 35.33%，建成区绿化覆盖率 36.73%，建成区绿化覆盖面积 2527hm²，绿色空间总量呈增长趋势，绿化水平不断提升。人均公园绿地面积达到 11.9m²，较 20 世纪 80 年代的 4m² 大幅提升，仍略低于全国人均公园绿地面积水平（表 12.4）。

表 12.4　2011 ～ 2019 年拉萨市绿化指标统计表

年份	建成区绿地率 /%	建成区绿化覆盖率 /%	建成区绿化覆盖面积 /hm²	人均公园绿地面积 /m²
2019	35.33	36.73	2527	11.9
2018	35.03	37.8	—	9.7
2017	32.9	37.8	—	9.7
2016	32.9	37.8	—	9.7
2015	32.9	37.8	1912.7	9.7
2014	32.9	37.8	1912.7	9.7
2013	32.8	37.6	1903.0	9.6
2012	32.8	37.6	1902.9	9.6
2011	25.13	26.27	1434.0	5.29

资料来源：www.lasa.gov.cn.（2021 年 3 月 5 日）。

城市绿地系统框架逐步完善。依托中心城区、纳木错风景名胜区"两核"和拉萨河为主河流构成的水系网络形成市域绿地系统的主体框架，总体结构为"一带、一圈、双核、两廊、两网"。"一带"指雅鲁藏布江、拉萨河生态带；"一圈"指市域中部生态旅游环线；"双核"指以拉萨市中心城区和纳木错风景名胜区作为市域绿地系统的核心；"两廊"指以念青唐古拉山脉和冈底斯山脉构筑两条市域生态环境保护带；"两网"指充分利用拉萨市域发达的河流水系和道路网络，分别形成水系绿网和道路绿网，建立"蓝脉绿网"，构筑市域生态网络状结构。

中心城区绿地系统结构布局按照"青山拥南北、碧水贯东西、绿脉系名城、林卡缀家园"的目标建设，结合生态保护区、风景林地、林卡以及农田保护区等发展绿化缓冲区，形成城市各组团之间的绿化隔离带，与外围的绿色限建区一同构成大型楔形绿地；建设城市主干道绿带，形成高品质线性廊道，串联大型城市绿地；建设拉萨河、堆龙河、流沙河、中干渠等滨水绿化带，保护水体水质，提升景观风貌；旧城区内集中建绿，大力发展街头绿地、居住区公园等点状绿地，形成大中小型绿地结合发展的态势，最终形成点、线、面、环相结合的绿地景观格局。从现状绿色空间的结构布局来看，总体呈现"新城区多，老城区少"，同时以布达拉宫为分界，东西分布不均匀的现象。除布达拉宫和罗布林卡外，城中其他大型综合性公园较少，绿色空间布局仍需进一步完善。

绿色空间挖掘文化内涵，彰显地域特色。城市绿色空间作为社会生活的载体，体现着地域文化特征，拉萨市最初的传统园林、广场和转经道随着城市的发展发生了相应的改变，展现地域特色，挖掘文化内涵，作为综合公园的宗角禄康公园则充分体现这一点（图 12.4）。宗角禄康公园位于拉萨市中心、布达拉宫北面。宗角禄康是公元 17 世纪五世达赖喇嘛阿旺洛桑嘉措时期重建布达拉宫时掘土形成的人工湖，六世达赖喇嘛仓央嘉措在湖中兴建了龙王宫。2006 年西藏自治区人民政府、拉萨市人民政府在尊重历史和民族文化传统的基础上进行了大规模整修、扩建，现园区内林木葱葱、流水淙淙，景色随四季而变化，成为中外游客和拉萨市民观玩、休闲的绝佳场所。宗角禄康公园反映了民族融合，承载着拉萨市历史文化记忆，成为拉萨市一处展现民族团结的开放空间。

图 12.4　宗角禄康公园建设现状图（拍摄于 2020 年 8 月 27 日，城镇化科考队）

位于娘热路与当热路交叉口西南角的格桑花公园面积 1hm²，设计以曲折的水系贯穿联系公园各个景观节点（图 12.5），设置大、中、小不同类型的广场，来满足周边居民的日常需求，然而该公园在文化内涵的建设方面仍存在较大的不足。

图 12.5　格桑花公园及周边社区人居环境建设现状图（拍摄于 2020 年 8 月 27 日，城镇化科考队）

绿色空间延续历史文脉，焕活绿地价值。历史名园作为专类公园重要的一个组成部分，体现着一定历史时期代表性的造园艺术，反映地域特色文化，是人居环境的重要组成部分。罗布林卡，藏文音译，意为"宝贝园林"，占地 36hm²，始建于 18 世纪中叶，是西藏规模最大、营造最美、最具特色的集园林与宫殿建筑为一体的大型宫廷式园林。1988 年被列为全国重点文物保护单位，2001 年被联合国教育、科学及文化组织列为世界文化遗产。罗布林卡所在地古称"拉瓦采"（灌木林），经历代达赖喇嘛的不断扩建与整修，罗布林卡之地的荒芜色彩逐渐褪去，取而代之的是奇花异草、树繁叶茂的精细化配植和人工化管理，其是城市内重要的古树名木集中区域，成为适宜人类居住的"第二自然"。西藏和平解放后，罗布林卡被辟为公共园林，与八廓街地区一起被划入历史文化名城保护范围。罗布林卡较好地保留了历代建造的历史风貌，承载着民族文化记忆，并且在现代作为公共园林继续发挥其价值，是拉萨城市人居环境中的一颗绿珠。罗布林卡建造在布达拉宫的西面，与药王山东西对望，和布达拉宫地区共同构成位于拉萨市区的世界文化遗产的核心区域，成为中心城区一片重要的绿色空间，是拉萨市人居环境的重要组成部分，对于拉萨城市人居环境格局的形成具有重要意义。

绿色空间依托自然本底，构建生态安全屏障。中心城区以拉萨河、堆龙河为中枢水系形成城市的基本水系格局，拉萨河是流经拉萨市区的最大河流，园林景观与人文资源都极为丰富（图 12.6）。拉萨河西藏大学（纳金校区）段是一处较为自然的生态型河流廊道，流速较缓，河滩裸露，滩面以砾石为主，保持了河道的自然风貌，尚未形成具有一定规模的绿化建设。河道两侧防护绿地宽度狭窄，不利于大规模绿地集中建设，通行以滨河道路为主，市民缺乏亲水的活动空间，绿色开放空间质量不高。

图 12.6　拉萨河组图（拍摄于 2020 年 8 月 26 日，城镇化科考队）

拉萨是青藏高原地区重要的高海拔城市，生态环境独特而脆弱，其中拉鲁湿地在维持拉萨城市生态平衡、保持生物多样性、调蓄洪水、防风固林、增加空气湿度等方面具有不可替代的作用，被称为"拉萨之肾"（图 12.7）。拉鲁湿地以木栈道、青石板和透水砖三种材质的步道串联湿地外围，结合周边市政道路形成环线，步道总长 13.82km，沿途设置休息点和卫生间，在最小干预的前提下进行设计，较好地维持了高原湿地的风貌及自然生态特征。作为典型的高寒草甸沼泽湿地，拉鲁湿地是青藏高原城市区域内一个不可多得的重要物种基因库，为拉萨城市绿色发展提供了坚实支撑，经过多年的治理，拉鲁湿地正以其良好的生态保护促进人居环境的发展。

2）景观风貌建设现状

拉萨市为国家历史文化名城，其城市景观风貌具有浓郁的高原民族特色。中心城区以八廓历史文化街区、布达拉宫及周围片区和罗布林卡区域构成传统风貌核心区，向外逐渐拓展。以大昭寺为核心的八廓街演变成拉萨的宗教、政治、商业核心，并向外

图 12.7　拉鲁湿地与城市的关系图（拍摄于 2020 年 8 月 27 日，城镇化科考队）

围延伸辐射。同时，受藏传佛教转经朝圣方式的决定性影响，最终形成以大昭寺为圆心、呈同心圆式的三条主要转经道，拉萨古城的整体格局也渐渐明晰。目前，藏式传统风貌在核心区体现得较为明显且集中，但外围城区受现代化影响较大，建筑立面风貌趋于一致。八廓历史文化街区仍保持着较为传统的历史格局和历史风貌，承载着朝圣、居住、行政、商业、观光、度假等多重功能，但由于过度开发、游人数量过多等原因，其存在文化过度商业化、真实性减弱等问题。一座单体建筑，如八廓街内具有不朽意义的大昭寺，人们既可以把它看作是一栋单体建筑，也可以把它当作是对周围的城市景观产生极大影响的庞大建筑群来体验。拉萨的街道景观由无数的单体构成，既简洁又意义重大，它们组合在一起形成了视觉上的完整统一体。拉萨河总体规划定位为山水画廊、城市之窗，规划形成"三带八廓十点"的景观生态格局（图 12.8）。

图 12.8　拉萨河沿线城市景观风貌图（拍摄于 2020 年 8 月 26 日，城镇化科考队）

12.3.3 传承红色基因的中国原子城西海镇人居环境建设

西海镇位于海晏县境内的金银滩草原上，是海北藏族自治州州府驻地，也是自治州的政治、经济、文化中心，距海晏县城 9km，距青海省省会西宁市 110km，平均海拔 3210m，总面积 1100 多平方公里。

1. 西海镇人居环境发展历程

青海湖古为"卑禾羌海""鲜水"等，故西海一带的湖滨地域为古羌人牧地。西汉末年（元始四年）王莽秉权，在青海湖东北岸（今海晏）设立西海郡，标志着中原王朝的疆域第一次到达青海湖周边。20 世纪 50 年代，为打破核大国的讹诈与垄断，维护世界和平和国家安全，国家秘密在金银滩草原选址，对外称 221 厂，其成为我国第一个核武器研制、实验和生产基地。1995 年，国营 221 厂旧址整体移交海北藏族自治州，并定名为西海镇，成为海北藏族自治州政府所在地。经过革命先辈们的艰苦奋斗，221 厂初具规模，主干道路旁栽植树木，积极植树增绿，有较好的街道绿化，为后来西海镇的发展打下了良好基础。

2. 西海镇人居环境资源特色

中国原子城西海镇拥有金银滩等丰富的自然资源，地势平坦，水草丰美，是旅游胜地；也是"热爱祖国、无私奉献，自力更生、艰苦奋斗，大力协同、勇于登攀"的"两弹一星"时代精神的发源地。丰富的自然资源和红色人文景观共同形成了西海镇人居环境资源特色。

1）旅游自然资源丰富

西海镇地处西北东南走向的日月山和大通山之间，有小滩、金滩和银滩 3 个河谷盆地。地形高差较大，四周有高山围绕，中间为开阔的河谷地貌，地势为西北向东南倾斜，平均海拔 3100m，有哈勒景河、西有麻匹寺河流过。在旅游资源方面，因西海镇位于金银滩草原腹地，地形平坦开阔，景观过渡性特征明显，草原类型丰富，水草丰美。

2）红色人文景观独特

西海镇保留着 20 世纪 70 年代独特的建筑风格及街道风貌。在城镇建设中，221 厂原有的建筑和设施，包括铁路、厂房、住宅、社会文化活动中心等设施至今保存完好，尤其是铁路、上星站、爆轰试验厂等价值较高设施得到了保护和利用，为海北藏族自治州的发展、丰富群众文化生活发挥了重要作用；红色文化得到充分传扬。

3. 西海镇人居环境建设现状

近年来，西海镇加大基础设施和景区景点建设，加强生态环境建设，强调环境绿色性与景观美学性，实施西海镇金银湖水环境综合工程，坚决守住"绿水青山"，修建青海原子城纪念馆及金湖、银湖公园。

1）中国原子城纪念馆

中国原子城纪念馆由纪念馆、纪念园、爆轰试验场、地下指挥中心、纪念碑等组成，占地 12.1hm²，原子城纪念馆占地 9615m²，为乳白色半掩体结构，整个建筑庄严肃穆。纪念园区分三个段落，有南段的纪念馆与纪念广场、中段的"596"之路、北段的纪念碑园。纪念馆与"596"之路及和平之丘沿中轴对称，与南北两端相呼应，突出纪念园的纵向主轴。"596"之路则以长 300m 的耐候性锈蚀钢板墙和 1300 多米的碎石路组成独特的空间表现方式，象征着核武器研制的历史征程。当人们漫步于这一起承转合的空间叙事轴线中，就能体会到原子城的独特历史和成就。虽然整组设计撷取了原子城历史上的若干片段，但仍然具有较强的整体性。园林设计充分保护了场地中见证了新中国核武器历史背后英雄的 51 棵大青杨树，它们被有机地融入园中，更是为了那一份铭刻于心的深深的怀念。

2）金湖、银湖公园

西海镇近几年在原有水塘和湿地的基础上，改建了金湖、银湖。金湖占地面积约 150 万 m²，由三个小湖组成，湖与湖之间由堤坝和木桥连接，健身步道分布其中，湖中植被资源丰富，既可以涵养水源，又可以改善水质。

西海镇金银湖水环境综合治理工程是海北藏族自治州创建全国水生态文明建设试点的九大示范工程之一，2017 年 8 月 8 日正式开园。通过开展水环境治理、水利设施维修加固和水生态环境建设，实现河湖连通，扩大湖泊水域面积，提高河道行洪能力和水流动力，达到河流自净，提高区域防洪能力，区域防洪标准可达到 30 年一遇。西海镇城区通过建设金银湖水环境治理与水生态建设项目，将河道进行水系连通，建设了以自然与生态为核心的景观生态长廊，实现生态的兼容性和景观的连续性。

12.3.4　存续乡土文化的鲁朗镇人居环境建设

鲁朗镇是西藏自治区林芝市巴宜区辖镇，位于西藏林芝市巴宜区东部，距林芝市区约 80km，素有"林芝东大门"之称，地处四川、云南、西藏三省区之交的"大香格里拉"区域的中心位置。全镇总面积 2516.9km²，平均海拔 3385m。鲁朗，藏语意为"龙王谷""神仙居住的地方"，古时属于"工布"，属于西藏工布文化核心区。高山峡谷地区的典型小镇鲁朗镇人居环境现状建设在保护生态安全的基础上，依托良好的自然环境优势，延续乡土文化，建设国际旅游小镇，从而推动经济发展，形成了产业融入绿色的人居环境建设模式。

1.鲁朗镇人居环境的发展历程

鲁朗镇所在区域属于河谷地形，整体地形特征为东西高、中间低，沿鲁朗河南北向分布，两端相距约 2.8km，西侧毗邻工布自然保护区山地，东北方向与加拉白垒峰遥相对应。由于当地交通不便，自给自足的农牧业和狩猎曾是当地居民的生计方式，鲁朗镇保持着较为原始的传统风貌。自 318 国道于 1954 年建成以后，政府实施"天然林禁伐"的政策，家庭旅馆的经营使得鲁朗镇成为川藏线上的旅游小镇，村民开始自发营建房屋周边的环境，推动着鲁朗镇整体人居环境的建设。2016年12月，鲁朗镇被列入第三批国家新型城镇化综合试点地，投资38亿元的鲁朗小镇2017年竣工，鲁朗镇人居环境得到进一步改善。

2. 鲁朗镇的人居环境建设现状

鲁朗镇拥有丰富的自然地理资源、动植物景观资源和民族文化特色，草甸湿地独具魅力，传统村落和乡土建筑保存完整。近年来，随着鲁朗国际旅游小镇的建设，其生态体系、乡土文化和景观风貌等人居环境的建设也逐步展开。

1）生态体系建设现状

鲁朗林区位于西藏东南雅鲁藏布江大拐弯西北侧、念青唐古拉山与喜马拉雅山接合处，是一片长约15km、平均宽约1km的典型高原山地草甸狭长地带，以冰川地貌、高山峡谷为主，拥有丰富的自然地理资源和动植物资源景观。鲁朗森林覆盖率达80%以上，森林植被类型丰富。

鲁朗国际旅游小镇的设计最大限度地保护原有山体和植被，同时控制视线通廊，为小镇丰富的景观层次提供展示廊道，小镇大部分区域都可以"近观湖面、河流，中观湿地、草甸，远观森林、雪山"。河流、湿地、草甸、森林是当地生态系统的敏感要素，应加强生态敏感要素保护，维护区域生态安全格局，保持城镇良好的生态功能。

2）地域文化建设现状

鲁朗位于西藏工布文化核心区，地域文化可以归纳为藏族文化、传统村落和乡土建筑三大部分。藏族文化独特而且保存完整，包括藏式建筑、民俗风情、工布文化、藏式生活等，历史文化遗迹丰富，民族文化特色突出，其中的扎西岗村是第四批中国传统村落，整个村庄依山而建、错落有序。村中较好地保留了当地传统村落的风貌，鲁朗镇民居既有农区建筑的特色，又有林区特点，藏族传统设计始终遵循因地制宜、就地取材的原则，设计理念上始终不离生存环境条件、生产条件和建筑材料三大主题。

鲁朗国际旅游小镇在规划建设的过程中，充分尊重当地民族生活习惯和宗教信仰，注重保护历史文化遗迹和民族文化特色；突出西藏文化元素，遵循藏式小镇的独特肌理，以藏族建筑为主要语言，从城镇布局、建筑环境等各个方面展现藏族文化的内涵。该小镇设计以工布藏区传统建筑学为基础，结合林芝、拉萨、日喀则以及不丹的传统藏式建筑风格，最大限度地延续传统建筑语言，如鲁朗地区坡屋顶、土石外墙等传统建筑的特色，突出藏式建筑的地域性特征。

3）景观风貌建设现状

鲁朗镇主体景观以原生态自然景观为主，包括湖面、河流、瀑布、草甸、湿地、森林、雪山等，景观层次丰富，其中草甸湿地是鲁朗镇大地景观最具魅力的元素。

鲁朗镇建设以大地景观为背景，遵循与自然协调发展的原则，保留天然的河流与湿地景观。在鲁朗小镇的景观系统规划中，融合自然，控制城市的整体形态和建筑布局，使山体、水系、地形和城市相互渗透、和谐共融，展现自然生态的景观风貌，并通过一系列亲水廊道和湿地景观为游人提供景观宜人的休闲场所，形成完整的景观视廊。小镇的对面是连续的山体，充分利用地形的高低错落，建造藏式观景亭，与小镇形成连续统一的整体风貌。

12.3.5 国际旅游与边贸名镇陈塘镇人居环境建设

位于定结县西南的陈塘镇于 1999 年成立，其下辖 6 个行政村，培当村是镇区所在地，自然条件优越，资源丰富，地理位置十分重要。陈塘镇属于边贸型城镇，历史上与尼泊尔存在长久贸易，目前正在大力发展对外贸易与旅游。

1. 陈塘镇人居环境的发展历程

陈塘镇自然条件优越，资源丰富，地处喜马拉雅山北麓、珠穆朗玛峰东南侧原始森林地带。其区位优势显著，便于开展对外贸易，东与尼泊尔塔普勒琼县毗邻，南与尼泊尔桑库瓦萨巴县隔河相望。受交通和地方经济与社会发展等因素的制约，陈塘镇发展缓慢，聚落规模较小。日屋镇－陈塘镇孔定玛公路、萨陈公路、日屋至陈塘公路的修建，不断推动边贸发展，促进陈塘镇巨大的资源潜力逐渐发挥。

《西藏日喀则市陈塘镇总体规划（2015-2030）》提出将陈塘镇打造成南亚贸易陆路大通道上的重要支点、边境口岸跨国旅游的重要空间节点；以国际旅游、边贸服务为主，以夏尔巴文化为特色的生态宜居示范性特色镇。随着交通等基础设施的不断建设和完善，陈塘镇旅游产业得到发展。

2. 陈塘镇人居环境的资源特色与建设现状

陈塘镇生态环境优异，具有丰富的水资源、动植物资源、人文资源与旅游资源，具备良好的发展条件。由于邻近尼泊尔，加之公路建设，陈塘镇的边境贸易地位不断提高，资源优势转化为经济优势，基础设施不断完善，2016 年创建"卫生文明乡镇"。

1）自然风貌

陈塘镇海拔在 2040～5500m，山谷陡峭，河流湍急，属于亚热带山地季风气候，境内有纳当河和嘎玛藏布河交汇而注入朋曲河，朋曲河注入阿龙河进而流入尼泊尔。1989 年陈塘镇被划入珠峰国家自然保护区，成为世界范围内不可多得的科研基地。陈塘镇生态环境优越，生物资源丰富，属于珠峰东南侧原始森林地带，林草覆盖率达 98%，林木蓄积量接近 1 亿 m^3 境内存在明显的植被垂直分布特征，是一个天然的动植物宝库。

嘎玛山谷又名嘎玛沟，位于脱隆沟核心保护区内，海拔 2300m，东西长 55km，南北平均宽 8km，面积 440km²。它享有"世界十大自然景观之一"和"世界最美谷地"之称，以森林、杜鹃、泉水溪流、峡谷、众多飞鸟为特色。此外，谷内可以看到珠穆朗玛峰等壮丽景观。嘎玛山谷保护区与尼泊尔国家公园相连，未来有可能成为世界一流的环珠穆朗玛峰跨国旅游线路。

2）人文景观

陈塘镇历史悠久，是西藏最大的夏尔巴人聚居地，全镇除 4 名藏族外，其余均为夏尔巴人。夏尔巴人兼有藏族和汉族习俗，保持独特的服饰、婚嫁丧葬习俗、歌舞等民俗，2010 年"陈塘夏尔巴歌舞"入选第三批国家级非物质文化遗产名录。镇区建筑风格独特，夏尔巴风格的宗教气氛和文化特色浓郁。民居依山而建，采用吊脚楼形式，一般为石木结构的两层楼房，用石块在四周垒成厚墙，再在墙上架梁造楼，楼下放置杂物或圈养牛羊，楼上住人。

淳朴的民风民俗、旖旎的自然风光、悠久厚重的历史，尤其是陈塘夏尔巴人独特的人文景观，使得陈塘镇长期以来旅游资源极具开发价值。针对其人居环境现状，需进一步加强基础设施建设，重点是加强与旅游服务贸易相关的基础设施建设。以保护为前提进行各项建设和发展事业，加强对嘎玛山谷保护区的保护，大力转变贸易发展方式，开展对外贸易及旅游行业。加快环境基础设施建设，加强旅游景点、对外贸易集中区域、居民集中区域的废物收集和处理工作。此外，还需要加强对饮用水水源地的保护，严格控制对水源的污染。

12.3.6　固边城镇宗嘎镇人居环境建设

宗嘎镇为吉隆县城所在地，位于日喀则地区西部，雅鲁藏布江南岸。全县土地总面积 9300km²，耕地面积 1.3 万亩，可利用的草场面积 12 万亩，边境线长 162km。全县人口 95% 以上为藏族，其次为汉族、回族、满族、夏尔巴人。

1. 吉隆县人居环境的发展历程

吉隆在旧日汉文文献中也写作"济隆""济咙"等，据藏文史籍中记载推测，公元 8 世纪后期吉隆已经有一定规模的聚落。公元 11 ～ 17 世纪，吉隆一带存在"贡塘王系"，在其管理今日喀则和阿里地区西南部的 600 余年里，修建了众多城堡和寺院。第十代统治者执政期间，修建了规模庞大的建筑群——贡塘政权王宫及围城、角楼、碉堡、神殿等，如今贡塘王朝的遗址位于吉隆县城区的东南部，城墙、碉楼等仍然存在。1778 ～ 1781 年，清政府曾派兵到吉隆抵御外人入侵西藏，并在此立碑。西藏和平解放后，成立吉隆县，县政府驻宗嘎镇。西藏民主改革前，吉隆县城区面积十分狭窄，建设地点随意，没有整体规划。民主改革后，对县城建设进行初步规划，但由于基础薄弱，城区建设发展缓慢。至 1988 年，县城城区占地面积 0.8km²，政府对吉隆县城重新作了规划，规划用地 1.5km²，原宗嘎村为县城区。1999 年，对吉隆县城进行了第二次规划，城区范围扩大到 3km²。至 2018 年吉隆县已完成包括《吉隆县县城总体规划》《吉隆镇总体规划》《吉隆镇特色小城镇总体规划》等八项规划编制，并积极申报边境小康村庄规划编制工作。

2. 吉隆县人居环境的资源特色

固边城镇吉隆县平均海拔 4000m 以上，拥有"一江三河五湖盆，北高南低三条沟"的复杂地貌，以宗教文化为基础形成了多元的社会环境，结合边贸市场形成了重要的口岸城镇。自然环境、社会环境和边贸经济共同形成了吉隆县人居环境的资源特色。

1）固边城镇复杂多样的自然环境特征

吉隆县地势北高南低，平均海拔 4000m 以上，地貌可以概括为"一江三河五湖盆，北高南低三条沟"。以县城北部的马拉山为界，吉隆县东北部是较为开阔的湖盆草原地带和雅鲁藏布江中游河谷地带，地势平坦；马拉山以南海拔逐渐降低，多深邃峡谷，地形复杂，地势变化较大。依托于多样的自然条件，吉隆县形成了丰富的耕地、草原、林地、荒滩、湖泊以及湿地等景观。

2）以宗教文化为基础形成多元的社会环境特征

吉隆早在公元 7 世纪的松赞干布时代，就是尺尊公主入藏与藏王松赞干布喜结良缘的见证。位于吉隆境内的千年古寺帕巴寺，据传是松赞干布为迎娶尼泊尔尺尊公主在吐蕃边镇建立的镇边寺庙之一。吉隆县内至今还保留着西藏境内仅存的两座尼泊尔风格的寺庙——帕巴寺和强准寺。镇边寺的建立，既是当时人口聚集的表现，也是商贸与文化交流的结果，对吉隆日后发展成为口岸城址起到了至关重要的作用。喜马拉雅山两侧生活着除了藏族之外的多个民族，与藏族在族源上和社会生活上有着千丝万缕的联系。这些古老聚落使边境贸易有存在的必要和可能，为吉隆发展成为近现代贸易型城镇奠定基础。

吉隆县历经悠久的历史时期，所累积的历史遗存众多。吉隆县有文物古迹 50 余处，包含 4 处国家级文物保护单位。从分布特点上来看，以吉隆镇至县城宗嘎镇一线的农区或半农半牧区分布较为密集，而在县城以北的牧区分布较为稀少。

3）以边贸市场为中心形成口岸城镇

吉隆历史上就是后藏地区与尼泊尔、印度等南亚诸国交通往来的重要通道，也是祖国西部的扼要门户。位于中尼边境北侧的吉隆镇，历来是尼藏边境贸易的重镇，更有圣城之称。该镇所辖的冲堆村西北 1km 处，分布着 18 世纪以来中尼边民互市的重要贸易场所——冲堆集市，其是旧时城镇的重要节点。冲堆集市在 20 世纪初期废弃，现在仅存遗址。该市场遗址由数个呈南北纵长方形的围垣构成，南北长 80 ～ 100m，东西最宽处 500m，总面积 5 万余平方米，是一个有相当规模的市场，尼泊尔商人和藏民在此互购食盐、茶叶、大米、谷物等，藏币和尼币在此流通无阻。边贸市场通常不处于城镇的中心位置，而是靠近边境口岸，沿着通往境外的道路两侧布置，是城镇经济重心所在。

3. 人居环境建设现状

吉隆县宗嘎镇作为典型的固边城镇，整体景观风貌良好，与外部自然环境良好衔接，正如吉伯德在《市镇设计》中描述："存在于自然界中的建筑物和小城镇，常常能使人看到它和环境的全貌，因此，它在自然背景中显得格外突出，与自然背景取得平衡"。吉隆县边境贸易经济发展较快，但以边贸市场为重心的城镇发展形态较不明显，且对于城镇人居环境的促进和改善作用甚微。县城宗嘎镇建成区面积45hm²，拥有居民2000余人，海拔4200m。在重点开发吉隆口岸的大背景下，吉隆县以口岸建设为重点，确立了"打造口岸、边贸兴县、产业富县、旅游强县、农牧稳县"的发展思路，但县城基础设施相对陈旧，人口集聚规模较小，城镇面貌和经济结构具有明显的传统特征。

12.3.7　莲花圣地墨脱人居环境建设

墨脱行政上属西藏自治区林芝市，位于西藏东南部，地处雅鲁藏布江下游，喜马拉雅山脉东端南麓，面积3.4万km²，耕地面积2万亩，森林面积3200万亩。墨脱在藏语中有"花朵"之意，又名白马岗，意为"隐秘的莲花"，是门巴族、珞巴族、藏族等信仰藏传佛教人民心中的圣地。墨脱的自然与人文旅游资源具有极强的典型性，且种类多样、品质珍稀，有极高的科学考察和旅游观赏价值，是发展生态旅游的理想之地。

1. 墨脱人居环境的发展历程

早在迄今5000年前的新石器时期，今墨脱境内已有古人类的活动。墨脱地区的古人类所使用的石器与时代相近的藏北高原游猎部族使用的以刮削器为主的细石器有显著不同。这里的古人类主要从事农业生产并过着定居的生活。由于此地优越的气候、和缓的气温与较低的海拔等条件都适宜农业耕作，聚居于此的门巴族人以水稻、玉米作为主要粮食作物，并将香蕉、柑橘作为经济作物种植，村落周边山林中遍布的芭蕉林也为当地民居建造、烹煮食品提供原料。

2. 墨脱人居环境特色与建设

墨脱四季如春，雨量充沛，平均海拔1200m，虽然是西藏海拔最低的地方，但拥有着海拔超过4000m的雪山，还有深度最深超过6000m的大峡谷。作为全国最后一个通公路的县，墨脱保存了我国面积最大、类型最多、资源最丰富的原始森林生态系统，素有"植物王国""世界生物基因库""世界第一大峡谷""青藏高原的西双版纳"等诸多美誉，成为国内外向往的原始自然遗产和文化遗产的圣地。墨脱地势由北向南急剧下降，四面环山，形似莲花。墨脱年均气温16℃，年均降水量在2330mm以上，形成了热带、亚热带、温带及寒带并存的立体气候带，是"西藏的天然氧吧"，气候条件优越。墨脱自然资源丰富，境内大小河流39条，年径流量1400多亿立方米，享有"西藏之水救中国，墨脱之水冠西藏"的美誉；林业资源十分丰富，森林蓄积量高达8亿m³以上；墨脱的自然资源基本保留了最原始的状态，有举世闻名的雅鲁藏布大峡谷、雅鲁藏布大拐弯、嘎隆拉天池、布裙湖、仁青崩寺、汗密原始森林等，独具旅游胜地之天赋，开发潜力极其可观；由于自然条件独特，墨脱的动植物资源具有种类多（尤其是珍稀、特有种类多）、储量大、经济价值高的特点。

542

墨脱除了丰富的自然资源外，还拥有着神秘而独特的民族文化资源。西藏著名的宗教经典称："佛之净土白马岗，圣地之中最殊胜。"门巴族和洛巴族人口占墨脱人口的近90%，他们长期在此生产生活，形成了独具特色的民族文化。墨脱历史上有史料记载的寺庙共有32座，因地质灾害、历史变迁等原因，绝大部分均已损毁，遗迹无存，如今全县共有7座，分别是仁青崩寺、罗邦寺、德尔贡寺、格当寺、曾久寺、玛尔崩寺、白玛维林寺。全县寺庙大多数建于色拉寺统治时期，个别为波密土王时期的建筑。现存7座寺庙均为民主改革后在原址上重建，规模比以前小。

12.4　高原传统民居建筑风貌与人文景观

青藏高原世居民族面临着高寒的气候环境、跌宕的地形地貌、匮乏的物资条件以及相对落后的技术水平等生存挑战，他们正努力寻找着更适合的生活方式和营建方式，根据区域生态环境和气候条件和谐地解决各种居住问题。民居建筑主要有东部庄廓民居、南部碉房民居、西部绿洲民居和游牧地区的帐篷，处于"局部交错、整体分立"的状态，在应对高原自然气候环境方面的建造方法、建筑形态等方面存在较大的相似性。各地传统民居呈现出多彩多姿的形式，都对环境顺应和尊崇，在不利条件下运用智慧和技巧努力创造舒适居住的环境。

12.4.1　藏族民居建筑风貌与人文景观

藏族是青藏高原众多民族中的世居民族之一，在青海、西藏、甘肃、四川及云南均有分布。青藏高原藏区在生活环境和居住模式上呈现出一种分散性的状态，散布在青藏高原不同区域的藏族社会拥有形态多样的社会组织形式，其生产方式兼有农业和牧业。西藏是藏族人口最多、最集中的地区，其生活区域在各个县（乡）都有分布，大多以畜牧业生产为主。

1. 藏族民居聚落布局

受"自然崇拜"观和"神人共居"的宇宙观影响，藏族聚落在选址时会尽量减少对地形的改变，因山就势，避免在多生物之地动土，而且为了获得神灵的庇护，存在着向"神圣中心"趋近的倾向。同时，藏族聚落于山形地势中最大限度地选取优美环境，并且常常附会"吉祥"含义的解释。藏族人口多、分布广，聚落类型多样，除上述意识形态因素的影响外，其环境取向还包含与自然环境的适应性：为使聚落环境有丰富的资源，多在两个以上具有不同资源性质的地区交界处选址，不同资源的地区边界包括山与水、山与田、田与牧场等；大城镇多位于河谷地带，牧民冬季休牧期间居住的"冬房"也是选在靠近水源的地方，同时还要顾及夏季的山洪，因此要离开河道一定距离，避免位于低洼之处。藏族聚落多依山就势，顺应地形，不仅创造了融入自然地形的建筑形态，还减少了对地表的破坏，达到保护生态环境的目的；青藏高原多山地，聚落若地处山坡则一般处于阳坡，可以最大限度地接受日照，以获得良好的光热条件，由于冬季多大风，所以还注意避开风速很大的山顶、山脊和隘口地形，尽量将聚落布置在山谷的背风处。

2. 藏族民居单体营建

藏区不同地域的藏族民居均表现出了强烈的民族特色，同时因迥异的自然条件塑造着各自的地域特色。

在藏北牧区，为了适应"逐水草而居"的游牧生活，藏族主要的住居形式是方便迁徙的帐房。帐房外面四周通常垒成半人高的矮墙，以避风寒及防范兽害。帐房的平面有方形和多角形，一般用木棍支撑框架。冬帐房大多成片地聚集在背风向阳、水草近便的山洼地带，帐房顶部留出天窗，用以通风、透气、采光、出烟，若遇雨雪，可将天窗遮盖起来。夏帐房是一种轻便帐篷，由白色棉布织成。这种帐房室内凉爽，室外美观，多则容纳几十人，少则容纳一人。

藏族碉房指一般性的以生活内容为主的藏族民居，大多分布在藏南谷地的拉萨河谷、年楚河河谷、雅鲁藏布江中上游地区。碉房民居体形简单，形态方正，体量厚重，每户均设置院落，能很好地起到阻挡风沙的作用。除了高原东南部气候湿润，其他各地均属于干旱、半干旱气候，风沙大而频繁，高屋难耐劲风，因此形成了《唐书》中所载"屋皆平头"的住居形式。藏式房顶往往有供奉自家所信神灵的祭坛，更有家家必插的五色经幡，成其为藏族碉房最具特色的外形元素。以拉萨地区为例，碉房平面多形成"L"形或"凹"形布局，凹口朝向南向，以利于采纳阳光，避开冬季寒风。南向厨房、居室开有大面积的玻璃窗，窗台低而窗楣高，而北向多布置储藏室及次要房间，不开窗户或仅开小窗，东西向很少开窗，形成了南向开敞、三面封闭的建筑形态。

12.4.2 回族民居建筑风貌与人文景观

回族大多分布于青藏高原东北部，位于青藏高原与黄土高原、高原牧区与中原农区、藏族与汉族3个"结合部"的特殊位置，如甘肃临夏、青海东部民和、乐都、化隆、循化、互助、湟源、湟中、平安、大通及西宁等。回族民居的房屋建筑传统以砖、木为主，现代新建的建筑有些是砖混结构，但墙体依然以普通的红砖砌筑，其独特的宗教生活习惯对建筑空间形态很有影响。

1. 回族民居聚落布局

围寺而居是穆斯林民族普遍的居住习惯，这也成为回族、撒拉族区别其他民族最为鲜明的特点之一。回族多从事农耕，分布在海拔较低的川水和浅山地区，川水地区地形相对平缓，但在浅山地区地形变化相对较大。聚落形态以清真寺为中心呈放射状发展，根据地形的不同，村中道路变化丰富，清真寺往往位于村中干道附近，与民居建筑面南背北不同，清真寺是面东背西，且在聚落中，寺庙建筑体量和规模均是最大的。

2. 回族民居单体营建

回族多生活在浅山地区，住居形态相对松散。回族以庄廓民居为主，多在北墙单面建房，院落空间围合程度不高，因此院内空间较为宽敞。院内空间有余，回族常在院内种植植物和蔬菜，一方面美化内院空间，另一方面满足生活需要。居住房屋在院内空间布局多以"一"形为主，院落整体面宽较大。回族多由西往东对正房进行分期建设，若居住面积不足，多在西侧建有西厢房，形成"L"形的平面形式，有利于抵御西北方向的寒风。屋顶形式"平坡兼有"，在湟水河以北的大通等回族聚居地区，降水量达到 400～500mm，但受到日照蒸发量大的影响，多为缓坡屋顶，屋顶构造多以"垫墩"的民间建造方法控制屋顶坡度。在降水量更为较少的地区（湟水河以南地区），民居屋顶多以平屋顶为主，其庄廓民居的建造较为典型，是平顶庄廓分布较为集中的地区。

12.4.3　土族民居建筑风貌与人文景观

土族作为青海独有的少数民族，主要聚居在青海省互助土族自治县、民和回族土族自治县、大通回族土族自治县。历史上土族先民以游牧为生，后逐渐转为农业生产，由此形成了现在"以农为主，以牧为辅"的生计结构，民居聚落宗教色彩浓厚。

1. 土族民居聚落布局

土族的聚落依山傍水，"依山"多是指脑山地带，"傍水"多是指山间河溪，多位于高山与河谷的中间地带。村落中或附近常会有山间溪流经过，成为土族聚落特征的又一元素。土族多信奉藏传佛教，聚落中宗教设施也是构成土族聚落特征的重要元素。土族村落入口常布置白色佛塔，有的单独一座，也有几座成列组合。同样，"上寺下村"的聚落特征也在土族有所体现，如在同仁市郭麻日土族村落，寺庙位于地势较高的台地上，寺院与居民区被由东西向的河流所分割，寺院建筑群由佛殿、佛塔、活佛住宅、僧人住宅以及附属建筑组成，寺庙整体平面形态比较规整有序，而村民生活区则为密集的庄廓建筑群落。

2. 土族民居单体营建

土族村落街巷及住居空间相对封闭和紧凑，庄廓平面形式多采用合院形式，可最大化利用院内空间。住居中佛堂、卧室、厨房、畜舍、厕所、柴草房等空间合理划分，正房多为居住和佛堂，左右厢房多为厨房以及卧室，南墙附属空间多为入口过道、杂物间以及厕所，整体平面布局中居住空间占据较大比例而庭院空间相对较小。土族处在藏族高山游牧与汉族川水农耕之间，其民居既有藏民碉房平屋顶的意向，又存在汉族民居坡顶的建造特点。土族民居的民族特色主要表现在屋顶形式为平缓的悬山屋顶，

并多采用双面放坡。平中带缓、双面放坡及悬山屋顶的构造形式是土族民居的主要特征。

12.4.4 蒙古族民居建筑风貌与人文景观

古代蒙古族属于游牧民族,在生态脆弱的草原上逐水草而居,对于自然具有天然的敬畏感和亲近感。青藏地区蒙古族主要分布于青海、甘肃和新疆南部等地。青海的蒙古族除建立有海西蒙古族藏族自治州外,还在黄南藏族自治州建立了河南蒙古族自治县,余则在海北藏族自治州、海南藏族自治州等有少量分布。

1. 蒙古族民居聚落布局

蒙古族农业方式以畜牧业为主,牧民多分布在牧区,以乡镇为单位分散居住。受生产方式的影响,蒙古族聚落形态极为松散,即使在较为集中的乡镇,民居之间也多由牲畜圈、草料间阻隔,聚落空间宽松及形态自由发展。每户牧民有属于自己的一片草场,在草场的端头是牧民的定居点,定居点沿道路两侧分布,每户之间相隔 300m 左右,每户的草场并排相联,平面布局形态呈现鱼骨状发展。

2. 蒙古族民居单体营建

蒙古族多以蒙古包和土木房为主要住居类型,在青海东部河湟地区散居的蒙古族多采用庄廓作为居住建筑,从民族特有民居类型来看,蒙古包是其典型代表。蒙古包是蒙古族特有的住宅类型,是历史上"逐水草而居"的蒙古牧民游牧生活的一种物质载体,古称穹庐、毡包或毡帐。蒙古包具有拆装简单、运输便利等优点,在我国西北广阔的草原地区均有广泛分布。蒙古包底部呈圆形,上部为圆锥形,天穹一般是日月形,这不仅反映了蒙古族对日月的崇拜,还使蒙古包有了计时的作用。蒙古包入口一般朝向东南方向,便于采光和判断时辰,室内中央为炉灶,炉筒从天窗伸出,围绕炉灶的区域是饮食取暖之处,并摆放着矮桌和卧毯。进门正面及西南处为家中主要成员起居处,东面一般是晚辈的座位和寝所。

12.4.5 撒拉族民居建筑风貌与人文景观

撒拉族也是青海独有的少数民族,主要集中在海东市的循化撒拉族自治县,另在化隆回族自治县、西宁市及海北藏族自治州等地有少量分布。

1. 撒拉族民居聚落布局

撒拉族是青海特有的少数民族之一,多分布在黄河青海下游段,受到伊斯兰宗教和文化的影响,撒拉族聚落特征同样具备"围寺而居"等伊斯兰民族聚落特征的基本要素,但从撒拉族居住的地理环境来看,依然具有本民族的建筑特色。由于川水土地资源稀少，撒拉族在伊斯兰"围寺而居"的聚落形态的基础上更强调聚落的紧凑和对空间的充分利用。

撒拉族多聚居在河谷川水地区，平均海拔在 2000m 左右，聚落多紧邻黄河，河谷谷地地下水位较高。与水量充沛的河谷谷地相比，周边海拔较高的山体多为喀斯特地貌，地形破碎、植被稀疏。从地理环境的景观垂直差异角度看，撒拉族聚居的河谷谷地的川水地区，犹如一片"绿洲"，聚落沿河谷呈带状发展。聚落内街道窄小，道路曲折，每户之间往往共用一堵围墙，形成并联和联排式空间布局，以便减少对土地资源的浪费。撒拉族人口相对较少，多分布在循化黄河谷地川水地区，撒拉族聚落类型较为单一，基本为紧凑型川水聚落形态。

2. 撒拉族民居单体营建

撒拉族传统住居类型主要为土木结构的生土民居，最具特色的是富裕人家建造的两层土木楼房，一层的维护结构是夯土或土坯墙，二层是使用当地柳条编制成篱笆，然后敷抹上草泥做围护墙面。这种墙体既取材方便、施工简单，又能防火隔音且冬暖夏凉，当地人称之为撒拉族篱笆楼。撒拉族住居空间剖面高度变化相对较为丰富，生活用房往往要高出院内地平 40cm，使正房整体高于周边地势，这样有利于避免建筑受潮以及防止水患，同时在南侧房屋地下多设置果窖，聚落垂直空间组织较为丰富。

院落空间平面形态与多变的聚落形态相一致，住宅入口的方位不固定，庄廓平面形态并不十分规整，趋向自由组合的方向发展。"小巧清秀"是撒拉族庄廓院内景观的显著特点，空间尺度小巧宜人。撒拉族房屋院落之间十分紧凑，装饰多体现在檐廊、梁枋的木雕以及山墙墀头的砖雕装修上，受伊斯兰宗教教义的影响，建筑装饰题材多为植物、花卉和经文图案，尤其是门窗的花格样式，体现出浓郁的撒拉族民族特色。

12.5 高原城镇人居环境提升策略

青藏高原积极开展了以国土空间规划为先导、以国家公园体系和城市园林建设为主体的城镇人居环境建设，逐步实现让高原人民生活更美好的目标。然而，在人居环境建设过程中也存在一些问题：青藏高原生态环境独特而脆弱，城镇人居环境的生态体系建设在数量规模和结构布局方面有待完善；青藏高原资源禀赋各异，城镇人居环境的地域自然特色彰显不足，地域文化内涵体现不充分；青藏高原人居环境建设水平总体偏低，现状在基础设施建设、公共服务水平和社会服务保障等方面尚存在不足。针对这些问题，应充分把握青藏高原的特殊性，使青藏高原城镇人居环境发展顺自然之理、营人文之韵、筑宜居之城，共筑高原美丽城镇。积极推进高原重点城市、特色乡镇建设，打造生态宜居的人居环境，实现青藏高原城乡互融共荣，让青藏高原各族群众生活更加幸福安康。

12.5.1　顺自然之理，提高高原生态环境建设的自然绿量

青藏高原作为中国乃至全世界重要的生态系统，其生态保护具有非常重要的作用。城镇人居环境建设必须顺应自然生态的建构逻辑，做足绿色文章，保证区域绿量；顺应自然肌理，优化空间结构，保护、修复城市内部自然空间与生态本底，支撑青藏高原生态体系建设。

做足绿色文章，保证区域绿量是青藏高原人居环境生态体系建设的基本任务，也是夯实生态本底的基础物质保障。近年来，国家着重发展青藏高原国家公园体系建设，大力推行国土绿化工程，有效保障了青藏高原的绿量，也为城镇人居环境生态体系建设奠定了良好的基础。受高原城市发展水平和绿化建设水平的影响，以建设生态园林城市为目标，全面提高城市绿地率和绿化覆盖率依然是人居环境建设的重要任务。结合不同城市的发展阶段和自然地理条件，分类分级制定不同的绿量指标，"因地制宜，分类施策"地进行人居环境建设是保护高原生态本底、支撑高原生态系统建设的有效途径。

顺应自然肌理，优化空间结构是青藏高原人居环境生态体系建设的重要内容。要尊重区域自然特征，完善城镇绿地系统规划，构建山水林田湖草城一体的城市内外自然系统，成为城镇人居环境建设急需解决的问题。充分挖掘青藏高原生态系统的特殊性，针对藏北高原、藏南谷地、柴达木盆地、祁连山地、青海高原和川藏高山峡谷区不同区域，探索以绿色空间为先导的城市空间结构模式的建构途径，改善城镇人居环境，提高生态效益，筑牢生态屏障。

12.5.2　营人文之韵，提升高原人居环境建设的文化品质

青藏高原民族文化资源历史悠久，内容丰富多彩，不同类型文化交相辉映，文化底蕴深厚，孕育了富有特点的人居环境。因此，全面挖掘青藏高原人文资源，突出以西海镇为核心的红色文化，梳理以拉萨市为代表的民族文化，彰显唐蕃古道遗产文化，提升青藏高原人居环境的文化建设水平。

传承红色基因，展现时代精神，坚定民族自信，全面推进以西海镇为核心的文化建设，是青藏高原城镇人居环境文化体系建设的时代坐标。青海原子城，即西海镇，是"热爱祖国、无私奉献，自力更生、艰苦奋斗，大力协同、勇于登攀"的"两弹一星"时代精神发源地，强化以红色精神凝聚新活力的发展思路，挖掘红色文化资源与人居环境建设的融合途径，构建生态－文化相互融合的新时代生态景观，促进红色基因传承创新，展现时代精神。做亮民族文化，延续地域特色，营造人文风韵，充分挖掘拉萨市地域特征，系统梳理城市历史景观、城市格局、历史街区、历史建筑和传统园林等文化资源整合保护、串联发展；提取资源的文化意象，充分挖掘文化内涵，研究城市人居环境的文化表达途径，发展高原古城特色和民族特色，延续地域文化，营造地域特征突出的人居环境。化零为整，做活遗产文化，彰显唐蕃古道的文化价值，以西

宁、玉树、那曲、拉萨等唐蕃古道沿线城市为核心，以名城、名镇、名村、传统村落、民族文化生态保护区为节点，构建遗产廊道；统筹规划，以城市绿色空间为抓手弘扬传统文化，形成文化内涵统一、发展方向明确的区域人居环境文化系统。

12.5.3　筑宜居之城，构筑宜居宜游的高原城镇人居环境

牢牢把握"让高原人民生活更美好"的建设目标，以人居环境建设为抓手，紧紧抓住青藏高原城镇化发展建设的契机，大力推进城市各项基础设施建设，以提高居民生活幸福感，同时吸引和留住更多人才参与到青藏高原人居环境的建设工作中。完善城镇休闲游憩体系建设，提倡绿色生活方式和发展模式，构筑宜居、宜游的高原城镇人居环境。

做精重点城市，树立高原标杆，进一步提升拉萨、西宁、林芝等典型城市绿色基础设施建设，培育绿色健康的生活方式。全面依托西宁完善的绿地系统，尤其是先进的海绵绿地系统打造城市绿色基础设施，提高人居环境的公共服务能力，支持美丽和谐的"幸福之城"建设，带动、引领和辐射周边区域。深入挖掘拉萨市的文化内涵和各民族人民的不同需求，以城市绿色空间为抓手，植入并完善休闲游憩体系，促进人居环境的社会价值发挥，建设富有鲜明历史文化特色和浓郁民族风貌的现代化城市。充分利用林芝独特的自然景观，大力发展高原森林生态旅游，推进人居环境旅游体系的建设。

做美特色乡镇，促进城乡融合，大力推广以西海、鲁朗等为代表的小城镇建设模式，有序推进小城镇绿色空间高质量发展。充分挖掘乡镇的自然资源禀赋、历史文化特征、社会经济发展水平和产业发展特点，科学论证并提出乡镇建设模式，并以典型乡镇为代表推广示范，如大力弘扬西海镇红色文化，建设高质量的人居环境；围绕鲁朗镇自然景观风貌，推进健康的人居环境建设。

参考文献

阿旺罗丹, 次多, 普次. 2007. 西藏藏式建筑总览. 成都: 四川美术出版社.

鲍超, 刘若文. 2019. 青藏高原城镇体系的时空演变. 地球信息科学学报, 21(9): 1330-1340.

蔡家华. 2016. 筑梦鲁朗. 北京: 团结出版社.

陈可石, 刘吉祥, 肖龙珠. 2017. 人文主义复兴背景下旅游小镇城市设计策略研究——以西藏鲁朗旅游小镇城市设计为例. 生态经济, 33(1): 194-199.

崔文河, 王军, 于杨. 2013. 资源气候导向下传统民居建筑类型考察与分析. 南方建筑, (3): 30-34.

崔文河, 于杨. 2014. "多元共生"——青海乡土民居建筑文化多样性研究. 南方建筑, (6): 60-65.

《定结县志》编纂委员会. 2014. 定结县志. 北京: 中国藏学出版社.

冯雨雪, 李广东. 2020. 青藏高原城镇化与生态环境交互影响关系分析. 地理学报, 75(7): 1386-1405.

何泉. 2009. 藏族民居建筑文化研究. 西安: 西安建筑科技大学.

何一民，杨洪永，李馨妤．2019．城市人居环境的特殊样本——雪域高原条件下西藏城市人居环境的变迁．西南民族大学学报（人文社科版），40(6)：195-203.

黄少侃．2019．基于藏区城镇肌理的城市设计研究——以甘孜藏族自治州理塘县城为例．小城镇建设，37(6)：21-27.

李朝．2009．诗性高原：青藏地区民俗文化审美．北京：民族出版社.

李侃桢．2010．拉萨城市演变与城市规划．拉萨：西藏人民出版社.

李青，赵京兴．2015．西藏边境口岸发展现实与展望．北京：社会科学文献出版社.

李延克．2020．西藏拉萨乡土聚落与民居的自然环境适应性研究．广州：华南理工大学.

刘畅，姜娜．2019．寒旱高原地区城市绿地系统构建初探——以格尔木城市绿地系统规划为例．中国名城，(10)：63-69.

刘洁．2017．2016年度中国边疆学视野下西藏历史研究综述——以象雄与吐蕃时期为中心．中国边疆学，(1)：253-271.

刘志扬，曾惠娟．2012．四川松潘藏寨族群身份变迁研究．青海民族大学学报（社会科学版），38(3)：16-20.

马鸣．2015．浅谈撒拉族的古民居建筑．中国土族，(4)：68-70.

马生林．2011．青藏高原生态变迁．北京：社会科学文献出版社.

马维胜．2007．人口视阈下的青海城市布局构想．青海民族学院学报（社会科学版），(2)：122-126.

牛萌，达周才让，李洪澄，等．2018．西宁城市"绿芯"总体规划探讨．中国园林，34(S1)：115-120.

青海省经济研究院课题组，李勇．2013．青藏高原城市化发展模式研究．经济研究参考，(25)：35-51.

青海省绿化委员会办公室．2020-05-09．2019年青海省国土绿化公报．青海日报，004.

青海省绿化委员会办公室．2021-04-08．2020年青海省国土绿化公报．青海日报，007.

任德智，周鑫，郭其强，等．2014．拉萨城市绿化现状及对策．北京农业，584(15)：254-256.

索朗旺堆．1993．吉隆县文物志．拉萨：西藏人民出版社.

陶雅琴，张志法．2020．青海西宁湟水国家湿地公园的试点和验收经验浅析．青海农林科技，(1)：81-83.

王国萍，闵庆文，成功．2019．土族传统村落文化景观及其变迁研究．遗产与保护研究，4(1)：57-64.

王国荣．2014．拉萨市城市规划的萌芽和起步．江苏城市规划，240(11)：11-15.

王军，李晓丽．2010．青海撒拉族民居的类型、特征及其地域适应性研究．南方建筑，(6)：36-42.

吴永军．2020．创新造林模式 建设美丽西藏．国土绿化，(12)：39-41.

西藏自治区地方志编纂委员会．2017．墨脱县志．北京：中国藏学出版社.

西宁市志编纂委员会编．2001．西宁市志第四卷 城市建设志．西安：陕西人民出版社

许长军，金孙梅，王英．2020．基于GIS的青藏高原人居环境自然适宜性评价．生态科学，39(6)：93-103.

杨明洪，刘建霞．2017．旅游资源规模化开发与农牧民生计方式转换——基于西藏"国际旅游小镇"的案例研究．民族学刊，8(3)：9-18，99-100.

余明永．2019．甘南藏族自治州建筑文化与地域特色浅谈．城乡建设，(1)：80-81.

张清民．2016．丝绸之路青海道上的西宁及其历史地位．青海师范大学学报（哲学社会科学版），38(6)：56-60.

张樱子，刘加平，赵世晨．2016．拉萨市基本城市形态形成及演变研究．城市规划，40(5)：77-81.

张志法, 刘小君, 毛旭锋, 等. 2019. 基于 5 年截面健康数据的青海湟水国家湿地公园湿地恢复评价. 林业资源管理,（2）: 30-38, 53.

中共定结县委办公室. 2019. 定结年鉴 -2019（总第 3 卷）. 西安: 三秦出版社.

中共定结县委办公室. 2020. 墨脱年鉴 -2019（总第 3 卷）. 郑州: 中州古籍出版社.

周晶, 李天, 李旭祥, 等. 2017. 宗山下的聚落——西藏早期城镇的形成机制与空间格局研究. 西安: 西安交通大学出版社.

朱普选. 1992. 拉萨古城形成的历史地理初探. 西藏民族学院学报（社会科学版）, 3: 54-59.

朱七七, 刘永明, 田艺菲. 2019. 探秘中国核工业神秘禁区. 旅游世界,（6）: 82-87.

（丹）Knud Larsen,（挪）Amund Sinding-Larse. 2005. 拉萨历史城市地图集. 李鸽译（中文）, 木雅·曲吉建才译（藏文）. 北京: 中国建筑工业出版社.

第 13 章

高原城镇化绿色发展路径与对策

青藏高原的特殊城镇化是一个在高寒缺氧环境下，由投资拉动、游客带动、服务驱动、对口支援等共同发力形成的低度开发型、社会包容型、文化传承型和守土固边型城镇化，理论上是低速高质的绿色城镇化。高原城镇化过程是迈向基本现代化的必由之路，对建设好"两屏四基地"、守护好世界上最后一方净土发挥着十分重要的作用。按照习近平总书记 2021 年 7 月视察西藏时提出的抓好"稳定、发展、生态、强边"四件大事，坚定不移走生态优先、绿色发展之路的重要指示精神，努力建设人与自然和谐共生的现代化，科学划定青藏高原城市开发边界和生态保护红线，合理确定城市人口规模，科学配套规划建设城镇基础设施，提升高原城市现代化水平，为此提出高原城镇化绿色发展路径与对策建议。

13.1　高原城镇化绿色发展路径

针对青藏高原城镇化绿色发展存在的现实问题与发展目标，提出高原城镇化绿色发展的稳疆固边城镇化路径、低速高质城镇化路径、绿色城镇化与绿色现代化路径、生态城镇化路径、文化城镇化路径和重点都市圈同城化路径。

13.1.1　稳疆固边城镇化路径

青藏高原边境带是捍卫国防安全和生态安全的要冲地带，肩负着"神圣国土的守护者，幸福家园的建设者"的重要使命。青藏高原地广人稀、城镇分散、集聚规模有限，戍边条件尤为艰苦，亟须从过去散点状城镇戍边向体系化固边模式转变，统筹边境城镇安全发展与国防建设。但近年来，边境另一侧的印度、不丹等国家边境地区人口快速增长，而我国青藏高原边境地区人口急速下降，部分边境县甚至出现人口净流失的不正常现象，极不利于我国屯民戍边和国防安全。为此，要以守土固边为先导，加强边境口岸和抵边城镇建设，优化升级边境交通，构建青藏高原"梳状"固边型镇村体系，建设固边戍边的特色镇村，引导本地户籍人口常驻和回流固边，走守土固边型城镇化之路。

1.优化升级边境交通，构建"梳状"固边型镇村体系

一是沿沟谷、古道等构建"口岸（边境岗哨）—边贸镇（乡）—边境县城"梳齿纵轴，连通边境前沿的边贸中心与内陆腹地的行政中心，形成功能互补的边防走廊，包括日土县—班公湖、噶尔县—扎西岗乡、札达县—底雅乡、普兰县—普兰口岸、仲巴县—亚热乡—里孜口岸、吉隆县—吉隆镇—吉隆口岸、聂拉木县—樟木镇—樟木口岸、定结县—日屋镇（口岸）—陈塘镇（口岸）、亚东县—亚东口岸、错那市—勒门巴民族乡、隆子县—玉麦乡、朗县—金东乡、米林市—南伊珞巴民族乡、墨脱县—背崩乡、察隅县—下察隅镇—上察隅镇等"梳齿"走廊，着力推进吉隆口岸、普兰口岸、里孜口岸、樟木口岸、日屋—陈塘口岸、亚东口岸等有序协调分工发展。

二是沿国道 318、国道 219 等构建与边境线平行的梳柄横轴，作为每条梳齿纵轴的

内陆腹地连接线，形成由"拉萨市—日喀则市—山南市—林芝市"等中枢城市构成的"梳柄"轴道，向北通过西宁、兰州连接内地，向东通过雅安、成都连接内地，向南通过迪庆、昆明连接内地。

三是以边境口岸、边贸城镇等为基点，建立横向乡村通道，保障边境前沿的军事巡逻和生态保护巡逻，填补梳齿纵轴间的空白地带。

2. 建设固边戍边的特色镇村，引导外来人口和高海拔地区人口向边境地区集聚

系统开展青藏高原边境地区资源环境承载力评估，遴选地质条件良好、人居环境适宜的地区，作为固边镇村发展用地；大力推进口岸型特色小镇建设，通过边境贸易吸引外地人在边境镇从业生活，包括吉隆镇、普兰镇、帕里镇、陈塘镇、亚热乡、下亚东乡等，加快樟木口岸的恢复重建和樟木镇的重新开放；鼓励西藏高海拔移民向边境地区迁居，建设移民特色村镇，保障移民安居乐业。

3. 拓宽边境地区生计模式，引导本地户籍人口常驻和回流固边

通过与内地对口支援地区合作，发展旅游、边贸、特色农牧业等多元生计模式，增加非农产业就业机会，不鼓励大规模拆村并点工程，分散式村落亦有利于边境地区"处处有人、常常有人"；加大对边境特困村庄的扶持力度，如中印边境第一村岗巴县吉汝村，边防压力大、经济水平差、边民收入低，建议给予更多财政扶持；在边境传统无人区新建村镇，如洞朗地区常年人烟稀少、边防压力大，随着亚东县至洞朗地区道路的开通及洞朗牦牛产业的发展，附近居民确实有迁居洞朗、守卫家园的意愿，可考虑新形势和新区位条件下扶持新建村庄。

4. 大力发展高原边境生态旅游，确保边境地区适量的旅游人口固边

依托边境地区低海拔、相对富氧优势以及山林沟谷资源，推进吉隆沟、亚东沟、陈塘沟、墨脱、札达等边境旅游资源开发，高标准、高品质打造高原边境生态旅游目的地；充分挖掘边境地区特色，打造边境地区旅游型特色小镇，扶持本地人口的旅游从业，如夏尔巴人聚居区陈塘镇、多民族聚居区察瓦龙乡等；建立边境游客监测和应急管理系统，在正常边防检查控制下吸引游客常来常往，在边境紧张时及时管控游客。

5. 推动边境口岸功能错位发展，明确口岸建设时序，建设口岸固边镇

未来各口岸的发展应注重与其他口岸的协同作用，形成优势互补，避免产生恶性竞争。边境县应主动深入开展交流与会务，在海关总署（国家口岸管理办公室）的领导和协调下，推进各个项目有效有序进行。西藏需整合各地的资源现状与发展需求，制定更大尺度的规划方案，实现地区间的合作共赢。同时，各地在制定政策文件、规划方案时应明确不同时间尺度的发展重点，如短期应建设好边贸市场及周边交通基础设施，中长期则结合城镇的实际情况，把握"一带一路"和"南亚大通道"政策，着力打造集综合加工、商贸流通、展销、仓储运输、商旅及文旅服务于一体的口岸型城镇。

边境地区发展落后多是由于其"屏障效应"提高了城镇的建设成本，而向资本市场适当开放口岸或城镇的建设项目，不仅可以丰富资金来源渠道、降低资金周转风险，而且有助于加快基础设施建设进程，进一步推动边境城镇的开发开放。因此，口岸城镇应积极引入内地企业及外部资本，建立多元化的城镇建设资金保障机制，增强城镇发展的主动性。在扩大对内开放的同时，鼓励经济开发区、国际物流中心、国际边贸市场等口岸核心功能区的发展，解决其发展过程中可能遇到的资金、人力和贸易政策问题，进一步优化外贸产品结构、扩大外贸规模、提升外贸效益。在对外开放时，还应多层次、多形式、多领域地与印度、尼泊尔开展磋商合作，为进一步开放口岸创造机遇；积极磋商协调中印贸易清单，增加贸易产品种类；通过两国边民的友好往来和边境地区的互通有无，为改善贸易条件奠定基础。

13.1.2　低速高质城镇化路径

立足青藏高原城镇化的特殊使命，推进以小城镇为主导的农牧民就近就地镇民化，合理调控城镇化发展速度与质量，将高原城镇化速度及水平控制在合理水平，确保乡村地区和边境地区有足够数量的人口守边固边，走低速高质的城镇化发展之路。

1. 按保障国家安全和生态安全屏障要求将高原城镇化水平与速度控制在较低水平

以保障国家安全屏障、保障国家生态安全屏障、护卫亚洲水塔为前提，合理调控青藏高原城镇化速度与水平，建议高原城镇化长期稳定在城镇化发展的中期阶段，未来城镇化率总体不宜超过60%，2035年前城镇化发展速度每年不超过0.3个百分点，2035年后每年不超过0.2个百分点。还要至少确保40%的人口长期住在农村，一方面维持农牧民生计和振兴乡村，另一方面当好护边员。由表13.1可以看出，2020年第七次全国人口数据普查计算结果表明，青藏高原平均城镇化率为47.58%，2025年增加到49.0%，2030年增加到50.68%，2035年增加到52.50%，2050年增加到55.26%，不超过57.25%的阈值。但由于青藏高原地域差异巨大，城市率差别很大，如最高的茫崖市到2050年城镇化率达到96.83%，格尔木市达到94.61%，西宁市达到84.31%，拉萨市达到76.53%，最低的昌都市达到25.23%，那曲市达到29.45%。

表13.1　基于资源与生态环境承载阈值的青藏高原各地市州城镇化率预测表　（单位：%）

	2020年现状（七普数据）	2025年预测	2030年预测	2035年预测	2050年预测	上限阈值
青藏高原总计	47.58	49.0	50.68	52.50	55.26	57.25
西藏自治区	35.73	36.68	39.02	40.91	44.23	49.69
拉萨市	69.77	73.72	73.90	75.31	76.53	80.00

续表

	2020 年现状（七普数据）	2025 年预测	2030 年预测	2035 年预测	2050 年预测	上限阈值
日喀则市	23.09	23.66	28.33	30.98	33.94	41.18
昌都市	17.48	18.15	20.75	21.57	25.23	30.00
林芝市	40.90	40.94	42.11	44.43	47.02	49.68
山南市	31.92	31.96	32.35	35.32	42.15	50.00
那曲市	22.98	23.00	25.10	27.23	29.45	36.67
阿里地区	43.63	43.68	44.02	45.52	47.51	50.00
青海省	**60.08**	**62.02**	**63.24**	**64.38**	**67.82**	**68.09**
西宁市	78.63	81.48	82.75	83.97	84.31	83.72
海东市	40.40	42.50	43.36	44.62	52.11	60.00
海北藏族自治州	46.32	46.91	48.75	49.55	52.19	54.29
黄南藏族自治州	41.56	42.23	43.62	44.31	48.12	49.09
海南藏族自治州	40.87	41.53	42.04	43.26	48.61	50.00
果洛藏族自治州	35.06	35.51	36.90	37.22	44.59	45.00
玉树藏族自治州	50.63	51.45	52.35	53.09	55.93	56.84
海西蒙古族藏族自治州	76.57	77.80	78.09	79.71	84.92	84.76
其他省五州	**38.93**	**40.06**	**41.46**	**44.19**	**45.10**	**46.88**
阿坝藏族羌族自治州	41.49	41.63	44.18	47.08	48.06	48.28
甘孜藏族自治州	31.01	32.78	33.02	35.19	36.38	39.53
怒江傈僳族自治州	52.36	52.95	55.76	59.42	59.87	60.00
迪庆藏族自治州	31.07	33.04	33.09	35.26	39.60	45.00
甘南藏族自治州	42.27	42.80	45.01	47.97	48.96	50.00
9 个县级市	**60.00**	**61.37**	**62.34**	**64.30**	**66.99**	**67.98**
格尔木市	89.32	90.75	91.10	92.98	94.61	91.90
德令哈市	81.22	82.48	82.79	84.50	86.29	83.15
茫崖市	87.30	88.70	89.04	90.88	96.83	94.00
同仁市	46.80	47.55	49.11	49.89	54.18	55.55
玉树市	53.23	54.05	55.00	55.78	58.76	63.20
马尔康市	52.12	52.23	52.51	54.61	55.74	55.10
康定市	54.12	54.53	54.93	55.92	57.08	55.04
香格里拉市	38.25	40.68	40.73	43.41	48.75	49.30
合作市	48.30	48.91	51.44	54.82	55.95	57.73

注：上述预测参考了各地市州"十四五"规划纲要及 2030 年远景规划纲要中的相关参数；9 个县级市的预测值涵盖在所在州的数据中。所有预测值结果均不超过其承载的常住人口阈值和城镇人口阈值。

2. 把小城镇作为高原就近就地镇民化主体，不断提高城镇化发展质量

结合青藏高原地广人稀的特点和守土固边的历史使命，建设一批战略节点型、交通枢纽型、旅游景观型、特色产业型、移民安置型、守土固边型等各具特色的小城镇，将高海拔地区、高山峡谷生存条件艰苦区和地质灾害频发区的农牧民疏散到人口承载能力强的河谷城镇地区，更多地引导农牧民就近集聚到附近的小城镇里，把小城镇作为就近就地镇民化的主要主体，提高城镇的规模效益。或者在高海拔地区城镇实施高原生态暖房和城镇供氧工程，加快边疆明珠小镇建设。以资源环境承载力为基础，按照"大分散、小集中"的原则，通过新一轮国土空间规划推进城镇化合理布局。建议在新一轮国土空间规划中，结合都市圈建设，将青藏高原主要铁路、公路、古道、边境等沿线的城镇进行合理组织，打通节点城镇与中心城市、节点城镇之间高效便捷的交通网络，加强中心城市与节点城镇互联互通。多渠道筹集小城镇建设资金，加快小城镇基础设施建设。加大国家投入，努力开辟民间投资渠道，大力推行股份合作制，提倡农牧民集资入股投入小城镇建设，允许单位和个人以内资、外资、合资等形式兴建供水、排水、道路、桥梁等基础设施和旅游、文化等公共设施。建立政府、企业、个人和金融机构的多元化投融资体制，加快小城镇公共服务设施建设的步伐（方创琳，2022）。

3. 重点沿边、沿交通线、沿江建设"小而美、小而精、小而特"的城镇链和固边链

突出青藏高原多样性的民族文化、优美的自然风光、良好的生态环境、鲜明的特色产业等元素，坚持"以镇促产、以产兴镇、产镇融合"的原则，按照"错位竞争、差异发展"的要求，做到"一镇一特色"和"一村一品牌"，努力打造一批民族文化型、自然生态型、沿边口岸型和特色旅游型特色小镇，推进以县城和重点城镇为重要载体的绿色城镇化建设，重点沿边境地区，沿交通干线，沿雅鲁藏布江、湟水等河流干流地区建设"小而美、小而精、小而特"的特色小（城）镇，建成独具特色和地域特点的高原新城、美丽城镇、特色小镇和主题小镇。例如，怒江傈僳族自治州重点建设的独龙江、丙中洛、知子罗、石月亮等具有民族文化旅游特色的小镇，具有浓郁民族特色的美丽边境集镇片马镇，特色水果小镇通甸镇，特色农副产品加工镇上江镇、普拉底乡和鲁掌镇；那曲市重点建设的雁石坪镇、荣布镇、夏曲镇特色小城镇示范点和古露镇、文部乡创建国家级特色小城镇；西藏的羊八井国际温泉登山小镇、纳木湖神山圣湖旅游小镇、叶巴康养特色小镇、林周红色教育小镇、甲玛绿色矿业小镇、吞巴非遗特色手工业小镇、续迈温泉小镇、蔡公堂休闲林卡小镇。通过建设，沿边、沿交通线、沿江形成宜居宜业宜游、兼具民族内涵和城市气质的明珠小镇，形成特色城镇构成的"珍珠链"，建成先进生产力承载区和守土固边长廊。

4. 把林芝市建成为高原国际体育城、高原赛事名城和全国运动特色小镇

林芝市海拔高度相对较低，平均海拔3100m，较为适合运动健身。2020年第七次

全国人口普查数据表明，林芝市现有常住人口 23.89 万人，到 2030 年将达到 30.85 万人，到 2050 年达到 49.13 万人，接近 50 万人大城市的建设规模，而其可承载的常住人口阈值高达 148.41 万人。未来建议合理划分林芝市的城市功能分区，完善公共服务体系，推进林芝滑雪场等体育基础设施建设，推动南迦巴瓦山地户外运动小镇建设，建成青藏高原户外运动基地和高原国际体育城。持续发挥鲁朗镇作为"全国运动特色小镇"的品牌效应。建设林芝桃花国际马拉松环线、国际自行车赛事、穿越大峡谷徒步线路等配套基础设施。新建一批便民利民的中小型体育运动场所、公众健身活动中心、健身广场等设施。继续办好"跨喜马拉雅国际自行车极限赛""环巴松措山地自行车越野竞速赛""南迦巴瓦山地马拉松赛"等品牌赛事，争创精品赛事品牌，不断提高承办体育赛事的质量和水平。引进国内体育用品生产、销售企业进驻林芝，倡导发展运动康复医学，鼓励有条件的医疗机构设立运动康复科，鼓励社会资本开办体质测定、运动康复和营养膳食等各类机构，壮大体育服务业。塑造林芝市城市体育文化新特色，策划制作国际高原体育城形象标识，建成"高原赛事名城"。

13.1.3　绿色城镇化与绿色现代化路径

建立高原绿色产业体系，编制高原绿色现代化规划，率先在全国实现绿色现代化，走绿色现代化之路。将资源环境作为硬约束，坚持调结构、优布局、强产业、全链条，突出特色资源、创新驱动发展，以建设高原特色农产品基地、清洁能源接续基地、世界旅游目的地为重点，推进绿色低碳循环发展的经济体系建设。建设自然保护样板地，坚持保护自然、服务人民、永续发展，实施生物多样性保护战略，建成以国家公园为主体、自然保护区为基础、自然公园为补充的自然保护地体系，维持高原自然生态系统原真性、整体性和系统性。

1. 构建城乡绿色发展体系，推动青藏高原从"输血"句"造血"转变

以绿色为基底色，构建包括绿色农牧业体系、绿色工业体系、绿色城乡体系、绿色交通体系和绿色能源体系在内的绿色产业发展体系，在青藏高原全过程推行绿色城市规划、绿色投资、绿色城市建设、绿色生产、绿色流通、绿色生活、绿色人居、绿色消费，发展绿色经济，弘扬绿色文化，把环境保护、生态文明融入高原城乡发展大局，形成绿色、低碳、循环的生产生活方式。探索形成促进城乡绿色发展的体制机制，开辟将生态优势转化为经济社会发展优势的新路径，努力将青藏高原产业无缝嵌入国家产业链、供应链，进而将青藏高原融入国内经济大循环，提升青藏高原的经济活力，推动青藏高原从"输血"向"造血"转变。完善环境保护、节能减排约束性指标管理体系，把好产业准入关口，强化节能、环保等指标约束，严禁引进违反国家产业政策、行业准入（规范）标准的高耗能项目，高效利用资源，严格保护生态环境，有效控制温室气体排放。

2. 编制青藏高原绿色现代化规划，把城市建成高原绿色现代化先行示范区

突出青藏高原作为国家生态安全屏障、维护民族团结和国家安全的战略性引领地位，率先在全国编制《青藏高原绿色现代化总体规划》，以重点城市和城镇为试点，建设绿色农牧业现代化示范区、绿色工业现代化示范区、绿色城镇现代化示范区和绿色服务业现代化示范区等，全力创建高原城乡全域无垃圾、全域无化肥、全域无塑料、全域无污染、全域无公害的"世界净土"，建立和完善净土健康产品质量安全检测体系和品牌产品质量标准体系。推进高原"无废城市"和"无废城镇"试点建设，健全城市生活垃圾分类制度，完善城镇生活垃圾处理和固体废物处置收费标准，健全垃圾处理分类减量化激励机制，完善乡镇垃圾收集处理设施，提升乡镇垃圾资源化处置能力。将环境革命不断推向深入，努力构建"山青、天蓝、水碧、林郁、田沃、湖美"的高原生态大格局，把青藏高原建成新时代绿色发展新高地。

13.1.4　生态城镇化路径

习近平总书记在中央第七次西藏工作座谈会上强调，保护好青藏高原生态就是对中华民族生存和发展的最大贡献，并指出"要深入推进青藏高原科学考察工作，揭示环境变化机理，准确把握全球气候变化和人类活动对青藏高原的影响，研究提出保护、修复、治理的系统方案和工程举措"。目前，青藏高原城镇化加速，人口迅速增长，资源的不合理开发利用对高原生态环境造成影响，从维持青藏高原可持续发展的视角，必须实施切实可行的城镇化与生态环境协调机制和生态保护政策来缓解对高原生态环境造成的潜在威胁。以人居环境为重点，改善高原特色人居环境，确保人与自然和谐共生，推动城镇化与生态环境协调发展，探索符合高原特色的城镇化绿色发展模式，补齐绿色人居环境建设短板，以绿色城镇化筑牢生态安全屏障。

1. 推进生态城镇化进程，将生态价值塑造成高原高质量发展的核心价值

青藏高原作为典型高寒脆弱区，城镇发展约束因素多，生态本底脆弱，生态环境一旦破坏恢复难度大，城镇化与生态环境协调发展是该区域高质量发展的核心。要实现人与自然的和谐共生，走生态城镇化道路是必然选择。青藏高原最大的资源在生态，找到把生态产品价值实现的可行之道是青藏高原城镇化发展的正确方向。建议积极利用生态资源优势，发挥高原生态价值，供应稀贵的生态产品，将生态价值塑造成青藏高原现代产业体系和经济发展中的核心价值，将生态保护与经济发展高度融合，共同推动高原城镇化进程。着力提高青藏高原城镇化高质量发展水平，研发适应高原城镇特色的新技术、新设备，进一步提高清洁能源利用比例，将城镇发展对生态环境的影响降到最低。

2. 推动城镇化与生态环境协调发展，探索符合高原特色的生态城镇化模式

青藏高原地区生态环境本底和社会经济发展程度不一，城镇化与生态环境关系有

所差异。在制定政策时，建议针对青藏高原不同地区城镇化与生态环境关系的差异性，两者耦合协调度所处的类别，"对症下药"制定政策。在人口稠密和城镇集中分布区，突出资源环境承载力对城镇化发展的硬性约束，在全国率先打造"三区三线"管治样板，遏制城镇发展对大气、水和土壤环境的破坏。在人口稀疏和城镇分散分布区，应突出生态特色，探索符合高原居民实际需求的就地城镇化模式，提倡适度聚居，提高绿色基础设施建设水平，降低生态环境保护成本，提升居民生活便利性和获得感。推进更高质量和符合高原特色的新型城镇化发展，走出青藏高原城镇化发展的特殊模式。

3. 改善青藏高原人居环境，补齐人居环境建设短板，创建高原公园城市

围绕青藏高原国家公园群和青海省国家公园示范省建设目标，结合住房和城乡建设部推进的国家公园城市试点，在青藏高原建设一批国家公园城市。构建优美洁净的城乡人居环境，扎实开展居住社区补短板行动，加快完善城市功能，构建"公园、绿道、小游园、微绿地"四级城市绿化体系，补齐城乡环境基础设施短板，创建高原公园城市和森林城市，积极推进绿色城镇、美丽乡村建设，打造生态宜居的城乡居住空间。积极推进以国土空间规划为先导、以国家公园体系和城市绿色空间完善为主体的城镇绿色人居环境建设，逐步实现让高原人民生活更美好的目标。针对绿色人居环境现存问题，充分把握青藏高原特殊性，以"顺自然之理，营人文之韵，筑宜居之城"为绿色人居环境建设途径，加强绿色空间生态体系建设，做足绿色文章，保证区域绿量，夯实生态基底，推动高质量发展；以国家公园示范省建设为引领，探索推进"公园城市＋自然保护地"建设新模式，全面建成自然保护地管理体系。将公园城市建设与"绿屏绿心绿廊绿道"体系有机结合，以生态廊道划分城市组群，以高标准生态绿道串联城市社区，新建一批城市公园绿地和景观廊道，科学布局休闲游憩和绿色开敞空间，推动公共空间与自然生态相融合，构建"一城山水、百园千姿"的公园城市形态。

4. 把青藏高原建成生态富民先行地，建成一批生态富民示范市和示范镇

坚持良好的生态环境是最普惠的民生福祉，大力实施生态创建、生态补偿、生态振兴，提供更多优质生态产品，保障群众持续增收，形成共建良好生态、共享美好生活的良性循环长效机制。严格执行《西藏自治区国家生态文明高地建设条例》，建设生态安全屏障地、人与自然和谐共生示范地、绿色发展试验地、自然保护样板地、生态富民先行地。争取在未来 10～15 年，在青藏高原建成 5～7 个国家级生态富民示范市，所有县（区）创建为省部级生态富民示范县（区）；80% 的乡（镇）创建为省部级生态富民示范乡（镇）；80% 的村（居）创建为省部级生态富民示范村（居）。到 2035 年，美丽中国建设目标基本实现之际，高原所有县（区）达到国家级生态富民示范县（区）标准，所有的乡（镇）创建为省部级生态富民示范乡（镇），所有的村（居）创建为省部级生态富民示范村（居）。

13.1.5　文化城镇化路径

以文化传承为特色，加大高原历史文化名城名镇保护力度，编制高原历史文化名城名镇保护规划，完善历史文化城镇保护体系，加大高原历史文化名城名镇保护与建设资金、人才、技术保障力度，走文化城镇化之路（葛全胜等，2015）。

1. 加快编制高原历史文化名城名镇保护规划，完善历史文化城镇保护体系

高原历史文化名城名镇的建设必须将新型城镇化与民族特色文化保护和传承深度融合，实施"民族特色文化渗透的青藏高原新型城镇化"发展路径。以青藏高原现有历史文化名城名镇名村体系为基础，挖掘潜力历史文化城镇村，作为民族特色文化核心节点，编制高原历史文化名城名镇保护规划，有选择性地建设一批青藏高原历史文化名城名镇名村名街。在历史文化街区（古城镇）规划、建设、改造过程中，加强非物质文化遗产保护传承，培育文化生态，增强文化认同，促进活态传承。在此基础上，建立高原特色文化保护与传承体检评估机制，分区域、分阶段对核心城市和重点城镇的特色文化保护与传承工作进行体验与评估。

2. 通过旅游发展助推文化"造血"，加强文化生产性保护

由于特殊的自然地理环境，高原产业发展诸多受限，但同时也具备了许多稀缺旅游资源，旅游业也因此成为高原经济社会发展的重要抓手。通过旅游助推文化"造血"是在充分考虑高原地情基础上提出的对策。加强各旅游景区与高原文化名城名镇的联动，增强线上线下文化相关产品供给，在旅游宣传上加大特色文化的宣传力度，支持在高原文化名城名镇设立文化体验中心、非遗传承人工作室等，提高游客参与度，增强文化体验和文化参与。支持旅游演艺经营主体以高原历史文化为题材，创作一批底蕴深厚、特色鲜明、涵育人心的优秀旅游演艺作品。举办"文化＋旅游"专题培训班，对文化和旅游相关人员进行双向培训，双向配置资源，推动文化与旅游双向进入、能融尽融。加强高原旅游服务基础设施保障，提高酒店供氧能力、医疗救援能力等。

3. 加大高原历史文化名城名镇保护与建设资金、人才、技术保障力度

建立完备的多元投资体系，同时辅之有力的法规政策，鼓励社会力量积极参与到历史文化名城名镇的保护修复工作中。支持高校、科研院所建设高原历史文化研究机构，开展历史文化名城名镇名村保护研究，关注城市发展脉络与文化遗产的互动关系，培养专业研究人才。将高原文化传承与国民教育和居民生活相结合，加强文化素质教育，提高文化普及程度，增强民众文化保护传承意识，培育浓厚的文化氛围。

13.1.6　重点都市圈同城化路径

重点加快西宁都市圈、拉萨城市圈和柴达木城镇圈同城化进程，建成高质量都市圈和高品质生活圈。推动西宁－海东一体化发展，建成青藏高原最大最强最优的都市圈；推动拉萨－山南一体化进程，建成青藏高原最具文化魅力的城市圈；加快柴达木城镇圈绿色工业一体化进程，建成国家第 2 个可再生能源示范区。

1. 推动西宁－海东一体化发展，建成青藏高原最大最强最优的都市圈

未来西宁都市圈将成为青藏高原集聚人口最多的都市圈，西宁市成为青藏高原人口规模最大的城市。2020 年第七次全国人口普查结果表明，西宁都市圈（以西宁市和海东市为统计口径）常住人口 382.65 万人，占青藏高原的 29.13%，城镇化率达到 65.06%。未来西宁都市圈能承载的常住人口为 680 万人，占青藏高原的 25.95%，可容许进城的人口规模为 510 万人，占青藏高原的 34%，城镇化率可提升到 75%，进入城镇化发展的后期阶段。其中，2020 年西宁市常住人口 246.8 万人，城镇化率达到 78.63%，未来西宁市能承载的常住人口为 430 万人，与 2020 年现状人口相比可新增承载人口 183.2 万人，城镇化率可提升到 83.72%，进入城镇化发展的终期阶段。

建议打造西宁－海东沿湟水的综合性的发展轴线，促进西宁都市圈功能重构，推动西宁、海东两市之间的高效持续协同发展。西宁突出"绿色为芯、双城联动、生态隔离、组团发展"的城市发展策略，巩固发展好独具特色魅力的高原生态山水城市格局，全面建成"一心双城、环状组团发展"的高原生态山水城市，构建"一主两副、生态环抱、组团发展"的西宁都市圈发展格局。"一主两副"是指做强做优做大西宁中心城市，坚持向东向西拓展发展空间，优化西宁周边地区行政区划设置，打造西宁东西"两大"副中心，为主城区功能疏解提供空间载体，实现老城与新城协调联动发展。"生态环抱"是巩固北部祁连山和南部拉脊山生态屏障功能，加强城市各功能组团之间的生态绿地建设，将各组团之间的隔离绿地与外围的生态森林屏障相连，形成整体的生态环抱体系。"组团发展"是加快现有城市功能组团建设，围绕绿心环状布局各具特色的组团发展空间形态。

以河湟新区为主要区域，联合西宁的相关开发区，申报设立西宁－海东国家级新区，使之成为西宁－海东两市联合发力建设的重点区域；并将其与西宁城区、乐都城区、平安城区一起，共同促进沿湟综合性发展轴线的建设。构建以生物、医药、资源型产品深化工为核心的高科技产业链。构建以青海湖、夏都、高原文化为主题的旅游休闲产业链。贯彻实施《兰州—西宁城市群发展规划》，发挥西宁都市圈极核作用，探索中心城市引领城市群发展的新模式新路径。高效推进以兰州西宁为主导的城市间多层次务实合作机制，使其成为维护国家生态安全的战略支撑。

2. 推动拉萨－山南一体化进程，建成青藏高原最具文化魅力的城市圈

2020 年第七次全国人口普查结果表明，拉萨城市圈（以拉萨市和山南市为统计口径）常住人口 122.19 万人，占青藏高原的 9.3%，城镇化率达到 58.8%。未来拉萨城市圈能承载的常住人口为 260 万人，占青藏高原的 9.92%；城镇化率可提升到 67.31%，进入城镇化发展的后期阶段。拉萨城市圈是青藏高原发育程度仅次于西宁都市圈的第二

大城市圈。其中，2020年拉萨市常住人口86.79万人，城镇化率达到69.77%，未来拉萨市能承载的常住人口为150万人，与2020年现状人口相比可新增承载人口74.6万人，可容许进城的人口规模为120万人，城镇化率可提升到80%，进入城镇化发展的后期阶段。

提升拉萨城市圈发展水平，做大做强拉萨核心增长极。提升首府拉萨城市首位度，吸引西藏人口适度向拉萨集聚。打造重要的国际文化旅游城市、面向南亚开放的区域中心城市。优化拉萨城市空间布局，以"南联北通"为牵引，以联结林周、对接江北为重点，全面提升拉萨城市综合承载能力和资源配置能力。大力发展高新数字经济、文化旅游、净土健康产业和现代服务业，提升拉萨经济技术开发区、柳梧新区、文化创意产业园区、空港新区的产业集聚效应，带动西藏产业发展提质增效，建成青藏高原核心经济增长极。推进拉萨、山南两市在城市空间布局、基础设施建设、产业发展布局、公共服务均等化、生态建设、体制机制的深度一体化，构建产业优势互补、错位分工协作的青藏高原新型城镇化高地。

加快山南副中心建设，加强县城的现代化建设，促进城市圈内人口进一步城镇化。构建拉萨和山南市一体化合作机制和组织，推进区域经济一体化发展。推进旅游向鉴赏游、体验游、研学游、高原度假游等多元化产品方向发展，加快山南藏源文化开发。提升农牧业生产组织化程度，打造高原特色农产品基地。加快连接城市、园区、景点的高等级路网建设，加快复线铁路建设。

3. 加快柴达木城镇圈绿色工业一体化进程，建成青藏高原国家可再生能源基地

2020年第七次全国人口普查结果表明，柴达木城镇圈（以格尔木市和德令哈市为统计口径）常住人口31.01万人，占青藏高原的2.36%，城镇化率达到87%。未来柴达木城镇圈能承载的常住人口为70万人，占青藏高原的2.67%；与2020年现状人口相比可新增承载人口38.99万人，可容许进城的人口规模为62.58万人，占青藏高原的4.17%；城镇化率可提升到89.4%，进入城镇化发展的终期阶段。其中，2020年格尔木市常住人口22.19万人，已有19.82万人住在城里，城镇化率达到89.32%。未来格尔木市能承载的常住人口为50万人，与2020年现状人口相比可新增承载人口27.81万人，可容许进城的人口规模为45.95万人，与2020年现状城镇人口相比可新增城镇人口26.13万人，城镇化率可提升到91.9%，进入城镇化发展的终期阶段。

依托柴达木盆地资源优势、产业优势和区位优势，构建以格尔木为中心、德令哈为副中心，茫崖、都兰、乌兰为重要节点的"两心三带多节点"的柴达木城镇圈空间发展新格局，强化格尔木的核心地位，重点建设柴达木绿色循环低碳发展示范区，推进乌图美仁、冷湖新能源基地建设，壮大德令哈、乌兰、大柴旦、冷湖等工业园和藏青工业园建设。以格尔木为依托建设国家第2个可再生能源示范区。

加强柴达木城镇圈区域资源环境承载力研究，弄清楚各个城市及镇资源环境承载能力。以水定城、以水定产，构建以海西盐湖资源利用为主的产业循环基地，以市场经济为基础，适度整合相关产业与企业，科学规划，审慎推进镁锂钾一体化等大而全的项目。加强海西、海南清洁能源基地互补协调发展研究，依托新能源打造国家级清洁能源基地，在柴达木地区建设国家第 2 个可再生能源示范区。引导产业向国家级、省级产业园集中，保障资源精深加工产业和高新技术产业等新兴工业用地需求。统筹工业与旅游业的协调发展，谋划好茶卡盐湖、翡翠湖等工业遗迹的系统开发与规划，推进工旅融合，文旅融合和产城融合。加强城际交通设施建设，进一步完善中小城镇基础设施。

13.2　高原城镇化绿色发展对策建议

为了确保高原城镇化的绿色发展，需要从交通通道建设、新型基础设施建设、边境土地制度改革、美丽中国建设和优化行政区划等方面提出对策建议。

13.2.1　超前建设青藏高铁等基础设施，筑牢国家安全保障线

以通道建设为保障，超前建设保障高原城镇化绿色发展的重大基础设施，分期分段新建青藏高速铁路；微调川藏铁路选线选站，加密沿线配套交通设施，带动拉萨城市圈建设，筑牢国家安全战略保障线、稳疆固藏战略通道线和提升战时投送能力应急保障线。

1. 分期分段超前新建青藏高速铁路，筑牢国家安全战略保障线

在我国高速铁路总里程位居全球第一的大背景下，号称"世界屋脊"的青藏高原作为保障国家安全和生态安全的重要屏障，急需建设从西宁到拉萨的青藏高速铁路，将其建成捍卫国家安全的战略保障线、稳疆固藏的战略通道线和提升战时投送能力的应急保障线。这对快速打通青藏高原东出战略通道、筑牢国家安全战略防线、优化南亚地缘政治格局、完善全国高速铁路网、填补青藏高原无高速铁路的空白、拓展中华民族永续发展的战略空间、缓解日益增大的旅游客运压力、增强民族团结和社会稳定、提升青藏人民的幸福感与获得感等都具有现实的战略意义，对实现"两个一百年"奋斗目标和中华民族伟大复兴的中国梦具有长远的战略意义。

建议从捍卫国家安全角度，将青藏高铁纳入国家中长期铁路网建设规划，作为京兰高铁通道的西延线，做好前期论证工作。从提升民族团结凝聚力角度，分期分段制定青藏高速铁路建设方案。第一阶段，先行完成青藏铁路全线的电气化改造，将速度由现行的 100 ～ 120km/h 提升到 150 ～ 180km/h，将西宁到拉萨的时间由 15h 缩短为 8h，货物通过能力提升至 5000 万 t/a，并根据客运需要争取开行动车，提高运力，拉动沿线旅游及经济社会发展。第二阶段，从拉萨、西宁两头同时开工修建青藏高速铁路。其中，青海段从西宁开始向西修建西宁—德令哈—格尔木—西大滩段（全长约 890km），西藏段从拉萨开始向北修建拉萨—那曲段（全长约 330km），其间攻克高寒冻

土地区高铁关键技术。第三阶段，在攻克高寒冻土关键技术的基础上，修建西大滩—唐古拉山口—安多—那曲段，全长约 680km，最终实现青藏高铁的合拢贯通。从技术支撑角度，超前做好青藏高铁建设的选线论证和关键技术攻关工作。

2. 微调川藏铁路选线选站，加密沿线配套交通设施，带动拉萨城市圈建设

川藏铁路是连接四川盆地成渝城市群和青藏高原拉萨城市圈的战略纽带，将以强大辐射带动效应形成新的经济增长带，拉动沿线经济社会高质量发展，将极大地缓解日益增长的进藏物资运输需求，大大缩短西藏与内地的出行距离，是保障国家安全的又一条战略新通道，将大大提升国家应急保障能力。但沿线地质条件复杂，县城距最近站点的平均直线距离远，平均站距 40.52km，最远超过 187km，沿线城镇化水平低，功能弱，城镇体系发育缺乏外部驱动力，重点城镇循河流及交通要道散布，职能结构单一，特色不突出。沿线经济发展滞后，财政自给率低，经济发展差距较大。

在充分考虑地质灾害前提下，微调站点布局，新设乃东站，带动拉萨城市圈建设。加密川藏铁路沿线配套交通设施，构建"三横五纵"的混联式配套运输体系。以成都市圈和拉萨城市圈为双向辐射极，沿川藏铁路形成"三圈两带一支点"的城镇空间新格局。"三圈"是指以川藏铁路线为依托建设拉萨城市圈，拓展成都都市圈，双向辐射建设藏东城镇发展圈；"两带"是指依托川藏铁路和唐蕃古道建设沿川藏线城镇发展带和沿唐蕃古道—滇藏城镇发展带；"一支点"是指重点建设昌都市卡诺区，依托川藏铁路、G317 国道、G214 国道汇集的交通枢纽优势，提升城市功能，带动周边城镇发展，使之成为藏东核心增长极，成为高质量融入成渝城市群、带动藏东城镇发展的重要支点。在此基础上，选择沿线地区 3～5 个条件较好的市县（区），作为重要枢纽站点和战略节点城市建设，强化其国防交通和应急保障能力。

3. 完善青藏高原立体综合交通运输通道，融入西部陆海新通道，提高抵边城镇交通通达度

进一步完善青藏高原铁路、公路、航空、管道、信息、物流等各种运输方式的有机衔接，构建以铁路及高铁、高等级公路及高速公路和运输机场为骨干，普通国省道为主体的高原综合交通运输体系，实现普通干线公路广泛覆盖高原乡镇以及重要景区。

1）提升高原铁路与轨道交通的通达度

新增拉林铁路拉萨—贡嘎机场连接线，青藏铁路复线，除全力推进川藏铁路雅安（川藏界）至林芝段建设、青藏铁路电气化改造外，推进兰新客专兰州至西宁段提质工程，谋划建设青藏高铁、滇藏、成格铁路、新藏铁路、西宁—青海湖—茶卡铁路等重点路段等项目前期工作，争取西宁—中卫高速铁路、西宁—汉中—十堰高速铁路纳入国家中长期铁路规划。开展中尼铁路日喀则至吉隆段、拉日铁路电气化改造，加快建设西宁—成都（黄胜关）铁路、西宁—玉树—昌都铁路、那曲—昌都铁路（线路全长550km）、川藏铁路林芝段和滇藏铁路波密至然乌段、然乌至香格里拉段铁路建设前期研究工作，配合做好拉林铁路复线前期研究论证工作，规划研究合作—马尔康—理塘—香

格里拉铁路。推动兰州—西宁—青海湖城际轨道交通项目、昌都主城区—昌都新区—吉塘城际轨道交通建设，谋划建设城际快速交通网，开展西宁大环线铁路前期工作。

2）提升高原高速公路与公路的连通度

加快推进现有进出藏和通口岸公路提质升级规划建设，完善国省道干线网络。加快边坝至嘉黎、觉巴山隧道、金沙江沿江公路等建设，打通洛隆—密倾多和康玉、青海界至丁青布托湖、那曲界至边坝沙丁等省道断头路，加强通乡、通村公路建设。建设然乌道、澜沧江沿江公路（曲孜卡至如美）、昌都至邦达高等级公路等，积极争取G318 升级改造，争取 G317 改造提升，做好昌都至那曲、玉树至昌都高等级公路前期规划。加快推进进出藏通道高速化、国省干线基本黑色化，建成 G6 线那曲至拉萨高速公路和G345 线青藏界至聂荣县、G349 线边坝至嘉黎至墨竹工卡段等国省干线改扩建，加快推进 G6 线格尔木（青藏界）至那曲段高速公路建设，逐步实现 S207 班戈县德庆至拉萨市羊八井等境内省道断头路贯通。积极争取 G318 线、G560 线林芝境内路段升级改造，加快推进 G219 线墨脱至察隅段公路建设。建设夏河至同仁高速公路等，推进滇藏新通道（云南怒江泸水—福贡—贡山—西藏林芝察隅县—昌都市八宿县）建设。

3）加密高原机场和航空航线的覆盖度

优化青藏高原机场航线结构，加密与国内各大城市航线。推动西宁机场三期扩建、拉萨贡嘎机场航站区改扩建、第二跑道新建，增开西宁、拉萨机场航线，建成西北地区重要枢纽机场和西部陆海新通道重要节点机场。推进昌都邦达机场航站区改扩建、玉树、果洛机场改扩建、日喀则机场改扩建、林芝米林机场飞行区平行滑行道建设，加快定日、普兰、隆子、循化、黄南、共和等支线机场建设，规划建设甘孜第四机场。适时建设波密、察隅、墨脱、芒康、边坝、马尔康、康定、巴塘、理塘、九龙、道孚、德格、石渠、色达、白玉等通用机场。完成那曲机场选址，加快那曲通用机场建设和起降点建设，积极推进航空应急救援基地建设。

4. 建设好青藏高原综合交通枢纽城市和城镇

建设西宁、拉萨、格尔木全国性综合交通枢纽，推进山南、林芝、日喀则、昌都、那曲、阿里等地区综合客运枢纽和货运枢纽建设。以格尔木综合保税区为引领，建设好格尔木国际物流枢纽承载城市，提升德令哈区域物流枢纽配套能力，打造国家重要的物流活动组织中心，建设茫崖、大柴旦、都兰、茶卡一批商贸物流分中心。

13.2.2　加快引进"新基建"上高原，建设高原智慧城市

依靠科技创新驱动，引进"新基建"上高原，加快新型数字基础设施建设，建设国家大数据中心、超算中心、战略性资源数据备份中心和大数据交易中心，创建青藏高原大数据产业园，大力发展数字经济，建设高原数字城市和智慧城市（方创琳，2022）。

1. 引进"新基建"上高原，加快新型数字基础设施建设，创建高原大数据产业园

加快第五代移动通信、工业互联网、大数据中心等新型数字基础设施建设步伐，围绕重点城市和重点城镇、抵边城镇加强 5G 网络、LTE 无线网络配套传输设施建设，加快部署城区、景区、工业园区、交通枢纽、大型场馆、医院、校园等场景 5G 基站，争取用 5～10 年时间基本实现高原城市、县城和重点乡镇 5G 全覆盖，5G 用户占比达到 65%。积极布局云计算、区块链平台、数据中心、城市数据湖、电信大数据基地、联通大数据基地等高载能算力及存储设施工程建设，促进多网融合，加快西宁、拉萨、格尔木等高原数字城市和智慧城市建设，打造"无线城市"和"数字乡村"。开展以智慧出行、智慧医疗、智慧教育、智慧康养、智能安防为主的人工智能场景应用示范。鼓励社会资本参与基础设施建设和智慧化改造。

利用高寒冷凉气候条件和丰富清洁能源优势，筹划建设北斗导航国家数据中心青海分中心、大数据云计算和容灾备份基地，争取建设国家大数据中心、超算中心、战略性资源数据备份中心和大数据交易中心，创建青藏高原大数据产业园，大力发展高原数字经济，推进数字经济与实体经济深度融合。促进数据资源向可直接交易、有实际价值的资产转化，完善国际互联网数据专用通道，重点实施"5G+工业互联网"集成创新应用试点示范、智能传感器合作实验平台、中藏药产业大数据云服务平台等。推进"数字资产交易分所"建设，开展数据交易规模化服务，推动高原经济数字化转型。

2. 探索高原城市"一网统管"，建设"智享青藏高原 APP"和高原智慧城市

依靠大数据、云计算、互联网等新一代信息技术和互联网时代第三次工业革命带来的分散合作式、个性化、就地化、数字化生产、分散布局、分布式生产与供应及扁平化结构的新型发展模式，加快高原 AI 感知网、人工智能平台、大数据平台、政务云中心等智慧城市建设，尝试建设智慧农业、智慧校园、智慧教育、智慧交通、智慧物流、智慧警务、智能导览、智慧法院、智慧环保、智慧水务、智慧园区、智慧社区、智慧医疗、智慧城管等"互联网+"政务服务信息工程，建设"智享青藏高原 APP"，建设融合型、生态型数字青藏。

以信息化、数字化应用为重点，推动西宁、拉萨、林芝、海东、格尔木、日喀则等智慧城市建设，探索推进高原城市"一网统管"，提升大数据中心运营水平，探索城市数字治理新模式，提升城市智能高效治理能力。促进人工智能与各产业深度融合，开展人工智能应用试点，推动人工智能规模化使用，提升产业智能化水平，推进"感知青藏"建设，促进物联网在生态环境、应急救灾、高原特色农牧业、智慧旅游等领域应用，推进"万物互联"。

13.2.3　适时调优高原地区行政区划，加强边境地区设市建镇

从保障国家安全角度，稳妥优化青藏高原边境地区行政区划设置，优先破例建设察隅、格尔木、阿里 3 个地级市，适时推进拉萨市林周县撤县设区，推进青海省大柴旦行委撤委建市，西藏墨竹工卡县、定日县，青海共和县、玛沁县、海晏县、贵德县、囊谦县、都兰县、门源回族自治县、民和回族自治县、互助土族自治县等 11 个县撤县设市，建成稳疆固边的"新门户"。将定日县改为珠穆朗玛市，推进符合条件的乡改镇和乡改街道。

1. 合并察隅、墨脱、错那、米林、隆子五县成立地级察隅市，筑牢国家安全屏障

处在非法的麦克马洪线北侧的察隅、墨脱、错那、米林、隆子五县区域自然条件优越，旅游资源丰富，适合人类居住，与香格里拉接近，固边战略地位极其重要。可大力发展四季旅游、边境旅游，弘扬门巴文化和珞巴文化，建成固边守疆的"西藏江南"。随着川藏铁路的建成通车，从捍卫国家安全的战略高度，借鉴三沙市设市模式，在非法的麦克马洪线北侧合并察隅、墨脱、错那、米林、隆子五县市，以察隅为核心设立地级市，沿着非法麦克马洪线北侧和 G219 新建段，推进"错那—隆子—墨脱—察隅"城镇防线建设，支撑察隅等县城向边境一线城镇转移，自西向东形成与印控藏南地区对等的城镇体系，全面强化边境城镇现代化水平和国防保障实力。加强上察隅镇、背崩乡、扎日乡、玉麦乡、勒门巴民族乡等抵边型小城镇建设，加强雨季、雪季交通通达预警与保障，提升季节性国防物资储备能力。

2. 升级县级格尔木市为地级格尔木市，夯实稳疆固藏战略节点，拉动柴达木城镇圈建设

格尔木市自古为羌中南（今西宁至若羌）干线和吐谷浑道（丝绸之路南道）节点，今天地处丝绸之路中欧通道、中巴通道和南亚通道的交会地带，是稳疆固藏的战略节点和经略边疆的战略要地，也是我国西电东输、西气东输能源输送的重要节点，青藏高原区域枢纽中心城市和青海省副中心城市。其先后被确定为全国 63 个综合性交通枢纽之一和全国 41 个陆港型国家物流枢纽之一，战略地位极为重要。但目前在格尔木市有西格办（正厅级）、盐湖集团（副厅级）、铁路、石油、部队等多个高级别单位，而自身仅为县级市，"小马拉大车"带来行政统筹能力严重不足。建议从国家安全战略高度升级格尔木市为地级市，以便更好地保障国家可再生能源示范区建设，更好地发挥稳疆固藏的战略作用，更好地发挥格尔木巩固国家国防安全、维护边疆繁荣稳定、推动我国向西向南开放的战略支撑功能，推进陆港国家物流枢纽城市建设，建成青藏高原中心城市，打造进疆入藏战略性交通门户、区域性航空枢纽和现代物流中心，开辟西宁—格尔木—加德满都公铁联运班列，打造青藏国际陆港，发展航空、铁路、公路多式联运物流，建设口岸产业配套区和铁路口岸物流储备区，建成西部地区重要的

物流集散基地。

3. 强化阿里地区的国防战略地位，推动西藏阿里地区撤地设市

阿里地区边境线长达 1116km，毗邻印控克什米尔地区，驻地噶尔县狮泉河镇历来是连接印控藏区拉达克的重要驿站，是距离印度首都新德里最近的地级驻地，是中印争议地区巴里加斯、阿克赛钦、什布奇山口等附近最大的人口集聚区，地缘战略地位尤其重要。然而，阿里地区也是我国人口密度最为稀疏的边境带之一，目前没有一座真正意义上的建制市，沿边仅有 4 个以县城为依托的建制镇，戍边条件极其艰苦。亟须强化阿里地区的国防战略制衡地位，提升驻地狮泉河镇的辐射带动功能，促进人流、物流、信息流等要素进一步向地广人稀的西端领土集聚，全面提高西段人口稀疏区边境城镇的国防承载力。

阿里地区是西藏自治区唯一一个还未撤地设市的地区，不能纯粹采用人口规模、非农经济、交通水平等常规指标作为设市依据，有必要借鉴三沙市设市戍边的方案，按照地级市标准加强城镇建设，形成要素磁吸效应。建议强化阿里地区的国防战略制衡地位，筑牢自阿克赛钦至札达的西段边境城镇防线，沿 219 国道，夯实日土县城、札达县城实力，推进多玛、日松、昆莎、门土等居民点城镇化发展，自南向北形成从阿克赛钦到札达的西段边境城镇防线。

4. 强化边境城镇带建设，适时推进抵边乡撤乡设镇

以建设边疆明珠小镇为抓手，打造一批边境地区少数民族特色村镇，统筹推进水电路讯网、科教文卫保一体建设。加快补齐边境城镇基础设施短板，完善城镇功能。依托边境重点县城、重点口岸和边民互市贸易区积极培育新生中小城镇，构建以边境地（市）为枢纽、边境县城为核心、口岸和重点城镇为节点、边境地区少数民族特色村镇为支点的边境村镇廊带。加强背崩乡、扎日乡、玉麦乡、勒门巴民族乡、底雅乡、萨让乡、扎西岗乡、亚热乡等抵边小城镇建设，适时推进撤乡设镇，加强雨季、雪季交通通达预警与保障，提升季节性国防物资储备能力。

推进口岸型特色小城镇建设，筑牢亚东—普兰中段边境安全通道。突出国防安全和自然灾害防护，推进亚东居民点向洞朗地区延伸，按照中尼铁路过境需求提前部署吉隆镇扩建，加强普兰互市贸易棚户区改造，促进里孜口岸新建移民点就地城镇化发展，重视陈塘镇和日屋镇口岸协调分工，有序开展樟木镇灾后重建及口岸常态化通关。

13.2.4 加快美丽青藏与美丽城市建设进程，提升公众满意度

坚持生态保护第一，牢固树立绿水青山就是金山银山、冰天雪地也是金山银山的理念，正确处理好生态保护与富民利民关系，按照美丽中国建设目标，加快美丽青藏、高原美丽城市和美丽城镇建设，筑牢国家重要的生态安全屏障，提升青藏人民对美丽中国和美丽青藏建设的公众满意度。

1. 美丽青藏建设取得的成就及存在的短板

采用国家发展改革委发布的《美丽中国建设评估指标体系及实施方案》，对 2000 年以来近 20 年西藏、青海美丽中国建设进程进行了科学评估，评估结果发现，美丽青藏建设指数总体在提升，其中西藏达到优秀级别。美丽青海与美丽西藏综合指数均在全国前列。

2000 ～ 2014 年，美丽西藏综合指数均高于青海约 0.08，2014 年以来，美丽青海综合指数提升迅速。到 2019 年两省（区）基本持平，其中西藏达到优秀等级（0.8）。

2019 年美丽青藏建设的五个维度中，空气清新、水体洁净、生态良好三个维度，西藏要优于青海。土壤安全、人居整洁两个维度，青海要优于西藏。生态良好指数和人居整洁指数均较低，是美丽青藏建设的两大短板。

从美丽青海建设进程分析，2000 ～ 2019 年青海的空气清新指数、水体洁净指数和土壤安全指数快速提升，体现出青海天蓝、水清、土净。青海的生态良好指数和人居整洁指数均有提升，但提升速度缓慢，是美丽青海建设的两大短板。

从美丽西藏建设进程分析，2000 ～ 2019 年西藏的空气清新指数、水体洁净指数和土壤安全指数快速提升，体现出西藏是全国水体最清洁、空气最清净的地方。西藏的生态良好指数和人居整洁指数均有大幅度提升，总体好于青海，但改善人居环境仍是美丽西藏建设的主要短板。

2. 美丽青藏建设目标

加大青藏高原美丽中国建设力度，继续巩固青藏高原的生态环境质量在全国的领先水平，始终保持天蓝、地绿、水清，重要的国家生态安全屏障日益巩固，所有市县达到国家生态文明建设示范市县标准，到 2035 年率先建成美丽中国的样板区和典范区，成为全国乃至国际生态文明高地。推进高原城市建成高原美丽城市、国家卫生城市、生态文明示范市、绿化先进城市、生态文明建设示范市。所有县区达到国家生态文明建设示范县区标准，努力把高原城市建成和谐稳定示范区、高质量发展先行区、生态文明引领区和边境发展样板区。到 2025 年，高原集中饮用水源地水质达标率 100%，城市主要江河湖泊水质达到或优于 III 类水体比例保持在 100%，县城及以上城镇生活垃圾无害化处理率、污水处理率分别达到 98%、85% 以上，土壤环境质量持续良好，森林覆盖率逐年提高。确保国家和省级重点保护野生动植物保护率 ≥ 95%，公众对生态文明建设的满意度达到 80% 以上。

3. 建设高原美丽城市和高原美丽城镇

借鉴住房和城乡建设部与青海省合作共建高原美丽城市和高原美丽城镇的试点经验，继续推进高原美丽城镇试点建设，争取到 2035 年将高原 17 个城市全部建成高原美丽城市，建成国家生态安全屏障示范市、人与自然和谐共生示范市、绿色发展示范市、自然保护样板市和生态富民先市。选择条件好、战略地位重要的城镇建成 50 个高原美丽城镇。

13.2.5　加快边境城市土地制度改革，建设边境土地改革试验特区

青藏高原边境地区地理位置偏僻，经济发展滞后，巩固脱贫成果难度大，但战略地位十分重要，边境地区面临着边境村空心化、边民流失严重、守边固边存在重大安全隐患等问题，建议在坚持宪法规定土地公有制的前提下，设立边境城市（镇）土地制度改革试验特区，探索新的土地管理政策，授予边境居民、驻边企业、单位等长期稳定、权益充分、流转顺畅的土地权利，使其守土有责、守土有得、守土有为。

1. 以边民为本，设置边境土地制度改革试验特区，因边制宜地实施特殊土地政策

按照"一线守边，二线固边、三线服务"的边境功能分区，建议西藏自治区从陆地边境口岸及地方规定禁止经营的管控区域 0km 起向内地纵向直线延伸宽 20km 范围内以抵边乡、抵边城镇为单元，作为边境地区城市（镇）土地制度改革创新范围，设置边境城市（镇）土地制度改革试验特区。适应特区内经济社会发展的特殊需求，探索城市（镇）土地制度改革和政策创新路径。

2. 以土地为根守土有责，授予边民土地永久使用权和承包权，让边民"守者有其地"

根据《中华人民共和国农村土地承包法》《中华人民共和国土地管理法》等法律相关规定，农民集体耕地承包期为 30 年，草地承包期 30～50 年，林地承包期为 30～70 年，建设用地使用权出让年限随用地类型不同为 40～70 年。在当前边境地区普遍存在村庄空心化、人口老龄化的状况下，这样的土地使用权和承包权期限设置不利于吸引边民安心守边。建议在土地制度改革试验特区内，授予边民耕地、草地、林地等农用地永久承包权和建设用地永久使用权，切实保障农民、居民、企业法人等市场主体的土地权益，确保"守者有其地"。以地留人、以人固边，让边民吃上"定心丸"，真正把边境土地变成边民休养生息的"金饭碗"，以长期稳定的土地政策保障边疆的长期稳定。

3. 以收益为保障守土有得，授予边民土地经营的永久收益权，使边民"护者有其利"

在土地制度改革试验特区内，鼓励边民以土地入股，盘活土地资产，实行"边民变股民""资源变资产""资金变股金"。按照市场运行规则分配土地收益，实现利益共享。土地经营收益不上缴国库，确保"护者有其利"，以土地换安全，以土地收益换边民边疆稳定。通过收益回报稳住现有守边人口，促使本地人口回流，逐步吸引内地人口参与固边，让边民成为守护边疆、经营边疆的"主人"。

4. 以固边为宗旨守土有为，推进集体经营性建设用地盘活利用和入市流转增值增效

在土地制度改革试验特区内，在符合规划的前提下，积极推进青藏高原边境城市

（镇）集体经营性建设用地入市流转，发展工商业等非农产业；探索农民宅基地"三权分置"，在充分保护当地原住民土地权益的前提下，允许边境地区边民宅基地入市流转，允许我国城市居民和组织通过出让或租赁方式取得集体建设用地自建住房。推动集体建设用地增值增效，让土地活起来，让边民富起来，把边境的绿水青山转化为捍卫边疆的金山银山。

5. 以国土安全为重，在国家重大战略布局和国土空间规划中优先考虑边境城市

在建立国土空间规划体系并监督实施过程中，将以边境安全为主的国家固边战略格局纳入国土空间开发保护战略格局顶层设计。在全国国土空间规划纲要编制中，确立新时代国土安全观，优先满足涉边县市经济社会发展的空间需求。赋予边境地区政府更多的资源配置自主权，从规划统筹、计划指标支持、地价优惠等多方面支持边境地区城市（镇）加快发展。倡导建设"国家边境风景大道"，确保边境地区适量的旅游活动人口固边，让边境亮起来，让边民多起来，让边疆稳起来。考虑到青藏高原边境线长，地缘关系复杂，民族区域多样，建议以抵边乡镇或抵边行政村为单元，选择 10 ～ 20 个具备条件的边境乡镇或边境村，分段分类开展边境土地制度改革实验特区建设试点，积累经验，逐步推广到青藏高原全部边境地区。

13.2.6　以格尔木市为依托，建设国家可再生能源示范区

青藏高原是我国重要的生态安全屏障，也是太阳能、风能等可再生能源极为丰富、开发潜力巨大的地区。在以可再生能源为核心的全球能源革命快速推进的新时代，开发利用可再生能源既是世界各国保障能源安全、应对气候变化、促进低碳、绿色发展的共同选择，更是保护青藏高原生态屏障、实现高原高质量发展的现实选择。在青藏高原格尔木市建设国家可再生能源示范区具有天然的资源优势与战略重要性，这是贯彻落实习近平总书记视察青海时提出的"使青海成为国家重要的新型能源产业基地"指示精神的具体行动，也是将青藏高原生态潜力转换为现实生产力、走出一条西部高原高质量发展新路子的重要举措。

1. 格尔木市建设青藏高原国家可再生能源示范区的重要性

（1）建设格尔木国家可再生能源示范区，是青藏高原应对全球气候变化、破解脆弱生态环境困局的战略诉求。有利于引进我国先进的太阳能、风电、特高压直流技术在青藏高原示范应用，形成太阳能、风能、核能等多轮驱动的清洁能源供应体系，推动青藏高原进入以网络为支撑、以绿色驱动发展的能源文明新时代。青藏高原可再生能源发展虽取得了一定成绩，但在能源基础设施建设、经营模式等方面还存在一系列体制机制障碍，严重制约能源结构优化，亟须通过在格尔木市先行先试和创新示范，探索有利于加快青藏高原可再生能源发展的新模式和新机制。

（2）建设格尔木国家可再生能源示范区，是促进青藏高原绿色发展的根本路径。通过大规模开发应用可再生能源，带动大容量储能装备、智能电网、新能源汽车、能源新材料、新能源服务业等新兴产业发展，促进高原经济转型升级和绿色低碳发展。建立青藏高原能源协同发展机制，构建区域统一的可再生能源市场，实现绿色能源跨区域联动，有利于形成青藏高原产业、生态、资源融合发展新模式。

2. 格尔木市建设青藏高原国家可再生能源示范区的优势条件

（1）可再生能源资源极为丰富且利用成本低。从资源优势分析，格尔木市是全国太阳能利用一类区，年日照时数 3000～3200h，年平均太阳辐射量 2000h。察尔汗盐湖镁盐资源保有储量 40 亿 t，居世界第 1 位，锂盐保有储量 1600 万 t，居世界第 3 位全国第 1 位，丰富的镁锂资源为制造大容量储能装备提供了可能性。从成本优势分析，经过多年技术革新，光伏产业已成为发电成本最低的产业，2009～2019 年光伏发电成本由每千瓦时 35 美分降低为 4 美分，动力电池成本已由每千瓦时 1160 美元下降到 156 美元，远低于核电和煤电成本。丰富的可再生能源和极低的发电储能成本为建设国家可再生能源示范区奠定了良好基础。

（2）稳疆固藏战略地位特殊而重要。格尔木市自古为羌中南（今西宁至若羌）干线和吐谷浑道（丝绸之路南道）节点，今天地处丝绸之路中欧通道、中巴通道和南亚通道的交会地带，是稳疆固藏的战略节点和经略边疆的战略要地，也是我国西电东输、西气东输能源输送的重要节点，还是青藏高原区域枢纽中心城市和青海省副中心城市。其先后被确定为全国 63 个综合性交通枢纽之一和全国 41 个陆港型国家物流枢纽之一，战略地位极为重要。

（3）可再生能源发展基础良好。2019 年格尔木市 GDP 377 亿元，占青海省的13%，占海西蒙古族藏族自治州的 56.7%，在青藏高原设市城市中居第 4 位，人均GDP 位居青藏高原第 1 位（15.7 万元），是西宁、拉萨的 3 倍，建有全国首批柴达木循环经济试验区和中央第 4 次西藏工业座谈会确定建设的藏青工业园。2019 年底格尔木市累计实施新能源项目 110 个，并网容量 505 万 kw。其中，光伏 400 万 kw，风电 90万 kw，分别占海西蒙古族藏族自治州装机容量的 50% 和 47.7%，分别占青海省的 22%和 20%。总发电量 58.2 亿 kw·h，其中光伏发电占总发电量的 60%，风力发电占 16%。

3. 格尔木建设青藏高原国家可再生能源示范区的建议

（1）从稳疆固藏的国家安全战略高度，建成国家可再生能源示范区。从国家战略高度把格尔木建成为继张家口市之后国家第 2 个可再生能源示范区。先行做好格尔木可再生能源示范区总体规划，明确示范区建设的战略目标、重点任务、行动方案和体制机制创新等内容，以清洁能源规模化开发为重点，争取到 2025 年可再生能源装机能力达到 3000 万 kW，2035 年达到 5000 万 kW，将示范区建成可再生能源能源项目建设、使用和输出全链条地区，青藏高原可再生能源电力市场化改革试验区，可再生能源国际先进技术应用引领产业发展先导区，高原绿色转型创新发展示范区，形成"绿色低碳、经济环保、多能互补、智能互联"的现代综合智慧能源体系，为我国可再生能源发展提供可复制、可推广的成功经验。

（2）抓住全球能源技术创新进入活跃期机遇，建成国家可再生能源技术创新与战略储备区。以新能源科技创新为支撑，以提升可再生能源自主创新能力为核心，推广能源互联网、智能化光伏、风光核多能互补、风电、核能供热发电等新能源技术，推动多能源智能协同生产技术和智能网络控制技术在青藏高原试验示范，研发能源路由器、能源交换机、大容量储能设备等核心装备，形成千亿元可再生能源产业集群。提升青藏高原可再生能源战略储备规模，建立政府储备与企业储备并重、中央储备与地方储备分层、资源储备与技术储备结合、战略储备与应急响应兼顾、国内储备与国际储备互补的能源储备机制，增强长期战略储备能力，为我国从能源产消大国转变为能源技术强国做好战略储备，为青海省建成国家重要的"新型能源产业基地"和"国家清洁能源示范省、创建能源革命示范省"奠定基础。

（3）加快可再生能源外送通道建设，实现"清洁能源下高原"目标。针对格尔木可再生能源发展中存在的消纳外送能力不足等问题，以智能电网建设为保障，争取国家能源局、国家电网有限公司支持，加快配套新能源外送的青海主网通道输电能力提升工程（即750串补）、柴达木变电站加装调相机工程和外送网架加强工程建设，将格尔木至华中、华东点对点直流输电工程纳入国家能源发展规划，加快推进青海第二条清洁能源外送通道建设，提高光伏送出能力。

（4）放开新能源指标配额和年度开发规模指标限制，开辟可再生能源项目审批绿色通道。按照国家"建设绿色低碳、安全高效的现代能源体系"总目标要求，充分发挥太阳能、风能及荒漠化土地资源优势，进一步加大对新能源产业支持力度，放开示范区年度开发规模指标限制和新能源指标配额限制，在容量配置、土地、水资源等方面制定优惠政策，争取更多的可再生能源项目列入国家能源局年度竞价项目和年度平价项目。建立示范区建设的能源项目审批绿色通道、实行重点问题限时办结。同时完善鼓励清洁能源加快发展的产业政策和投融资机制，加强用能权与用水权、排污权、碳排放权初始分配制度。建立健全支撑能源绿色发展的财税、金融服务体系和法律法规体系。

参考文献

阿坝藏族羌族自治州发展和改革委员会. 2021. 阿坝藏族羌族自治州国民经济和社会发展第十四个五年规划和二〇三五年远景目标纲要.

昌都市发展和改革委员会. 2021. 昌都市国民经济和社会发展第十四个五年规划和二〇三五年远景目标纲要.

方创琳, 李广东. 2015. 西藏新型城镇化的特殊性及渐进模式与对策建议. 中国科学院院刊, 30(3): 294-305.

方创琳. 2022. 青藏高原城镇化发展的特殊思路与绿色发展路径. 地理学报, 77(8): 1907-1919.

甘南藏族自治州发展和改革委员会. 2021. 甘南藏族自治州国民经济和社会发展第十四个五年规划和

二〇三五年远景目标纲要.

甘孜藏族自治州发展和改革委员会.2021.甘孜藏族自治州国民经济和社会发展第十四个五年规划和二〇三五年远景目标纲要.

葛全胜,方创琳,张宪洲,等.2015.西藏经济社会发展战略与创新对策.中国科学院院刊,30(3):286-293.

果洛藏族自治州发展和改革委员会.2021.果洛藏族自治州国民经济和社会发展第十四个五年规划和二〇三五年远景目标纲要.

海东市发展和改革委员会.2021.海东市国民经济和社会发展第十四个五年规划和二〇三五年远景目标纲要.

海西蒙古族藏族自治州发展和改革委员会.2021.海西蒙古族藏族自治州国民经济和社会发展第十四个五年规划和二〇三五年远景目标纲要.

拉萨市发展和改革委员会.2021.拉萨市国民经济和社会发展第十四个五年规划和二〇三五年远景目标纲要.

林芝市发展和改革委员会.2021.林芝市国民经济和社会发展第十四个五年规划和二〇三五年远景目标纲要.

那曲市发展和改革委员会.2021.那曲市国民经济和社会发展第十四个五年规划和二〇三五年远景目标纲要.

怒江傈僳族自治州发展和改革委员会.2021.怒江傈僳族自治州国民经济和社会发展第十四个五年规划和二〇三五年远景目标纲要.

青海省发展和改革委员会.2021.青海省国民经济和社会发展第十四个五年规划和二〇三五年远景目标纲要.

西藏自治区发展和改革委员会.2021.西藏自治区国民经济和社会发展第十四个五年规划和二〇三五年远景目标纲要.

西宁市发展和改革委员会.2021.西宁市国民经济和社会发展第十四个五年规划和二〇三五年远景目标纲要.

Fang C L, Yu D L. 2016. China's New Urbanization. Science Press & Springer Press.

附　录

科考日志

附表 1　科考日志

日期	工作内容	停留地点
2018 年 6 月 29 日	日喀则市→亚东县：途经康马县、帕里镇，采集影像和资料	亚东县
2018 年 6 月 30 日	实地调研亚东口岸、下亚东乡、下司马镇，采集影像和资料	亚东县
2018 年 7 月 1 日	亚东县→定结县：途经岗巴县、定结县，采集影像和资料	定结县
2018 年 7 月 2 日	定结县→定日县：采集影像和资料	定日县
2018 年 7 月 3 日	定日县：定日县座谈、县城调研	定日县
2018 年 7 月 4 日	定日县→聂拉木县：定日县座谈，途经岗嘎镇，采集影像和资料	聂拉木县
2018 年 7 月 5 日	聂拉木县→吉隆镇：聂拉木县座谈，途经吉隆县城，采集影像资料	吉隆县
2018 年 7 月 6 日	吉隆镇：吉隆镇座谈，前往吉隆口岸调研，采集影像和资料	吉隆县
2018 年 7 月 7 日	吉隆镇→萨嘎县：途经萨嘎县城，采集影像和资料	萨嘎县
2018 年 7 月 8 日	萨嘎县→日喀则市：途经萨嘎县城，采集影像和资料	日喀则市
2019 年 5 月 25 日	北京市→拉萨市	拉萨市
2019 年 5 月 26 日	考察拉萨城市建设情况和典型民族文化特色街区	拉萨市
2019 年 5 月 27 日	与西藏自治区发展和改革委员会及各部门座谈，收集社会经济等统计数据与相关规划	拉萨市、那曲市
2019 年 5 月 28 日	与那曲市发展和改革委员会及各部门座谈，收集统计数据与相关资料；与聂容县县政府及各部门领导座谈	那曲市、聂容县
2019 年 5 月 29 日	与比如县、索县、巴青县发展和改革委员会领导进行简单座谈，考察各县县城城镇建设情况	夏曲镇、索县、巴青县、丁青县
2019 年 5 月 30 日	与丁青县发展和改革委员会座谈，考察丁青县城与孜珠寺	丁青县、昌都市
2019 年 5 月 31 日	与昌都市发展和改革委员会及各部门座谈，并考察城市建设情况	昌都市
2019 年 5 月 31 日	与昌都市发展和改革委员会及各部门座谈，并考察城市建设情况	昌都市
2019 年 6 月 1 日	沿途考察类乌齐县、囊谦县城镇建设情况	类乌齐县、囊谦县、玉树藏族自治州
2019 年 6 月 2 日	考察杂多县，与杂多县政府工作人员交谈了解杂多县城镇建设与社会经济发展情况	杂多县
2019 年 6 月 3 日	考察玉树称多县三江源国家级自然保护区与称多县城	称多县
2019 年 6 月 4 日	与玉树藏族自治州政府各部位座谈，考察玉树藏族自治州人文景观与城市建设情况	玉树藏族自治州
2019 年 6 月 5 日	玉树藏族自治州→西宁市	玉树藏族自治州、西宁市
2019 年 6 月 6 日	考察西宁市，与西宁市政府座谈，收集相关城市建设与规划资料	西宁市
2019 年 6 月 6 日	西宁市→北京市	西宁市
2019 年 7 月 2 日	北京市→西宁市：采集影像	西宁市
2019 年 7 月 3 日	在青海省发展和改革委员会、自然资源厅、住房和城乡建设厅、文化和旅游厅调研，座谈，收集资料，采集西宁市城区影像	西宁市
2019 年 7 月 4 日	在青海省交通运输厅、西宁经济技术开发区调研，座谈，收集资料，采集西宁市城北区影像	西宁市

日期	工作内容	停留地点
2019 年 7 月 5 日	西宁市→德令哈市（航班）；在德令哈市住房和城乡建设局（上午）、海西蒙古族藏族自治州文化和旅游局（上午）、海西蒙古族藏族自治州工业和信息化局调研（下午）进行座谈，收集资料，采集德令哈市城区影像	德令哈市
2019 年 7 月 6 日	德令哈市→格尔木市	格尔木市
2019 年 7 月 7 日	在格尔木会议中心，和格尔木市发展和改革委员会、工业和信息化局、自然资源局、交通运输局、住房和城乡建设局、生态环境局、文化体育广播电视局、水利局等单位座谈，并到市区及相关单位考察调研，收集资料、采集格尔木市城区影像	格尔木市
2019 年 7 月 8 日	格尔木市→海东市	海东市
2019 年 7 月 9 日	在海东市调研，并与发展和改革委员会等单位座谈交流、收集资料、采集海东市平安区影像	平安区
2019 年 7 月 10 日	青海省海东市→北京市	北京市
2020 年 8 月 1 日	北京市→西宁市	西宁市
2020 年 8 月 2 日	考察共和县和贵南县城镇建设情况和高原自然风貌	共和县、贵南县
2020 年 8 月 3 日	在果洛藏族自治州政府与政府各部门进行座谈会，了解果洛藏族自治州城镇化发展与民族文化保护情况，考察果洛藏族自治州玛沁县县城及国家文化保护单位拉加寺	果洛藏族自治州
2020 年 8 月 4 日	在玛多县政府与相关部门座谈，了解城镇化建设及生态保护等相关内容	玛多县
2020 年 8 月 5 日	实地考察三江源国家公园黄河园区、冬格错那湖湿地保护与环境修复项目	玛多县
2020 年 8 月 6 日	考察达日县城市建设并在达日县政府座谈，考察格萨尔文化生态保护实验区建设核心场馆狮龙宫殿和国家级非物质文化遗产藏文书法德昂洒智书苑	达日县
2020 年 8 月 7 日	考察久治县城镇建设与文化保护情况，藏族民俗博物馆与年宝玉则自然保护区情况	久治县
2020 年 8 月 8 日	果洛藏族自治州→北京市	果洛藏族自治州
2020 年 8 月 2 日	西宁市→海西蒙古族藏族自治州天峻县：采集影像	天峻县
2020 年 8 月 3 日	天峻县、新源镇：座谈会交流、收集资料	天峻县
2020 年 8 月 4 日	天峻县→乌兰县、希里沟镇：座谈会交流、收集资料、采集影像	乌兰县
2020 年 8 月 5 日	德令哈市政府→循环经济产业园→青海省西部镁业有限公司→青海发投碱：交流、收集资料、采集影像	德令哈市
2020 年 8 月 6 日	德令哈市→可鲁克湖旅游景区→柴旦镇：座谈会交流、收集资料、采集影像	柴旦镇
2020 年 8 月 7 日	大柴旦行政委员会→茫崖市：座谈会交流、收集资料、采集影像	茫崖市
2020 年 8 月 8 日	茫崖市石油大厦→新玉村→格尔木市：采集影像	格尔木市
2020 年 8 月 9 日	格尔木市行政服务大厅→唐古拉山镇移民新村：座谈会交流、收集资料、采集影像	格尔木市
2020 年 8 月 10 日	格尔木市凯斯顿酒店→格尔木科技创业园→都兰现代农业产业园（宗加镇）→都兰县：交流、采集影像	都兰县
2020 年 8 月 11 日	都兰县→西宁市：座谈会交流、收集资料、采集影像	都兰县
2020 年 8 月 6 日	兰州大学→海东市民和回族土族自治县。对古鄯镇、总堡乡、民和县工业园、川海大桥、麻黄滩湿地公园等进行实地科考	民和县（海东市）
2020 年 8 月 7 日	民和县出发→乐都区人民政府会议大厅，与海东市乐都区政府职能部门座谈。朝阳山公园、乐都区青海宝恒绿色建筑产业股份有限公司、海东市乐都区旭格光电科技有限公司等进行实地科考	乐都区（海东市）

续表

日期	工作内容	停留地点
2020 年 8 月 8 日	对乐都区中心广场、古城大街等地进行的城市居民开展问卷调查，主要围绕乐都区融入西宁都市圈、乐都区城镇发展特征、乐都区统计数据解析等多方面进行	乐都区（海东市）
2020 年 8 月 9 日	在乐都区高庙镇人民政府，调研了解到当地大部分的村民主要靠开农家乐和外出务工来维持生活。在生活中最大的问题是生活水质的问题，碱性过重。高店镇人民政府，并在该地进行科考	乐都区（海东市）/平安区（海东市）
2020 年 8 月 10 日	在平安区政务大厅与职能部门负责人进行座谈。考察平安区三合镇异地搬迁集中安置，以及海东市河湟新区的规划和建设情况	平安（海东市）/互助（海东市）
2020 年 8 月 11 日	与互助县农业农村和科技局，小庄村的移民搬迁、互助县天佑德青稞酒厂、互助县高原现代农业科技示范园区等进行了科考。19:00 到达西宁市区	互助（海东市）/西宁市区
2020 年 8 月 12 日	与西宁市政府主要职能部门负责人以及西宁 5 区 2 县的负责人进行座谈会。对西宁市城中区水井巷商业文化旅游街区、香格里拉商业中心进行实地考察。考察青海葛源现代农业有限公司的农业园区、城中区总寨镇下西沟的生态改造现状等	西宁市区
2020 年 8 月 13 日	对城北区的青海壹车即刻出行集团公司和青海小西牛生物乳业股份有限公司中心进行实地考察。浦宁之珠和唐道 637 广场	西宁市区
2020 年 8 月 14 日	对西宁市城东区大众街道科技馆和中华枸杞养生苑实地考察。对湟中区住房和城乡建设局、多巴镇进行了实地考察	西宁市区 / 湟中区（西宁市）
2020 年 8 月 15 日	甘河滩镇甘河工业园区，对多巴镇新城、甘河滩镇和多巴镇优势和问题进行了梳理	湟中区（西宁市）
2020 年 8 月 16 日	在鲁沙尔镇各大街道进行实地考察并拍摄街景，包括湟中区区政府所在街道。考察大通县工业区部分企业、大通县老爷山、在老爷山的半山腰处观看城镇整体空间布局	湟中区（西宁市）/大通县（西宁市）
2020 年 8 月 17 日	对大通县斜沟乡柏木沟森林康养基地、青海可可西里生物工程股份有限公司等进行考察。前往湟源县，途经多巴镇	大通县（西宁市）/湟源县（西宁市）
2020 年 8 月 18 日	与湟源县各部门领导进行了座谈会。会后对湟源县三江一力农业有限公司、湟源县恩泽有机肥公司等进行考察。考察湟源县麻尼台新村异地搬迁示范点，湟源县凯金新能源有限公司，凯金新能源公司等，返回兰州市	湟源县（西宁市）
2020 年 8 月 21 日	北京市→西宁市城西区→湟中区：考察正式开始，湟中区人居环境考察，街景拍摄，建筑风貌记录	西宁市
2020 年 8 月 22 日	共和县→青海湖→乌兰县茶卡镇：在共和县倒淌河镇进行城区风貌记录、倒淌河绿地考察拍照；在共和县恰卜恰镇考察儿童公园、青年公园、中心街区、带状绿地的建设情况，拍照留念；在青海湖边拍照留念，考察青海湖景区建设情况	共和县、青海湖
2020 年 8 月 23 日	乌兰县茶卡镇→刚察县→海晏县：在茶卡盐湖拍照留念，考察景观风貌以及景区建设情况；在刚察县考察并拍照记录沙柳河流域、职工广场及仓央嘉措广场绿地建设情况	乌兰县茶卡镇、刚察县
2020 年 8 月 24 日	海晏县→西宁市：参观西海镇两弹一星教育基地、原子城纪念馆以及西海郡博物馆；在海晏县重点调研德园、海湖小区附属绿地以及王洛宾文化广场；在西宁市考察并拍照记录北山美丽园、北川河湿地公园、湟水国家湿地公园、植物园以及西宁市规划建设展览馆的建设情况	海晏县、西宁市
2020 年 8 月 25 日	西宁市→拉萨市：在西宁市进行科技局座谈会，考察并拍照记录西宁市人民公园和中心广场的建设情况	西宁市、拉萨市
2020 年 8 月 26 日	拉萨市：在拉萨市调研八廓历史文化街区、布达拉宫前广场景观风貌，在布达拉宫拍照留念；调研考察仙足岛生态小区及其附属绿地的建设情况	拉萨市
2020 年 8 月 27 日	拉萨市：在拉萨市调研宗角禄康公园、格桑花公园、罗布林卡、曲米公园、拉鲁湿地国家自然保护区、会展中心前广场以及拉萨河城区流域的景观风貌和建设情况；参观拉萨规划建设展览馆	拉萨市

续表

日期	工作内容	停留地点
2020 年 8 月 28 日	拉萨市→当雄县：在拉萨市调研记录城关区的景观风貌以及城关区附属绿地的建设情况；考察当雄县的人居环境建设状况	拉萨市、当雄县
2020 年 8 月 29 日	拉萨市→林芝市巴宜区八一镇→林芝市鲁朗镇：在林芝市调研记录厦门广场、市政府前绿地、福建园、林海、牦牛广场以及尼洋河袋装绿地的景观风貌；考察鲁朗镇的人居环境建设状况	林芝市巴宜区八一镇、林芝市鲁朗镇
2020 年 8 月 30 日	林芝市鲁朗镇→波密县→林芝市巴宜区八一镇：考察记录波密县的人居环境建设状况，沿途拍照留念	林芝市鲁朗镇、波密县
2020 年 8 月 31 日	林芝市巴宜区八一镇→米林市派镇：考察记录米林市派镇的人居环境建设状况；调研记录雅尼国家湿地公园、桃花村、世界柏树王公园的景观风貌	林芝巴宜区八一镇、米林市派镇
2020 年 9 月 1 日	林芝市→北京市：结束科考，收集整理科考资料，全员返回	北京市
2020 年 10 月 11 日	拉萨市→阿里地区：前往日土县，采集影像和资料	噶尔县
2020 年 10 月 12 日	噶尔县：阿里地区政府部门座谈，采集影像和资料	噶尔县
2020 年 10 月 13 日	噶尔县→札达县：部门交流，采集影像和资料	札达县
2020 年 10 月 14 日	札达县→普兰县：部门交流，调研边贸市场、普兰口岸，采集影像和资料	普兰县
2020 年 10 月 15 日	普兰县→仲巴县：调研里孜口岸、亚热乡和仲巴县城，采集影像和资料	仲巴县
2020 年 10 月 16 日	仲巴县→定结县：采集沿途城镇影像和资料	定结县
2020 年 10 月 17 日	定结县→陈塘镇：途经日屋镇，陈塘镇座谈、陈塘口岸调研，采集影像和资料	陈塘镇
2020 年 10 月 18 日	陈塘镇→日喀则市：日屋口岸调研，途经岗巴镇，采集影像和资料	日喀则市
2021 年 3 月 22 日	林芝市→鲁朗镇：林芝市政府部门访谈，采集影像和资料	鲁朗镇
2021 年 3 月 23 日	鲁朗镇→波密镇：途经波密县，采集影像和资料	波密县
2021 年 3 月 24 日	波密县→墨脱县：墨脱县和背崩乡调研，采集影像和资料	墨脱县
2021 年 3 月 25 日	墨脱县→然乌镇：采集影像和资料	然乌镇
2021 年 3 月 26 日	然乌镇→察隅县：察隅县城、下察隅镇等调研，采集影像和资料	察隅县
2021 年 3 月 27 日	察隅县→八宿县：采集沿途城镇影像和资料	八宿县
2021 年 3 月 28 日	八宿县→芒康县：途经左贡县、芒康县，采集沿途城镇影像和资料	芒康县
2021 年 3 月 29 日	芒康县→香格里拉市：香格里拉市调研，采集影像和资料	香格里拉市
2021 年 3 月 30 日	香格里拉市：迪庆藏族自治州政府部门座谈，采集影像和资料	香格里拉市
2021 年 4 月 12 日	从兰州大学出发，考察海东市乐都区，海东市自然资源和规划局，与其局长和分管土地、耕地、建设用地等方面的人员就近期国土空间规划第一轮调研工作进展情况等方面进行半结构式座谈。河湟新区管委会	乐都区、平安区
2021 年 4 月 13 日	考察海东市生态环境局，海东市乐都区，海东市统计局，海东市平安区海	乐都区、平安区
2021 年 4 月 14 日	考察海东市生态环境局，平安区继续收集海东市第二次污染源普查资料，化隆县，与相关职能部门进行座谈并收集资料。化隆县自然资源和规划局，达化隆县统计局，化隆县生态环境局	乐都区、平安区
2021 年 4 月 15 日	化隆县群科新区，化隆县巴燕镇，循化县，循化县统计局，街景的拍摄和无人机的拍摄	化隆县、循化县
2021 年 4 月 16 日	循化县生态环境局，循化县自然资源局，民和县官亭镇的喇家齐家文化遗址进行考察。返回兰州	循化县（海东市）
2021 年 4 月 22 日	拉萨市→那曲市：途经堆龙德庆区、羊八井镇、当雄县城，那曲市区；采集无人机影像和街景	那曲市色尼区

续表

日期	工作内容	停留地点
2021 年 4 月 23 日	那曲市→安多县：途经安多县城、雁石坪镇；采集无人机影像和街景	安多县
2021 年 4 月 24 日	安多县→玉树市：途经曲麻莱县城、治多县城；采集无人机影像和街景	玉树市区
2021 年 4 月 25 日	玉树市→西宁市：途经刚察县城、海晏县城、湟源县城、湟中区；采集无人机影像和街景	西宁市
2021 年 5 月 9 日	兰州市→拉萨市：全体科考队员 4 人从兰州前往拉萨	拉萨市城关区
2021 年 5 月 10 日	城关：实地调研城关区，收集资料	拉萨市城关区
2021 年 5 月 11 日	城关区→堆龙德庆区：实地调研堆龙德庆区，收集资料，采集街景和无人机影像	拉萨市城关区、堆龙德庆区
2021 年 5 月 12 日	达孜区：实地调研达孜区，收集资料，采集街景和无人机影像	拉萨市达孜区
2021 年 5 月 13 日	城关区→墨竹工卡县：实地调研墨竹工卡县，收集资料，采集街景和无人机影像	拉萨市墨竹工卡县、城关区
2021 年 5 月 14 日	林周县：实地调研林周县，收集资料，采集街景和无人机影像	拉萨市林周县
2021 年 5 月 17 日	当雄县：实地调研当雄县，收集资料，采集无人机影像	拉萨市当雄县
2021 年 5 月 18 日	曲水县：实地调研曲水县，收集资料，采集无人机影像	拉萨市曲水县
2021 年 5 月 9 日	兰州市→拉萨市：全体科考队员 4 人从兰州前往拉萨	拉萨市城关区
2021 年 5 月 10 日	乃东区：实地调研乃东区，收集资料	山南市乃东区、泽当镇
2021 年 5 月 11 日	乃东区：实地调研乃东区，收集资料，采集街景	山南市乃东区
2021 年 5 月 12 日	桑日县：实地调研桑日县，收集资料，采集街景和无人机影像	山南市桑日县
2021 年 5 月 13 日	扎囊县：实地调研扎囊县，收集资料，采集街景和无人机影像	山南市扎囊县
2021 年 5 月 14 日	贡嘎县：实地调研贡嘎县，收集资料，采集街景	山南市贡嘎县
2021 年 5 月 17 日	尼木县：实地调研尼木县，收集资料，采集街景和无人机影像	拉萨市尼木县
2021 年 5 月 18 日	雅安市雨城区调研，采集雅安市雨城区无人机影像，考察蒙顶山茶场与碧峰峡中国大熊猫保护研究中心雅安碧峰峡基地调研	北京市、成都市，雅安市雨城区
2021 年 5 月 19 日	雅安市主城区、天全县、泸定县调研，采集无人机影像	雅安市城区、天全县、泸定县
2021 年 5 月 20 日	泸定县磨西镇、康定市、塔公镇、雅江县调研，采集无人机影像	雅加埂垭口、甘孜藏族自治州康定市，折多山、康定市塔公镇、雅江县
2021 年 5 月 21 日	理塘县城区、理塘县勒通古镇、巴塘县城区调研，采集无人机影像	雅江县、理塘县、巴塘县
2021 年 5 月 22 日	巴塘县措普沟、稻城县调研，采集无人机影像	巴塘县城区、措普沟、稻城县
2021 年 5 月 23 日	早上从稻城县亚丁机场返回北京	稻城县、北京
2021 年 7 月 25 日	兰州市→拉萨市：全体科考队员 5 人从兰州前往拉萨	拉萨市城关区
2021 年 7 月 26 日	城关：实地调研城关区，参加座谈，收集资料	拉萨市城关区
2021 年 7 月 27 日	城关区→达孜区：实地调研城关区、达孜区，参加座谈，收集资料	拉萨市达孜区

日期	工作内容	停留地点
2021 年 7 月 28 日	城关区→乃东区：实地调研城关区、乃东区，参加座谈，收集资料	拉萨市城关区、山南市乃东区
2021 年 7 月 29 日	乃东区：实地调研乃东区，参加座谈，收集资料	山南市乃东区
2022 年 7 月 19 日	玉树藏族自治州玉树市无人机拍摄，现场考察	玉树市结古镇
2022 年 7 月 20 日	杂多县，实地调研、问卷访谈，会议座谈	杂多县城
2022 年 7 月 21～24 日	杂多县城配合中央电视台实地拍摄考察	萨呼腾镇
2022 年 7 月 25 日	实地考察澜沧江源，长江南源	杂多县
2022 年 7 月 26 日	深入牧区，实地调研宿镇牧乡型城镇化过程	杂多县牧区

附　图

附图1 中央电视台1台播出的高原城镇
化制图现场

附图2 与中央电视台摄制组共同完成
城镇化制图考察合影（科考队拍摄）

附图3 青海海晏县 西海镇 中国原子城

附图4 柴达木盆地格尔木考察百鸟刺绣照片

附图5 陪同孙鸿烈院士考察察尔汗盐湖照片

附图6 萨呼腾区空间布局图在澜沧江源头
绘制完成（科考队拍摄）

附图 7　考察青海钾肥工业公司及万丈盐湖

附图 8　考察格尔木光伏电站照片

附图 9　澜沧江源头考察（滕跃拍摄）

附图 10　墨脱县考察照片

附图 11　青藏高原城镇化与绿色发展学术
论坛会场

附图 12　青藏高原城镇化与绿色发展学术论坛
西宁照片

附图 13 到牧场考察牧民城镇化过程
（科考队拍摄）

附图 14 随陈发虎院士一同考察墨脱县城

附图 15 与崔鹏院士一同考察查卡盐湖

附图 16 走进毡房问卷调研牧民进城意愿
（滕跃拍摄）

附图 17 初到玉树（戚伟拍摄）

附图 18 德令哈科学考察照片

附图 19　到达长江源好兴奋（科考队拍摄）

附图 20　方创琳研究员实地绘制杂多县城
布局图（滕跃拍摄）

附图 21　放飞无人机采集城市扩展数据
（方创琳拍摄）

附图 22　驰骋高原探索宿镇牧乡型城镇化之路
（戚伟拍摄）

附图 23　杜云艳研究员手持街景采集仪
采集数据（滕跃拍摄）

附图 24　气喘吁吁，歇会吧（滕跃拍摄）

附图 25 寻找长江正源（马海涛拍摄）

附图 26 终于到达澜沧江源头啦（滕跃拍摄）

附图 27 登顶前憋足氧气待发（方创琳拍摄）

附图 28 三江源国家级自然保护区考察
（滕跃拍摄）

附图 29 为澜沧江之源点赞（陈丹拍摄）

附图 30 寻找长江正源（无人机拍摄）

附图 31　带着项圈铃铛保护生物多样性的
高原犬（方创琳拍摄）

附图 32　与优秀护林员一起体验放牧
（无人机拍摄）

附图 33　高原牦牛成群结队
（方创琳拍摄）

附图 34　杂多县城牧民希望家园广场
（滕跃拍摄）

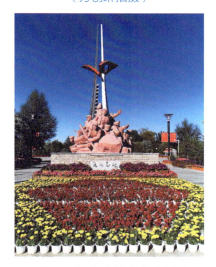

附图 35　格尔木筑路忠魂照片
（方创琳拍摄）

附图 36　中国梦